普通高等教育"十三五"规划教材

广东财经大学华商学院课题基金资助项目

电子商务概论
（第 2 版）

主　编　杨　波　许丽娟　陈　刚
副主编　李思思　蒋大锐　何剑萍
主　审　赖　庆

北京邮电大学出版社
www.buptpress.com

内容简介

"电子商务概论"是电子商务专业的学位课,也是商学院许多专业的必修课。本书系统介绍了电子商务的基本框架、基本理论和业务操作流程,重点介绍了电子商务在商务活动中的最新实际应用,结合大量典型实例深入浅出地阐述了电子商务的方法和原理。本书内容取材新颖、系统、简练,文笔流畅,重点突出,实践性强,把技能应用、培养学生岗位实践能力放在第一位。本书的每章均由"导读案例"开篇,引导和启发读者主动思考、分析与探索;每章最后都精心设计了"思考与练习",针对每一章的重点和难点进行训练,便于读者掌握相关理论,提升实践技能和综合职业能力。

本书可作为高等院校应用型本科及高职高专的电子商务、市场营销、商贸经营、财经等专业的教材,也可供广大企事业单位相关人员参考。

图书在版编目(CIP)数据

电子商务概论 / 杨波,许丽娟,陈刚主编. -- 2版. -- 北京:北京邮电大学出版社,2017.8(2021.1重印)
ISBN 978-7-5635-5117-0

Ⅰ. ①电… Ⅱ. ①杨…②许…③陈… Ⅲ. ①电子商务—高等学校—教材 Ⅳ. ①F713.36

中国版本图书馆CIP数据核字(2017)第114823号

书　　　　名:电子商务概论(第2版)
著作责任者:杨　波　许丽娟　陈　刚　主编
责 任 编 辑:刘　颖
出 版 发 行:北京邮电大学出版社
社　　　　址:北京市海淀区西土城路10号(邮编:100876)
发　行　部:电话:010-62282185　传真:010-62283578
E-mail:publish@bupt.edu.cn
经　　　　销:各地新华书店
印　　　　刷:保定市中画美凯印刷有限公司
开　　　　本:787 mm×1 092 mm　1/16
印　　　　张:23.5
字　　　　数:633千字
版　　　　次:2014年8月第1版　2017年8月第2版　2021年1月第6次印刷

ISBN 978-7-5635-5117-0　　　　　　　　　　　　　　　　　　　定　价:49.00元

· 如有印装质量问题,请与北京邮电大学出版社发行部联系 ·

修 订 说 明

本书自 2014 年 8 月出版至今已经过去了整整 3 年。3 年来,我国电子商务基础环境进一步优化,发展速度提升。据 CNNIC(中国互联网络信息中心)2017 年 1 月 22 日发布的第 39 次《中国互联网络发展状况统计报告》披露,截至 2016 年 12 月,我国网民达 7.31 亿人,互联网普及率为 53.2%。而 3 年前历史同期数据为 6.18 亿人和 45.8%。3 年来,以 O2O、"互联网+"等为代表的新的商业模式不断涌现和快速发展,传统企业作为线下商品与服务的直接供给方,在这一模式中起着至关重要的作用,其内部运营、产品研发、市场营销等方面,会越来越多地与互联网深度融合。随着互联网与经济活动的全面结合,传统企业与互联网企业的边界越来越模糊,互联网成为企业日常经营中不可分割的部分,以至于"互联网+"成为当下最热的词汇之一。

从 2013 年开始,我国高等学校电子商务专业以电子商务类招生,可授予管理学、经济学或工学学士学位。这标志着我国电子商务教育迈上了一个新的台阶。据不完全统计,迄今至少有 500 所本科院校开设了电子商务专业,"电子商务概论"除作为电子商务专业的专业基础课外,还成为信息管理与信息系统、计算机应用、市场营销、会计、国际贸易、经济学、金融学等专业的必修课或选修课。

3 年来,国内外电子商务实践和教学的发展迫使我们补充相关内容,以使本书能够基本反映电子商务发展的现状和趋势。此次修订以教育部高等学校电子商务专业教学指导委员会制订的电子商务专业知识体系为指导框架,在保持第 1 版教材基本逻辑主线和视角不变的基础上,对原有内容进行了系统更新和完善。

(1) 对第 1 章的内容进行了较大范围调整。原第 1 章"关于新理念、新技术对电子商务的影响"调整到第 2 版教材的第 8 章"电子商务发展前沿",原第 2 章的"电子商务运作体系的框架"被抽取成第 2 版教材的第 1 章的内容,另外还增加了"电子商务与经济建设"的相关内容。

(2) 对第 2 章的内容除了保留原有的 B2B、B2C、C2C、B2G 基本电子商务模式外,还补充了 O2O、二维码电子商务、网络团购、社会化电子商务、全程电子商务、增值网络集成商模式等内容。

(3) 对第 3 章和第 4 章的内容进行了整合,对内容进行了节选后合并为一章。删去了原第 3 章的"网络常用工具",原第 4 章只保留了"Web 技术""数据库技术",增加了"电子数据交换技术"。原第 7 章调整为第 2 版教材的第 4 章。

(4) 对第 5 章和第 6 章的内容稍微进行了调整,第 2 版教材将原第 5 章"电子商务安全技术"和第 6 章"电子支付技术"的顺序互换。第 5 章在保留原有内容的基础上增加了"云银行"的内容,第 6 章新增了"计算机犯罪与计算机病毒"。

(5) 原第 8 章成为第 2 版教材的第 7 章,新增了"电子商务与供应链管理""我国快递产业的发展现状""电子商务下的物流信息技术"等内容。

(6) 原第 9 章只保留了"移动支付",其余内容均舍去了,保留内容被整合到第 2 版第 5 章最后一节。原第 10 章的内容被重新组织并增加了近期国内外有关电子商务的法律法规,成为第 2 版教材的第 9 章。

本书修订出版之际,我代表教材编写组感谢 3 年来使用我们教材的高校,有很多老师结合自己的教学向我们反馈了第 1 版教材中的问题,并提出了许多宝贵建议;感谢广东财经大学华商学院创新强校工程项目(HS2014CXQX10)的支持;同时也特别感谢北京邮电大学出版社的工作人员为本书的出版和再版付出的辛勤劳动。

杨 波

前　　言

我国在国民经济和社会发展"十二五"规划纲要中明确提出：要积极发展电子商务，加快发展电子商务。这有利于调整和优化我国经济在全球产业中的定位和布局，有利于加快我国融入全球化的步伐，有利于提升我国在国际上的竞争力。"十三五"规划围绕"大众创业，万众创新""互联网＋""大数据"等国家重大战略举措，指出：电子商务立足自身发展规律与优势，在构建"网上丝绸之路"、促进创新创业、推动传统产业转型升级等方面将进一步发挥积极作用。在电子商务引发的变革风潮中，电子商务已经成为后工业时代经济增长的强大推动力。

随着电子商务的蓬勃发展，我国对既懂计算机又懂商务的复合型人才产生了巨大的需求。近年来，不少出版社出版了很多电子商务方面的教材。由于电子商务的发展日新月异，作为一门新学科，知识更新很快，无论是电子商务的内涵、技术、营销手段还是电子商务的管理及运营，与几年前相比都发生了很大的变化，原教材的很多内容显得有些滞后，不能满足和适应现有电子商务专业和其他相关专业学生的需要，这促使我们要尽快地在原有基础上不断推出新的内容。

本书内容包括电子商务基础知识、电子商务模式、电子商务技术基础、网络营销、电子支付技术、电子商务安全技术、电子商务供应链与物流管理、电子商务发展前沿、电子商务法律法规和标准共9章内容。在编写中，重点突出了电子商务在商务活动中的实务操作与应用，结合大量典型实例深入浅出地阐述了电子商务的方法和原理，目的是让读者掌握电子商务的基本概念，了解电子商务的最新知识，掌握电子商务运营的方法和规律。

全书共9章，建议授课学时为54学时，其中理论36学时，实验18学时，各章学时分配如下表所示。

章	理论学时	实验学时
第1章　电子商务基础知识	2	/
第2章　电子商务模式	8	6
第3章　电子商务技术基础	4	2
第4章　网络营销	8	4
第5章　电子支付技术	4	2
第6章　电子商务安全技术	2	2
第7章　电子商务供应链与物流管理	4	2
第8章　电子商务发展前沿	2	/
第9章　电子商务法律法规和标准	2	/

本书由广东财经大学华商学院杨波、许丽娟和陈刚任主编,广东财经大学华商学院蒋大锐、何剑萍,广州华商职业学院李思思任副主编。杨波编写了第1、2、6章,许丽娟编写了第4、5、7章,陈刚编写了第3、8、9章,蒋大锐、何剑萍、李思思负责课后习题、课件、案例资料整理,最后由广东财经大学华商学院赖庆和杨波统稿,赖庆主审。

本书的配套电子课件、部分习题答案可在北京邮电大学出版社网站下载。

由于编者的水平有限,书中难免错误和不妥之处,恳请广大读者批评指正。

杨 波

目 录

第1章 电子商务基础知识 1
1.1 电子商务的形成及其发展 5
1.1.1 电子商务的基本概念 5
1.1.2 全球电子商务的发展动态 9
1.1.3 中国电子商务的发展 9
1.2 电子商务的基本框架与组成 13
1.2.1 电子商务体系框架 13
1.2.2 电子商务的基本组成要素 15
1.2.3 电子商务运作框架 15
1.3 电子商务的基本功能与作用 18
1.3.1 电子商务的功能 18
1.3.2 电子商务的基本作用及其对社会经济生活的影响 19
1.4 电子商务与经济建设 20
1.4.1 信息技术及电子商务在国民经济中的作用 21
1.4.2 电子商务与企业经济 23
1.4.3 电子商务与政府行为 24
1.5 本章小结 26
思考与练习 26

第2章 电子商务模式 27
2.1 电子商务模式的内涵 30
2.1.1 电子商务模式的形成 30
2.1.2 电子商务模式的实施 32
2.2 经典的电子商务模式 34
2.2.1 企业与企业之间的电子商务模式 35
2.2.2 企业与消费者之间的电子商务模式 39
2.2.3 消费者与消费者之间的电子商务模式 44
2.2.4 企业与政府之间的电子商务模式 47
2.3 新兴的电子商务模式 48
2.3.1 O2O电子商务模式 48
2.3.2 二维码电子商务模式 49

  2.3.3 网络团购模式 ·· 50
  2.3.4 社会化电子商务模式 ·· 52
  2.3.5 全程电子商务模式 ·· 54
  2.3.6 增值网络集成商模式 ·· 55
  2.3.7 其他新型电子商务模式 ·· 56
 2.4 本章小结 ·· 57
思考与练习 ·· 57

第3章 电子商务技术基础 ·· 59

 3.1 计算机网络技术 ·· 60
  3.1.1 计算机网络的概念与功能 ·· 60
  3.1.2 计算机网络的组成与分类 ·· 61
  3.1.3 计算机网络体系结构与网络协议 ···································· 64
  3.1.4 无线通信网络 ·· 66
  3.1.5 物联网 ·· 69
 3.2 Internet 相关技术 ·· 71
  3.2.1 Internet 的产生与发展 ·· 71
  3.2.2 Internet 的通信协议 ·· 72
  3.2.3 Internet 的 IP 地址及域名 ·· 74
  3.2.4 Internet 的接入技术 ·· 77
  3.2.5 常见的 Internet 服务 ·· 79
 3.3 Web 技术 ·· 83
  3.3.1 Web 技术结构 ·· 83
  3.3.2 Web 应用服务器 ·· 85
 3.4 数据库技术与数据仓库 ·· 87
  3.4.1 关系型数据库 ·· 87
  3.4.2 数据仓库与数据挖掘 ·· 90
  3.4.3 大数据分析与电子商务营销 ·· 96
 3.5 电子数据交换技术 ·· 98
  3.5.1 电子数据交换的概念及其发展 ·· 98
  3.5.2 电子数据交换的实现过程 ·· 100
  3.5.3 电子数据交换的标准及应用 ·· 105
 3.6 本章小结 ·· 107
思考与练习 ·· 107

第4章 网络营销 ·· 108

 4.1 网络营销的概念与特点 ·· 109
  4.1.1 网络营销的定义 ·· 109
  4.1.2 网络营销的特点 ·· 110

  4.1.3 网络营销的功能 …………………………………………………… 111
  4.1.4 网络营销与电子商务的关系 ………………………………………… 112
 4.2 网络营销的理论基础 ……………………………………………………… 113
  4.2.1 网络整合营销理论 …………………………………………………… 113
  4.2.2 网络软营销理论 ……………………………………………………… 114
  4.2.3 网络直复营销理论 …………………………………………………… 114
  4.2.4 关系营销理论 ………………………………………………………… 114
  4.2.5 利基营销理论 ………………………………………………………… 115
 4.3 网络营销的策略 …………………………………………………………… 115
  4.3.1 顾客价值策略 ………………………………………………………… 115
  4.3.2 品牌策略 ……………………………………………………………… 116
  4.3.3 定价策略 ……………………………………………………………… 117
  4.3.4 营销渠道策略 ………………………………………………………… 118
  4.3.5 沟通策略 ……………………………………………………………… 119
  4.3.6 客户关系管理策略 …………………………………………………… 120
  4.3.7 服务策略 ……………………………………………………………… 121
 4.4 网络营销的消费者与市场细分 …………………………………………… 121
  4.4.1 网络营销的消费者 …………………………………………………… 121
  4.4.2 市场的变化 …………………………………………………………… 122
  4.4.3 市场细分基础与一般策略 …………………………………………… 122
 4.5 在线产品与产品定价 ……………………………………………………… 124
  4.5.1 在线产品的分类 ……………………………………………………… 124
  4.5.2 在线产品的特征 ……………………………………………………… 124
  4.5.3 在线产品的定价策略 ………………………………………………… 125
 4.6 网络营销的主要方法 ……………………………………………………… 125
  4.6.1 基于企业网站的网络营销方法 ……………………………………… 125
  4.6.2 基于网络营销工具的网络营销方法 ………………………………… 127
  4.6.3 基于营销策略的网络营销方法 ……………………………………… 133
  4.6.4 综合性网络营销方法 ………………………………………………… 135
  4.6.5 网络营销新方法 ……………………………………………………… 138
 4.7 网络营销的主要内容 ……………………………………………………… 142
 4.8 网络广告技术 ……………………………………………………………… 143
  4.8.1 网络广告技术的起源、概念及特点 ………………………………… 143
  4.8.2 网络广告的技术及类型 ……………………………………………… 144
  4.8.3 国内网络广告现状 …………………………………………………… 146
  4.8.4 网络广告市场呈现的新特征 ………………………………………… 146
  4.8.5 网络广告发展中存在的主要问题 …………………………………… 147
  4.8.6 网络广告策划 ………………………………………………………… 148
  4.8.7 网络广告制作 ………………………………………………………… 150

  4.8.8 网络广告投放 ………………………………………………………… 150
  4.8.9 网络广告计价 ………………………………………………………… 151
  4.8.10 网络广告评估 ………………………………………………………… 152
 4.9 本章小结 ……………………………………………………………………… 153
 思考与练习 ………………………………………………………………………… 153

第 5 章 电子支付技术 154

 5.1 电子支付概述 ………………………………………………………………… 156
  5.1.1 电子支付的定义 ……………………………………………………… 156
  5.1.2 电子支付的特征 ……………………………………………………… 156
  5.1.3 电子支付系统及其构成 ……………………………………………… 156
  5.1.4 电子支付系统的基本业务流程 ……………………………………… 157
  5.1.5 电子支付系统的分类 ………………………………………………… 158
  5.1.6 电子支付系统的功能 ………………………………………………… 159
  5.1.7 电子支付系统的模式 ………………………………………………… 160
 5.2 电子支付工具 ………………………………………………………………… 161
  5.2.1 电子现金 ……………………………………………………………… 161
  5.2.2 电子信用卡 …………………………………………………………… 163
  5.2.3 电子支票 ……………………………………………………………… 164
  5.2.4 电子钱包 ……………………………………………………………… 166
  5.2.5 智能卡 ………………………………………………………………… 167
  5.2.6 ATM、POS 和二维码 ………………………………………………… 168
 5.3 网络银行 ……………………………………………………………………… 169
  5.3.1 网络银行的概念 ……………………………………………………… 169
  5.3.2 网络银行的特点和优点 ……………………………………………… 169
  5.3.3 网络银行的基本结构与功能 ………………………………………… 170
  5.3.4 网络银行的运营模式 ………………………………………………… 175
  5.3.5 网络银行的支付网关 ………………………………………………… 176
  5.3.6 网络银行的安全控制 ………………………………………………… 177
  5.3.7 我国网络银行发展需解决的几个问题 ……………………………… 178
 5.4 云银行 ………………………………………………………………………… 179
  5.4.1 云银行的概念 ………………………………………………………… 179
  5.4.2 云银行的产生和发展 ………………………………………………… 179
  5.4.3 云银行的特点 ………………………………………………………… 181
  5.4.4 云银行的业务运营模式 ……………………………………………… 182
 5.5 第三方支付 …………………………………………………………………… 183
  5.5.1 第三方支付的基础 …………………………………………………… 183
  5.5.2 第三方支付的实现过程 ……………………………………………… 184
  5.5.3 国内第三方支付产品 ………………………………………………… 185

5.5.4	国外第三方支付产品	186
5.5.5	第三方支付的发展	187

5.6 移动支付 … 188
　　5.6.1 移动支付的概念 … 188
　　5.6.2 移动支付的特点与优点 … 188
　　5.6.3 移动支付的原理 … 189
　　5.6.4 移动支付的模式 … 189
　　5.6.5 移动支付的交易过程 … 190
5.7 本章小结 … 191
思考与练习 … 191

第6章 电子商务安全技术 … 192

6.1 电子商务安全的要求及面临的安全问题 … 194
　　6.1.1 电子商务的安全要求 … 194
　　6.1.2 电子商务面临的安全问题 … 195
6.2 电子商务安全措施 … 196
　　6.2.1 网络基础设施的安全解决方案 … 196
　　6.2.2 防火墙技术 … 199
　　6.2.3 入侵检测技术 … 202
　　6.2.4 数据加密 … 207
　　6.2.5 认证技术 … 213
　　6.2.6 WWW 安全技术 … 221
6.3 电子商务支付安全协议 … 223
　　6.3.1 SSL 协议 … 223
　　6.3.2 SET 协议 … 225
　　6.3.3 SET 协议与 SSL 协议的比较 … 227
6.4 计算机犯罪与计算机病毒 … 228
　　6.4.1 计算机犯罪的类型与防范 … 228
　　6.4.2 计算机病毒的防范与查杀 … 229
6.5 本章小结 … 232
思考与练习 … 232

第7章 电子商务供应链与物流管理 … 233

7.1 电子商务与供应链管理 … 236
　　7.1.1 供应链和供应链管理概述 … 236
　　7.1.2 供应链与价值链的联系和区别 … 238
　　7.1.3 电子商务供应链与传统供应链 … 239
　　7.1.4 电子商务对供应链管理的影响 … 239
　　7.1.5 电子商务为供应链提供的主要技术手段 … 240

7.1.6　电子商务在供应链管理中的应用 ……………………………… 241
　　7.1.7　基于电子商务平台的供应链管理的优势 ………………………… 241
7.2　现代物流 …………………………………………………………………… 242
　　7.2.1　现代物流的基本概念 ……………………………………………… 242
　　7.2.2　现代物流的构成 …………………………………………………… 243
　　7.2.3　现代物流的目标 …………………………………………………… 243
　　7.2.4　我国现代物流的发展趋势 ………………………………………… 244
7.3　电子商务物流模式 ………………………………………………………… 245
　　7.3.1　企业自营物流 ……………………………………………………… 245
　　7.3.2　第三方物流 ………………………………………………………… 246
　　7.3.3　物流联盟 …………………………………………………………… 249
　　7.3.4　第四方物流 ………………………………………………………… 251
　　7.3.5　绿色物流 …………………………………………………………… 253
7.4　我国快递产业的发展现状 ………………………………………………… 256
　　7.4.1　我国快递发展概述 ………………………………………………… 256
　　7.4.2　国际快递企业 ……………………………………………………… 257
　　7.4.3　国内民营快递企业 ………………………………………………… 258
　　7.4.4　国有企业 EMS ……………………………………………………… 260
7.5　电子商务下的物流信息技术 ……………………………………………… 260
　　7.5.1　条码技术及应用 …………………………………………………… 260
　　7.5.2　射频识别技术及应用 ……………………………………………… 263
　　7.5.3　GPS 技术及应用 …………………………………………………… 265
　　7.5.4　GIS 技术及应用 …………………………………………………… 267
　　7.5.5　EDI 技术及应用 …………………………………………………… 268
　　7.5.6　自动化仓库系统 …………………………………………………… 270
　　7.5.7　物流智能终端技术 ………………………………………………… 271
7.6　本章小结 …………………………………………………………………… 273
思考与练习 ……………………………………………………………………… 273

第8章　电子商务发展前沿 ……………………………………………………… 274

8.1　移动电子商务 ……………………………………………………………… 276
　　8.1.1　移动电子商务的发展现状 ………………………………………… 276
　　8.1.2　移动电子商务的主要应用模式 …………………………………… 278
8.2　互联网金融 ………………………………………………………………… 280
　　8.2.1　互联网金融的发展现状 …………………………………………… 280
　　8.2.2　互联网金融的经营模式 …………………………………………… 282
　　8.2.3　互联网金融目前存在的风险 ……………………………………… 283
8.3　大数据与数据挖掘 ………………………………………………………… 286
　　8.3.1　大数据时代 ………………………………………………………… 286

- 8.3.2 数据挖掘的概念 ……………………………………………… 288
- 8.3.3 大数据的主要应用 ……………………………………………… 289
- 8.4 物联网 …………………………………………………………………… 291
  - 8.4.1 物联网的基本概念 ……………………………………………… 291
  - 8.4.2 物联网应用的关键技术 ………………………………………… 295
- 8.5 云计算 …………………………………………………………………… 296
  - 8.5.1 云计算的特点 …………………………………………………… 296
  - 8.5.2 云计算平台的介绍 ……………………………………………… 297
- 8.6 智慧城市 ………………………………………………………………… 299
  - 8.6.1 智慧城市的概念 ………………………………………………… 299
  - 8.6.2 建设智慧城市 …………………………………………………… 300
- 8.7 "互联网+" …………………………………………………………… 304
  - 8.7.1 "互联网+"的概念 …………………………………………… 304
  - 8.7.2 "互联网+"的商业模式 ……………………………………… 306
  - 8.7.3 "互联网+"的应用前景 ……………………………………… 308
- 8.8 本章小结 ………………………………………………………………… 312
- 思考与练习 ……………………………………………………………………… 312

第9章 电子商务法律法规和标准 ……………………………………………… 313

- 9.1 电子商务法律概述 ……………………………………………………… 314
  - 9.1.1 电子商务法律的含义 …………………………………………… 314
  - 9.1.2 电子商务涉及的法律问题 ……………………………………… 316
  - 9.1.3 电子商务的立法概况 …………………………………………… 318
- 9.2 电子商务交易的法律规范 ……………………………………………… 323
  - 9.2.1 数据电文的法律问题 …………………………………………… 323
  - 9.2.2 电子合同相关法律问题 ………………………………………… 325
  - 9.2.3 电子商务消费者权益的法律问题 ……………………………… 329
  - 9.2.4 电子商务知识产权的法律问题 ………………………………… 331
  - 9.2.5 电子商务安全与网络犯罪的法律问题 ………………………… 338
- 9.3 电子商务税收中的有关法律问题 ……………………………………… 343
  - 9.3.1 电子商务发展所带来的税收问题 ……………………………… 343
  - 9.3.2 电子商务中税收问题的对策与主张 …………………………… 344
- 9.4 电子支付中有关的法律问题 …………………………………………… 346
  - 9.4.1 支付结算体系 …………………………………………………… 346
  - 9.4.2 电子支付的法律问题 …………………………………………… 348
- 9.5 其他电子商务相关问题 ………………………………………………… 351
  - 9.5.1 电子商务从业人员职业道德基本守则 ………………………… 351
  - 9.5.2 与网络安全管理相关的法律法规 ……………………………… 352
- 9.6 电子商务相关标准 ……………………………………………………… 354

9.6.1 电子商务标准的现状 …………………………………………………… 354
9.6.2 电子商务相关标准发展趋势 …………………………………………… 357
9.6.3 我国电子商务的技术标准 ……………………………………………… 358
9.6.4 电子商务的数据标准 …………………………………………………… 359
9.7 本章小结 ……………………………………………………………………… 359
思考与练习 ………………………………………………………………………… 360

参考文献………………………………………………………………………… 361

第1章　电子商务基础知识

【学习目标】

- 掌握电子商务的基本概念；
- 了解电子商务的基本框架模式；
- 理解电子商务的功能和作用；
- 理解电子商务发展在经济建设中的作用。

【导读案例】

阿里巴巴集团[*]

阿里巴巴集团是一家由中国人创建的国际化互联网公司，经营多元的互联网业务，致力于为全球所有人创造便捷的交易渠道。自成立以来，集团建立了领先的消费者电子商务网上支付方式、B2B网上交易市场及云计算业务，近几年更是积极地开拓无线应用、手机操作系统和互联网电视等领域。集团以促进一个开放、协同、繁荣的电子商务生态系统为目标，旨在为消费者、商家以及经济发展做出贡献。

阿里巴巴集团是由曾担任英语教师的马云为首的18人于1999年创立，集团由私人持股，为240多个国家和地区的互联网用户提供服务。集团及其关联公司在中国、印度、日本、韩国、英国及美国等国的70多个城市共有20 400多名员工。2014年9月19日，阿里巴巴正式在纽约证券交易所挂牌交易，股票代码BABA，价格确定为每股68美元，其股票当天开盘价为92.7美元，阿里巴巴在交易中总共筹集到了250亿美元资金，创下了有史以来规模最大的一桩IPO交易。

1. 发展历程

1999年9月，马云带领下的18位创始人在杭州的公寓正式成立了阿里巴巴集团。

1999—2000年，阿里巴巴集团从软银、高盛、美国富达投资等机构中融资2 500万美元。

2002年，阿里巴巴集团B2B公司开始赢利。

2003年，在马云的杭州公寓中，个人电子商务网站淘宝成立，发布在线支付系统——支付宝。

2005年，阿里巴巴集团与雅虎美国建立战略合作伙伴关系，执掌雅虎中国。

2006年，阿里巴巴集团战略投资口碑网。

2007年1月，以互联网为平台的商务管理软件公司阿里软件成立。

2007年11月，阿里巴巴网络有限公司在香港联交所挂牌上市。阿里巴巴集团成立网络广告平台"阿里妈妈"。

---

[*] 资料来源：百度百科，http://www.docin.com/p-1365410466.html

2008年6月,口碑网与中国雅虎合并,成立雅虎口碑。

2008年9月,阿里巴巴与淘宝合并。阿里巴巴集团研发院成立。

2009年7月,阿里软件与阿里巴巴集团研发院合并。

2009年8月,阿里软件的业务管理软件部分注入阿里巴巴B2B公司。作为"大淘宝"战略的一部分,口碑网注入淘宝,使淘宝成为一站式电子商务服务提供商,为更多的电子商务用户提供服务。

2009年9月,阿里巴巴集团在庆祝创立十周年的同时成立了阿里云计算公司。

2010年3月,阿里巴巴集团宣布成立"大淘宝"战略执行委员会,其成员为淘宝、支付宝、阿里云计算和中国雅虎的高管,以确保"大淘宝"战略的成功执行。

2010年5月,阿里巴巴集团宣布,从2010年起将年度收入的0.3%拨作环保基金,以提高社会对环境问题的认识。

2010年11月,淘宝商城启动独立域名Tmall.com。

2011年1月,阿里巴巴集团宣布将在中国打造一个仓储网络体系,并与伙伴携手大力投资中国物流业。

2011年6月,阿里巴巴集团将淘宝网分拆为三个独立的公司:淘宝网(taobao.com)、淘宝商城(tmall.com)和一淘(etao.com),以便更精准和有效地服务客户。

2012年1月,淘宝商城宣布更改中文名为天猫,加强其平台的定位。

2012年6月,阿里巴巴网络有限公司正式从香港联交所退市。

2012年7月,阿里巴巴集团宣布将现有子公司的业务升级为阿里国际业务、阿里小企业业务、淘宝网、天猫、聚划算、一淘和阿里云7个事业群。

2012年9月,阿里巴巴集团完成对雅虎初步的股份回购并重组与雅虎的关系。

2012年11月,淘宝网和天猫平台本年度的交易额突破10 000亿元人民币。

2013年1月,阿里云计算与万网合并为新的阿里云计算公司。阿里巴巴集团重组为25个事业部,以便更好地迎接中国增长迅速的电子商务市场带来的机会和挑战。

2013年9月,阿里巴巴集团正式对外发布移动社交产品"来往",确定无线优先的集团发展战略。

2014年5月6日,阿里巴巴向美国证券交易委员会提交了首次开募股申请。阿里巴巴计划出售12%的股份,按其估值计算,这次公开募股融资额为200亿美元左右,超过2008年信用卡巨头维萨公司196.5亿美元的融资额。

2014年9月19日,阿里巴巴正式在纽约证券交易所挂牌交易,股票代码BABA,按照阿里巴巴集团的IPO发行价计算,阿里巴巴的市值将达1 680亿美元,这使其成为美国市场上市值最高的公司之一,这也超过了亚马逊公司1 500亿美元的市值。

2015年1月13日,阿里巴巴集团投资并控股易传媒集团。易传媒仍保持独立运营,与阿里巴巴集团旗下营销推广平台"阿里妈妈"一起,推动数字营销程序化在中国的发展,并逐步实现大数据营销能力的普及化。

2015年2月10日,阿里巴巴集团宣布与蚂蚁金服集团完成重组,蚂蚁金服为支付宝的母公司。

2015年3月11日,阿里巴巴集团宣布旗下全球批发贸易平台和英国创新借贷机构ezbob及iwoca达成战略合作,英国中小企业向平台上的中国供应商购买货物时,可更方便获得营运资金。

2015年4月15日,阿里巴巴集团宣布和香港上市的阿里健康信息技术有限公司达成最终协议。根据协议，阿里巴巴集团转让天猫在线医药业务的营运权给阿里健康，以换取阿里健康新发行的股份和可转股债券，阿里健康成为阿里巴巴集团的子公司。

2015年5月14日，阿里巴巴集团宣布，已联手云锋基金对国内主要物流快递企业圆通进行战略投资。

2015年6月4日，阿里巴巴集团与上海文广集团（SMG）联合宣布，将共同把SMG旗下的第一财经传媒有限公司打造成新型数字化财经媒体与信息服务集团，阿里巴巴将投资12亿元人民币参股第一财经，开拓数据服务领域。

2015年6月18日，日本软银集团、阿里巴巴集团及富士康科技集团共同宣布，阿里巴巴、富士康将向软银旗下软银机器人控股公司（SBRH）分别注资145亿日元，在完成注资后，阿里巴巴及富士康分别持有SBRH 20%股份，软银持有SBRH 60%股份。

2015年8月10日，阿里巴巴集团与苏宁云商集团股份有限公司共同宣布达成全面战略合作。

2015年9月8日，阿里巴巴集团与全球领先的零售贸易集团麦德龙联合宣布，达成独家战略合作，麦德龙官方旗舰店入驻天猫国际。作为德国最大的零售贸易集团，麦德龙和阿里巴巴联手，在商品供应链、跨境电商和大数据方面紧密合作，成为阿里巴巴集团欧洲战略的重要合作伙伴。

2015年11月6日，阿里巴巴集团和优酷土豆集团宣布，双方已经就收购优酷土豆股份签署并购协议，根据这一协议，阿里巴巴集团收购了优酷土豆集团。

2015年11月27日，中国五矿集团旗下五矿发展股份有限公司与阿里巴巴集团旗下杭州阿里创业投资有限公司（简称阿里投创）联合宣布，双方达成协议共同向五矿发展下属子公司五矿电子商务有限公司（简称五矿电商）进行增资，共同打造钢铁交易B2B平台。

2015年12月9日，阿里巴巴和国际足联在日本东京联合宣布，阿里巴巴将成为国际足联俱乐部世界杯2015—2022年的独家冠名赞助商。从2015年起，世界杯将正式被冠名为Alibaba E-Auto FIFA Club World Cup。

2015年12月11日，阿里巴巴集团宣布与南华早报集团达成协议，收购南华早报集团以及南华早报集团旗下的其他媒体资产。

2015年12月17日，阿里巴巴集团斥资12.5亿美元，成为"饿了么"的第一大股东。

2015年12月24日，阿里巴巴集团与国家认证认可监督管理委员会信息中心正式签署合作框架协议，双方共同推出"云桥"数据共享机制，阿里巴巴成为首家直接接入国家CCC认证信息数据库的电商平台。

2016年2月12日，据韩联社报道，韩国SM公司娱乐发布的消息称，SM公司与阿里巴巴集团签署在华音乐业务和电子商务业务的战略合作协议。

2016年2月17日，阿里巴巴集团与国家发展和改革委员会（简称发改委）签署结合返乡创业试点发展农村电商战略合作协议。未来三年，双方共同支持300余试点县（市、区）结合返乡创业试点发展农村电商。试点采取三年滚动的实施方式，2016—2018年每年支持约100个试点地区促进返乡创业。

2016年4月13日，"饿了么"与阿里巴巴及蚂蚁金服正式达成战略合作协议。

2016年4月14日，阿里巴巴集团加入国际反假联盟（IACC），成为该国际组织的首个电商成员。

2016年4月18日，阿里巴巴集团与新西兰政府指定机构——新西兰贸易发展局（NZTE）签署战略合作协议。

2016年5月,阿里巴巴集团成为国务院首批双创"企业示范基地"。

2. 集团业务

(1) 阿里巴巴国际交易市场

阿里巴巴国际交易市场创立于1999年,为全球领先的小企业电子商务平台,旨在打造以英语为基础、任何两国之间的跨界贸易平台,并帮助全球小企业拓展海外市场。阿里巴巴国际交易市场服务全球24个国家和地区数百万的买家和供应商,展示超过40个行业类目的产品。

(2) 阿里巴巴中国交易市场(后来称1688)

1688创立于1999年,现为中国领先的小企业国内贸易电子商务平台。1688是年定位为B2B电子商务平台,逐步发展成为网上批发及采购市场。

(3) 全球速卖通

全球速卖通创立于2010年4月,是全球领先的消费者电子商务平台之一,集结不同的小企业卖家提供多种价格实惠的消费类产品。全球速卖通服务于数百万来自220多个国家和地区的注册买家,覆盖20多个主要产品类目,其目标是向全球消费者提供具有特色的产品。

(4) 淘宝网

淘宝网成立于2003年5月,是中国最受欢迎的C2C购物网站,致力于向消费者提供多元化且价格实惠的产品,截至2013年3月,约有7.6亿条产品信息。根据Alexa的统计,淘宝网是全球浏览量最高的20个网站之一。在截至2013年3月31日的一年内,淘宝网和天猫平台的交易额合计突破10 000亿元人民币。

(5) 天猫

天猫是中国领先的平台式B2C购物网站,致力于提供优质的网购体验。天猫由淘宝网2008年4月创立,2011年6月独立于淘宝的B2C交易市场,自行运营。自推出以来,天猫已发展成为日益成熟的中国消费者选购优质品牌产品的目的地。根据Alexa的统计,天猫是中国浏览量最高的B2C零售网站。

截至2013年3月,超过70 000个国际和本地品牌已在天猫上开设官方旗舰店,其中包括优衣库、欧莱雅、Adidas、宝洁、联合利华、Gap、Ray-Ban、Nike、Levi's等。天猫设有多个专注于不同行业的垂直商城,包括"电器城""书城""家装馆""名鞋馆"及"美容馆"等,针对各行业的特性提供合适的客户服务。在2012年11月11日特别推广期间,天猫和淘宝网创下了单日交易额人民币191亿元的新高。2015年11月11日,天猫"双十一"交易额突破912亿元人民币。

(6) 聚划算

聚划算是全面的品质团购网站,由淘宝网2010年3月推出,2011年10月成为独立业务,其使命是结合消费者的力量,以优惠的价格提供全面的优质商品及本地生活服务选择。

(7) 一淘

一淘是全面覆盖商品、商家及购物优惠信息的网上购物搜索引擎,由淘宝网2010年10月推出,2011年6月成为独立业务。一淘旨在为网上消费者打造"一站式的购物引擎",协助他们做购买决策,并更快地找到物美价廉的商品。一淘的功能和服务包括商品搜索、优惠及优惠券搜索、酒店搜索、返利、淘吧社区等。一淘的搜索结果涵盖多个B2C购物网站和品牌商家的商品和信息,包括淘宝网、天猫、亚马逊中国、当当网、国美、1号店、Nike中国及凡客诚品等。

(8) 阿里云计算

阿里云计算于2009年9月创立,现为云计算与数据管理平台开发商,其目标是打造互联网数据分享第一服务平台,并提供以数据为中心的云计算服务。阿里云计算致力于向淘宝系平台(包括淘宝、天猫和聚划算等)卖家以及第三方用户提供完整的互联网计算服务,包括数据采集、数据处理和数据存储,以帮助推动阿里巴巴集团及整个电子商务生态系统的成长。

(9) 支付宝

支付宝成立于2004年12月,是中国用户最多的第三方网上支付平台,致力于为上亿计的个人及企业用户提供安全可靠、方便快捷的网上支付和收款服务。在2012年11月11日,支付宝完成了超过1亿笔的交易,创下了单日交易量的新高。

支付宝是中国互联网商家首选的网上支付方案,它提供的第三方信用担保服务让买家可在确认所购商品满意后才将款项支付给商家,降低了消费者网上购物的交易风险。支付宝与多个金融机构,包括全国性银行、各大地区性银行以及Visa和MastetCard合作,为国内外商家提供支付方案。除淘宝网和天猫外,支持使用支付宝交易服务的商家已经涵盖了网上零售、虚拟游戏、数码通信、商业服务、机票、公用事业等行业。支付宝同时提供有助于全球卖家直销到中国消费者手中的支付方案,支持14种主要外币的支付服务。

1.1 电子商务的形成及其发展

电子商务是一个不断发展的概念,电子商务的先驱IBM公司于1996年提出了Electronic Commerce(E-Commerce)的概念,1997年该公司又提出了Electronic Business (E-Business)的概念。但我国在引进这些概念时都翻译成为电子商务,很多人对这两个概念产生了混淆。事实上这两个概念及内容是有区别的,更准确的翻译是:E-Commerce(狭义的电子商务),E-Business(广义的电子商务)。

1.1.1 电子商务的基本概念

1. E-Commerce 与 E-Business 的区别

1997年国际商会在法国巴黎召开的世界电子商务会议明确了E-Commerce的概念。E-Commerce是指实现整个贸易过程中各阶段贸易活动的电子化。从涵盖范围方面可以定义为:交易各方以电子交易方式而不是通过当面交换或直接面谈方式进行任何形式的商业交易。业务范围包括:信息交换、售前售后服务、销售、电子支付、运输等。狭义的电子商务主要是指借助计算机网络进行交易活动。

E-Business是利用网络实现所有商务活动业务流程的电子化,不仅包括E-Commerce面向外部的所有业务流程(如网络营销、电子支付、物流配送、电子数据交换等),还包括企业内部的业务流程(如企业资源计划、管理信息系统、客户关系管理、供应链管理、人力资源管理、网上市场调研、战略管理及财务管理等)。广义的电子商务既包括企业内部商务活动,也包括企业外部商务活动,将上下游业务合作伙伴企业结合起来开展业务。

Kenneth C. Laudon & Carol Guercio Traver 写的《电子商务——商业、技术和社会》一书给出了 E-Commerce 与 E-Business 的区别。E-Business 称为电子业务,是发生在企业内部的数字化事务和流程,包括企业内部的信息系统。特征一般不含跨组织边界的有价交换的商业交易,当发生商业交易,业务就转变成商务。E-Commerce 主要涉及跨企业边界交易。

随着互联网的发展和应用,大部分公司最终形成的是 push-pull 方式的供应链模式。

E-Commerce 是纯赢利性机构间的商务,集中于电子交易,而 E-Business 还包括与非赢利性机构(如政府等)间的商务。

从 E-Business 的角度来看电子商务,前景非常广阔:顾客刷卡消费是电子商务,股民利用网络炒股是电子商务,商场利用网上银行结账是电子商务,企业实施信息化管理、公司职员利用网络查询企业的数据库还是电子商务,随着时间的推移,各种电子化设备越来越多,各种网络(互联网、电话网、有线电视网、无线网)会互联互通,网络速度会越来越快,功能越来越强大,电子商务的作用也越来越大。

E-Commerce 包含两个方面的内容:一是电子方式;二是商贸活动。作为近年来兴起的一个新概念,目前对它尚无统一的定义。简单地讲,电子商务是指利用互联网进行的商务活动。各国政府、学者、企业界人士都根据自己所处的地位和对电子商务的参与程度,给出了许多不同表述的定义。比较这些定义,有助于更全面地了解电子商务。

(1) 电子商务组织的定义

1997 年 11 月 6 日至 7 日,国际商会在巴黎举行了世界电子商务会议,其间,关于电子商务最权威的概念阐述:电子商务是指对整个贸易活动实现电子化。从涵盖范围方面可以定义电子商务为:交易各方以电子交易方式而不是通过当面交换或直接面谈方式进行的任何形式的商业交易。从技术方面可以定义为:电子商务是一种多技术的集合体,包括交换数据(如电子数据交换、电子邮件)、获得数据(共享数据库、电子公告牌)以及自动捕获数据(条形码)等。

全球信息基础设施委员会(GIIC)电子商务工作委员会报告草案中对电子商务定义如下:电子商务是运用电子通信作为手段的经济活动,通过这种方式人们可以对带有经济价值的产品和服务进行宣传、购买和结算。这种交易的方式不受地理位置、资金多少或零售渠道的所有权影响,公有私有企业、公司、政府组织、各种社会团体、一般公民、企业家都能自由地参加广泛的经济活动。电子商务能使产品在世界范围内交易并向消费者提供多种多样的选择。

经济合作与发展组织(OECD)有关电子商务的报告中对电子商务的定义如下:电子商务是发生在开放网络上的包含企业之间(Business to Business)、企业和消费者之间(Business to Consumer)的商业交易。

(2) 政府部门的定义

欧洲议会关于电子商务给出的定义是:电子商务是通过电子方式进行的商务活动。它通过电子方式处理和传递数据,包括文本、声音和图像。它涉及许多方面的活动,包括货物电子贸易和服务、在线数据传递、电子资金划拨、电子证券交易、电子货运单证、商业拍卖、合作设计和工程、在线资料、公共产品获得。它包括了产品(如消费品、专门设备)和服务(如信息服务、金融和法律服务)、传统活动(如健身、体育)和新型活动(如虚拟购物、虚拟训练)。

美国政府在其全球电子商务纲要中,比较笼统地指出电子商务是通过 Internet 进行的各项商务活动,包括广告、交易、支付、服务等活动,全球电子商务将会涉及全球各国。

(3) 权威学者的定义

美国学者瑞维·卡拉科塔在他的专著《电子商务的前沿》中提出,广义地讲,电子商务是一种现代商业方法。这种方法通过改善产品和服务质量、提高服务传递速度,满足政府组织、厂商和消费者的低成本需求。这一概念也用于通过计算机网络寻找信息以支持决策。一般而言,今天的电子商务通过计算机网络将买方和卖方的信息、产品和服务器联系起来,而未来的电子商务者通过构成信息高速公路的无数计算机网络中的一条将买方和卖方联系起来。

(4) IT 行业对电子商务的定义

IBM 公司的电子商务概念包括三个部分:企业内部网(Intranet)、企业外部网(Extranet)和电子商务(E-Commerce)。它强调的是在网络计算环境下的商业化应用,不仅是硬件和软件的结合,也不仅是通常意义下的强调交易的狭义的电子商务,而是把买方、卖方、厂商及其合作伙伴在因特网(Internet)、企业内部网和企业外部网结合起来的应用。它同时强调这三部分是有层次的:只有先建立良好的企业内部网,建立好比较完善的标准和各种信息基础设施,才能顺利扩展到企业外部网,最后扩展到电子商务。

HP公司提出电子商务(E-Commerce)、电子业务(E-Business)、电子消费(E-Consumer)和电子化世界(E-World)的概念。它对电子商务的定义是:电子商务是通过电子化手段来完成商业贸易活动的一种方式,电子商务使我们能够以电子交易为手段完成物品和服务等的交换,是商家和客户之间的联系纽带。对电子业务的定义:电子业务是一种新型的业务开展手段,通过基于Internet的信息结构,使公司、供应商、合作伙伴和客户之间,利用电子业务共享信息,E-Business不仅能够有效地增强现有业务进程的实施,而且能够对市场等动态因素做出快速响应并及时调整当前业务进程。对电子消费的定义:人们使用信息技术进行娱乐、学习、工作、购物等系列活动,使家庭的娱乐方式越来越多地从传统电视向Internet转变。

通用电气公司对电子商务的定义:电子商务是通过电子方式进行的商业交易,分为企业与企业间的电子商务和企业与消费者间的电子商务。企业与企业间的电子商务:以EDI为核心技术,以增值网(VAN)和Internet为主要手段,实现企业间业务流程的电子化,配合企业内部的电子化生产管理系统,提高企业从生产、库存到流通(包括物资和资金)各个环节的效率。企业与消费者之间的电子商务:以Internet为主要服务提供手段,实现公众消费和服务提供方式以及相关的付款方式的电子化。

IT行业是电子商务的直接设计者和设备的直接制造者。很多公司根据自己的技术特点给出了电子商务的定义。虽然差别很大,但总的来说,无论是国际商会的观点还是HP公司的E-World、IBM公司的E-Business,都认同电子商务是利用现有的计算机硬件设备、软件设备和网络基础设施,通过一定的协议连接起来的在电子网络环境中进行的各种各样的商务活动。

上述定义没有对错之分,人们只是从不同角度,从广义和狭义上,各抒己见。其中,GIIC和HP给出的概念最广,它们强调,电子商务包括一切使用电子手段进行的商业活动。从这个意义上来讲,现在已经流行的电话购物,以及超级市场中使用的POS机都可以归入电子商务的范围。但大多数定义还是将电子商务限制在使用计算机网络进行的商业活动。这是有道理的,因为只有在计算机网络,特别是Internet普及的今天,才使得电子商务得到如此广泛的应用,也使得商业模式发生了根本性的转变。

总结起来,可以这样说:从宏观角度看,电子商务是计算机网络带来的又一次革命,旨在通过电子手段建立一种新的经济秩序,它不仅涉及电子技术和商业交易本身,而且涉及金融、税务、教育等其他社会层面;从微观角度看,电子商务是指各种具有商业活动能力的实体(生产企业、商贸企业、金融机构、政府机构、个人消费者等)利用网络和先进的数字化媒体技术进行的各项商业贸易活动,这里有两点要强调:一是活动要有商业背景;二是网络化和数字化。

从贸易活动的角度分析,电子商务可以在多个环节实现,由此也可以将电子商务分为两个层次:较低层次的电子商务(如电子商情、电子贸易、电子合同等);高层次的电子商务(利用Internet网络能够进行全部的贸易活动,即在网络上将信息流、商流、资金流和部分物流完整地实现,也就是说,可以从寻找客户开始,一直到洽谈、订货、在线收付款、开电子发票以至电子报关、电子纳税等通过Internet一气呵成)。

要实现完整的电子商务还会涉及很多方面,除了买家、卖家外,还要有银行或金融机构、政府机构、配送中心等机构的加入才行。由于参与电子商务的各方在物理上是互不谋面的,因此整个电子商务过程并不是物理世界商务活动的翻版,网上银行、在线电子支付等条件和数据加密、电子签名等技术在电子商务中发挥着重要的不可或缺的作用。

2. 电子与商务之间的关系

电子商务包含两个方面：一是商务活动；二是电子化手段。它们之间的关系是：商务是核心，电子是手段和工具。这里的商务包括企业通过内联网的方式处理与交换信息，企业与企业之间通过外联网或专用网方式进行的业务协作和商务活动，企业与消费者之间通过互联网进行的商务活动，消费者与消费者之间通过互联网进行的商务活动，以及政府管理部门与企业之间通过互联网或专用网方式进行的管理以及商务活动。这里的电子化手段包括自动捕获数据、电子数据交换、电子邮件、电子资金转账、卫星定位、网络通信、数据库、计算机设备、网络安全和无线移动技术等各种电子技术手段。

电子商务企业和企业电子商务是两个不同的概念。电子商务企业是指那些为生产企业提供网上销售和宣传平台的企业，其主营业务完全在网络上进行的虚拟企业，如新浪公司、阿里巴巴网络技术有限公司；而企业电子商务是指传统企业开展电子商务，如海尔集团开展的电子商务。

3. 电子商务的前提

电子商务的前提是商务信息化，具体指利用各种现代信息技术，如计算机技术、网络技术、数据库技术来进行商务活动。电子商务和传统商务活动的最主要区别在于：电子商务利用现代信息技术来进行商务活动，而传统商务活动依赖人与人之间的直接交流来实现商务活动。

4. 电子商务的核心

电子商务的核心是人。虽然电子商务采用电子工具进行商务活动，但是围绕着商品交易活动以及各种利益关系所组成的社会系统的中心还是人。商务活动是为人服务的，也是由人来掌握和控制的。

5. 电子商务的基础

电子商务的基础是现代化电子工具的应用。这些现代化电子工具包括：计算机、互联网络、电子支付平台、条码扫描器和 POS 机、射频识别系统、银行卡、IC 卡、卫星定位系统、地理信息系统、自动化立体仓库、自动分拣系统等。

6. 电子商务的对象

电子商务的对象是指从事商务活动的客观实体，包括企业、中间商、客户、银行以及政府管理部门等，他们是电子商务活动的实际参与者。

电子商务的研究对象则包括电子商务活动的全部流程以及构成要素。具体指电子商务的实体对象、电子商务媒介、电子商务流程以及电子商务过程中的信息流、资金流和物流。

综上所述，电子商务是指交易当事人或参与人利用现代信息技术和计算机网络（主要是互联网）所进行的各类商务活动，包括货物贸易、服务贸易和知识产权贸易。对电子商务的理解如图 1-1 所示。

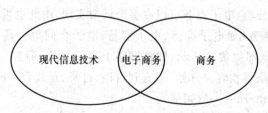

图 1-1 对电子商务的理解

1.1.2 全球电子商务的发展动态

随着 Internet 的兴起和应用的普及,全球的电子商务得到了迅速发展,具有强大生命力的现代电子交易手段已越来越被人们所认识。电子商务与传统的商务活动相比,具有突破时空局限、降低交易成本、信息快捷、大中小企业能够公平竞争等优势,因而,人们普遍认为它将成为 21 世纪国际贸易的主要方式,成为世界经济新的增长点。

发达国家已纷纷制定政策,发展中国家正在加紧制定总体发展战略,大力促进电子商务在国民经济各个领域中的应用,力争在新一轮的国际分工中占领制高点,赢得新的竞争优势。

电子商务自产生以来,发展迅速,销售额成倍增长。Forrester Research 的报告称,截至 2009 年,全球电子商务交易额达到 161 357 亿美元,同比增长 25%,2010 年全球电子商务交易额达到 19 4697 亿元,同比增长 20.7%。全球电子商务用户规模不断扩大。2010 年全球电子商务用户达到 6.93 亿人,占全球互联网用户的 42%,较 2009 年提高了 1 个百分点。B2B 仍在全球电子商务中占主导地位。2010 年,B2B 电子商务在全球电子商务销售额中所占比例约为 90%,交易额规模达到 171 333.4 亿美元,同比增长 18%。B2C 与 C2C 市场份额正在逐步放大,但 B2B 仍是市场主体。

从世界各地电子商务的发展来看,北美地区的电子商务起步较早,美国电子商务远远领先于其他国家,但近 3 年来美国电子商务市场份额已从 2006 年的 48.8% 降至 2010 年的 18.6%。虽然欧洲的电子商务比美国起步晚了 18 个月,但发展也很快。比如,根据法国远程销售商联合会(FEVAD)统计,2010 年法国电子商务的营收总额达 310 亿欧元,与五年前相比增长了约 4 倍。荷兰是欧洲物理网络和电子信息传输的门户,其高度重视发展信息通信技术(ICT)和电子商务,目前已将 ICT 列为 9 个优先发展领域之一,目标是将荷兰打造成欧洲电子商务中心。亚洲地区新兴电子商务市场主要集中在日本、新加坡、韩国和中国等国家。这些国家电子商务快速发展的原因在于电信网络比较发达,互联网技术迅速发展,计算机普及率较高,各级政府对电子商务大力支持等。

1.1.3 中国电子商务的发展

我国计算机应用已有 50 多年的历史,但开展电子商务仅有 20 多年。1987 年 9 月 20 日,中国的第一封电子邮件越过长城,通向了世界,揭开了中国使用互联网的序幕。

1. 我国电子商务发展的简要回顾

我国电子商务的发展过程可分为以下 4 个阶段:

(1) EDI 电子商务应用阶段(1990—1993 年)。我国 20 世纪 90 年代开始开展 EDI 的电子商务应用,自 1990 年开始,国家计委、科委将 EDI 列入"八五"国家科技攻关项目。1991 年 9 月由国务院电子信息系统推广应用办公室牵头会同国家计委、科委等八个部委局发起成立中国促进 EDI 应用协调小组,同年 10 月成立中国 EDIFACT 委员会并参加亚洲 EDIFACT 理事会。EDI 被应用在国内外贸易、交通、银行等部门。

(2) 政府领导组织开展"三金工程"阶段(1993—1998 年)。该阶段是为电子商务发展打基础的阶段。1993 年成立的国民经济信息化联席会议及其办公室,相继组织了金关、金卡、金税"三金工程",取得了重大进展。1994 年 5 月中国人民银行、电子部、全球信息基础设施委员会共同组织了"北京电子商务论坛",来自美国、英国、法国、德国、澳大利亚、埃及和加拿大等国的代表 700 人参加了此次论坛。1994 年 10 月"亚太地区电子商务研讨会"在京召开,使电子商务概念开始在我国传播。1995年中国互联网开始商业化,互联网公司开始兴起。

1996年1月国务院国家信息化工作领导小组成立,由副总理任组长,20多个部委参加,统一领导组织我国信息化建设。同年,金桥网与Internet正式开通。

1997年信息办组织有关部门起草编制我国信息化规划,4月在深圳召开全国信息化工作会议,4月以后,我国商品订货系统(CCOS)开始运行。

1998年3月我国第一笔互联网网上交易成功。7月中国商品交易市场正式宣告成立,被称为"永不闭幕的广交会"。10月国家经贸委与信息产业部联合宣布启动以电子贸易为主要内容的"金贸工程",这是一项推广网络化应用、开发电子商务在经贸流通领域的大型应用的试点工程。1998年北京、上海等城市启动电子商务工程,开展电子商场、电子商厦及电子商城的试点,开展网上购物与网上交易,建立金融与非金融认证中心,以及有关标准、法规,为今后开展电子商务打下基础。目前,我国电子商务已进入纵深发展和更加规范化的阶段。医药电子商务网于1998年投入运营,医疗卫生行业1万个企事业单位联网,能提供上千种中西药品信息。全国库存商品调节网络、全国建筑在线、房地产网上促销,都已正式开通。

(3) 网上购物实际应用阶段(1999年)。1999年3月8848等B2C网站正式开通,网上购物进入实际应用阶段。1999年兴起政府上网、企业上网、电子政务(政府上网工程)、网上纳税、网上教育(湖南大学、浙江大学网上大学)、远程诊断(北京、上海的大医院)等广义电子商务开始启动,并已有试点,进入实际试用阶段。

(4) 务实发展阶段(2000年以后)。电子商务服务商从虚幻、风险资本市场转向现实市场需求,与传统企业结合,同时开始出现一些较为成功、开始赢利的电子商务应用。由于基础设施等外部环境的进一步完善,电子商务应用方式的进一步完善,现实市场对电子商务的需求正在提升,电子商务软件和解决方案的"本土化"趋势加快,国内企业开发或着眼于国内应用的电子商务软件和解决方案逐渐在市场上占据主导。我国电子商务全面启动并初见成效。

电子商务服务平台、信用保障、电子支付、物流配送和电子认证等电子商务服务业持续快速发展,电子商务总体发展势头良好。2012年,中国电子商务服务业营收入规模为2 463亿元,相比2011年同比增长72%。其中,电子商务交易服务业收入为688亿元,较上年同比增长56%;电子商务支撑服务业收入为1 174亿元,同比增长113%;电子商务衍生服务业收入为601亿元,同比增长150%。我国电子商务研究中心监测数据显示,2013年我国B2B电子商务服务商的营业收入规模约为205亿元,同比增长28%。2014年前6个月我国网络零售市场交易规模达10 856亿元,同比增长43.9%。2015年仅阿里巴巴旗下的零售平台天猫"双十一"当天就创造了912.17亿元的销售奇迹。

2. 我国电子商务发展现状

据我国产业信息行业频道公布的数据显示,截至2016年6月,我国网民规模达到7.10亿人,半年共计新增网民2 132万人,半年增长率为3.1%,较2015年下半年增长率有所提升。互联网普及率为51.7%,较2015年年底提升1.4个百分点。我国手机网民规模达6.56亿人,较2015年年底增加了3 656万人。网民中使用手机上网的比例由2015年年底的90.1%提升至92.5%,手机在上网设备中占据主导地位。同时,仅通过手机上网的网民达到1.73亿人,占整体网民规模的24.5%,如图1-2、图1-3所示。我国互联网的快速发展,推动了电子商务及计算机应用的网络化。

电子政务工程全面启动并初见成效。2002年电子政务进入全面实施阶段,2002年7月国信办公布关于我国电子政务建设的指导意见。2011年12月,工业和信息化部印发《国家电子政务"十二五"规划》,提出了"十二五"期间中国电子政务的发展目标、方针和应用重点。中国电子政务应用发展已经完成了起步阶段,进入了普及阶段。中国电子政务信息技术应用发展已经完成了技术应用起步阶段和普及阶段,进入了技术应用集成整合阶段。"十二五"时期,中国电子政务总体上正在向深化应用、突出成效、发挥作用的深化阶段发展。

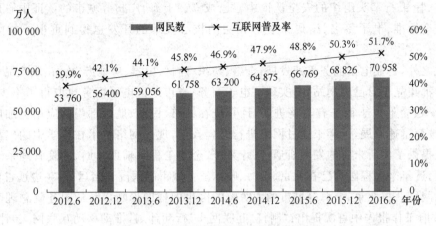

图 1-2 中国网民规模和互联网普及率

图 1-3 中国手机网民规模及手机网民占整体网民的比例

我国电子商务的环境继续改善。我国发展电子商务的环境(网络基础建设等运行环境、法律环境、市场环境,网上支付、信息安全、认证中心建设等条件)逐步完善,国家有关电子商务的政策、法规陆续出台,已为电子商务的发展建立了基本的条件。网络带宽增加,截至 2015 年 12 月,国际出口带宽总量已达 5 392 116 Mbit/s,较 2014 年 12 月增长了 30.9%。全国现代支付系统取得实质性进展,2002 年 10 月 8 日大额实时支付系统在北京、武汉两地成功投入运行,2003 年 2 月月底前完成了在上海、天津、济南、沈阳、成都、西安、深圳和海口等 11 个经济发达的城市推广,初步形成了一个全国性的跨行、跨地区银行卡信息交换网络。第三方支付业务得到了迅猛的发展,央行从 2011 年开始对第三方支付企业实行认证管理,只有获得央行颁发的第三方支付牌照才能合法经营第三方支付业务,截至 2015 年 3 月,第三方支付持牌单位增加到 270 家。于 2014 年 9 月 19 日在美国纽约证券交易所挂牌上市的阿里巴巴,旗下支付宝与工商银行、建设银行、招商银行、浦发银行、VISA 国际组织交易,同时开辟了一条境外网商进入中国市场的渠道。物流配送快速发展,拥有我国最大传递网络的中国邮政加盟电子商务领域,一些专门为电子商务项目服务的专业配送企业相继出现。2010 年,我国电子商务信息、交易和技术服务企业达到 2.5 万家,第三方支付额达到 1.01 万亿元人民币,社会物流总额达到125.4万亿元人民币,全国快递服务企业业务量达23.4亿件,有效电子签名认证证书持有量超过1 530万张。

我国政府非常重视有关电子商务应用与发展中的安全问题。行业认证中心,如电信、海关、中国人民银行牵头组织的安全认证中心已成立。上海、广州等城市的认证中心也相继成立。与安全标准、电子签名、密码系统等相关的核心技术的开发也得到重视并加大了投入力度。

除此之外,行业电子商务迅速发展,金融、纺织、建材、电器、房地产、旅游、农产品和零售业等各行业都建立了自己的网站,并实现了电子商务;省市地区电子商务也取得了不少进展;我国工业、交通企业电子商务有显著进展,计算机在铁路、民航、航运部门的应用更加广泛和深入;远程教育迅速发展,近年来通过网络进行远程教学,现代网络技术在教学中的广泛应用为教育系统提供了前所未有的发展机遇;医疗系统"金卫工程"、辅助诊断、医院管理系统取得了迅速发展,近年来远程医疗已在北京、上海、哈尔滨等城市的医院开始运行,在边远省市的病人可以通过网络获得北京、上海等城市的大医院的医生的辅助诊断。时任国务院总理李克强在2015年政府工作报告中首次提出:"制订'互联网+'行动计划,推动移动互联网、云计算、大数据、物联网等与现代制造业结合,促进电子商务、工业互联网和互联网金融健康发展。"

3. 我国电子商务发展中存在的问题

我国电子商务发展还存在许多问题:

(1) 行业管理体制有待理顺。电子商务跨行业、跨领域发展,商业模式不断创新,许多业务在政策未明确的范围内发展,国家发展改革委、公安部、财政部、商务部、工业和信息化部、文化部、中国人民银行、银监会、工商总局等部门均有相应的管理职能,但部级协调机制缺失,多头管理和监管真空并存。目前的行业管理体制还无法完全适应电子商务的发展特点,难以及时应对和有效解决电子商务发展过程中出现的各种问题。

(2) 电子商务法律法规、标准、规范不够完善。近年来,国务院和有关部委出台了一系列关于电子认证、网络购物、网上交易、支付服务等的政策、规章和标准及规范,优化了电子商务的发展环境。不过,由于电子商务是新兴业态,目前适应电子商务发展的商业规则尚不完善,具有权威性、综合性的电子商务法律法规还不健全,部分规章和标准缺乏可操作性,难以有效规范电子商务交易行为。

(3) 目前国内电子商务发展不平衡,东南沿海及经济发达地区电子商务规模较大,而中、西部地区则刚刚起步,企业电子商务最活跃的是浙江、广东、江苏、北京、上海等地。目前广东省的电子商务渗透率远远高于其他省,作为加工及制造业大省,广东省众多的中小企业也为电子商务的发展提供了良好的商品基础。

(4) 电子商务的发展所需要的市场经济环境、运行环境尚不完善,社会信用体系尚未完全建立,网络带宽、反应速度有待提高,电子支付手段尚不完备,物流配送体系尚不配套。

(5) 我国信息产业国产化产品技术水平与市场占有率低,重大电子商务应用工程、应用系统所用的软硬件产品主要依靠国外公司,系统集成和信息服务水平有待提高。计算机应用的相关标准、规范既缺乏又不统一,急需加强。

(6) 企业管理体制、机制、管理理念与组织机构尚不能适应市场经济的要求,部分领导对电子商务应用的重要性、紧迫性认识不足。企业采用电子商务等高新技术尚缺少内在的动力、人力、财力与物力。基础工作薄弱,信息技术人才特别是既懂信息技术又懂行业业务技术的复合型人才更为缺乏。

(7) 大多数电商交易企业的可持续发展能力不强。阿里巴巴、京东商城、QQ网购等电商交易企业在促进中国电子商务发展方面发挥着重要作用。近年来,价格战是电商交易企业快速扩张的主要手段。持续的价格战使大多数电商交易企业处于紧张的状态,赢利能力普遍不强。例如,京东商城 2010 年、2011 年和 2012 年的净亏损分别为 4.12 亿元、12.84 亿元和 17.29 亿元,2013 年京东商城的交易额突破了 1 000 亿元,但只实现了微利。长期经营亏损或微利,不仅削弱了电商交易企业自身的可持续发展能力和创新能力,而且削弱了电商平台对产业链的整合和带动作用。

1.2 电子商务的基本框架与组成

1.2.1 电子商务体系框架

电子商务体系框架是描述电子商务的组成元素、影响要素、运作机理的总体体系架构,是电子商务各个领域的有机组成方式以及实现电子商务活动的环境所依赖的服务体系的总称。电子商务的开展需要具备现实的基础环境,包括强大的基础通信网络、高效的互联信息技术、安全的信息网络保障、标准化建设和政策法规,它们作为电子商务的支持条件,构成电子商务完成交易的根本保障体系。

从总体上来看,电子商务体系框架由五个层次和两大支柱构成,如图 1-4 所示。五个层次分别是基础网络层、互联网络层、信息传输层、电子商务服务层和电子商务应用层,两大支柱分别是社会人文性的公共政策和法律规范以及自然科技性的技术标准和安全网络协议。

图 1-4 电子商务一般体系框架

- 基础网络层:指网络信息基础设施,是实现电子商务的最底层的基础设施,它是信息的传输系统,也是实现电子商务的基本保证。它包括远程通信网、有线电视网、无线通信网和因特网。因为电子商务的主要业务是基于因特网的,所以因特网是网络基础设施中最重要的部分。
- 互联网络层与信息传输层:是整个体系结构的关键部分,基础网络层决定了电子商务信息传输使用的基础通信线路和方式,而互联网络层与信息传输层则解决如何在互网络上传输信息和传输何种信息的问题。目前因特网上最常用的信息发布方式是在WWW上用HTML语言的形式发布网页,并将Web服务器中发布传输的文本、数据、声音、图像和视频等多媒体信息发送给接收者。从技术角度看,电子商务系统的整个过程就是围绕信息的发布和传输进行的。互联网络层包括了HTML、XML、Java、HTTP等计算机网络语言和互联网协议,信息传输层则包括了WWW、E-mail、FTP等网络应用基础服务。

- 电子商务服务层:该层实现标准的网上商务活动服务,如网上广告、网上零售、商品目录服务、电子支付、客户服务、电子认证(CA认证)、商业信息安全传送等。其核心是CA认证。因为电子商务是在网上进行的商务活动,参与交易的商务活动各方互不见面,所以身份的确认与安全通信变得非常重要。
- 电子商务应用层:在基础通信设施、多媒体信息发布、信息传输以及各种相关服务的基础上,人们就可以进行各种实际应用。比如,供应链管理、企业资源计划、客户关系管理等各种实际的信息系统,以及在此基础上开展企业的知识管理、竞争情报活动。而企业的供应商、经销商、合作伙伴及消费者和政府部门等参与电子互动的主体也是在这个层面上和企业产生各种互动。

在以上5个层次的电子商务基本框架的基础上,技术体系标准和政策、法律规范是两类影响其发展的重要因素。

(1) 技术标准和网络协议

技术标准是信息发布、传递的基础,是网络上信息一致性的保证。技术标准定义了用户接口、传输协议、信息发布标准等技术细节,是信息发布、传递的基础,是网络信息一致性的保证。就整个网络环境来说,标准对于保证兼容性和通用性是十分重要的。技术标准不仅包括硬件的标准,还包括软件的标准,如程序设计中的一些基本原则;通信标准,如目前常用的TCP/IP协议,就是保证计算机网络通信顺利进行的基石;系统标准,如信息发布标准XML以及VISA和Mastercard公司同业界制定的电子商务安全支付的SET标准。各种类型的标准对于促进整个网络的兼容和通用十分重要,尤其是在十分强调信息交流和共享的今天更是如此。

网络协议是计算机网络通信的技术标准,对于处于计算机网络中的两个不同地理位置上的企业来说,要进行通信,必须按照通信双方预先约定好的规程进行,这些约定和规程就是网络协议。

(2) 公共政策和法律规范

国家对电子商务的管理和促进可以通过政策来实现。电子商务是对传统商务的彻底革命,由此也带来了一系列新的问题。国家和政府通过制定各种政策来引导和规范各种问题的解决,采用不同的政策可以对电子商务的发展起到支持或抑制作用。目前各国政府都采取积极的政策手段鼓励电子商务快速发展。美国的《全球电子商务框架》和我国的《国家电子商务发展总体框架》都是重要体现。具体来说,政府的相关政策围绕电子商务基础设施建设、税收制度、信息访问的收费问题进行。另外,国家和政府也可以通过制定法律法规来规范电子商务的发展。法律维系着商务活动的正常运作,对市场的稳定发展起到很好的制约和规范作用。电子商务引起的问题和纠纷也需要相应的法律法规来解决。而随着电子商务的产生,原有的法律法规并不能完全适应新的环境,因此,制定新的法律法规,并形成一个成熟、统一的法律体系,对世界各国电子商务的发展都是不可或缺的。

1.2.2 电子商务的基本组成要素

电子商务是指以信息网络技术为手段,以商品交换为中心的商务活动。电子商务是依托因特网、企业内部网和增值网,以电子交易方式进行的商业活动,是传统商业活动各环节的电子化、网络化。电子商务包括电子货币交换、供应链管理、电子交易市场、网络营销、在线事务处理、电子数据交换(EDI)、存货管理和自动数据收集系统。电子商务的基本组成部分包括信息通信网络(Internet、Intranet、Extranet)、电子市场、需求方、供给方、物流配送中心、认证中心、网上银行以及经济管理部门。

(1) 信息通信网络。信息通信网络包括因特网、内联网、外联网,其承担着电子商务体系中信息传递的基本功能。因特网是电子商务的基础,是商务、业务信息传送的载体;内联网是企业内部商务活动和经营管理的网络平台;外联网是企业与企业及企业与个人进行商务活动的纽带。

(2) 需求方和供给方。需求方和供给方统称为电子商务用户。电子商务用户可分为个人用户和企业用户。个人用户使用浏览器、电视机顶盒、可视电话、移动终端等接入因特网,获取信息,购买商品。企业用户建立企业内联网、外联网和企业管理信息系统,对人、财、物、供、销、存进行科学管理,接受订单,发布信息等。

(3) 认证中心。即证书授权中心(Certificate Authority,CA)或称证书授权机构。认证中心作为电子商务交易中受信任的第三方,承担公钥体系中公钥的合法性检验的责任。认证中心是法律承认的权威机构,负责发放和管理电子证书,使网上交易的各方能相互确认身份。电子证书是一个包含证书持有人、个人信息、公开密钥、证书序号、有效期、发证单位的电子签名等内容的数字文件。

(4) 物流配送中心。接受商家的送货要求,组织运送无法从网上直接得到的商品,将商品送到客户的手中。现代物流不仅直接面对客户,直接影响客户满意度,而且是快速掌握市场变动的一个重要环节。

(5) 网上银行(Electronic Bank)。网上银行也称网络银行、在线银行,是指银行利用因特网技术,通过因特网向客户提供开户、查询、对账、行内转账、跨行转账、信贷、网上证券、投资理财等传统服务项目,使客户可以足不出户就能够安全便捷地管理活期和定期存款、支票 、信用卡等。网上银行又被称为"3A 银行",因为它不受时间、空间限制,能够在任何时间(Anytime)、任何地点(Anywhere),以任何方式(Anyway)为客户提供金融服务。网上银行在互联网上实现传统银行的业务,为电子商务交易中的用户和商家服务。

(6) 电子市场(Electronic Market)。电子市场是指在因特网通信技术和其他电子化通信技术的基础上,通过一组动态的 Web 应用程序和其他应用程序把交易的买卖双方集成在一起的虚拟交易环境。电子市场是指一个交互式的企业所提供的一个中立的市场空间,该市场空间中有很多买方和供应商从事电子商务交易和其他电子商务活动。

(7) 经济管理部门。经济管理部门是为实现电子商务活动顺利健康的发展运行,针对电子商务相关领域制定政策法规,对电子商务相关的生产经营活动进行计划、组织、指挥、协调和监督的组织和机构。

1.2.3 电子商务运作框架

如上所述,完整的电子商务涉及很多方面,除了买家、卖家外,还要有银行(或金融机构)、政府机构、认证机构、配送中心等的加入才行。由于参与电子商务的各方在物理上是互不谋面的,因此整个电子商务过程并不是物理世界商务活动的翻版,网上银行、在线电子支付等条件和数据加密、电子签名等技术在电子商务中发挥着不可或缺的作用。

从商业活动的角度分析,电子商务可以在多个环节实现,由此也可以将电子商务分为两个层次:低层次的电子商务,如电子商情、电子贸易、电子合同等;高层次的电子商务,指利用信息互联网络能够进行全部贸易活动的商务活动,即在网络上将信息流、商流、资金流和部分物流完整地实现,也就是说,可以从寻找客户开始,一直到洽谈、订货、在线付(收)款、开电子发票以至电子报关、电子纳税等,通过 Internet 一气呵成。

电子商务的任何一笔交易都包含 3 种基本的"流",即信息流、资金流和物流,如图 1-5 所示。

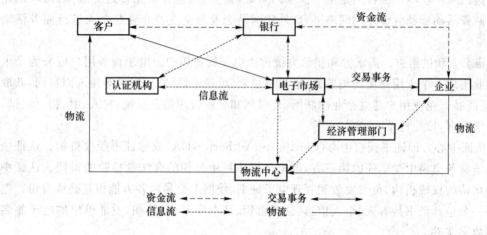

图 1-5 电子商务运行框架

(1) 信息流是客观世界中各种事物的变化和特征的反映,是客观事物之间相互联系的表征,它包括各种消息、情报、信号、资料等,也包括各类科学技术知识。信息流是电子商务交易各个主体之间的信息传递与交流的过程。经济信息的流动是经济活动的重要组成部分,是对持续不断、周而复始的商品流通活动的客观描述,是资金流、物流运动状态特征的反映。在实际电子商务活动中,信息流既包括商品信息的提供、促销营销、技术支持、售后服务等内容,也包括询价单、报价单、付款通知单、转账通知单等商业贸易单证,还包括交易方的支付能力、支付信誉、中介信誉等。

(2) 资金流是指资金的转移过程,包括支付、转账、结算等,资金的加速流动具有财富的创造力,商务活动的经济效益是通过资金的运动来体现的。

(3) 物流是指因人们的商品交易行为而形成的物质实体的物理性移动过程,它由一系列具有时间和空间效用的经济活动组成,包括包装、存储、装卸、运输、配送等多项基本活动。实际上,物流主要指商品和服务的配送和传输渠道。对于大多数商品和服务来说,物流可能仍然经由传统的经销渠道传输;而对有些商务和服务来说,可以直接以网上传输的方式进行配送,如各种电子出版物、信息咨询服务、有价信息等。在信息技术高速发展的今天,物流作为物质实体从供应者向需求者的物理性移动,依然是社会再生产过程中不可缺少的中间环节。

电子商务通过相关信息网络渠道进行信息发布、传输和交流,沟通各相关市场主体,实现信息流;通过电子支付技术手段,实现电子商务交易中资金流所有权的转移、流通;通过物流配送体系等方式实现物流。信息流、资金流和物流的基本功能如图 1-6 所示。

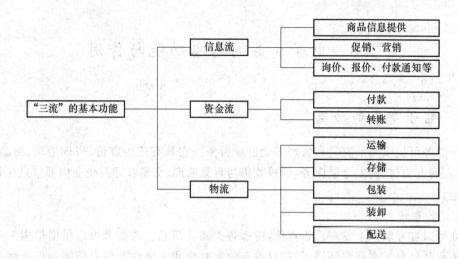

图 1-6 信息流、资金流和物流的基本功能

物流的流通伴随着资金流的发生,资金流的滞障是影响电子商务物流发生的重要因素。例如,在由原材料供应商、零部件供应商、生产商、分销商、零售商等一系列企业组成的供应链中,物流从上游的供应商向下游的零售商流动,资金流从下游往上游流动,而信息流的流动则是双向的。三者之间的有效互动构成了一个完整的电子商务模型。信息流平台是资金流平台、物流平台的基础。没有信息流平台作技术支撑,资金流和物流都无法快速、有序地流动,也不可能有效地运转。

在整个电子商务的实施过程中,信息流、资金流和物流是流通过程中的三大相关部分,三者的关系可以表述为:以信息流为依据,通过资金流实现商品的价值,通过物流实现商品的使用价值。物流是资金流的前提和条件;资金流是物流的依托和价值担保,并为适应物流的变化而不断进行调整;信息流对资金流和物流运动起指导和控制作用,并为资金流和物流活动提供决策的依据。由这"三流"构成了一个完整的流通过程,"三流"互为依存,密不可分,相互作用。它们既相互独立,又互相联系。信息流、资金流和物流只有作为一个整体,相互协调、共同推进才是有效完成商务活动的根本保障,才会产生更大的能量,创造更大的经济效益。

在传统商务活动中,买卖双方是面对面交易,信息流、资金流和物流是在同一时间、同一地点完成的。例如,消费者了解商品信息、询价是信息流,消费者付款给卖方是资金流,卖方将商品交付给消费者便完成了物流。因此,传统商务活动是"一手交钱,一手交货",把"三流"一次性完成了。

在电子商务交易过程中,信息流、资金流和物流被分离了,它们通过不同的渠道来协同完成任务,如信息流的渠道主要是网络,物流的渠道是配送中心或快递公司,而资金流的渠道主要是银行。信息流是电子商务交易过程中各个主体之间不断进行的双向交流。物流进行的是一个正向的流程,即从原材料供应商到制造商,再通过经销商或配送中心到顾客。而资金流进行的是一个反向的流程,顾客付款时需要通过他的开户银行将货款汇给经销商,经销商再汇款给制造商,制造商汇款给原材料供应商。

近年来,人们提到物流的话题时,常常与商流、资金流和信息流联系在一起,这种说法有一定道理。因为商流、物流、资金流和信息流是流通过程中的四大组成部分,由这"四流"构成了一个完整的流通过程。"四流"互为存在,密不可分,相互作用,既是独立存在的单一系列,又是一个组合体。将商流、物流、资金流和信息流作为一个整体来考虑和对待,会产生更大的能量,创造更大的经济效益。

1.3 电子商务的基本功能与作用

1.3.1 电子商务的功能

电子商务可提供网上交易和管理等全过程服务。它具有广告宣传、咨询洽谈、商品订购、电子交易、网上支付、网上金融服务、情报收集与意见征询、交易管理及企业内部信息化管理等多项功能。

(1) 广告宣传

企业可以在互联网上发布广告宣传,传播各类商业信息。消费者可以借助检索工具迅速找到各类商品信息。在网络环境下,信息发布的实时性和方便性及信息传播的广泛性是传统媒体无可比拟的。与其他各类广告相比,网络广告具有成本低廉、双向交流、传达给顾客的信息量丰富等优点。

(2) 咨询洽谈

电子商务可借助非实时的电子邮件、新闻组和实时的讨论组、洽谈室来了解市场的商品信息,洽谈交易,网上的咨询和洽谈能超越人们面对面洽谈的限制,实现了异地交谈。

(3) 商品订购

在电子商务网站上,商品的订购通常都是在产品介绍的页面上提供十分友好的订购提示信息和购物车,方便顾客在线订购。当客户填完订购单后,通常系统会回复确认信息单来保证订购信息的收悉。

(4) 电子交易

运用电子商务进行多种形式的电子交易,如网络营销、电子贸易、电子采购、网络招投标、拍卖等。

(5) 电子支付

电子支付是电子商务中的重要环节,虽然电子商务也可通过传统的支付方式(如货到付款)进行,但是在线网上支付、电子现金、IC卡、信用卡、移动支付等电子支付方式显然有着更大的优越性。近年来第三方支付平台得到了广大消费者的青睐,有力地推动了电子商务的发展。

(6) 网上金融服务

银行、信用卡公司及保险公司等金融单位可以提供网上金融服务,如网上银行、投资理财、网上证券交易、网上保险等多种服务。电子签名、加密、U盾等电子商务安全工具的应用提高了操作的安全性。

(7) 供应链管理

电子商务会促进上下游关联企业的密切合作,实施供应链管理,提高原料采购、生产、包装、配送等环节的运行效率。

(8) 情报收集与意见征询

企业能通过互联网进行市场调查,收集价格信息,网站可以方便地采用格式文件来收集用户对产品与销售服务的反馈意见,使企业能及时获得市场需求,发现商机,改善产品质量及服务。

(9) 客户关系管理

通过用户注册和网络数据库,网站可以方便地得到顾客的个人信息;通过一些程序,网站还可以跟踪顾客的购物记录,分析了解顾客的需求,挖掘出有潜力的客户。

电子商务将推动企业加强客户关系管理,切实完善售后服务,从而维持住老客户、挖掘出新客户,最终达到获得客户忠诚和客户创利的目的。

(10) 企业信息化管理

电子商务可以促进企业信息化管理,如实施办公自动化、人力资源管理、财务管理、企业资源计划及战略管理等,提高了企业的经营效率。

1.3.2 电子商务的基本作用及其对社会经济生活的影响

1. 电子商务的基本作用

电子商务是信息技术爆炸式发展的直接产物,是互联网技术应用的全新发展方向。在现代信息社会中,电子商务可以使掌握信息技术和商务规划的企业和个人系统地利用各种电子信息工具和互联网络,高效率、低成本地从事各种以电子方式实现的商业贸易活动。电子商务的基本作用可以分为3个方面:Show、Sale、Serve(3S)。

(1) Show(展示)

展示就是提供及时准确的信息,企业以网页方式在网上发布商品及其他信息以及在网上做广告等,通过展示,企业可以树立自己的形象,扩大知名度,宣传自己的产品和服务,寻找新的贸易合作伙伴。

(2) Sale(交易)

交易即将传统形式的交易活动的全过程在网络上以电子方式来实现,如网上购物等。企业通过电子方式可以完成交易的全过程,扩大交易的范围,提高工作效率,降低交易成本,从而获取经济效益和社会效益。

(3) Serve(服务)

服务指企业通过网络开展的与商务活动有关的各种售前和售后的服务,通过这种网上的服务,企业可以完善自己的电子商务系统,巩固原有的客户,吸引新的客户,从而扩大企业的经营业务,获得更大的经济效益和社会效益。

电子商务是整合产品创新、营销推广、销售渠道和后台服务的战略性系统,从微观的企业角度看电子商务的基本作用,可以总结为如表 1-1 所示几个方面。

表 1-1 电子商务的基本作用

方面	作用	方面	作用
交易平台	提升经济效益	服务渠道	提高客户满意度
营销渠道	节约营销成本	经营模式	产品/服务创新
管理方式	提升业务效率	品牌宣传	提升品牌形象与价值

① 先进便捷的交易平台有助于企业经济效益的提升。
② 在营销渠道方面节约营销成本。
③ 在管理方式上提升业务效率。
④ 在服务渠道上有助于提高客户满意度。
⑤ 在经营模式上有助于产品创新和服务创新。

⑥ 在品牌宣传上能够快速提升品牌形象与价值。

2. 电子商务对社会经济生活的影响

互联网本身所具有的开放性、全球性、低成本、高效率的特点也成为电子商务的内在特征，它不仅会改变企业本身的生产、经营和管理，而且会影响整个社会的经济运行与结构。

(1) 电子商务将传统的商务流程电子化、数字化，重新定义了流通模式。一方面以信息流代替了实物流，可以大大减少人力、物力，降低运营成本；另一方面电子商务突破了时间和空间的限制，使得交易活动可以在任何时间、任何地点进行，从而大大提高了效率，降低了商品流通和交易的成本，在一定程度上改变了整个社会经济运行的方式。

(2) 电子商务作为一种新兴的商务模式，极大地改变了商业竞争的规则和方式，尤其对广大中小企业来说，具有特别的作用与意义。电子商务能使中小企业获得与大企业平等的竞争机会，面对同样的竞争环境，扩大商机，开拓市场。电子商务使企业都可以以相近的营销成本进入全球电子化市场，使中小企业有可能拥有和大企业相似的信息资源，提高了中小企业的竞争能力。

(3) 电子商务改变企业的生产方式。电子商务拥有开放性、高效率的信息传播渠道，消费者的个性化、特殊化需要可以快速准确地通过网络展示在生产商面前。为了满足顾客需求，许多企业纷纷发展和普及电子商务，传统的制造业借此进入小批量、多品种的时代，"零库存"成为可能。美国福特汽车公司把分布在全世界的12万个计算机工作站与公司的内部网连接起来，并将全世界的1.5万个经销商纳入内部网，福特公司的最终目的是实现按需（按照用户的不同要求）供应汽车。

(4) 电子商务将带来一个全新的金融业。由于在线电子支付是电子商务的关键环节，也是电子商务得以顺利发展的基础条件，随着电子商务在电子交易环节上的突破，网上银行、银行卡支付网络、银行电子支付系统以及电子支票、电子现金等服务纷至沓来，互联网金融、移动电子支付等将传统的金融业带入一个全新的阶段。

(5) 电子商务将转变政府的行为。政府承担着大量的社会、经济、文化的管理和服务的功能。在电子商务时代，在企业应用电子商务进行生产经营、银行金融电子化和消费者实现网上消费的同时，社会对政府管理行为提出了新的要求，电子政府（或称网上政府）随着电子商务的发展应运而生并成为一个重要的社会角色。

总而言之，作为一种商务活动过程，电子商务将带来一场史无前例的革命，其对社会经济的影响远远超过商务的本身。除了上述这些影响外，它还将对就业、法律制度以及文化教育等带来巨大的影响，电子商务会将人类社会生活方式带入一个崭新的信息时代。随着我国加入WTO以及世界经济一体化进程的加快，我国企业面对世界各国企业的竞争形势越来越严峻，相对于世界上的现代化大企业而言，我国的多数企业仍显得十分稚嫩和落后，尤其是在现代化管理、经营方式与手段方面，我国的企业还有相当的差距。而电子商务的应用使企业在更广阔的地域没有时间界限地、快速便捷地进行生产的组织和商务活动，谁能尽早应用，谁就能在竞争中处于有利地位，就能获得更多的市场机会。

1.4 电子商务与经济建设

2008年，由IBM提出的"智慧的地球"这一理念，引发了智慧城市建设的热潮，同时2010年以后，物联网、云计算、移动计算、大数据等技术迅速发展起来。这些技术、理念与电子商务紧密相连,下面介绍这几个主要技术和智慧城市的含义,及其带来的影响,我们会看到新技术及理念将给电子商务带来更多的创新模式,将使电子商务从企业扩大到社会管理等诸多方面。

1.4.1 信息技术及电子商务在国民经济中的作用

1. 信息化是社会生产力发展的必然趋势

实际上,信息经济的内涵远不止是电子商务。信息经济的形成与发展是社会生产力发展的结果。人类社会经济发展的历史表明,社会生产从低级阶段向高级阶段的发展,在生产力层次上,主要是通过先进技术的产业化形成新的产业,以及先进技术对原来产业的改造来实现。信息经济的形成和发展也是如此:一方面依靠信息技术与信息生产或服务的产业化,逐步发展形成信息产业;另一方面依靠农业、采掘业、加工制造业、建筑业、交通运输业、金融业、商业等传统产业的信息化。传统产业在生产、管理、设计等各个环节全方位应用信息技术,降低能耗,提高效率,增加效益。电子商务正是在传统商务信息化的过程中出现的。

与工业不同的是,信息产业对经济的贡献主要不体现在产值上,而体现在电信与信息网络作为社会基础设施的支撑作用。"各种时代的区别,不在于生产方式是什么,而在于怎样生产,用什么劳动资料生产"。手推磨是封建社会时代,蒸汽机是工业资本社会时代。所以,工业社会的主要标志不在于火车上拉的是什么货物或者多少货物,而在于蒸汽动力装置的普遍采用。信息时代的到来,也不是因为现在的、有用的知识变得比牛顿、哥白尼时代更多或更为重要,而是由于信息技术及网络的普及,使信息劳动成为人类劳动的主要成分。

因此,要促进电子商务的应用和普及,首先要解决的是建设信息基础设施的问题。要想真正实现网上交易,网络必须有非常快的响应速度,相应的硬件、软件必须提供对高速网络的支持。由于经济实力和技术、管理等方面的原因,我国网络的基础设施建设起步较晚,已建成的网线离电子商务的要求还有差距。另外,网络应用还比较匮乏,网络利用率低,致使网络资源大量闲置浪费,投资回报率低,也严重阻碍了网络的进一步发展。同时,金融、税收、铁路、民航、外贸、政府等诸多部门网络互联尚未完全实现,网络基础设施的综合效益没有得到完全发挥。因此,如何科学地利用信息基础设施,提高投资效益,改变网络通信方面的落后面貌,是促进电子商务应用普及的重要问题。宏观上,就整个社会来说,是要建设一个能够支撑电子商务的市场环境;微观上,具体到每个企业,就是要实现自身的信息化,才可能有能力接入这样一个电子商务的市场环境。

2. 企业信息化是实施电子商务的基础

正是在上述背景下,电子商务在商业领域掀起了一场前所未有的商业革命,在这里需要再一次强调企业信息化是实施电子商务的重要基础。

在工业经济环境中,企业是围绕物流和资金流组织生产的。这种生产是追求效率的大规模生产,产品是标准化的、大批量的。为了保证生产,需要有合理的库存储备,也就是不得不储备一定的材料、零部件及劳动力等。在信息经济环境中,企业则是围绕着信息组织生产。企业首先要有获取信息的技术手段,在信息技术的支撑下,企业可以清楚地知道现实的市场需求,在什么地方需要什么产品,需要多少,而且能够使潜在的需求明朗化。这种信息化的背景为电子商务的产生奠定了基础。

企业信息化的基本内容包括以下方面。

（1）基础层面
- 计算机硬件平台:服务器、客户平台等。
- 网络支持平台:主干网、局域网的网络设备和布线等。

- 系统和网络管理软件平台。
- 内部网、外部网、互联网的建立。

(2) 组织层面
- 企业 IT 部门的建立和定位。
- 职责和业务流程。
- 企业信息主管(CIO)及其权力。

(3) 应用层面
- 办公自动化(OA)、交流、协同与合作。
- 企业资源规划与决策支持。
- 设计、生产过程自动化与信息化。

企业信息化不是在现行的业务流程中增设一套并行的信息流程,而是要按照现代企业制度的要求,适应市场竞争的外部环境,对工作流程进行改革和优化,并用现代信息技术支撑动作。具体说来就是要建设企业 MIS(管理信息系统),进而发展到企业 Intranet(内部网)、Extranet(外部网),实现企业信息流横向、纵向的顺畅流动。

3. 金融电子化是实施电子商务的保障

从某种意义上说,电子商务的核心内容是信息的互相沟通和交流。交易双方通过 Internet 进行交流,洽谈确认,最后完成交易。对于通过电子商务手段完成交易的双方来说,银行等金融机构的介入是不可或缺的。银行所起的作用主要是支持和服务,属于商业行为。但从整个电子商务网络的发展来看,要在网络上直接进行交易,就需要通过银行的信用卡等各种方式来完成交易,以及在国际贸易中通过跟金融网络的连接来支付和收费。

银行在电子商务整体框架中是一个必不可少的组成部分,银行的支付结算服务是电子商务得以开展的必要条件。在电子商务中,无论是企业的交易活动还是消费者和企业间的网上购物活动,都离不开银行的支持。以网上购物为例,有关参与方主要包括消费者(持卡人)、商户和银行。交易流程为:消费者向商户发出购物请求→商户把消费者的支付指令通过支付网关送往商户收单行→收单行通过银行卡网络从发卡行(消费者开户行)取得授权后,把授权信息通过支付网关送回商户→商户取得授权后,向消费者发送购物回应信息。如果支付获取和支付授权并非同时完成,商户还要通过支付网关向收单行发送支付获取请求,以把该笔交易的金额转到商户的账户上。银行之间通过支付系统完成行间结算。从以上交易流程来看,网上购物可以分为两个基本环节——交易环节和支付结算环节,而支付结算环节是由包括支付网关、发卡行、收单行在内的金融专用网来完成的。因此,离开银行,无法实现网上交易,也就谈不上真正的电子商务。

金融电子化工作需配合国家对金融机构的监管,配合金融体制的改革,服务于提高资金的使用效率,以方便企业和个人用户为目标。金融电子化要在跨银行、跨地区的贸易结算、资金划拨等方面有所突破,适应信息时代的要求,使企业和个人能够通过信息化的手段随时地享受高质量的金融服务。

随着国际贸易的繁荣与发展,跨国投资迅速增加,银行国际业务迅猛发展,银行之间的竞争加剧,各银行都在向全能化、国际化、集约化和多样化方向发展。因此,全世界各银行金融业都十分重视科学技术进步。现代高新技术的高速发展,尤其计算机科学和信息科学的进步为银行的变革创造了有利的条件。网上银行的出现与发展,为全世界各银行的发展指明方向。

1.4.2 电子商务与企业经济

21世纪是一个以网络为核心的信息时代,这已为全球所公认。数字化、网络化与信息化是21世纪的时代特征。目前经济全球化与网络化已成为一种潮流,信息技术革命与信息化建设正在使资本经济转变为信息经济、知识经济,并将迅速改变传统的经贸交易方式和整个经济的面貌,它加快了世界经济结构的调整与重组,推动着我国从工业社会向信息化社会过渡。

电子商务带来了经济战略、组织管理及文化冲突等方面的变化,电子商务不仅是一种技术变革,它还促进了通过技术的辅助、引导、支持来实现的前所未有的频繁的商务经济往来,使商务活动本身发生根本性的革命。电子商务直接改变的是商务活动的方式,如买卖的方式、贸易磋商的方式和售后服务的方式等。消费者能够真正足不出户就货比三家,同时能够以一种轻松自由的自我服务的方式来完成交易。Web技术使企业能够为每个客户定制产品和服务。电子商务使全球上亿网民都有可能成为企业的客户或合作伙伴,企业可以利用Web每天24小时轻松又实惠地发展潜在的客户。联机客户服务程序可以把客户的问题及时传送到不同的部门并和现有的客户信息系统相集成。

对企业而言,电子商务是一种业务转型,或者说是一次重大的革命。HP公司认为,电子商务改变企业业务运作模式、企业竞争策略,提升企业间业务合作伙伴关系,是企业在电子世界中获得成功的关键。真正的电子商务使企业能从事在物理环境中不能从事的业务。例如,对新的子公司开放后端系统,使Internet成为一种重要的业务传送载体;生成新的业务,产生新的收入;使企业进行相互连锁交易;自适应导航,使用户通过网上搜索交换信息;使用智能代理;运用注册业务或媒介组织买方和卖方;使业务交往个人化,具有动态特征,受用户欢迎,更具效益。电子商务对企业动作过程的影响体现在随信息技术的发展,企业内部的管理机制不断变化。电子商务作为信息处理技术的一个飞跃,其影响不仅停留在交易手段和贸易方式上,且由于这些因素的改变,尤其是供应链的缩短、市场核心的转移——以及各方面管理成本的大幅度降低,必然导致企业内部过程的变迁,因而使得电子商务成为企业动作过程重组的根本推动力。这对企业来说是一个改革自身、重新适应新环境、迅速投入新环境的最佳契机。

电子商务带来了新的贸易组合模型。电子商务将贸易社会视为一个有机体:当把视野从单个企业扩展到整个行业之后,又将继续放宽到整个贸易社会中所有的企业组织(供应商、运输商、分销商、银行等)中。这时人们看到的是一个单一的有机体将原材料变成成品,然后送到最终用户手里。该有机体是一个资金在其中连续流动并积累到效率更高的企业中去的结构。当电子商务在整个贸易社会所有的个体中实现时,这个社会将作为一个联合的、有目的的、高效的实体而运行。当一个行业的主导企业已经将电子商务变成商业动作的基本标准,如果一个小企业想与大企业合作,就必须使用电子商务。企业似乎都要经历一个思想的转变,从"如果我不加入电子商务,我将失去最大的客户"到"早知道电子商务使我的业务变得如此简单,我早就采用了"。

总之,电子商务不仅仅是贸易的一种新形式,从本质上说,电子商务应该是一种业务转型:它正在从企业竞争和运作模式、政府和社会组织的运作模式、教育及娱乐方式等方面改变人类相互交往的方式和生活细节。电子商务可以帮助企业接触新的客户,增加客户信任度,合理运作并以更快的方式将产品和服务推向市场;它同时还可以帮助政府更好地为更多的市民服务,并因此提高公众对政府的满意度;它可以更新人类的消费观念和生活方式,改变人与人之间的关系。

1.4.3 电子商务与政府行为

在工业时代,人民与政府是"迂回沟通";在信息时代,人民与政府"直接沟通"。人民和政府之间,形成真正的"鱼水关系"。这就是电子政务的深层含义。直接沟通,并非不要中间环节。信息社会意义上的直接沟通,不在于有没有中间环节,而在于"政务边际成本递减"。正如直接经济不在于有没有中间环节,而在于边际成本递减一样。

什么是"政务边际成本递减"呢?"政务边际成本递减"是指社会管理的中间成本,在社会管理范围扩大中相对减少。不管中间环节是增是减,只要总的中间成本相对缩小了,我们就认为是"直接化"了。传统政务,遵循政府边际成本递增法则。社会化任务越重,管理范围越大,相应的管理成本越高。按照西蒙的有限理性说,在工业社会,个人能直接管理的人数,在7~13人,超过了,就需要分层。管理层这个中间环节,虽然提高了效率,但也消耗了资源。我们称管理层消耗的资源为管理成本,或叫中间费用,中间即指领导者与被领导者之间。管理成本包括正面的管理费用和负面的管理费用。

管理的中间环节积极的方面是,进行社会化组织,使社会的组织化程度提高,抽离了中间管理者,社会如果因此降低组织的复杂度,会向农业社会倒退。社会若还要保持复杂度不变,就会陷入混乱或无效管理。另外,社会通过中间环节进行管理,是要付出代价的,包括正面的管理费用和负面的贪污腐败。而电子政务,遵循的是政务边际成本递减法则。社会化任务越重,管理范围越大,相对的管理成本就越低。按科斯理论,建立制度的成本与它节省的成本比哪个更大,决定制度的稳定性。如果传统政务耗费的成本过高,比如腐败现象太严重,或支持行政费用的财政负担过重,加快电子政务的制度建设,其成本就变得并非不可以忍受了。事实上,电子政务有利于稳定,是一种建设性的改革。

电子商务时代是信息化时代,是数字经济时代。政府始终起着引导经济、管理经济、调控经济的重要作用。新的时代要求政府必须应用现代化的手段管理经济,规范电子商务市场,保证国民经济的健康持续发展。为适应21世纪电子商务在公共计算机网络上进行经济活动的时代,政府职能也应该在公共网络上实现,即实现电子政务。在21世纪,电子政务将成为电子商务活动支撑环境中的重要组成部分。

电子政务就是各级政府政务处理电子化,其包括内部核心政务电子化、信息公布与发布电子化、信息传递与交换电子化、公众服务电子化等。电子政务意味着以政务为核心,电子化只是政务处理的一种方式。

政府是电子信息技术的最大使用者。政府、企业、家庭是经济行为的三个主体,信息化应该首先从政府的信息化开始。政府信息化是先导,企业信息化是基础,家庭信息化是方向。信息技术发展到今天,Internet已经直接影响着我们的生活,信息网络正在成长为"第四媒体",它将成为人们获得信息和实现社会多种功能的主要载体。在世界范围内,随着电子商务的发展,推进政府部门办公网络化、自动化,实现信息共享已是大势所趋。人们认识到必须通过信息技术来改进政府组织,重组公共管理,最终实现办公自动化和信息资源的共享。世界各国也正在积极构建自己的电子政务,我国1999年实施的"政府上网工程",其目的也在于推动我国各级政府部门为社会服务,促进公众信息资源上网,实现信息资源共享,并以此来带动我国国民经济和社会生活的信息化,建立良好的电子商务环境。

政府职能转变,从严密控制转向宏观指导,社会越来越需要咨询服务、政策指导。网络和现代通信是实现其目标的重要手段,也是低成本获取信息、监督政府工作、反腐倡廉的强有力的措施。

信息技术的发展,特别是网络技术的发展,在改变着人们几千年来形成的信息传递方式、人际间的沟通方式和社会管理的组织方式,并深刻地影响着社会生活和政府运作的方式。信息化程度的高低已成为衡量一个国家综合国力的重要标志,全面实现信息共享已成为世界各国的共识。

从目前的发展来看,所谓电子政府,是指政府有效利用现代化信息和通信技术,通过不同的信息服务设施(如电话、网络等),对政府机关、企业、社会组织和公民,在其更方便的时间、地点及方式下,提供自动化的信息及其他服务,从而构建一个有回应力、有效率、负责任、具有更高服务品质的政府。

政府作为国家管理部门,其本身上网、开展电子政务将对电子商务的发展起到积极的引导作用,有助于政府管理的现代化。而且政府上网也能起到支持互联网发展的作用,可促进信息产业的发展,同时也将促进全民现代化素质的提高和社会现代化的实现。构建高效率的电子政府,提高工作效率和政务透明度,建立政府与人民群众直接沟通的渠道,为社会提供更广泛、更便捷的信息与服务,实现政府办公自动化、网络化、电子化,实现信息资源共享,这是现代化社会的一个基本特征,也是加强民主法制建设,推进民主化进程的有力措施。

政府信息化的目标是利用信息技术提高政府的运行效率,使政府的决策建立在及时、准确、可靠的信息基础之上,以便更好地为社会服务。

当今,科学技术高度发展,社会分工日趋精细,全球经济一体化、区域化的进程加速,使整个社会需要越来越多的决策,政府、政治家决策的负担越来越重。在信息社会中,政府更开放,公众的参与性更强,决策更趋科学合理,对政府行为和政治家的监督检查更具体直接。电子政府要求政府机构的设置必须与经济结构、信息系统及文明的其他特征相适应:一是建一条能将所有部门连在一起并让他们协同工作的安全的政府内部网络和中央数据库;二是提供满足公民特殊需要的服务,公民能够从网上方便、安全地得到这些服务;三是建立一个电子政府市场,各个部门可以公布他们需要的物品,得到认可的供应商,可以对这些物品竞标,公务员可以迅速、高效地买到低价物品;四是数据民主,政府利用网络增强自己的透明度。

我国政府部门职能正从管理型转向管理服务型,政府承担着大量的公众事务的管理和服务职能,更应及时上网,以适应信息化社会对政府的需要。通过 Internet 这种快捷、廉价、生动形象的通信手段,政府可以让大众迅速了解政府机构的组成、职能和办事章程以及各项政策法规,增加办事执法的透明度,并自觉接受公众的监督。同时,政府也可以在网上与公众进行信息交流,听取公众的意见与心声,从而使政府更好地为公众服务。在网上建立起政府与公众之间相互交流的桥梁,为公众与政府部门打交道提供方便,并从网上行使对政府的民主监督权利。在政府内部,各部门之间也可以通过 Internet 相互联系,各级领导也可以在线向各部门做出各项指示,指导各部门机构的工作。推行电子政务的现实意义巨大,可以带来以下的社会效益。

(1) 提高政府决策的更改效率和公共政策的品质。政府信息化,可帮助政府运用所获取和掌握的国家政治、经济、社会发展等领域准确的、可靠的信息,制定正确的决策,做出理性的判断及采取必要的行动,进而提升政府决策和公共政策的水准和质量。

(2) 促进信息流通利用和平等共享。在信息社会中,信息就是力量和财富。政府是最大的信息收集者——信息源,"政府上网"将极大地丰富网上的中文信息资源,为我国信息产业的健康发展创造一个良好的生态环境,同时对促进我国政治、经济和文化的发展产生深远的影响。据统计,目前各个部委的信息资源占全社会信息资源总额的80%,这些信息资源对公众来说是很有用处的。例如,国家教育部可以把全国各大院校的情况上传到网上,供全国考生查询与选择等;反过来,"政府上网"带来的信息资源的丰富也会促进更多的百姓上网。

(3) 提高政府的反应能力和社会回应力,实现广大公民参与政府公务管理。政府信息化可以使政府机关借助现代信息和通信技术建立政府与政府、政府与社会、政府与企业、政府与公众之间的广泛沟通网络,这种沟通网络可以打破时间、空间及行政组织部门与层级之间的限制,提高政府内外的沟通效率,及时传达政府的施政意图、方针与政策,反映公众的要求和呼声,从而提高政府治理的反应能力和社会回应力。另外,政府可以借助因特网、电子邮件、电子布告栏等方式,与公众建立一个迅速、有效的沟通途径和意见反馈机制,从而实现和扩大公民对政府公务管理的参与。

(4) 为政府管理导入全新的观念,带来政府办公模式与观念上的一次革命。实现政府信息化,有利于提高政府工作的透明度,从而提高政府办事效率,有利于减少文山会海,实现无纸化办公,降低办公费用;有利于信息资源共享,及时、快捷地发布信息;有利于提高政府机关工作人员的素质和政府的全面建设。促进政府重组,节约行政成本,提高政府效率。政府信息化,可促进传统的科层组织和职能的整合;政府信息化,促使政府的程序和办事流程更加简明、畅通;政府信息化,节约了人力、物力和财力资源;政府信息化,提高了政府机关的办事效率。

(5) 公开政府信息,实现开放政府。信息公开是民主政治的基础,也是开放政府的根本。经由网络系统,政府信息除个人隐私、商业秘密、国家机密等不宜公开外,依其性质向社会组织、企业公开使用,可促使政府信息增值利用;更重要的是,便于社会大众、新闻媒体监督政府施政,起到透明和公开的作用。实践证明,网上招标、网上采购等对于促进政府建设有着重大作用。

1.5 本章小结

本章简要介绍了电子商务的概念、国内外电子商务的发展情况、电子商务的基本框架及组成要素、电子商务的基本功能和作用、电子商务与经济建设的关系等内容。

思考与练习

1. 简述电子商务的概念和含义。
2. 简述电子商务的基本框架。
3. 结合自身体会,简述电子商务的基本功能和作用。
4. 简述我国电子商务发展现状及存在的主要问题。
5. 信息技术及电子商务在国民经济中起到了什么作用?

第 2 章　电子商务模式

【学习目标】

- 理解电子商务模式的形成；
- 掌握电子商务的交易模式以及 B2B、B2C、C2C 等经典电子商务模式及相应的赢利模式；
- 熟悉几种新型的电子商务模式，能结合具体案例对电子商务模式进行分类。

【导读案例】

春秋航空网上直销，暗战垄断巨头中国民航信息集团公司*

对廉价的航空公司来说，仅靠压榨成本维持利润增长，如同穿上停不下的红舞鞋。面对中国民航信息集团（简称"中航信"）对网上售票环节的垄断和利润吞噬，春秋航空押注信息化这一筹码，递出业界第一封挑战书。

继 2009 年上市计划搁浅之后，春秋航空宣布，将原定于 2011 年上市的计划再度推迟到 2012 年。针对此事，春秋航空董事长王正华在一次新闻发布会上给出的解释是："我们不希望低价发行股票"，而希望公司能在 2012 年全球经济全面复苏之后获得更高的估值。

早年，春秋航空凭借国际上已有先例的"低成本运营战略"横空出世。但是从其诞生那天起，对春秋航空不利的新闻就没有断过，其中最为著名的是"济南市物价局开出 15 万元罚单"事件和多起"乘客霸机"事件。由此可以看出，民营企业在航空业夹缝中生存的种种不易。

而春秋航空上市途中的且行且徘徊，无疑让人产生诸多联想：低成本战略能否支撑该公司走下去？在兼顾低成本战略和高质量运营这两点上，春秋航空是否已捉襟见肘？

春秋航空高级副总裁王煜告诉《中国经济和信息化》杂志记者，公司将继续坚持压缩成本的战略，但是其内涵和手段不再单一。电子商务售票平台便是他最近研究的课题。尽管全中国的网上机票分销平台已被中航信垄断。

春秋航空对成本的"克扣"已经到了锱铢必较的地步，他们目前正在采用与低成本航空的先行者——美国西南航空公司、爱尔兰瑞安航空公司和马来西亚亚洲航空公司相似的经营模式：自行开发电子商务平台以压缩成本。

这种方式就是通过公司的电子商务平台进行机票直销，省去机票代理环节，以降低公司运营成本。南方航空股份有限公司（简称"南方航空"）信息化负责人在接受《中国经济和信息化》记者采访时表示："网上直销能节省机票面额 3% 的代理费，同时可以加快航空公司的资金流运转速度。"

1. 低票价捅了马蜂窝

春秋航空是我国在低成本航空领域"吃螃蟹"的第一家，其一系列低价策略，诸如"1 元票

---

* 资料来源：http://www.brandcn.com/yingxiao/wangluoyingxiao/201012/267780.html，2010

价",甚至"0元票价",确实吸引了不少消费者,但同时也给春秋航空带来了不少麻烦。

2006年1月,该公司推出了针对济南到上海航线的"1元票价",随即收到济南市物价局因其违反《民航运输价格改革方案》的票价浮动比例规定而开出的15万元罚单,最后春秋航空在压力之下取消了该航线。次年,春秋航空再次推出武汉到上海航线的"9元票价",但随后也被迫关闭了该航线长达4个月之久。此后,春秋航空再推出"0元票价"时只好打着公益的旗帜。对此,前述南方航空负责人表示:"这只是一种噱头,起到一些宣传作用,并不能长期搞。"不过,春秋航空副总裁王煜持不同的看法,他反问记者:"一架150座的飞机搭载100位乘客和搭载150位乘客,在运营成本上是没有区别的。那么我们为什么要浪费那50个座位呢?而且单从上座率的角度来考虑,春秋航空也是一个环保、绿色的航空公司。"

因为消费者习惯了传统航空公司的服务水准,当春秋航空这样一种剥离了很多服务项目的低成本航空模式面世时,也遭遇了不少乘客罢机、罢乘和索赔事件。据春秋航空新闻发言人张磊透露,仅2006年5—12月,春秋航空就有12个航班的678位旅客罢机、罢乘或索赔。

不过,春秋航空的战略定位就是低成本航空。王煜表示,公司努力的目标不会因为外界的不理解和不认可就改弦更张。相反,这正说明他们需要完善的地方还很多。

2. 网上直销暗战

不管是已经常态化的199元、299元票价,还是1元、9元的活动低票价,作为国内目前唯一的低成本航空公司,春秋航空的地位已很难撼动。面对中航信在网上销售信息化系统上的垄断,为了降低成本,春秋航空打算自己做电子商务平台进行机票直销。

春秋航空电子商务平台的独特性主要体现在建立了自己的销售系统、离岗系统以及整个前台和后台的操作系统。它是我国第一个不经中国民航信息网络综合业务分销平台而自主进行B2C模式网上直销的航空公司。而这种模式正得到国内航空公司的追捧。

南方航空就是一个例子。这家航空公司虽然是国营航空公司,但因为没有中国国际航空股份有限公司的地位和东方航空股份有限公司(简称"东方航空")的市场,他们也开始布局网上直销之路。据王煜透露,南方航空现在通过其官网直销的机票份额已占到了10%左右。

但是,不管是南方航空还是东方航空,他们毕竟是国营航空公司,引述东方航空CIO蔡阳所说:"东方航空肩上顶着强烈的国家责任感,也就是说,无论一条航线赚不赚钱,只要是国家需要,我们都要去做。我们是在完成任务的前提下去深度挖掘市场价值,引导市场发展。"

这里涉及一个机票代销的问题,这个系统正是由中航信提供的。中航信向每个代理商收取3%的费用,这个费用占比在最早时曾高达9%。世界航空发展到现在,已经产生了4种销售模式,分别是网上直销、线下直销、线上代理以及网上代理。

春秋航空正希望通过自己的电子商务平台实现网上直销,降低成本。有数据显示,春秋航空目前的线上直销占比是80%,但王煜并不满足于这个比值:"我们要努力把线上直销份额提升到95%。"

自己做网上直销也有无奈。王煜打了个比方:"如果你售9元机票,代理商就只收2毛7的费用。代理商就不愿意代售,机票就卖不出去。"而从代理商的角度讲,机票卖得越贵,其代理费用越高,对代理商自身也越有利。

3. 变复杂为简单

东方航空一位负责人介绍,因为上座率很低,公司的上海到青海航线经常处于亏损状态。东方航空公司公布的一份2010年6月的运营数据显示,该航空公司6月上座率达80%,创2000年以来新高。有分析人士指出,这主要得益于世博会。而春秋航空的上座率经常都能达到这个数值,甚至更高。

这是因为春秋航空坚持这样一个原则：与其让座位空着，不如低价卖给乘客。当然，另一个重要的原因是春秋航空的飞机少，利用率高。春秋航空目前只有21架空客A320系列飞机，仅占国内客运飞机数量的1‰。

春秋航空不仅飞机架数少，而且机种单一。对此，王煜解释说："这能够在很大程度上减少设备保养和维修费用。因为我们的模式就是要简单化。"

王煜提到的模式简单还不仅仅指这些，春秋航空提供的服务也很单一，没有餐食，行李逾重比传统航空公司的逾重少5 kg。

少了机票代理商这个环节，这不仅让春秋航空为乘客提供服务变成"一对一"了，而且资金流转链条也缩短了。王煜说："不通过代理，可降低费用，还可提供更好的服务保证。"

王煜说的"更好的服务保证"，其实是指春秋航空提供的差异化服务。王煜说："比如，其他航空公司逾重行李标准是20 kg，我们是15kg。还有机票退改规则，我们的退票手续费更便宜，当然特价票也是不给退改的。"

电子商务网上直销可以作为降低成本的手段，王煜说："跟其他销售渠道相比，网上直销成本是最低的。"而且从销售角度来讲，王煜表示，因为产品比较单一，就是从始发地到目的地，价格非常标准化，这种产品非常适合于在网上销售。"因为你在网上更容易进行销售、推广。"

不过，春秋航空的电子商务网站在广州某软件公司总工程师谢连康看来，整体版面显得有些凌乱和复杂，他认为建立一个电子商务平台有一个很重要的原则，就是用户输入的信息或点击的次数越少，而平台有针对性地反馈给用户所需要的信息越多、越清晰就越好。很显然，春秋航空在建设自己的电子商务平台上还需要把"简单化"的理念贯穿下去。

4. DG加盟网上支付，春秋航空发力日本市场

尽管"3.11"日本大地震与核辐射打乱了春秋航空执行日本航班计划，但并未影响到春秋航空拓展日本市场的信心。

2011年6月上旬，春秋航空上海到香川旅游包机首航，随着暑期的到来，日本旅游和商务市场逐步回暖，7月15日，春秋航空正式开通上海到高松的定期航线。

同时，日本最大的在线支付平台DG(Digital Garage)公司与春秋航空完成了商务谈判，解决了技术衔接，达成合作协议，使春秋航空的外币在线支付平台得到进一步的完善。DG支付助推春秋航空招徕日籍客源。

春秋航空开辟日本次城、中国香港和中国澳门航线初期，网上支付只能支持VISA、MasterCard信用卡进行订单支付。而数据显示，在日本支付领域，日本旅客还会经常使用JCB和美国运通卡进行线上支付，所以这部分旅客购买春秋航空机票很不方便。DG公司作为日本本土支付服务商，其提供的支付产品更加贴合日本消费者的使用习惯。

2011年7月上旬，DG公司的支付系统正式登上春秋航空官方网站日语版，DG支付平台的开通使春秋航空增加了JCB及美国运通卡的支付渠道。DG公司同时支持中国发行的银联双币卡(银联/VISA，银联/MasterCard，银联/JCB等)用日币支付购买机票，方便了很多持有中国信用卡的在日消费者。

DG旗下的Econtext公司所担纲的支付业务，为日本本土最大的支付平台之一，从事Web支付、游戏内容支付、音乐会等票务的支付、购物支付，尤其擅长交通和旅行观光支付。

通过本次合作，可以实现对于日本当地线上支付方式的优化，使交易过程更加安全便捷，这也意味着春秋航空对日本市场的拓展进入了实质性阶段。

作为国内第一家也是唯一一家低成本航空公司，春秋航空坚持运用低成本的网络营销，深入拓展日本市场。在国内网站直销、手机3G直销获得微博助力的基础上，春秋航空开通日本推特平台 http://twitter.com/airspring.jp,与日本旅客开展互动。

春秋航空发言人认为,随着IT技术应用的普及,消费者已经超越了单方面从企业被动接收信息的模式,而是通过微博与企业交流互动,同时引发更多关注。企业与消费者的关系从平面的促销广告、产品销售、售后服务,转变为对消费问题的全方位立体回应。

在日本,春秋航空上海总部的推特热也迅速延展到了日本。现春秋航空日文官方推特账号已经开通认证,并已经开始着手通过推特进行相关的营销、服务、信息公告等工作。届时,春秋航空将会在推特上公布最新的航线及价格信息、服务产品推荐、旅客咨询解答、国内目的地指南,包括航线所至地的景点、美食、风俗、攻略等。同时,在推特上还将定期举行一些市场活动,春秋航空的免票大奖和精美礼品等仅向推特粉丝进行发放。

无论是春秋航空在其网站上直销的案例,还是加盟国际网上支付的案例,都说明当今社会中企业发展电子商务的必要性和重要性。春秋航空是国内第一家独立成功研发出电子商务信息化系统的航空公司,它打破了中航信对民航信息系统的长期独家垄断,利用信息化系统提升核心竞争力,实现了单机营运成本最低,收益率最高,实现了网上B2C销售比例超过70%(远远高于国内5%的平均水平)。

达到目前的成绩,春秋航空付出了极大的努力,并积累了许多宝贵的经验,具体如下:

(1)如果一家企业想要实施电子商务,只有企业的高层明确电子商务的重要性,并配合推进,电子商务实施才能相对比较容易获得成功。

(2)对于电子商务的开发,一定要拥有一支有能力的自主开发团队。自主开发团队既要了解企业的流程,也要熟悉软件开发的基本技术,并能够把二者紧密结合起来,这样才能开发出一套较为实用的电子商务系统。

(3)要有高素质的电子商务系统的使用人员。一个公司的信息化程度越高,对员工基本素质的要求也越高。要想使电子商务的实施获得成功,对员工的基本技能一定要培训。

(4)要有一个勇于创新、敢于变革的企业文化。电子商务系统上线,需要改变现有操作习惯,操作人员要适应新业务操作流程。要做电子商务系统,就要有一个开放的、敢于变革的企业文化,敢于冒风险,敢于破坏性创新。春秋航空电子商务系统的成功实现与春秋航空勇于变革的企业文化密不可分。

此外,还有一些其他因素保证了春秋航空电子商务又好又快地发展。春秋航空坚持不懈地培养用户网上购票的习惯,完善支付流程,完善电子商务硬件基础设施,长期培养忠实的企业客户和个人客户,重视电子商务研发专业人才。

2.1 电子商务模式的内涵

2.1.1 电子商务模式的形成

当前,关于电子商务模式的概念存在两种主流观点。一种观点认为,电子商务模式是关于产品、服务以及信息流的一种构架,是一种对业务活动不同参与者及各自角色的描述,同时也是对这些参与者的潜在利益和收入来源的一种描述。另一种观点则认为,电子商务模式是对决定企业产品、信息和资金流的消费者、客户、同盟、供应商各自的角色以及相互间关系的描述,也是对各方能获得的主要利益的描述。还有的观点认为,电子商务模式是对电子商务系统创造价值的实际流程背后逻辑的一种描述,是对企业通过电子手段实现其商务战略在概念层面和结构层面的概括,并且是企业实施电子商务流程的基础。

国内外的学者在对电子商务模式的研究方面存在显著的差异。国内的学者一般绕过对电子商务概念的分歧,直接提出各种关于电子商务模式的建议。有的学者根据网络使用目的将电子商务模式分为网上市场型、网上高效型、网上服务型和网上商品交易型;有的学者认为我国的大型传统企业在实施电子商务时,应当遵循依托互联网来加强销售渠道,以现有价值链的整合获取更多价值,建立或形成整个行业的电子商务构架,以及形成跨行业的电子商务平台及社区四阶段的电子商务模式。总之,国内的研究更多的是关注模式的划分、发展阶段的划分以及具体实施建议的提出。而国外的学者则不同,他们更多关注的是电子商务模式更深层次的内容,更多涉及的是电子商务模式的各种要素分析。例如,在 Weill 和 Vitale 提出的"原子电子商务模式"理论中,就将现有的电子商务模式分解为 8 种最基本的原子电子商务模式。他们认为通过研究原子电子商务模式,企业可以单独实施某种原子电子商务模式将已有的电子商务模式进行分解、分析。他们提出的 8 种原子电子商务包括直接面向客户、企业整体、中介、基础设施共享、虚拟社区、价值网络集成商以及内容提供商,分别从战略目标、收入来源、关键成功因素、核心能力、IT 基础设施、客户资产拥有关系进行了要素分析。

对于中小型企业而言,缺乏有特色的电子商务模式成为阻碍他们发展的重要因素,互联网为商务模式的传播和扩散提供了渠道,模仿照搬迅速挤干了原有商务模式的利润空间正是网络泡沫的根源之一。此外,电子商务公司创业如果要吸引风险资本家的投资,就必须提交一份现有竞争者难以模仿的商业计划,即有特色的电子商务模式对企业成功至关重要。

具体来说,好的电子商务模式可以使企业在竞争中获得两种优势:一种来源于电子商务模式对业务中原有重要流程或特性进行改进,以此提高动作效率,并降低成本,如在对顾客的管理中引入互联网服务的策略;另一种则来源于电子商务模式对企业业务进行了创新性的突破,创造了新的价值,如开拓新市场、改革行业的标准或规则。前一种优势在一定的内外部环境下可能会转化为另一种优势。如 Dell 公司将互联网和强大的第三方物流相结合,建立了全新的网上直销渠道,形成了上述第二种优势,成为计算机制造行业的"领头羊"。而另一家美国公司 Fruit of The Loom 则正好相反,它是一家丝网印制商品的销售企业。它首先建立了 Activewear Online 外部网络,将销售商、供应商、合作伙甚至是竞争对手都连接起来,提供 Fruit of The Loom 产品的网上目录、可用性和价格信息等,形成了第一种优势。接着公司决定为所有的供应商、销售商、批发商和运输合作伙伴建立独立信息门户,提供在线订货、结算和促销等功能,并且不止提供公司自己的产品,还提供其他竞争对手的产品,建立基于合作伙伴利益相互依存的关系,把具有的竞争优势转变为第二种优势。电子商务模式形成的竞争优势不是静态的,会随着时间的推移而改变,竞争优势也很难长时间地保持,如竞争对手的模仿或模式创新会导致竞争优势的丧失。

电子商务模式对于新兴的互联网企业具有重要意义。20 世纪 90 年代中后期,互联网的相关产业成为经济发展的热点。Yahoo、Amazon 和 eBay 等网络企业先后在 NASDAQ 上市,更使风险投资家争相投资于互联网公司,而美国在线并购时代华纳也被视为互联网企业取代传统企业的典范。互联网的先驱们最近都在考虑电子商务模式的创新,电子商务模式需要不断地推陈出新。

电子商务模式中的组织结构要素随着电子商务的发展而演化。信息技术一方面减少了信息的迟滞,提高了决策的速度和准确性,使得决策可以集中;另一方面增强了业务人员的处理能力,使得决策可以在信息来源处分布化,减少了中层管理人员,使组织层扁平化。总之,官僚制的职能组织结构已不适应时代发展,组织结构出现了扁平化、网络化和分权趋势,协调机制也向柔性化、有利于创新的方向发展。事业部式、矩阵式以及变种混合式都不断地被尝试。此外在竞争比较激烈的地区和行业,网络化组织、虚拟企业也不是新事物。一个合适的电子商务模式才是企业成功的关键,因此对电子商务模式的探讨也是业界和相关学者需要格外关注和思考的。

研究和分析电子商务模式的分类体系有助于挖掘新的电子商务模式,为电子商务模式创新提供途径,也有助于企业制订特定的电子商务策略和实施步骤。电子商务模式可从多个角度建立不同的分类框架。最简单的分类莫过于B2B和B2C。

所谓电子商务模式,是指在网络环境中基于一定技术基础的商务运作方式和赢利模式。表2-1给出了一个基于互联网的企业商务模式的总体架构。由该架构可知,分析一个企业的电子商务模式,需要讨论客户价值、商业范围、定价、收入来源、关联活动、实现、能力、持久性。

表2-1 电子商务模式的内涵

子项内容	传统商务模式需要解决的问题	电子商务需要解决的问题
客户价值	企业是否能够为客户提供差别性的或者成本更低的产品服务	电子商务能够使企业为顾客提供哪些差别性的产品或服务,企业能否借助电子商务为顾客解决由此产生的一系列问题
商业范围	企业需要为哪些客户提供价值,哪些产品和服务可能包含这些价值	电子商务能够使企业接触到哪些范围内的客户,电子商务是否改变了企业原有的产品和服务的商业范围
定价	企业如何为提供的价值和服务定价	电子商务如何使企业提供的产品和服务的价值形成差别化从而可以区别定价
收入来源	企业的收入来自何方,哪些客户什么时候为企业提供了哪些价值付款,每个细分的市场利润率如何,哪些是企业利润决定因素,在各种收入来源中哪些收入是决定性或关键性的	电子商务如何影响企业的收入来源,在电子商务环境中企业的收入来源发生了什么变化,是否出现了新的收入来源,或在原有收入来源中是否出现了结构性的收入转移现象
关联活动	企业应该在什么时候进行哪些关联活动来提供价值,这些活动是如何关联的	在电子商务环境中企业必须推动哪些新的活动,电子商务如何提高原有活动的操作水平
实现	企业需要什么样的组织结构、制度机制、人力资源和环境来实施和执行这些活动,它们之间如何协调适应	电子商务对企业的经营战略、竞争策略、组织结构、业务流程、人力资源和发展环境有什么影响,企业如何通过自我创新来适应这些变化的需求
能力	企业拥有什么能力,需要增补哪些能力缺口,企业如何填补这些缺口,企业是否存在其他企业难以模仿的创造价值的能力,这些能力来自何方	在电子商务环境中,企业需要哪些新的能力,电子商务活动对企业现有能力构成什么样的影响
持久性	企业哪些能力是其他企业难以模仿的,企业如何持续赢利并保持长久的竞争优势	电子商务增强还是削弱了企业的持久赢利能力,企业如何利用电子商务提高持久赢利能力

2.1.2 电子商务模式的实施

电子商务模式实施的成败与以下几个因素有关。

1. 对互联网经济的理解

在构建一个利用互联网能力的电子商务模式的时候,除考虑对公司商务战略制订有影响的技术因素外,对互联网经济的理解也是很重要的。美国得克萨斯大学电子商务研究中心把互联网经济分为四层:物理基础层、应用层、聚合层和商务层,每一层都有一些企业提供相关的产品和服务。

2. 企业的商业环境

同一种商务模式在不同的商业环境下可能会产生不同的结果。近年来,家乐福在日本的经营受挫,最终以巨额亏损败走日本。究其原因,家乐福在日本照搬在欧美国家的经验,单纯依靠薄利多销的运营方式,没有根据日本独特的商务文化和顾客消费习惯来调整商务策略。同样,Dell 的直销模式似乎在中国市场也不太适应:调查显示,喜欢 Dell 计算机的用户感觉从 PC 代理处购买比从 Dell 网站直接购买可靠,而大量非官方代理从 Dell 购买计算机后再销售给顾客赚取利润,Dell 不得不为这些计算机提供售后服务。这就说明不能单纯照搬别人的商务模式。

Dell 公司将其直销模式搬到中国也遇到了很多问题:国内的用户很多是散客和小企业,受电子商务发展状况的影响,网络下单、电子支付和物流等成了难题。Amazon 在收购卓越以后,也把自己的管理模式引进中国,但其"大而全"、规模化带来的库存与卓越原有的商务模式有一定的冲突,在收购初期曾引起顾客的流失。可见,电子商务模式与其所处的商业环境密切相关。同时也说明,电子商务模式不能盲目照搬,要结合具体的商务环境变通,或许这也是国内许多企业电子商务模式创新的基本方法。

3. 实施策略的有效程度

基于能力的竞争战略认为,能力是一套在战略上可充分理解的业务流程。组织要获取竞争优势,必须把其核心业务流程转变成难以模仿的战略能力,为顾客提供超值服务。这和电子商务模式创新的目标是一致的。现有的分析主要涉及以下几个方面:

(1) Peter Fingar 等人在供应链的优化中提到,为了适应电子商务时代的竞争,需要产业流程重组(Industry Process Reengineering,IPR),但没有对如何借助电子商务技术,开展组织之间流程的重建做进一步的探讨。

(2) 如何通过跨组织流程变革来实施电子商务战略?

(3) 从虚拟价值链等角度,可以给出较为完整的电子商务模式分类框架,并基于此讨论电子商务模式的实施。价值链涉及一些企业的核心流程,尤其是跨组织的流程,这些流程是电子商务模式的载体,把企业战略与电子商务模式统一起来。

4. 基于能力的电子商务模式实施

企业开展电子商务是信息技术不断创新和新的网络企业运营范式(paradigms)引发的一种组织转型,需要企业战略、组织结构、业务流程、产品与市场以及企业文化等关键企业要素协同变革。具体来说,成功的电子商务需要企业战略与愿景、组织结构、产品与市场、业务流程、企业文化和 IT 等多方面的变革能力。当然,每一种电子商务模式需要的能力也是不同的。

企业开展电子商务都需要一定的模式。对于创新型企业,它们是电子商务的开拓者,也是互联网神话的先驱。尽管在互联网发展的前期往往缺乏成功的电子商务模式可供参考,但凭借它们的远见和智慧,利用竞争中培养起来的能力,会创造出后来者可以借鉴的电子商务模式。而对于非创新型企业,开展电子商务可以参考以下步骤进行:

(1) 选择适合企业战略的企业电子商务模式。综合分析外部环境、行业特征、企业战略、企业产品/服务特征、企业文化以及 IT 基础设施等多方面的因素,选择企业开展电子商务的模式及其组合方式。

（2）依据所选择的企业电子商务模式,逐渐培养相应的IT能力以及电子商务转型能力。当然单纯的模仿可能会削弱电子商务模式的价值,企业可以根据具体条件进行局部创新。

（3）实施企业电子商务模式。基于企业所选择的电子商务模式,集中力量实施,从而为企业获取持续竞争优势。

从上面的步骤可以看出,IT基础设施、IT管理能力以及企业战略与愿景转型能力对于绝大多数电子商务模式都显得很重要。识别与选择出合适的电子商务模式是企业电子商务转型的基础。

上述电子商务实施过程为电子商务的开展提供了方法论,但如何具体操作还需要更深层次的探讨。在IBM的电子商务模式(E-business Pattern)中,为充分利用专家经验,减少电子商务系统的开发时间,提出了由商务模式(Business Pattern)、集成模式(Integration Pattern)、复合模式(Combination Pattern)、应用模式(Application Pattern)和运行模式等电子商务设计集成解决方案。这种多阶段重用行业最佳实践的做法,不仅充分继承了经实践证实的经验商务模式,也借鉴了相似的对应体系架构等技术解决方案,从而也为电子商务模式的实施提供了快速解决途径,使电子商务的概念落实到技术方案,这是IBM的电子商务模式与其他解决方案相比具有的特色。

有关电子商务模式的实施,David等人在《价值网——打破供应链挖掘隐利润》中给出了利润获取的一些具体方法:通过增强经营能力产生可赢利的能力,如超级服务的利润、解决方案带来的收入;改善公司的成本与资产状况(如清除库存积压,减少产品复杂性,采用标准零部件,合并存货,管理供应商的可靠性以及按订单生产),通过数字化实现有效运营等。这为电子商务模式的实施提供了一些可参考的基本操作方法。除此以外,成功的价值网公司还具备一些实施机制:突破性文化(如有远见卓识的领导、富有创业精神的团队、上下一致的目标和正确的技能等)。

2.2 经典的电子商务模式

经典的电子商务模式主要有4类。

1. 企业与企业之间的电子商务

企业与企业之间的电子商务(Business to Business,B2B)。B2B方式是电子商务应用最多和最受企业重视的形式,企业可以使用Internet或其他网络对每笔交易寻找最佳合作伙伴,完成从定购到结算的全部交易行为。其代表是阿里巴巴电子商务模式。

2. 企业与消费者之间的电子商务

企业与消费者之间的电子商务(Business to Customer,B2C)。这是消费者利用因特网直接参与经济活动的形式,类同于商业电子化的零售商务。随着因特网的出现,网上销售迅速地发展起来。其代表是亚马逊电子商务模式。

3. 消费者与消费者之间的电子商务

消费者与消费者之间的电子商务(Consumer to Consumer ,C2C)。C2C商务平台就是通过为买卖双方提供一个在线交易平台,使卖方可以主动提供商品上网拍卖,而买方可以自行选择商品进行竞价。其代表是易贝(eBay)、淘宝(taobao)的电子商务模式。

4. 企业与政府之间的电子商务

企业与政府之间的电子商务(Business to Government，B2G)涵盖了政府与企业间的各项事务，包括政府采购、税收、商检、管理条例发布、法规政策颁布等。一方面，政府作为消费者，可以通过 Internet 发布自己的采购清单，公开、透明、高效、廉洁地完成所需物品的采购；另一方面，政府对企业宏观调控、指导规范、监督管理的职能通过网络以电子商务方式更能充分、及时地发挥。借助于网络及其他渠道，政府职能部门能更及时全面地获取所需信息，做出正确决策，做到快速反应，能迅速、直接地将政策法规及调控信息传达于企业，起到管理与服务的作用。在电子商务中，政府还有一个重要作用，就是对电子商务的推动、管理和规范。

2.2.1 企业与企业之间的电子商务模式

企业与企业之间的电子商务模式是指企业通过内部信息系统平台和外部网站将面向上游的供应商的采购业务和面向下游的代理商的销售业务有机地联系在一起，从而降低彼此之间的交易成本，提高客户满意度的商务模式。例如，企业之间利用网络进行采购、接受订货、传递合同等单证并进行付款等。

尽管国内目前在企业对消费者的网上购物方面热热闹闹，从网站的宣传和各种媒体的报道也表现了极大的热情和关注，但大多数的交易还是在企业之间发生的。2007 年中国通过 B2B 电子商务完成的交易额达到 21 239 亿元，约占中国电子商务总交易额的 95%。可以看出，企业之间的电子商务有着巨大的需求和旺盛的生命力，是电子商务的主体。

1. B2B 商业模式

现在主要存在三种 B2B 商业模式：

(1) 销售方控制的商业模式。该模式是指由供应商建立的网上销售平台，提供信息让广大客户通过其销售平台进行网络订货，典型代表是 Dell 模式(www.dell.com)。

(2) 购买方控制的商业模式。该模式是指由一家或几家采购商(包括政府部门)合作投资建设的专为采购设计的网络平台，通过网络发布采购信息。网上采购已成为现代企业寻找合作供应商、购买大宗原材料和其他商品的主流市场，如沃尔玛(www.wal-martchina.com)、中国医药网(www.pharmnet.com.cn)。

(3) 中立的第三方 B2B 交易平台模式。该模式是指由买卖双方之外的第三方投资建立的网上交易网站。这类网站本身并不提供任何交易的商品，而是为买家和卖家提供贸易平台。由于这类网站往往集中了大量的采购商和供应商，构建了包括众多卖主的店面在内的企业广场和拍卖场，因此交易非常活跃。典型代表是阿里巴巴(www.alibaba.com)、诚商网 Trade2CN(www.china.trade2cn.com)等。图 2-1 为中立的第三方 B2B 交易平台模式。

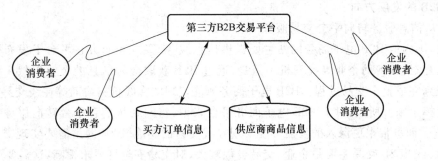

图 2-1 第三方 B2B 交易平台模式

2. B2B 网站的分类

绝大多数企业间的电子商务是通过大型交易平台进行的。当前国内 B2B 领域,主要存在两种模式:一种是水平的综合型 B2B 电子商务网站,基本涵盖了整个行业,在广度上下功夫,如阿里巴巴、慧聪、环球资源、中国制造网等;另一种是行业垂直型 B2B 电子商务网站,针对一个行业做深、做透,如全球纺织网、中国化工网、全球五金网、钢铁网、中国工控网等。此类网站无疑在专业上更具权威,更精确,但对于大多数行业垂直类 B2B 电子商务网站来说其缺点是受众过窄、难以形成规模效应。

(1) 综合型的 B2B

综合型的 B2B 平台什么产品都可以卖,是公司对公司的交易,是没有进行分类的行业市场。它们为买卖双方创建起一个信息和交易的平台,买方和卖方可以在此分享信息、发布广告、竞拍投标、进行交易。之所以称这些网站为"综合型网站",是因为它们涵盖了不同的行业和领域,服务于不同行业的从业者。综合型的 B2B 模式追求的是"全",这一模式能够获得收益的机会很多,潜在的用户群也比较大,所以它能够迅速地获得收益。其风险主要体现在用户不稳定,被模仿的风险很大。

这类网站在品牌知名度、用户数、跨行业、技术研发等方面具有行业垂直型 B2B 网站难以企及的优势,不足之处在于用户虽多,却不一定是客户想要的用户,在用户精准度、行业服务深度上略有不足。

(2) 垂直型的 B2B

垂直型网站也可以将买方和卖方集合在一个市场中进行交易。之所以称为"垂直型网站",是因为这些网站的专业性很强,它们将自己定位在一个特定的专业领域内,如 IT、化学、钢铁或农业。垂直型网站是将特定产业的上、下游厂商聚集一起,让各阶层的厂商都能很容易地找到物料供应商或买主。在美国由三大汽车厂所形成的汽车零件交易网便是一种垂直型市场,在这里,汽车厂能很快地找到有足够货源的零件供应商,供应商也可更迅速地将产品销售出去,甚至库存品也可通过拍卖的方式售出。国内有不少垂直型的 B2B 网站,如易创化工网(www.chempages.com)、中国粮食贸易网(www.cctn.net.cn)、中国纺织在线(www.china-textileonline.net)、中国纸业网(www.chinapaper.net)、上海中吴化工网上交易中心(www.sccn.com.cn)等。垂直型 B2B 模式追求的是"专",垂直型网站吸引的是针对性较强的客户,这批针对性较强的客户是这些网站最有价值的财富,是真正的潜在商家,这种市场一旦形成,就具有极大的竞争优势。所以垂直型网站更有聚集性、定向性,它较喜欢收留团体会员,易于建立起忠实的用户群体,吸引着固定的回头客,结果是垂直型网站形成了一个集约化市场,它拥有真正有效的客户。

3. B2B 的发展方向

(1) 从信息服务转向平台交易服务

目前,国内的 B2B 电子商务网站主要提供信息服务,买方和卖方在平台上发布供需信息进行产品配对,以帮助企业寻找商机。但是,通过 B2B 获取交易信息的企业仍然主要通过线下沟通谈判完成整个交易过程。B2B 电子商务所能实现的在线价格协商等在线交易环节并没有充分发挥出来。所以,对于 B2B 电子商务平台来说,将网站从信息平台转向服务平台能够为 B2B 电子商务带来更深入的发展。要实现在线交易的功能,B2B 网站需要实现交易担保服务。同时由于 B2B 交易主要是企业,交易金额较大,对交易安全性要求很高,这需要 B2B 网站加强自身诚信机制的建立和完善。这种诚信机制不仅指的是所披露的企业信息真实,还指的是交易信息真实,并有健全的信用评估体系,以保证线上交易的安全性。

(2) 细分型 B2B 电子商务平台崭露头角

目前主要的 B2B 电子商务网站(如阿里巴巴、慧聪网、环球资源网等)都属于综合型 B2B 平台。综合型 B2B 平台对于平台投资、资讯量要求很高,并且主要 B2B 电子商务平台已经积累了较多企业用户,具有难以超越之势。在全国近万家的 B2B 网站竞争之下,细分型 B2B 平台由于平台投资小、运营相对简单,成为一些 B2B 电子商务网站在激烈竞争下所探寻的出路。相对于综合型 B2B 平台的规模和实力,行业细分型 B2B 平台更能让 B2B 领域的创业者以及小型 B2B 电子商务网站找到归属感。制约细分型 B2B 平台发展的因素在于其行业深度,要体现出这个行业的独特服务内容和赢利模式,才能发挥其竞争优势。

(3) 电子商务平台与搜索引擎平台相融合

B2B 电子商务平台吸引了众多企业尤其是中小企业的眼球,而如何让更多的企业能够加入 B2B 网络平台,帮助中小企业用最小投入获得最高回报成为所有 B2B 平台运营商面临的问题。除了电子商务平台,目前企业通过网络进行市场营销,要么是通过搜索网站的竞价排名等营销策略,要么是在网络投放广告,扩大宣传知名度。而随着 B2B 电子商务的发展,以往被鼓励使用的这三大领域已经呈现出逐渐融合的趋势。例如,2010 年慧聪网与百度、谷歌、搜搜、搜狗四大搜索平台联手,首创"电子商务+搜索引擎"模式,以帮助企业客户用最简单的模式享受到效益最大化的广告投放。企业在慧聪网投放排名广告后,将有机会在百度等搜索网站的门户搜索结果中排名前列。而作为搜索网站也意识到了电子商务领域的巨大前景,百度推出的电商平台采取 O2O 模式,覆盖八大重点经营类目:服饰鞋包、运动户外、食品保健、个护化妆、家居家纺、电器数码、母婴玩具、珠宝手表。目前,百度 MALL 于 2015 年 1 月到 2 月入驻品牌,3 月到 4 月进行签约审核,5 月商品上传、店铺装修,6 月正式上线。从招商方式看,百度 MALL 将和品牌直接合作,即平台上只有品牌旗舰店模式。其次,百度为商家推出了多项优惠,包括首年免保证金和服务费,交易费率五折等,并将通过百度自有流量资源为商户导流。此外,百度电商项目将为品牌商提供 O2O 解决方案,包括线上购买,线下门店取货,也可直接引导顾客去品牌线下店铺购买。从 B2B 电子商务发展来看,实现电子商务平台与搜索网站、社交网站整合已经是必然趋势。

(4) 线下服务与线上服务相融合

慧聪网、环球资源网之所以能够稳居 2015 年国内 B2B 电子商务市场份额占有率前三甲,除了靠相关的电子商务技术,更多地依托于其线下服务。例如,慧聪网旗下的慧聪商情广告、中国资讯大全、研究院行业分析报告等传统纸媒为其转向 B2B 电子商务平台运营发挥了巨大的作用。通过这些行业出版物获取交易信息的企业大部分都成为目前慧聪网买卖通的付费会员。同慧聪网一样,环球资源网最初也是从事 B2B 的出版物经营,其迅速发展也依赖于背后的纸媒力量。除发挥传统营销渠道的优势外,B2B 运营商越来越注重线下服务的开拓。例如,通过展会、线下洽谈、大型采购峰会等方式,让各行业的供应商可与海量买家洽谈,实现线上与线下互动。通过线下服务的拓展能够增加企业对网站的认可度,从而增加用户黏度。B2B 模式下的企业交易除了获取交易信息、交易洽谈外,还有很多后续环节,如货运物流以及进出口过程中的外汇结算、税务、海关等,都需要在线下完成,但是目前 B2B 平台运营商对这些附加值较高的服务鲜有涉足,主要原因还在于目前 B2B 网站主要是提供信息资讯并配对商机,还没有提供深度服务以应对交易前后的风险。但是从 B2B 长远发展来看,加强线下服务能力和吸纳线下服务资源将成为 B2B 平台运营商在以后发展中的重要工作。

在增值服务拓展方面已经有 B2B 运营商开始试水网络融资。网络融资是企业通过在提供中介服务的网络上填写贷款需求和企业信息等资料,借助第三方平台向银行申请贷款的新型贷款方式。在B2B平台运营过程中,一些平台运营商发现对于中小企业而言,除渴望交易机会外,融资难是其面临的主要问题。网络融资可以突破地域限制,并且能够满足中小企业短时间内的大量资金需求,这是传统融资方式无法解决的。同时,申请人通过第三方平台获取,避免了金融机构的监管和繁复的手续,对于B2B平台运营商来讲也能增加用户黏度,拓展增值服务,是一项双赢的策略。基于网络融资的优势,其已成为B2B行业新的服务增长点。

4. B2B网站的运营策略

B2B网站的主要营销策略如下:

(1) 强势推广。通过传统的杂志、报纸及展会宣传。

(2) 用户培育。引导传统用户尝试使用。

(3) 用户自助。提供免费企业信息发布平台、论坛及博客等个人参与性极强的信息发布平台。

(4) B2B服务。了解传统商人需求,帮其联系货源或者销售渠道,将信息导入网络,将反馈及时告知用户。

(5) 咨询服务。收集行业内的第一手市场行情,经过整理与分析,发送给用户,提供顾问式服务。

(6) 举办活动。和传统行业合作或自己举办线下活动,将B2B网站作为一个平台,扩大赢利范围及知名度。

5. 赢利模式分析

无论是综合性门户还是行业门户,其赢利点综合起来可归纳为以下几点。

(1) 在线广告

网络广告是门户网站的主要赢利来源,同时也是B2B电子商务网站的主要收入来源。作为行业门户,广告主要针对的对象是本行业以及本行业配套产业。

例如,陶瓷,其在线广告对象除各种陶瓷生产企业外,还包括相关配套产业(如陶瓷机械、陶瓷釉料、内画等企业)。具体广告形式如下:

① banner(横幅)广告。位于网页横幅位置。表现形式为flash、gif等。收费标准自定。

② 擎天柱广告。位于网页侧边竖幅广告。表现形式为flash、gif等。收费标准自定。

③ 富媒体广告。陶瓷网首页广告,播放时间为3～5秒,可以是"动画＋声音"的组合。收费标准自定。

④ 悬浮广告。页面浮动广告,随鼠标拖动而上下悬浮。表现形式为flash、gif等。收费标准自定。

⑤ button(按钮)广告。表现形式为flash、gif等。收费标准自定。

(2) 注册会员收费,提供与免费会员差异化的服务

企业通过第三方电子商务平台参与电子商务交易,必须注册为B2B网站的会员,每年要缴纳一定的会员费,才能享受网站提供的各种服务。目前会员费已成为我国B2B网站最主要的收入来源。

(3) 部分排名

为了促进产品的销售,企业都希望在B2B网站的信息搜索中将自己的排名排到前面,而网站在确保信息准确的基础上,根据会员交费的不同对排名顺序做相应的调整。

(4) 增值服务

B2B网站通常除了为企业提供贸易供求信息外,还会提供一些独特的增值服务,包括企业论证、独立域名、提供行业数据分析报告、搜索引擎优化等。例如,现货认证就是针对电子这个

行业提供的一个特殊的增值服务,因为通常电子采购商比较重视库存这一块,其次才是针对电子型号做的搜索引擎排名推广服务。可以根据行业的特殊性去深挖客户的需求,然后提供具有针对性的增值服务。

(5) 线下服务

线下服务包括展会、期刊、研讨会等。通过展会,供应商和采购商面对面地交流,一般的中小企业还是比较青睐这个方式。期刊主要是关于行业资讯等信息,期刊里也可以植入广告。环球资源的展会现已成为重要的赢利模式,占其收入的1/3左右。而ECVV(深圳伊西威威科技开发有限公司)组织的各种展会和采购也已取得不错的效果。

(6) 商务合作

商务合作包括广告联盟、与政府的合作、行业协会合作和与传统媒体的合作等。广告联盟通常是网络广告联盟,亚马逊通过这个方式已经取得了不错的成效,但在我国,联盟营销还处于萌芽阶段,大部分网站对于联盟营销还比较陌生。国内做得比较成熟的几家广告联盟有百度联盟、谷歌联盟、淘宝联盟等。

(7) 按询盘付费

区别于传统的会员包年付费模式,按询盘付费模式是指从事国际贸易的企业不是按照时间来付费,而是按照海外推广带来的实际效果(也就是海外买家实际的有效询盘)来付费。其中询盘是否有效,主动权在消费者手中,由消费者自行判断,来决定是否消费。尽管B2B市场发展势头良好,但B2B市场还是存在发育不成熟的一面。这种不成熟表现在B2B交易的许多先天性交易优势(如在线价格协商和在线协作等)还没有充分发挥出来。因此传统的按年收费模式,越来越受到以ECVV为代表的按询盘付费平台的冲击。按询盘付费有如下特点:零首付、零风险、主动权、消费权;免费推、针对广;及时付、便利大。广大企业不用冒着"投入几万元、十几万元,一年都收不回成本"的风险,零投入就可享受免费全球推广。成功获得有效询盘,辨认询盘的真实性和有效性后,只需在线支付单条询盘价格,就可以获得与海外买家直接谈判成单的机会,主动权完全掌握在供应商手中。

总结起来,网站的赢利其实无非是,"卖产品""卖服务""卖产品+卖服务",区别在于可能是卖别人的,也可能是卖自己的。

2.2.2 企业与消费者之间的电子商务模式

B2C指的是企业对消费者的商务交易模式。许多电子商务网站,如卓越亚马逊、凡客诚品、京东商城、淘宝商城、当当网等,采用的都是B2C模式,即企业通过互联网为消费者提供一个新型的购物环境——网上商店,消费者通过网络在网上购物、在网上支付。由于这种模式节省了客户和企业的时间和空间,大大提高了交易效率,特别对于工作忙碌的上班族,这种模式可以为其节省宝贵的时间。B2C电子商务的付款方式是货到付款与网上支付相结合,而大多数企业的配送选择物流外包方式以节约运营成本。随着用户消费习惯的改变以及优秀企业示范效应的促进,网上购物用户不断增长。

2015年11月11日零点开始,天猫的总交易额就在不断刷新。1分钟突破10亿元,3分钟突破30亿元,12分钟突破100亿元,10小时突破500亿元,破纪录的节奏如坐火箭。

值得注意的是,天猫2013年用时13小时突破了2012年全天191亿元的纪录,2014年用时12小时59分钟突破了2013年全天350亿元的纪录,2015年用时11小时49分钟突破了2014年全天571亿元的纪录。

卖家的销售额也纷纷突破历史纪录,小米再次成为销售冠军,海尔、华为、优衣库、骆驼、品胜、汇美集团等著名品牌的销售额早早突破亿元。

2015年支付宝再次承受巨大压力,交易峰值最高时达到8.59万笔/秒,是去年"双十一"峰值3.85万笔/秒的2.23倍。而截至11日17点55分,根据菜鸟网络给出的数据,天猫已产生超过3.6亿个物流订单。

B2C电子商务有3个基本组成部分:为顾客提供在线购物场所的网上商店;负责为顾客所购商品进行配送的物流配送系统;负责货款结算的电子支付系统。

消费者在不同的网上商店购物其流程可能会略有差异,但大部分网上商店进行网上销售的操作流程是相似的。网上商店前后台业务流程如图2-2所示。

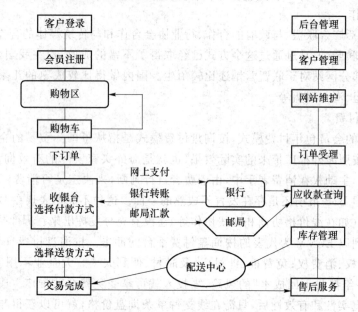

图2-2 网上商店前后台业务流程

1. B2C模式分类

(1) 综合型B2C电子商务模式

综合型B2C电子商务模式是经营范围广、经营业务众多的一种网络零售模式。综合型B2C电子商务平台发挥自身的品牌影响力,积极寻找新的利润点,培养核心业务。如亚马逊中国,可在现有品牌信用的基础上,借助母公司亚马逊国际化的背景,探索国际品牌代购业务或采购国际品牌产品销售等新业务。网站建设要在商品阵列展示,信息系统智能化等方面进一步细化。对于新老客户的关系管理,需要精心提高客户体验,提供更加人性化、直观的服务。选择较好的物流合作伙伴,增强物流实际控制权,提高物流配送服务质量。常见的综合性B2C电子商务模式有天猫、亚马逊、京东等。

(2) 垂直型B2C电子商务模式

垂直型B2C电子商务模式和综合型B2C是相对应用的,其主要区别在于经营范围的不同。一般而言,垂直型B2C电子商务专注于将某一细分领域做大做强,形成其核心竞争力。常见的垂直型B2C电子商务模式有专注于美妆领域的乐蜂网(lefeng.com)、专注于母婴市场的红孩子(redbaby.suning.com)以及专注于图书领域的当当(dangdang.com)等。

垂直型B2C电子商务由于经营对象的限制,一般客户群比较稳定,但受众范围和综合型B2C电子商务有较大的差距。在现在的电子商务经济中,流量是制胜的法宝,所以大量的垂直型B2C电子商务发展到一定的阶段都不约而同地选择综合性的B2C电子商务转型。当然这并不是说垂直型 B2C 电子商务模式不如综合性 B2C 电子商务模式,而是投资者、经营管理者对于市场博弈的需要。

(3) 传统生产企业网络直销型 B2C 电子商务模式

电子商务发展不断地影响企业的经营思路和管理决策。对于传统型的生产企业而言,电子商务是不得不面对的机遇和挑战。一方面,电子商务巨大的市场需求使得传统的企业跃跃欲试;另一方面,互联网大量的不确定因素以及传统经营理念与互联网思维的矛盾又使得企业家们犹豫不决。

传统生产企业要利用互联网开展营销活动,首先要从战略管理层面明确这种模式未来的定位、发展与目标。协调企业原有的线下渠道与网络平台的利益,实行差异化销售,如网上销售所有产品系列,而传统渠道销售的产品则体现地区特色;实行差异化价格,线下与线上的商品定价根据时间段不同设置高低。线上产品也可以通过线下渠道完善售后服务。在产品设计方面,要着重考虑消费者的需求。大力吸收和挖掘网络营销精英,培养电子商务运作团队,建立和完善电子商务平台。这类平台的典型代表有戴尔(dell.com)、联想(lenovo.cn)、海尔(haier.com)等。

(4) 第三方交易平台型 B2C 电子商务模式

开展 B2C 电子商务会受到很多因素的制约,特别是中小企业在人力、物力、财力都有限的情况下。第三方交易平台型 B2C 是专门为中小企业搭建网络销售平台的一种经营策略,其平台本身并不参与商品的买卖,而是为买卖双方提供信息发布、交易磋商、交易支付、物流服务等一体的综合性第三方平台。这类平台的影响力比较大,能有效地吸引中小企业入驻。这类平台典型的代表有天猫(tmall.com)、QQ 网购(wanggou.com,2014 年 3 月被京东收购)等。

(5) 传统零售商网络销售型 B2C 电子商务模式

传统零售商自建网站销售,将丰富的零售经验与电子商务有机结合起来,有效地整合传统零售业务的供应链及物流体系,通过业务外包解决经营电子商务网站所需要的技术问题,当然也有完全属于自己的技术团队。这类平台往往在传统的市场上有一定的影响力,开展电子商务有先天的优势。消费者愿意把实体店当作试用、试穿的平台,然后利用网络的价格优势进行线上交易。典型的代表是国美在线(gome.com.cn)、苏宁易购(suning.com)、京东商城(jd.com)等。随着供应链的不断整合、优化以及商家对电子商务的理解加深,线上线下不断融合,其界线也不断模糊。线下也不仅仅只作为消费者看样的场所。比如苏宁云商把线下线上的价格全部打通,从 2013 年 6 月 8 日实施"线上线下同价",把线下努力打造成满足消费者体验的重要平台。

2. B2C 的赢利模式

B2C 电子商务的经营模式决定了 B2C 电子商务企业的赢利模式,不同类型的 B2C 电子商务企业,其赢利模式是不同的。一般来说,B2C 电子商务企业主要是通过以下几个方面获得赢利。

(1) 收取服务费

网上购物的消费者,除要按照商品价格付费外,还要向网上商店付一定的服务费。我国的 B2C 购物网站很少有收取服务费的。但也有一些网站通过接收客户在线订单收取交易中介费,如九州通医药网(www.yyjzt.com)等。

(2) 收取会员费

大多数电子商务企业把收取会员费作为主要的盈利模式。网络交易服务公司一般采用会员制,按不同的方式和服务的范围收取会员费。

(3) 靠销量换取利润

网上销售商提供低价格的商品或服务，为的是扩大销量，提高企业形象，就是人们常说的"价低靠走量"的赢利方式。

(4) 销售衍生产品

企业通过网络平台销售自己生产的产品或加盟厂商的产品。商品制造企业主要是通过这种模式扩大销售，从而获取更大的利润，如海尔电子商务网站。也有的企业销售与本行业相关的产品。

(5) 特许加盟费

运用该模式，一方面可以迅速扩大规模，另一方面可以收取一定的加盟费，如当当网等。

(6) 信息发布费

商家通过所提供的网络平台发布供求信息等以收取费用。例如，中国药网（www.chinapharm.com.cn）已成为国内最大的医药信息资讯平台之一，可为用户提供信息查询、新闻浏览、信息发布等多种信息服务。

(7) 广告费

目前，广告几乎是所有提供 B2C 电子商务平台的企业获取收益的赢利来源。这种模式成功与否的关键是其网页能否吸引大量的广告，能否吸引广大消费者的注意。

3. B2C 电子商务模式的发展趋势

(1) 线下实体企业向 B2C 电子商务延伸

B2C 电子商务所取得的巨大发展以及其广阔的发展前景让京东商城、当当网、天猫等纯电子商务网站运营商获得了市场利益，也让线下实体企业意识到电子商务的广阔天地。随着苏宁电器、国美电器等线下企业建立自己的 B2C 电子商务网站并且取得了可观的销售业绩，传统线下企业由线下向线上过渡将是未来 B2C 电子商务网站发展的一大趋势。线下企业从事 B2C 电子商务具有独特的优势。首先，线下企业拥有丰富的门店，上、下游产业链成熟，过渡到线上后能够充分依托其下游产业链的优势，如能以具有竞争力的优势采购商品，有成熟物流配送体系和售后服务体系，除了送货上门、物流配送，还可以充分发挥门店优势，让消费者到店就近自提。其次，线下庞大的实体经济规模能够为线下经济带来可观的用户量，并且通过线上活动与线下活动同步的方式扩大其网站点击量，增加用户黏度，弥补线上平台服务能力的不足。因此，线下实体企业向 B2C 电子商务过渡是电子商务上下游产业链整合的结果，也符合电子商务多元化的发展趋势。

(2) B2C 电子商务业务与 B2C 平台业务相融合

从京东商城、当当网、苏宁易购等 B2C 电子商务网站的发展情况来看，最初这些电子商务网站都是经营 B2C 电子商务业务的网站，自主经营产品以获得综合利润。但是，发展到一定程度后，纯 B2C 电子商务业务网站开始开放其网站平台，通过与其他品牌生产商、经销商的联盟合作，达到双赢的目的。从入驻的品牌生产商、经销商的角度而言，利用已经成熟且具有知名度的 B2C 电子商务网站进行品牌销售，省去了自己开设网站的技术投入成本，而且可以充分利用平台网站的仓储物流体系、支付体系、售后服务等服务体系；对于开放平台的 B2C 电子商务网站来说，单靠自身力量扩展产品覆盖容易导致内部机构庞大、经营压力不堪重负的局面，而品牌生产商、经销商的加入能够加大其产品种类覆盖面，给消费者更多选择机会，所以，B2C 电子商务网站从 B2C 电子商务业务拓展到 B2C 平台业务也就顺理成章了。

随着 B2C 电子商务的发展，B2C 电子商务网站与 B2C 平台网站将不再有明确的界限，而只是两种不同的经营思路。一家 B2C 网站可以是单纯的 B2C 平台网站，如天猫；也可以是单纯的 B2C 电子商务业务网站，如凡客诚品；还可以是 B2C 电子商务业务与 B2C 平台业务相融合的网站，如京东商城。

(3) 垂直型 B2C 网站向综合型 B2C 网站转型

垂直型 B2C 网站是在某一行业或者市场领域深化运营的经营模式。京东商场最初成立时以 3C 产品为经营对象，属于垂直型的 B2C 网站。当当网最初成立时立足于图书领域，也属于垂直型 B2C 网站。就垂直型 B2C 的经营特点来说，由于垂直型 B2C 仅关注特定行业或者特定市场领域，专业化的深度让其能够把这个领域做精做强，让消费者在这一领域内有更为精细的选择，价格上也凸显优势。但是，从 B2C 电商网站的发展历程来看，垂直型 B2C 更多地成为 B2C 电子商务企业成立初期的跳板，一旦经营相对稳定，市场占有率提高，大型的垂直型 B2C 网站就会呈现出向综合型 B2C 网站转型的趋势。如京东商城、当当网、苏宁易购等都从最初的垂直型的 B2C 网站逐渐向综合型 B2C 网站转型。目前国内比较有名的垂直型 B2C 网站有酒类网站酒仙网，鞋类网站好乐买、乐淘网、拍鞋网、名鞋库等，箱包网站麦包包，美容类网站乐蜂网、聚美网、草莓网等。目前国内比较有名的垂直型 B2C 网站的核心竞争力在于其专业深度，如果其达不到在某一行业领域的专业深度，就很难凸显其特色和优势，加上垂直型 B2C 网站往往承担不起巨额的资金投入、广告宣传、物流仓储体系的建设，如果不在销售渠道和销售策略上进行创新，面对综合型 B2C 网站的强劲实力，其很难在电子商务竞争中立足。

从 B2C 电子商务长远发展来看，B2C 行业向垂直细分化发展是必然趋势。但是随着电子商务激烈竞争的加剧，一些垂直 B2C 网站还来不及探索行业深度，进行销售策略创新，就已经因为资金断裂而破产。对于能够成功获得成功获得资本注入的垂直型的 B2C 网站来讲，目前仍然在跑马圈地，扩大规模。可以预测的是，为了占领 B2C 电子商务市场，最强的垂直型 B2C 网站也会向综合型 B2C 网站转型。原因在于物流建设的压力，如果垂直型 B2C 网站想要做强，必将面临规模化之后的售后服务挑战，而自建物流服务体系便成为不得不走的道路。例如，鞋类网站好乐买以及酒类网站酒仙网都考虑自建物流体系。一旦垂直型 B2C 网站花费巨资建立了物流体系，高额的建设成本使其不得不对线上产品进行扩充，以获得更多的综合利润，最终走向综合型 B2C 网站。

4. 购物车的功能

购物车将伴随网络消费者在网上商店进行购物，商店最后按照客户购物车的信息确定客户的订单。根据一般网上商店的单证后台处理流程，购物车应该具备如下功能：

(1) 自动跟踪并记录消费者在网上购物过程中所选择的商品，并在购物车中显示这些商品的清单以及这些商品的一些简要信息，如品名、编号、单价、数量等。购物车显示模块主要采用 Cookie 技术来实现。Cookie 被称为客户端持有数据，这是存储在 Web 客户端的小文本文件，是 Web 服务器跟踪网上购物的客户操作的简单而通用的方法。

(2) 允许购物者可以随时更新购物车中的商品，包括修改商品的数量或者删除某种已选择的商品等，同时所涉及的相关商品的信息也同步被修改。

(3) 自动累计客户购物总金额，并按消费者选择的送货方式和资金结算方式计算相应的服务费用，最后显示该客户本次消费的总金额。

(4) 在完成对客户所选购的商品的数据进行校验的基础上，根据客户所购买的商品生成订单，并检查数据的完整性和一致性。

(5) 在用户确认了支付方式、送货方式和送货地点等订货信息和支付信息后，确认和支付模块完成对客户订单的存档和数据库更新，同时根据支付方式的不同选择是否唤醒电子钱包，完成和支付网关接口的接通。

5. 支付结算

一般网上商店常用的支付结算方式有：货到付款（现金支付）、银行汇款、邮局汇款、网上在线支付、通过第三方支付平台支付、手机支付等。

6. 物流配送

网上销售无形商品与销售实物商品的物流配送有很大的不同：

（1）无形商品的物流配送。网络本身具有信息传递的功能，又有信息处理的功能，因此无形商品和服务（如信息、计算机软件、视听娱乐产品等）就可以通过网络浏览、下载等形式直接向消费者提供。无形商品服务的电子商务主要有 4 种：网上订阅模式、付费浏览模式、广告支持模式和网上赠予模式。

（2）实物商品的物流配送。在互联网上成交的实物商品，其实际产品和劳务的交付仍然要通过物流配送方式，不能够通过计算机的信息载体来实现。

2.2.3 消费者与消费者之间的电子商务模式

消费者与消费者之间的电子商务（C2C）的特点是消费者借助网络交易平台进行个人交易。具体来说，就是消费者通过互联网与消费者之间进行相互的个人交易，如网上拍卖等形式。这种模式为消费者提供了便利与实惠，使卖方可以主动提供商品上网拍卖，而买方可以自行选择商品进行竞价。

C2C 电子商务的优势显而易见，主要有以下 4 点：

（1）C2C 电子商务最能体现互联网的跨时空、跨地域的特点。数量巨大、地域不同、时间不一的买方和卖方可以通过一个平台找到合适的对象进行交易，这在传统交易中很难做到。

（2）运行成本低，无须实体商店，无须仓库，没有任何中间环节，买卖双方直接交易，交易的成本大大降低。

（3）突破了时间的限制，随时随地可以完成交易，大大提高了交易的灵活性和便利性。

（4）利用网络的互动性，买卖双方可以无障碍地充分沟通信息，借助拍卖这种价格机制，最大限度地实现符合双方各自意愿的交易。同时，由于庞大的互联网群，使得交易达成的可能性大大增加。

1. C2C 模式分类

（1）综合性拍卖网站

综合性拍卖网站强调的是拍卖品种类众多且广泛，如车、古董、钱币、邮票、书籍、电影、音乐、家电、计算机软硬件、珠宝、陶瓷、玻璃、运动休闲、电子器材、玩具、衣服及房产等，凡是合法物品都可以上网拍卖。综合性拍卖网站通常开放给所有个人，只要是合法、合理的拍卖物，拍卖网站中介都不会加以限制，它可以充分满足人们寻宝的动机与收集物品的嗜好。综合性拍卖网站的典型代表有易趣、淘宝、拍拍等。

在大多数拍卖网站上，未注册的顾客只能在网站上浏览物品，不能参与竞标，也不可以提供物品出售。只有注册成为会员后才可以使用网站提供的所有功能与服务。其原因在于注册成为会员代表了买卖双方的基本诚意，增加了出售物品与竞价求购的可信度，防止了一人多户的情况。图 2-3 为易趣的拍卖系统流程。

① 拍卖方在网站上发布商品拍卖信息，如拍卖品的名称、商品属性、商品数量、拍卖价、拍卖的期限及拍卖品的图片；卖方提供结算和货运方式；在拍卖过程中，卖方可以随时检查投标情况，买方可根据卖方的 E-mail 地址来询问卖方拍卖品的情况；在拍卖结束后，网站将自动用电子邮件通知卖方竞价的结果；卖方的联系电话会被转送给中标人以利于双方联系。在收到

网站的通知后,卖方应在 3 天内和中标人联系送货事宜并付给拍卖网站手续费。

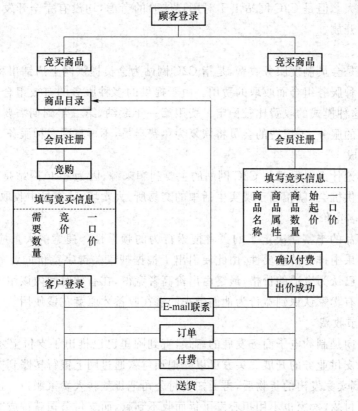

图 2-3 网络拍卖系统流程

② 竞买

购买者查询感兴趣的拍卖品,选用不同竞价规则出价,当竞买方收到网站的中标通知后,需填写购物单、填入送货信息并实施支付,然后等候收货。

(2) 专业性拍卖网站

专业性拍卖网站主要经营那些种类少的特殊商品。在这些特别针对某一类商品的拍卖网站上,拍卖物通常价格不菲。这些商品通常需多名专家鉴定。这类商品有钱币、邮票、美酒、古董、艺术品、运动相关用品、二手汽车、乐器等。

C2C 专业性拍卖网站在国外很常见,若经营得当,商品种类通常也会多样化。而国内这样的网站还不多,这可以成为以后国内中小拍卖网站的经营发展方向。

(3) 跳蚤市场

跳蚤市场是西方国家对旧货地摊市场的别称,是特定时间特定场合举行的非正式集会。一般都是在户外,众多摊贩出售各种商品,大部分都是用过的旧东西,目的不是赚钱,而是物尽其用。这类跳蚤市场通常会有特定的贸易时间,面向的人群有其地域上的特征。而网上跳蚤市场的基本功能和传统跳蚤市场一样,只是利用网络的特性以期吸引更多人的关注,让用户的供求得到满足。网上跳蚤市场无须设置固定的贸易地点和时间,只要将供需信息公布在网上,有意向者会主动询问。但是由于跳蚤市场的商品价格往往不高,不适合付费运输,所以更多的是同一区域交易,如同城、同校等。这类跳蚤市场往往出现在某些区域性的网站上。

2. C2C 电子商务的赢利模式

(1) 广告费

企业将网站上有价值的位置用于放置各类广告,根据网站流量和网站人群精度标定广告位价格,然后再通过各种形式向客户出售。如果 C2C 网站具有足够大的访问量和用户黏度,广告业务会非常大。但是 C2C 网站出于对用户体验的考虑,均没有完全开发此业务,只有个别广告位不定期开放。

(2) 会员费

会员费也就是会员制度服务收费,是指 C2C 网站为会员提供网上店铺出租、公司认证、产品信息推荐等多种服务组合而收取的费用。由于提供的多种服务的有效组合,比较能适应会员的需求,因此这种模式的收费比较稳定。费用第一年缴纳,第二年到期需要客户续费,续费后再进行下一年的服务,不续费的会员将恢复为免费会员,不再享受多种服务。

(3) 交易提成

交易提成不论什么时候都是 C2C 网站的主要利润来源,因为 C2C 网站是一个交易平台,它为交易双方提供机会,就相当于现实生活中的交易所、大卖场,从交易中收取提成。

(4) 搜索排名竞价

C2C 网站商品的丰富性决定了购买者搜索行为的频繁性。搜索的大量应用就决定了商品信息在搜索结果中排名的重要性,由此便引出了根据搜索关键字竞价的业务。用户可以为某关键字提出自己认为合适的价格,最终由出价高者竞得,在有效时间内该用户的商品可获得竞得的排位。只有卖家认识到竞价为他们带来的潜在收益才愿意花钱使用。

(5) 支付环节收费

支付问题一向是制约电子商务发展的瓶颈,直到阿里巴巴推出了支付宝才在一定程度上促进了网上在线支付业务的开展。买家可以先把预付款通过网上银行转账到支付公司的个人专用账户,待收到卖家发出的货物后,再通知支付公司把货款转入卖家账户。这样买家不用担心收不到货还要付款,卖家也不用担心发了货而收不到款,而支付公司就按成交额的一定比例收取手续费。

3. C2C 模式发展趋势

C2C 平台上的卖家为个人,因此 C2C 平台相对于 B2C 电子商务更依赖于 SNS 社交网络的建立,这也是为什么淘宝网、拍拍网、易趣网都对网站论坛颇下功夫。比如淘宝网的论坛内包含了门户资讯、淘江湖、淘分享、淘宝达人、淘吧等多门类的沟通板块,通过论坛增强用户的黏度。拍拍网就更依赖于腾讯所拥有的海量用户了,通过边聊边交易的方式,让用户通过拍拍网交易。但是,这种"消费者对消费者"的经营方式相对于 B2C 电子商务有着明显的不足。

(1) C2C 市场上的卖家往往缺乏品牌支撑,其产品质量没有充分保障,C2C 平台也是很难对平台的"A 货""假货""山寨"全面监管,即便是发现了卖假货,停止该卖家的账号,其仍然可以换个账号继续卖假货,随着网络购物精细化的发展,消费者购物心理日趋成熟,单纯图便宜的时代一去不返。而 B2C 的卖家多是企业,其往往代表的是商品质量较有保障和更好、更优质的用户体验,并且发生购物纠纷时,有品牌企业和 B2C 平台的购物保障。所以从这个角度来说,B2C 相对于 C2C 已经被越来越多的消费者所接受。

(2) 目前 C2C 电子商务市场呈现出淘宝网一家独大的趋势,其他的 C2C 平台网站如拍拍网、易趣网等市场份额总计不超过 20%,而由于 C2C 平台强烈依赖于其知名度,在百度、腾讯、淘宝等大型网站的竞争态势下,C2C 经营模式已经很难成为个人投资者白手起家的法宝。

(3) C2C 目前的赢利模式仍然不明朗,即便是淘宝网目前也没有找到精准的赢利模式,只是通过增值服务和广告收入来力求实现赢利。收取平台店铺租金、交易服务费等方式会让中小卖家尤其是个人无力负担,间接降低用户对 C2C 的需求。而 B2C 目前已形成了相对成熟的赢利模式,不论是自营 B2C 电子商务还是开放 B2C 电子商务平台都努力吸引品牌商家入驻,现实综合利润的提高,这标志着 B2C 的赢利模式趋于成熟,所以一旦 C2C 平台发展壮大,就会试图向 B2C 领域转型。

2.2.4 企业与政府之间的电子商务模式

政府在电子商务中具有多重作用,既要对企业进行监管和征税,又要为企业提供工商注册、报关等服务,同时政府部门也是消费者,需要进行政府采购等商务活动。企业与政府之间的电子商务(B to G)主要分为三类:一是企业通过网络向政府管理部门办理各种手续,如工商注册、办证、报关、出口退税;二是政府管理部门对企业进行征税和监管(如商检、审核);三是政府部门进行工程的招标或政府采购。这样可以提高政府机构的办事效率,使政府工作更加透明、廉洁。企业与政府之间的电子商务应用举例如下。

1. 政府网上招标

招标是由采购方或主办单位发出通知,说明准备采购的商品或准备兴办的工程的要求,提出交易条件,邀请卖主或承包人在指定的期限内提出报价。投标是一种严格按照招标方规定的条件,由卖主或承包人在规定的期限内提出报价,争取中标达成协议的一种商务方式。网络招投标是通过互联网完成招标和投标的全过程,它的优点是:

(1) 网络招投标体现了"公开、公平、竞争、效益"的原则。电子招标网络系统的可靠性和安全性可以避免招投标过程中的暗箱操作现象,使不正当交易、招标人虚假招标、私泄标底、投标人串通投标、贿赂投标等腐败现象得以制止。

(2) 网络招投标减轻了招投标过程中的信息发布、信息交换等方面的负担,提高了工作效率,缩短了招投标周期,降低了招投标过程中的成本,节约了资源。

(3) 实行网络招投标可以实现标书审核的电子化,既可以扩大招标范围,获得更大的主动权,又充分体现了"择优录取"的原则。

为了加强对政府采购的管理,提高财政性资金的使用效益,促进交易的公开性,我国一些地方政府的国家机关、事业单位和其他社会组织财政性资金采购物资和服务的行为都受到法律的规范和约束,不少省市已陆续开始实行"政府采购"政策。随着政府对电子商务的重视,企业与政府间的电子商务活动将越来越广泛。

我国已建立了一些网络招投标网站,如中国国际招标网(www.chinabiddmg.com)、中国招标投标网(www.cec.gov.cn)。网络招投标系统包括公布招标信息、投标模块、开标评标模块等部分。图 2-4 显示了一个网络招投标的业务流程。

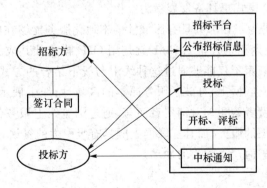

图 2-4 网络招投标的业务流程

2. 电子海关

中国电子口岸运用现代信息技术,将国家各行政管理机关分别管理的进出口业务信息流、资金流、物流电子底账数据集中存放到公共数据中心,在统一、安全、高效的计算机物理平台上实现数据共享和数据交换。每个进出口企业可以在网上直接向海关、检疫、外贸、工商、税务等政府机关申办各种进出口和行政管理手续,从而彻底改变了过去企业为了办理一项进出口业务而往返于各部门的状况,实现了政府对企业的"一站式"服务。

电子海关有如下优点:

(1) 提高海关的管理效率,减轻工作强度,改善通关质量,减少通关时间;

(2) 促进企业进出口贸易,杜绝逃税现象,如果海关和银行能够联网,就可以掌握进出口商品的真实价格和交易额,有效制止用假发票款欺骗海关的行为;

(3) 提高行政执法透明度,是政府部门行政执法公平、公正、公开的重要途径。

在我国一些海关(如上海、青岛、南京、杭州、宁波、深圳、拱北、黄埔)已经率先实行了电子报关,凡是有报关权并具有联网条件的企业,均可向海关进行电子申报。

2.3 新兴的电子商务模式

2.3.1 O2O 电子商务模式

O2O(Online to Offline)电子商务模式,即互联网线上商务消费与线下商务相结合的商业应用模式。聚集有效的购买群体,并在线支付相应的费用,再凭各种形式的凭据,去线下(即实际的商品或服务提供商处)完成消费。O2O 电子商务模式实现了在线虚拟经济与线下实体店面经营的整合。对于大部分消费者而言,去实体店购物消费仍然是主流消费模式,有数据显示,即便是电子商务相对发达的美国,依然有 90% 多的消费者选择线下消费,因为一些消费(如餐饮、理发、加工、干洗、SPA 等)需要消费者去实体店才能接受服务,而 B2B、B2C、C2C 模式下,这些服务是无法通过快递到达消费者手中的。O2O 模式正是迎合了这种需要而产生的,虽然同 B2B、B2C、C2C 模式一样,O2O 模式也需要在线支付,但 O2O 模式把信息流、资金流放在线上,而把物流、商流放到线下,这样消费者在网上完成对某项商品或服务的支付,而获得电子凭证或者其他形式的凭据到实体店来消费,尤其对于那些不能通过邮寄方式送达的服务(如餐饮等)来说,O2O 模式更具备发展潜力。

在美国,O2O 模式是为了让那些具有区域性的本地化服务能够在电子商务领域获得商机而诞生的,美国房屋网短期租赁公司 Airbnb 就是用 O2O 模式让其成为硅谷成长最快的公司之一。在 O2O 模式中,商家不仅能够通过这种线上与线下结合的方式获得大量的消费群,而且通过将其服务呈现在互联网上,打破了服务原本的区域性,线上展示本身就是广告宣传,使其服务能够有效地被消费者购买。对消费者而言,通过浏览线上服务信息,能够达到"货比三家"的效果,选择物美价廉的服务,而且互联网上颇具有吸引力的餐饮、美容美发等服务更容易让消费者直观地感受并进而产生购买的冲动。

1. O2O 的应用场景

O2O 的应用场景如下:

(1) 用户通过 PC 联网,找到相关的 O2O 服务网站,查找自己需要的产品或服务,通过互联网支付手段进行支付,然后到线下相应的实体店获得产品或服务。

(2) 通过手机连接互联网,在 O2O 服务网站上查找和自己所需要的产品或服务,然后利用手机支付进行购买,再到线下实体店进行消费。

(3) 通过手机上的 APP 应用进行相关产品或服务查找和订购,利用手机支付手段购买,再到线下消费。

(4) 在线下实体店或者传单上扫描 RFID、条形码或二维码获得心怡的产品信息,查找产品并通过手机进行支付,然后商家通过物流体系将产品送到用户手中。

(5) 在线下实体店或者传单上扫描 RFID、条形码或二维码获得心怡的产品或服务信息,查找并通过手机进行支付,然后到线下实体店进行消费。

2. O2O 的业务模式

O2O 的业务模式分为交易型销售(对应波特的成本领先竞争战略)和顾问型销售(对应波特的差异化竞争战略)。

(1) 交易型 O2O 销售模式:团购的优势。成本领先型,以打价格战为主的商业模式,其突出的优势体现在交易型销售中的打折销售上。

(2) 顾问型 O2O 销售模式:强化品牌、广告和体验。利用 O2O 强化企业在互联网上的品牌,以此带动线下销售。由于 O2O 推广能获得精准的反馈效果,同一般无目标地投放广告相比,对于商家来说有强大的吸引力。O2O 线上服务本身,可以通过信息方式,提供良好的用户体验。

2.3.2 二维码电子商务模式

二维码/二维条码(2-Dimensional Bar Code)是用某种特定的几何图形按一定规律在平面(二维方向上)分布的黑白相间的图形记录数据符号信息的;在代码编制上巧妙地利用构成计算机内部逻辑基础的 0、1 比特流的概念,使用若干个与二进制相对应的几何形体来表示文字数值信息,通过图像输入设备或光电扫描设备自动识读以实现信息自动处理。它具有条码技术的一些共性:每种码制有其特定的字符集;每个字符占有一定的宽度;具有一定的校验功能等。同时还具有对不同行的信息自动识别及处理图形旋转变化等功能。

在移动互联网时代,随着智能手机普及而"火"起来的二维码近来被越来越多的电商企业所青睐,因为手机用户通过手机去扫描二维码并解码,通常可以进入对应的网站。这种创新的企业营销方式针对性很强,让用户登录目标商家网站变得极为便捷。消费者只要掏出手机扫描图中的二维码,几秒后就可以自动跳转到商家网站。使用二维码来做营销宣传,符合年轻人群通过移动终端上网的习惯,通过宣传精准定位,能让手机用户更便捷全面地了解商家。

二维码的应用行业范围十分广泛,涉及各行各业。但它的应用模式目前主要有 4 种,分别是读取数据模式、解码上网模式、解码验证模式和解码通信模式。

1. 读取数据模式

读取数据模式是指通过手机或二维码识别设备,扫描二维码,解码软件解码后显示数据信息,以较少用户的输入,直接可以存入。最常见的应用有电子名片、信息溯源追踪等。

在制作名片时,可以将姓名、电话等信息用二维条码编码,打印在名片的一角。人们交换名片时,用手机拍摄二维条码图案,解码后就可以将对方信息存储在自己手机的电话簿里,省略了传统的手工录入过程,也克服了目前使用名片识别软件对名片识别不准确的难题,即可实现电子数据交换,非常方便。

它可以衍生出对显示的数据信息进行写入,反馈到服务器,然后再发送回终端,打印或存储在终端上,作为一种凭证或单据。例如,动物防疫时,检疫员扫描动物身上的二维码耳标,则自动显示该动物的相关信息,然后检疫员输入检疫信息,发送到指定服务器,服务器获取数据更改数据库,并反馈到终端打印。

2. 解码上网模式

解码上网模式是指手机或条码识读设备扫描二维码,显示相关的 URL 的链接,用户可以访问这一链接,进行数据浏览或数据下载的活动。基本的模式是网络信息浏览,如电子广告、商场特价区信息、网站信息查询、电子图书、电子地图查询等。

在未来的生活中,一般的商品、名片甚至报纸、杂志上的广告都会附有相应的二维码。把网站链接录入二维码中,人们用内置二维码阅读引擎的手机扫描二维码后,解析网址 IP,就可以自动链接到 WAP 网站上,可直接浏览商品、下载折扣券、用手机支付购票等,也可以随时随地轻松体验铃声、游戏、视频等流媒体信息,为消费者带来了一种全新的手机上网模式。其衍生模式是信息下载,如图铃下载、音响样段下载、优惠券下载、电子购票等。

3. 解码验证模式

解码验证模式是指手机或二维码识别设备扫描二维码,将数据提交给验证服务器,服务器将反馈结果发送回手机,核实产品或服务的有效性。最基本的应用在于产品防伪信息的识别,衍生模式多应用于物流或渠道管理中,也有应用于支付领域,用于支付凭证的核实等。长期以来,假冒伪劣商品危及企业和消费者的切身利益,严重影响着国家的经济发展。由于受制于防伪技术,防伪方式的单一,普通消费者缺乏防伪工具等,防伪效果不理想。

利用安装了二维条码阅读引擎的手机,即可有效解决上述问题。二维条码具有多重防伪特性,它可以采用密码防伪、软件加密及利用所包含的信息如指纹、照片等进行防伪,因此具有极强的保密防伪性能。二维条码防伪认证平台同时引入了硬件和基于业务的结构,提供商品的基本信息和离线认证。厂家给每件出厂的商品分配产品编码,该产品编码是生产商品时依据相应的编码标准给该商品分配的二维编码;并建立商品信息数据库,存储已经出厂的商品相关信息。用数据库系统作为商品防伪的认证平台。消费者购买商品时,用安装了二维条码阅读引擎的手机扫描产品上的二维码并查询生产商的商品信息数据库就可以辨识该商品的真伪。这种防伪技术对维护正常的市场秩序起到很大的推进作用。

4. 解码通信模式

解码通信模式主要是指解码后结果显示为短信、邮件或电话号码的形式,多用于短信投票、邮件联系、电话咨询或 IVR 等业务形式。资料显示,目前在日本、韩国等国家,二维码的应用已经非常成熟,在这些国家的普及率已经高达 96% 以上。我国二维码在 2012 年呈现爆发式的增长,每月扫描码量超过 1.6 亿次。其发展速度更是惊人,据业内保守预测,2015 年有超过一万家公司进入二维码行业,分享其带来的巨大财富,其市场价值将超过千亿元。现在,二维码已成为年轻群体日常生活和消费中不可或缺的获取信息的便捷方式。二维码技术已是移动电商关注的焦点,也必将掀起无线领域二维码营销的新浪潮。

2.3.3 网络团购模式

网络团购也称团体采购(Business to Team,B2T),是继 B2B、B2C、C2C 后的又一电子商务模式。网络团购是指一定数量的用户通过互联网渠道组团,以较低折扣购买同一种商品的商业活动。网络团购的主体大体可以归为购买者、销售者和组织者三类。三类主体结合方式的不同,也决定了网络团购具体形式的不同。

1. 网络团购的特征

(1)团购网站的门槛低。虚拟主机和域名低廉的价格不必细说,目前团购的免费源代码随便就能下载一套,只要换一下 LOGO 等简单参数,一个团购网站就上线了。

(2) 目的性强。团购即多个有意购买某一类别产品的消费者自发组织起来形成的购物团体,目的明确。

(3) 有区域(本地)性。能够带给消费者在产品质量上、交易安全上、售后服务上得到很好的保障,而这些保障在普通的购物网站上目前是无法得到的。

(4) 团购对象多样。产品包括简单的日常生活类别的服务器到各大类别的消费用品。

(5) 商业性。存在大量有所需求的商品并且价格上优势明显。团购等于大量购买,是直接给商家带来大规模的客户,是实实在在看得见、最直接的效益改观,所以在商家合作洽谈上是相对顺利的。

2. 网络团购的本质

(1) 从消费者的角度分析,网络团购是一种网络购物方式。与传统的 B2B、B2C、C2C 电子商务不同,网络团购是一种 C2B 的模式,把众多的消费者聚合起来,与商家进行谈判和交易,其中,团购网站在其中起到中介的作用。网络团购既适合有商品的一方,通过低价团购的方式将商品批量售出,也适合有共同需求的人群,集体购买同款商品,享受折扣。

(2) 从商家的角度分析,网络团购是一种营销方式。与传统的网络品牌广告、探索广告不同,网络团购采用每日一团的形式,实现了商品的特写曝光,完成商品的销售,本质上属于CPS(Cost Pay Sale)的付费方式。从商家的角度分析,网络团购既适合新产品的推介,也适合尾货的清仓,同时也是商家品牌营销的方式之一。

3. 主要的团购赢利模式

如今的网站想单纯依靠流量、广告来赢利已经非常困难,网站必须要有自己清晰的商业模式才能发展壮大,也才有核心价值。相较其他类型网站而言,团购网站由于直接面对商品、消费者、企业,所以团购网站的赢利模式也是相对最清晰的。用户增长快、商业模式清晰,人人都觉得团购是个好生意。而且,团购网站的一个美妙之处是,现金流不容易断。每单上线时,这些网站会即刻收到顾客的付款,而为了控制商户的服务质量,团购网站通常都只会预付 20% ~ 50% 的货款,这意味着团购网站的账户里始终都存有现金。

国内团购网站通常都是模仿美国 Groupon,虽然这些网站在国内如雨后春笋般涌现,但真正赢利的,或者具备可持续发展前景的网站并不多,主要还是没有探索出适合国内消费市场的赢利模式。目前在团购网站中相对成熟的赢利模式主要有以下 6 种。

(1) 本地化经营及商品直销

商品直销是在网站运作实现基本赢利的传统方式。直接在团购网站上登录商品信息进行直接销售,这里的货源主要是跟当地品牌代理或者厂家合作代销,直接获得商品销售返利也就是回扣。获得回扣后促进网站更好地帮助商家宣传推广,增加其在网站的信誉指数,如此良性循环,对商家、网站是双赢。商品代理销售是在团购网站运作中实现基本赢利的创新赢利手段。团购活动赢利周期长,如果商品销售做好了,可以天天有。

(2) 活动"回扣"

网站为商家进行折扣促销后,要收取一定比例的销售佣金。有些服务产品,基本上都属于在营运期间是要发生固定的基础费用的,增加几个顾客,根本不需要额外的成本增加;还有些服务产品,顾客需要预约,从而让商家能够在成本价格销售基础上,合理地安排服务时间,平衡日常运营期间的服务高峰期和低峰期。很多商家与团购网站的合作就等于是在做市场推广,与其在其他媒介上投入费用宣传(会有花了钱没达到商家宣传效果的风险),还不如通过团购网站直接把顾客请到店里来。如果促销活动不能达到商家既定的购物数量(需要宣传的顾客最低数量),促销活动就会自动取消,商家没有任何风险。

(3) 商家展会

可以不定期举办商家展览交流会,商家可能以借此机会进行新产品的推广、试用,可以面对面与客户交流、接受咨询与订单并借此了解客户的需求与建议。网站向商家收取展位费获得收益。

(4) 广告服务

Groupon 的团购模式的规则是如果达不到既定的购买数量,所有参加购买的顾客,都无法获得产品,订单将会取消并退款。这种模式的本身会促使参加购买的顾客,口口相传给身边的人来一起购买,还可以送给朋友作为礼物;服务产品本身也会促使顾客找亲人或者找一些好友一起去体验服务,如美食、健美课、听音乐、SPA、美容等。除了模式本身的推动销售因素外,为了获得足够多的顾客参加每一次的促销活动,Groupon 也需要进行广告宣传。国内团购类网站除了具有区域性特征外,其受众一般都是具备消费和购买能力、有购买欲望的人群,对于商家来说,定位精准,目标明确,成本明确,成本低廉,故必将成为商家广告宣传的最佳平台。

(5) 精品策略——售会员卡

"VIP 会员"是用来凸显用户尊贵身份的常见方式,在年轻人,特别是学生人群中非常受欢迎。团购网站可以通过发放会员卡的形式来让用户提升身份,网站可以为持卡会员提供更低廉的商品价格、更贴心的服务,可以让持卡会员直接在合作的商家实体店铺进行团购。

(6) 卖服务以降低运营成本

Groupon 销售的产品以餐馆、酒店、美容、健身、SPA、高尔夫、音乐会等服务产品为主。这些产品都不需要 Groupon 参与物流配送以发货给用户,每一次促销结束,只需要提供给顾客有效的电子凭证,并且把用户的名单发送给合作商家就可以了,无物流成本,这也是降低运营成本能够赢利的关键之一。现在,在团购网站和团购帖子的"省钱才是硬道理"的号召之下,小到图书、软件、玩具、家电、数码、手机、计算机等小商品,大到家居、建材、房产等价格不很透明的商品,都有消费者因网络聚集成团购买。不仅如此,网络团购也扩展到健康体检、保险、旅游、教育培训以及各类美容、健身、休闲等服务类领域。

2.3.4 社会化电子商务模式

社会化电子商务是电子商务的一种新模式,简单地说就是将 SNS(社会性网络服务)与电子商务进行组合,用这种基于用户自主分享的商品内容来引导用户产生购买或者消费行为。从某种意义来讲,团购与 O2O 模式也可以算作是社会电子商务的展现形式之一。

国内最早的一批社会化电子商务网站有一大批已经死掉,如贝壳(新贝壳已上线)、蚂蚁等,而存活下来的社会化电子商务平台在早期主要以豆瓣和大众点评网为代表,发展到现在已经初具规模,已经影响到大量的用户购买行为。

社会化商务平台的成功跟电子商务本身的产业链和用户熟知程度有关。在早期的电子商务时期,用户与相关产业链都还处于初始阶段,其对应的创新模式就很难发挥其价值了。

不言而喻,随着大众点评与豆瓣的成功,这类平台必然会如雨后春笋般出现在各个垂直行业。第二批社会化电子商务网站的爆发年是 2011 年,以蘑菇街、美丽说、猫途鹰、花瓣网、知美网等为代表。一个有趣的现象是,这类平台多与女性用户相关,且大多数商品话题与时尚、美丽、家居有关。从用户分布来看,可以说是中国的女性网民激活了社会化电子商务平台。

1. 社会化电子商务分类

按照具体的展现形式来分,现在的社会化电子商务平台可分为以下四种模式。

(1) 基于共同兴趣的社交电子商务模式。这种模式以蘑菇街、美丽说为代表,这种模式的特点解决了用户对逛街的需求,同时赢利模式也很直接,赢利能力较强。

(2) 图片加兴趣的模式。以花瓣网为代表,这种模式在国外的代表为Pinterest,即"Pin(图钉)+Interest(兴趣)",用户可以把自己感兴趣的东西用图钉钉在钉板(Pin Board)上。这种模式的特点是简单、互动性强、视觉冲击力高,容易快速聚集起大量用户,但在赢利上需要有大量的用户规模作为支撑。

(3) 媒体导购的模式。以逛逛为代表,特点是有较强的媒体属性,像一本时尚杂志,让用户在读它的时候充分感受到商品的魅力。这种模式往往较难聚集大量的用户,互动性较差。

(4) 线下消费线上导购的模式。目前在该领域较为出色的是大众点评、千品网等,该类型的特点是用户的消费目标明确,娱乐属性较弱,对商品的要求较高。

2. 社会化电子商务赢利

社会化电子商务的本质就是通过用户之间的交流分享促进用户的购买行为。社会化电子商务这一商业模式已经得到了广泛的认同。如何深刻挖掘商业价值,其核心内容是进行赢利模式的设计。目前我国社会化电子商务的主要赢利模式如下。

(1) 广告

不论是在Web 1.0还是Web 2.0时代,广告收入都是电子商务网站重要的收入来源。而社会化电子商务平台聚集了众多的具有相同偏好与需求的目标顾客,更加受到企业的青睐,因此,越来越多的企业将广告投放的重心转向网络社区。社会化电子商务平台80%的收入来源于广告。比较常见的广告形式有传统的文字图示广告(如按钮广告、旗帜广告、对联广告等)、动感的插入式广告以及富媒体广告,将产品、品牌信息巧妙融入游戏或组件的植入式广告(如开心网就将众多的汽车品牌及其产品图片植入到争车位游戏中)。

(2) 佣金提成

采用该种赢利模式的多为第三方社会电子商务平台,这类电子商务平台并不直接提供出售商品,而是从交易中赚取利润。

这种赢利模式的优势非常明显:不必自建物流体系,也不用操心供应链管理。美丽说网站中有大量用户进行自己喜好的商品图片与信息的发布和分享,好友则通过信息图片直接链接到B2C或C2C电子商务网站的商品购买页面中,每成功一笔交易,B2C或C2C电子商务网站会按照协议比例返回数额不等的佣金给美丽说网站。我国另一个典型的第三方社会化电子商务网站——蘑菇街的运行方式也大同小异。不过我们也可以很清楚地认识到,这种赢利模式过于依赖B2C或C2C电子商务网站。据统计,美丽说每个月为淘宝带去7亿元的交易额,蘑菇街90%的商品引导到淘宝网成交,一旦淘宝的运营陷入困境,美丽说与蘑菇街会受到沉重的打击。

(3) 增值服务

增值服务的一种形式是收取会员费,用户通过交费成为会员,从而获取有偿服务以及普通用户所不能享受到的特殊服务。根据国外的数据显示,只要拥有8%的收费会员,即可实现赢利,这个数据对于社会化电子商务网站极富吸引力。该模式适用于专业性较强的婚恋、招聘等垂直社会化电商网站,如百合网、智联招聘等都是凭借会员收费模式获得网站长期稳定的收入。

另一种形式则是通过提供增值虚拟服务,鼓励用户进行虚拟物品消费。以庞大的用户群体为依托,腾讯、开心网都在游戏的虚拟物品交易中获得了巨大的成功。如腾讯"QQ农场"游戏,通过装备道具的购买刺激用户的虚拟消费。为了更好地刺激虚拟物品的消费,众多的电商企业发行虚拟货币,如腾讯的 Q 币、校内的校内豆等。

(4) 第三方插件应用分成

以往很多的社会化电子商务网站都是自主开发组件与游戏,但是网络小游戏的生命周期非常短暂,难以保持持久的用户吸引力。基于这种考虑,现在的社会化电子商务网站往往选择将自己的网站建设成为开放式平台,吸引第三方公司搭建 APP 供用户自由选择,从中获取分成。

总之,关于社会化电子商务,与它相关最为热闹的关键词莫过于分享与个性化点评,而对一个商品而言,能直接影响用户消费的行为是来自朋友或者他人的推荐,可见口碑对一个商品成功的重要性。展望未来,社会化电子商务要获得突破性的发展,个性化商品点评服务与推介服务会成为新的潮流,诸如美丽说形式的社会化团购。

2.3.5 全程电子商务模式

1. 全程电子商务模式的概念

全程电子商务是指企业在进行商务活动的各个流程中都导入电子商务。企业进行全程电子商务需要借助一些系统,用以实现资源、信息的有效整合。ERP 系统可以帮助企业重塑内部管理流程和体系结构,能够解决企业内部各系统之间信息孤立、运作不协调等问题,以提高整个企业的运作效率。但是,随着电子商务的兴起和企业重心从运作效率到以顾客为中心的转变,原有的 ERP 系统已不足以支撑整个供应链中所有商业流程的集成。供应链管理的出现,正是企业从内部的纵向集成转到以顾客为中心和外延企业的横向集成的发展。全程电子商务平台把企业内部业务管理与供应商管理、客户管理连为一体,构建了以客户为中心的完整的电子商务供应链管理系统(eSCM)。全程电子商务通过网络技术和 SaaS(Software as a Service,软件即服务)交付模式,为企业提供在线管理以及电子商务服务,实现企业内部管理以及企业之间的商务流程的有效协同。全程电子商务包括企业电子商务租赁、托管、外包、战略联合等电子商务模式。

2. 全程电子商务模式的特点

全程电子商务模式以在线管理服务作为核心应用,帮助企业将经营管理范围延伸到上、下游业务伙伴,对供应链上的经销商、企业、供销商、客户进行管理,并且与电子商务完全融合。

全程电子商务模式构建了新的电子商务生态系统,让缺乏 IT 基础的中小企业实现在线供应链管理,实现供应链上的经销商、企业、供销商、客户的商务协同,同时积极与社会公共服务体系对接,帮助中小企业建立以企业实时经营数据为基础的企业信用基础设施。

全程电子商务模式深度融合 Web 2.0 技术,通过 SaaS 交付模式和电子商务手段,借助互联网进行一站式的全程商务管理,通过管理模式变革来提升企业经营管理水平,促使企业向"下一代"企业转变。

3. 全程电子商务模式的转变

全程电子商务模式的转变包括以下 3 个方面:

(1) 应用模式的转变。将 ERP 与电子商务相融合,形成全程电子商务模式。全程电子商务模式的核心是 eERP。

(2) 消费模式的转变。消费由许可模式向 SaaS 模式过渡,降低总体拥有的成本和使用门槛。

(3) 外包模式的转变。未来社会分工会越来越细,IT 外包不仅是软件外包,还包括人才外包、运行环境外包等,大外包是未来的趋势。

4. 全程电子商务模式

(1) SaaS 的概念

SaaS(Software as a Service,软件即服务)的中文释义为软营或软件运营。SaaS 是基于互联网提供软件服务的软件应用模式。作为一种在 21 世纪开始兴起的创新软件应用模式,SaaS 是软件科技发展的最新趋势。

SaaS 提供商为企业搭建信息化所需要的所有网络基础设施及软件、硬件运作平台,并负责所有前期的实施、后期的维护等一系列服务,企业无须购买软硬件、建设机房、招聘 IT 人员,即可通过互联网使用信息系统。就像打开水龙头就能用水一样,企业根据实际需要,从 SaaS 提供商租赁软件服务。

(2) PaaS 的概念

PaaS(Platform as a Service,平台即服务)是把服务器平台作为一种服务提供的商业模式。通过网络进行程序提供的服务称为 SaaS,而云计算机时代相应的服务器平台或者开发环境作为服务进行提供就成了 PaaS。

(3) IaaS 的概念

IaaS(Infrastructure as a Service,基础设施即服务)是指消费者通过互联网可以从完善的计算机基础设施获得服务。这类服务被称为 IaaS。基于互联网的服务(如存储和数据库)是 IaaS 的一部分。

2.3.6 增值网络集成商模式

1. 增值网络集成商的定义

增值网络集成商模式(Value Net Integrator),即增值网络集成商根据客户需求,把更多的智能融入网络中,设计各种网络解决方案,使网络实现越来越多的功能,帮助客户更好地利用网络资源,并降低维护和运营成本,提高竞争力,带来实际效益的附加服务。

2. 增值网络集成商的发展背景

从 20 世纪 80 年代开始,随着计算机技术和计算机网络的迅猛发展,网络使这个世界发生了翻天覆地的变化,网络几乎无处不在。从面对面的交易到网上订购,从阅读报刊杂志到浏览网页,从拨打固定电话到网络即时通信等,人们开始以全新的方式娱乐、学习和工作。

网络从诞生到今天,也不断地随着用户需求的改变而进化,今天的网络的含义已经远不再是".com"时代的互联网,而是一个高效、快速、智能化的商业网络环境。

网络带来的巨大改变也冲击着所有企业的经营模式,企业实行电子商务已经成为一种必然的发展之路。时至今日,网络对于企业,已不仅仅是一个发布信息的简单平台,而是几乎承担着所有与业务相关的关键环节,包括交易、信息共享、流程管理、市场监测、战略决策等。网络在企业经营中也不再仅仅充当一个辅助的角色,而成为推动企业业务发展、获得竞争优势的核心动力。

企业需要网络环境:能够使企业及时响应客户的需求,提高客户的满意度;能够有效屏蔽各种网络安全隐患,使得业务可以顺利进行;能够高效整合各种资源,降低企业的经营成本,提高工作效率;能够使企业内外网络实现远距离的高效协同合作;等等。

构建这样一个多功能、高技术要求的网络,仅依靠企业自身是难以实现的,同时,这也并不是一个传统意义上的计算机供应商所能提供的。这主要是因为,构建网络需要的不仅是交换机、路由器等网络设备及软件,还需要各种网络解决方案在计算机和网络之间高效、安全地传输数据,帮助企业实现内部管理和外部业务的网络化运营。

在这种情况下,增值网络集成商的作用日益凸显。增值网络集成商以满足企业业务发展的需要为导向,构建低成本和高性能的计算机网络,搭建企业的电子商务平台,加强企业的管理运营和沟通能力,优化价值链,能够大幅度提高企业竞争力。

3. 增值网络集成商的特点

增值网络集成商既能够通过改善各种硬件网络产品提高网络的性能,也能开发更高智能的软件完善网络功能,最大限度地挖掘网络资源,整合各种网络能力,提供最佳网络解决方案。

增值网络集成商强调以用户业务运营中心为用户提供增值服务,就必须对客户所在行业的业务、组织结构、现状以及未来的发展进行挖掘和分析,有针对性地为客户提供切实符合需求的全面的系统解决方案。并且,随着行业的健康发展和规范化,系统服务的质量已成为维系客户的重要环节,而赢得长久的客户依赖才是取胜之道。

增值网络集成商提供的服务技术含量高,软件开发能力强,而且面对激烈的行业竞争,必须不断创新、提高、调整技术结构,才能保证自己的竞争力。

Cisco 和 Rave Computer Association 就是这样一种能满足用户需求的增值网络集成商。Rave Computer Association 用 Sun 公司微电子部的板级平台,配合 Sun 公司软件、各种兼容外设、租用设备和其他选配增值服务,为用户集成专用的计算机系统。当客户希望升级其低效、过时的操作系统和软件开发系统时,他们求助于增值网络集成商。

2.3.7 其他新型电子商务模式

电子商务刚引入中国时,脱离了业务实践中的需求,所以出现了泡沫经济,电子商务的失败成为必然。美国电子商务多是"商务推动型",而中国电子商务则更多的是"技术拉动型"。这是最初国内电子商务失败的原因。随后,企业的商务需求推动了网络和电子商务技术的进步,并促成新型电子商务模式的产生。

1. BAB 电子商务模式

新型电子商务 BAB(Business Alliance Business,企业联盟企业)模式旨在解决企业电子商务"缺乏资源、信用难保"等问题。

BAB 是在 B2B 基础上提出的电子商务新模式,其实质是解决企业间的信任问题,以创造一个包括信息流、资金流、物流、知识流在内,有信用的电子商务环境。新型电子商务 BAB 平台将通过实名制和企业信誉评估机制,形成一个健康的中小企业集群,把分散的资源整合起来,充分发挥集群优势。同时,与国际接轨,导入国际先进的标准操作模式,把中国中小企业的资源运营置于全球网络环境中。

除了解决电子商务的信用问题之外,BAB 平台还能为企业特别是中小企业提供电子商务的全过程、全方位服务,包括迅速发布准确的市场信息;更迅速地捕捉商机,与潜在的合作伙伴或交易对象直接"在线沟通";从广义"资源"角度审视本企业在全球供应链中的定位和战略,利用"资源杠杆"原理,以企业自身特有的某种资源优势,在全球范围内寻找合作机会,嫁接、撬动外部资源为己所用,增加企业的国际竞争力等。

2. B2F 电子商务模式

B2F(Business to Family)是随着社区垂直分类门户不断兴起而出现的一种全新电子商务模式。家庭是数字化社区中的重要组成部分,是物业公司与小区商家的主要服务对象,随着网上虚拟社区的不断发展壮大,物业公司和小区商家可以通过精准的广告投放、个性服务及面向家庭的商品精准促销,实现销售和利润最大化。虚拟社区是由人组成的,这些人分别来自不同的家庭。未来的互联网发展,家庭是一个不可忽视的桥头堡,谁占领了家庭这座堡垒,谁就握住了电子商务这座金库的金钥匙。

B2F模式也就是社区服务连锁模式,是在价值网理论指导下的第四方电子商务模式的应用创新。采用智能电子化电子商务和强大的电子商务物流配送系统与社区落地接待、配送相结合的网络销售终端渠道,营运成本很低,具有低费用优势,点多面广。

3. P2C电子商务模式

P2C(Service Provider to Consumer),简单地说就是把租房、订机票甚至洗脚、吃饭这些生活中的杂事都搬到互联网上去消费。早在2008年7月,阿里巴巴集团下的中国雅虎与口碑网宣布合并并正式启动"雅虎口碑生活服务新平台"。这个生活化的网络平台将吸收大批从事服务业的企业,把与老百姓日常生活密切相关的服务信息(如房产、餐饮、交友、家政服务、票务、健康医疗、保健等)聚合在雅虎口碑平台上,实现服务业的电子商务化。随后,雅虎口碑(Koubei.com)推出了国内首个由商家和消费者参与共建的开放式生活服务平台。该平台打破传统同类网站没有行业属性细分的弊端,细分后的370多类生活服务行业呈现出各个行业的特点,同时,增设商家、消费者参与建设、自主设置信息类目、属性等功能。

4. 移动商务

移动商务从本质上归属于电子商务和信息商务的类别,是随着技术发展与市场变化而出现的新商务模式。由于移动商务与移动通信服务的关联性特征,因此它在业务模式、商业收益点、服务要求的即时性、服务范围等许多方面有其独特性。移动商务将随着移动通信的不断普及和发展成为未来中国电子商务增长的新领域和创富运动的新行业。

与传统电子商务相比,移动商务具有更广阔的发展空间,因为它能利用最新的移动通信技术派生出更具有价值的商业模式。移动商务与传统电子商务的区别在于其服务对象的移动性、服务要求的即时性、服务终端的私人性和服务方式的方便性。移动商务能提供的服务包括PIM(个人信息服务)、银行业务、交易、购物、基于位置的服务(Location Based Service)、娱乐等。目前中国移动已推出手机银行、手机炒股、手机彩票、GPS位置服务、移动OA、UM(统一消息服务)、WAD(无线广告)等移动商务。

移动商务模式涉及移动网络运营商、网络设备提供商、移动终端提供商、内容提供商等,这些参与者以移动用户为中心,以移动网络运营商为主导,在一定的政府管制政策限定下开展各种活动,以实现自己的商业价值。移动商务商业模式的参与者包括提供操作系统和浏览器技术的平台供应商,提供网络基础设施的设备供应商,提供中间件及标准的应用平台供应商,提供移动平台应用程序的应用程序开发商、内容提供商、内容整合商,提供应用整合的移动门户提供商、移动运营商、移动服务提供商等。

2.4 本章小结

本章从电子商务的模式的基本概念入手,依次介绍了经典的B2B、B2C、C2C、B2G电子商务模式分类及其盈利模式,最后介绍了一些新兴的电子商务模式应用。

思考与练习

1. 电子商务有哪几种主要模式？其中哪种电子商务模式在整个商务市场中占的比例最大？
2. 淘宝和天猫的商务模式分别是哪种？两种模式如何结合？
3. 举例说明O2O商务模式的目前应用和未来发展。
4. 举例说明网络团购这种商业模式。
5. 简述什么是跳蚤市场。

第 3 章 电子商务技术基础

【学习目标】

- 理解计算机网络的定义，了解其功能；
- 了解互联网的形成与发展，掌握 IP 地址、域名系统；
- 了解不同的网络接入方式以及无线网络；
- 了解电子商务所需的网络服务和 Web 技术；
- 了解数据库技术、数据仓库和数据挖掘，掌握电子数据交换技术。

【导读案例】

阿里巴巴：未来以电子商务基础设施建设为核心[*]

阿里巴巴网络有限公司所属的阿里巴巴集团（简称阿里巴巴）副总裁梁春晓在 2010 年互联网大会后接受记者专访时表示，阿里巴巴未来发展战略的制订将围绕着电子商务基础设施建设展开。

在梁春晓看来，随着互联网技术的发展，整个社会的交易成本降低，而商业模式的涌现跟基础设施的变革有关，这也是阿里巴巴将发展重心放在电子商务基础设施建设上的原因。在阿里巴巴的整体战略中，"大淘宝"战略无疑是重点。2010 年 3 月，阿里巴巴宣布成立大淘宝战略执行委员会，以确保"大淘宝"战略的成功执行。梁春晓解释说："大淘宝致力于构建商业生态系统，未来将不仅限于淘宝网，而是扮演基础设施建设的角色，不管是积累为客户服务的经验还是对客户开放数据资源，目的都是与合作伙伴达成多赢的合作局面。这部分我们已经投入了大笔资金。"

据梁春晓介绍，2009 年淘宝的交易额已经达到 2 000 亿元，2010 年预定的 4 000 亿元交易额目前来看完成得很好。巨大的交易额带来巨大的压力，淘宝自己建设的大物流承担了一定压力。"2010 年 3 月 29 日，阿里巴巴入股民营快递星辰急便，双方计划在电子商务配送服务方面进行合作。"物流建设方面，我们还在探索中，今后会继续以合作、投资、参与制定行业规范等方式加强此项基础设施建设。"

跟淘宝网的发展思路类似，阿里巴巴也将支付宝的发展列在商业基础设施建设的范畴，2010 年 4 月 12 日，阿里巴巴宣布将在未来五年内，继续向支付宝投资 50 亿元人民币。"不仅服务于卖家与买家，还着眼于整个电子商务的支付系统。我们的目标是实现为众多的中小企业提供水、电、气等基础设施的支付服务。"

在企业的电子商务环境中，电子商务基础设施无处不在。它支撑着企业的全部业务系统，

---

[*] 资料来源于《财经网》2010 年 8 月 20 日。

贯穿于企业运营的每个环节。作为系统不可分割的一部分，在规划和设计电子商务基础设施时，我们就应该结合业务管理和技术实现两方面综合考虑，以得到最优方案。电子商务的基石是电子商务基础设施。本章将从技术方面探讨建立电子商务基础设施的相关知识和技术应用。

3.1 计算机网络技术

网络是电子商务的基础。参与电子商务各个环节的卖方、买方，还有银行等金融机构以及其他一切合作实体都要在网络的平台中密切结合，共同完成交易活动。网络提供了电子商务的可操作环境。

3.1.1 计算机网络的概念与功能

由于计算机网络技术是不断发展的，所以计算机网络的精确定义并未统一。

目前较公认的计算机网络的定义是：将分布在不同地理位置上的具有独立功能的计算机、终端及其附属设备通过通信线路和通信设备连接起来，在功能完善的网络软件支持下，实现数据通信和资源共享的系统。它包含三个层面的含义：

（1）计算机网络建立的主要目的是实现计算机资源的共享。计算机资源主要是指计算机硬件、软件与数据。

（2）互连的计算机是分布在不同的地理位置的多台独立的"自治计算机"。连网的计算机既可以为本地用户提供服务，也可以为远程用户提供网络服务。

（3）连网计算机之间遵循共同的网络协议。

建立计算机网络的基本目的是实现数据通信和资源共享。计算机网络主要具有以下五个功能：

（1）数据通信。计算机网络主要提供传真、电子邮件、电子数据交换（EDI）、电子公告牌（BBS）、远程登录和浏览等数据通信服务。

（2）资源共享。凡是入网用户均能享受网络中各个计算机系统的全部或部分软件、硬件和数据资源，它是计算机网络最基本的功能之一。

（3）提高计算机的可靠性和可用性。网络中的每台计算机都可通过网络相互成为后备机。一旦某台计算机出现故障，它的任务就可由其他的计算机代为完成，这样可以避免在单机情况下，一台计算机发生故障引起整个系统瘫痪的现象，从而提高系统的可靠性。而当网络中的某台计算机负担过重时，网络又可以将新的任务交给较空闲的计算机完成，均衡负载，从而提高了每台计算机的可用性。

（4）分布式处理。通过算法将大型的综合性问题交给不同的计算机同时进行处理。用户可以根据需要合理选择网络资源，就近快速地进行处理。

（5）扩充服务。随着各种网络软件的日益丰富、完善，用户可以通过终端得到各种信息和网络服务，把整个网络看作是自己的系统。当需要扩充网络的规模时，只要把新的设备、站点挂上网络即可。

在上述功能中，资源共享和数据通信是计算机网络最主要的，也是最基本的功能。随着计算机应用的不断发展，计算机网络的功能和提供的服务也将不断地增加。

3.1.2 计算机网络的组成与分类

1. 计算机网络的组成

为了简化计算机网络的分析和设计，有利于网络软件和硬件配置，从计算机网络系统的逻辑功能(结构)考虑，计算机网络可由通信子网和资源子网两部分组成，即计算机网络的二级结构，如图 3-1 所示。

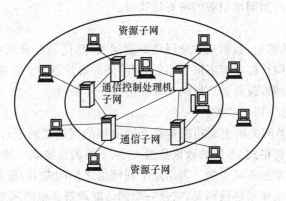

图 3-1 计算机网络的二级结构

通信子网包括专门负责通信处理的通信控制处理机、通信线路和其他通信设备，承担着全网的数据传输、转发和通信控制等通信处理工作，但不提供信息资源和计算能力。

资源子网负责全网的数据处理和计算，向用户提供各种网络资源和网络服务，最大限度地共享网络中的各种软、硬件资源。计算机网络系统主体可分为硬件和软件两大部分。

一般而言，计算机网络的硬件可分为五类：网络服务器、网络工作站、网关、防火墙和外部设备。

(1) 网络服务器

网络服务器是一台可被网络用户访问的计算机，它可为网络用户提供各种资源，并负责管理这些资源，协调网络用户对这些资源的访问。服务器是局域网的核心，网络中可共享的资源大多集中在服务器中，如大容量磁盘、高速打印机、网络数据库等。通过服务器，局域上的用户可以共享文件、共享数据库、共享外部设备等。

服务器可以是个人计算机，也可以是工作站或小型计算机。服务器的种类很多，主要有塔式、机架式和刀片式三种，如图 3-2 所示。

图 3-2 三种主要的服务器

(2) 网络工作站

网络工作站是指能使用户在网络环境上进行工作的计算机。网络工作站通常被称为客户机。在局域网上,一般都是采用微型机作为网络工作站。

网络工作站同一般所说的工程工作站在概念和功能上具有较大的区别。平常所说的工作站,如 SUN 工作站、SGI 工作站等是指专门用于某一项工作的工作站,如用于 CAD 设计,图形设计与创作等,这些工作站一般称为工程工作站。网络工作站则泛指供用户在网络环境下工作的、可为用户操作使用网络服务的所有计算机。

(3) 网关

网关是本地网络的标记,数据从本地网络跨过网关,就代表走出该本地网络。所以,网关也是不同体系结构(不同协议或者不同大小的)网络间的通信设备。它能将局域网分割成若干网段、连接相关的局域网以及将各广域网互联而形成了互联网。

网关按功能大致分为以下三类:

① 协议网关。此类网关的主要功能是在不同协议的网络之间进行协议转换。不同的网络,具有不同的数据封装格式、不同的数据分组大小、不同的传输率。然而,这些网络之间相互进行数据共享、交流却是必不可少的。为消除不同网络之间的差异,使数据能顺利进行交流,需要一个专门的翻译,也就是协议网关,它使一个网络能理解其他的网络。正是协议网关使不同的网络连接形成巨大的互联网。

② 应用网关。这是针对一些专门的应用而设置的一些网关,其主要作用是将某个服务的一种数据格式转化为该服务的另外一种数据格式,从而实现数据交流。这种网关常作为某个特定服务的服务器,但是又兼具网关的功能。最常见的此类服务器就是邮件服务器了。电子邮件有好几种格式,如 POP3、SMTP、FAX、X 400、MHS 等,如果 SMTP 邮件服务器提供了这些不同格式邮件的网关接口,那么人们就可方便地通过 SMTP 件服务器向其他服务器发送邮件了。支付网关是连接银行专用网络与互联网的一组服务器,其主要作用是完成两者之间的通信、协议转换和进行数据加密、解密,以保护银行内部网络的安全。

③ 安全网关。最常用的安全网关就是包过滤器,实际上就是对数据包的原地址、目的地址和端口号、网络协议进行授权。通过对这些信息的过滤处理,让有许可权的数据包传输通过网关,而对那些没有许可权的数据包进行拦截甚至丢弃。这和件防火墙有一定意义上的相同之处,但是与软件防火墙相比更加安全,网关数据处理量大,处理速度快,可以很好地对整个本地网络进行保护而不对整个网络造成"瓶颈"。

(4) 防火墙

防火墙(Firewall)是在局域网和互联网之间构筑的一道屏障,它是一套隔离设备和软件,用以保护局域网中的信息、资源等不受来自外部网络的非法用户的侵犯。防火墙分为硬件防火墙和软件防火墙两种。硬件防火墙如图 3-3 所示。

(5) 外部设备

外部设备属于可被网络用户共享的硬件资源。通常情况下,是一些大型的、昂贵的外部设备,如大型激光打印机、绘图设备、大容量存储系统等。

图 3-3 硬件防火墙

2. 计算机网络的分类

计算机网络可以从不同的角度进行分类,可按网络的覆盖范围、网络的交换功能、网络的拓扑结构、网络的用途以及传输媒体等分类。

下面介绍按覆盖范围分类及按拓扑结构分类两种分类。

(1) 按网络覆盖的范围分类

按网络覆盖的范围分类,实际上是按网络传输的距离进行分类。传输技术根据息传输距离不同而不同。根据覆盖的范围可把网络分成局域网、城域网和广域网。

① 局域网

局域网(Local Area Network,LAN)的分布距离一般在数千米以内,通常属于某一个单位团体所建立与管理,一般是一个机构内部的网络,或是大学校园网。

② 城域网

城域网(Metropolitan Area Network,MAN)是介于局域网和广域网之间的一种区域性网络,其分布距离一般在 10~100 km,覆盖一个城市或地区。城域网为多个局域网提供高速的连接途径:实现大量用户间的数据、语音、图像、视频等多种信息的传输,也可作为公共设施运作。

③ 广域网

广域网(Wide Area Network,WAN)的地理分布距离大,其通信线路一般由通信部门提供。广域网可以是一个国家或一个洲际网络,规模庞大而复杂,它可以将多个局域网和城域网连接起来,甚至可以把世界各地的局域网连接起来,实现远距离资源共享和低价高速的数据通信。

(2) 按网络拓扑结构分类

计算机网络按拓扑结构可分为:星形、树形、环形、总线形、网状和混合型。常见的网络拓扑结构如图 3-4 所示。

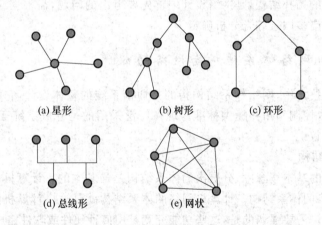

图 3-4 常见网络拓扑结构

网络的拓扑结构不同,所采用的传输方式和通信控制协议也不同。其中,星形、环形和网状采用点对点的数据传输方式,总线形采用一点对多点(广播式)的数据传输方式,而混合型则由多个不同拓扑结构的网络组成。

① 星形拓扑结构

星形拓扑结构中有一个唯一的位于中央位置的节点(主机或服务器),其余节点连接到中央节点。中央节点控制全网的通信,任何两节点之间的通信都要通过中央节点。星形拓扑结构简单,易于实现,便于管理且接入节点容易,但中央节点是网络可靠性的瓶颈,中央节点的故障可能造成全网的瘫痪。

② 树形拓扑结构

在树形拓扑结构中,节点按层次进行连接,信息交换主要在上下节点之间进行,相邻同层节点之间一般不进行数据交换或数据交换量小。树形拓扑可以看成是星形拓扑的一种扩展，结构较星形复杂。

③ 环形拓扑结构

在环形拓扑结构中，节点通过点到点通信线路连接成闭合环路。环中数据沿一个方向逐站传送。环形拓扑结构简单，传输延时确定，但是环中每个节点与连接节点之间的通信线路都会成为网络可靠性的瓶颈：环中任何一个节点出现线路故障，都可能造成网络瘫痪。为保证环的正常工作，需要较复杂的维护处理。环形节点的加入和撤出过程都比较复杂。

④ 总线形拓扑结构

在总线形结构中，各节点通过一个或多个通信线路与公共总线相连。总线形网络结构简单、扩展容易。网络中任何一个节点的故障都不会造成全网瘫痪，故可靠性较高，一般用于主干网。

⑤ 网状拓扑结构

网状拓扑结构又称作无规则型口在网状拓扑结构中，节点之间连接是任意的，没有规律。网状拓扑结构的主要优点是系统可靠性高，但是结构复杂，必须采用路由选择算法与流量控制方法。目前实际存在与使用的广域网，一般都采用这种拓扑结构，典型的是互联网。

⑥ 混合型拓扑结构

根据具体需要，将上面几种拓扑结构混合使用。一般网络多采用混合型拓扑结构。

上述几种结构中，星形和树形均采用集中控制方式，它们的主要缺点是可靠性差，主节点故障会导致全网瘫痪；环形和总线形主要采用分布式控制方式；网状结构一般用在远程网络中。如何确定网络的拓扑结构，是网络设计中首先要考虑的问题，需根据应用场合、任务要求和经济承受能力等诸多因素综合分析确定。

3.1.3 计算机网络体系结构与网络协议

在计算机网络技术中，网络体系结构指的是通信系统的整体设计，它的作用是为网络硬件、软件、协议、存取控制和拓扑提供标准。现在广泛采用的是开放系统互联参考模型（OSI/RM）和 TCP/IP 协议。

(1) 网络体系结构

在计算机网络的基本概念中，分层次的体系结构是最基本的。计算机网络的各层及其协议的集合，称为网络的体系结构。计算机网络的体系结构就是这个计算机网络及其部件所应完成的功能的定义。需要强调的是，这些功能究竟是用何种硬件或软件完成的，则是一个遵循这种体系结构的实现问题。不能把一个具体的计算机网络说成是一个抽象的网络体系结构。总之，体系结构是抽象的，而实现则是具体的，是真正在运行的计算机硬件和软件。

(2) 网络协议

为了实现不同主机间的信息交换和资源共享，在基本的物理连接的基础上，必须有一整套准则来规定通信双方信息交换的格式、信息传递的顺序、传送过程中的差错控制等问题，通信双方都必须遵守协议规则才能进行数据交换。目前，计算机网络存在两个协议标准，一个是国际标准化组织（International Organization Standardization，ISO）制定的 OSI/RM；另一个是事实上的工业标准 TCP/IP 协议。

① OSI/RM 参考模型

为了减少网络协议软件设计的复杂性，大多数网络都按层的方式来组织协议集，每一层完成其独立的功能，并为上一层提供一定的服务，通过这种层与层的结构，将协议必须完成的功能由各层来分担。不同的网络,其层的数量及各层的名字、内容和功能等都不相同,由于各层要完成规定的功能,因此,每一层都有着其独自的协议。人们将网络的层和协议的集合称为网络体系结构。

国际标准化组织提出了一个互联网参考模型 OSI/RM,即开放系统互联参考模型。OSI/RM 规定的网络体系结构为一个七层结构,从低到高分别为物理层、数据链路层、网络层、传输层、会话层、表示层和应用层,如图 3-5 所示。

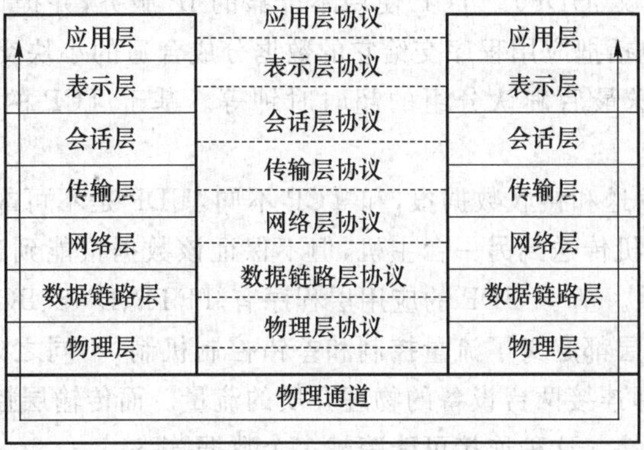

图 3-5 OSI/RM 参考模型及协议

OSI 作为国际标准化组织提出的网络协议参考模型,对每一层的功能和每一层向上一层提供的服务都有明确的定义,但由于协议的模型比较复杂,实现比较困难,因此,OSI/RM 参考模型并未真正流行开来,但它是学习网络理论知识的一个理想模型。

② TCP/IP 协议

传输控制协议(Transportation Control Protocol,TCP)和网际协议(Internet Protocol,IP)是网际互联网的通信协议,其目的在于通过它实现异构网络或异种机之间互相通信。TCP/IP 协议是目前最完整、被普遍接受的通信协议,其中包含了许多通信标准用来规范各计算机之间如何通信、网络如何连接等操作。TCP/IP 协议模型由四层构成,每一层对应多种通信协议,如图 3-6 所示。

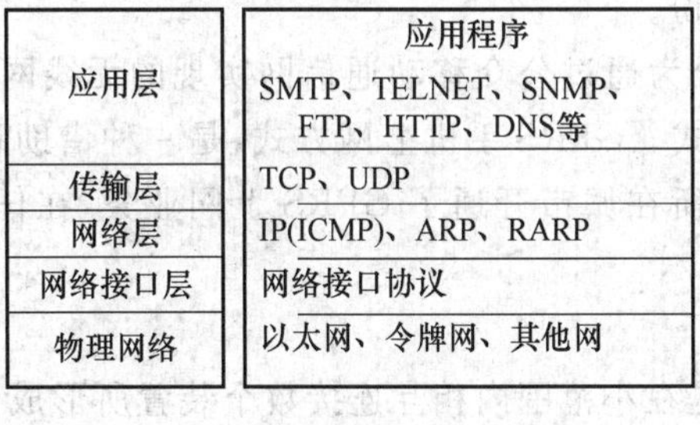

图 3-6 TCP/IP 模型及协议

网络接口层:处理与电缆(或其他任何传输媒介)的物理接口细节(编码的方式,成帧的规范等)。现今在网络接入层上较流行的技术有 IEEE 802.3 以太网、无线、帧中继、ATM、X.35、PPP 等。

网络层:处理分组在网络中的活动,为经过逻辑网络路径的数据进行路由选择。网络层上的协议主要有 IP、ICMP、IGMP 等。网络层上的载体是 IP 协议,同时被 TCP 和 UDP 使用。

基于 IP 的附属协议有 ICMP、IGMP。(ICMP 和 IGMP 的定位比较模糊,位于网络层和传输层之间。而 RARP 和 ARP 则位于网络接口层和网络层之间。)

ICMP：IP 层使用 ICMP 与其他主机或路由器交换错误报文和其他重要信息。使用 ICMP 的应用程序主要有：ping 和 traceroute。

IGMP：Internet 组管理协议。它用来把一个 UDP 数据报多播到多个主机。

ARP 和 RARP 是某些网络接口使用的特殊协议，用来转换 IP 层和网络接口层使用的地址。

传输层：为两台主机上的应用程序提供端到端的通信。传输层的协议有传输控制协议（TCP）和用户数据报协议（UDP）。TCP 使用不可靠的 IP 服务，并提供一种可靠的传输层服务。TCP 所做的工作包括把应用程序交给它的数据分成合适的小块交给下面的网络层，确认接收到的分组，设置发送最后确认分组的超时时钟等。基于 TCP 的应用层程序有 Telnet、Rlogin、FTP、SMTP。

UDP 为应用程序发送和接收数据报，和 TCP 不同，UDP 是不可靠的。UDP 只是把称作数据报的分组从一台主机传送到另一台主机，但不保证该数据报能到达另一端。任何必须的可靠性由应用层来提供。基于 UDP 的应用层程序有 TFTP、DNS、BOOTP、SNMP。

传输层和数据链路层都定义了流量控制和差错控制机制，不同之处在数据链路层强调控制数据链路上的流量，即连接两台设备的物理介质的流量。而传输层控制逻辑链路上的流量，即两台设备的端到端连接。这种连接可能跨越多个数据链路。

应用层：负责处理特定的应用程序细节，如 Telnet、FTP、SNMP、SMTP、TFTP 等。应用层上的用户进程有直接调用 ICMP 的，如 ping、traceroute。

应用层上的路由协议有 RIP 和 BGP。BGP 使用 TCP 端口 179 传送它的路由信息。而 RIP 使用 UDP 接口传递它的信息。其他路由协议是 IP 层协议，因为它们直接在 IP 数据包中封装了它们的信息。

3.1.4 无线通信网络

无线通信网络是采用无线通信技术实现的网络。无线通信网络既包括允许用户建立远距离无线连接的全球语音和数据网络，也包括为近距离无线连接进行优化的红外线技术及射频技术，与有线网络的用途十分类似，最大的不同在于传输媒介的不同，利用无线电技术取代网线，可以和有线网络互为备份。

主流应用的无线网络分为通过公众移动通信网实现的无线网络（如 4G、3G 或 GPRS）和无线局域网（Wi-Fi）两种方式。GPRS 手机上网方式，是一种借助移动电话网络接入 Internet 的无线上网方式，因此只要所在城市开通了 GPRS 上网业务，在任何一个角落都可以通过笔记本计算机来上网。

1. 无线个人网

无线个人网（WPAN）是在小范围内相互连接数个装置所形成的无线网络，通常是个人可及的范围内。例如，蓝牙连接耳机及膝上计算机，ZigBee 也提供了无线个人网的应用平台。

蓝牙是一个开放性的、短距离无线通信技术标准。该技术并不想成为另一种无线局域网（WLAN）技术，它面向的是移动设备间的小范围连接，因而本质上说它是一种代替线缆的技术。它可以用来在较短距离内取代目前多种线缆连接方案，穿透墙壁等障碍，通过统一的短距离无线链路，在各种数字设备之间实现灵活、安全、低成本、小功耗的话音和数据通信。

蓝牙力图做到：必须像线缆一样安全；降到和线缆一样的成本；可以同时连接移动用户的众多设备，形成微微网（piconet）；支持不同微微网间的互连，形成 scatternet；支持高速率；支持不同的数据类型；满足低功耗、致密性的要求，以便嵌入小型移动设备；该技术必须具备全球通用性,以方便用户徜徉于世界的各个角落。

从专业角度看,蓝牙是一种无线接入技术。从技术角度看,蓝牙是一项创新技术,它带来的产业是一个富有生机的产业,因此说蓝牙也是一个产业,它已被业界看成是整个移动通信领域的重要组成部分。蓝牙不仅仅是一个芯片,而是一个网络,不远的将来,由蓝牙构成的无线个人网将无处不在。它还是 GPRS 和 3G 的推动器。

2. 无线区域网

无线区域网(Wireless Regional Area Network,WRAN)基于认知无线电技术,IEEE802.22 定义了适用于 WRAN 系统的空中接口。WRAN 系统工作在 47~910 MHz 高频段/超高频段的电视频带内的,由于已经有用户(如电视用户)占用了这个频段,因此 802.22 设备必须要探测出使用相同频率的系统以避免干扰。

3. 无线局域网

无线局域网(Wireless Local Area Networks,WLAN)利用无线技术在空中传输数据、话音和视频信号。作为传统布线网络的一种替代方案或延伸,无线局域网把个人从办公桌边解放出来,使他们可以随时随地获取信息,提高了员工的办公效率。

4. 无线城域网

无线城域网是连接数个无线局域网的无线网络形式。

2003 年 1 月,一项新的无线城域网标准 IEEE 802.16a 正式通过。致力于此标准研究的组织是 WiMax 论坛——全球微波接入互操作性(Worldwide Interoperability for Microwave Access)组织。作为一个非赢利性的产业团体,WiMax 由 Intel 及其他众多领先的通信组件及设备公司共同创建。截至 2004 年 1 月月底,其成员数由之前的 28 个迅速增长到超过 70 个,特别吸引了 AT&T、电讯盈科等运营商,以及西门子移动及我国的中兴等通信厂商的参与。WiMax 总裁兼主席 LaBrecque 认为,这将是该组织发展的一个里程碑。虽然实际的商用进程尚待时日,但是 WiMax 论坛发布的资料显示,WiMax 正力图成为继无线局域网联盟 Wi-Fi 之后的另一个具有充分产业影响力的无线产业联盟。作为 WiMax 的主要成员,Intel 一直致力于 IEEE 802.16 无线城域网芯片的开发。

5. 无线网络的主要标准

无线技术包括了无线局域网技术和以 GPRS/3G 为代表的无线上网技术,这些标准和技术发展到今天,已经出现了包括 IEEE 802.11、蓝牙技术和 HomeRF 等在内的多项标准和规范,以 IEEE(电气和电子工程师协会)为代表的多个研究机构针对不同的应用场合,制定了一系列协议标准,推动了无线局域网的实用化。这些协议由 Wi-Fi(Wi-Fi 联盟是一家世界性组织,成立的目标是确保符合 802.11 标准的 WLAN 产品之间的相互协作性)组织制定和进行认证。我国早在 2004 年 7 月 26 日向国际标准化组织提交了无线局域网中国国家标准 WAPI(无线局域网鉴别与保密基本结构)提案,这是中国拥有自主知识产权的无线局域网标准,该标准较好地解决了无线局域网的安全问题,但是由于种种原因它现在并没有得到执行。下面列出了一些主要无线通信网标准。

(1) IEEE 802.11 系列协议

作为全球公认的局域网权威,IEEE 802 工作组建立的标准在过去二十年内在局域网领域独领风骚。这些协议包括了 802.3 Ethernet 协议、802.5 Token Ring 协议、802.3z 100BASE-T 快速以太网协议。在 1997 年,经过了 7 年的工作以后,IEEE 发布了 802.11 协议,这也是无线局域网领域内的第一个在国际上被认可的协议。在 1999 年 9 月,他们又提出了 802.11b "High Rate"协议,用来对 802.11 协议进行补充,802.11b 在 802.11 的 1 Mbit/s 和 2 Mbit/s 速率下又增加了 5.5 Mbit/s 和 11 Mbit/s 两个新的网络吞吐速率。利用 802.11b,移动用户能够获得同 Ethernet 一样的性能、网络吞吐率与可用性。这个基于标准的技术使管理员可以根据环境选择合适的局域网技术来构造自己的网络,满足他们的商业用户和其他用户的需求。802.11 协议主要工作在 ISO 协议的最低两层上,并在物理层上进行了一些改动,加入了高速数字传输的特性和连接的稳定性。

(2) 蓝牙技术

蓝牙技术将成为全球通用的无线技术,它工作在 2.4 GHz 波段,采用的是跳频展频(FHSS)技术,数据速率为 1 Mbit/s,距离为 10 m。任一蓝牙技术设备一旦搜寻到另一个蓝牙技术设备,马上就可以建立联系,而无须用户进行任何设置。在无线电环境非常嘈杂的情况下,其优势更加明显。蓝牙技术的主要优点是成本低、耗电量低以及支持数据/语音传输。

(3) HomeRF

HomeRF 是专门为家庭用户设计的,它工作在 2.4 GHz,利用 50 跳/秒的跳频扩谱方式,通过家庭中的一台主机在移动设备之间实现通信,既可以通过时分复用支持语音通信,又能通过载波监听多重访问/冲突,避免协议提供数据通信服务。同时,HomeRF 提供了与 TCP/IP 良好的集成,支持广播、多播和 48 位 IP 地址。HomeRF 最显著的优点是支持高质量的语音及数据通信,它把共享无线连接协议(SWAP)作为未来家庭内联网的几项技术指标,使用 IEEE 802.11 无线以太网作为数据传输标准。

(4) HyperLAN/HyperLAN2

HyperLAN 是 ETSI 制定的标准,分别应用在 2.4 GHz 和 5 GHz 不同的波段中。与 IEEE 802.11 最大的不同在于,HyperLAN 不使用调变的技术而使用 CSMA(Carrier Sense Multiple Access)的技术。HyperLAN2 采用 Wireless ATM 的技术,因此也可以将 HyperLAN2 视为无线网络的 ATM,采用 5 GHz 射频频率,传输速率为 54 Mbit/s。

(5) WiMAX

作为宽带无线通信的推动者,美国电气和电子工程师协会于 1999 年设立 IEEE 802.16 工作组,工作内容主要是开发固定宽带无线接入系统标准,包括空中接口及其相关功能,标准涵盖 2~66 GHz 的许可频段和免许可频段,解决最后一公里的宽带无线城域网的接入问题。随着研究的深入,IEEE 相继推出了 IEEE 802.16、IEEE 802.16a、IEEE 802.16d、IEEE 02.16e 等一系列标准,该系列标准引起业界广泛关注,被认为是宽带无线城域网(WMAN)的理想解决方案。为了推广遵循 IEEE 802.16 和 ETSI HIPERMAN 的宽带无线接入设备,并确保其兼容性及互用性,一些主要的通信部件及设备制造商结成了一个工业贸易联盟组织,即 WiMAX,IEEE 802.16 标准又被称为 WiMAX 技术。其最大传输速度可达到 75 Mbit/s,最大传输距离可达 50 km。

(6) GPRS 技术

GPRS(General Packet Radio Service,通用分组无线服务)是利用"包交换(Packet-Switched)"的概念发展出的一套无线传输方式。所谓的包交换就是将 Date 封装成许多独立的封包,再将这些封包一个一个传送出去,形式上类似于寄包裹。采用包交换的好处是只有在有资料需要传送时才会占用频带,而且可以以传输的资料量计价,这对用户来说是比较合理的计费方式。此外,在 GSM phase 2 的标准里,GPRS 可以提供四种不同的编码方式,这些编码方式分别提供不同的错误保护(Error Protection)能力。利用四种不同的编码方式,每个时槽可提供的传输速率为 CS-1(9.05K)、CS-2(13.4K)、CS-3(15.6K)及 CS-4(21.4K),其中 CS-1 的保护最为严密,CS-4 则是完全未加以任何保护。每个用户最多可同时使用 8 个时槽,所以

GPRS 号称最高传输速率为 171.2 kbit/s。GPRS 是一种新的 GSM 数据业务,它在移动用户和数据网络之间提供一种连接,给移动用户提供高速无线 IP 和 X.25 分组数据接入服务。GPRS 采用分组交换技术,它可以让多个用户共享某些固定的信道资源。如果把空中接口上的 TDMA 帧中的 8 个时隙都用来传送数据,那么数据速率最高可达 164 kbit/8。GSM 空中接口的信道资源既可以被话音占用,也可以被 GPRS 数据业务占用。

(7) 3G 技术

3G 是英文 3rd Generation 的缩写,指第三代移动通信技术。与第一代模拟制式手机(1G)和第二代 GSM、TDMA 等数字手机(2G)相比,第三代手机是指将无线通信与国际互联网等多媒体通信相结合的新一代移动通信系统。它能够处理图像、音乐、视频流等多种媒体形式,提供网页浏览、电话会议、电子商务等多种信息服务。为了提供这种服务,无线网络必须能够支持不同的数据传输速度,也就是说在室内、室外和行车的环境中能够分别支持至少 2 Mbit/s、384 kbit/s 以及 144 kbit/s 的传输速度。

(8) 4G 技术

第四代移动通信标准,指的是第四代移动通信技术,外语缩写:4G。该技术包括 TD-LTE 和 FDD-LTE 两种制式(严格意义上来讲,LTE 只是 3.9G,尽管被宣传为 4G 无线标准,但它其实并未被 3GPP 认可为国际电信联盟所描述的下一代无线通信标准 IMT-Advanced,因此在严格意义上其还未达到 4G 的标准。只有升级版的 LTE Advanced 才满足国际电信联盟对 4G 的要求)。4G 集 3G 与 WLAN 于一体,能够快速高质量传输数据(音频、视频和图像等)。4G 能够以 100 Mbit/s 以上的速度下载,比目前的家用宽带 ADSL(4 MB)快 25 倍,并能够满足几乎所有用户对于无线服务的要求。此外,4G 可以在 ADSL 和有线电视调制解调器没有覆盖的地方部署,然后再扩展到整个地区。很明显,4G 有着不可比拟的优越性。

3.1.5 物联网

1. 物联网的定义

物联网是新一代信息技术的重要组成部分,也是信息化时代的重要发展阶段。其英文名称是"Internet of Things(IoT)"。顾名思义,物联网就是物物相连的互联网。这有两层意思:其一,物联网的核心和基础仍然是互联网,是在互联网基础上的延伸和扩展的网络;其二,其用户端延伸和扩展到了任何物品与物品之间,进行信息交换和通信,也就是物物相息。物联网通过智能感知、识别技术与普适计算等通信感知技术,广泛应用于网络的融合中,也因此被称为继计算机、互联网之后世界信息产业发展的第三次浪潮。物联网是互联网的应用拓展,与其说物联网是网络,不如说物联网是业务和应用。因此,应用创新是物联网发展的核心,以用户体验为核心的创新 2.0 是物联网发展的灵魂。

2. 物联网的发展趋势

(1) 推动世界高速发展

物联网将是下一个推动世界高速发展的重要生产力,是继通信网之后的另一个万亿级市场。

业内专家认为,物联网一方面可以提高经济效益,大大节约成本;另一方面可以为全球经济的复苏提供技术动力。美国、欧盟等都在投入巨资深入研究物联网。我国也高度关注、重视物联网的研究,工业和信息化部会同有关部门,正在新一代信息技术方面开展研究,以形成支持新一代信息技术发展的政策措施。

物联网普及以后,用于动物、植物、机器等的传感器与电子标签及配套的接口装置的数量将大大超过手机的数量。物联网的推广将成为推进经济发展的又一个驱动器,为产业开拓了又一个潜力无穷的发展机会。按照对物联网的需求,需要按亿计的传感器和电子标签,这将大大推进信息技术元件的生产,同时增加大量的就业机会。

物联网拥有业界最完整的专业物联产品系列,覆盖从传感器、控制器到云计算的各种应用。产品服务于智能家居、交通物流、环境保护、公共安全、智能消防、工业监测、个人健康等领域,构建了"质量好,技术优,专业性强,成本低,满足客户需求"的综合优势,持续为客户提供有竞争力的产品和服务。物联网产业是当今世界经济和科技发展的战略制高点之一。据了解,2011年,全国物联网产业规模超过了2 500亿元,预计2015年将超过5 000亿元。

2014年2月18日,全国物联网工作电视电话会议在北京召开。中共中央政治局委员、国务院副总理马凯出席会议并讲话。他强调,要抢抓机遇,应对挑战,以更大的决心、更有效的措施,扎实推进物联网有序健康发展,努力打造具有国际竞争力的物联网产业体系,为促进经济社会发展做出积极贡献。

马凯指出,物联网是新一代信息网络技术的高度集成和综合运用,是新一轮产业革命的重要方向和推动力量,对于培育新的经济增长点、推动产业结构转型升级、提升社会管理和公共服务的效率和水平具有重要意义。发展物联网必须遵循产业发展规律,正确处理好市场与政府、全局与局部、创新与合作、发展与安全的关系。要按照"需求牵引、重点跨越、支撑发展、引领未来"的原则,着力突破核心芯片、智能传感器等一批核心关键技术;着力在工业、农业、节能环保、商贸流通、能源交通、社会事业、城市管理、安全生产等领域,开展物联网应用示范和规模化应用;着力统筹推动物联网整个产业链协调发展,形成上、下游联动、共同促进的良好格局;着力加强物联网安全保障技术、产品研发和法律法规制度建设,提升信息安全保障能力;着力建立健全多层次多类型的人才培养体系,加强物联网人才队伍建设。

(2) 创新2.0模式

邬贺铨院士指出,物联网是互联网的应用拓展,与其说物联网是网络,不如说物联网是业务和应用。因此,应用创新是物联网发展的核心,以用户体验为核心的创新2.0是物联网发展的灵魂。物联网及移动泛在技术的发展,使得技术创新形态发生转变,以用户为中心、以社会实践为舞台、以人为本的创新2.0形态正在显现,实际生活场景下的用户体验也被称为创新2.0模式的精髓。

其中,政府是创新基础设施的重要引导和推动者,比如欧盟通过政府搭台、PPP公私合作伙伴关系构建创新基础设施来服务用户,激发市场及社会的活力。用户是创新2.0模式的关键,也是物联网发展的关键,而用户的参与需要强大的创新基础设施来支撑。物联网的发展不仅将推动创新基础设施的构建,也将受益于创新基础设施的全面支撑。作为创新2.0时代的重要产业发展战略,物联网的发展必须实现从"产学研"向"政产学研用",再向"政用产学研"协同发展转变。

(3) 两化融合

2012年2月14日,中国的第一个物联网五年规划——《物联网"十二五"发展规划》由工信部颁布。

该规划公布不久,工信部批复广东顺德创建"装备工业两化深度融合暨智能制造试点",顺德提出在智能产品方面将打造一批"无人工厂"。

制造业的无人化或许将为中国制造业的升级提供一条路径。专家指出,智能化是信息化与工业化"两化融合"的必然途径,其技术核心无疑是物联网,但要权衡好投入与产出,量力而行。

邬贺铨指出，以前提"两化融合"还比较泛泛，而物联网是"两化融合"的切入点，可以大大促进信息化的应用。物联网可大量应用在智能农业、智能电网、智能交通、智能物流、智能医疗、智能家居等行业中。国家发展物联网的目的，不仅是产生应用效益，更要带动产业发展。有了物联网，每个行业都可以通过信息化提高核心竞争力，这些智能化的应用就是经济发展方式的转变。

在 2012 年，中国物联网产业市场规模达到 3 650 亿元，比上年增长 38.6%。从智能安防到智能电网，从二维码普及到"智慧城市"落地，物联网正四处开花，悄然影响人们的生活。专家指出，伴随着技术的进步和相关配套的完善，在未来几年，技术与标准国产化、运营与管理体系化、产业草根化将成为我国物联网发展的三大趋势。

（4）行业现状

就像互联网是解决最后 1 km 的问题，物联网其实需要解决的是最后 100 m 的问题。在最后 100 m 可连接设备的密度远远超过最后 1 km。特别是在家庭，家庭物联网应用（即我们常说的智能家居）已成为各国物联网企业全力抢占的制高点。作为目前全球公认的最后 100 m 主要技术解决方案，ZigBee 得到了全球主要国家前所未有的关注。这种技术由于相比于现有的 Wi-Fi、蓝牙、433M/315M 等无线技术更加安全、可靠，同时 ZigBee 的组网能力强、具备网络自愈能力并且功耗更低，这些特点与物联网的发展要求非常贴近。

3.2 Internet 相关技术

3.2.1 Internet 的产生与发展

互联网不属于哪个国家、单位或个人所独有，它更像是一个世界性的公益事业、资源共享库，许多组织和个人都是以奉献的精神参与其发展。从 20 世纪 60 年代末到 90 年代初，互联网经历了形成、实用及商业化 3 个阶段。

1. 互联网的形成

1960 年，由美国国防部投资，通过高级研究计划署（ARPA）具体实施研究网间互联技术。到 20 世纪 70 年代末期，ARPA 已建立了好几个互联网（Internet），最有代表性的是 ARPANRT 互联网，采用分组交换技术。1974 年，TCP/IP 协议问世，为网间交换信息制定了各种通信协议，其中传输控制协议（TCP）和网际协议（IP）已发展成为当今互联网的基本协议。TCP/IP 为实现不同硬件构架、不同操作平台网络间的互联奠定了基础。

互联网的快速发展始于 1986 年。由美国国家科学基金会（National Science Foundation，NSF）赞助，把 5 个美国国内超级计算机网络连成广域网 NSFnet。以后，相继又有一些大公司加盟，把 NSFnet 建成了一个强大的骨干网。旨在共享它所拥有的资源，推动科学研究的发展。1986 年至 1991 年间，接入 NSFnet 的计算机网络由 100 多个发展到 3 000 多个，有力地推动了互联网的发展。

然而，随着网上通信量的迅猛增长，NSF 不得不采用更新的网络技术来适应发展的需要。1992 年，由美国高级网络服务公司组建的高级网络服务网（ANSNET）取代国家科学基金网成为互联网的主干网，联入互联网的主机达 100 万台。

在 20 世纪 90 年代后期，互联网逐渐成为主要提供内容信息服务的平台，各种门户网站层出不穷，这些网站成为了新经济的代表，受到投资者的追捧，造成了大量的互联网泡沫。不久，在泡沫破灭后,为数不多的幸存者成为了真正的强者,并且涌现了一批新兴的互联网公司,它们主要致力于电子商务,从而开启了互联网经济的新时代。

2. 互联网的发展

互联网将全球的计算机网络连接起来,形成了一个网络中的网络。它的发展过程伴随着计算机网络技术和通信技术的进步,从上面互联网的形成来看,互联网的发展过程和计算机网络的发展密不可分,它的发展过程大致如下。

(1) 以单计算机为中心的联机终端系统

计算机网络主要是计算机技术和信息技术相结合的产物,它从20世纪50年代起步至今已经有50多年的发展历程。在20世纪50年代以前,因为计算机主机相当昂贵,而通信线路和通信设备相对便宜,为了共享计算机主机资源和进行信息的综合处理,形成了第一代以单主机为中心的联机终端系统。

在第一代计算机网络中,因为所有的终端共享主机资源,因此终端到主机都单独占一条线路,所以使得线路利用率低,而且因为主机既要负责通信又要负责数据处理,因此主机的效率低,而且这种网络组织形式是集中控制形式,所以可靠性较低,如果主机出问题,所有终端都被迫停止工作。面对这样的情况,人们提出这样的改进方法,就是在远程终端聚集的地方设置一个终端集中器,把所有的终端聚集到终端集中器,而且终端到集中器之间是低速线路,而终端到主机是高速线路,这样使得主机只要负责数据处理而不要负责通信工作,大大提高了主机的利用率。

(2) 以通信子网为中心的主机互联

随着计算机网络技术的发展,到20世纪60年代中期,计算机网络不再局限于单计算机网络,许多单计算机网络相互连接形成了有多个单主机系统相连接的计算机网络,这样连接起来的计算机网络体系有两个特点:

① 多个终端联机系统互联,形成了多主机互联网络;

② 网络结构体系由主机到终端变为主机到主机。

后来这样的计算机网络体系向两种形式演变。第一种是把主机的通信任务从主机中分离出来,由专门的CCP(通信控制处理机)来完成,CCP组成了一个单独的网络体系,我们称它为通信子网。而在通信子网基础上连接起来的计算机主机和终端则形成了资源子网,导致两层结构出现。第二种是通信子网规模逐渐扩大成为社会公用的计算机网络,原来的CCP成为公共数据通用网。

3. 计算机网络体系结构的标准化

随着计算机网络技术的飞速发展,计算机网络的逐渐普及,各种计算机网络怎么连接起来就显得相当的复杂,因此需要形成一个统一的标准,使之更好地连接,网络体系结构标准化就显得相当重要,在这样的背景下形成了体系结构标准化的计算机网络。

为什么要使计算机结构标准化呢?有两个原因:第一个是因为为了使不同设备之间的兼容性和互操作性更加紧密;第二个是因为体系结构标准化是为了更好地实现计算机网络的资源共享,所以计算机网络体系结构标准化具有相当重要的作用。

3.2.2 Internet 的通信协议

网络通信协议是一种网络通用语言,为连接不同操作系统和不同硬件体系结构的互联网络提供通信支持,Internet 使用的是 TCP/IP。每种网络协议都有自己的优点,但是只有 TCP/IP 允许与 Internet 完全连接。TCP/IP 是20世纪60年代由麻省理工学院和一些商业组织为美国国防部开发的,即便遭到核攻击而破坏了大部分网络,TCP/IP 仍然能够维持有效的通信。ARPANet 就是基于此协议开发的,并发展成为作为科学家和工程师交流媒体的 Internet。TCP/IP 同时具备了可扩展性和可靠性的需求。Internet 公用化以后,人们开始发现全球网的强大功能。Internet 的普遍性是 TCP/IP 至今仍然使用的原因。常常在没有意识到的情况下,用户就在自己的 PC 上安装了 TCP/IP 栈,从而使该网络协议在全球应用最广。TCP/IP 的 32 位寻址功能方案不足以支持即将加入 Internet 的主机和网络数。因而可能代替当前实现的标准是 IPv6。

1. 主要特点

(1) TCP/IP 不依赖于任何特定的计算机硬件或操作系统,提供开放的协议标准,即使不考虑 Internet,TCP/IP 也获得了广泛的支持。所以 TCP/IP 成为一种联合各种硬件和软件的实用系统。

(2) TCP/IP 并不依赖于特定的网络传输硬件,所以 TCP/IP 能够集成各种各样的网络。用户能够使用以太网(Ethernet)、令牌环网(Token Ring Network)、拨号线路(Dial-up line)、X.25 网以及所有的网络传输硬件。

(3) 统一的网络地址分配方案,使得整个 TCP/IP 设备在网中都具有唯一的地址。

(4) 标准化的高层协议,可以提供多种可靠的用户服务。

2. 协议优势

在长期的发展过程中,IP 逐渐取代其他网络。这里是一个简单的解释。IP 传输通用数据。数据能够用于任何目的,并且能够很轻易地取代以前由专有数据网络传输的数据。下面是一个普通的过程。

一个专有的网络开发出来用于特定目的。如果它工作得很好,用户将接受它。

为了便利,提供 IP 服务,用于访问电子邮件或者聊天,通常以某种方式通过专有网络隧道实现。隧道方式最初可能非常没有效率,因为电子邮件和聊天只需要很低的带宽。

通过一点点的投资,IP 基础设施逐渐在专有数据网络周边出现。用 IP 取代专有服务的需求出现,经常是一个用户要求。IP 替代品遍布整个因特网,这使 IP 替代品比最初的专有网络更加有价值(由于网络效应)。

专有网络受到压制。许多用户开始维护使用 IP 替代品的复制品。IP 包的间接开销很小,少于 1%,这样在成本上非常有竞争性。人们开发了一种能够将 IP 带到专有网络上的大部分用户的不昂贵的传输媒介。

大多数用户为了削减开销,取消专有网络。

3. 主要缺点

第一,它在服务、接口与协议的区别上不是很清楚。一个好的软件工程应该将功能与实现方法区分开来,TCP/IP 恰恰没有很好地做到这点,这使 TCP/IP 参考模型对于使用新技术的指导意义不足。TCP/IP 参考模型不适合于其他非 TCP/IP 协议簇。

第二,主机-网络层本身并不是实际的一层,它定义了网络层与数据链路层的接口。物理层与数据链路层的划分是必要的、合理的,一个好的参考模型应该将它们区分开,而 TCP/IP 参考模型却没有做到这点。

4. IPv4

IPv4 是互联网协议(Internet Protocol,IP)的第 4 版,也是第一个被广泛使用的、构成现今互联网技术基石的协议。1981 年 Jon Postel 在 RFC 791 中定义了 IP,IPv4 可以运行在各种各样的底层网络上,比如端对端的串行数据链路(PPP 协议和 SLIP 协议)、卫星链路等。局域网中最常用的是以太网。

传统的 TCP/IP 基于 IPv4,属于第二代互联网技术,核心技术属于美国。它的最大问题是网络地址资源有限,从理论上讲,编址 1 600 万个网络、40 亿台主机。但采用 A、B、C 三类编址方式后,可用的网络地址和主机地址的数目大打折扣,以至 IP 地址已经枯竭。其中,北美占有 3/4,约 30 亿个,而人口最多的亚洲只有不到 4 亿个,中国截至 2010 年 6 月 IPv4 地址数量达到 2.5 亿个,落后于 4.2 亿网民的需求。虽然用动态 IP 及 Nat 地址转换等技术实现了一些缓冲,但 IPv4 地址枯竭已经成为不争的事实。虽然,专家提出 IPv6 的互联网技术,也正在推行,但从 IPv4 的使用过渡到 IPv6 需要很长的一段时期。中国主要用的是 IPv4,在 Windows 7 中已经有了 IPv6 的协议,不过对于中国的用户来说,可能很久以后才会用到。

传统的 TCP/IP 基于电话宽带以及以太网的电器特性而制定,其分包原则与检验占用了数据包很大的比例,造成了传输效率低,网络正向着全光纤网络高速以太网方向发展,TCP/IP 不能满足其发展需要。

1983 年 TCP/IP 被 ARPAnet 采用,直至发展到后来的互联网。那时只有几百台计算机互相联网。到 1989 年联网计算机数量突破 10 万台,同年出现了 1.5Mbit/s 的骨干网。因为 IANA 把大片的地址空间分配给了一些公司和研究机构,20 世纪 90 年代初就有人担心 10 年内 IP 地址空间就会不够用,并由此导致了 IPv6 的开发。

5. IPv6

IPv6 是 Internet Protocol Version 6 的缩写,其中 Internet Protocol 译为"互联网协议"。IPv6 是 IETF(Internet Engineering Task Force,互联网工程任务组)设计的用于替代现行版本 IP 协议(IPv4)的下一代 IP 协议。

由于 IPv4 最大的问题在于网络地址资源有限,严重制约了互联网的应用和发展。IPv6 的使用,不仅能解决网络地址资源数量的问题,而且能解决多种接入设备连入互联网的障碍。

3.2.3 Internet 的 IP 地址及域名

互联网中 IP 地址是一个极为重要的概念。为确保互联网上每台主机(能提供互联网服务的计算机)在通信时都能互相识别,每台主机都必须有一个唯一的地址来标识,即用 IP 地址表示该主机在网络上的位置,也叫主机网际协议地址,这犹如电话系统中每台接入电话网络的具有标识效用的电话号码。一般用户在拨号上网时,由互联网服务提供商(ISP)自动随机分配一个 IP 地址,而且每次拨号时 IP 地址都不固定,该地址称为动态 IP 地址。一般大型网站都向他们的域名服务商申请一个固定不变的 IP 地址,称为固定 IP 地址。

1. IPv4 地址

IPv4 地址按层次结构组织,包含两个部分:网络地址与主机地址,前者用以区分在互联网上互联的各个网络;后者用来表示同一网络上的不同计算机(或主机)。IPv4 地址由 32 位二进制数构成,分为 4 段(4 个字节),每段 8 位(1 个字节),可以用小于 256 的十进制数来表示,段间用圆点隔开。

例如,192.168.8.128(二进制数为:11000000.10101000.00001000.10000000)。

IPV4 地址具有以下两个重要性质:

(1) 每台主机的 IPv4 地址在整个互联网中是唯一的。

(2) 网络地址在互联网范围内统一分配,主机地址则由该网络进行本地分配。

IPv4 地址的地址类型和地址空间如图 3-7 所示。

图 3-7 IPv4 地址的地址类型和地址空间

这些地址分为 A、B、C、D、E 共五类,其中 A、B、C 三类称为基本类,表 3-1 是 IPv4 基本类地址的地址空间列表。

表 3-1 IPv4 基本类地址的地址空间列表

类	第一字节	网络号位数	最多网络数	主机号位数	最多主机数	地址范围	子网掩码
A	1~126	7	126	24	16 777 214	1.0.0.0~126.255.255.255	255.0.0.0
B	128~191	14	16 382	16	65 534	128.0.0.0~191.255.255.255	255.255.0.0
C	192~223	21	209 750	8	254	192.0.0.0~233.255.255.255	255.255.255.0

2. IPv6 地址

目前我们使用的 IPv4,核心技术属于美国。它的最大问题是网络地址资源有限,从理论上讲,可以编址 1 600 万个网络、40 亿台主机。但采用 A、B、C 三类编址方式后,可用的网络地址和主机地址的数目大打折扣,以至目前的 IP 地址近乎枯竭。其中北美占有 3/4,约 30 亿个,而人口最多的亚洲只有不到 4 亿个,中国截至 2010 年 6 月 IPv4 地址数量达到 2.5 亿个,落后于 4.2 亿网民的需求。IP 地址的不足,严重地制约了我国及其他国家互联网的应用和发展。

如果说 IPv4 实现的只是人机对话,而 IPv6 则扩展到任意事物之间(物联网)的对话,它不仅可以为人类服务,还将服务于众多硬件设备,如家用电器、传感器、远程照相机、汽车等,它将无时不在,无处不在地深入社会每个角落的真正的宽带网。它所带来的经济效益非常巨大。

当然,IPv6 并非十全十美、一劳永逸,不可能解决所有问题。IPv6 只能在发展中不断完善,也不可能在一夜之间发生,过渡需要时间和成本,但从长远看,IPv6 有利于互联网的持续和长久发展。目前,国际互联网组织已经决定成立两个专门工作组,制定相应的国际标准。

(1) IPv6 的特点

① 地址长度为 128 bit,地址空间增大了 2^{96} 倍。

② 简化了报文头部格式,字段只有 8 个,加快报文转发,提高了吞吐量。

③ 灵活的 IP 报文头部格式。使用一系列固定格式的扩展头部取代了 IPv4 中可变长度的选项字段。IPv6 中选项部分的出现方式也有所变化,使路由器可以简单路过选项而不做任何处理,加快了报文处理速度。

④ 提高了安全性。身份认证和隐私权是 IPv6 的关键特性之一。

⑤ 支持更多的服务类型。

⑥ 允许协议继续演变,增加了新的功能,使之能适应未来技术的发展。

(2) IPv6 的优势

① IPv6 具有更大的地址空间。IPv4 协议全部地址是 2^{32},即 43 亿个地址,全球每人分不到一个地址,而 IPv6 协议可以提供 2^{128} 的海量地址空间,有人甚至称使用 IPv6 后地球上的每一粒沙子都可以拥有一个 IP 地址。

② IPv6 使用更小的路由表。IPv6 的地址分配一开始就遵循聚类(Aggregation)的原则,这使得路由器能在路由表中用一条记录(Entry)表示一片子网,大大减小了路由器中路由表的长度,提高了路由器转发数据包的速度。

③ IPv6 增强了组播(Multicast)支持以及对流的支持(Flow Control),这使得网络上的多媒体应用有了长足发展的机会,为服务质量(Quality of Service,QoS)控制提供良好的网络平台。

④ IPv6 加入了对自动配置(Auto Configuration)的支持。这是对 DHCP 协议的改进和扩展,使得网络(尤其是局域网)的管理更加方便和快捷。

⑤ IPv6 具有更高的安全性。在使用 IPv6 网络中用户可以对网络层的数据进行加密并对 IP 报文进行校验,极大的增强了网络的安全性。

3. 域名系统

IP 地址的枯燥的数字不易记忆,互联网引进了便于记忆的、富有一定含义的字符形地址——域名。在互联网上,按域名系统定义的、作为服务器的计算机的名字称为域名(Domain Name)。域名是用有意义的名字来一一对应地标识计算机的 IP 地址。

域名在互联网上是唯一的。为此互联网规定了一套命名机制,称为域名系统(Domain Name System,DNS)。域名和 IP 地址之间是一对一或多对一的关系,因为一个企业网站只有一个 IP 地址,但是可以有多个域名。只要有了域名,无须知道 IP 地址就可以访问网站。

互联网的域名系统是一种分布型层次式的命名机制。域名由若干子域构成,子域间以圆点相隔,最右边的子域是顶级域名,至右向左层次逐级降低,最左边的子域是主机名。域名的一般形式为:主机名.三级域名.二级域名.顶级域名。如 WWW.csu.edu.cn。

(1) 国际顶级域名

国际顶级域名可分成两大类,一类表示机构类别(见表 3-2);另一类表示国家及行政区(见表 3-3)。需要说明的是,tv、cc、ws、bz 原本是一些国家的顶级域名,但由于这些小国的电子商务水平很低,这些资源不能得到有效利用,而其又能引申出一些含义,如 tv—电视,cc—commercial company 等,一些精明的公司买断了这些国家的域名经营权,然后在国际上出售这些域名。

表 3-2 机构类别的顶级域名

域名	类别	域名	类别
com	商业机构	biz	商业机构
edu	教育机构(美国)	int	国际组织
gov	政府部门(美国)	org	非赢利性组织
mil	军事部门(美国)	info	信息服务机构
net	网络服务机构	name	个人网站
coop	合作组织	aero	航空
pro	医生、律师、会计专用	museum	博物馆

表 3-3 国家及行政区的顶级域名(部分)

域名	国家或行政区	域名	国家或行政区	域名	国家或行政区
uk	英国	au	澳大利亚	us	美国
ca	加拿大	ch	瑞士	in	印度
cn	中国	hk	中国香港	fr	法国
de	德国	sg	新加坡	jp	日本
it	意大利	tw	中国台湾	ru	俄罗斯
mx	墨西哥	mo	中国澳门	ws	西萨摩亚
tv	图瓦卢	cc	Cocos 群岛	bz	伯利兹

2008 年 6 月,国际域名管理机构 ICANN 批准了一项建立无限多顶级域名的提案。按照该提案,企业可以使用如 IBM、eBay 等品牌作为顶级域名,团体则可以使用 news、sports、bank、bet 等作为顶级域名。巴黎市将与巴黎的多家企业签约,联合使用 Paris 顶级域名;柏林也将创建 Berlin 顶级域名。

(2) 中国的二级域名

中国的域名管理机构是中国互联网络信息中心(CNNIC)。中国互联网络的二级域名分为类别域名和行政区域名两类。类别域名有 6 个(见表 3-4),"行政区域名"有 34 个。

表 3-4 中国二级域名按类别分类

域名	类别	域名	类别
ac	科研机构	gov	政府部门
edu	教育机构	org	非赢利性组织
com	工商、金融等企业	net	互联网服务机构

中国互联网络域名体系中各级域名可以由字母(A~Z,a~z,大小写等价)、数字(0~9)、连接符(-)或汉字组成,各级域名之间用实点(.)连接,中文域名的各级域名之间用实点或中文句号(。)连接。

2003 年 3 月 17 日,国家信息产业部宣布 cn 二级域名已经全面开放注册。即用户在顶级域名 cn 下可以直接申请注册二级域名,如 WWW.XXXX.cn,其中 XXXX 为用户自行决定的二级域名。

在 CNNIC 的中文域名系统中,在顶级域名"cn"之外暂设"中国""公司"和"网络"3 个中文顶级域名。其中注册"中国"的用户将自动获得"cn"的中文域名。如"龙.cn""龙.中国""中国频道.公司"和"中国频道.网络"等。

3.2.4 Internet 的接入技术

互联网的接入技术很多,从用户的角度出发,大致有以下几种接入方式。

1. 普通电话拨号接入

这是早期最普遍的上网方式,用户只要有一部普通电话,再加上一个调制解调器(Modem),就可以实现拨号上网。其基本原理是将数字信号通过调制解调器转为模拟信号,然后通过电话线进行传输,接收方再通过调制解调器将模拟信号转为数字信号,从而完成数据通信的过程。上网速度理论上可以达到上传 36.6 kbit/s、下载 56 kbit/s,但由于互联网服务商采用共享方式上网,实际上达不到这个速度。该上网方式具有设备简单、覆盖面广的特点,最主要的缺点是速度慢,而且易受电话线路通信质量的影响。

2. ADSL 接入

ADSL(Asymmetric Digital Subscribe Line)是不对称数字用户环路的简称,是目前电信系统普遍采用的宽带接入服务。它是利用现有的市话铜线进行数据信号传输的一种技术,下行速率在 2~9 Mbit/s 之间,上行速率在 640 kbit/s~1 Mbit/s 之间,终端设备主要是一个 ADSL 调制解词器。

ADSL 的基本原理是将传统电话线没有充分利用的带宽利用起来,传统电话线使用 4 kbit/s 的带宽,利用该方式上网,可以同时实现网络连接与语音通信,即使 ADSL 出现设备故障也不影响普通电话业务。目前我国电信系统基本都开通了这项服务。ADSL 用于人口密度大、高层建筑多、网络节点密集的地段,具有系统结构简单、使用维护方便、性价比高的特点。

3. DDN 接入

DDN(Digital Data Network,数字数据网)是利用数字信道来传输数据信号的专用网络,目前全国各地的电信系统都开通了这项服务。DDN 利用数字信道提供半永久性连接线路以连入互联网,它利用一种全透明、全数字、优质的传输介质来传输,传输速率为 64 kbit/s~2 Mbit/s。DDN 提供独享上网方式,缺点是费用昂贵,除了基本费用以外,还要根据上网流量计费,所以目前 DDN 主要是一些特殊单位使用。

4. 有线电视电缆接入

传统的有线电视网只能实现单向传输,经过改造后可以实现双向传输。终端设备是一个电缆调制解调器,它是利用有线电视网作为接入互联网的设备。有线电视电缆传输速率下行最高可达 36 Mbit/s,上行最高可达 10 Mbit/s。目前我国许多地区的有线电视网开通了这项服务。有线电视电缆上网在我国具有广阔的前景,因为我国有线电视网十分普及,而且上网可以不占用电话线路,还可以和数字式家电紧密集成。

5. 光纤接入

光纤是一种直径为 50~100 μm 的特殊传输介质,一般由石英玻璃或塑料制成,外裹一层折射率较低的材料,多根光纤连在一起,就组成了光缆。光纤通信网才是真正意义上的宽带网,传输速度最快,单根光纤的传输速度可以达到 100 Mbit/s~10 Gbit/s,而且相当稳定,唯一缺点是价格较高。

6. 无线接入

无线接入技术分为以下两种。

(1) 固定接入方式

如微波、卫星和短波接入等。微波接入的典型方式是建立卫星地面站,租用通信卫星的信道与上级 ISP 通信,其单路最高速率为 27 kbit/s,可多路复用,其优点是不受地域的限制。卫星通信传输技术是利用卫星通信的多址传输方式,为全球、大范围、远距离的数据通信。与微波接入技术类似,利用专用的短波设备也可以接入互联网,且接入速率和距离都很理想。由于短波有绕射力,因此这种技术适用于在城市及市郊做中远距离联网。

(2) 移动接入方式(即移动上网)

移动上网方法有以下两种:

① 利用手机上网。手机上网除了可进行网页浏览、收发电子邮件等常规互联网服务外,还可发送短信息、下载铃声、下载屏保等。传输速率为 9.6 kbit/s(GSM)~160 kbit/s(CDMA 或 GPRS)。目前移动通信技术发展很快,从最早的 GSM 发展到 GPRS 和 CDMA,并且向 4G

方向过渡。

② 利用笔记本计算机通过无线网卡上网。将无线网卡安装在笔记本计算机中,无线信号的来源有两个:无线交换机和手机。目前中国联通和中国移动通信公司都推出"计算机+手机"无线上网业务,使移动办公成为现实。

7. 局域网共享接入

局域网连入互联网的方式非常普遍,基本原理是通过局域网上的代理服务器共享上网,也就是说局域网上的任何一台计算机经过授权后都可以经由代理服务器共享上网,服务器需要安装相应的代理服务器软件或进行相关设置。比如,校园网通过光纤接入互联网,而学校内部的计算机可以共享这根光纤上网。光纤局域网的传输速率为 10~100 Mbit/s。

共享上网的速度取决于服务器的带宽和局域网内同时上网的计算机的数据流量大小等诸多因素。共享上网是一种间接上网方式,它对于服务器的上网方式并没有严格的限制,比如,ADSL、DDN 专线、光纤上网等都可以。共享上网最大的优越性是充分利用了服务器的网络带宽,并且容易管理,此外还可以节省宝贵的 IP 地址资源,特别适合于企事业单位、政府部门、高校等使用。

3.2.5 常见的 Internet 服务

1. 万维网服务

万维网(World Wide Web,WWW),通常又称 Web、W3 或全球信息网。它是一种以图形界面和超文本链接方式来组织信息页面的技术,在该网中允许用户从某台计算机中访问网上资源。这个服务基于超文本传输协议,采用了超文本和超媒体及链接技术,可用多种媒体技术直观地向用户展现信息。客户端的软件使用浏览器。

(1) WWW 的工作流程

WWW 采用客户机/服务器的工作模式,工作流程具体如下:

① 用户使用浏览器或其他程序建立客户机与服务器连接,并发送浏览请求;

② Web 服务器接收到请求后,返回信息到客户机;

③ 通信完成,关闭连接。

(2) WWW 的构成

万维网的内核部分由 3 个标准构成:统一资源定位器(URL)、超文本传输协议(HTTP)和超文本标记语言(HTML)。

① URL。这是一个世界通用的负责给万维网上例如网页这样的资源定位的系统。WWW 上的每个信息资源都有统一的地址,由 URL 来标识,以确定资源在网络上的位置及所需要检索的文档。URL 由三部分组成:资源类型、存放资源的主机域名及资源的路径和文件名。

例如,http://www.w3.Org/hypertext/www/Client.html,其中:

- http://指明要访问的资源类型是超文本信息,使用 HTTP 协议;
- www.w3.org 指明要连接的主机域名;
- /hypertext/www/指明文档所在的目录路径;
- Client.html 指明要找的文件名。

互联网上的所有资源都可由 URL 来表示(见表 3-5),URL 网址是唯一的。

② HTTP。超文本传送协议(HTTP),它负责规定浏览器和服务器怎样互相交流。

③ HTML。超文本标记语言(HTML),作用是定义超文本文档的结构和格式。

表 3-5　URL 涉及的资源类型

资源名	功能	网络地址举例
FTP	文件传输提供与匿名 FTP 服务器连接	ftp://ftp.pku.edu.cn/
Telnet	与主机建立远程登录连接	telnet://telnet.pku.edu.cn/
News	USENET 专题讨论	news://news.pku.edu.cn/
Gopher	通过 Gopher 访问	gopher://gopher.sta.net.cn/
HTTP	浏览多媒体资源	http://www.google.com/

（3）WWW 的浏览器

WWW 的浏览器是 WWW 服务系统中的客户端程序，负责接收用户的请求，然后通过 HTTP 协议将用户的请求发送到 WWW 服务器，并且负责对返回的请求页面进行解释，最后显示在用户的显示器上。其一般浏览过程如下：

① 从主页开始浏览。主页是启动浏览器软件或到达某一网站所见到的第一个页面。然后可到达该网站的所有页面。单击工具栏上的"后退"或"前进"按钮，可返回已访问过的上一页或进入已访问过的下一页。

② 链接到指定的网页。在浏览器上有"地址"输入框，键入"URL"，然后按回车键，即可访问指定的网页。

③ 返回到近期浏览过的网页。可通过打开历史记录选择转到已访问过的网页。最近的网页通常被自动保存在浏览器的 Cache 缓冲区中。

④ 收藏自己喜爱的网页。将自己喜爱的网页网址加入收藏夹或建立书签文件，可大大方便以后的搜索操作。

⑤ 将当前的网页内容存储起来。通过"文件"菜单可将当前页面按超文本格式或文本格式保存，同时还可以将图形文件保存下来。

⑥ 停止当前页面的下载。单击工具栏上的"停止"按钮，可控制关闭图片、声音或视频文件的下载，以加快浏览速度。

浏览器会根据 URL 自动地到全球各地的 WWW 服务器上查找信息。由于它提供的友好操作界面隐含着计算机 IP 地址、域名、网络协议、输入密码等数据，因此既使是对计算机网络技术不甚了解的用户也能方便地使用浏览器阅读和查询信息。

（4）设置代理服务器

在局域网中，由于某些方面的限制，造成用户不能访问外部的一些网站，可以通过设置代理服务器来访问外部网站。在互联网上有很多免费的代理服务器可以使用。在局域网中设置代理服务器的步骤如下：

① 在桌面上右击 IE 浏览器图标，单击"属性"，系统弹出图 3-8 所示的"Internet 属性"对话框。

② 在对话框中，单击"连接"选项卡，再单击"局域网设置"按钮，系统弹出图 3-9 所示的"局域网（LAN）设置"对话框。

③ 在"局域网（LAN）设置"对话框中，添入代理服务器的 IP 地址及端口号，按"确定"按钮，系统回到"Internet 属性"对话框，再次按"确定"按钮。局域网代理服务器设置完毕。

（5）常用的 Web 浏览器

① IE 浏览器

Internet Explorer（简称 IE），是微软公司推出的一款网页浏览器。Internet Explorer 是使

用最广泛的网页浏览器之一。

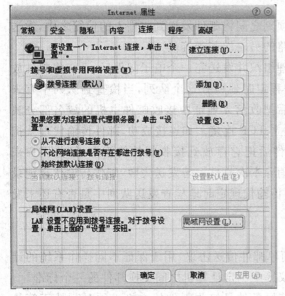

图 3-8 "Internet 属性"对话框

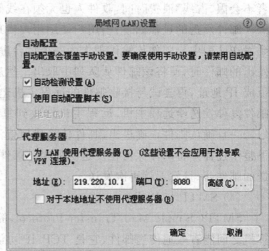

图 3-9 "局域网(LAN)设置"对话框

② 火狐浏览器

Mozilla Firefox(简称为 Fx),中文名为火狐,是由 Mozilla 基金会(谋智网络)与开源团体共同开发的网页浏览器。

③ 360 安全浏览器

360 安全浏览器是 360 安全中心推出的一款基于 IE 内核的浏览器,是世界之窗开发者凤凰工作室和 360 安全中心合作的产品,其沙盘安全技术来自与 Sandboxie 的合作。360 安全浏览器自称是最安全的浏览器。

2. 电子邮件服务

电子邮件是一种用电子手段提供信息交换的通信方式,通过全球互联网实现文本、声音、图形、图像与影视等信息的传送、接收及存储,从而将邮件发往全球各个区域。

电子邮件具有的优点:不受距离和自然条件的限制,信息传递快,效率高,故障率低,通信资费便宜,使用范围广泛。电子邮件具有传统邮件不可比拟的优越性,它是互联网资源应用中使用率最高的一种服务。

(1) 电子邮件的功能

由于 E-mail 数字化的特征,使其功能大大超越了传统意义上的邮件。不但文本文件(ASCII 文件)可以发送,非文本文件(如多媒体文件、二进制文件等)也可在发信端用附件方式发送。电子邮件的功能可归结如下:

① 可同时向多个收信人发送同一邮件,传递包括文本、声音、影像和图形在内的多种类型信息。

② 可同时自动接收几个邮箱中的信件,伴有转发、自动回复等辅助功能。

③ 可向互联网以外的网络用户发送信件。

(2) 电子邮件的邮箱地址

在互联网中,电子邮件的地址格式如下:Username@Domain name。其中,Username 表示用户名;@表示位于(读作 At);Domain name 表示接收邮件的主机域名(指向该主机的电子邮件服务器)。例如,greenbus@163.com。

(3) 电子邮件服务的工作过程

电子邮件使用存储转发机制,其服务可在顷刻之间将邮件发送到收件人的信箱之中,发送者不会因"占线"浪费时间,收件人也无须在线路的另一端苦苦等候。

邮件发送的过程如下:当用户使用用户代理组织并发送完一个电子邮件后,系统将邮件放到发送队列中。邮件传输代理作为一个后台进程定时地检查这个队列,当检查到队列中有未发出的邮件时,便将该邮件从队列中取出。然后把收信人地址中接收邮件主机的域名部分映射成 IP 地址,再尝试与接收邮件的远程主机建立 TCP 连接。如连接成功,邮件传输代理就把邮件复件发送给远程主机,远程主机接收到复件后把它存放到接收邮件信箱中,等待用户来取。一旦确认邮件正确进出,邮件传输代理就消除本次复件。若发送失败,邮件传输代理记录下整个过程并将邮件保留在发送队列中。邮件传输代理定时地检查发送队列中是否有还未发送的邮件,一旦发现就再次发送。

(4) SMTP 与 POP3

SMTP(Simple Mail Transfer Protocol,简单邮件传送协议)用于保证不同操作系统的计算机之间能有效地传送邮件,它是 TCP/IP 协议簇中制定计算机之间交换邮件的一个标准。

两台遵循 SMTP 的主机进行邮件传送的前提条件是接收邮件的主机必须时刻处于等待状态(因为它无法知道何时会有其他主机的连接要求),为求改进,由此产生了 POP(Post Office Protocol),现为 POP3,邮局协议第 3 版。POP3 允许用户通过计算机访问负责接收邮件的主机并取走存放在里面的邮件。人们通常把这个主机称为 POP3 服务器。POP3 服务器不间断地运行着一个邮件传输代理,负责通过 SMTP 接收其他主机发来的邮件。SMTP 中传送请求是发送邮件的主机主动提出的,而 POP3 协议中是接收邮件的主机主动提出传送请求。引入 POP3 带来的好处是用户可以完全控制、保存自己的邮件。

(5) 免费电子邮箱

用户要收发电子邮件,必须有一台收发邮件的主机为他服务。也就是说,用户在该主机上拥有自己的账号——电子邮箱。随着互联网技术的发展,互联网上既有收费的电子邮件站点,也涌现出很多免费的电子邮件站点。常见的提供免费电子邮件的站点如下:

http://www.126.com,http://www.china.com,http://www.sina.com.cn,
http://www.hotmail.com,http://www.tom.com,http://www.yahoo.com,
http://www.gmail.com,http://www.163.com

(6) 电子邮件软件

目前,使用电子邮件的主要形式有基于专用电子邮件软件与基于 WWW 站点附带的电子邮件两种。电子邮件软件是用户用来发送和接收邮件的程序(或称为用户代理),如 Outlook Express、Foxmail 等。IE 浏览器的邮件软件默认使用 Outlook Express。而基于 WWW 站点附带的电子邮件则是通过 WWW 浏览器的电子邮件功能(如 http://www.126.com)收发电子邮件。每一个电子邮件软件的基本功能是相同的,使用前均需进行参数的设置,收发电子邮件必须上网,但写信或仔细阅读则可脱机进行。

3. 文件传输服务

文件传输服务采用文件传输协议(FTP)。用户启动 FTP 客户机程序,通过输入用户名和密码,试图同远程主机上的 FTP 服务器建立连接,一旦成功,在互联网上用户计算机和宿主计算机之间就建立起一条命令链路(控制链路)。用户通过它向 FTP 服务器发送命令,可以直接进行任何类型文件的双向传输。图 3-10 为 CuteFTP 的操作界面。

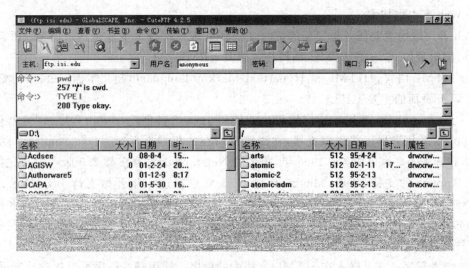

图 3-10 CuteFTP 的操作界面

在互联网上有很多匿名 FTP 服务器,这类服务器用于向公众提供文件复制服务,这些服务器中存有大量可供人们自由复制的各类信息,如各种免费或共享软件、技术文档、电子杂志、归档的新闻组等。许多正在开发的互联网软件的测试版本往往由匿名 FTP 服务器向公众发表,供用户试用。这些服务器构成了互联网的巨大信息资源。匿名 FTP 服务器可以由任何人以用户名 Anonymous 进行访问。

FTP 是在 Windows 环境下开发的文件传输协议,使用窗口界面,操作方便,提供匿名 (Anonymous)的 FTP 服务,不要求用户输入用户名和密码。在 IE 窗口地址栏输入要连接的 FTP 服务器的 URL 地址,如 ftp://ftp.shcncac.cn,按回车键,系统便开始建立连接,若连接成功,则窗口上会出现 FTP 页面,显示服务器上的文件目录,进而可进行其他操作。

4. 远程登录服务

远程登录(Telnet)可使用户的计算机变成网络上另一台计算机的远程终端。只要用户有网上那台计算机的账号和口令,就可以登录该计算机,使用该计算机的各种资源,网络上的超级计算机往往利用这种方式供大家共享。

在 IE 浏览器环境下使用 Telnet 的操作步骤如下:在地址栏中输入要访问的主机 URL 地址,如北京大学 BBS:telnet://bbs.pku.edu.cn,按回车键,屏幕上将出现 Telnet 对话窗口,系统开始连接,当登录提示信息 login 出现时,便进入远程主机了,输入远程主机的用户名和密码登录服务器,访问远程计算机上保存的所有文件,操作计算机中安装的程序。

3.3 Web 技术

3.3.1 Web 技术结构

Web 的本意是蜘蛛网,在网页设计中被称为网页。Web 表现为三种形式,即超文本 (hypertext)、超媒体(hypermedia)、超文本传输协议(HTTP)等。Web 技术指的是开发互联网应用的技术总称,一般包括 Web 服务端技术和 Web 客户端技术。

1. Web 客户端技术

Web 客户端的主要任务是展现信息内容。Web 客户端技术主要包括：HTML 语言、Java Applets、脚本程序、CSS、DHTML、插件技术以及 VRML 技术。

（1）HTML 语言。HTML 是 Hypertext Markup Language（超文本标记语言）的缩写，它是构成 Web 页面的主要工具。

（2）Java Applets，即 Java 小应用程序。使用 Java 语言创建小应用程序，浏览器可以将 Java Applets 从服务器下载到浏览器，在浏览器所在的机器上运行。Java Applets 可提供动画、音频和音乐等多媒体服务。1996 年，著名的 Netscape 浏览器在其 2.0 版本中率先提供了对 Java Applets 的支持，随后，Microsoft 的 IE 3.0 也在这一年开始支持 Java 技术。Java Applets 使 Web 页面从只能展现静态的文本或图像信息，发展到可以动态展现丰富多样的信息。动态 Web 页面，不仅仅表现在网页的视觉展示方式上，更重要的是它可以对网页中的内容进行控制与修改。

（3）脚本程序。它是嵌入在 HTML 文档中的程序。使用脚本程序可以创建动态页面，大大提高交互性。用于编写脚本程序的语言主要有 JavaScript 和 VBScript。JavaScript 由 Netscape 公司开发，具有易于使用、变量类型灵活和无须编译等特点。VBScript 由 Microsoft 公司开发，与 JavaScript 一样，可用于设计交互的 Web 页面。需要说明的是，虽然 JavaScript 和 VBScript 语言最初都是为创建客户端动态页面而设计的，但是它们都可以用于服务端脚本程序的编写。客户端脚本与服务端脚本程序的区别在于执行的位置不同，前者在客户端机器执行，而后者是在 Web 服务端机器执行。

（4）CSS（Cascading Style Sheets），即级联样式表。通过在 HTML 文档中设立样式表，可以统一控制 HTML 中各标记显示属性。1996 年年底，W3C 提出了 CSS 的建议标准，同年，IE 3.0 引入了对 CSS 的支持。CSS 大大提高了开发者对信息展现格式的控制能力，1997 年的 Netscape 4.0 不但支持 CSS，而且增加了许多 Netscape 公司自定义的动态 HTML 标记，这些标记在 CSS 的基础上，让 HTML 页面中的各种要素"活动"了起来。

（5）DHTML（Dynamic HTML），即动态 HTML。1997 年，Microsoft 发布了 IE 4.0，并将动态 HTML 标记、CSS 和动态对象（Dynamic Object Model）发展成为一套完整、实用、高效的客户端开发技术体系，Microsoft 称之为 DHTML。同样是实现 HTML 页面的动态效果，DHTML 技术无须启动 Java 虚拟机或其他脚本环境，可以在浏览器的支持下，获得更好的展现效果和更高的执行效率。

（6）插件技术。这一技术大大丰富了浏览器的多媒体信息展示功能，常见的插件包括 QuickTime、Realplayer、Media Player 和 Flash 等。为了在 HTML 页面中实现音频、视频等更为复杂的多媒体应用，1996 年的 Netscape 2.0 成功地引入了对 QuickTime 插件的支持，插件这种开发方式也迅速风靡了浏览器的世界。同年，在 Windows 平台上，Microsoft 将 COM 和 ActiveX 技术应用于 IE 浏览器中，其推出的 IE 3.0 支持在 HTML 页面中插入 ActiveX 控件，这为其他厂商扩展 Web 客户端的信息展现方式提供了途径。1999 年，Realplayer 插件先后在 Netscape 和 IE 浏览器中取得了成功，与此同时，Microsoft 自己的媒体播放插件 Media Player 也被预装到了各种 Windows 版本之中。同样具有重要意义的还有 Flash 插件的问世：20 世纪 90 年代初期，Jonathan Gay 在 FutureWave 公司开发了一种名为 Future Splash Animator 的二维矢量动画展示工具。1996 年，Macromedia 公司收购了 FutureWave，并将 Jonathan Gayde 的发明改名为我们熟悉的 Flash。从此，Flash 动画成了 Web 开发者表现自我、展示个性的最佳方式。

(7) VRML 技术。Web 已经由静态步入动态,并正在逐渐由二维走向三维,将用户带入五彩缤纷的虚拟现实世界。VRML 是目前创建三维对象最重要的工具,它是一种基于文本的语言,并可运行于任何平台。

2. Web 服务端技术

与 Web 客户端技术从静态向动态的演进过程类似,Web 服务端的技术也是由静态向动态逐渐发展、完善起来的。Web 服务端技术主要包括:服务器、CGI、PHP、ASP、ASP.NET、Servlet 和 JSP 技术。

(1) 服务器技术。主要指有关 Web 服务器构建的基本技术,包括:服务器策略与结构设计、服务器软硬件的选择及其他有关服务器构建的问题。

(2) CGI(Common Gateway Interface)技术,即公共网关接口技术。最早的 Web 服务器简单地响应浏览器发来的 HTTP 请求,并将存储在服务器上的 HTML 文件返回给浏览器。CGI 是第一种使服务器能根据运行时的具体情况,动态生成 HTML 页面的技术。1993 年,NCSA(National Center Supercomputing Applications)提出 CGI1.0 的标准草案,之后分别在 1995 年和 1997 年,制定了 CGI 1.1 和 CGI 1.2 标准。CGI 技术允许服务端的应用程序根据客户端的请求,动态生成 HTML 页面,这使客户端和服务端的动态信息交换成为了可能。随着 CGI 技术的普及,聊天室、论坛、电子商务、信息查询、全文检索等各式各样的 Web 应用蓬勃兴起,人们可以享受到信息检索、信息交换、信息处理等更为便捷的信息服务了。

(3) PHP(Personal Home Page Tools)技术。1994 年,Rasmus Lerdorf 发明了专用于 Web 服务端编程的 PHP 语言。与以往的 CGI 程序不同,PHP 语言将 HTML 代码和 PHP 指令合成为完整的服务端动态页面,Web 应用的开发者可以用一种更加简便、快捷的方式实现动态 Web 功能。

(4) ASP(Active Server Pages)技术,即活动服务器页面技术。1996 年,Microsoft 借鉴 Php 的思想,在其 Web 服务器 IIS 3.0 中引入了 ASP 技术。ASP 使用的脚本语言是我们熟悉的 VBScript 和 JavaScript。借助 Microsoft Visual Studio 等开发工具在市场上的成功,ASP 迅速成为 Windows 系统下 Web 服务端的主流开发技术。

(5) ASP.NET 技术。由于它使用 C♯ 语言代替 ASP 技术的 JavaScripe 脚本语言,用编译代替了逐句解释,提高了运行效率,ASP.NET 是建立.NET Framework 的公共语言运行库上的编程框架,可用于在服务器上生成功能强大的 Web 应用程序,代替以前在 Web 网页中加入 ASP 脚本代码,使界面设计与程序设计以不同的文件分离,复用性和维护性得到提高,已经成为面向下一代企业级网络计算的 Web 平台,是对传统 ASP 技术的重大升级和更新。

(6) Servlet、JSP 技术。以 Sun 公司为首的 Java 阵营于 1997 年和 1998 年分别推出了 Servlet 和 JSP 技术。Servlet 和 JSP 的组合让 Java 开发者同时拥有了类似 CGI 程序的集中处理功能和类似 PHP 的 HTML 嵌入功能。此外,Java 的运行时编译技术也大大提高了 Servlet 和 JSP 的执行效率。Servlet 和 JSP 被后来的 JavaEE 平台吸纳为核心技术。

3.3.2 Web 应用服务器

大型 Web 服务器在 Unix 和 Linux 平台下使用最广泛的免费 HTTP 服务器(W3C、NCSA 和 APACHE 服务器),而 Windows 平台 NT/2000/2003 使用 IIS 的 Web 服务器。选择使用 Web 服务器时应考虑的本身特性因素有:性能、安全性、日志和统计、虚拟主机、代理服务器、缓冲服务和集成应用程序等,下面介绍几种常用的 Web 服务器。

(1) Microsoft IIS

Microsoft 的 Web 服务器产品为 IIS(Internet Information Server)，IIS 是允许在公共 Intranet 或 Internet 上发布信息的 Web 服务器。IIS 是目前最流行的 Web 服务器产品之一，很多著名的网站都是建立在 IIS 的平台上。IIS 提供了一个图形界面的管理工具，称为 Internet 服务管理器，可用于监视配置和控制 Internet 服务。

IIS 是一种 Web 服务组件，其中包括 Web 服务器、FTP 服务器、NNTP 服务器和 SMTP 服务器，分别用于网页浏览、文件传输、新闻服务和邮件发送等方面，它使在网络(包括互联网和局域网)上发布信息成了一件很容易的事。它提供 ISAPI(Intranet Server API)作为扩展 Web 服务器功能的编程接口；同时，它还提供一个 Internet 数据库连接器，可以实现对数据库的查询和更新。官方网站：http://www.microsoft.com。

(2) IBM WebSphere

WebSphere Application Server 是一种功能完善、开放的 Web 应用程序服务器，是 IBM 电子商务计划的核心部分，它是基于 Java 的应用环境，用于建立、部署和管理 Internet 和 Intranet Web 应用程序。这一整套产品进行了扩展，以适应 Web 应用程序服务器的需要，范围从简单到高级直到企业级。

WebSphere 针对以 Web 为中心的开发人员，他们都是在基本 HTTP 服务器和 CGI 编程技术上成长起来的。IBM 将提供 WebSphere 产品系列，通过提供综合资源、可重复使用的组件、功能强大并易于使用的工具以及支持 HTTP 和 IIOP 通信的可伸缩运行环境，来帮助这些用户从简单的 Web 应用程序转移到电子商务世界。官方网站：http://www.ibm.com。

(3) BEA WebLogic

BEA WebLogic Server 是一种多功能、基于标准的 Web 应用服务器，为企业构建自己的应用提供了坚实的基础。各种应用开发、部署所有关键性的任务，无论是集成各种系统和数据库，还是提交服务、跨 Internet 协作，起始点都是 BEA WebLogic Server。由于它具有全面的功能、对开放标准的遵从性、多层架构、支持基于组件的开发，基于 Internet 的企业都选择它来开发、部署最佳的应用。

BEA WebLogic Server 在使应用服务器成为企业应用架构的基础方面继续处于领先地位。BEA WebLogic Server 为构建集成化的企业级应用提供了稳固的基础，它们以 Internet 的容量和速度，在连网的企业之间共享信息，提交服务，实现协作自动化。官方网站：http://www.bea.com。

(4) Apache

Apache 仍然是世界上用的最多的 Web 服务器，市场占有率达 60％左右。它源于 NCSAhttpd 服务器，当 NCSA WWW 服务器项目停止后，那些使用 NCSA WWW 服务器的人们开始交换用于此服务器的补丁，这也是 Apache 名称的由来(pache 补丁)。世界上很多著名的网站都是 Apache 的产物，它的成功之处主要在于它的源代码开放，有一支开放的开发队伍，支持跨平台的应用(可以运行在几乎所有的 Unix、Windows、Linux 系统平台上)以及它的可移植性等方面。官方网站：http://www.apache.org。

(5) Tomcat

Tomcat 是一个开放源代码、运行 Servlet 和 JSP Web 应用软件的，基于 Java 的 Web 应用软件容器。Tomcat Server 是根据 Servlet 和 JSP 规范进行执行的，因此我们可以说 Tomcat Server 也实行了 Apache-Jakarta 规范且比绝大多数商业应用软件服务器要好。

Tomcat 是 Java Servlet 2.2 和 JavaServer Pages 1.1 技术的标准实现，是基于 Apache 许

可证下开发的自由软件。Tomcat是完全重写的Servlet API 2.2和JSP 1.1兼容的Servlet/JSP容器。Tomcat使用了JServ的一些代码，特别是Apache服务适配器。随着Catalina Servlet引擎的出现，Tomcat第4版的性能得到提升，使得它成为一个值得考虑的Servlet/JSP容器，因此目前许多Web服务器都是采用Tomcat。官方网站：http://tomcat.apache.org。

3.4 数据库技术与数据仓库

3.4.1 关系型数据库

1970年，IBM的研究员，有"关系数据库之父"之称的埃德加·弗兰克·科德（Edgar Frank Codd或E. F. Codd）博士在刊物 *Communication of the ACM* 上发表了题为 *A Relational Model of Data for Large Shared Data banks*（大型共享数据库的关系模型）的论文，文中首次提出了数据库的关系模型的概念，奠定了关系模型的理论基础。20世纪70年代末，关系方法的理论研究和软件系统的研制均取得了很大成果，IBM公司的San Jose实验室在IBM 370系列机上研制的关系数据库实验系统System R历时6年获得成功。1981年IBM公司又宣布了具有System R全部特征的新数据库产品SQL/DS问世。由于关系模型简单明了、具有坚实的数学理论基础，所以一经推出就受到了学术界和产业界的高度重视和广泛响应，并很快成为数据库市场的主流。20世纪80年代以来，计算机厂商推出的数据库管理系统几乎都支持关系模型，数据库领域当前的研究工作大都以关系模型为基础。

1. 关系模型

数据模型（Data Model，DM）是指表示实体与实体之间联系的模型，研究如何表示和处理实体之间的联系是数据库系统的核心问题，所以，数据模型是数据库系统的核心和基础。数据结构、数据操作和完整性约束条件这三个方面的内容完整地描述了一个数据模型。

关系数据库系统是支持关系模型的数据库系统。关系模型由关系数据结构、关系操作集合和关系完整性约束三部分组成。

(1) 关系模型的关系数据结构

① 关系

客观存在并可相互区别的事物称为实体（entity）。实体可以由若干个属性来描述。

关系模型中，实体以及实体间的联系都是用关系来表示，一个关系（relation）对应一张由行（row）和列（column）组成的二维表。行也称作记录，列也称作字段（field）。例如，表3-6是一张学生信息表，表中的每一行表示一个学生实体，表中的每一列表示学生实体的某个属性。一个学生实体可以由学号、姓名、性别、出生年月等若干属性列组成。

表3-6 学生信息表

学号	姓名	性别	出生日期	籍贯	民族
2001001	张三	男	1994-01-05	广东佛山	汉
2001002	李四	男	1995-02-15	湖北武汉	汉

② 主关键字

能够唯一标识实体的属性集称为主关键字（Primary Key），简称主键。每张表都必须有一个主键。例如，如果将姓名设置为学生实体的主键，则学生表中不能保存姓名相同的两个学生实体。由于学生的学号具有唯一性,所以,通常设置学号作为学生实体的主键。

③ 关系的性质

关系模型要求关系必须是规范化的,基本关系具有以下性质:

- 列是同质的(homogeneous),即每一列中的数据项具有相同的数据类型。
- 不同的列表示实体不同的属性,必须以不同的列名相区别。但不同的列可以具有相同的数据类型或相同的取值范围。
- 表中的任意两行不能完全相同。因此,一个关系中至少要有一列作为主关键字,以识别不同的实体。
- 行和列的次序可以任意交换,不影响关系的实际意义。因此,增加新行或新列时,添加在最后即可。
- 表中的每一个数据项都是不可分解的。也就是说,不允许表中还有表。

④ 关系模式

对关系的描述称为关系模式(Relation Schema),格式如下:

关系({列,列});

例如,学生表、学生成绩表的关系可描述如下:

学生(<u>学号</u>,姓名,性别,省份,地区,出生年月,民族,团员)

课程(<u>课程号</u>,课程名,学分)

学生成绩(<u>学号,课程号</u>,成绩)

其中,带下画线的列作为该表的主键。学生表中的学号列可以唯一识别一个学生,所以,学生表的主键只有学号一列。与此类似,课程表的主键也只有课程号一列。而学生成绩表中的学号列和课程号列是不唯一的,一个学生可以选修多门课程,不同的学生可以选修相同的课程,因此,必须由学号和课程号两列合起来共同标识一个成绩。

⑤ 外关键字

上述三表之间是有联系的,学生成绩表中的学号和课程号必须已存在于学生表和课程表中,也就是说,只有有效的学号才有资格选修课程,只有已开课的课程才能被选修。所以,学生成绩表通过学号列、课程号列与学生表和课程表相关联,此时,学生表中的学号列和课程表中的课程号列称为学生成绩表的外关键字(Foreign Key),简称外键。

⑥ 索引

一个表可以按照某种特定的顺序进行保存或排列,这种特定的顺序称为表的索引(index)。建立索引是加快查询速度的有效手段。用户可以根据应用环境的需要,在基本表上建立一个或多个索引,以提供多种存取路径,加快查找速度。一般说来,建立与删除索引由数据库管理员(DBA)或表的属主(即建立表的人)负责完成。系统在存取数据时会自动选择合适的索引作为存取路径,用户不必也不能选择索引。

(2) 关系模型的数据操作与完整性约束

关系模型的操作主要包括查询、插入、删除和修改数据。这些操作必须满足关系的完整性约束条件。关系的完整性约束条件包括实体完整性、参照完整性和用户定义的完整性。

关系模型中的数据操作是集合操作,操作对象和操作结果都是关系。关系模型的存取路径对用户透明,使数据具有独立性和安全性,同时降低了应用程序的设计难度。

2. 什么是关系数据库

关系数据库,是建立在关系数据库模型基础上的数据库,借助于集合代数等概念和方法来处理数据库中的数据,同时也是一个被组织成一组拥有正式描述性的表格,该形式的表格作用的实质是装载着数据项的特殊收集体,这些表格中的数据能以许多不同的方式被存取或重新召集而不需要重新组织数据库表格。

关系数据库的定义可形成元数据的一张表格,或者说可形成表格、列、范围和约束的正式描述。每个表格(有时被称为一个关系)包含用列表示的一个或多个的数据种类。每行包含一个唯一的数据实体,这些数据是被列定义的种类。当创建一个关系数据库时,能定义数据列的可能值范围和可能应用于哪个数据值的进一步约束。而 SQL 语言是标准用户和应用程序到关系数据库的接口。其优势是容易扩充,在最初的数据库创造之后,一个新的数据种类能被添加而不需要修改所有的现有应用软件。目前主流的关系数据库有 Oracle、DB2、SQL Server、Sybase、Mysql 等。

3. 关系数据库标准语言

结构化查询语言 SQL(Structured Query Language)是最重要的关系数据库操作语言,并且它的影响已经超出数据库领域,得到其他领域的重视和采用,如人工智能领域的数据检索,第四代软件开发工具中嵌入 SQL 的语言等。SQL 集数据查询、数据操纵、数据定义和数据控制功能于一体,有以下特点:

(1) 综合统一;
(2) 高度非过程化;
(3) 面向集合的操作方式;
(4) 以同一种语法结构提供多种使用方式;
(5) 语言简洁,易学易用。

结构化查询语言包含六个部分。

(1) 数据查询语言(Data Query Language,DQL)

其语句也称为"数据检索语句",用以从表中获得数据,确定数据怎样在应用程序给出。保留字 SELECT 是 DQL(也是所有 SQL)用得最多的动词,其他 DQL 常用的保留字有 WHERE、ORDER BY、GROUP BY 和 HAVING。这些 DQL 保留字常与其他类型的 SQL 语句一起使用。

(2) 数据操作语言(Data Manipulation Language,DML)

其语句包括动词 INSERT、UPDATE 和 DELETE,它们分别用于添加、修改和删除表中的行,也称为动作查询语言。

(3) 事务处理语言(TPL)

其语句能确保被 DML 语句影响的表的所有行及时得以更新。TPL 语句包括 BEGIN TRANSACTION、COMMIT 和 ROLLBACK。

(4) 数据控制语言(DCL)

其语句通过 GRANT 或 REVOKE 获得许可,确定单个用户和用户组对数据库对象的访问。某些 RDBMS 可用 GRANT 或 REVOKE 控制对表单个列的访问。

(5) 数据定义语言(DDL)

其语句包括动词 CREATE 和 DROP。在数据库中创建新表或删除表(CREAT TABLE 或 DROP TABLE);为表加入索引等。DDL 包括许多从数据库目录中获得数据有关的保留字。它也是动作查询的一部分。

(6) 指针控制语言(CCL)

它的语句,像 DECLARE CURSOR、FETCH INTO 和 UPDATE WHERE CURRENT 用于对一个或多个表单独行的操作。

3.4.2 数据仓库与数据挖掘

数据仓库的出现和发展是计算机应用到一定阶段的必然产物。经过多年的计算机应用和市场积累，许多商业企业已保存了大量原始数据和各种业务数据，这些数据真实地反映了商业企业主体和各种业务环境的经济动态。然而由于缺乏集中存储和管理，这些数据不能为本企业有效地统计、分析和评估提供帮助。也就是说，无法将这些数据转化成企业有用的信息。

20世纪70年代出现并被广泛应用的关系型数据库技术是解决这一问题强有力的工具。

从20世纪80年代中期开始，随着市场竞争的加剧，商业信息系统用户已经不满足于用计算机管理日复一日的事务数据，他们更需要的是支持决策制定的信息。

20世纪80年代中后期，数据仓库的思想萌芽，为数据仓库概念的最终提出和发展打下了基础。

20世纪90年代初期，W. H. Inmon在其里程碑式的著作《建立数据仓库》中提出了"数据仓库"的概念，数据仓库的研究和应用得到了广泛的关注。这对处于激烈竞争中的商业企业，有着非同小可的现实意义。

人们在日常生活中会遇到火灾、地震等灾害，买东西时会遇到捆绑销售，对于这些问题，随着数据量的激增，人们越来越希望系统能够提供更高层次的数据分析功能，从而更好地支持决策或科研工作。由此，数据挖掘技术应运而生。

1. 数据仓库的概念

数据仓库，英文名称为Data Warehouse，可简写为DW或DWH。数据仓库，是为企业所有级别的决策制订过程，提供所有类型数据支持的战略集合。它是单个数据存储，出于分析性报告和决策支持目的而创建，为需要业务智能的企业，提供业务流程改进指导、时间监视、成本和质量控制。

数据仓库之父比尔·恩门（Bill Inmon）在1991年出版的 *Building the Data Warehouse*（《建立数据仓库》）一书中提出的定义被广泛接受——数据仓库是一个面向主题的（Subject Oriented）、集成的（Integrated）、相对稳定的（Non-Volatile）、反映历史变化（Time Variant）的数据集合，用于支持管理决策（Decision Making Support）。

2. 数据仓库的特征

(1) 数据仓库的数据是面向主题的

与传统数据库面向应用进行数据组织的特点相对应，数据仓库中的数据是面向主题进行组织的。什么是主题呢？首先，主题是一个抽象的概念，是较高层次上企业信息系统中的数据综合、归类并进行分析利用的抽象。在逻辑意义上，它是对应企业中某一宏观分析领域所涉及的分析对象。面向主题的数据组织方式，就是在较高层次上对分析对象的数据的一个完整、一致的描述，能完整、统一地刻画各个分析对象所涉及的企业的各项数据，以及数据之间的联系。所谓较高层次是相对面向应用的数据组织方式而言的，是指按照主题进行数据组织的方式具有更高的数据抽象级别。

(2) 数据仓库的数据是集成的

数据仓库的数据是从原有的分散的数据库数据抽取来的。传统数据库的操作型数据与数据仓库中的DSS（Decision Support Systems，决策支持系统）分析型数据之间差别甚大。第一，数据仓库的每一个主题所对应的源数据在原有的各分散数据库中有许多重复和不一致的地方，且来源于不同的联机系统的数据都和不同的应用逻辑捆绑在一起；第二，数据仓库中的综合数据不能从原有的数据库系统直接得到。因此在数据进入数据仓库之前，必然要经过统

一与综合,这一步是数据仓库建设中最关键、最复杂的一步,所要完成的工作如下:

① 要统一源数据中所有矛盾之处,如字段的同名异义、异名同义、单位不统一、字长不一致,等等。

② 进行数据综合和计算。数据仓库中的数据综合工作可以在从原有数据库抽取数据时生成,但许多是在数据仓库内部生成的,即进入数据仓库以后进行综合生成的。

③ 数据仓库的数据是不可更新的。

数据仓库的数据主要供企业决策分析之用,所涉及的数据操作主要是数据查询,一般情况下并不进行修改操作。数据仓库的数据反映的是一段相当长的时间内历史数据的内容,是不同时点的数据库快照的集合,以及基于这些快照进行统计、综合和重组的导出数据,而不是联机处理的数据。数据库中进行联机处理的数据经过集成输入数据仓库中,一旦数据仓库存放的数据已经超过数据仓库的数据存储期限,这些数据将从当前的数据仓库中删去。因为数据仓库只进行数据查询操作,所以数据仓库管理系统相比数据库管理系统要简单很多。数据库管理系统中许多技术难点,如完整性保护、并发控制等,在数据仓库的管理中几乎可以省去。但是由于数据仓库的查询数据量往往很大,所以就对数据查询提出了更高的要求,它要求采用各种复杂的索引技术;同时由于数据仓库面向的是商业企业的高层管理者,他们会对数据查询的界面友好性和数据表示提出更高的要求。

(3) 数据仓库的数据是随时间不断变化的

数据仓库中的数据不可更新是针对应用来说的,也就是说,数据仓库的用户进行分析处理时是不进行数据更新操作的。但并不是说,在从数据集成输入数据仓库开始到最终被删除的整个数据生存周期中,所有的数据仓库数据都是永远不变的。

数据仓库的数据是随时间的变化而不断变化的,这一特征表现在以下三个方面:

① 数据仓库随时间变化不断增加新的数据内容。数据仓库系统必须不断捕捉 OLTP 数据库中变化的数据,追加到数据仓库中去,也就是要不断地生成 OLTP 数据库的快照,经统一集成后增加到数据仓库中去;但对于确实不再变化的数据库快照,如果捕捉到新的变化数据,则只生成一个新的数据库快照增加进去,而不会对原有的数据库快照进行修改。

② 数据仓库随时间变化不断删去旧的数据内容。数据仓库的数据也有存储期限,一旦超过了这一期限,过期数据就要被删除。只是数据仓库内的数据时限远远长于操作型环境中的数据时限。在操作型环境中一般只保存有 60~90 天的数据,而在数据仓库中则需要保存较长时限的数据(如 5~10 年),以适应 DSS 进行趋势分析的要求。

③ 数据仓库中包含大量的综合数据,这些综合数据中有很多跟时间有关,如数据经常按照时间段进行综合,或隔一定的时间片进行抽样等。这些数据要随着时间的变化不断地进行重新综合。

因此,数据仓库的数据特征都包含时间项,以标明数据的历史时期。

3. 数据挖掘的概念

技术上数据挖掘(Data Mining)的定义是从大量的、不完全的、有噪声的、模糊的、随机的数据中提取隐含在其中的、人们事先不知道的、但又是潜在有用的信息和知识的过程。商业上数据挖掘的定义是一种新的商业信息处理技术,其主要特点是对商业数据库中的大量业务数据进行抽取、转换、分析和其他模型化处理,从中提取辅助商业决策的关键性数据。

4. 数据挖掘的特征

(1) 数据源必须是真实的、大量的、含噪声的;

(2) 发现的是用户感兴趣的知识;

(3) 发现的知识要可接受、可理解、可运用,最好能用自然语言表达发现结果;

(4) 并不是要求发现放之四海而皆准的知识,也不是要去发现崭新的自然科学定理和纯数学公式,更不是什么机器定理证明,所有发现的知识都是相对的,是有特定前提和约束条件、面向特定领域的。

数据挖掘基于的数据库类型主要有:关系型数据库、面向对象数据库、事务数据库、演绎数据库、时态数据库、多媒体数据库、主动数据库、空间数据库、遗留数据库、异质数据库、文本型数据库、Internet 信息库以及新兴的数据仓库等。而挖掘后获得的知识包括关联规则、特征规则、区分规则、分类规则、总结规则、偏差规则、聚类规则、模式分析及趋势分析等。

5. 数据挖掘的发展历程

从数据库中发现知识(KDD)一词首次出现在 1989 年举行的第十一届国际联合人工智能学术会议上。从那之后,由美国人工智能协会主办的 KDD 国际研讨会已经召开了多次,规模由原来的专题讨论会发展到国际学术大会(见表 3-7),研究重点也逐渐从发现方法转向系统应用,注重多种发现策略和技术的集成,以及多种学科之间的相互渗透。1999 年,亚太地区在北京召开的第三届 PAKDD 会议收到 158 篇论文,空前热烈。IEEE 的 Knowledge and Data Engineering 会刊率先在 1993 年出版了 KDD 技术专刊。并行计算、计算机网络和信息工程等其他领域的国际学会、学刊也把数据挖掘和知识发现列为专题和专刊讨论,甚至到了脍炙人口的程度。

表 3-7 数据挖掘的进化历程

时间阶段	特征	数据挖掘算法	集成	分布计算模型	数据模型
第一代	数据挖掘作为一个独立的应用	支持一个或多个算法	独立的系统	单个机器	向量数据
第二代	和数据库以及数据仓库集成	多个算法:能够挖掘一次不能放进内存的数据	数据管理系统,包括数据库和数据仓库	同质/局部区域的计算机群集	有些系统支持对象、文件和连续的媒体数据
第三代	和预测模型系统集成	多个算法	数据管理和预测模型系统	Intranet/Extranet 网络计算	支持半结构化数据和 Web 数据
第四代	和移动数据/各种计算数据联合	多个算法	数据管理、预测模型、移动系统	移动和各种计算设备	普遍存在的计算模型

数据挖掘的核心模块技术历经了数十年的发展,其中包括数理统计、人工智能、机器学习。今天,这些成熟的技术,加上高性能的关系数据库引擎以及广泛的数据集成,让数据挖掘技术在当前的数据仓库环境中进入了实用的阶段。

6. 数据的预处理

现实世界的数据仓库存在不完整的、含噪声的数据。数据含噪声可能有多种原因,人或机器的输入错误、数据传输中的错误、数据读取时的错误等。数据预处理的方法有很多:数据清理、数据集成和转换、数据归约。

7. 数据挖掘的过程

数据挖掘的核心技术是人工智能、机器学习、统计等,但它并非多种技术的简单组合,而是一个不可分割的整体,还需要其他技术的支持,才能挖掘出令用户满意的结果。

过程中各步骤的大体内容如下。

(1) 确定业务对象

清晰地定义出业务问题,认清数据挖掘的目的是数据挖掘的重要一步。挖掘的最后结果是不可预测的,但要探索的问题应是有预见的,为了数据挖掘而数据挖掘则带有盲目性,是不会成功的。

(2) 数据准备

数据的选择,搜索所有与业务对象有关的内部和外部数据信息,并从中选择出适用于数据挖掘应用的数据。

数据的预处理,研究数据的质量,为进一步的分析做准备,并确定将要进行的挖掘操作的类型,将数据转换成一个分析模型。这个分析模型是针对挖掘算法建立的,建立一个真正适合挖掘算法的分析模型是数据挖掘成功的关键。

(3) 数据挖掘

对所得到的经过转换的数据进行挖掘,除了选择合适的挖掘算法外,其余一切工作都能自动地完成。

(4) 结果分析

解释并评估结果,其使用的分析方法一般应视数据挖掘操作而定,通常会用到可视化技术。

(5) 知识的同化

将分析得到的知识集成到业务信息系统的组织结构中去。

图 3-11 描述了数据挖掘的基本过程和主要步骤。

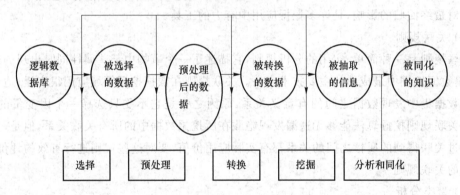

图 3-11　数据挖掘过程的步骤

8. 数据挖掘的任务、功能

数据挖掘的任务主要是关联分析、聚类分析、分类、预测、时序模式和偏差分析等。

数据挖掘任务有两类:第一类是描述性挖掘任务,刻画数据库中数据的一般特性;第二类是预测性挖掘任务,在当前数据上进行推断,以进行预测。

(1) 关联分析(association analysis)。关联规则挖掘是由 Rakesh Apwal 等人首先提出的。两个或两个以上变量的取值之间存在某种规律性,称为关联。数据关联是数据库中存在的一类重要的、可被发现的知识。关联分为简单关联、时序关联和因果关联。关联分析的目的是找出数据库中隐藏的关联网。一般用支持度和可信度两个阈值来度量关联规则的相关性,还不断引入兴趣度、相关性等参数,使得所挖掘的规则更符合需求。

(2) 聚类分析(clustering)。聚类是把数据按照相似性归纳成若干类别,同一类中的数据彼此相似,不同类中的数据相异。聚类分析可以建立宏观的概念,发现数据的分布模式,以及可能的数据属性之间的相互关系。

(3) 分类(classification)。分类就是找出一个类别的概念描述,它代表了这类数据的整体信息,即该类的内涵描述,并用这种描述来构造模型,一般用规则或决策树模式表示。分类是利用训练数据集通过一定的算法而求得分类规则。分类可被用于规则描述和预测。

(4) 预测(predication)。预测是利用历史数据找出变化规律,建立模型,并由此模型对未来数据的种类及特征进行预测。预测关心的是精度和不确定性,通常用预测方差来度量。

(5) 时序模式(time-series pattern)。时序模式是指通过时间序列搜索出的重复发生概率较高的模式。与回归一样,它也是用已知的数据预测未来的值,但这些数据的区别是变量所处时间的不同。

(6) 偏差分析(deviation)。在偏差中包括很多有用的知识,数据库中的数据存在很多异常情况,发现数据库中数据存在的异常情况是非常重要的。偏差检验的基本方法是寻找观察结果与参照之间的差别。

9. 数据挖掘的方法

(1) 统计方法

传统的统计学为数据挖掘提供了许多判别和回归分析方法,常用的有贝叶斯推理、回归分析、方差分析等技术。贝叶斯推理是在知道新的信息后修正数据集概率分布的基本工具,处理数据挖掘中的分类问题。回归分析用来找到一个输入变量和输出变量关系的最佳模型,在回归分析中有用来描述一个变量的变化趋势和别的变量值的关系的线性回归,还有用来为某些事件发生的概率建模,为猜测变量集的对数回归。方差分析用于分析估计回归直线的性能和自变量对最终回归的影响,是许多挖掘应用中有力的工具。

(2) 关联规则

关联规则是一种简单、实用的分析规则,它描述了一个事物中某些属性同时出现的规律和模式,是数据挖掘中最成熟的主要技术之一。关联规则在数据挖掘领域应用很广泛,适合用于在大型数据集中发现数据之间的有意义关系,原因之一是它不受只选择一个因变量的限制。大多数关联规则挖掘算法能够无遗漏发现隐藏在所挖掘数据中的所有关联关系,但是,并不是所有通过关联得到的属性之间的关系都有实际应用价值,要对这些规则进行有效的评价,筛选有意义的关联规则。

(3) 聚类分析

聚类分析是根据所选样本间关联的标准将其划分成几个组,同组内的样本具有较高的相似度,不同组的则相异,常用的技术有分裂算法、凝聚算法、划分聚类和增量聚类。聚类方法适合于探讨样本间的内部关系,从而对样本结构做出合理的评价。此外,聚类分析还用于对孤立点的检测。并非由聚类分析算法得到的类对决策都有效,在运用某一个算法之前,一般要先对数据的聚类趋势进行检验。

(4) 决策树方法

决策树方法是一种通过逼近离散值目标函数的方法,把实例从根结点排列到某个叶子结点来分类实例,叶子结点即为实例所属的分类。树上的每个结点说明了对实例的某个属性的测试,该结点的每一个后继分支对应于该属性的一个可能值,分类实例的方法是从这棵树的根结点开始,测试这个结点指定的属性,然后按照给定实例的该属性值对应的树枝向下移动。决策树方法是要应用于数据挖掘的分类方面。

(5) 神经网络

神经网络建立在自学习的数学模型基础之上,能够对大量复杂的数据进行分析,并可以完成对人脑或其他计算机来说极为复杂的模式抽取及趋势分析,神经网络既可以表现为有指导的学习,也可以是无指导聚类,无论哪种,输入到神经网络中的值都是数值型的。人工神经元网络模拟人脑神经元结构,建立三大类多种神经元网络,具有非线形映射特性、信息的分布存储、并行处理和全局集体的作用、高度的自学习、自组织和自适应能力的种种优点。

(6) 遗传算法

遗传算法是一种受生物进化启发的学习方法,通过变异和重组当前已知的最好假设来生成后续的假设。每一步,通过使用目前适应性最高的假设的后代替代群体的某个部分,来更新当前群体的一组假设,从而实现各个个体适应性的提高。遗传算法由三个基本过程组成:繁殖是从一个旧种群选出生命力强的个体,产生新种群的过程;交叉(重组)是选择两个不同个体(染色体)的部分进行交换,形成新个体的过程;变异是对某些个体的某些基因进行变异的过程。在数据挖掘中,可以被用作评估其他算法的适合度。

(7) 粗糙集

粗糙集能够在缺少关于数据先验知识的情况下,只以考察数据的分类能力为基础,解决模糊或不确定数据的分析和处理问题。粗糙集用于从数据库中发现分类规则的基本思想是将数据库中的属性分为条件属性和结论属性,对数据库中的元组根据各个属性不同的属性值分成相应的子集,然后对条件属性划分的子集与结论属性划分的子集之间上下近似关系生成判定规则。所有相似对象的集合称为初等集合,形成知识的基本成分。任何初等集合的并集称为精确集,只有一个集合则是粗糙集。每个粗糙集都具有边界元素,也就是那些既不能确定为集合元素,也不能确定为集合补集元素的元素。粗糙集理论可以应用于数据挖掘中的分类、发现不准确数据或噪声数据内在的结构联系。

(8) 支持向量机

支持向量机是在统计学习理论的基础上发展出来的一种新的机器学习方法。它基于结构风险最小化原则,尽量提高学习机的泛化能力,具有良好的推广性能和较好的分类精确性,能有效地解决过学习问题,现已成为练习多层感知器、RBF 神经网络和多项式神经元网络的替代性方法。另外,支持向量机算法是一个凸优化问题,局部最优解一定是全局最优解,这些特点都是包括神经元网络在内的其他算法所不能及的。支持向量机可以应用于数据挖掘的分类、回归、对未知事物的探索等方面。

事实上,任何一种挖掘工具往往是根据具体问题来选择合适的挖掘方法,很难说哪种方法好,哪种方法劣,而是视具体问题而定。

10. 数据挖掘工具

目前,世界上比较有影响的典型数据挖掘系统有:SAS 公司的 Enterprise Miner,IBM 公司的 Intelligent Miner,SGI 公司的 SetMiner,SPSS 公司的 Clementine,Sybase 公司的 Warehouse Studio,RuleQuest Research 公司的 See5,还有 CoverStory、EXPLORA、Knowledge Discovery Workbench、DBMiner、Quest 等。

11. 数据挖掘的发展趋势

(1) 视频和音频数据挖掘;

(2) 科学和统计数据挖掘;

(3) 数据挖掘的应用探索;

(4) 可伸缩的数据挖掘方法;
(5) 数据挖掘与数据库系统、数据仓库和 Web 数据库系统的集成;
(6) 数据挖掘语言的标准化;
(7) 可视化数据挖掘;
(8) 复杂数据类型挖掘的方法;
(9) Web 挖掘;
(10) 数据挖掘中的隐私保护与信息安全。

3.4.3 大数据分析与电子商务营销

大数据分析是指对规模巨大的数据进行分析。大数据可以概括为 5 个 V,数据量大(Volume)、速度快(Velocity)、类型多(Variety)、价值(Value)、真实性(Veracity)。大数据是时下最火热的 IT 行业词汇,随之而来的数据仓库、数据安全、数据分析、数据挖掘等围绕大数据的商业价值的应用逐渐成为行业人士争相追捧的利润焦点。随着大数据时代的来临,大数据分析也应运而生。

众所周知,大数据的价值不是数据大,而是可以对大数据进行分析,从而获取很多智能的、深入的、有价值的信息。那么越来越多的应用涉及大数据,而这些大数据的属性,包括数量、速度、多样性等都呈现了大数据不断增长的复杂性,所以大数据的分析方法在大数据领域显得尤为重要,可以说是最终信息是否有价值的决定性因素。

1. 大数据分析的六个基本方面

(1) Analytic Visualizations(可视化分析)

不管是对数据分析专家还是对普通用户,数据可视化是数据分析工具最基本的要求。可视化可以直观地展示数据,让数据自己说话,让观众听到结果。

(2) Data Mining Algorithms(数据挖掘算法)

可视化是给人看的,数据挖掘是给机器看的。集群、分割、孤立点分析还有其他的算法让我们深入数据内部,挖掘价值。这些算法不仅要处理大数据的量,还要处理大数据的速度。

(3) Predictive Analytic Capabilities(预测性分析能力)

数据挖掘可以让分析员更好地理解数据,而预测性分析可以让分析员根据可视化分析和数据挖掘的结果做出一些预测性的判断。

(4) Semantic Engines(语义引擎)

非结构化数据的多样性带来了数据分析的新挑战,因此需要一系列的工具去解析、提取、分析数据。语义引擎需要被设计成能够从"文档"中智能提取信息。

(5) Data Quality and Master Data Management(数据质量和数据管理)

数据质量和数据管理是一些管理方面的最佳实践。通过标准化的流程和工具对数据进行处理可以保证一个预先定义好的高质量的分析结果。

(6) 数据存储和数据仓库

数据仓库是为了便于多维分析和多角度展示数据按特定模式进行存储所建立起来的关系型数据库。在商业智能系统的设计中,数据仓库的构建是关键,是商业智能系统的基础,承担对业务系统数据整合的任务,为商业智能系统提供数据抽取、转换和加载,并按主题对数据进行查询和访问,为联机数据分析和数据挖掘提供数据平台。

2. 大数据分析工具介绍

(1) 前端展现：
- 用于展现分析的前端开源的工具有 JasperSoft、Pentaho、Spagobi、Openi、Birt 等。
- 用于展现商用分析的工具有国外的 Style Intelligence、RapidMiner Radoop、Cognos、BO、Microsoft、Oracle、Microstrategy、Qlik View、Tableau，国内的 BDP、国云数据（大数据魔镜）、思迈特、FineBI 等。

(2) 数据仓库有 Teradata AsterData、EMC GreenPlum、HP Vertica 等。

(3) 数据集市有 QlikView、Tableau、Style Intelligence 等。

3. 电子商务营销

数据已经如一股洪流注入了世界经济，成为全球各经济领域的重要组成部分。企业可以分析和使用的数据在爆炸式增长，通过对大数据的收集、整合、分析，企业可以发现新的商机，创造新的价值，带来大市场、大利润和大发展。对于电子商务企业来说，大数据时代蕴藏着巨大的商机。大数据对电子商务营销起到巨大的推动作用。

(1) 大数据有利于市场营销

据统计：一个销售人员为准备交易而寻找相关信息所花费的平均时间占工作时间的 24%，而这些时间和心血可以转化为 26 亿元的收入，这些钱足够一个中等财富规模的 500 强企业卷土而来。要做到"低成本、高效率"的营销，企业必须基于大数据的分析和优化，把营销过程中的每一分潜在价值都挤出来，从而节约成本、战胜对手、占领市场。美国信息经济领域著名的教授达文波特认为，能够始终保证自己以"数据最优"的方式经营的公司将会在竞争中坚持到最后，并不战而胜。大数据技术能够帮助他们获得更多的机会，销售人员预计实施大数据战略将对销售有显著的影响。大数据时代，网络媒体正在从单纯的内容提供方进化成开放生态的主导者，大数据时代的社会化营销重点是理解消费者背后的海量数据，挖掘用户需求，并最终提供个性化的跨平台的营销解决方案。如果电商拥有了基于大数据的技术，在寻找潜在客户、确定销售时间以及预测交易成功的概率上将会得到明显改善。

(2) 大数据有利于个性化和精准的商品推荐

随着电子商务的发展和对大数据的分析与研究，在信息指数性增长的同时，消费者获取、过滤、筛选、分析信息的能力却没有得到相应的提高，这必然会导致消费者淹没在浩瀚的信息海洋中。传统的商业模式在大数据时代下显得落伍了，个性化和精准的商品推荐成为未来电子商务发展的新方向。大数据为个性化商业应用提供了充足的养分和可持续发展的沃土。同时，顾客的结构、流量、点击率、购买的周期以及兴趣，都会在电子商务平台上产生大量的数据，通过对大数据的收集、整合和分析，电商可以对消费者的品位和消费意愿进行准确识别，主动为其提供个性化和精准的销售产品和服务，提高销售额和利润率。在电商领域，亚马逊通过个性化技术为用户智能导购，大幅度提升了用户的体验与销售业绩。

(3) 大数据为信息安全带来发展契机

随着移动互联网、物联网等新兴 IT 技术逐渐步入主流，大数据使得数据价值极大提高，无处不在的数据，对信息安全提出了更高要求。同时，大数据领域出现的许多新兴技术与产品将为安全分析提供新的可能性。信息安全和云计算贯穿于大数据产业链的各个环节，云安全等关键技术将更安全地保护数据。大数据对信息安全的要求和促进将推动信息安全产业的大发展。

3.5 电子数据交换技术

3.5.1 电子数据交换的概念及其发展

1. 电子数据交换的定义

电子数据交换(Electronic Data Interchange,EDI)是指按照同一规定的一套通用标准格式,将标准的经济信息,通过通信网络传输,在贸易伙伴的电子计算机系统之间进行数据交换和自动处理。由于使用 EDI 能有效地减少直到最终消除贸易过程中的纸面单证,因而 EDI 也被俗称为"无纸交易"。它是一种利用计算机进行商务处理的新方法。EDI 是将贸易、运输、保险、银行和海关等行业的信息,用一种国际公认的标准格式,通过计算机通信网络,使各有关部门、公司与企业之间进行数据交换与处理,并完成以贸易为中心的全部业务过程。

EDI 不是用户之间简单的数据交换,EDI 用户需要按照国际通用的消息格式发送信息,接收方也需要按国际统一规定的语法规则,对消息进行处理,并引起其他相关系统的 EDI 综合处理。整个过程都是自动完成的,无须人工干预,减少了差错,提高了效率。

一个 EDI 信息包括了一个多数据元素的字符串,每个元素代表了一个单一的事实,如价格和商品模型号等,相互间由分隔符隔开。整个字符串被称为数据段。一个或多个数据段由头和尾限制定义为一个交易集,此交易集就是 EDI 传输单元(等同于一个信息)。一个交易集通常由包含在一个特定商业文档或模式中的内容组成。当交换 EDI 传输时即被视为交易伙伴。

2. 电子数据交换的发展

随着因特网逐渐成为商务活动的主流工具,那些采用 EDI 的贸易伙伴开始考虑用因特网代替昂贵的专线和拨号连接(用于直接连接 EDI 和间接连接 EDI)。那些负担不起 EDI 费用的企业则把因特网看成一项重要的支持技术,使它们能够为要求供应商具有 EDI 能力的大客户供货。在因特网中进行 EDI 的主要障碍有:因特网的安全性较差,而且不能为信息传输提供运行记录和第三方验证。随着因特网的 TCP/IP 基础结构用 HTTPS 等安全协议和多种加密技术增强后,企业对因特网安全问题的担心逐渐减少,但还没有完全消除。因特网没有内置的第三方验证工具,所以缺乏第三方验证一直是个大问题。EDI 的交易属于商业合同,通常涉及大笔金钱,因此不可否认的问题就非常突出了。不可否认就是证明一笔交易确实已经发生,它防止了交易各方反悔或否定交易的有效性。在间接连接 EDI 中,不可否认的功能是由 VAN 的运行记录来提供的;在直接连接 EDI 中,可通过比较贸易双方的信息记录来实现。

(1) 因特网的开放式体系结构

Commerce One、Dynamic Web Enterprises、EC Company、IPNet 和 VAN Tree 等很多新企业已开始提供因特网的 EDI 服务。而提供传统 VAN 服务的企业(如 AT&T IP Services)也开始提供同样的服务。因为因特网的体系结构是开放的,所以因特网 EDI 也称为开放式 EDI。这种新型的 EDI 提供了很多超出传统 EDI 的服务,能够帮助贸易伙伴实现更多的信息交换,而这些信息交换往往是 EDI 标准报文无法满足的。因特网的开放式体系结构为贸易伙伴提供了定制信息交换方式的机会。XML 等新工具可以使贸易伙伴间的信息交换更加灵活。三个 EDI 组织最近开会成立了一个新的名为"ASC X12Task Group"的组织,负责以下工作:

① 把 ASC X12 的 EDI 数据元和报文集结构转换成 XML，并保证 ASC X12 和新的 XML 数据元之间一一对应。

② 制订 XML 数据元名，让了解 ASC X12 报文标准的人在用新的 XML 报文时知识不至于过时。

③ 满足应用接口和人机接口的要求。

一些企业把内部网延伸到贸易伙伴，这样内部网就成了外部网。由于虚拟专用网络（VPN）等技术保证了网络的安全性，这种趋势对企业越来越有吸引力。例如，任天堂美国公司原采用基于 EDI 的产品登记系统来防止欺诈性的退货，系统允许零售商把所售任天堂产品的序列号直接发给任天堂美国公司。对大零售商来说，这种方法很好；但对小的玩具商店来说，实施这种方法就得不偿失了。1998 年这个产品登记系统延伸到未采用 EDI 的零售商。小零售商可在收银台上用 IPNet 软件包来取得产品序列号和其他担保信息，然后通过因特网把这些信息发送到任天堂公司，所以小零售商也可用远低于传统 EDI 的成本享受到 EDI 的所有好处。

（2）金融 EDI

尽管快速增长的因特网 EDI 为贸易伙伴提供了全新的、灵活的信息交换解决方案，但还是有些 EDI 内容很难通过因特网传输。向贸易伙伴的银行发出指令的 EDI 报文标准称为金融 EDI（FEDI）。所有银行都可以进行电子资金转账（EFT），即把资金从一个银行账户转移到另一账户。这些银行账户既可能是顾客的账户，也可能是银行代表买卖双方开设的账户。如果电子资金转账涉及两家银行，就要通过清算所了。美国大部分的 EFT 都是通过自动清算所（ACH）完成的。支持 EDI 业务的银行指的是通过 VAN 传输结算和汇兑数据的银行。有些银行也为非金融交易提供 VAN 服务。这些银行称为增值服务银行（VAB）。金融增值网（FVAN）就是一些非银行的 VAN，它们可以把金融报文标准翻译成 ACH 格式并发送到不能支持 EDI 业务的银行。

很多企业认为因特网的安全水平较低，不愿意通过因特网发送巨款（有时高达几百万美元）转移指令的 FEDI 报文。FEDI 报文是可转让的票据，即电子版的支票。FEDI 报文的可靠性也是一个问题。例如，如果一条转移 1 000 万美元的指令因为因特网路由器停机而耽搁了，贸易伙伴的资金账户就损失了一天的利息。因此，已建立间接 EDI 连接的企业愿意继续使用 VAN 来传输 FEDI 报文。

（3）混合 EDI 解决方案

一些企业提供混合的 EDI 解决方案，即通过因特网完成部分交易活动。例如，Bottomline 技术公司提供的 PayBase 软件包可允许贸易伙伴通过安全的 ACH 网络发送结算指令，有关结算的解释信息则通过因特网直接发送给贸易伙伴。由于结算解释信息不是可转让的票据，对它的安全性要求没有 FEDI 报文那么严格。其他的混合 EDI 解决方案还有银行和其他 EDI 服务企业提供的 EDI-HTML 翻译服务。例如，北方信托公司（North Trust）提供的 Net Transact 服务，可为小企业提供与因特网的接口，但没有 EDI 翻译能力。图 3-12 给出了 Net Transact 服务的工作方式。

例如，如果一个支持 EDI 的企业用 Net Transact 向贸易伙伴发送一个发票报文，贸易伙伴收到的是一个 HTML 文档，而不是 ASC X12 810 格式的发票数据。买主可在浏览器上阅读这个 HTML 文档并把它下载到本地的会计系统或采购跟踪系统里。Net Transact 把买主对发票的回复转换成 ASC X12 820 格式的结算报文，再把它发送给供应商或供应商的 VAN。对供应商来说，交易是完全 EDI 化的。对买主来说，交易过程也像用浏览器在 WWW 上漫游一样简单。企业会逐渐地采用这种因特网的连接的方法来降低 EDI 成本。

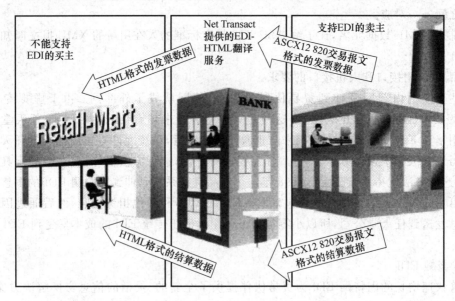

图 3-12　混合 EDI

3.5.2　电子数据交换的实现过程

1. EDI 系统组成

EDI 应用系统设在用户的计算机系统上,一般由报文生成和处理模块、格式转换模块、通信模块和联系模块组成,如图 3-13 所示。

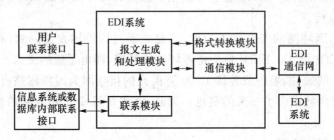

图 3-13　EDI 系统组成

(1) 报文生成和处理模块

报文生成和处理模块的作用:第一个作用是接受用户联系接口和其他信息系统或数据库内部联系接口模块的命令和信息,按 EDI 标准生成报文;第二个作用是接受外部 EDI 报文并进行处理。

(2) 格式转换模块

格式转换模块将产生的报文转换成符合通信标准的格式,同时将收到的报文转换成本系统可读懂的格式。

(3) 通信模块

通信模块是 EDI 系统与 EDI 通信网的接口,执行呼叫、应答、自动转发和地址转换等功能。EDI 通信网络的结构不同,对模块功能的要求也不同。

(4) 联系模块

联系模块是 EDI 系统和数据库的接口,包括用户联系模块和内部联系模块两大部分,既可以与本位数据库信息系统连接,也可以与其他用户连接。

EDI 中心是一个电子数据处理系统,可通过公用电信网、专用通信网等通信网络把不同地区的 EDI 连接在一起。EDI 中心具有数据管理功能,可以把不同标准语法的 EDI 数据进行处理,实现不同标准语法用户之间的 EDI 数据交换。

2. EDI 实现过程

尽管 EDI 的基本概念很简单,但即使是在很简单的业务环境里 EDI 的实施也很复杂。例如,一家公司需要更换金属切割机床,我们先看看纸面形式的采购步骤,然后再看采用 EDI 后采购过程的变化。在此案例中,假定卖主用自己的运输工具而不是运输公司来交货。

(1) 纸面形式的采购过程

此案例中,采购者和卖主在其内部业务流程中没有使用任何集成软件,这样,每个信息处理环节都会产生要传递到下个环节的纸面单证。买方和卖方之间的信息传输也是纸面形式,可通过邮寄、快递或传真传送。图 3-14 所示为纸面形式采购过程的信息流。

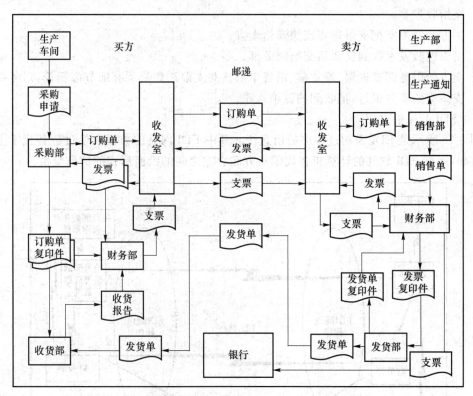

图 3-14 纸面形式采购过程的信息流

当车间的生产经理决定更换金属切割机床时,要进行以下流程:
- 生产经理填好采购申请表并交给采购部。申请表描述切割金属所要求的机床。
- 采购部和卖方接洽,磋商价格和发货条款。采购部选定卖方后,填写订购单并交给收发室。
- 采购部给收货部一份订购单的复印件,以便收货部能按时安排好货物接收工作。采购部还要给财务部一份订购单复印件,以便准备相应的款项。
- 收发室把采购部交来的订购单邮寄或快递给卖方。

- 卖方的收发室收到订购单后交给销售部。
- 卖方的销售部填写交给财务部的销售单和交给生产部的生产订单。生产订单要写清机床的规格并正式通知生产部开始生产。
- 机床生产好后,生产部通知财务部并把机床交给发货部。
- 财务部把发票原件交给收发室,发票复印件交给发货部。
- 收发室把发票邮寄或快递给买方。
- 卖方的发货部根据发票复印件填写发货单,并同机床一起运给买方。
- 买方的收发室收到发票,同时收货部也收到附发货单的机床。
- 买方的收发室把发票的复印件交给采购部,通知机床已运到了;发票原件则交给财务部。
- 买方的收货部核对机床、发货单和订购单。如果机床状态正常,并同发货单和订购单指定规格相符,收货部就填写收货报表,并把机床交给生产车间。
- 收货部把填好的收货报表交给财务部。
- 财务部核对订购单、收货报表和原始发票的所有细节,如果一切相符,就开出一张支票交给收发室。
- 买方的收发室把支票邮寄或快递给卖方。
- 卖方的收发室收到支票后交给财务部。
- 卖方的财务部按发票、发货单、销售单来核对支票。如果所有细节都相符,财务部就把支票交给卖方银行,把收到的款项入账。

(2) EDI 的采购过程

图 3-15 所示是 EDI 采购过程中的信息流。其中 EDI 网络的数据交换过程替代了上例的邮递过程,运行 EDI 软件的计算机替代了买方和卖方之间的纸面形式的信息交换。

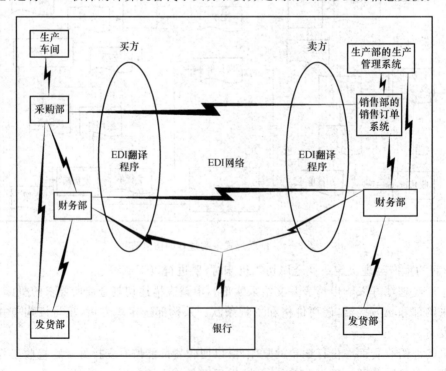

图 3-15 EDI 采购过程中的信息流

在 EDI 方式下，当车间的生产经理要更换金属切割机床时，要进行下面的流程：
- 生产经理向采购部发一条电子信息，指出切割金属所要求的机床。
- 采购部通过电话、电子邮件或网站同卖方接洽，磋商价格和发货条款。采购部选定卖方后，就向卖方的销售部发出一条信息。
- 买方的 EDI 翻译程序将这条信息转换成标准格式的订购单报文，然后通过 EDI 发给卖方。
- 采购部要向收货部发一条电子信息，以便收货部安排收货事宜。采购部还要向财务部发一条电子信息，告知价格等细节信息。
- 卖方的 EDI 翻译程序将收到的订购单报文转换成自己信息系统的格式。
- 翻译后的订购单细节数据进到销售部的销售订单系统里，并自动发到生产部的生产管理系统和财务部的系统里。
- 发给生产部的信息详细描述了机床的规格，并正式通知生产部开始生产。
- 机床生产好后，生产部通知财务部并把机床交给发货部。
- 发货部向财务部发一条电子信息，指出机床已准备好发运了。
- 财务部发出信息，由 EDI 翻译程序转换成标准的发票报文，并通过 EDI 网络发给买方。
- 买方的收货部收到机床前就收到了发票报文，由 EDI 翻译程序转换成自己的信息系统可识别的格式。于是买方的财务部和收货部就立刻得到了发票数据。
- 机床到货时，收货部按照计算机系统中的发票信息来验收机床。如果机床状态良好，符合计算机系统里的规格要求，收货部就向财务部发一条信息，确认机床已经收到并且状态良好，然后把机床交给生产车间。
- 买方财务部的系统比较订购单数据、收货数据和卖方发来的发票数据，如果所有细节都相符，财务系统就通知银行把发票所示的金额划拨给卖方。EDI 网络可提供此服务。

比较图 3-14 所示的纸面形式的采购过程和图 3-15 所示的 EDI 采购过程，可以看出，各部门之间交换的是同样的信息，但是 EDI 减少了纸面单证的流动，使公司内部各部门之间以及公司之间的信息交换更为顺畅。图 3-15 所示的改变采购过程的关键是连接两个公司的 EDI 网络（而不是邮寄服务），以及将买方与卖方内部使用的数据格式转换成标准的 EDI 报文集的 EDI 翻译程序。贸易伙伴可通过多种方式来实现 EDI 网络和 EDI 翻译处理，但不论哪种方式都需要连接，而连接方式不外乎有直接连接或者间接连接。

① 贸易伙伴间的直接连接

直接连接 EDI 要求网络上每个企业都运行自己的 EDI 翻译计算机，如图 3-16(a)所示。这些 EDI 翻译计算机通过调制解调器以及拨号电话线或专线直接相连。如果顾客或供应商的时区不同而且交易量很大或交易时间要求很高，拨号连接的方法就很麻烦。如果企业需要同很多顾客或供应商建立连接，专线连接的方法就非常昂贵。使用不同通信协议的贸易伙伴也很难实现拨号连接和专线连接。

② 贸易伙伴间的间接连接

除了与贸易伙伴直接连接外，企业还可以通过增值网(VAN)与贸易伙伴间接连接。VAN 提供接收、存储和发送电子信息（包括 EDI 报文）所需的通信设备、软件和技术。公司要使用 VAN 服务，需要安装同 VAN 相兼容的 EDI 翻译软件。一般来说，VAN 会向用户提供这种软件。图 3-16 所示为直接连接 EDI 和通过 VAN 间接连接 EDI 的区别。

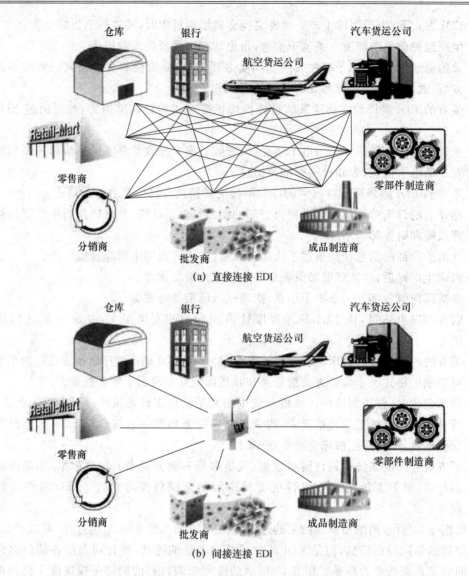

图 3-16 直接连接 EDI 和通过 VAN 间接连接 EDI

要向贸易伙伴发送一个 EDI 报文,VAN 的用户可用专线或电话线连入 VAN,然后把 EDI 格式的信息发给 VAN。VAN 记录此信息并把信息送到贸易伙伴在 VAN 上的邮箱里。贸易伙伴可拨号进入 VAN 并从邮箱中找到这些 EDI 格式的信息。

这种方法之所以称为间接连接 EDI,是因为贸易伙伴之间通过 VAN 连接,而不是把各自的计算机直接连接来传递信息。提供 VAN 服务的公司有 GEIS、GPAS、Harbinger、IBM、IMS、Kleinschmidt 和 Sterling。使用 VAN 有以下优点:

- 用户只需支持 VAN 的一种通信协议,不需要支持各贸易伙伴的各种协议。
- VAN 在运行记录中记下了信息传输活动,这是关于交易的独立记录,可帮助解决贸易伙伴间的纠纷。
- VAN 提供贸易伙伴所用的不同交易报文标准之间的翻译服务(如把 ASC X12 标准翻译成 EDI FACT 标准)。
- VAN 可自动进行标准检查,确保交易报文符合 EDI 格式要求。

然而,VAN 也有一些缺点。其中一个主要问题是成本太高。大部分 VAN 要收注册费、月租费和交易费,交易费是按交易量、交易期或两者综合来收取。如果一家企业在 VAN 上的交易量很小,固定的注册费和月租费对它就太高了。例如,实施 EDI(包括软件、注册费和硬件)的先期成本需要 5 万多美元。如果企业在 VAN 上的交易量很大,按交易量收的交易费就非常高。

以前,很多供应商为满足一两个大客户的要求不得不支付高额的 EDI 费用。这种情况在汽车行业和零售业尤其如此。如果一家企业的众多贸易伙伴都使用各不相同的 VAN,对该企业来说,使用 VAN 就太昂贵了。虽然有些 VAN 能够提供同别的 VAN 交换信息的服务,但是费用也非常高,而且不能保证保留用于解决纠纷的审计记录。借助因特网,可以很好地克服传统 EDI 的一些缺点。

3.5.3 电子数据交换的标准及应用

EDI 标准体系是在 EDI 应用领域范围内的、具有内在联系的标准组成的科学有机整体,它由若干个分体系构成,各分体系之间又存在着相互制约、相互作用、相互依赖和相互补充的内在联系。我国根据国际标准体系和我国 EDI 应用的实际以及未来一段时期的发展情况,制订了 EDI 标准体系,以《EDI 系统标准化总体规范》作为总体技术文件。该规范作为我国"八五"重点科技攻关项目,是一段时间内我国 EDI 标准化工作的技术指南,有主导和支配作用。

1. EDI 的标准

根据该规范,EDI 标准体系分基础、单证、报文、代码、通信、安全、管理、应用八个部分,大致情况如下。

(1) EDI 基础标准体系

主要由 UN/EDIFACT 的基础标准和开放式 EDI 基础标准两部分组成,是 EDI 的核心标准体系。其中,EDIFACT 有 8 项基础标准,包括 EDI 术语、EDIFACT 应用级语法规则、语法规则实施指南、报文设计指南和规则、贸易数据元目录、复合数据元目录、段目录、代码表,我国等同采用了这 8 项标准;开放式 EDI 基础标准是实现开放式 EDI 最重要、最基本的条件,包括业务、法律、通信、安全标准及信息技术方面的通用标准等,ISO/IEC JTC1 SC30 推出《开放式 EDI 概念模型》和《开放式 EDI 参考模型》,规定了用于协调和制定现有的和未来的开放式 EDI 标准的总体框架,成为未来开放式 EDI 标准化工作的指南。随之推出的一大批功能服务标准和业务操作标准将成为指导各个领域 EDI 应用的国际标准。

(2) EDI 单证标准体系

EDI 报文标准源于相关业务,而业务的过程则以单证体现。单证标准化的主要目标是统一单证中的数据元和纸面格式,内容相当广泛。其标准体系包括管理、贸易、运输、海关、银行、保险、税务、邮政等方面的单证标准。

(3) EDI 报文标准体系

EDI 报文标准是每一个具体应用数据的结构化体现,所有的数据都以报文的形式传输出去或接收进来。EDI 报文标准主要体现于联合国标准报文(United Nations Standard Message,UNSM),其 1987 年正式形成时只有十几个报文,而到 1999 年 2 月止,UN/EDIFACT D.99A 版已包括 247 个报文,其中有 178 个联合国标准报文(UNSM)、50 个草案报文(Message in Development,MiD)及 19 个作废报文,涉及海关、银行、保险、运输、法律、税务、统计、旅游、零售、医疗、制造业等诸多领域。

(4) EDI 代码标准体系

在 EDI 传输的数据中,除公司名称、地址、人名和一些自由文本内容外,其余数据大多以代码形式发出,为使交换各方便于理解收到信息的内容,便以代码形式把传输数据固定下来。代码标准是EDI实现过程中不可缺少的一个组成部分。EDI代码标准体系包括管理、贸易、运输、海关、银行、保险、检验等方面的代码标准。

（5）EDI通信标准体系

计算机网络通信是EDI得以实现的必备条件,EDI通信标准是顺利以EDI方式发送或接收数据的基本保证。EDI通信标准体系包括ITU的X.25、X.200/ISO 7498、X.400/ISO 10021、X.500,其中X.400/ISO 10021是一套关于电子邮政的国际标准。虽然这套标准,ISO称为MOTIS,ITU称为MHS,但其技术内容是兼容的,它们和EDI有着更为密切的关系。

（6）EDI安全标准体系

由于经EDI传输的数据会涉及商业秘密、金额、订货数量等内容,为防止数据的篡改、遗失,必须通过一系列安全保密的规范给以保证。EDI安全标准体系包括EDI安全规范、电子签名规范、电文认证规范、密钥管理规范、X.435安全服务、X.509鉴别框架体系等。为制定EDIFACT安全标准,联合国于1991年成立了UN/EDIFACT安全联合工作组,进行有关标准的制定。

（7）EDI管理标准体系

EDI管理标准体系主要涉及EDI标准维护的有关评审指南和规则,包括标准技术评审导则、标准报文与目录文件编制规则、目录维护规则、报文维护规则、技术评审单格式、目录及代码编制原则、EDIFACT标准版本号与发布号编制原则等。

（8）EDI应用标准体系

EDI应用标准体系主要指在应用过程中用到的字符集标准及其他相关标准,包括信息交换用七位编码字符集及其扩充方法；信息交换用汉字编码字符集；通用多八位编码字符集；信息交换用汉字编码字符集辅2集、辅4集等。

EDI标准体系的框架结构并非一成不变,它将随着EDI技术的发展和EDI国际标准的不断完善而不断更新和充实。

2. EDI的应用

EDI在国际上已广泛应用。美国前500家大企业中有65%使用EDI,90%的报关业务通过EDI进行。在亚太地区,新加坡的EDI系统Tradenet是世界上第一个全国性贸易促进网。中国的电子商务始于20世纪90年代初。目前,一批国内信息化程度较高的单位已开始使用EDI方式进行商务活动。已经建成或正在建设的有：中国电信的公用电子数据交换网(CHINAEDI)、首都电子商务工程、上海信息港、中国电子商务信息系统(CECIS)、中国企业信息标准化及EDI应用项目(EDICHINA)以及海关总署、交通部和外经贸部的EDI项目等。

EDI用于金融、保险和商检,可以实现对外经贸的快速循环和可靠的支付,降低银行间转账所需的时间,增加可用资金的比例,加快资金的流动,简化手续,降低作业成本。

EDI用于外贸、通关和报关。EDI用于外贸业,可提高用户的竞争能力。EDI用于通关和报关,可加速货物通关,提高对外服务能力,减轻海关业务的压力,防止人为弊端,实现货物通关自动化和国际贸易的无纸化。

EDI用于税务。税务部门可利用EDI开发电子报税系统,实现纳税申报的自动化,既方便快捷,又节省人力、物力。

EDI用于制造业、运输业和仓储业。制造业利用EDI能充分理解并满足客户的需要,制订出供应计划,达到降低库存、加快资金流动的目的。运输业采用EDI能实现货运单证的电子数据传输,充分利用运输设备、仓位,为客户提供高层次和快捷的服务。对仓储业,EDI可加速货物的提取及周转,减少仓储空间的占用,从而提高仓储空间的利用率。

3.6 本章小结

本章主要介绍了电子商务的相关技术基础,其中计算机网络是电子商务的基石,Internet 的发展极大地推动了电子商务的发展。另外,电子商务借助无线通信技术,使人们可以更加方便、快捷地进行各类商务活动。在 Web 技术的支持下,基于 Internet 的电子商务平台为广大用户提供越来越好的服务,并且融合数据仓库和数据挖掘技术,电子商务正在开创商务智能的新时代。最后,本章详细介绍了电子商务的最基本的和早期的技术形式——电子数据交换。

思考与练习

1. 什么是计算机网络?它的主要功能有哪些?
2. 计算机网络由哪几个部分组成?
3. IPv4 地址的分类和构成是什么?请举例说明。
4. 什么是域名系统?域名和 IP 地址有何不同?
5. 互联网的接入方式有哪些?
6. 电子商务应用所需的主要网络应用有哪些?
7. Web 服务器端技术有哪些?常用的 Web 应用服务器有哪些?
8. 什么是数据仓库?数据挖掘的方法有哪些?
9. 请说明电子数据交换的实现过程。

第4章 网络营销

【学习目标】
- 理解并掌握网络营销的概念、特点和网络营销系统；
- 掌握网络营销常用工具和方法；
- 熟悉网络营销策略；
- 掌握如何开展网络市场调查，网络广告定价、设计技巧及效果测评。

【导读案例】

凡客诚品的网络营销方式*

凡客诚品是目前国内比较突出的时尚服装品牌，它在中国市场出现的时间相比其他品牌要晚很多，而对于时尚服装营销而言，想在一个新市场当中抢得一席之地，即使采用大量的传统的营销投入，也未必完全可以实现目标，所以，凡客诚品采用了积极有效的网络营销策略。应该说他们很懂网络营销的方法，他们所做的事情，完全符合市场切入的需要。关注凡客诚品的网络营销环节，可以对其市场策略进行深入的洞察。

1. 凡客诚品的网络病毒营销

凡客诚品采用广告联盟的方式，将广告遍布大大小小的网站，以网络病毒营销方式在市场中迅速占据了一席之地。同时，因为采用试用的策略，广告的点击率比较高。大面积的网络营销，其综合营销成本相对降低，营销效果和规模远胜于传统媒体。

2. 凡客诚品的体验营销

一次良好的品牌体验（或一次糟糕的品牌体验）比正面（或负面）的品牌形象强有力得多。凡客诚品采用"试用啦啦队"，免费获新品BRA——魅力BRA试穿体验活动的策略，用户只需要填写真实信息和邮寄地址，就可以拿到试穿服装。当消费者试穿过凡客诚品的产品后，就会对此评价，并且和其他潜在消费者交流，通常交流都是正面的。

3. 凡客诚品的口碑营销

消费者对潜在消费者的推荐或建议，往往能够促成潜在消费者的购买决策。铺天盖地的广告攻势，媒体逐渐有失公正的公关，已经让消费者对传统媒体广告信任度下降，口碑传播往往成为最有力的营销策略。凡客诚品的口碑营销方式让凡客诚品在消费者心目中留下好的印象，积累了潜在的消费者。

4. 凡客诚品的会员制营销

与贝塔斯曼书友会的模式类似，订购凡客诚品商品的同时自动就成为凡客诚品会员，无须缴纳任何入会费与年会费。凡客诚品会员还可获赠DM杂志，DM杂志成为凡客诚品与会员

---

* 资料来源：杨涛.电子商务概论[M].北京：人民邮电出版社，2010.

之间传递信息、双向沟通的纽带。会员制大大提高了凡客诚品消费者的归属感,拉近了凡客诚品与消费者之间的距离。

由以上分析可知,采用恰当的网络营销方式,利用互联网新媒体工具进行有效的营销推广,对凡客诚品最大的促进有三个方面:

(1) 降低了营销成本。
(2) 大幅度提高了品牌占有市场的速度。
(3) 通过互联网对潜在消费者进行有效的口碑宣传。

4.1 网络营销的概念与特点

网络营销是电子商务的重要组成部分,其产生和发展与电子商务的产生和发展有着密不可分的联系。它们有着共同的发展基础,也有自身的特点。

网络营销的产生,借助于20世纪90年代以来的互联网的飞速发展。作为双向交流的多媒体通信工具,互联网被称为继广播、报纸、杂志、电视之后又一新的媒体,逐步受到众多商家的青睐。互联网是一个开放的网络,任何人都可以入网,所有的信息流动皆不受限制,网络资源是共享的,在网络上没有地域的限制,也没有距离感。网络通信的速度是所有通信方式中最快的,从网络上可以快捷地获得最新信息,网络不仅可以传输文字,还可以传输图像、声音,传输Flash动画及电影。

随着互联网作为信息沟通渠道在商业上的使用,互联网的商业潜力被挖掘出来,产品制造商、批发商、零售商、消费者、银行、服务业、进出口商及政府管理部门进入互联虚拟空间后,这里形成了一个名副其实的虚拟市场,既然有市场存在,就必然会产生营销活动。

在网络营销环境中,消费者可以使用互联网在全国甚至全球范围内品种多样的商品中进行充分选择,在营销过程的最后环节,消费者也能充分分享信息,完全可以根据自己的特定需求有针对性地发出信息,消费者与制造商及其服务企业共享营销信息控制板,并形成平等关系,如通过"货比千家"来获取相关信息,可以搜寻到型号更新、价格更低、质量更高的商品,使消费者得以摆脱受商家控制信息的局面,同时节约了购物的时间成本,提高了购物的效率。

4.1.1 网络营销的定义

网络营销(E-Marketing)是以现代营销理论为基础,建立在互联网基础之上、借助数字化的信息和网络媒体的交互性来实现企业营销目标的一种营销方式或手段。从广义上讲,企业利用一切计算机网络进行的营销活动都可称为网络营销。从狭义上讲,凡以互联网为主要营销手段,为达到一定营销目标而开展的营销活动,都可称为网络营销。

总的来说,网络营销是企业整体营销战略的一个组成部分,是为实现企业总体经营目标所进行的以互联网为基本手段的、营造网上经营环境的各种活动,具体含义的理解如下。

(1) 网络营销不是孤立存在的

网络营销是企业营销策略的一部分,网络营销活动不可能脱离一般的营销环境而独立存在。在不同类型的企业中,网络营销的地位是不同的。一般在经营网络服务产品为主的网络公司,更加注重网络营销,而在传统的工商企业中,网络营销通常处于辅助地位。在企业的营销实践活动中,往往是传统市场营销与网络营销并存。

(2) 网络营销不等于网上销售

网络营销和网上销售是两个不同的概念。网上销售只是网络营销的一个重要组成部分，网络营销的目的是扩大销售(包括网上销售和非网上销售)。虽然网络营销并不一定会使网上直接销售量大幅度上升，但是它会促进产品及服务的总销售量的增长。

(3) 网络营销不等于电子商务

网络营销与电子商务是一对紧密相关又有明显区别的概念。电子商务的内涵很广泛，其核心是电子化交易，强调完整的电子交易过程。而网络营销是企业整体营销战略的一个组成部分，是电子商务中的一个重要环节，在电子商务交易开始前发挥信息传递的作用。

(4) 网络营销是对网上经营环境的营造

开展网络营销需要一定的网络环境，如企业网站、顾客、网络服务商、合作伙伴、供应商、销售商、相关行业的网络环境等。开展网络营销活动的过程，就是与这些环境因素建立关系的过程，这些关系都发展好了，网络营销才能取得成效。

4.1.2 网络营销的特点

网络营销是借助互联网技术的发展而诞生的一种新的市场营销方式，它具备传统市场营销的某些特性，同时也呈现出一些新的特点。

(1) 具有鲜明的理论性

网络营销是在众多新的营销理念的积淀、新的实践和探索的基础上发展起来的。网络营销理念吸纳了众多新的营销理念的精髓，但又不同于任何一种营销理念。计算机科学、网络技术、通信技术、密码技术、信息安全技术、应用数学、信息学等多学科的综合技术，给予网络营销技术铺垫；近半个世纪以来多种营销理念的积极探索，给予网络营销丰富的学术内涵；近十年来电子商务和网络营销的多种开拓和实践，给予网络营销冷静的思索和理性升华的机遇和可能。因此，网络营销具有鲜明的理论特色。无论是20世纪60年代以来，麦卡锡提出的4P理论，还是90年代以来，劳朗提出的"忘掉产品，忘掉定价，忘掉渠道，忘掉促销"的4C理论，都无法和今天的网络营销理念进行比较。

(2) 市场的全球性

网络的连通性，决定了网络营销的跨国性；网络的开放性，决定了网络营销市场的全球性。在此以前，任何一种营销理念和营销方式，都是在一定的范围内寻找目标客户。而网络营销，是在一种无国界的、开放的、全球的范围寻找目标客户。市场的广域性、文化的差异、交易的安全性、价格的变动性、需求的民族性、信息价值跨区域的不同增值性及网上顾客的可选择性给网络经济理论和网络营销理论研究，提供了广阔的发展空间和无尽的研究课题。市场的全球性带来的是更大范围成交的可能性，更广域的价格和质量的可比性，而可比性强越，市场竞争越激烈。

(3) 资源的整合性

网络营销的过程，对多种资源进行整合，对多种营销手段和营销方法进行整合；对有形资产和无形资产的交叉运作和交叉延伸进行整合。这种整合的复杂性、多样性、包容性、变动性和增值性具有丰富的理论内涵，需要我们下功夫，花力气进行深入的研究。特别是，营销商务软件在这种多维整合中发挥了重要作用，扮演了重要角色。无形资产在营销实践中的整合能力和在多种资源、多种手段整合后所产生的增值效应，也是对传统市场营销理念的重大突破和重要发展。

(4) 明显的经济性

网络营销具有快捷性,因此,可极大地降低经营成本,提高企业利润。促成网络营销的经济性有诸多原因,如资源的广域性、地域价格的差异性、交易双方的最短连接性、市场开拓费用的锐减性、无形资产在网络中的延伸增值性以及所有这一切对网络营销经济性的影响,都将极大地降低交易成本,给企业带来经济利益。网络营销的经济性以及由此带来的明显效果,必将清晰地、鲜明地显现出来。

(5) 市场的冲击性

网络的进攻能力是独有的。网络营销的这种冲击性及由此带来的市场穿透能力,明显地挑战了 4P 理论和 4C 理论。网络营销的进攻是主动的、清醒的、自觉的。无论是信息搜索中的进攻,还是信息发布后的进攻,都是在创造一种竞争优势,在争取一批现实客户,在获取一些显在商机,在扩大着优势范围。

(6) 极强的实践性

网络营销是一门实践性很强的学科,实践性突出地表现在它对以往营销理念的审视和对新论断广泛的检验:失败后的沉淀、实践后的积累、凝练后的深化、理性思索后的升华,都会在实践中、实战中、时间流逝中得到检验。

4.1.3 网络营销的功能

认识和理解网络营销的功能和作用,是网络营销实战的基础。网络营销的功能很多,主要如下。

(1) 信息搜索功能

信息搜索功能是网络营销进攻能力的一种反映。在网络营销中,利用多种搜索方法主动地、积极地获取有用的信息和商机。搜索功能已成为营销主体能动性的一种表现,一种提升网络经营能力的进攻手段和竞争手段。

(2) 信息发布功能

发布信息是网络营销的主要方法之一,也是网络营销的又一种基本职能。无论哪种营销方式,都要将一定的信息传递给目标人群。但是网络营销所具有的强大的信息发布功能,是古往今来任何一种营销方式无法比拟的。网络营销可以把信息发布到全球任何一个地点,既可以实现信息的广覆盖,又可以形成地毯式的信息发布链。既可以创造信息的轰动效应,又可以发布隐含信息。信息的扩散范围、停留时间、表现形式、延伸效果、公关能力和穿透能力都是最佳的。更加值得提出的是,在网络营销中,网上信息发布以后,可以能动地进行跟踪,获得回复,可以进行回复后的再交流和再沟通。因此,信息发布的效果明显。

(3) 商情调查功能

网络营销中的商情调查具有重要的商业价值。对市场和商情的准确把握,是网络营销中一种不可或缺的方法和手段,是现代商战中对市场态势和竞争对手情况的一种电子侦察。通过在线调查或者电子询问调查表等方式,不仅可以省去大量的人力、物力,而且可以在线生成网上市场调研的分析报告、趋势分析图表和综合调查报告。其效率之高、成本之低、节奏之快、范围之大,都是以往其他任何调查形式所做不到的。这可为广大商家提供快速的市场反应能力,为企业的科学决策奠定了坚实的基础。

(4) 销售渠道开拓功能

网络具有极强的进攻力和穿透力。传统经济时代的经济壁垒、地区封锁、人为屏障、交通阻隔、资金限制、语言障碍、信息封闭等,都阻挡不住网络营销信息的传播和扩散。新技术的诱感力、新产品的展示力、网络的亲和力、地毯式发布和爆炸式增长的覆盖力将整合为一种综合的信息进攻能力。快速地打通封闭的坚冰,疏通种种渠道,打开进攻的路线,实现和完成市场的开拓使命。这种快速、这种坚定、这种神奇、这种态势、这种生动是任何媒体、任何其他手段无法比拟的。

(5) 品牌价值扩展和延伸功能

互联网的出现不仅给品牌带来了新的生机和活力,而且推动并促进了品牌的拓展和扩散。实践证明:互联网不仅拥有品牌、承认品牌而且对于重塑品牌形象、提升品牌的核心竞争力、打造品牌资产,具有其他媒体不可替代的效果和作用。

(6) 特色服务功能

网络营销具有和提供的不是一般的服务功能,是一种特色服务功能。服务的内涵和外延都得到了扩展和延伸。顾客可以获得常见问题解答、邮件列表以及 BBS、聊天室等各种即时信息服务;在线收听、收视、订购、交款等选择性服务;无假日的紧急需要服务;信息跟踪、信息定制到智能化的信息转移、手机接听服务;网上选购,送货到家的上门服务;等等。这种服务以及服务之后的跟踪延伸,可以极大地提高顾客的满意度,使以顾客为中心的原则得以实现。

(7) 客户关系管理功能

客户关系管理源于以客户为中心的管理思想,是一种旨在改善企业与客户之间关系的新型管理模式,是网络营销取得成效的必要条件,是企业重要的战略资源。在网络营销中,通过客户关系管理,将客户资源管理、销售管理、市场管理、服务管理、决策管理融为一体,将原本疏于管理、各自为战的销售、市场、售前和售后服务与业务统筹协调起来,既可跟踪订单,帮助企业有序地监控订单的执行过程,规范销售行为,了解新、老客户的需求,提高客户资源的整体价值,又可以避免销售隔阂,帮助企业调整营销策略。客户关系管理可收集、整理、分析客户反馈的信息,从而全面提升企业的核心竞争能力。客户关系管理系统还具有强大的统计分析功能,可以为我们提供决策建议书,以避免决策的失误,从而为企业带来可观的经济效益。

(8) 经济效益增值功能

网络营销能极大地提高营销者的获利能力,获取增值效益。这种增值效益的获得,不仅来源于网络营销效率的提高、营销成本的下降、商业机会的增多,更来源于网络营销中新信息量的累加会使原有信息量的价值实现增值或提升其价值。这种无形资产促成价值增值。这是一种具有前瞻性的、明显的,而多数人不认识、不理解、没想到的增值效应。

4.1.4 网络营销与电子商务的关系

网络营销与电子商务是一对既紧密相关又区别明显的概念。它们的区别和联系如下。

1. 电子商务与网络营销的区别

(1) 电子商务与网络营销研究的范围不同。电子商务的内涵很广,其核心是电子化交易,电子商务强调的是交易方式和交易过程的各个环节;而网络营销注重的是以互联网为主要手段的营销活动。网络营销和电子商务的这种关系也表明,发生在电子交易过程中的网上支付和交易后的商品配送等问题并不是网络营销所能包含的内容;同样,电子商务体系中所涉及的安全、法律等问题也不适合全部包括在网络营销中。

(2) 电子商务与网络营销的关注重点不同。电子商务的标志之一是实现了电子化交易,网络营销的重点是交易前的宣传和推广。网络营销的定义已经表明,网络营销是企业整体营销战略的一个组成部分,可见:无论是传统企业还是基于互联网开展业务的企业,无论是否发生电子化交易,都需要网络营销。但网络营销本身并不是一个完整的商业交易过程,而是为促成交易提供的支持。因此网络营销是电子商务中的一个重要环节,尤其在交易发生前,网络营销发挥着主要的信息传递作用。从这种意义上说,电子商务可以被看作是网络营销的高级阶段,一个企业在没有完全开展电子商务之前,可以开展不同层次的网络营销活动。

2. 电子商务与网络营销的联系

(1) 电子商务与网络营销是密切相关的,网络营销是电子商务的组成部分,开展网络营销并不等于一定实现了电子商务,但实现电子商务一定是以开展网络营销为前提。

(2) 电子商务包括网络营销,网络营销是电子商务的基础,电子商务是网络营销发展的高级阶段,网络营销推进电子商务活动的开展。

4.2 网络营销的理论基础

4.2.1 网络整合营销理论

网络整合营销(Network Integrated Marketing)是在一段时间内,营销机构以消费者为核心重组企业和市场行为的一种营销策略。网络整合营销从理论上离开了在传统营销理论中占中心地位的 4P[Product(产品)策略、Pricing(定价)策略、Place(渠道)策略、Promotion(促销)策略]理论,而逐渐转向以 4C[Customer(顾客)策略、Cost(成本)策略、Communication(沟通)策略、Convenience(便捷)策略]理论为基础和前提。

网络整合营销的主要特点如下:

(1) 网络整合营销先不急于制订产品策略,先研究客户的利益、研究消费者的需求和欲望,卖消费者想购买的产品。

(2) 网络整合营销暂时把定价策略放到一边,而研究客户为满足其需求所愿付出的成本,并依据该成本来组织生产和销售。

(3) 网络整合营销忘掉渠道策略,着重考虑怎样让消费者方便地购买到商品。

(4) 网络整合营销抛开促销策略,着重加强与消费者的沟通和交流。

网络整合营销采取 4I 原则:Interesting(趣味)原则、Interests(利益)原则、Interaction(互动)原则、Individuality(个性)原则。

(1) Interesting 原则

紧跟中国互联网娱乐属性的本质,将广告、营销娱乐化,提高其趣味性,以娱乐的"糖衣"为香饵,将营销信息的鱼钩巧妙包裹在趣味的情节当中,吸引"鱼儿们"上钩。

(2) Interests 原则

网络是一个信息与服务泛滥的江湖,营销活动不能为目标受众提供利益,必然寸步难行。将自己变身一个消费者,从消费者利益角度考虑问题,制订有效的营销方案。

(3) Interaction 原则

不要再让消费者仅仅单纯接收信息,数字媒体技术的进步,已经允许我们能以极低的成本与极大的便捷性,让互动在营销平台上大展拳脚。而消费者们完全可以参与到网络营销的互动与创造中来。把消费者作为一个主体,发起其与品牌之间的平等互动交流,可以为营销带来独特的竞争优势。

(4) Individuality 原则

个性化的营销,让消费者心理产生"焦点关注"的满足感,更能投消费者所好,更容易引发互动与购买行动。

4.2.2 网络软营销理论

软营销(soft marketing)是有关消费者心理学的另一理论基础,它是针对工业经济时代以大规模生产为主要特征的强式营销提出的新理论,强调企业进行市场营销活动的同时必须尊重消费者的感受和体验,让消费者能舒服地主动接受企业的营销活动。这种理论基础产生的根本原因是网络本身的特点和消费者个性化需求的回归。

网络软营销的特征主要体现在它从消费者的体验和需求出发,遵守网络礼仪的同时通过对网络礼仪的巧妙运用,采取拉式策略吸引消费者关注企业,从而获得一种微妙的营销效果。

传统的网络软营销和强势营销并不是完全对立的,二者的巧妙结合往往会收到意想不到的效果。有一个经典的案例:原以亚洲地区为主要业务重心的国泰航空公司,为了扩展美国飞往亚洲的市场,拟举办一个大型抽奖活动,并在各大报纸上刊登了一个"赠送百万里行"抽奖的广告。与众不同的是,这个广告除了几个斗大的字"奖 100 万里"及公司网址外没有任何关于抽奖办法的说明,要了解抽奖办法的消费者只有登录公司网站。结果是众多的消费者主动登录企业网站以获得相关的活动信息,这样就为企业下一步运作网络营销奠定了基础。因此,与传统的做法相比,这种整合的运作方式,在时效上、效果上都增强了许多,同时也会更经济。另外,长远来看,通过这种方式该公司一方面提高了公司网站的知名度和消费者登录公司网站的积极性,另一方面收集到很多 E-mail 地址和顾客信息,这为公司开拓市场提供了绝佳的资源。

4.2.3 网络直复营销理论

直复营销(direct marketing)是一种为了在任何地方产生可度量的反应或达成交易而使用一种或多种广告媒体相互作用的市场营销体系。

"直"(direct),是指不通过中间分销渠道而直接通过媒体连接企业和消费者;"复"(response),是指企业与消费者之间的交互,消费者对这种营销努力有一个明确的回复。

网络营销是一类典型的直复营销,直复营销作为一种相互作用的体系,强调营销者与目标客户之间的"双向信息交流",其关键是为每个目标客户提供直接向营销人员反馈信息的渠道,企业可以凭借客户反馈找出不足。

网络直复营销作为一种有效的直复营销策略,源于网络营销的可测度性、可度量性、可评价性和可控制性。因此,网络直复营销可以大大改进营销决策的效率和营销执行的效用。

4.2.4 关系营销理论

关系营销(relationship marketing)是 1990 年以来受到重视的营销理论,主要包括两个基本点:在宏观上,认识到市场营销会对范围很广的一系列领域产生影响,包括消费者市场、劳动力市场、供应市场、内部市场、相关者市场以及影响者市场(政府、金融市场);在微观上,认识到企业与消费者的关系不断变化,市场营销的核心应从过去简单的一次性交易关系转变到注重保持长期的关系上来。

企业的营销活动是一个与消费者、竞争者、供应商、分销商、政府机构和社会组织发生相互作用的过程,正确理解这些个人与组织的关系是企业营销的核心。

4.2.5 利基营销理论

利基营销又称"缝隙营销"或"补缺营销",还称"狭缝营销",是指企业为避免在市场上与强大竞争对手发生正面冲突,而采取的一种利用营销者自身特有的条件,选择由于各种原因被强大企业轻忽的小块市场(称"利基市场"或"补缺基点")作为其专门的服务对象,对该市场的各种实际需求全力予以满足,以达到牢固地占领该市场的营销策略。利基营销具有以下优点:

(1) 运用利基营销的企业目标市场较小且单一,便于企业进行市场研究。

市场研究的目的在于为企业的决策提供有关市场变动的确切可靠的依据:这些依据的取得,有赖于市场信息的收集和科学的分析法。利基营销关注的是细小的市场情况,这大大降低了目标市场调研的复杂性;市场研究可以在较短的时间展开,企业为此支付的成本也较小。对于这些营销的决定因素的有效分析,有利于企业透彻了解市场,从而采取"短、平、快"的行动,迅速进入市场,降低促销成本。

(2) 运用利基营销,便于企业加强客户服务管理。

在对目标市场研究的基础上,企业可以掌握目标市场行为和消费者的切身需要,深刻意识到客户的需要正是企业必须满足的。这样,企业可以有针对性地就客户的要求进行产品开发和业务调整。又因为利基营销活动集中在小块市场上,即使企业对客户的要求不遗余力地提供服务,对企业的整体营运成本也不会造成很大的提高。因此利基营销成为大多数企业尤其是中小企业竞争优势的有力武器。

(3) 运用利基营销的企业,易于掌握营销目标。

企业的营销目标不是越大越好。在一定时期内,它必须与企业的内部资源相匹配,而有利于企业对营销目标和发展方向的控制。企业对自身营销目标的控制取决于其在市场上的力量和位置。企业在对营销目标进行把握和对内部资源进行比较、权衡之后形成的取舍策略,使企业与市场密不可分,实现了营销上的上佳境。

4.3 网络营销的策略

4.3.1 顾客价值策略

由于信息技术的使用,企业得以充分了解顾客的信息,特别是顾客的需求、偏好,产品决策完全可以按照顾客需求来定制设计,以顾客为中心、顾客价值最大化的营销理念得到了最好的体现。顾客价值在以下几个方面得以体现。

(1) 顾客参与产品设计

网络营销把顾客当作伙伴,利用网络上与顾客的交互,直接了解顾客的需求意图,甚至让顾客参与产品的设计、改进和生产,使生产出来的产品更易于为顾客接受,并缩短产品进入市场的时间,最大化满足顾客多样化需求。

(2) 顾客需求迅速得到满足

顾客可通过互联网络在企业的引导下对产品和服务进行选择,企业可以根据顾客的要求及时进行生产和提供服务,这使顾客可跨时空得到所需产品和服务,从而使顾客价值最大化。

(3) 采用敏捷制造系统实现大规模定制

在制造中加入网络信息技术。通过对顾客的直接反应缩短了企业与顾客的距离。这一方面提高了顾客的满意度,另一方面使企业表现出很强的整体柔性,可根据市场变化灵活地调整经营战略。

4.3.2 品牌策略

与顾客价值相对应的是网络营销品牌策略,网络营销品牌策略由三部分组成:品牌产品开发策略、品牌经营管理策和网络品牌保护策略。

1. 品牌产品开发策略

品牌营销是市场经济高度竞争的产物,经过多年实践,已经发展得相当成熟,形成一个以"品牌经理制"为代表的完整管理体系。因特网所具有的交互、快捷、全球性、媒体特性等优势,对于提高企业知名度、树立企业品牌形象、更好地为用户服务等都提供了有利的条件,这些网络本身固有的特性对于每一个企业都是公平的。因此,企业应该根据自身的产品与服务特点,利用网络资源创建自己的网络品牌。

网络营销可以选择任何实物产品与服务。但在目前我国电子商务的发展状况下,以下一些产品成为企业开展网络营销的首选产品:

(1) 名牌产品;

(2) 与计算机技术相关的产品;

(3) 便于配送的产品;

(4) 网络营销费用远低于其他渠道销售费用的产品;

(5) 不容易设实体店的特殊产品;

(6) 市场容量较大的产品;

(7) 消费者可以从网上了解较多产品信息,从而做出购买决定的产品。

2. 品牌经营管理策略

品牌是有个性的,品牌需要有实力支撑,需要企业文化承载。网络公司通常成立时间短,人员流动快,高层团队变动频繁,公司创始人缺乏管理经验,因此很难形成自己的一套企业文化。而没有企业文化支撑的品牌是脆弱的。网站做的那些浮躁无效的广告不可能赢得受众的心理认同,只可能导致注意力的泡沫,也就是说注意力经济是要有实效支撑的。有了实效支撑,注意力塑造的品牌才不会流于表面,成为泡沫。

3. 网络品牌保护策略

市场竞争犹如一场没有硝烟的战争,企业不仅应该时刻防备竞争者的挑战,还需防范有损自己产品形象的不法行为,尤其是在网络环境下,随着越来越多的公司在因特网上建立网站,网络品牌的争议也变得相当普遍。

首先,一个公司可能在一个国家拥有该商标权,另一个公司则可能在另一个国家拥有该商标权。但因特网是全球性的,只允许在世界范围内有一个独立的域名。范围的不同导致了问题的产生。例如,一个国内因特网用户,想以其在美国注册的商标作为域名,就可能因该域名已被一个使用同样商标的外国公司抢注而无法实现。

其次,由于因特网的全球性,那些原本在不同行业使用同样商标而能合法共存的公司,也不能使用相同的名称作为域名。例如，美国广播公司不能使用"abc.com"作为它的域名，因为该域名已被芝加哥 ABC 设计公司注册。而在商标法中就不会产生这样的问题，虽然易于引起消费者混淆的相似商标不能共存，但是这两个 ABC 公司属不同行业，不会引起消费者对商品或服务来源的混淆，所以可以使用相同的名称。但在网络中，只能有一个公司使用"abc.com"这个域名。在当前各种形式的媒体相互融合、有线和无线广播公司迅速涌入因特网的形势下，美国广播公司就处于十分不利的境地。

另外，域名对商标权的侵犯在网络上是相当严重的。侵权者不仅盗用了他人的商标，而且还限制了商标权人在网络上用其商标作为域名的权利，而这一点对商标权人非常重要，对商标与企业名称一致的商标权人则更是如此。

面对虚拟市场环境，国内企业更应珍惜自己历经几年甚至几十年培植起来的品牌产品。虽然这些品牌有的还不能与国际著名商标比肩，但终究是我国商品文化的精粹，是民族工业的瑰宝，企业应从战略的角度来认识和保护它。

4.3.3 定价策略

1. 选择定价目标

在价格方面，网络营销具有明显的优势。由于网络沟通的费用通常是极低的，除了专线连接的费用和上网的电话费以及基本的连线和设备外，无须额外支付费用，因此，整体营销费用的低廉就会反映到产品的价格上。另外，专家认为，在传统的营销体系中，遵循的是一对一的价格体系，即一个产品通常在进入同一市场时也采取单一的价格，而且价格由商家制订；而在网络营销中，由于用户的资源空前丰富，鼠标一点，所有的产品及其价格都会出现在同一个页面上，用户拥有绝对的主动权，因此，商家必须将价格定在用户愿意支付的水平，也就是说，用户掌握了定价的主动权。

2. 定价方式

（1）低于进价销售

这种定价方式听起来有些不可思议。其实，只要对网络的特点有透彻了解，我们就不难理解了。由于采取此种定价方式能吸引很多消费者，供货商乐于在商场做广告以图多销商品。这种定价方式主要适用于价格弹性较大的日用品。

（2）差别定价策略

这是指对不同的人采用不同的价格。传统上，如果我们为一台计算机定价 7 000 元可能会有 10 个人买，定价 6 000 元可能会有 100 人买，定价 5 000 元可能会有 1 000 人买。如果我们希望销售 1 000 台的话，我们只能按统一的价格 5 000 元出售，虽然有人愿意出更高的价钱，但这部分利润我们是挣不到的。而在网上，对不同的人定不同的价格，把每一分可能挣的钱都挣到却可能成为现实。通过"暗箱操作"，厂家与每一顾客的交易价格可以是不透明的。这样，就可以实现差别定价了。

（3）高价策略

由于网上商品价格的透明度比传统市场要高，普遍来讲，网上商品的价格会比传统营销方式的价格低。不过，有时也有部分商品价格高于传统营销方式的价格，这主要指一些独特的商品或对价格不敏感的商品。在网上商务尚不发达的阶段也会出现这种情况。例如，艺术品，在传统营销方式中，由于顾客群相对很小，因而价格上不去；而在网上，却可能面向全球的买主销售，卖个好价。另外，如果一种商品的地区差价较大，少数先上网销售的供货商也有可能卖个好价。比如,1998年,山东农民在网上向日本出口大蒜,每千克卖到16元,比山东当地价格高40%以上。

(4) 竞价策略

网络使日用品也普遍能采用拍卖的方式销售,厂家可以只规定一个底价,然后让消费者竞价。采用竞价策略,厂家所花费用极低,甚至免费;除销售单件商品外,还可以销售多件商品。目前,我国已有多家网上拍卖站点提供此类服务,如雅宝、网猎、易趣等。

(5) 集体砍价

集体砍价是网上出现的一种新业务。随着每一个新的购买者(竞标者)加入,原定价格就会下跌一些,竞买的人越多,价格越低,呈滑梯曲线。简单地说,就是参加竞买的人越多,商品的价格就会越低。这种由于购买人数的增加,价格不断下降的趋势,正是典型的网络需求趋势。美团网团购、糯米网团购、无忧团购等均提供此类业务。

4.3.4 营销渠道策略

1. 传统营销渠道与网络营销渠道的区别

传统的营销渠道是指某种货物或劳务从生产者向消费者转移时所需经过的流通途径。在传统的营销渠道中,除了生产者和消费者外,很多情况下还有大量的独立中间商和代理中间商存在。商品或服务通过营销渠道,完成了商品所有权的转移,也完成了商品实体或服务的转移。传统营销渠道的作用是单一的,它仅仅是商品从生产者向消费者转移的一个通道。这种营销渠道的畅通,一方面依赖于产品自身的品质,另一方面依赖于广告宣传和资金流转的情况。

网络营销渠道的作用则是多方面的。第一,网络营销渠道是信息发布的渠道。企业的概况,产品的种类、质量和价格等,都可以通过这一渠道告诉用户。第二,网络营销渠道是销售产品、提供服务的快捷途径。用户可以从网上直接挑选和购买自己需要的商品,并通过网络方便地支付款项。第三,网络营销渠道是企业间洽谈业务、开展商务活动的场所,也是进行客户技术培训和售后服务的理想场所。

2. 网络营销渠道的结构

(1) 去中介与中介重构

中介是联系生产商和消费者的第三方,如批发商、分销商、零售商。中介层越多,从生产商到消费者间的价格差就会越大。在传统营销渠道中,中介(中间商)是其重要的组成部分。利用中介能够在提供产品和进入目标市场方面发挥最高的效率。营销中介凭借其业务往来关系、经验、专业化和规模经营,提供给公司的利润通常高于自营商店所能获取的利润。

互联网的发展和商业应用,使得传统营销中的中介凭借地缘原因获取的优势被互联网的虚拟性取代;互联网的高效率的信息交换,改变了过去传统营销渠道的诸多环节,将错综复杂的关系简化为单一关系。互联网的发展改变了营销渠道的结构。去中介化就是要在给定的供应链中移除某些起中介作用的组织或业务处理层,一方面降低渠道成本,另一方面提高渠道效率。在此背景下,传统中介的角色重定位成为它们生存的必要条件,因此就出现了所谓的中介重构。中介重构是指重新确定供应链中的中介角色,使其提供增值服务。例如,帮助客户选择卖主,帮助卖主将货物配送给客户。

去中介和中介重构形成了不同的网络营销渠道策略,如网上直销、网上间接营销。

(2) 网络渠道优势

① 利用互联网的交互特性,网上营销渠道从过去单向信息沟通变成双向直接信息沟通,

增强了生产者与消费者的直接连接。

② 网上营销渠道可以提供更加便捷的相关服务。

③ 生产者可以通过互联网提供支付服务,客户可以直接在网上订货和付款。

④ 生产者可以通过网上营销渠道为客户提供售后服务和技术支持。

⑤ 网上营销渠道的高效性,可以大大减少过去传统分销渠道中的流通环节,有效降低成本。

⑥ 对于网上直接营销渠道,生产者可以根据客户的订单按需生产,做到实现零库存管理;可以减少过去依靠推销员上门推销的昂贵的销售费用,最大限度地控制营销成本。

⑦ 对于网上间接营销渠道,通过信息化的网络营销中间商,可以进一步扩大规模实现更大的规模经济,提高专业化水平;通过与生产者的网络连接,可以提高信息透明度,最大限度地控制库存,实现高效物流运转,降低物流运转成本。

(3) 渠道建设与选择

不同的企业有不同的渠道选择策略,一般而言,规模型企业且具有较大范围(如全国甚至国际)的品牌知名度的企业,可采用网上直销渠道。对于规模较小且品牌知名度不大的企业,一般适合选择电子中间商。处于两者之间的企业可采用网上直销与电子中间商并存的模式,并视企业发展逐渐向一个方向调整。

网上渠道只是一类渠道,它不可能完全替代传统的营销渠道。

(4) 渠道冲突及应对策略

传统企业选择网络营销渠道可能面临渠道冲突的风险,批发商直销与原有的零售渠道可能会产生冲突,生产商直销与传统的批发商、生产商会产生冲突,企业内部部门之间也可能因各自业务对象(在线业务与离线业务)不同产生冲突,如资源分配问题、产品定价问题等。可以制订一些策略解决渠道冲突问题:

① 直接让现有的分销商实施电子商务。

② 建立企业门户,鼓励中介承担企业实施电子商务时所产生的新型服务。

③ 仅在线销售没有冲突的产品,如新产品、传统渠道不愿经营的产品等。

④ 只利用互联网做推广、客户服务等,而不承担销售任务。

⑤ 成立独立的在线子公司。

⑥ 建立协调管理措施,如明确责任、统一定价等。

4.3.5 沟通策略

网络营销的沟通策略是指企业利用各种信息载体与目标市场进行沟通的传播活动,包括了广告、公关、营业推广和促销在内的所有活动的集合,其目标是建立并长期维持与消费者和各种利益相关者间的良好关系。网络沟通策略的出发点是利用网络的特征实现与顾客的互动沟通。这种沟通方式不是传统促销中"推"的形式而是"拉"的形式,不是传统的"强势"营销而是"软"营销。网络沟通手段有很多,主要有网络互动、网络广告、网络促销、网络推广、网络公共关系营销等。

1. 网络互动沟通策略

从压迫式促销转向加强与顾客的互动沟通和联系,其核心是处理好与顾客的关系,通过对客户服务的高度承诺,把服务、质量和营销有机地结合起来,通过与顾客建立长期稳定的关系实现长期拥有客户的目标。所谓的互动包含两个层面:一是消费者与品牌之间的互动;二是消费者与消费者之间的互动。消费者与品牌之间的互动是指新一代的消费者不喜欢单向性强制地接受媒体的信息传播,他们希望自己在体验中主动感受。消费者与消费者之间的互动,是指他们需要与别人分享、交换自己的体验。在消费者为核心的时代,对互动的要求越来越强烈。

2. 网络广告策略

网络广告形式的创新能力很强、成本低廉、更新快,以新颖活泼的形式吸引消费者的兴趣,吸引他们主动点击,增强消费者关注效果。与传统的广告一样,网络广告也要明确目的,制订预算,精心设计广告,选择合适的投放站点并对效果进行评价。网络广告将在下一节系统介绍。

3. 网络促销策略

网络促销是指利用现代化的网络技术向虚拟市场发布有关产品和服务的信息,以激发消费者的需求欲望,刺激消费者购买产品和服务,扩大产品销售而进行的一系列宣传介绍、广告、信息刺激等活动。网络促销工具包括导购、有奖促销、赠品促销、积分促销、虚拟货币促销、折扣促销、免费资源与服务促销等。

随着消费者需求变化的日益加快;消费者的个性越来越突出,企业可以通过营销数据库,自动地将定制化的广告直接送给顾客。企业还可根据消费者的购买偏好,根据不同的商品、不同的购买方式展开促销活动,往往这种促销活动是针对消费者的,是个性化的活动,因而也是有效的。

4. 网络推广策略

网络推广主要通过搜索引擎营销、合作推广、友情链接、目录门户网站等方式向客户推广,其目标是赢得更多的有效访问和点击率。

5. 网络公共关系策略

网络公共关系是指充分利用各种网络传媒技术,宣传产品特色,树立企业形象,唤起公众注意,培养人们对企业及其产品的好感、兴趣和信心,提升知名度和美誉度,为后续营销活动准备良好的感情铺垫。网络公共关系包括非广告、促销或交易性的网络新闻、公益活动,在线社区、博客和在线客户服务等。企业利用这些工具对消费者进行公关,提高企业或品牌在消费者心中的形象。

多芬是联合利华公司在北美乃至全球的强势品牌之一,作为时尚前沿的品牌,其营销活动也引领着世界的潮流。近年,多芬推出的"真美运动",围绕"什么是真正的美丽?"的话题,通过建立网站讨论区、拍摄投放互动视频短片、撰写相关启示录等方式与消费者之间展开互动。这次营销活动不仅大大提升了多芬的销量,而且得到了广告界的高度认可。在系列活动推出两个月之后,多芬在美国的销量上升600%;半年之后,在欧洲的销量上升了700%。2006年该活动又喜获在广告界颇负盛名的艾菲实效奖。多芬巧妙运用的互动营销,在"真美运动"中发挥了不可替代的作用。

4.3.6 客户关系管理策略

现代企业在激烈的竞争环境下已越来越意识到与顾客之间建立起坚固的纽带对企业长期发展的重要性。为了使电子商务网站能够与顾客长期保持友好关系,客户关系的管理就显得十分重要了。

客户关系管理包含两层基本概念,即客户关系和管理。为正确地管理客户关系,首先需要定义客户关系。一些电子商务网站声称,顾客就是上帝或者顾客就是国王。作为顾客来说,受到这种礼遇当然很高兴,但是在现实中,网络公司常常用"客户忠诚度"来定义客户关系,顾客忠诚度几乎已成了网上营销的格言。由于竞争激烈,使吸引新顾客变得成本高昂,因此,如何留住老顾客就成了这些网络公司的主要营销目标。为了留住老顾客,电子商务网站需要真正了解客户的需要,也需要提供高质量的产品或服务,同时还需要尊重个人隐私。只有为客户提供更多的利益而不是从他们身上得到额外的利益,才能使客户的访问率不断提高。

4.3.7 服务策略

服务是一方能够向另一方提供的基本上是无形的任何功效或礼仪,并且不导致任何所有权的产生,它的产生可能与某种有形产品密切联系在一起,也可能毫无联系,其本质就是让客户满意。网络营销服务具有相同的内涵,只是网络服务是通过互联网来实现服务,它能够更好地满足客户不同层次的需求。

根据客户与企业发生关系的阶段,可以分为销售前、销售中和销售后三个阶段。网络营销产品服务相应也划分为网上售前服务、网上售中服务和网上售后服务。

(1) 网上售前服务主要是提供信息服务。企业可通过自己已有一定知名度的网站宣传和介绍产品信息,或者通过网上虚拟市场提供商品信息。

(2) 网上售中服务主要是指产品的买卖关系已经确定,等待产品送到指定地点的过程中的服务,如下单、支付、订单履行与跟踪等。

(3) 网上售后服务就是借助互联网的直接沟通的优势,满足客户对产品帮助、技术支持和使用维护等需求,它具有便捷、灵活、直接、成本低等特点。网上售后服务有两类:一类是基本的网上产品支持和技术服务,如安装、调试、操作指南等;另一类是企业为满足客户的附加需求提供的增值服务。

定制服务就是为消费者提供满足其个性化要求的服务。个性化体现在三个方面:

(1) 服务时空的个性化,在人们希望的时间和希望的地点得到服务。

(2) 服务方式的个性化,能根据个人爱好或特色来进行服务。

(3) 服务内容的个性化,不再是千篇一律,千人一面,而是各取所需,各得其所。网上定制服务内容有:页面定制、电子邮件定制和客户端软件支持的定制服务等。

4.4 网络营销的消费者与市场细分

随着市场经济的发展,越来越多的企业如雨后春笋般涌现出来,这极大地活跃了国民经济,但是我们也不难发现众多的企业生命周期过短。其中的原因很多,市场概念模糊、定位不清是根本原因。要想在激烈的竞争中站住脚跟,寻找适合利基市场,成为完成企业原始积累、扩大再发展是最有效率的途径。市场细分作为营销战略与战术的起点,决定着企业资源的分布,能有效地促进企业在竞争中取胜,并加强自我保护的强度。企业取得成功并在市场竞争中占绝对优势在很大程度上依赖于正确细分市场并制订相对应的营销策略活动。

4.4.1 网络营销的消费者

消费者行为以及购买行为永远是营销者关注的一个热点问题,对于网络营销者也是如此。网络用户是网络营销的主要个体消费者,也是推动网络营销发展的主要动力,它的现状决定了今后网络营销的发展趋势和道路。我们要搞好网络市场营销工作,就必须对网络消费者的群体特征进行分析以便采取相应的对策。

网络消费者群体主要具备以下四个方面的特征。

(1) 注重自我

由于目前网络用户多以年轻、高学历用户为主,他们拥有不同于他人的思想和喜好,有自己独立的见解和想法,对自己的判断能力也比较自负。所以他们的具体要求越来越独特,而且变化多端,个性化越来越明显。因此,从事网络营销的企业应想办法满足其独特的需求,尊重用户的意见和建议,而不是用大众化的标准来寻找大批的消费者。

(2) 头脑冷静,擅长理性分析

由于网络用户是以大城市、高学历的年轻人为主,他们不会轻易受舆论左右,对各种产品宣传有较强的分析判断能力,因此从事网络营销的企业应该加强信息的组织和管理,加强企业自身文化的建设,以诚信待人。

(3) 喜好新鲜事物,有强烈的求知欲

这些网络用户爱好广泛,无论是对新闻、股票市场还是网上娱乐都具有浓厚的兴趣,对未知的领域报以永不疲倦的好奇心。

(4) 好胜,但缺乏耐心

因为这些用户以年轻人为主,因而比较缺乏耐心,当他们搜索信息时,经常比较注重搜索所花费的时间,如果连接、传输的速度比较慢的话,他们一般会马上离开这个站点。

网络消费者的这些特点,对于企业加入网络营销的决策和实施过程都是十分重要的。营销商要想吸引顾客,保持持续的竞争力,就必须对本地区、本国以及全世界的网络用户情况进行分析,了解他们的特点,制订相应的对策。

4.4.2 市场的变化

市场的变化是一个动态的过程,而企业所面临的生存环境无论是来自社会的需求,还是竞争对手的压力,无不要求其必须适应社会、适应市场,才能迎合客户的要求,从而最大限度地谋求利润,使得企业能长期持续地健康发展。互联网模式下的商品营销市场与传统营销市场相比,发生了如下变化。

(1) 市场冲破时间和空间约束

电子商务时代,电子时空观的出现突破了原有的时间概念和空间界限,将原来二维的传统市场变为没有时间约束和空间限制的三维市场。消除了阻隔生产者和消费者之间的物理距离,使得企业的商品销售范围和消费者群体都不再受地理位置的局限和交通条件的影响,消费者可以在任何时间和任何地点,通过访问企业的网站选购到所需要的商品。

(2) 市场细分化

企业根据消费者的个性化需求,细分市场,为消费者进行"量身定做"的产品设计,使企业针对某个消费者进行营销活动,即微营销得以实现。

(3) 市场交易方式电子化

市场交易主要采用电子化的支付方式。

(4) 消费市场行为的变化

消费者将变得更加富有理智,可以根据自己的个性特点和需求在全球范围内找寻满意的商品。消费者的购买行为将更加理性化,各种定量化分析模型软件的使用,可以使他们能够迅速算出商品的实际价格,然后再进行横向比较,以决定是否购买。

4.4.3 市场细分基础与一般策略

1. 市场细分的概念

市场细分的概念是美国市场学家温德尔·史密斯于 20 世纪 50 年代中期提出来的。市场细分是指营销者通过市场调研,依据消费者的需要和欲望、购买行为和购买习惯等方面的差异,把某一产品的市场整体划分为若干消费者群的市场分类过程。每一个消费者群就是一个细分市场,每一个细分市场都是具有类似需求倾向的消费者构成的群体。

2. 市场细分的原则

(1) 能明确定义市场。很多企业做市场细分,不能总是星马天空,漫无边际。看什么都是机会,却干什么都好像没有把握。没有精细化,细分市场缺乏明确的定义是不行的。

(2) 满足与引导并存。"满足"就是把现有的需求进一步划分,更有针对性地满足目标消费者需求;"引导"就是细分后的市场可能不存在,企业需要引导出消费者的需求。

(3) 可衡量性。指各个细分市场的购买力和规模能被衡量的程度。如果细分变数很难衡量的话,就无法界定市场。

(4) 可赢利性。指企业新选定的细分市场容量足以使企业获利。

(5) 细分市场要与资源匹配。这需要考虑的因素很多,如生产能力、技术水平、营销能力、人员资源、组织保障等,由于细分市场上的不同特征,能力的权重是不同的,必须合理把握不同能力间的权重,重点突出核心能力。

3. 市场细分的具体步骤

市场细分包括以下步骤:

(1) 选定产品市场范围。公司应明确自己在某行业中的产品市场范围,并以此作为制订市场开拓战略的依据。

(2) 列举潜在顾客的需求。可从地理、人口、心理等方面列出影响产品市场需求和顾客购买行为的各项变数。

(3) 分析潜在顾客的不同需求。公司应对不同的潜在顾客进行抽样调查,并对所列出的需求变数进行评价,了解顾客的共同需求。

(4) 制订相应的营销策略。调查、分析、评估各细分市场,最终确定可进入的细分市场,并制定相应的营销策略。

4. 市场细分策略

市场细分策略有两种基本类型:一是"集中策略",就是在细分后的市场上,选择两个或少数几个细分市场作为目标市场,实行专业化生产和销售。在个别少数市场上发挥优势,提高市场占有率。二是"差别策略",即按照不同标准划分出两个或更多的次级人口群组,然后再针对每一个细分群组展开营销活动。实行这一策略,企业不是追求在一个大市场角逐,而是力求在一个或几个子市场占有较大份额。

市场细分总有一个利润平衡细分点,其最终结局:细分市场越来越小,市场容量也越来越小,最终企业在狭小的细分子市场上无利可图。在此环境下如何找到合适的竞争策略,这是对中小企业营销能力的真正考验。为此,企业市场细分应遵循以下策略。

(1) 市场聚焦

把企业的人力、物力和资金全部集中在区域市场里,把区域市场做深做透。如果企业资源非常有限,那就把市场聚焦于本地的县城或者农村市场,大企业对这些市场可是鞭长莫及;企业如果有一定的资源,那就把市场聚焦在本市,在本市的市场做成知名品牌后再向外市扩张。

(2) 模仿式的产品创新

建立在大量的消费者调查的基础上,外资企业的产品创新速度非常快,产品投入市场后,一般都能很快热销。国有企业可能没有外资企业那套严格的新产品研发流程,但可以进行产品模仿,这可节省很多的研发和市场调查费用;模仿好了,可以达到四两拨千斤的效果。

(3) 低价冲击

价格战是竞争中最有威力也是最危险的一种策略,应用不当,反而会伤及自身。低价冲击的方式是在产品定价的初期,在产品同质化的基础上把产品的价格定低,本着薄利多销的原则,在考虑产品成本的基础上,低得立即能触动消费者购买冲动那根最敏感的底线。

(4) 有效促销

促销,要促到点子上,不能促了半天消费者却无动于衷,必须能够让消费者立即尝到甜头。企业的新产品上市,就要采取最有效的促销方式,这也是提升品牌知名度的好办法。

(5) 重视隐形需求

真正的差异化是来自消费者相对隐性的需求。因此,市场人员不能只停留在看得见摸得着的需求上,应深入研究隐性需求,找到更有效的细分市场。

(6) "引诱"式的渠道

外资和知名企业,不需要招商宣传,很多优秀的经销商就会蜂拥而至,短期内就能建立遍布全国的经销网络,知名度低的企业可以采取各种策略去吸引经销商,但在招商中处于比较被动的地位。但经销商的经营目的就是赢利,知名企业的产品利润低,而不知名企业的高利润产品对这些经销商就具有诱惑力。

成功地进行市场细分可以有效地促进企业的发展。企业应立足于长远发展、整体发展的视野,把握企业不同发展阶段的市场特点,找出企业最能发挥核心竞争力且最具发展前途的目标市场,针对其集中自身有限资源优势,有效实施相关策略,进而获得市场竞争胜利。

4.5 在线产品与产品定价

4.5.1 在线产品的分类

适合网络营销的在线按照产品性质的不同,可以分为两大类:实体产品和虚体产品。

实体产品是指具体物理形状的物质产品。虚体产品与实体产品的本质区别是虚体产品一般是无形的,即使表现出一定形态也是通过其载体体现出来,但产品本身的性质和性能必须通过其他方式才能表现出来,如软件、电子图书和服务类产品。

4.5.2 在线产品的特征

传统营销理论中,产品的概念包括核心产品、有形产品和附加产品。网络营销与传统营销相比在方式、过程和观念上都有所改变,网络营销的在线产品从概念上形成了一套新思维。其主要特征如下:

(1) 在线销售的产品最好是与高技术或与计算机、网络有关,此外无形产品和知识产品也适合网络营销。

(2) 在线营销产品的质量要得到网络社区的认可。

(3) 产品式样符合营销目标的审美和宗教、文化的品位,满足客户的个性需求。

(4) 产品品牌、名称符合消费者对品牌的意识。

(5) 产品包装针对全球市场的产品,其包装必须适合网络营销的要求。

(6) 目标市场范围大,以社区为主。

(7) 产品价格低廉,原因是网络用户成长背景免费,网上信息传播和产品渠道成本比较低。

4.5.3 在线产品的定价策略

网络营销环境下的消费者价格敏感性增强,产品可替代性增强,合理的定价是网络产品营销成功的关键。

(1) 低价定价策略

互联网上信息传播成本低,受众对互联网上商品的价格期待比较高。直接低价定价策略就是在定价时大多采用成本加一定的利润,甚至是零利润来定价。另外一种低价定价策略是折扣策略,以少量的高折扣换取更多的关注从而带动其他产品的营销效果。

(2) 使用定价策略

顾客通过互联网注册后可以直接使用某公司产品,顾客只需根据使用次数进行付费,而不需要将产品完全购买。一般要求产品适合通过互联网传输,比较适合的产品有软件、音乐、电影等。

(3) 个性化定价策略

个性化定价是企业在能实现生产的基础上,利用网络技术和辅助设计软件,帮助消费者配置或者自行设计能满足自己需求的个性化产品,同时承担自己愿意付出的价格成本。

(4) 拍卖竞价策略

拍卖竞价方式是一种最市场化的方法,随着互联网市场的拓展,将有越来越多的产品通过互联网拍卖竞价。比较合适网上拍卖竞价的是企业的一些库存积压产品,也可以是企业的一些新产品,通过拍卖展示起到促销作用。

(5) 免费价格策略

免费价格策略就是将企业的产品和服务以零价格形式提供给顾客使用,满足顾客的需求。例如,产品和服务完全免费、限制免费、部分免费和捆绑式免费等,目的是让用户免费使用习惯后,再开始收费,或者是发掘后续商业价值。

4.6 网络营销的主要方法

网络营销方法是对网络营销工具和各种网络资源的合理应用。在网络营销体系中,网络营销方法发挥着承上启下的作用,网络营销的职能要求有相应的网络营销方法来实现。互联网发展的不同阶段,网络营销的手段、方法和工具也有所不同,网络营销模式也从单纯的网站建设模式向多元化模式转变。

4.6.1 基于企业网站的网络营销方法

在所有的网络营销方法中,企业网站是最基本、最重要的一个。没有企业网站,许多网络营销方法将无用武之地,企业的网络营销整体效果也将大打折扣。

企业网站既是企业在互联网上的代表,也是企业进行网络营销的工具。只有充分理解企业网站的网络营销功能,才可能把握企业网站与网络营销关系的本质,从而掌握这种内在关系的一般规律,建造适合网络营销需要的企业网站,为有效开展网络营销奠定基础。网站的网络营销功能主要表现在7个方面:品牌形象、信息发布、产品/服务展示、顾客服务、客户交流、在线销售、提高管理和工作效率。

有效地开展网络营销离不开企业网站功能的支持,网站建设的专业水平同时也直接影响着网络营销的效果,表现在品牌形象、搜索引擎中被检索到的机会等多个方面。因此在网站策划和建设阶段就要考虑将要采用的网络营销方法对网站的需要,如网站功能、网站结构、搜索引擎优化、网站内容、信息发布方式等。

【案例 4-1】 戴尔公司的企业网站直销

著名的戴尔计算机公司(DELL)的崛起,在全球商业界掀起了一场真正的革命。这场革命就是要真正按照顾客的要求来设计和制造产品,并在尽可能短的时间内送到顾客手上。戴尔计算机公司的网站 www.dell.com 借鉴了戴尔已有的直销模式,将产品直接销售给最终用户;只有在获取订单以后才生产,保持最小库存量。不仅如此,www.dell.com 还扩展了这种直销业务模式,将自己的市场调研分析、销售、订货系统及服务和支持能力,连接到顾客自身所处的互联网中,网站主要功能如下。

1. 网上订货

功能描述:对许多第一次购物的顾客来说,网站的核心就是配置、报价和订货能力。戴尔的网站一直被认为是这方面的工业标准。顾客可以方便快捷地浏览产品市场和各种型号计算机的技术信息,进行系统配置或获取系统报价,以电子方式发送订单或者检查订单状况,获得便捷的网上预定。

效果评价:网上订货可以满足顾客自定义配置计算机组件的需求,方便顾客进行选购,减少顾客准备购物的时间浪费,增加了交易成功的概率。

2. 网上查询

功能描述:戴尔公司建立了产品订购和发送数据库,为顾客提供订货查询服务,为等待订货到来的用户提供订货状态信息。1998年第一季度,每周有4万多人在网上检查他们的订货情况。既节省了用户的电话费,也减轻了戴尔公司的工作量,公司不用再为大量的查询订货情况的要求而扩充呼叫中心。

效果评价:提高了顾客查询的效率,方便了顾客,同时减轻了呼叫中心的压力,降低了公司的运营成本。

3. 技术支持

功能描述:戴尔公司为用户提供了网上故障诊断和技术支持,以前一直通过电话提供24小时的技术支持服务。1995年,公司把这一部分放到网上,顾客可以直接通过网络获得戴尔公司的技术支持知识数据库里的信息。1997年,戴尔公司又推出了一个更加快速和方便的网络自助方式。戴尔公司为生产的每一台计算机都分配了一个服务序列号码。只要在网站上输入这个号码,顾客就会被引导到一个在线的故障检测过程,这一过程是专门针对顾客使用的计算机型号和制造细节进行设计的,在这里,顾客可以得到公司维修人员的详尽服务。

效果评价:技术支持知识数据库的建立,减少了顾客请专业维修人员维修计算机的烦恼,顾客可以自己进行维修和维护,提高故障检查效率,增强了顾客使用戴尔计算机产品的兴趣,减少了公司的维护成本。

通过网络直销这种方式,让DELL自身更准确、快捷地了解顾客需求,以便有计划地组织生产,同时能为顾客提供个性化服务,在网上故障诊断和技术支持,降低公司营销费用,从而让公司从一个小公司成长为全美销售量最大的计算机公司,获得了巨大的成功。

4.6.2 基于网络营销工具的网络营销方法

网络营销实际开展离不开一些网络信息工具,这些工具可谓是有效开展网络营销的利器。依据目前常用的网络营销工具,将网络营销方法分为以下几种。

1. 搜索引擎营销

搜索引擎营销是目前最主要的网站推广营销手段之一,尤其是基于自然搜索结果的搜索引擎推广,因为是免费的,因此受到众多中小网站的重视。搜索引擎营销方法也成为网络营销方法体系的主要组成部分。搜索引擎营销的主要方法包括竞价排名、分类目录登录、搜索引擎登录、付费搜索引擎广告、关键词广告、搜索引擎优化、地址栏搜索、网站链接策略等。

【案例 4-2】 京东商城的搜索引擎营销

京东商城是中国 B2C 市场较大的 3C 网购专业平台,是中国电子商务领域较受消费者欢迎和较具影响力的电子商务网站之一。2010 年,京东商城跃升为中国首家规模超过百亿的网络零售企业。

京东商城将搜索引擎营销作为重要的市场营销手段之一,在关键词广告上投入重金。自 2009 年开始,京东商城对关键词广告进行更精细化的管理,降低支出,提高关键词广告投资回报率,实现广告效果的飞跃。可以在百度、搜狗、Google 搜索引擎里面轻松搜索京东商城,如图 4-1 所示,在百度中搜索京东商城的搜索量达到约 69 700 000 个。

图 4-1 百度中京东商城的搜索量

2016 年 9 月 24 日,在 http://www.alexa.cn 中对京东商城进行查询排名查询得到的搜索引擎的数据分析如下:

京东商城的 PR(网页级别)值是 7(这是一个优良的 PR 值),百度收录网页约 69 700 000 页,这是一个非常不错的收录。大量的收录,可以在搜索引擎中带来更多的访问量。Alexa 世界排名:115 名(一月平均排名),日均 IP 访问量[一周平均]≈6 870 000,日均 PV 浏览量[一周平均]≈89 310 000,从这些排名 IP、PV 数据可以看出京东商城的访问量很不错。

2. 即时通信营销

即时通信营销又称 IM 营销,使用常用的一些及时通信工具,如 QQ、阿里旺旺、私信、微信等,通过网络在线交流,直接面向销售对象进行点对点的营销。根据即时通信属性的不同,可以将其分为如下几种。

(1) 个人 IM

主要是以个人用户为主,非赢利目的的聊天、交友、娱乐。例如,用 QQ、MSN、雅虎通、网易 POPO、新浪 UC、百度 HI、飞信、微信等即时通信软件进行的即时通信营销。个人 IM 以网站为辅,软件为主;免费使用为辅,增值使用为主。

(2) 商务 IM

此处的商务泛指以买卖关系为主,代表性的工具有阿里旺旺贸易通、阿里旺旺淘宝版。主要作用是为了实现寻找客户资源或便于商务联系,从而以低成本实现商务交流或工作交流。除了实现中小企业、个人的买卖外,也可方便地实现跨地域工作交流。

(3) 企业 IM

企业内部办公用途为主,旨在建立员工交流平台;以即时通信为基础,整合各种实用功能,如企业通。

(4) 行业 IM

局限于某些行业或领域使用的 IM 软件,不被大众所知。例如,盛大圈圈,主要在游戏圈内盛行。也包括行业网站所推出的 IM 软件,如化工类网站推出的 IM 软件,主要依赖于单位购买或定制软件。

这些即时通信营销工具中微信是目前最方便有效的网络营销工具,已成为各商家、企业相争的营销渠道。微信是腾讯旗下的一款语音产品。2011 年 1 月 21 日,腾讯推出即时通信应用微信,支持发送语音短信、视频、图片和文字,可以群聊。微信营销是网络经济时代企业对营销模式的创新,是伴随着微信的火热产生的一种网络营销方式,微信不存在距离的限制,用户注册微信后,可与周围同样注册微信的"朋友"形成一种联系,用户订阅自己所需的信息,商家通过提供用户需要的信息,推广自己的产品的点对点的营销方式。

2016 年 1 月,腾讯在一次活动现场公布了微信的一些关键数据:目前,微信月活跃用户: 3.96 亿人,微信公众平台 580 多万个,这些数据每天都在增加。我们可以看到微信作为移动端的重要地位。很多商家已经在微信营销中获得了成功,甚至有一些小商贩借助微信平台,一夜成名,迅速积累财富。

【案例 4-3】 海底捞火锅——每日微信预定量达 100 万条

作为国内最具口碑的餐饮连锁服务机构,海底捞是较早试水 O2O 营销的餐饮连锁服务企业之一。前期凭借在微博、点评网站等互联网平台的口碑,海底捞迅速聚集起了大量忠实的粉丝。如图 4-2 所示,为了进一步加强客户关系管理,海底捞借助移动互联网时代的新技术微信公众号,进一步拉近了与客户的关系,建立了更加稳固的营销渠道。

(1) 创意活动吸引。客户一关注海底捞火锅的微信,就会收到一条关于发送图片可以在海底捞门店等位区现场免费制作打印美图照片的消息,瞬间吸引吃货。

(2) 自助服务全。通过微信可实现预约座位、送餐上门甚至可以去商城选购底料,外卖送货上门。

(3) 线上和线下优质的服务配合,同时享受"微信价",海底捞每日通过微信预定量高达 100 万单。

图 4-2 海底捞的微信公众号

3. 许可 E-mail 营销

基于用户许可的 E-mail 营销比传统的推广方式或未经许可的 E-mail 营销具有明显的优势,比如可以减少广告对用户的打扰,增加潜在客户定位的准确度,增强与客户的关系,提高品牌忠诚度等。开展 E-mail 营销的前提是拥有潜在用户的 E-mail 地址,这些地址可以是企业从用户、潜在用户资料中自行收集整理的,也可以是利用第三方的潜在用户资源。

【案例 4-4】 思科公司一对一的许可 E-mail 营销

思科系统公司(Cisco Systems, Inc.),简称思科公司或思科,1984 年 12 月正式成立,是互联网解决方案的领先提供者,其设备和软件产品主要用于连接计算机网络系统,是全球领先的互联网设备供应商。

一直以来,公司的现有客户和潜在客户都对 Cisco 公司的销售人员颇为信任,称为"可信赖的顾问"。公司决定利用这一优势,以销售人员的名义而不是公司名义向客户和联系中的潜在客户进行电子邮件沟通。

Cisco 的销售人员通过一个网络服务应用工具,可在 24 种邮件模版中选择一个符合自己业务特色的模版,每个模版中都包含以下固定元素:Cisco 公司图标,可选内容如一个 3D 的产品模型,以及其他可以手动改变的内容,包括发件人姓名。之后填写收件人姓名(可以是多个姓名),书写具有个性化内容的信息。值得一提的是,每条信息邮件都可以针对不同收件人的计算机环境,如操作系统、媒体播放器和带宽等,进行发送调整,以确保邮件在每个收件人的邮箱里都能获得充分展示。可谓将"一对一"做到了家。

这样,收件人就可以收到来自 Cisco 公司某个熟识的销售人员的特色邮件,而不是笼统的 Cisco 公司发出的一对多邮件。

与此同时,Cisco 公司的销售人员还可以对已发邮件情况进行实时跟踪,包括邮件的打开率、回复率、收件人对 3D 模型的访问情况以及所点击过的链接等。

根据 Cisco 报告的情况,采用这种方式后,公司的邮件打开率和回复率比过去增加了近 11 倍。Cisco 进一步将这一应用拓展到公司在北美和欧洲的业务中。

4. 网络社区营销

网络社区是指包括 BBS(论坛)讨论组、聊天室、博客以及其他社会性网络等在内的网上交流空间。同一主题的网络社区集中了具有共同兴趣的访问者,由于有众多用户的参与,网络社区不仅具备交流的功能,实际上也成为一种营销场所。早期的网络社区(如 BBS 和讨论组等)是网络营销的主要场所,营销人员通过发布广告信息等方式达到宣传的目的。随着网络社区逐步走向规范,往往不欢迎发布广告信息,即使有专门的广告发布区,浏览者通常也比较少,依靠网络社区营销的成功率很低,因此它的网络营销价值逐渐在降低。但是,无独有偶,2013 年全球爆红的江南 Style 就借助了方兴未艾的社区社交网络传播力变为全民 Style。

【案例 4-5】 网络社区营销让江南 Style 变为全民 Style

2012 年风靡全球的《江南 style》MV,让所有人都知道了这段疯狂的曲目。其简单明快的骑马舞步,让世界网民为之癫狂直到掀起各种模仿热潮。

这首经典视频最初在视频分享网站 Youtube 上线后,点击率超过 4 亿次,不仅打破了没有韩国歌曲打入主流美国市场的先例,还在澳大利亚、加拿大、丹麦等多个国家排行榜上拿下第一。

大量的朋友都欣赏了这样一部神曲,在社交网络的传播过程中,越来越多的人发表了自己的看法和意见,在 facebook,twitter,linkdin 中,我们看到了太多太多的宣传。大量的转发、评论和名人的推波助澜,让国内外的市场瞬间火爆开来,因此有人将这首歌曲爆红的原因归功于社交网络。

5. 微博营销

微博营销以微博作为营销平台,每一个听众(粉丝)都是潜在营销对象,企业利用更新自己的微型博客向网友传播企业信息、产品信息,树立良好的企业形象和产品形象。每天更新内容就可以跟大家交流互动,或者发布大家感兴趣的话题,这样来达到营销的目的,这样的方式就是新兴推出的微博营销。

【案例 4-6】 电商老大微博玩"三国杀"

事件源于 2013 年 14 日京东商城首席执行官刘强东发布的一条微博:即日起京东所有大家电比国美、苏宁连锁店便宜至少 10% 以上。这条微博立刻引起苏宁"反击"并发表微博宣称苏宁易购包括家电在内的所有产品价格低于京东。而后,国美电器也加入其中,称国美网上商城全线商品价格将比京东商城低 5%,三大电商微博上演价格战,有网友戏称这不过是三大电商老大玩的一场名为"三国杀"的游戏,用户却当真了,于是三大电商几日之内销量暴涨,可见这次微博营销上"价格战"的威力。

6. 网络视频营销

网络视频营销指的是企业将各种视频短片以各种形式放到互联网上,达到宣传企业品牌、产品以及服务信息的目的的营销手段。网络视频广告的形式类似于电视视频短片,它具有电视短片的种种特征,如感染力强、形式内容多样、肆意创意等,又具有互联网营销的优势,如互动性、主动传播性、传播速度快、成本低廉等。可以说,网络视频营销是将电视广告与网络营销两者的优势集于一身。

【案例 4-7】 "屌丝"视频让 SKYCC 成行业"高富帅"

2013 年,一部"网络神剧"《一个 IT 屌丝的自白》发布后短短一个星期视频点击突破 30 万次,帖子论坛总点击突破 40 万次。借一个 IT 站长的自白,讲述了 IT 创业者和平面站长生活的艰辛以及对未来的迷茫,让同为 IT 创业者和站长的朋友深有感触,甚至有的网友被感动得流泪。也正是因为这个视频抓住了用户内心最薄弱的地方,所以许多人疯狂地转发和关注这个视频。

虽然,在这部视频中,SKYCC 组合营销软件只不过是在主角口中一带而过的一个软件产品名称,但是,在无数次的转发过程中,看视频的网友往往会去关注视频的主线,在不经意间记住了这款产品,再加上官方的一些炒作和不明真相的网络用户的加入,一时间 SKYCC 作为一款将博客群发、论坛群发、邮件群发、搜索引擎优化、分类信息群发、黄页群发等功能组合的网络营销软件套件关注度暴涨,成为很多企业开展网络营销的首选品牌软件。

7. 网络软文营销

网络软文营销,又叫网络新闻营销,通过网络上门户网站、地方或行业网站等平台传播一些具有阐述性、新闻性和宣传性的文章,包括一些网络新闻稿、深度报道、案例分析等,把企业、品牌、人物、产品、服务、活动项目等相关信息以新闻报道的方式,及时、全面、有效、经济地向社会公众广泛传播的新型营销方式。

【案例 4-8】 珠宝软文打开明星珠宝箱

61 届柏林电影节,最高规格、时间最长的红毯秀,留给了张艺谋和他的《金陵十三钗》。倪妮这个名字,也一下从默默无闻变成万众瞩目。不得不承认,一夜成名获得的不仅是影迷的欢呼,还有大牌力挺。通灵珠宝"红毯系列"钻饰 DIOR 的长裙礼服是倪妮柏林首秀的"装备"。

于是,在关于《金陵十三钗》和倪妮的网络宣传中,加入了很多关于通灵珠宝的链接,打开后无一例外的是对通灵珠宝的描述。例如,通灵珠宝工作人员说:"这款名为'此情不渝'的项链,光钻石就耗费近百颗。作为电影节指定珠宝,我们每年会为明星们定制红毯作品,倪妮这款是其中之一。现在,通灵珠宝为你打开明星们的珠宝箱,解密这些珠宝的璀璨源泉。在我市观前街开有专卖店的通灵珠宝,值得为自己,更为下一代珍藏……"

通过对明星珠宝箱的打开来对珠宝公司进行宣传,当大家发现是一则广告时已经掉入了软文的"陷阱"。

8. RSS 营销

RSS(Really Simple Syndication)营销,又称网络电子订阅杂志营销,是指利用 RSS 这一互联网工具传递营销信息的网络营销模式,RSS 营销的特点决定了比其他邮件列表营销具有更多的优势,是对邮件列表的替代和补充。使用 RSS 的以业内人士居多,如研发人员、财经人员、企业管理人员,他们会在一些专业性很强的科技型、财经型、管理型等专业性的网站,用邮件形式订阅他们的杂志和日志信息,以了解行业新的信息需求。

【案例 4-9】《羊城网友周刊》的 RSS 订阅服务

《羊城网友周刊》在网站上提供 RSS 订阅服务,并为此提供了详尽的教程。只要用户安装了 RSS 阅读器,并设置了他们提供的 RSS 地址,便可不登录网站就在客户端即时阅读得到《羊城网友周刊》最新发表的文章。这个尝试开展不久,就获得了十分满意的效果。不少之前采用电子邮件方式订阅《羊城网友周刊》的读者都在他们推荐下安装了看天下 RSS 阅读器,转而采用 RSS 方式订阅,他们大多都表示接收信息的速度更快,从以前每周接收一次杂志变成现在每天接收几次,而且接收信息更稳定了,不再担心收不到。

而作为网站管理者,也不必每周耗费精力去选取精华文章和设计制作电子邮件杂志了,RSS 就是随着网站内容更新而更新的,更不需要花费群发电子邮件的时间和服务器资源,只要保持服务器稳定即可。同时由于在 RSS 中也插入了 BANNER 广告和关键字广告,所以并不担心阅读者订阅了 RSS 就会忽略了对网站广告的关注。相反,由于 RSS 的格式和排版相对 HTML 网页单一,里面的广告更容易引起阅读者的点击兴趣。

9. 在线黄页服务

所谓"在线黄页",就是将传统黄页搬到网上,以互联网作为载体,在网上发行、传播、应用的电话号码簿。但"在线黄页"不是传统黄页的翻版,其内容更广泛,服务功能更多样化。它有传统黄页所无法比拟的优势。目前它同 114 电话查号台、传统黄页共同成为城市电话号码查询的三大查询方式。从其发展方向来看,今后它将会从三大方式中脱颖而出,成为人们查询电话号码、获得客户信息的最理想的查询工具。当大量的企业网页集中于一个网站时,便形成了一个可以按行业、产品分类的企业信息数据库,这就是在线黄页的表现形式。如图 4-3 所示的黄页 88 网就是一种典型的在线黄页服务网。

图 4-3 黄页 88 网

10. 网络会员制营销

网络会员制营销指的是采用系统的管理和长远的渠道规划,利用企业的产品、品牌、视觉标识、管理模式以及利益机制来维系分销渠道,并组建相对固定的会员组织,实现利益共享、模式共享、信息沟通和经验交流的作用,它是深层的关系营销。

现在几乎所有的大型电子商务网站都采取了网络会员制营销模式(合作行销)。亚马逊早在 1996 年 7 月就成功开始了网络会员制营销(会员制营销的起源和基本原理)。eBay 的网络联盟开始于 2000 年 4 月,当时是与 ClickTrade 网站合作开展的(会员制营销与第三方解决方案)。后来又与第三方网络会员制营销方案提供商 Commission Junction 进行合作。现在 eBay 是美国五大广告主之一,他们也非常重视发展自己的网络会员制联盟体系,通过联盟会员网站为自己带来大量访问量和销售。

【案例 4-10】 麦包包的网络会员制营销

国内最大的时尚箱包在线商城麦包包,推出了全新升级的会员俱乐部。无论是会员等级的划分,还是会员优惠措施的全面提升和完善,都为电商会员经营提供了一个很好的案例。麦包包的会员制营销的成功之处在于它明确的会员营销计划、特色服务、会员专属通道和人性化的会员交流平台。

(1)会员制营销计划

麦包包的网络会员经营是在 2010 年正式开始的,在初期并没有专门的团队严格管理会员机制,但是在五年的发展过程中,麦包包站在会员的角度,展开会员制营销计划:让会员感受到购物的快乐,让体验良好的会员积极地帮助推荐好友,让体验糟糕的会员重新建立品牌好感,让休眠状态的会员重回网站,让刚注册的会员尽快打消顾虑,缩短购买决策周期。

(2) 麦包包的会员特色服务

麦包包在五年的时间里,不断钻研会员经营的门路,想方设法地创意会员互动和优惠活动。例如,退订流程中的可爱插图,定期发给会员的"寄给麦友的信""天下无贼"系列网络防骗指南等,都受到了消费者的好评。"在今年麦包包五周年之际,我们会员经营团队代表麦包包给每一位会员发了一封信,令我们惊讶和感动的是,我们真的收到了很多会员的真诚回信,有些还写了整整一大摞,看到这些回信时,我们觉得我们的付出是值得的。"麦包包工作人员回忆说。目前,麦包包已经拥有1 000多万会员,不仅可以看出麦包包在其货品上获得的良好口碑,高效的会员互动也同样得到了广泛认可。

(3) 会员俱乐部:会员专属通道

麦包包会员俱乐部的成立,可以说是麦包包给予会员的一个专属通道,也是麦包包会员享受会员特权、参与会员活动的集结地。据了解,此次麦包包全新的会员俱乐部在会员等级体系和会员权益方面做了全新优化。会员可以享受到针对VIP客户的一系列个性化服务和会员特权,而这也是麦包包对会员贴心服务的又一次进步。除此之外,会员俱乐部还包括麦包包最新推出的一项会员回馈计划——麦豆计划:消费者可以通过使用麦豆,在麦包包官网抽取精美礼品,换取免费包包,还能在购物时不限量抵扣现金。

(4) 人性化的会员交流平台

正如麦包包工作人员表示:"我们一直觉得,和会员打交道,就是要用心灵去和他们沟通,了解他们需要的,提供他们贴心的,让会员能够从我们的交流和服务中,感受到我们麦包包品牌的文化内涵和品牌形象。"麦包包会员经营团队建立之初,麦包包就给会员们提供了很多专属特权和互动平台。例如,将每个月的22日设立为"麦友日",以不同程度的优惠活动来回馈众多会员的长期支持;而麦包包微博平台和晒包频道的应用,不仅为会员们提供了展示自己和包包的平台,也为麦包包与会员之间的交流架起了一座新桥梁。

4.6.3 基于营销策略的网络营销方法

1. 饥饿营销

饥饿营销是指商品提供者有意调低产量,以期达到调控供求关系、制造供不应求"假象"、维持商品较高售价和利润率的营销策略。同时,饥饿营销也可以达到维护品牌形象、提高产品附加值的目的。饥饿营销适合于一些单价较高,不容易形成单个商品重复购买的行业;适合于有一定的差异化或领先优势,以形成一定范围的品牌黏性的产品或服务。

【案例4-11】"饥饿"的小米

2011年8月16日,200余家媒体以及400粉丝齐聚北京798 D-PARK艺术区,共同见证发烧友级小米手机的发布。CEO雷军先极其详细地介绍了小米手机的各种参数,展示了其优点。在勾起人们兴趣之后,临近结束时,他用一张极其庞大醒目的页面公布了它的价格:1 999元。随后,雷军团队发起多种营销手段让人们抢购小米手机,一时间出现了"饥饿"的小米。

在小米诸多的营销策略中用得最绝的就是"饥饿营销"法,可以说是小米手机的主力营销手段。当然这个有模仿苹果公司的嫌疑。在2011年9月5日,小米手机开放购买,而通过官方网站购买则是唯一购买通道。由于在此前,关于小米手机已经广为传播,5日13时到6日晚上23:40两天内预订超30万台,小米网站便立刻宣布停止预定并关闭了购买通道。购买小米手机需要通过预定,按照排队顺序才能购买。当时,在小米论坛上有很多网友在发"求预定号"的相关帖子,这样看来,饥饿营销的作用算是达到了。而在不能购买小米手机的两个月时间内,小米手机在各种网络渠道上做足功夫,发展各种活动,而礼品竟然是小米手机F码。所谓F码就是能够提前购买的优先码,由于已经被订购30万部手机,就有30万个排队中的购买码,如果你是排名靠后的购买者或者是没有参加排队订购的有意购买者,则这个F码就能使你优先获得购买小米手机的权利。其单单一个F码的价值被炒了起来,甚至有大量的人肯花金钱去购买。用F码的这种策略,在国内是从未出现过的,这是饥饿营销的新颖手段。通过一系列的渲染小米手机本身和小米手机购买的难度,小米手机的品牌价值的提升远远大于其直接开放手机购买所赚取的手机本身利润。

在开放购买3小时后,小米网站称12月在线销售的10万库存就全部售罄。其实,并不是小米手机产量不足。以这次12月正式对外公开销,居然说一个月的库存只有10万部,既然已经公开销售,就不应该只有这么少的库存,而且手机发布已经4个月了,雷军不可能想不到这些问题。那么,小米手机为什么要拖呢?这同样也是饥饿营销的一个高明策略。小米作为一个刚起步没多久的公司,公司品牌价值的提升比什么都重要,饥饿营销的内涵之处就在于要拿捏到恰到好处,如果做得过火,会引起消费者厌恶,虽在销售上不会有太多的差别,但会对这个品牌产生很不利的影响。但饥饿营销若做到恰到好处,则即便明显也未尝不可,如iPhone手机之类。小米手机的开放时机也恰到好处。基本上将饥饿营销发挥到最好效果,三小时内订购10万部,一方面是另一环的饥饿营销策略,另一方面也是对前一轮的饥饿营销成果的体现。

饥饿营销的成功需要消费者的配合和恰当的市场环境,小米手机在心理共鸣、量力而行、宣传造势、审时度势上都做到适合的程度。大大地提升了品牌的知名度和品牌价值,也为正式销售的成功奠定了基础。

其实,简单分析一下就不难看出小米手机饥饿营销的轨迹:产品发布→消费等待→销售抢购→全线缺货→销售抢购→全线缺货。在整个饥饿营销的过程中,雷军到底有没有"米",有多少"米",都是雷军说了算,这就是饥饿营销。

2. 病毒式营销

病毒式营销是一种常用的网络营销方法,常用于网站推广、品牌推广等,病毒式营销利用的是用户口碑传播的原理,在互联网上,这种口碑传播更为方便,可以像病毒一样迅速蔓延,因此病毒式营销成为一种高效的信息传播方式,这种营销方式一般具有以下特点。

(1) 吸引力强

在病毒性营销中,目标消费者自愿、免费地传播信息,并未从商家获得任何利润。而消费者之所以成为病毒扩散的主力,主要在于信息的第一传播者并不是将赤裸裸的广告传递给消费者,而是一个经过加工处理的品牌信息。也就是说,通过广告信息表面的一件漂亮外衣,突破了消费者的戒备防线,将他们从受众转变为信息的传播者。因此,这种以"病原体"为出发点的形式,可吸引更多的潜在消费者。

(2) 营销成本低

通过病毒性营销方式,传递信息并不需要直接费用的投入,除了在病毒性营销方案的设计阶段需要投入少量成本外,其他实施阶段基本不需要任何费用。病毒性营销更加注重传播的自主性,为消费者提供了需要的、有价值的信息,并像病毒一样潜移默化消费者的心灵,让信息在不知不觉中传播,而无须商家的大量推广。

(3) 传播速度快

病毒性营销是一种自发的、不断扩张的信息推广过程,它并不是在同一时间、毫无差别地传输给每一个人,而是通过与人际传播、群体传播等方式类似的方法,将产品及相关品牌信息等在消费者之间传播。例如,当目标消费者看到感兴趣的 Flash,那么他将在第一时间将 Flash 转发给家人、同事、好友等,这样,更多的潜在消费者呈几何倍数增长。

(4) 接收效率高

传统的大众媒体投放广告具有一定的弊端,如接收的环境复杂、受到强烈的信息干扰、受众抵触心理严重等。但是对于各种各样的"病毒",是受众从身边熟悉的人群或者主动搜索获得。在接收、了解的过程中,保持一种积极、好奇的心态,通过手机短信、论坛、电子邮件等私人化方式,将病毒营销在一种相对封闭的环境下实现,提高了传播效果。

【案例 4-12】 "超女"风暴

"超女"风暴堪称病毒性营销的经典之作。为满足当代青年希望释放压力的心态,湖南卫视提出"想唱就唱"的口号,把"人人都能成名这样的梦想"传达给了广大的女生。主办方采用电玩中的 PK 方式,摒弃专家打分决定胜负的传统方法,改由公众通过手机或网络投票来决定胜负。在比赛期间通过电视等媒体组织各种娱乐大众的活动,在各地组织粉丝团拉动人气,利用人们广泛的好奇心来争取公众的注意力。其效果是:为了多得选票赢得比赛,各个超女发动亲戚或朋友拉选票,甚至投入资金买选票,各地组织粉丝团制造气氛,那段时间茶余饭后大家谈论的都是超女,一看电视大家都将频道锁定到湖南卫视。十传百、百传千、千传万。互联网各大论坛上有关"超女"的讨论热火朝天,各方媒体更是不放过任何与"超女"相关的边角余料,各路消息纷纷出炉,只要跟"超女"有关,就绝不吝惜版面进行报道。短短数月,"超女 PK 弈"的人气超过了中央电视台的网络综艺类节目,最终炒作出"超女"这个品牌,而"超女"捆绑上了蒙牛,让蒙牛的全国市场也"熊熊燃烧"起来,销售额直线上升,蒙牛着实"牛"了一把。

3. 网络事件营销

网络事件营销是企业、组织主要以网络为传播平台,通过精心策划、实施让公众直接参与并享受乐趣的事件,并通过这样的事件达到吸引或转移公众注意力,改善、增进与公众的关系,塑造企业、组织良好的形象,以谋求企业的更大效果的营销传播活动。

【案例 4-13】 汶川特大地震中王老吉公司捐款

汶川特大地震中,王老吉公司捐款 1 亿元,得到广大人民的认可,品牌美誉度上升到前所未有的高峰,归结原因主要是王老吉公司开展的网络事件营销。

2008 年 5 月 18 日,加多宝集团副总经理阳爱星代表公司向四川灾区捐款 1 亿元;5 月 19 日,网友"狂飙吧蜗牛"在天涯社区"天涯互助——汶川地震"发表标题为《让王老吉从中国的货架上消失!封杀它!》的帖子;紧接着,帖子几乎传遍国内所有社区网站与论坛。3 个小时内百度贴吧关于王老吉公司的发帖超过 14 万个。次日,以网友集体"封杀"王老吉公司为标题的新闻出现在了各大网络媒体的首页位置。同时,网上开始讨论可乐等碳酸饮料的危害,以凸显出王老吉作为一种凉茶饮料有益于身体健康的特点。通过成功的事件营销,王老吉的销售量大增。

王老吉网络事件营销的成功归因于很好地把握了公益性事件营销的时机,通过借势、策划、推动等手法,综合运用了新闻学、企业管理学、经济学、广告学、市场营销学,展开了一场精心策划的网络营销,凭借强劲的传播力、公益力、炒作力、亲和力、转化力、促销力、余波力、辐射力,吸引了将国内外几亿人的注意力,最终赢得了大众的赞美和购买。

4.6.4 综合性网络营销方法

网络综合营销(简称综合营销),是网络营销与传统营销的结合,是一整套完整的营销策划应用于网络媒体与传统媒体的综合营销解决方案。

【案例 4-14】 网络总统奥巴马的整合推广营销

北京时间 2009 年 1 月 21 日 1 点,一位名不见经传的黑人——巴拉克·胡赛因·奥巴马(Barack Hussein Obama Jr.),在国会山手按林肯当年宣誓时所用的《圣经》宣誓就职,成为美国历史上的第 44 任总统,这也是美国历史上第一位黑人总统。

奥巴马团队在广告宣传上的花费约 2.92 亿美元,其中电视广告开支高达 2.5 亿美元,网络广告只有 800 万美元。但是,凭借其对网络媒体的准确把握与运用,奥巴马团队充分发挥了网络营销的精准性,以较少的资金投入取得了比电视广告还要巨大的宣传效果。那么,奥巴马和他的竞选团队在大选期间是如何充分利用互联网工具和创意让他顺利登上总统宝座的呢?让我们一起来看看奥巴马采取的系列措施。

(1) 建立竞选官方网站

奥巴马在竞选总统之初就建立了个人网站,在网站上奥巴马向支持他的民众全方位展示自己,展示他的政治理念,展示他的经历,展示他若当选总统后会给美国人民带来哪些福祉,展示他当选后的内政外交政策。奥巴马个人网站上主要的板块有:奥巴马博客(O-bamaBlog)、奥巴马新闻(ObamaNews)、奥巴马大事记(ObamaEvents)、奥巴马地图(ObamaMap)、奥巴马商店(ObamaStore)、奥巴马电视(BarackTV)、奥巴马全追踪(ObamaEverywhere)等。

(2) 购买搜索引擎关键词广告

奥巴马购买了 Google 的关键字广告。如果一个美国选民在 Google 中输入奥巴马的英文名字"BarackObama",搜索结果页面的右侧就会出现奥巴马的视频宣传广告以及对竞争对手麦凯恩政策立场的批评等。奥巴马购买的关键字还包括热点话题,如"油价""伊拉克战争"和"金融危机"等。可以想象,美国人日常搜索的关键词都打上了奥巴马的烙印,想不关注奥巴马都难。这可难为了同台竞争的麦凯恩,麦凯恩在互联网的信息,就这样轻松地被狙击了。而据美国 ClickZ 统计,从 2008 年 1 月到 8 月,刚刚在美国总统竞选中获胜的奥巴马在网络广告的投入达 550 万美元,其中有 330 万美元投入搜索引擎营销中,即有 60% 的费用投入搜索引擎营销中。许多搜索引擎用户在看到相关的广告点击后,都到奥巴马相关竞选网站中注册成为志愿者,或者是发起当地的拉票活动,甚至是捐赠金钱支持。可以看出来,搜索引擎的营销效果在美国总统竞选中起着多么重要的作用。

(3) 借助视频疯狂传播

有资料显示,在最流行的视频类网站 YouTube 上,奥巴马的竞选团队在一个星期内就上传了 70 个奥巴马的相关视频。这些流传在网络上的竞选视频,实际上是由专业的奥巴马竞选团队量身定做的。它们看起来更平实而更叫人容易接近,这一点让这些视频所获取的关注不比那些制作精炼的电视广告差。比如在流传最广的一个视频《奥巴马令我神魂颠倒》里面,身着比基尼的演唱者埃廷格搔首弄姿,在奥巴马照片旁大摆性感热辣造型,毫不掩饰地用歌声表达着自己对奥巴马的倾慕之情:"我等不及 2008 年大选,宝贝,你是最好的候选人!你采取了边境安全措施,打破你我之间的界限。全民医疗保险,嗯,这使我感到温暖……"据统计,这段视频在 Youtube 已被点击超过上 1 000 万次,并且被无数的网站和传统媒体转载。在奥巴马的一位好友发表不当的激进种族言论,导致他的选情一度吃紧的时候,奥巴马立即发表了一段回应视频,这段长达 37 分钟的种族问题演讲很快成为下载最多的视频之一,从而帮奥巴马扭转了选情。

(4) 内置网络游戏广告

美国总统选举的宣传战场通常只是电视、广播和报纸,到奥巴马才大规模地启用了网络营销,为了进一步争取选民支持,奥巴马竞选团队更是有史以来第一次投入了电子游戏广告。他们在美国一些最热卖的电子游戏的网络版上,置入竞选广告,并在艺电最受欢迎的9个电子游戏内购买了广告。从2008年10月6日到11月3日期间,奥巴马的竞选广告出现在"狂飙乐园""疯狂橄榄球09""云斯顿赛车2009""NHL冰球09"和"极限滑板"等电子游戏中,对于总统大选结果极为关键的10个州的玩家如果用线上对战平台玩这些游戏,都可看到那些广告。

(5) 利用病毒式邮件争取支持

奥巴马的竞选团队甚至使用了病毒营销这种形式,他们发出了一封名为《我们为什么支持奥巴马参议员,写给华人朋友的一封信》的邮件到处传播。邮件内容甚至非常有针对性地采用了中文,非常详细地阐述了奥巴马当选对美国当地华人选民的好处,他们说"请将这封信尽快转送给您的亲朋好友,并烦请他们也能将这封信传下去。这是您在最后几天里所能帮助奥巴马参议员的最为有效的方式之一",这一招为奥巴马赢得了所有华裔的支持。

(6) 博客营销树立形象

奥巴马博客是他本人为竞选总统开设的个人博客,展示奥巴马的才华和理念,便于与选民交流沟通。

奥巴马则在博客旗帜鲜明地为自己树立起清新、年轻、锐意进取的候选人形象,拉近了选民与自己的距离,更具亲和力,更有竞争力。其实,无论是希拉里还是奥巴马,都生动演绎了博客在总统竞选广告战中的重要性。

(7) 论坛热炒私生子

奥巴马的竞选团队创建了一个社交网络来增进奥巴马在网络的影响力,他在Facebook拥有一个包含230万拥护者的群组。在Myspace和Facebook上,奥巴马的专题网站上聚集了数以百万计的忠实粉丝,这些人活跃在各个社区,为奥巴马摇旗呐喊,这些人是美国网民中最活跃的一个群体,这部分人很大地影响了美国网络社群的舆论风向。而当共和党悬赏重金要找奥巴马传说中的"私生子",这一桃色新闻立即成为网络论坛的重点话题。在参与式论坛和Web 2.0社区之类的互联网社区中,众多网友以最新、最时髦的网络方式进行讨论,并纷纷发表自己发现的线索和推测。眼球就是生产力,这些讨论实际上大大地提升了奥巴马的关注度,为他的当选奠定了良好的基础。

事实上,根据美国eMarketer公布的调查数据显示,早在2005年,就有64%的网民认为互联网在总统选举中的作用将越来越重要。而2008年奥巴马成功运用"电子邮件广告""视频网站传播""谷歌关键词购买""Banner广告""网络游戏内置广告""病毒式邮件营销"以及"博客营销"等网络营销手段成功当选,也同时向全世界宣布了互联网对人类社会的巨大影响力。现在,无论在科技、文化还是经济、政治等方面,互联网都是不可忽略的一个重要工具和宣传营销渠道,互联网已是政治活动中的一股力量,如果没有互联网,奥巴马不可能赢得总统大选。

【案例4-15】《泰囧》热映

2012年《囧之人在囧途》一部成本不到3 000万元的影片,上映两周票房突破10亿元。除了与影片本身的创作构思、观影体验有关外,早在上映之前,出品方就在网上发布了《泰囧》系列宣传广告,徐铮、王宝强和黄渤三人组成的"囧神"组合笑料十足。《泰囧》特意选择了在12月24日这个玛雅人预言的世界末日播放。在不同城市举行免费试映会,精心挑选试映族群,限制一人只发一张电影票,并在每场电影放映后现场与观众座谈,不断使观众加深对影片的印象。末日营销、饥饿营销、病毒式口碑营销以及影片主角徐铮、王宝强和黄渤的三大爆笑组合,让这部小成本的电影创造了票房神话。

4.6.5 网络营销新方法

1. 大数据营销

近年来,随着移动互联网的普及和大数据时代的到来,人们在使用 PC 或移动终端访问网页或使用 APP 时,总能收到类似图 4-4 所示的为自己量身定制的"猜你喜欢"商品推荐栏广告信息。例如,平时喜欢户外活动的用户会经常收到网页或 APP 推送的户外用品广告;而电子产品的发烧友们会收到新款手机或可穿戴设备的广告;而且,有些用户看到的是高端品牌的广告,而有些用户看到的是中低端品牌的广告,仿佛商家与用户心有灵犀,给用户润物细无声的贴心关怀。从多方面分析,买家们是很乐意享受这种个性化推荐栏辅助购物决策提高购物效率的个性化导购服务的。而这种贴心的个性化服务主要依赖于目前非常热门的大数据技术。

图 4-4 淘宝"猜你喜欢"大数据广告营销

所谓大数据技术,就是从各种各样类型的数据中,快速获得有价值信息的能力。大数据技术能够将隐藏于海量数据中的信息和知识挖掘出来,为人类的社会经济活动提供依据,从而提高各个领域的运行效率,大大提高整个社会经济的集约化程度。在我国,大数据技术重点应用于商业智能、政府决策、公共服务三大领域。例如,在商业智能方面,利用大数据技术实现大数据营销。

大数据营销是指基于多平台的大量数据,依托大数据技术的基础上,应用于互联网广告行业的营销方式。大数据营销衍生于互联网行业,又作用于互联网行业。依托多平台的大数据采集,以及大数据技术的分析与预测能力,能够使广告更加精准有效,给品牌企业带来更高的投资回报率。

目前,比较成熟的大数据营销技术平台主要有 DSP(Demand Side Platform,需求方平台)、RTB(Real Time Bidding,实时竞价)、SSP(Sell-SidePlatform,供应方平台)、Ad Exchange(广告交易平台)和 DMP(Data-ManagementPlatform)五种。

(1) DSP

DSP 需求方平台是为广告主、代理公司提供的一个综合性管理平台,通过同一个界面管理多个数字广告和数据交换的账户。利用 DSP,广告主可以在 Ad Exchange 对在线广告进行 RTB,高效管理广告定价。利用 DSP 也可以根据目标受众数据分析进行理性定价,在用户优化的基础上使用 DSP 设置如 CPC 和 CPA 这些关键性能指标,从而达到理性定价的目标。

(2) RTB

RTB 是一种利用第三方技术在数以百万计的网站上针对每一个用户展示行为进行评估以及出价的竞价技术。与大量购买投放频次不同,实时竞价规避了无效的受众到达,针对有意义的用户进行购买。它的核心是 DSP 平台(需求方平台),RTB 对于媒体来说,可以带来更多的广告销量、实现销售过程自动化及减低各项费用的支出。而对于广告商和代理公司来说,最直接的好处就是提高了效果与投资回报率。

传统的互联网广告生态链一般最多只有三方,分别是广告主、广告代理商(即广告公司)以及互联网媒体。而在 RTB 广告交易模式中,原有的广告生态链发生了变化,整个生态链包括广告主、DSP、广告交易平台以及互联网媒体四个主体。广告主将自己的广告需求放到 DSP 平台上,互联网媒体将自己的广告流量资源放到广告交易平台,DSP 通过与广告交易平台的技术对接完成竞价购买。

RTB 是一种技术为王的精准营销手段,当一个用户在全网浏览过某种商品,或点击过特殊类目的广告后,其浏览痕迹都会通过 Cookie 记录在案,而通过广告交易平台,用户在下一次浏览网页的时候,将被推送符合偏好的广告。RTB 相关技术的不断发展使得系统自身便能实现更好的精准营销,让投放的广告更精准更有价值。

(3) SSP

SSP 是一个媒体服务平台,该平台通过人群定向技术,智能地管理媒体广告位库存、优化广告的投放,借助网络媒体实现其广告资源优化,提高广告资源价值,达到帮助媒体提高收益的目的。例如,出版商通过这一平台可以获得最高的有效每千次展示费用,而不必以低价销售出去。

(4) Ad Exchange

Ad Exchange 是一个开放的、能够将出版商和广告商联系在一起的在线广告市场(类似于股票交易所)。交易平台里的广告存货并不一定都是溢价库存,只要出版商想要提供的,都可以在里面找到。当一个用户访问广告位页面时,SSP 端向 Ad Exchange 发出访问讯号,告知有一个访问请求,SSP 把广告位的具体信息,如所属站点、最低出价以及通过 DMP 分析匹配后的用户属性信息打包发送给各个 DSP,DSP 端开始对这个广告展现进行竞价,竞价获胜者就能够让自己的广告展现在这个广告位上,进而让用户看到。

(5) DMP

DMP 数据管理平台能够帮助所有涉及广告库存购买和出售的各方管理其数据,更方便地使用第三方数据,增强他们对所有这些数据的理解,传回数据或将定制数据传入某一平台,以进行更好地定位。

【案例 4-16】 翻拍《纸牌屋》老电影热映

美国 Netflix 公司是一家在线影片租赁提供商,该公司的网站收集了大量用户行为偏好数据,经分析后发现,喜欢观看 BBC 老版《纸牌屋》的用户,大多喜欢大卫·芬奇导演或凯文·史派西主演的电视剧。于是,Netflix 投资一亿美元拍摄了新版《纸牌屋》,请大卫·芬奇执导,请凯文·史派西做主演。结果,大数据技术让 Netflix 赚得盆满钵满。《纸牌屋》之所以能够利用大数据成功,主要有以下几方面的原因。

(1) 全方位收集数据——有海量的数据资源

制作方 Netflix 拥有雄厚的数据资源。它拥有 2 700 万名美国订阅用户、3 300 万名全球订阅用户,包括所有用户的年龄、性别、居住地、使用服务终端、各种观看情况数据。通过对这些"大数据"建模,深度挖掘用户喜欢的视频风格、内容风格、导演和演员等。在传统影视制作模式下这种大手笔投入"老剧翻拍"的未知领域的行为难以想象,未知的收视效果、未知的受众反馈、未知的回报率等都让这种行为难以实现。然而,相比传统收视率抽取有限样本数代表全部受众,Netflix 的后台数据库却能囊括所有用户的全部信息,有了已经可以提前预见的受众反应,让这笔"豪赌"变得十拿九稳。摆脱了传统媒体事后用户调查的繁冗程序,观众的任何偏好都能随时被 Netflix 精确掌握。

（2）全面的动作追踪——有效接收受众反馈

每天用户在 Netflix 上会产生 3 000 万多个行为（比如暂停、回放或者快进）、400 万个评分，还会有 300 万次搜索请求。每一位用户的任何一次动作——推荐、收藏、点击、分享等都被 Netflix 后台记录下来，成为用户研究分析的数据。当用户打开《纸牌屋》第一集看了几分钟后按下"暂停"键时，这个动作就迅速被 Netflix 记录、锁定并分析。这样通过全面的动作追踪，可以全面有效知晓受众对剧集的反馈，这种实时反应不仅加快了用户需求的满足，还提高了 Netflix 适应市场需求的能力。正如其技术总监所说："未来，我们甚至可以分析出用户对影视剧音量、色彩、布景的偏好。"

（3）详细的用户研究——深入引领收视习惯

传统美剧都是采用边拍边播的季播制，每周只发布一集新的剧集，这种播出方式一方面满足不同观众的多种需求，让不同收视口味的观众都能选择到自己满意的节目，另一方面也使得部分观众无法尽情享受自己钟爱的剧集，造成了无法一次性满足观众多集连续收看需求的结果。媒体顾问公司 Frank Magic Associates Inc 的报告指出，8～66 岁的美国电视观众，绝大多数已经习惯所谓"饕餮模式"。据此，Netflix 将《纸牌屋》第一季 13 集内容一次性全部发布，完美契合用户饕餮诉求。

通过大数据分析，Netflix 不仅知道用户什么时候喜欢看什么类型的电影，还知道用户喜欢使用电视机、计算机还是手持电子设备进行观看。为了提升用户体验，Netflix 公司专门开设了"10 英尺数学家""2 英尺用户界面管理员""18 英寸用户界面管理员"。通过这些对用户收视方式的详细研究，探索最佳的用户体验，为用户创造良好的收视方式，同时也深入引领了传统收视习惯的转变，开辟了行业先河，为企业的发展创造了有的利条件。

2. 红包营销

发红包本是中国人过新年时的传统习俗，但随着互联网技术和手机移动支付技术的飞速发展，新年红包从传统走向网络。近几年来，每年春节进入倒计时，亲朋好友间互发网络红包。从 2015 年开始，发红包已经不局限于社交圈了，关于互联网圈要发大红包的消息不断涌现，发红包更多地成为企业的一种营销广告手段，甚至已经走出国门。

【案例 4-17】 蒙牛玩转春节，大发"最牛红包"

2016 年，在品牌营销必争、万家红包齐爆发的节点，蒙牛却"别有用心"，机智地推出独家"牛运"冠名的红包，与其他品牌的红包营销明显区别。猴年推"牛运"的逆向思维，也让蒙牛"牛运红包幸福年"成为 2016 年春节猴有心的记忆点。蒙牛的"花式"红包如图 4-5 所示。

（1）传统文化＋逆向思维

春节文化的内核是家庭团圆，但团圆只是一种仪式，真正具有年味的，是怎么过年。穿红衣、贴福字、拜大年、咬硬币……这些传统年俗无不透露着人们对新年撞"牛运"的期待。基于这一心理，蒙牛将新年红包聚焦到"牛运"上，并以全家团圆、牛在一起的情感出发点，打造出游观海过大年的家庭"牛运"事件。

（2）牛运红包送旅游过年

随着人们生活水平的不断提高和春节全家出游的新春节理念变化，蒙牛大派牛运红包送旅游过年，消费者只要购买蒙牛"牛运红包幸福年"活动产品，就有机会赢取"万份 4 999 元皇家加勒比豪华游轮大奖"，换一种更牛的方式和家人过新年。

图 4-5 蒙牛的"花式"红包

（3）传递牛运，让社交红包开口拜年

朋友圈里，代表着秀恩爱、求点赞、道个歉、表感谢等的微信红包已成为人们社交、表达感情的工具。对凝聚全体中国人情结的春节来说，代表着不同祝福意义的拜年红包更是必不可少。深谙这一变化的蒙牛，用牛运红包和大家开了一个玩笑。看上去是年度好闺密、好基友、好员工等发来的拜年大红包，激动地打开一看——"其实我想对你说"，才发现自己被整蛊了："我真羡慕你，因为你有一个世界上最好的闺蜜""亲人们，别逼我结婚了，他已经快离了"……一席表白让人会心一笑，其后还有牛运红包抽奖环节，让大家萌生把它传递给不同亲朋好友的冲动。

（4）明星代言，发红包拜年

蒙牛充分利用品牌的明星代言人资源，推出了"牛运星家族给你拜大年"的 H5，构建了一个明星与粉丝互动的空间，羽泉、邓超、李易峰、TFboys、全智贤等在朋友圈中给粉丝拜年，累计获得超过 11 万人次的访问量。

（5）体验牛运，打造红包场景"真人秀"

"回家"的话题是每年春节品牌煽情必备，本来能调动消费者情感共鸣，但走的人多了，这条路就越走越窄。蒙牛的套路也是谈回家，但不拼煽情，拼"牛运"。以讨好彩头的洞察为切入点，设计了多场新年牛运体验活动。蒙牛品牌相关负责人表示，"切入回家最直接的场景就是春运，但大多数人的春运都是一部《人在囧途》，这正是需要'牛运'现身的时候"。于是就有了高铁站"天降牛运红包"的喜事，实际上是蒙牛应用 AR 体感互动技术，将各种惊喜红包"装进"

大屏幕里,乘客只要挥手去抢屏幕上的红包,牛奶、免费送回家车票等红包大礼让囧途秒变牛运之旅,传达出蒙牛"把牛运带回家"的深层祝愿。据了解,该视频一经上线就被土豆、腾讯等网站置顶,累计获得1 300万次的点击量。

(6) 牛运贩卖机,购买牛运

体验牛运,实际上是一个很空泛的课题,一不小心,很容易做成简单粗暴的抽奖活动。蒙牛之所以不落俗套,源自于其创新打造的神秘利器"牛运贩卖机",购买牛运的方法只需大喊一声"喝蒙牛,我最牛",牛运大礼就会轮番吐出。牛运贩卖机在商场超市一现身,就吸引了大批人跃跃欲试,牛运喊出来实际上也是对拜年场景的一种模拟。

2016年,蒙牛玩转春节红包,高打海(游轮)、陆(高铁)、空(网络)全线资源,构建了一个立体的沟通空间。蒙牛通过成功的牛运红包幸福年春节营销活动,"牛运"已成为蒙牛品牌的新春标签,它为消费者带去的不仅仅是惊喜和好彩头,更寄托和传递了一种正渐渐淡去和消失的春节社交的人情,而这正是蒙牛牛运红包的出彩之处。可以说,蒙牛所构建的几个红包场景以及牛运体验,正是创新应用互联网技术对中国传统春节所承载的团聚文化的诚意回归。

4.7 网络营销的主要内容

网络营销作为新的营销方式和营销手段实现企业营销目标,它的内容非常丰富。一方面,网络营销要针对新兴的网上虚拟市场,及时了解和把握网上虚拟市场的消费者特征和消费者行为模式的变化,为企业在网上虚拟市场进行营销活动提供可靠的数据分析和营销依据。另一方面,网络营销在网上开展营销活动来实现企业目标,而网络具有传统渠道和媒体所不具备的独特的特点:信息交流自由、开放和平等,而且信息交流费用非常低廉,信息交流渠道既直接又高效,因此在网上开展营销活动,必须改变传统的一些营销手段和方式。网络营销作为在Internet上进行营销活动,它的基本营销目的和营销工具是一致的,只不过在实施和操作过程中与传统方式有着很大区别。下面是网络营销中一些主要内容。

(1) 网上市场调查

主要利用Internet的交互式的信息沟通渠道来实施调查活动。它包括直接在网上通过问卷进行调查,还可以通过网络来收集市场调查中需要的一些二手资料。利用网上调查工具,可以提高调查效率和调查效果。作为信息交流渠道,Internet成为信息海洋,因此在利用Internet进行市场调查时,重点是如何利用有效工具和手段实施调查和收集整理资料,获取信息不再是难事,关键是如何在信息海洋中获取想要的资料信息和分析出有用的信息。

(2) 网上消费者行为分析

作为一个特殊群体,Internet用户有着与传统市场群体截然不同的特性,因此要开展有效的网络营销活动必须深入了解网上用户群体的需求特征、购买动机和购买行为模式。作为信息沟通工具,Internet正成为许多兴趣爱好趋同的群体聚集交流的地方,并且形成一个特征鲜明的网上虚拟社区,了解这些虚拟社区的群体特征和偏好是网上消费者行为分析的关键。

(3) 网络营销策略制订

不同企业在市场中处在不同地位,在采取网络营销实现企业营销目标时,必须采取与企业相适应的营销策略,因为网络营销虽然是非常有效的营销工具,但企业实施网络营销时是需要进行投入的和有风险的。同时企业在制订网络营销策略时,还应该考虑产品周期对网络营销策略制订的影响。

(4) 网上产品和服务策略

作为信息有效的沟通渠道,网络可以成为一些无形产品(如软件和远程服务的载体),从而改变了传统产品的营销策略特别是渠道的选择。作为网上产品和服务营销,必须结合网络特点重新考虑产品的设计、开发、包装和品牌的传统产品策略,如传统的优势品牌在网上市场并不一定是优势品牌。

(5) 网上价格营销策略

作为信息交流和传播工具,从诞生开始网络实行的是自由、平等和信息免费的策略,因此网上市场的价格策略大多采取免费或者低价策略。因此,制订网上价格营销策略时,必须考虑 Internet 对企业定价的影响和 Internet 本身独特的免费思想。

(6) 网上渠道选择与直销

Internet 对企业营销影响最大之处是企业营销渠道。前面案例介绍的 DELL 公司借助 Internet 的直接特性建立的网上直销模式获得巨大成功,改变了传统渠道中的多层次的选择、管理和控制问题,最大限度降低渠道中的营销费用。但企业建设自己的网上直销渠道必须进行一定投入,同时还要改变传统的整个经营管理模式。

(7) 网上促销与网络广告

作为一种双向沟通渠道,Internet 最大优势是可以实现沟通双方突破时空限制直接进行交流,而且简单、高效和费用低廉。因此,在网上开展促销活动是最有效的沟通渠道,但网上促销活动的开展必须遵循网上的一些信息交流与沟通规则,特别是遵守一些虚拟社区的礼仪。网络广告作为最重要的促销工具,主要依赖于 Internet 的第四媒体的功能,目前网络广告作为新兴的产业得到迅猛发展。网络广告作为在第四类媒体发布的广告,具有传统的报纸杂志、无线广播和电视等传统媒体发布广告无法比拟的优势,即网络广告具有交互性和直接性。

(8) 网络营销管理与控制

作为在 Internet 上开展的营销活动,网络营销必将面临许多传统营销活动无法碰到的新问题,如网络产品质量保证问题、消费者隐私保护问题以及信息安全与保护问题等。这些问题都是网络营销必须重视和进行有效控制的问题,否则网络营销效果会适得其反,甚至会产生很大的负面效应,这是由于网络信息传播速度非常快而且网民对反感问题反应比较强烈且迅速。

4.8 网络广告技术

4.8.1 网络广告技术的起源、概念及特点

1. 网络广告的定义

广告是广告主以付费方式运用大众传媒劝说公众的一种信息传播活动。网络广告用于打开知名度,提供信息,建立对产品形象的正面影响以及提醒用户此产品的存在,网络广告还可以用来建立品牌权益并获取消费者的直接回应。

2. 网络广告的起源

最早的互联网广告出现在 1994 年的美国。当年 10 月 27 日,美国著名的 *Wired* 杂志推出了网络版的 Hotwired(www.hotwired.com),其主页上开始有 AT&T 等 14 个客户的广告横幅。1997 年 3 月,一幅 Intel 的 468 像素×60 像素的动画旗帜广告贴在了 Chinabyte 网站上,这是中国第一个商业性的网络广告。

4.8.2 网络广告的技术及类型

纵观我国的网络广告,依据广告在网络上的载体和发布方式来划分,当前流行的网络广告主要有网页广告、搜索引擎广告、电子邮件广告、在线游戏广告、软件广告、视频广告等几大类别。

(1) 网页广告

网页广告主要指用户打开网络浏览器时自动显示在屏幕上的广告,由于使用浏览器阅读信息是网民上网的主要方式,网页广告在网络上应用最为普遍,一般有按钮广告、弹出式广告、漂移广告、文字链接广告、分类广告、主页广告等。

网页广告虽然形态丰富,易于制作,但是具有强制性,发布时应对其数量、尺寸、显示位置和播放时间加以适度控制,否则会干扰用户的信息浏览活动,引起用户的反感,降低广告的传播效果。

(2) 搜索引擎广告

搜索引擎是 Google、Yahoo 等网站的核心技术,它既给网络带来了客户流量,又增加了了解消费者的可能性。搜索引擎广告可以通过关键词搜索和数据库技术把用户输入的关键词和商家的广告信息进行匹配,广告可以显示在用户搜索结果页面的一侧,也可以显示在搜索结果中。搜索引擎广告由于与用户查询的信息具有较高的相关度,因此易于被用户接受,传播效果显著提高。越来越多的商家注意到了搜索引擎广告的高效率和效果,在这一类广告上的投资越来越多,使之逐渐成为网络广告市场上的主流。

(3) 电子邮件广告

电子邮件以其方便、快捷和免费等特点深受网民喜爱。为了提高用户数量,培养用户对网站的忠诚度,包括网易、新浪和雅虎在内的门户网站都提供大容量的电子邮件服务。电子邮件广告通过向用户发送带有广告的电子邮件来达到广告的传播效果,发送者既可以是网络服务商,也可以是广告商家。用户也可以根据自己的兴趣和喜好向广告提供者主动订阅。电子邮件广告针对性强,费用低廉,可以包含丰富的广告内容,但由于一般采用群发的方式发送,有时会被邮箱的过滤系统当作垃圾邮件阻隔掉。

(4) 在线游戏广告

在线游戏广告常常把广告预先设计在互动游戏中,在游戏开始、中间、结束的时,广告随时出现,也可以利用游戏中的人物、情节来设计广告内容,从而引起游戏玩家的认同感。自从盛大网络公司的陈天桥通过代理韩国的网络游戏《传奇》而一夜暴富后,网络游戏市场成为网络上备受关注的热土,网络游戏巨大的人气和年轻的用户群吸引了大批广告商对网络广告的注意力。2005 年 6 月,百事可乐与可口可乐两大饮料巨头几乎同时牵手网络媒体,分别选择"盛大"和"第九城市"两大网络游戏网站进行广告合作。如图 4-6 所示,百事可乐推出的"要爽由自己",是以"魔兽世界"网络游戏为背景和题材的。

(5) 软件广告

软件广告也叫搭载广告,软件作者把含有广告代码的插件或者广告链接捆绑在软件中,在用户安装软件的同时,能够将插件同时安装到用户的计算机上,并能够把广告标识显示在软件界面中。软件使用者如果使用该软件或者点击界面上的广告标识,就会弹出广告信息,或者调用浏览器打开广告信息页面。软件广告常常附载在常用的聊天软件、工具软件或者共享软件上,如 QQ、金山词霸、网际快车、超级兔子等。如图 4-7 所示为安装"酷我音乐"时搭载了"百度工具栏""酷我 K 歌"等软件的广告。

图 4-6　在线游戏广告

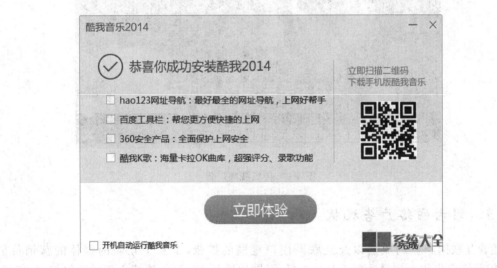

图 4-7　软件广告

（6）赞助式广告

确切地说，赞助式广告是一种广告投放传播的方式，而不仅仅是一种网络广告的形式。它可能是通栏式广告、弹出式广告等形式中的一种，也可能是包含很多广告形式的打包计划，甚至是以冠名等方式出现的一种广告形式。第七届中国专利信息年会 PIAC 于 2016 年 9 月 19、20 日在北京召开，图 4-8 为该年会的部分赞助合作伙伴的赞助式广告。

（7）视频广告

视频广告分为传统视频广告和移动视频广告两类。传统视频广告是在视频内进行广告的设置和投放，而移动视频广告是指在移动设备（如手机、PSP、平板计算机等内进行的插播视频的模式。图 4-9 所示是一种传统视频广告。

图 4-8 赞助式广告

图 4-9 传统视频广告

4.8.3 国内网络广告现状

随着互联网产业的成熟以及互联网用户规模的扩张,丰富了互联网媒体的营销价值。2015 年网络广告收入规模达到 2 136.3 亿元,同比增长 36.5%,连续六年增速保持在 35% 以上,稳坐国内第一大广告媒体宝座,成为社会媒体的焦点。

从营销产业发展趋势看,互联网广告也从最初的 PC 端向移动端迁移。从图 4-10 所示的 PC 网页与移动 APP 月度使用时长来看,2015 年 1 月到 12 月,移动 APP 的月度有效浏览时长份额较为稳定,全年基本稳定在 70% 左右,幅度基本在 3% 左右,移动 APP 月度使用时长份额较年初上升 3%,网民终端使用行为趋于固定,移动互联网占据重要地位。2015 年我国移动营销市场规模超 800 亿元,同比增长 71.4%,连续三年增速在 70% 以上,成为网络营销中最亮眼的细分领域。可见,用户以及广告主向移动营销迁移已经成为不可逆转的现实。另外,2015 年移动广告占网络广告的比重上升至 28%,与移动网络 90% 的渗透率相比,相差甚远,可见移动广告市场仍有庞大的潜力尚未挖掘。

4.8.4 网络广告市场呈现的新特征

根据对我国网络广告行业现状分析,我国网络广告市场呈现如下性特征:

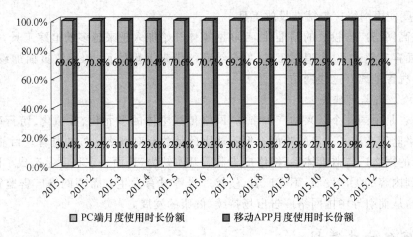

图 4-10　2015 年 1 月到 12 月的 PC 与移动 APP 月度使用时长份额对比

(1) 用户定位越来越精确。淘宝和阿里巴巴都是阿里公司的企业,相对于淘宝、天猫等 B2C 网站的广告混战、百花齐放。阿里巴巴作为一个 B2B 公司,面对的客户群主要是考虑公司利益,阿里巴巴的网站比较含蓄、直白。阿里巴巴的网站就没有什么爆款、最低价等宣传,因为和卖家交易,往往是跟懂行的进行交易。

(2) 展示广告中程序化购买发展迅猛,各厂商开始重视技术力量,通过技术改进展示广告的投放策略。

(3) 视频广告份额略有增长,视频用户活跃度、使用时长、启动次数均有大幅度增长,用户使用习惯日渐成熟,未来广告主将进一步增加视频领域的营销投放。

(4) 微博、微信+名人效应+亲友效应。

随着移动端的普及,微信大户、微博大户越来越占据了移动端的话语权,他们所关注的、所穿戴的、所宣传的、所使用的东西被越来越多的人所熟知,这种广告宣传方式实为软技术。2014 年,火了李易峰,李易峰的微博品牌影响力一下子跃居新闻影响力榜首,超过了新华、网易的影响力。

4.8.5　网络广告发展中存在的主要问题

网络广告作为一种新的媒体广告形式出现,一开始就备受关注。同传统的媒体广告相比,网络广告拥有众多传统媒体广告无法比及的优点,无论是广告投放商、广告承接商,还是广告制作商,都对其倾注了极大的热情。但网络广告在高速发展的同时,一些问题如影随形困扰着网络广告的良性发展。

(1) 网络广告形式和创意落后

我国网络广告规模的增长受益于外生性增长。2001 年前后,西方国家网络广告受到冲击,铺天盖地的强迫性广告已经很少见。可在我国,某些老套的浮游式广告、弹出式广告仍是主流。诱惑式、强迫式的网络广告就是其中的典型,基于此,网民对网络广告的反感逐年上升。有调查数据显示,近七成网民对诱惑式、强迫式的网络广告表示厌恶。一些带诱惑、强迫性质的网络广告除了带给网民视觉"污染"外,还会侵占网民的上网资源,直接影响上网速度,甚至导致网民计算机卡机、死机等。于是当网站频繁出现诱惑式、强迫式广告时,网民便有可能对该网站产生厌烦感,从而导致其点击率下降,进而影响网站的收入。另外,频繁出现的诱惑式、强迫式广告还会造成网站的品牌贬值。

(2) 过度使用网络广告精准投放工具

为了提高网络广告投放的精准性，互联网媒体开始加入越来越多的追踪工具，但是在一些网站上，页面存在超过 50 个追踪工具，就会给系统带来沉重的负担，导致页面加载速度更慢，让用户毫不犹豫地离开这些网站。

(3) 网络广告监管缺失

网络广告是中国一个新兴的广告市场，网络传播主体的多元化、虚拟化、跨行政区域性等特点，给网络监管造成了一定的难度。但不能因此就放弃对网络广告的监管。目前，中国并没有形成完善的网络广告监管体系，网络广告监管基本缺失，从而一定程度上造成了网络广告从发布、收费到内容的无序发展，不实广告、侵权广告等时有发生。希望网络广告监管引起有关部门的重视，从而引导中国网络广告市场持续、健康的发展。

4.8.6 网络广告策划

1. 网络广告策划流程

(1) 了解网络媒介的特点及要求

策划网络广告要适应网络媒体的特性，广告经理需要了解并注意网络广告的时效性强、互动性高、回应快等特点。

(2) 确定网络广告的目标

网络广告的目标主要是通过信息沟通引起消费者的注意和兴趣，激发其购买或使用的欲望，从而产生符合广告要求的行动。

(3) 确定网络广告的目标群体

网络广告的目标群体有其特殊性，网络广告目标受众基本上是一些时尚的年轻人或知识水平较高的人群，广告经理应该衡量广告产品、广告目标等要素是否符合这类目标受众的消费习惯。

(4) 进行网络广告创意

网络广告创意要有明确有力的标题和简洁的广告信息，并根据网络媒介的独特性，运用网络手段增强广告互动性。

(5) 安排网络广告发布的时间

要综合考虑网络媒体的特点，合理安排网络广告的发布时间，包括对网络广告的时限、频率、时序、发布时间的确定。

(6) 选择广告发布渠道及方式

应根据企业自身情况和网络广告目标，选择网络广告的发布渠道和方式，可选择一种或多种。

(7) 确定网络广告费用预算

在确定发布渠道之后，研究整个网络广告方案，并根据企业总的广告预算、网络广告目标以及网络媒体的花费，合理采用销售百分比、目标任务法等预算编制方法确定预算。

(8) 设计网络广告测试方案

网络广告发布之前，可选择一定数量的目标受众，通过试发布的结果，设计相应的网络广告测试方案。

(9) 编写《网络广告策划书》

组织相关部门人员论证、评估网络广告方案的可行性，根据相关部门人员的意见，对网络广告方案作适当的调整，并编写《网络广告策划书》。

(10) 上报领导并审批

营销总监评估并审核广告经理上报的《网络广告策划书》；依据通过审核的《网络广告策划书》去财务部支取相关的费用，并执行《网络广告策划书》的计划内容。

2. 网络广告策划的内容

(1) 网站策划。网站策划主要指对网站的选择、网站与其他传媒的配合。

(2) 时间策划。广告在什么时间投放、投放周期、投放的具体时间、投放频次、更新的频次。

(3) 广告主题策划。主题是广告的灵魂，是广告通过其内容所要表达的基本观点或意图。没有主题，就会使人们看到或听到之后不知所云，没有印象。广告主题要做到鲜明、深刻、新颖。

(4) 反馈系统策划。即广告的实际效果反馈。

(5) 广告环境的变化反馈。

(6) 成本与预算的策划。在具体策划中，总的原则是要考虑企业的广告目的和广告整体方案，做出最低成本、最优效果的广告预算安排。

3. 网络广告策划战略

(1) 广告地域战略。广告地域是指在什么地方实施广告，实施后要把产品推向什么地方。广告地域战略分全方位地域战略和局部性地域战略。

(2) 广告时间战略。广告时间战略是按时间前后顺序实施广告计划。在产品推出初期重点是说服顾客；产品推出一段时间后，市场日趋成熟，这时广告应以开拓市场为主；在产品推出后期，广告应以配合巩固现有市场为主，阻止竞争对手进入。

(3) 广告的目标战略。分市场渗透、市场扩展、市场保持三种类型，是广告要达到什么样的目的的安排和布置。

(4) 产品战略。根据自己的产品特点而实施的战略，不同产品性质往往会有不同的战略安排。

4. 网络广告策划战术

(1) 开诚布公式。在广告战术中将自己的产品性能及特点，客观公正地讲给顾客。

(2) 说服感化式。在战术上先制造悬念再诱导消费者产生购买行为的方法。

(3) 货比三家式。针对一般顾客都有"货比三家，货看三家"的消费心理而策划的一条广告战术。

(4) 诱客深入式。利用问卷、提示甚至夸张比喻的手法将顾客"强行"拉过来。

5. 网络广告策略

(1) 创新策略。做到观念新、创意新、设计新，进行大手笔整体网络广告策划，要营造出一个"卖方市场"的新空间。从内容到形式进行创新，网页设计要新颖，声像并茂，内容丰富多彩并且做到定期更新。

(2) 形象策略。通过网站构筑企业形象，加强网络站点之间形象识别系统沟通，建立起页面与页面之间的统一感和整体感，使网站具有独特的视觉形象与强劲的视觉冲击力和吸引力。

(3) 个性化策略。利用网络广告双向沟通交互性的特点，实现消费者在网上能够随意了解感兴趣的产品信息，满足消费者的个性化需要。

(4) 公益广告策略。树立公益形象，提升品牌在社会上的口碑和美誉度。

(5) 立体网络策略。在市场细分化基础上，按照某一特定标准（如年龄、购买力、偏爱等）把一个整体市场划分为立体化的不同层次的网上消费者群，有针对性地提供不同的产品并进行网络广告宣传。

(6) 促销策略。为配合企业开展促销活动,如打折优惠等,这是提高人气指数的一种网络广告宣传策略。

(7) 心理策略。根据消费心理学原理来进行策划,引导网民加速完成注意、兴趣、联想欲望、动机直到做出购买决策等一系列心理活动过程,使网上消费者达到心理上的满足和满意的一种网络广告策略。

4.8.7　网络广告制作

1. 图片广告设计

(1) 色彩的运用:色彩要符合人的生理功能和心理功能;色彩要根据时间来定;色彩要根据发布广告网站整体色调和产品色调来定。

(2) 文字的运用:文字要达到字体统一、笔画粗细统一、斜度统一、空间统一;文字设计要适应人们的阅读习惯;要考虑字体的形态特征,要适合总的设计风格;标题文字与内容能协调统一;要重点突出;要有力、简洁、大方,具有较强的视觉冲击力;且要注意处于色彩画面中的标题文字,底色与文字的色彩对比效果;美术字设计上字体造型精炼单纯,易读耐看,可认性强,能准确地表达内容;须与广告的宣传内容相吻合;要有个性色彩,造型新颖、独特、易记,能给人以独特的审美感受和留下深刻印象;要有时尚气息和富于审美情趣,美观大方,格调高雅,令人看后感到舒服和愉快;装饰文字的设计一定要根据主题的需要,从广告的主题出发,不能主观臆断,滥用装饰文字。

2. 文案写作

(1) 标题要选择适合广告主题表现内容,如陈述式、新闻发布式、疑问式、劝导建议式、颂扬式、参与测试式、诉求式;广告标题要简明扼要,重点突出,吸引人眼球。

(2) 正文中最吸引人的内容先说,然后再将其他内容依次展开;正文与标题配合良好;语言通俗易懂,尽量使用口头用语;开宗明意,直截了当。

3. 页面制作

(1) 页面制作时要尽量明了主页的内容,提高主页的速度;主页的内容应以文字为主,图片为辅,某些标志性图片或企业的 VI 必须要放在主页上。

(2) 新颖多样的风格。网页创意、布局、色彩依然是吸引消费者的重要手段;同一商品的广告网页,按照消费者的需求侧重点不同,可以制作成不同的创意风格,以期满足各类消费者的需要;每隔一段时间还可以更新网页,制作不同的广告,使消费者耳目一新。

4.8.8　网络广告投放

1. 确定广告达到什么目标

一般电子商务的网站主要是为了销售额,资讯站或论坛都是为了做好注册量,还有的就是做品牌,就像肯德基,每天一款半价,在各大门户网站或者中小网站投放大量广告,为的就是提升品牌知名度。

2. 确定广告预算是根据目标来制订的

每天开发多少个用户,需要的广告费都要有个预算。例如,开发一个用户需要 50 元,那么开发 100 个需要的成本,乃至投放的资金,都要有个预期提前的计算。

3. 选择媒体

前期的网络策划、后期的选择媒体都是网络广告投放非常关键的步骤,投放得越精准,效果越好。就如一个关于时尚的网站,卖衣服、卖化妆品一定会有很好的业绩。喜欢运动的人一般都去关于体育相关节目的网站,如果在时尚频道投放体育广告,就不会有太多的人关注。仔细分析一下我们的目标用户都集中在哪个网站或者论坛社区。切忌一定要选择对的,不要选择贵的。例如,在新浪网站投放净水设备广告不如在创业论坛投放效果好。

4. 分析广告位的选择

一般的企业网络广告是在首页投放还是在频道投放,是在左边投放还是在右边投放,都需要选择,这些都要分析。可以参考 ALEXA 排名中的各频道访问量。就像 IT 的频道主要介绍的是笔记本电脑,价格都为 3 000~5 000 元,那么最好不要在此频道销售高档的笔记本电脑,因为不能收到好的推广效果。可以根据论坛的评论、帖子的标题来分析是否能投放,以达到自己想要的结果。然后分析自己网站做的是品牌还是销售:做品牌就可以尝试去各大门户网站投放适量广告;而做销售,如装修行业的销售,则地方性网站是首选。再根据用户需要,进行精准广告投放。

5. 制作创意广告

根据最近调查结果,一般情况下大多数用户都喜欢看新颖的标题、富有创意的图片。广告语要明确写好能给用户带来什么,解决什么问题,内容不要过长,并且,广告要经常更换,好广告是不断更新出来的。为了提高用户对该品牌的记忆深度,一般要时常更换图片。

6. 进行广告投放测试

同广告、同页面、同位置,要进行综合数据(PV、IP、注册量、询盘量、成交量)的测试;不同广告可以尝试用不同广告位、不同的素材、不同的落地面进行测试。百度统计是很好的统计工具,包括用户进入页面停留时间、PV、进行哪些操作都可以表现出来。最好手上掌握几个网站查询工具,尝试多次测试,才能更准确、更高效地得出有利用价值的结果。

7. 进行网络广告监测

了解用户的需要,分析用户的跳出率,都要进行统计调查,才能解决当前瑕疵,提高成交量。

4.8.9 网络广告计价

1. 网络广告的计价方式

(1) 千人印象成本(Cost Per Mille,CPM,或者 Cost Per Thousand Impressions)

以广告图形播放 1 000 次为基准的网络广告收费模式,这是一个传统的计费标准,即按广告投放次数而非投放时间长度收费,目前大多数网络广告采用此标准计算。

比如说,一个广告横幅的单价是 1 元/CPM 的话,意味着每一千人次看到这个 Banner 就收 1 元,依此类推,10 000 人次访问的主页就收 10 元。

(2) 千人点击成本(Cost Per Thousand Click-through,CPC)

以广告图形被点击并连接到相关网址或详细内容页面 1000 次为基准的网络广告收费模式。

(3) 每行动成本(Cost Per thousand Action,CPA)

CPA 是指按广告投放实际效果,即按回应的有效问卷或定单来计费,而不限广告投放量。广告主为规避广告费用风险,只有当网络用户点击旗帜广告,链接广告主网页后,才按点击次数付给广告站点费用。

(4) 每购买成本(Cost Per Purchase,CPP)

广告主为规避广告费用风险,只有在网络用户点击旗帜广告并进行在线交易后,才按销售笔数付给广告站点费用。

(5) 每回应成本(Cost Per Response,CPR)

以浏览者的每一个回应计费。这种广告计费充分体现了网络广告"及时反应,直接互动,准确记录"的特点,但是,这个显然属于辅助销售的广告模式,对于那些实际只要亮出名字就已经有一半满足的品牌广告要求,大概所有的网站都会给予拒绝,因为得到广告费的机会比CPC还要渺茫。

(6) 竞价广告收费

竞价广告是一种网络定向广告,它通过上下文分析技术让广告出现在最适合的页面上,有效地将企业的产品或服务推荐给目标客户。收费标准以搜狐为例,竞价广告服务采用实时计算,实时划账的计费方式。这就需要客户的账户拥有一定数额的储备资金,当账户资金用完时,应及时补充账户储备金,否则系统会在一个月内自动删除账户。续费金额100元起,无上限要求。竞价广告按点击计费,广告收费=有效点击次数×广告投放价格。

广告投放竞价标准:起价不低于0.50元/次,0.05元为一个竞价单位;出价高的广告排在前面;同一广告同一价格,按照投放时间的先后顺序排列。

(7) 包月方式

这是一种以年或月为单位向广告主收费的方法。这种收费方式与时间长短相联系。而与影响力或访问者的回应无关

(8) 其他计价方式

① CPL(Cost Per Leads):以收集潜在客户名单多少来收费。

② CPS(Cost Per Sales):以实际销售产品数量来换算广告刊登金额。

③ PFP(Pay For Performance):按业绩付费。

相比而言,CPM和包月方式对网站有利,而CPC、CPA、CPR、CPP和PFP则对广告主有利。目前比较流行的计价方式是CPM和CPC,最为流行的是CPM。

4.8.10 网络广告评估

1. 网络广告评估的指标

网络广告效果评估,是指网络广告活动实施以后,通过对广告活动过程的分析、评价及效果反馈,以检验广告活动是否取得了预期效果的行为。

网络广告效果的评估指标有以下几种,广告主、网络广告代理商和服务商可结合自身广告效果评估的要求,运用这些指标进行效果综合评估。

(1) 点击率

点击率是指网上广告被点击的次数与被显示次数之比。它一直都是网络广告最直接、最有说服力的评估指标之一。点击行为表示那些准备购买产品的消费者对产品感兴趣的程度,因为点击广告者很可能是那些受广告影响而形成购买决策的客户,或者,是对广告中的产品或服务感兴趣的潜在客户,也就是说是高潜在价值的客户,如果准确识别出这些客户,并针对他们进行有效的定向广告和推广活动,对业务开展有很大的帮助。

(2) 二跳率

二跳量与到达量的比值称为广告的二跳率,该值初步反映广告带来的流量是否有效,同时也能反映出广告页面的哪些内容是购买者感兴趣的,进而根据购买者的访问行径,来优化广告页面,提高转化率和线上交易额,大大提升了网络广告投放的精准度,并为下一次的广告投放提供指导。

(3) 业绩增长率

对一部分直销型电子商务网站,评估他们所发布的网络广告最直观的指标就是网上销售额的增长情况,因为网站服务器端的跟踪程序可以判断买主是从哪个网站链接而来、购买了多少产品、什么产品等等情况,从而,对于广告的效果有了最直接的体会和评估。

(4) 回复率

网络广告发布期间及之后一段时间内客户表单提交量,公司电子邮件数量的增长率,收到询问产品情况或索要资料的电话、信件、传真等的增长情况等,回复率可作为辅助性指标来评估网络广告的效果,但需注意它应该是由于看到网络广告而产生的回复。

(5) 转化率

"转化"被定义为受网络广告影响而形成的购买、注册或者信息需求。有时,尽管顾客没有点击广告,但仍会受到网络广告的影响而在其后购买商品。

2. 网络广告评估的方法

(1) 根据监测来的各项指标对比分析广告效果,可单一也可综合。

(2) 运营第三方监测机构或者监测软件进行分析。

(3) 通过一些线下的研究活动,或者是网络调查活动,针对目标用户进行专项研究来实现。

4.9 本章小结

本章介绍了网络营销的概念、特点和功能,分析了网络营销与电子商务的关系,提出了网络营销的理论基础,介绍了网络营销的策略、消费者与市场细分,在线产品与产品定价的方式,网络营销的主要方法和工具。同时,简单介绍了目前常用的网络广告技术,国内网络广告的现状和存在的问题。

网络营销以企业实际经营为背景,以网络营销实践应用为基础,是电子商务的重要环节。实际营销过程中,要先充分了解市场,制订合理有效的营销策略和营销模式,综合选择合适的营销工具,依托互联网平台,利用先进的网络广告技术方法,最终达到营销目的。

思考与练习

1. 网络营销与传统营销相比有哪些优势?
2. 常用的网络营销工具有哪些?
3. 简述网络营销的主要内容。
4. 对网络市场进行细分有什么好处?
5. 简述网络广告策划的基本流程。
6. 西山村今年荔枝大丰收,为了尽快把荔枝卖出去,村委会决定通过微信平台,拓展更多的营销渠道。你认为西山村该如何在微信平台展开荔枝营销活动?

第 5 章 电子支付技术

【学习目标】
- 掌握电子支付的概念、分类及特点；
- 了解电子支付系统的构成和常见的电子支付系统；
- 了解电子货币的概念、类型和功能；
- 了解银行卡、电子现金、电子支票等电子货币的特点、优缺点和使用流程；
- 了解移动支付的概念和优缺点；
- 了解网上银行的特点、优点和基本业务功能；
- 了解云银行的特点及其发展情况；
- 了解第三方电子支付平台的支付流程和常见的第三方支付平台。

【导读案例】

中国银联的移动支付[*]

中国银联是中国银行卡联合组织，通过银联跨行交易清算系统，实现商业银行系统间的互联互通和资源共享，保证银行卡跨行、跨地区和跨境的使用。中国银联已与境内外数百家机构展开广泛合作，银联网络遍布中国城乡，并已延伸至亚洲、欧洲、美洲、大洋洲、非洲等160个国家和地区。

移动支付平台是中国银联与中国移动，以TSM（可信服务管理）系统为核心，通过合作共赢，实现资源最大化共享，为各方提供基于安全支付载体的智能卡应用发行和管理服务平台，是联接移动支付产业各方的"桥梁"。目前，中行、中信、光大、民生、广发、浦发、上海银行、北京银行等商业银行都完成了与该系统的对接，其他商业银行也正陆续接入。这为移动支付的加快推广应用创造了更大空间和更有利条件，实现了金融行业、通信行业，乃至将来更多行业的融合。

1. 银联移动支付的业务功能

如图5-1所示是银联专为使用移动互联网设备的用户设计的支付方式。用户使用手机、平板电脑等移动终端即可方便地对所选商品或服务进行支付。让资金流通不再受环境限制，进一步加速资金流转速度，随时随地为交通、餐饮、医疗等提供"一站式"移动支付生活服务。

银联的移动支付主要分为现场支付和远程支付两种。

（1）现场支付

持具有现场支付功能的银联手机支付产品，在标有银联闪付标识的受理终端上，就可以进行现场非接触式支付。

---

[*] 资料来源：http://gnete.com.hk/index.php 整理：许丽娟

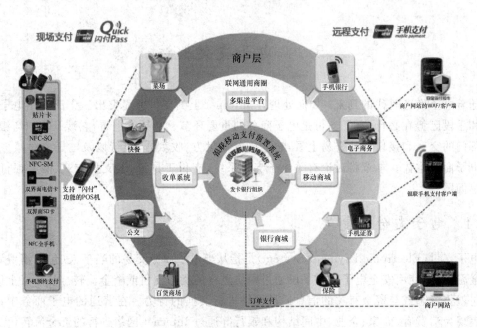

图 5-1　中国银联移动支付业务功能

（2）远程支付

目前，银联移动支付的远程金融服务已开通多项功能，包括账户余额查询、银行卡转账、信用卡还款、水电气缴费、手机充值缴费、固话宽带充值缴费、游戏点卡等数字产品的购买、电影院订票订座、机票与酒店的预定和支付，以及网上商城的电子账单支付等。还有更多精彩功能正在陆续开通中。

2. 银联移动支付的安全性保障

从安全性上，银联手机支付使用了目前国际最先进、最安全的智能加密技术。特别是采用硬件级加密的主流产品，提供优于传统银行卡和网上银行的安全等级保障，如果手机遗失，无须担心银行卡信息的丢失和账户资金的安全，挂失并补办金融智能卡后就可继续使用，用户完全可以放心。

3. 银联移动支付的技术优势

银联移动支付的主要技术优势如下：

（1）快速。无须开通网银，无须注册好易联账户即可支付。

（2）便捷。操作简单，通过手机直接完成绑定、支付与解绑。

（3）覆盖。支持绝大多数手机终端、各大移动操作系统。

（4）专业。商户接入快捷，产品自动升级。

（5）安全：短信验证、时段限额等措施，确保支付安全。

4. 银联云闪付移动支付新技术

除了较为传统的移动支付方式外，2016年银联推出新的移动支付方式——云闪付。用户通过云端下载虚拟"云闪付卡"到手机中，真实卡号不泄露；卡片信息动态更新，让欺诈无处遁形。手机就是银行卡，线下商户随处可见有银联云闪付标识的付款机器，在付款机器上"闪"手机即可完成支付。无须网络，无须打开 APP，手机一"闪"，听到"嘀"声，付款搞定。银联云闪付新型移动支付方式将安全、便捷、简单的体验带给广大持卡人，进一步引领移动支付产业发展。

5.1 电子支付概述

随着电子商务时代的到来,如何处理好 Internet 上的支付愈显突出。广泛采用电子支付技术和手段已势在必行,电子支付是电子商务的重要环节。从技术上看,它涉及用户与银行等金融部门的交互和接口。从交易上看,它连接着支付方、收款方、银行以及电子支付服务商等众多电子商务主体。本章将讨论有关电子支付系统、支付工具、网上支付方式、网上银行和云银行等问题。

5.1.1 电子支付的定义

电子支付(Electronic Payment System)是指从事电子商务交易的当事人(包括消费者、厂商和金融机构)使用安全电子支付手段通过网络进行的货币支付或资金流转。从广义上说,电子支付就是资金或与资金有关的信息通过网络进行交换的行为。在普通的电子商务中,电子支付表现为消费者、商家、企业、中间结构和银行等通过 Internet 网络进行的资金流转,主要通过信用卡、电子支票、数字现金、智能卡等方式实现。

5.1.2 电子支付的特征

与传统的支付方式相比,电子支付具有以下特征:

(1) 电子支付是采用先进的技术通过数字流转来完成信息传输的,其各种支付方式都是采用数字化的方式进行。

(2) 电子支付的工作环境是基于一个开放的 Internet 系统平台,而传统支付则是在较为封闭的系统中运作。

(3) 电子支付使用的是最先进的通信手段,而传统支付使用的则是传统的通信媒介。

(4) 电子支付具有方便、快捷、高效、经济的优势。电子支付费用仅为传统方式的几十分之一甚至几百分之一。

5.1.3 电子支付系统及其构成

电子支付系统指的是消费者、商家和金融机构之间使用安全电子手段交换商品或服务。即把新型支付手段包括电子现金(E-Cash)、信用卡(Credit Card)、借记卡(Debit Card)、智能卡(Smart Card)等的支付信息通过网络安全传送到银行或相应的处理机构,来实现电子支付。因此,电子支付系统是电子交易顺利进行的重要的社会基础设施之一,它也是社会经济良好运行的基础和催化剂。电子支付系统的基本结构如图 5-2 所示。

(1) 消费者

消费者即客户,是与某商家有交易关系并存在未清偿的债权债务关系(一般是债务)的一方;用自己拥有的支付工具(如信用卡、电子钱包等)来发起支付,是支付体系运作的原因和起点。

(2) 商户

商户是拥有债权的商品交易的另一方,他可以根据客户发起的支付指令向金融体系请求获取货币给付。

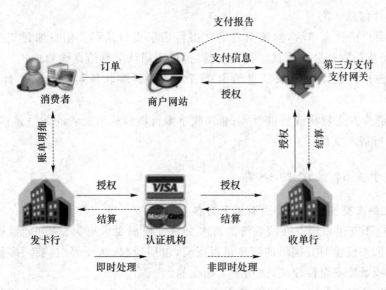

图 5-2 电子支付系统的基本结构

(3) 客户的发卡行

客户的发卡行是指客户在其中拥有账户的银行,客户发卡行在提供支付工具时也同时提供了一种银行信用,即保证支付工具的兑付。在卡基支付体系中,客户发卡行又被称为客户开户行。

(4) 商家的收单行

商家的收单行是商家在其中开设账户的银行,其账户是整个支付过程中资金流向的地方。商家的收单行是依据商家提供的合法账单(客户的支付指令)来工作的,商家收单行又被称为商家开户行。

(5) 支付网关

支付网关是公用网和金融专用网之间的接口,支付信息必须通过支付网关才能进入银行支付系统,进而完成支付的授权和获取。

(6) 金融专用网

金融专用网是银行内部及银行间进行通信的网络,具有较高的安全性,如中国国家现代化支付系统、人民银行电子联行系统、工商银行电子汇兑系统、银行卡授权系统等。

(7) 认证机构

认证机构负责为参与商务活动的各方发放数字证书,以确认各方的身份。

5.1.4 电子支付系统的基本业务流程

基于图 5-2 所示的电子支付系统的基本结构,将整个电子支付系统的工作业务流程分为下面七个步骤:

(1) 消费者利用自己的 PC 通过因特网选定所要购买的物品,并在计算机上输入定货单,定货单上需包括在线商店、购买物品名称及数量、交货时间及地点等相关信息。

(2) 通过电子商务服务器与有关在线商户联系,在线商店做出应答,告诉消费者所填定货单的货物单价、应付款数、交货方式等信息是否准确,是否有变化。

(3) 消费者选择付款方式,确认定单,签发付款指令。

(4) 消费者必须对定单和付款指令进行数字签名。同时利用双重签名技术保证商家看不到消费者的账号信息。

(5) 在线商户接受定单后,向消费者所在银行请求支付认可。信息通过支付网关到收单银行,再到电子货币发行公司确认。批准交易后,返回确认信息给在线商户。

(6) 在线商户发送定单确认信息给消费者。消费者端软件可记录交易日志,以备将来查询。

(7) 在线商户发送货物或提供服务;通知收单银行将钱从消费者的账号转移到商户账号,或通知发卡银行请求支付。

5.1.5 电子支付系统的分类

1. 根据在每次交易过程中是否有第三方参与分类

(1) 在线电子支付系统。在线系统的每次交易过程都要求与第三方(如银行)在线通信,用第三方的数据来校验对方提供的信息是否正确,包括授权、认证等,目前大多数支付系统都是在线的。在线系统安全性较高,适用于大额交易。

(2) 离线电子支付系统。无须第三方介入交易的系统,由于无须在每次交易时都与第三方通信,其系统开销比在线系统开销要少,安全性比在线方式低,适用于小额交易。

2. 根据每次交易额的大小分类

(1) 大额支付电子支付系统

主要处理银行间大额资金转账,通常支付的发起方和接收方都是商业银行或在中央银行开设账户的金融机构。大额系统是一个国家支付体系的核心应用系统。现在的趋势是,大额系统通常由中央银行运行,处理贷记转账,当然也有由私营部门运行的大额支付系统,这类系统对支付交易虽然可做实时处理,但要在日终进行净额资金清算。大额系统处理的支付业务量很少(1%~10%),但资金额超过90%,因此大额支付系统中的风险管理特别重要。

(2) 小额支付电子支付系统

主要指 ACH(自动清算所),主要处理预先授权的定期贷记(如发放工资)或定期借记(如公共设施缴费)。支付数据以磁介质或数据通信方式提交清算所。

(3) 微支付电子支付系统

交易的金额非常小,如几分甚至更少。要求交易成本最低化,安全性要求相对较低,但是要能防止大规模的病毒或其他行为的攻击。

3. 根据网络电子货币的不同类型分类

(1) 电子现金支付系统

电子现金又称数字现金,是纸币现金的数字化。广义的电子现金是指那些以数字形式储存的货币,它可以直接用于电子购物。按照这种定义智能卡、电子支票、电子钱包等都属于这个范围。在这里我们主要介绍狭义的电子现金。狭义的电子现金通常是指一种以数字形式储存并流通的货币,它通过把用户银行账户中的资金转换成为一系列的加密序列数,通过这些序列数来表示现实中各种金额的市值,用户用这些加密的序列数就可以在 Internet 上允许接受电子现金的商店购物了。

(2) 电子信用卡支付系统

电子信用卡支付系统把以往传统的信用卡的功能在 Internet 上延伸,通过各种支持信用卡网上结算的协议而实现客户所要求的支付结算。这种类型的电子货币在网上使用比较早、应用较为成熟,是目前 Internet 网上支付工具中使用积极性最高、发展速度最快的一种。主要有实时处理和非实时处理两种模式。实时处理的电子信用卡主要依靠 SET 协议或 SSL 协议,如招商银行的"一网通"等实时处理的电子信用卡主要通过 E-mail 的方式将客户的信用卡信息传送给发卡授权机构。电子信用卡的支付方法根据所采用的支付协议不同,其支付流程也有所不同。

(3) 电子支票支付系统

电子支票系统是电子银行常用的一种电子支付工具。电子支票系统是一个多样的系统。例如,通过银行自动提款机(ATM)网络系统进行普通费用的支付、通过跨省市的电子汇兑、清算,实现全国范围内的资金传输、大额资金在海外银行之间的资金传输、每月从银行账户中扣除电话费等。

电子支票系统包含三个实体——购买方、销售方和金融中介。在购买方和销售方做完一笔交易后,销售方要求付款。购买方从金融中介那里获得一个唯一凭证(相当于一张支票),这个电子形式的付款证明表示购买方账户欠金融中介钱。购买方在购买时把这个付款证明交给销售方,销售方再交给金融中介。整个事务处理过程与传统的支票查证过程非常相似。但作为电子方式,付款证明是一个由金融中介出具证明的电子流。更重要的是,付款证明的传输及账户的负债和信用几乎是同时发生的。如果购买方和销售方没有使用同一家金融中介,将会使用金融中介之间的标准化票据交换系统,这通常由国家中央银行(国内贸易)或国际金融机构(国际事务)协同控制。

4. 根据发起电子支付指令终端的不同分类

(1) 网上支付。网上支付指通过互联网实现的用户和商户、商户和商户之间的在线货币支付、资金清算、查询统计等过程。网上支付完成了使用者信息传递和资金转移的过程。广义上的网上支付包括直接使用网上银行进行的支付和通过第三方支付平台间接使用网上银行进行的支付。狭义的网上支付是指仅通过第三方支付平台实现的支付。

(2) 电话支付。电话支付是电子支付的一种线下实现形式,是指消费者使用电话或其他类似电话的终端设备,通过银行系统就能从个人银行账户里直接完成付款的方式。

(3) 移动支付。移动支付是使用移动设备通过无线方式完成支付行为的一种新型的支付方式。移动支付所使用的移动终端可以是手机、PDA、移动 PC 等。

(4) 销售点终端交易,也就是平时用的刷卡支付方式。

(5) 自动柜员机交易,也就是到银行设的自动柜员机根据提示办理转账支付。

(6) 其他电子支付。

5.1.6 电子支付系统的功能

虽然货币的不同形式会导致不同的支付方式,但安全、有效、便捷是各种支付方式追求的目标。对于一个支付系统而言,应有以下的功能。

(1) 使用数字签名和数字证书实现对各方的认证

为实现协议的安全性,对参与贸易的各方身份的有效性进行认证。通过认证机构和注册机构向参与各方发放 X.509 证书,以证实身份的合法。

(2) 使用加密技术对业务进行加密

可以采用对称体制和非对称体制来进行消息加密,并采用数字信封、数字签名等技术来加强数据传输的保密性,以防止未被授权的非法第三者获取消息的真正含义。

(3) 使用消息摘要算法以确认业务的完整性

为保护数据不被未授权者建立、嵌入、删除、篡改或重放,而完整无缺地送到接收者,可以采用数据变换技术。通过对原文的变换生成消息摘要一并传送到接收者,接收者就可以通过摘要来判断所接收的消息是否完整,否则,要求发送端重发以保证其完整性。

(4) 当交易双方出现异议、纠纷时,保证对业务的不可否认性

用于保护通信用户对付来自其他合法用户的威胁,如发送用户对他所发消息的否认,接收者对他已接收消息的否认等。支付系统必须在交易的进程中生成或提供足够充分的证据来迅速辨别纠纷中的是非。可以采用仲裁、不可否认签名等技术来实现。

(5) 能够处理贸易业务的多边支付问题

由于网上贸易的支付要牵涉客户、商家和银行等,其中传送的购货信息与支付信息必须连接在一起,因此商家只有确认了支付用户后才会继续交易,银行业只有确认了购付信息后才会提供支付。但同时,商家不能读取客户的支付信息,银行不能读取商家的订单信息,这种多边支付的关系就可以通过双方签字等技术来实现。

5.1.7 电子支付系统的模式

电子支付不是新概念,从1998年招商银行率先推出网上银行业务之后,人们便开始接触到网上缴费、网上交易和移动银行业务。这个阶段,银行的电子支付系统无疑是主导力量,但银行自身没有足够的动力,也没有足够的精力去扩展不同行业的中小型商家参与电子支付。于是非银行类的企业开始进入支付领域,它们通常被称为第三方电子支付公司。目前,我国主要存在四种电子支付系统模式:支付网关型模式、自建支付平台模式、第三方垫付模式、多种支付手段结合模式。

1. 支付网关型模式

支付网关型模式是指一些具有较强银行接口技术的第三方支付公司,以中介的形式分别连接商家和银行,从而完成商家的电子支付的模式。这样的第三方支付公司包括网络银行在线、上海环讯、北京首信等,它们只是商家到银行的通道而不是真正的支付平台,它们的收入主要是与银行的二次结算获得的分成,一旦商家和银行直接相连,这种模式就会因为附加值低而最容易被抛弃。

2. 自建支付平台模式

自建支付平台模式是指由拥有庞大用户群体的大型电子商务公司为主创建或它们自己创建支付平台的模式,这种模式的实质是:以所创建的支付平台作为信用中介,在买家确认收到商品前,代替买卖双方暂时保管货款。这种担保使买卖双方的交易风险得到控制,主要解决了交易中的安全问题,容易保证消费者的忠诚度。采用自建支付平台模式的企业有淘宝网、eBay易趣、慧聪网、贝宝等。这种支付平台主要服务于母公司的主营业务,其发展也取决于母公司平台的大小。

3. 第三方垫付模式

第三方垫付模式是指由第三方支付公司为买家垫付资金或设立虚拟账户的模式。它通过买卖双方在交易平台内部开立的账号,以虚拟资金为介质完成网上交易款项支付。

4. 多种支付手段结合模式

多种支付手段结合模式是指第三方电子支付公司利用电话支付、移动支付和网上支付等多种方式提供支付平台的模式。在这种模式中,客户可以通过拨打电话、手机短信或者银行卡等形式进行电子支付。

5.2 电子支付工具

随着计算机技术的发展,电子支付的工具越来越多。这些支付工具可以分为三大类:第一类是电子货币类,如电子现金、电子钱包等;第二类是电子信用卡类,如智能卡、借记卡、电话卡等;第三类是电子支票类,如电子支票、电子汇款(EFT)、电子划款等。这些方式各有特点和运作模式,适用于不同的交易过程。本节主要介绍电子现金、智能卡、电子钱包和电子支票。

5.2.1 电子现金

1. 电子现金的概述

电子现金(Electronic Cash,E-Cash)又称为电子货币(E-Money)或数字货币(Digital Cash),是一种非常重要的电子支付系统,它可以被看作是现实货币的电子或数字模拟,电子现金以数字信息形式存在,通过互联网流通。但比现实货币更加方便、经济。它最简单的形式包括三个主体(商家、用户、银行);四个安全协议过程(初始化协议、提款协议、支付协议、存款协议)。

2. 电子现金的分类

(1) 根据其交易的载体,电子现金系统可分为基于账户的电子现金系统和基于代金券的电子现金系统。

(2) 根据电子现金在花费时商家是否需要与银行进行联机验证,电子现金系统可分为联机电子现金系统和脱机电子现金系统。

(3) 根据一个电子现金是否可以合法地支付多次,电子现金可分为可分电子现金和不可分电子现金。

(4) 根据电子现金的使用功能,电子现金可分为专门用途型电子现金和通用型电子现金。

(5) 根据电子现金的使用形式,电子现金可分为基于卡的预付款式电子现金和纯电子形式电子现金。

3. 电子现金的特点

(1) 协议性。电子现金的应用要求银行和商家之间应有协议和授权关系,电子现金银行负责消费者和商家之间资金的转移。

(2) 对软件的依赖性。消费者、商家和电子现金银行都需使用电子现金软件。

(3) 灵活性。电子现金具有现金特点,可以存、取、转让;它可以申请到非常小的面额,所以电子现金适用于小额交易。

(4) 可鉴别性。身份验证是由电子现金本身完成的,电子现金银行在发放电子现金时使用了数字签名,卖方在每次交易中,将电子现金传送给电子现金银行,由银行验证买方支持的电子现金是否有效。

4. 电子现金的优点

(1) 匿名性。电子现金用于匿名消费。买方用电子现金向卖方付款,除了卖方以外,没有人知道买方的身份或交易细节。如果买方使用了一个很复杂的匿名系统,甚至连卖方也不知道买方的身份。

(2) 不可跟踪性。电子现金不能提供用于跟踪持有者的信息,不可跟踪性可以保证交易的保密性,也就维护了交易双方的隐私权。除了双方的个人记录外,没有其他关于交易已经发生的记录。因为没有正式的业务记录,连银行也无法分析和识别资金流向,如果电子现金丢失了,就会同纸币现金一样无法追回。

(3) 减少实物现金的使用量。电子现金的应用推进了货币电子化的发展趋势,方便了消费者网上购物。

(4) 支付灵活方便。电子现金的使用范围比信用卡更广,银行卡支付仅限于被授权的商户,而电子现金支付却不受此限制。

5. 电子现金的使用过程

电子现金的使用过程如图 5-3 所示。

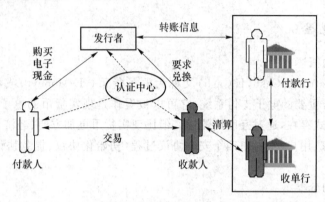

图 5-3 电子现金的使用过程

(1) 购买电子现金

电子现金系统要求买方在一家网上银行拥有一个账户,将足够资金存入该账户以支持今后的支付。买方在电子现金发布银行购买电子现金。

(2) 存储电子现金

一旦账户被建立起来,买方就可以使用电子现金软件产生一个任意面额的电子现金,银行对它使用私钥进行了数字签名,这样它就有效了。使用专用软件从电子现金银行取出电子现金存在特定的设备上。

(3) 用电子现金购买商品或服务

买方同意接收电子现金的卖方订货,用卖方的公钥加密电子现金后,传送给卖方。

(4) 资金清算

接收电子现金的卖方与电子现金发放银行之间进行清算,电子现金银行将买方购买商品的钱支付给卖方。这时可选择两种支付方式:双方的和三方的。双方支付方式是涉及两方,即买卖双方。在交易中卖方用银行的公共密钥检验电子现金的数字签名,然后就把电子现金存入他的机器,随后再通过电子现金银行将相应面值的金额转入账户。所谓三方支付方式,是在交易中,电子现金被发给卖方,卖方迅速把它直接发给发行电子现金的银行,银行检验货币的有效性,并确认它没有被重复使用,将它转入卖方账户。在许多情况下,双方交易是不可行的,因为可能存在重复使用的问题。为了检验是否重复使用,银行将从卖方获得的电子现金与已经使用电子现金数据库进行比较。像纸币一样,电子现金通过一个序列号进行标识。为了检验重复使用,电子现金将以某种全球统一标识的形式注册。

(5) 确认订单

卖方获得付款后,向买方发送订单确认信息。

5.2.2 电子信用卡

1. 电子信用卡的概述

电子商务活动中使用的信用卡是电子信用卡,电子信用卡通过网络直接支付。电子信用卡具有快捷、方便的特点,买方可以及时通过发卡机构了解持卡人的信用度,避免欺诈行为的发生。

2. 电子信用卡的支付模式

(1) 无安全措施的信用卡支付

无安全措施的信用卡支付的基本流程是:消费者从商家订货,信用卡信息通过电话、传真等非网上进行传输,但无安全措施,商家与银行之间使用各自现有的授权来检查信用卡的合法性。不安全包括两个方面:一是信用卡信息的传输的不安全;二是商家发货后不一定能得到货款。

(2) 第三方代理的电子信用卡支付

支付是通过双方都信任的第三方完成的。信用卡信息不在开放的网络上多次传送,买方有可能离线在第三方开设账号,这样买方没有信用卡信息被盗窃的风险;卖方信任第三方,因此卖方也没有风险;买卖双方预先获得第三方的某种协议,即买方在第三方处开设账号,卖方成为第三方的特约商户。

这种方式对第三方代理机构的公正、信誉与操作规范有很高的要求,主要风险由第三方代理机构承担,该方式虽然提高了支付的安全性,但支付效率较低,成本较高,它同样属于电子商务发展初期利用信用卡支付结算时的一种过渡方式。

(3) 简单信用卡加密支付

使用简单加密信用卡模式付费时,当信用卡信息被买方输入浏览器窗口或其他电子商务设备时,信用卡信息就被简单加密,安全地作为加密信息通过网络从买方向卖方传递。

(4) SET 信用卡支付

SET 是安全电子交易的简称,它是一个为了在 Internet 网上进行在线交易而设立的一个开放的、以电子货币为基础的电子付款协议标准。SET 的安全措施主要有:对称密钥系统、公钥系统、消息摘要、数字签名、数字信封、双重签名、认证等技术。

3. 电子信用卡的特点

(1) 制造成本低,信息保存可靠性高。

(2) 开发方便,应用灵活和小型化。

(3) 具备电子支付和信贷功能。

4. 电子信用卡的优点

(1) 电子信用卡是当今发展最快的金融业务之一,它是一种可在一定范围内替代传统现金流通的电子货币。

(2) 电子信用卡同时具有支付和信贷两种功能。持卡人可用其购买商品或享受服务,还可通过使用信用卡从发卡机构获得一定的贷款。

(3) 电子信用卡是集金融业务与计算机技术于一体的高科技产物。

(4) 电子信用卡能减少现金货币的使用。

(5) 电子信用卡能提供结算服务,方便购物消费,增强安全感。

(6) 电子信用卡能简化收款手续,节约社会劳动力。

(7) 电子信用卡能促进商品销售,刺激社会需求。

5. 电子信用卡的使用过程

目前,电子信用卡支付系统都是建立在金融专用网基础上的,业务受银行营业时间的限制,不同银行的信用卡功能和额度各有不同,但是信用卡的基本使用过程都差不多,大致情况如图 5-4 所示。

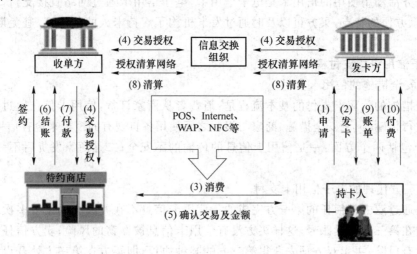

图 5-4 电子信用卡的使用过程

(1) 首先用户需要向银行填写申请资料申请办理电子信用卡。

(2) 银行接受用户申请后审核资料同意发卡。

(3) 客户访问商家的电子商务站点,浏览商品,查验商家的 CA 证书,然后填写所需商品的订货单,选择已办理的支付信用卡。

(4) 商家站点的后端交易服务器中的支付处理模块在收到订货单和支付信息后,必须对客户身份进行认证,在确定客户的身份后,将收到的信息发往信用卡信息中心进行确认并申请授权。在这里商家是无权处理信用卡数据的。客户支付指令经过支付网关进行合法性检查后被送到发卡行信用卡信息中心进行卡的真实性、持卡人身份合法性以及信用额度的确认,然后由信息中心决定是否授权,将结果传回商家服务器。

(5) 持卡人和商家确认交易金额。

(6) 商家向收单行发出结账通知。

(7) 收单行确认完成付款。

(8) 收单行将转账数据及相关信息发送到发卡行进行认证,这样可以进一步的提高支付系统的安全性。发卡行确认后将转账业务再回传给收单行。同时,发卡行将消费金额借记客户的账户,并开始记息;而收单行把货款收入贷记商家账户,然后就可结束转账过程。转账的结果分别由发卡行和收单行发往信用卡信息中心,由信用卡信息中心对数据库数据进行更新。

(9) 发卡行向客户发出信用卡支付账单。

以上这种业务流程的信用卡网上支付系统比较适合 B2C 的交易模式。采用记名消费的模式,在加强了系统的安全性的同时,丧失了匿名性的特征,不能很好地保护消费者的隐私,所以不太适合 C2C 交易模式的支付。

5.2.3 电子支票

1. 电子支票的概念

电子支票(Electronic Check)是一种借鉴纸张支票转移支付的优点,利用数字传递将钱款从一个账户转移到另一个账户的电子付款形式,电子支票的基本样式如图 5-5 所示。电子支票主要用于企业与企业之间的大额付款。电子支票的支付一般是通过专用的网络、设备、软件及一整套的用户识别、标准报文、数据验证等规范化协议完成数据传输,从而可以有效控制安全性。

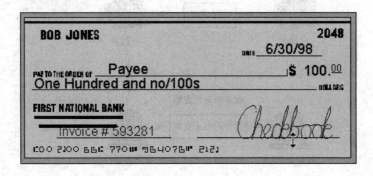

图 5-5　电子支票的基本样式

2. 电子支票的特点

(1) 电子支票与传统支票工作方式相同,易于理解和接受。

(2) 加密的电子支票使它们比数字现金更易于流通,买卖双方的银行只要用公开密钥认证确认支票即可,数字签名也可以被自动验证。

(3) 电子支票适于各种市场,可以很容易地与 EDI 应用结合,推动 EDI 基础上的电子订货和支付。

(4) 电子支票技术将公共网络连入金融支付和银行清算网络。

3. 电子支票的优点

(1) 电子支票可为新型的在线服务提供便利。它支持新的结算流;可以自动证实交易各方的数字签名;增强每个交易环节的安全性;与基于 EDI 的电子订货集成来实现结算业务的自动化。

(2) 电子支票的运作与传统支票相同,简化了顾客的学习过程。电子支票保留了纸制支票的基本特征和灵活性,加强了纸制支票的功能,因而易于理解,能得到迅速采用。

(3) 电子支票非常适合小额结算;电子支票的加密技术使其比基于非对称的系统更容易处理。收款人和收款人银行、付款人银行能够用公钥证书证明支票的真实性。

(4) 电子支票可为企业市场提供服务。企业运用电子支票在网上进行结算,可比现在采用的其他方法降低成本;由于支票内容可附在贸易伙伴的汇款信息上,电子支票还可以方便地与 EDI 应用集成起来。

(5) 电子支票要求建立准备金,而准备金是商务活动的一项重要要求。第三方账户服务器可以向买方或卖方收取交易费来赚钱,它也能够起到银行的作用,提供存款账户并从中赚钱。

(6) 电子支票要求把公共网络同金融结算网络连接起来,这就充分发挥了现有金融结算基础设施和公共网络的作用。

4. 电子支票的使用过程

电子支票的使用过程如图 5-6 所示。

(1) 申请电子支票。

(2) 付款者和收款者达成购销协议选择用电子支票支付。

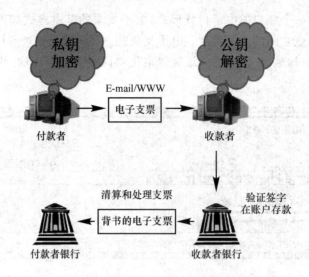

图 5-6 电子支票的使用过程

（3）付款者在计算机上填写电子支票，电子支票上包含支付人姓名、支付人账户名、接收人姓名、支票金额等。用自己的私钥在电子支票上进行数字签名，用卖方的公钥加密电子支票，形成电子支票文档。

（4）付款者通过网络向收款者发出电子支票，同时向付款者银行发出付款通知单。

（5）收款者收到电子支票后进行解密，验证付款方的数字签名，背书电子支票（背书是由持票人在汇票背面签上自己的名字或盖章，并将汇票交付给受让人的行为），填写进账单，并对进账单进行数字签名。

（6）收款者将经过背书的电子支票及签名过的进账单通过网络发给收款者的开户银行。

（7）收款方开户银行验证付款方和收款方的数字签名后，通过金融网络发给付款方开户银行。

（8）付款方开户银行验证收款方开户银行和付款方的数字签名后，从付款方账户划出款项，收款方开户银行在收款方账户存入款项。

5.2.4 电子钱包

1. 电子钱包的概念

电子钱包（E-Wallet）是电子商务活动中购物顾客常用的一种支付工具，是小额购物或购买小商品时常用的新式"钱包"。电子钱包是一个用来携带信用卡或借记卡的可在具有中文环境的 Windows 操作系统上独立运行的软件，就像生活中随身携带的钱包一样。持卡人将这种电子钱包安装在自己的 PC 上，在网上电子交易时使用。

2. 电子钱包的支付特点

（1）保证个人卡资料信息在网上传输的安全性。

（2）利用国际标准的 SET 协议对商户提供身份确认。

（3）保存多张卡资料。

（4）及时通知商户接收及认可订单，随时查询历史交易信息。

（5）电子安全证书的管理，包括电子安全证书的申请、存储、删除等。

3. 电子钱包的优点

（1）安全。电子钱包用户的个人资料存储在服务器端，通过技术手段确保安全，不在个人计算机上存储任何个人资料,从而避免了资料泄露的风险。

(2) 自由。消费者在申请钱包成功后,即在服务器端拥有了自己的档案,当外出旅游或公务时,不用再随身携带电子钱包资料,即可进行网上支付。

(3) 方便。电子钱包内设众多商户站点链接,消费者可通过链接直接进入商户站点进行购物。

(4) 快速。通过电子钱包,完成一笔支付指令的正常处理,只需10~20秒(视网络及通信情况而定)。

4. 电子钱包的使用过程

(1) 顾客将下载的电子钱包客户端软件装入计算机系统,输入对应电子货币(数字现金、信用卡等),配置电子钱包成功。顾客使用计算机通过Internet查寻自己想购买的物品。

(2) 顾客网上填写订单,并提交订单。

(3) 商家电子商务网站回送订单信息。

(4) 顾客确认后,用电子钱包进行支付。单击电子钱包的相应项或电子钱包的图标,电子钱包立即打开,输入自己的保密口令,顾客确认是自己的电子钱包并从电子钱包中取出电子货币(如选择某种信用卡)来付款。

(5) 信用卡支付过程采用信用卡SET网络支付模式进行支付结算,涉及各方的认证、信息加密传送交换。

5.2.5 智能卡

1. 智能卡概述

智能卡(IC卡)是在法国问世的,是内嵌微芯片的塑料卡的通称。从功能上来说,智能卡的用途如下。

(1) 身份识别

运用内含微计算机系统对数据进行数学计算,确认其唯一性。

(2) 支付工具

内置计数器替代货币、红利点数等数字体的数据。

(3) 加密/解密

在网络迅速发展的情况下,电子商务的使用率大幅度提高。很多厂商表示,网络消费最重要的是身份的真实性、资料的完整性、交易的不可否认以及合法性。实际应用中组合利用DES算法、RSA算法、MD5算法进行加密/解密,保证网络信息的安全性、完整性。

(4) 信息存储

信息存储功能使现在智能卡的应用范围不再局限于早期的通信领域,而广泛地应用于金融财务、社会保险、交通旅游、医疗卫生、政府行政、商品零售、休闲娱乐、学校管理及其他领域,如公用电话IC卡、公交IC卡、医保卡、饭卡等。

2. 智能卡支付方式的特点

IC卡较之以往的识别卡,具有以下特点:

(1) 可靠性高。IC卡具有防磁、防静电、防机械损坏和防化学破坏等能力,信息可保存100年以上,读写次数在10万次以上,至少可用10年。

(2) 安全性好。

(3) 存储容量大。

(4) 类型多。

3. 智能卡的优点

（1）IC 卡使电子商务中的交易变得简便易行，IC 卡消除了某种应用系统可能对用户造成不利影响的各种情况，它能为用户"记忆"某些信息，并以用户的名义提供这种信息。

（2）IC 卡具有很好的安全性和保密性。它降低了现金处理的支出以及被欺诈的可能性，提供了优良的保密性能。使用 IC 卡，用户不需要携带现金，就可以实现像信用卡一样的功能，而保密性能高于信用卡，因此 IC 卡在网上支付系统中作用更大。

4. 运用智能卡进行网上购物的过程

使用 IC 卡进行网上购物需要配置一个能安装在计算机上的可携式 IC 卡读写设备，IC 卡的交易必须通过卡片进行。运用 IC 卡进行网上购物的过程如下。

（1）申请 IC 卡

用户向 IC 卡发行银行申请 IC 卡，申请时需要在银行开设账号，提供输入 IC 卡的个人信息。

（2）下载电子现金

用户登录到发行智能卡银行的 Web 站点，按照提示将 IC 卡插入 IC 卡读写设备，IC 卡会自动告知银行有关用户的账号、密码及其他加密信息。用户通过个人账户购买电子现金，下载电子现金存入 IC 卡中。

（3）智能卡支付

在网上交易中，用户可选择采用 IC 卡支付，将 IC 卡插入 IC 卡读写设备，通过计算机输入密码和网上商店的账号、支付金额，从而完成支付过程。

5.2.6　ATM、POS 和二维码

1. ATM 系统支付

一次典型的 ATM 交易过程通常包括三个步骤：

（1）顾客将银行卡插入卡片输入口，然后机器通知顾客在数字键盘上输入其密码。

（2）顾客输入正确的密码后，可选择交易类型，机器会进一步提示顾客用数字键输入交易额。

（3）顾客单击"Enter"键后，系统将检验持卡人的身份和权限，若检验通过，则顾客可以得到要求的服务，获得相关凭证。

2. POS 系统支付

POS 系统即销售时点信息系统，是指通过自动读取设备（如收银机）在销售商品时直接读取商品销售信息（如商品名、单价、销售数量、销售时间、销售店铺、购买顾客等），并通过通信网络和计算机系统传送至有关部门进行分析加工以提高经营效率的系统。POS 系统最早应用于零售业，以后逐渐扩展至其他（如金融、旅馆等服务行业），利用 POS 系统的范围也从企业内部扩展到整个供应链。

3. 二维码支付

二维码支付是一种基于账户体系搭起来的新一代无线支付方案。在该支付方案下，商家可把账号、商品价格等交易信息汇编成一个二维码，印刷在各种报纸、杂志、广告、图书等载体上，进行发布。

用户通过手机客户端扫描二维码，便可实现与商家支付宝账户的支付结算。最后，商家根据支付交易信息中的用户收货、联系资料，就可以进行商品配送，完成交易。

5.3 网络银行

5.3.1 网络银行的概念

网络银行是一种虚拟银行,是电子银行的高级形式,它无须设立分支机构,就能通过 Internet 将银行服务铺向全国以致世界各地,使客户在任何地点、任何时刻都能以多种方式方便地获得银行的个性化的全方位服务。

自 1995 年 10 月美国的安全第一网络银行 SFNB(Security First Network Bank)诞生以来,网上银行已成为金融机构拓宽领域,争取业务增长的重要手段,网上银行的范围涉及电子支票兑付、在线交易登记、支票转账等几乎全部的金融业务。网络银行的推广应用,极大地提高了银行的工作效率,极大地减少了银行的管理费用,是 21 世纪银行电子化和信息化的全新发展方向。

网络银行按其服务内容可分为广义和狭义两种。

(1) 广义的网络银行是指在网络中拥有独立的网站,为客户提供服务的银行,这种服务可以是一般的信息和通信服务、简单的银行交易,也可以是所有银行业务。广义的网络银行几乎涵盖了所有的在互联网上拥有网页的银行,尽管这种网页有可能仅仅是一种信息介绍,而不涉及具体的银行业务。英美、亚太等一些国家的金融当局普遍接受这种定义。

(2) 狭义的网络银行是指在互联网上开展一项或几项银行实质性业务的银行,这些业务包括上述的简单的银行交易和其他服务业务,但是不包括一般的信息和通信服务,一般都执行了传统银行的部分基本职能。国际金融机构、欧洲央行倾向于采用这种定义。

5.3.2 网络银行的特点和优点

与传统银行和传统电子银行相比,网上银行在运行机制和服务方面都具有不同的特点,这些特点本身也体现了其优点。

(1) 全球化、无分支机构

传统银行是通过开设分支机构来发展金融业务和开拓国际市场的,客户往往只限于固定的地域,而网上银行是利用 Internet 来开展银行业务,因此,可以将金融业务和市场延伸到全球每个角落。打破了传统业务地域范围局限的网上银行,不仅可吸纳本地区和本国的客户,也可直接吸纳国外客户,为其提供服务。正如 SFNB 总裁 James Mahan 所言:"任何人,只要有一台计算机,都是我的潜在客户"。

(2) 开放性与虚拟化

传统电子银行所提供的业务服务都是在银行的封闭系统中运作的,而网上银行的 Web 服务器代替了传统银行的建筑物、网址取代了地址,其分行是终端机和 Internet 这个虚拟化的电子空间。因此有人称网上银行为"虚拟银行",但它又是实实在在的银行,利用网络技术把自己与客户连接起来,在有关安全设施的保护下,随时通过不同的计算机终端为客户办理所需的一切金融业务。

(3) 智能化

传统银行主要借助于物质资本,通过众多员工辛勤劳动为客户提供服务。而网上银行主要借助智能资本,靠少数脑力劳动者的劳动提供比传统银行更多、更快、更好、更方便的业务,如提供多元且交互的信息,客户除可转账、查询账户余额外,还可享受网上支付、贷款申请、国内外金融信息查询、投资理财咨询等服务,其功能和优势远远超出电话银行和传统的自助银行。网上银行是一种能在任何时间(Anytime)、在任何地方(Anywhere)、以任何方式(Anyhow)为客户提供超越时空、智能化服务的银行,因此可称为"三A银行"。

(4) 创新化

网上银行是创新化银行。在个性化消费需求日趋凸显及技术日新月异的信息时代,网上银行提供的金融产品和拥有技术的生命周期越来越短,淘汰率越来越高。在这种情况下,只有不断采用新技术、推出新产品、实现持续创新才不至于被淘汰。

(5) 运营成本低

与其他银行服务手段相比,网上银行的运营成本最低。据介绍,在美国开办一个传统的分行需要150万~200万美元,每年的运营成本为35万~50万美元。相比之下,建立一个网上银行所需的成本为100万美元。1998年美国US Web网络服务与咨询公司的一次调查发现,普通的全业务支行平均每笔交易成本约1.07美元,而网上银行仅为0.01~0.04美元。

(6) 亲和性增强

增加与客户的沟通与交流是企业获取必要信息,改进企业形象,贴近客户和寻找潜在客户的主要途径。在这方面,网上银行具有传统银行无法比拟的优势。网上银行可通过统计客户对不同网上金融产品的浏览次数和点击率以及各种在线调查方式了解客户的喜好与不同需求,设计出有针对性的金融产品以满足其需求,这不仅方便了客户,银行也因此增强了与客户的亲和性,提高了竞争力。

5.3.3 网络银行的基本结构与功能

1. 网络银行的基本组织管理架构

网络银行的形成有三种基本的方式,一是从银行原有的信息技术部演变而来;二是创立新的网络银行部门;三是对原有的信息技术部或科技发展部、银行卡/信用卡部和服务咨询部等若干个部门的相关业务人员进行整合而形成。

网络银行业务部门的目标是为银行的各种业务活动提供硬件和软件服务,使银行内部与外部的电子信息活动顺利地进行。在管理结构上,一般按照系统结构、应用结构、数据结构和网络结构为原则设置管理部门,使软件运行与硬件维护获得良好的支持。商业网络银行业务部门的基本组织管理架构如图5-7所示。

图5-7 商业网络银行业务部门的基本组织管理架构

网络银行的五个基本部门功能说明:

(1) 市场推广部(也称为市场部)。网络银行市场部专注于从事网络金融品种及网上金融服务市场的开拓和发展,不断对网络金融品种及服务进行创新,形成适合于网络经济的各种金融服务营销方式和理念。

(2) 客户服务部(也称为客户部、信用卡/银行卡部)。客户服务部负责对网络银行的网络客户提供技术支持和服务咨询,密切银行与客户的联系,把握客户对网上金融服务需求的变化趋势。

(3) 信息技术部。网络银行的技术部不仅需要负责对网络银行的软、硬件系统设备进行维护,而且需要对银行内部和外部非网络银行领域的信息技术管理提供服务和技术支持。

(4) 财务部。财务部负责对网络银行的硬件、系统和软件的投资,服务资金,成本和收益等财务指标进行控制。

(5) 后勤部。后勤部负责对网络银行服务活动过程中的各种后勤需求提供支持,如购买消耗品和邮寄账单等业务。

2. 网络银行的业务架构

网络银行根据主要客户的需求变化来设置服务品种和服务流程,再根据服务品种和服务流程来构筑网络银行的业务内容。网络银行的业务构成随着网络银行的发展和完善将会有所展。

总结国内外网络银行业务的开展情况,基本业务构成如下。

(1) 基本技术支持业务

基本技术支持业务如网络技术、数据库技术、系统软件和应用软件技术的支持,特别是网络交易安全技术的支持是基本要求,使网络银行业务不断得到拓展和发展。

(2) 网上客户服务业务

网上客户服务业务有客户身份认证、客户交易安全管理、客户信用卡/银行卡等电子货币管理以及客户咨询等,还有结算中心、业务代理、业务调度、客户服务、统计查询、决策支持。

(3) 网上金融品种及服务业务

这是网络银行的核心业务。网上金融品种及服务业务有电子货币、网络支付与结算业务、网上股票交易、信用卡、网上财经信息查询、网上理财以及综合网上金融服务等。

3. 网络银行的应用技术架构

各商业银行由于自身业务系统的差异,对网络银行应用技术架构会有不同的设计,但基本的技术构成是类似的,其各部分的功能也相似。图 5-8 是较为典型的网络银行应用技术架构。

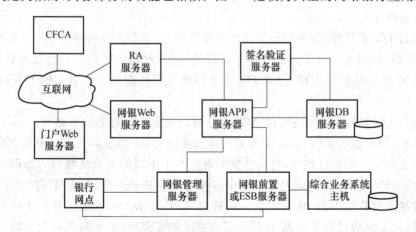

图 5-8 典型的网络银行应用技术架构

(1) 网络银行 Web 服务器

网络银行 Web 服务器是网络银行业务面向互联网客户的主用界面,当前互联网上有很多基于 Web 应用的攻击,由于网络银行 Web 直接暴露于互联网上,因此 Web 服务器前不仅要通过防火墙实现基于网络层或传输层的访问控制,通过部署 IPS 实现深度安全检测,还需要通过流量清洗设备实现 DDOS 攻击防御。另外,由于安全防护要求不同,一般将网络银行 Web 服务器与银行门户 Web 服务器部署在不同的网络区域内,以防止门户 Web 的安全漏洞对网络银行业务的影响。

网络银行 Web 服务器与用户浏览器间通过 HTTPS 协议保证数据的私密性与完整性,为了降低 Web 服务器进行密钥交换与加解密的工作负担,通常在 Web 服务器前部署 SSL 卸载设备。当前多数厂家生产的服务器负载分担设备兼具 SSL 卸载功能,因此在网络银行 Web 服务器前部署负载分担设备既可实现 HTTPS 协议加速,又可实现业务负载分担和服务高可用性。

(2) 网络银行 APP 服务器

网络银行 APP(应用)服务器提供网络银行系统的业务逻辑,包括会话管理、提交后台处理以及向 Web 服务器提交应答页面等。APP 服务器与 Web 服务器共同构成网络银行业务(如网上支付与结算、网络银行转账、基金交易、网上理财等)运行环境。由于 Web 服务器与互联网客户浏览器之间承载数据的 SSL 协议不具备数字签名功能,所以网络银行客户端的数字签名通常由浏览器插件程序完成,而服务器端的验签工作则由单独的验签服务器完成。客户签名的交易数据经由 Web 服务器提交给 APP 服务器,再由 APP 服务器向验签服务器发起验签请求。上述工作流程决定了 APP 服务器作为网络银行系统的核心组件,应保障其服务高可用性与网络访问安全性。

在 APP 服务器前部署服务器负载分担设备可实现业务流量在多台服务器间的均匀分配,从而提升业务的响应速度和服务高可用性。另外,部署负载分担设备后,可根据网络银行业务量的大小动态配置 APP 服务器,可提高业务扩展能力。

从安全角度考虑,由于 APP 服务器与网络银行 Web 服务器所处的安全区域不同,因此在网络银行 Web 服务器与 APP 服务器之间应部署防火墙实现访问控制。APP 服务器前通常不需要部署 IPS 设备,一方面是因为 APP 服务器不接受直接来自互联网的访问流量,安全风险较低,另一方面是因为当前市场上各类 IPS 产品的价格都比较高,在部署更多 IPS 设备将增加网络银行系统的建设成本。

(3) 网络银行 DB 服务器

网络银行 DB(数据库)服务器的主要作用是保存、共享各种及时业务数据(如客户支付金额)和静态数据(如利率表),支持业务信息系统的运作,对登录客户进行合法性检查。DB 服务器通常需要与存储整列连接,并且 DB 服务器通常采用双机互为备份的方式以保证高可用性。

网络银行 DB 服务器与网络银行 APP 服务器的安全防护需求基本相同,但 DB 服务器只允许来自 APP 服务器的访问,Web 服务器禁止直接访问 DB 服务器。APP 服务器与 DB 服务器可以部署在同一个安全区域内,也可分别部署在两个不同的安全区域内。如部署在同一安全区域内,则 APP 与 DB 服务器将以同一个防火墙做为安全边界,而 APP 与 DB 之间的互访控制可通过接入交换机上的 ACL 实现。一般将 APP 与 DB 分别部署于各自独立的安全区域,并以不同的防火墙做安全边界,这样部署有更高的安全性、更清晰的安全策略以及更好的网络可扩展性。

(4) RA 服务器、签名验证服务器

RA(Registration Authority,数字证书注册审批机构)服务器与签名验证(验签)服务器都是与网络银行交易中数字签名相关的系统。RA 服务器是 PKI 体系中 CA 服务器的延伸,RA

负责向中国金融认证中心 CFCA 的 CA 或银行自建的 CA 申请审核发放证书。验签服务器负责对用户提交的交易数据进行数字签名验证。

RA 服务器与验签服务器都与 APP 服务器间有数据交互,但 RA 服务器还需要通过互联网(或专线)与 CFCA 的 CA 服务器相连,因此 RA 与验签服务器应部署在不同的安全区域内。通常是将 RA 与 Web 服务器部署在一个安全区域内,而将验签服务器与 APP 服务器部署在一个安全区域内,APP 服务器与 RA 服务器的访问需要通过防火墙进行访问控制。

(5) 综合业务系统、网络银行前置、网络银行管理服务器

网络银行的账务处理、客户数据及密码的存放都在综合业务系统中完成。网络银行前置或 ESB(Enterprise Service Bus,企业服务总线)系统负责将 APP 服务器提交的业务请求经过协议处理、数据格式转换或加密后转交到综合业务系统的主机进行处理。位于网点的客户端通过访问网络银行管理服务器实现网络银行用户管理功能(如开户、注销、证书下载、密码修改等)。上述三种业务系统都部署在银行数据中心内网区,APP 服务器与三者间都存在直接或间接的访问关系,由于网络银行 APP 服务器与数据中心内网区分属不同的网络安全区域,所以两者间的网络通信需要通过防火墙进行访问控制。

4. 网络银行的网络安全架构

如图 5-9 所示,为提高网银的整体安全性,各区域边界防火墙采用不同厂家的产品,由此在整体布局上形成了"多层异构防火墙"安全架构。从业务功能上考虑,还可将这种安全架构划分成四个功能区域:互联网接入区、DMZ 区(接入 Web 服务器、RA 服务器)、网银业务区(接入 APP 服务器、DB 服务器)、数据中心内网区。

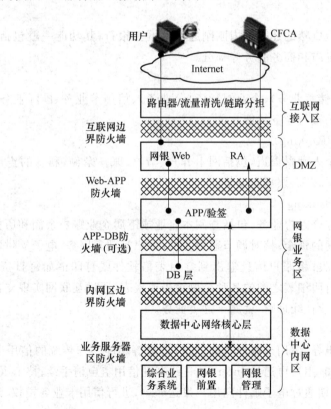

图 5-9 网络银行的网络安全架构

各功能区域的网络安全部署要求如下。

(1) 互联网接入区

① 部署链路分担设备，提供多 ISP 的互联网接入，并承担网银域名解析。

② 部署流量清洗，防御 DDOS 攻击。

③ 部署外网边界防火墙，实现互联网与 DMZ 区隔离。

(2) DMZ 区

① 部署网银 Web 服务器、门户 Web 服务器、RA 服务器。

② 部署 IPS，为 Web 服务器提供深层安全保护。

③ 部署 SSL 卸载与服务器负载分担设备，优化 HTTPS 响应速度并保证 Web 业务的可用性。

④ 部署 Web-APP 边界防火墙，实现 DMZ 与网银业务区的隔离。

(3) 网络银行业务区

① 部署网银 APP 服务器、网银 DB 服务器、验签服务器。

② APP 服务器前可部署服务器负载分担设备，用于业务优化和提高可用性。

③ APP 服务器与 DB 服务器间可部署防火墙实现访问控制。

④ 部署内网边界防火墙，实现网银业务区与数据中心服务器区间的隔离。

(4) 数据中心内网区

① 部署综合业务系统主机、网银前置（或 ESB 系统）服务器、网银管理服务器。

② 采用"核心—边缘"分区模块化架构，各服务器区围绕网络核心区部署，各服务器区与网络核心区之间通过防火墙进行访问控制。

5. 网上银行的功能

无论是国外已经发展成熟的还是国内刚刚起步的网上银行，其功能一般包括银行业务项目、网上银行服务、信息发布和商务服务等部分。

(1) 银行业务项目

主要包括家庭银行（储蓄业务）、企业银行（对公业务）、信用卡业务、国际业务、各种支付、信贷及特色服务等传统的银行业务功能。

① 家庭银行（Home Banking）

为用户提供方便的个人理财渠道，包括网上开户、清户、账户余额、利息的查询、交易历史查询、个人账户挂失、电子转账、票据汇兑等。

② 企业银行（Firm Banking）

为企业或团体提供综合账户业务，包括查阅本企业或下属企业账户余额和历史业务情况；划转企业内部各单位之间的资金；核对调节账户，进行账户管理等服务；电子支付职工工资；了解支票利益情况，支票挂失；将账户信息输出到空白表格软件或打印诸如每日资产负债表报告、详细业务记录表、银行明细表之类的各种金融报告或报表；通过互联网实现支付和转账等。目前中国银行推出的"企业在线理财"就属于这类业务。

③ 信用卡业务

包括网上信用卡的申办、信用卡账户查询、收付清算等功能。与传统的信用卡系统相比，网上信用卡更便捷。例如，用户可通过 Internet 在线办理信用卡申请手续；持卡人可通过网络查询用卡明细；银行可定期通过电子邮件向用户发送账单，进行信用卡业务授权，清算，传送黑名单，紧急止付名单等。

④ 各种支付

提供数字现金、电子支票、智能卡、代付或代收费等网上支付方式，以及各种企业间转账或个人转账,如同一客户不同账号间,包括活期转定期、活期转信用卡、信用卡转定期、银行账户与证券资金账户之间的资金互转等。

⑤ 国际业务

包括国际收支的网上申报服务、资金汇入、汇出等。目前国内的企业可向中国银行总行申请办理此项业务国际收支申报。

⑥ 信贷

包括信贷利率的查询、企业贷款、个人小额抵押贷款的申请等。银行可根据用户的信用记录决定是否借贷。

⑦ 特色服务

主要是指通过 Internet 向客户提供各种金融服务,如网上证券、期货、外汇交易、电子现金、电子钱包以及各种金融管理软件的下载等。目前国外银行从存贷差中获取的利润已不足 50%,其余的都来自于各种在线服务回报。从整个银行业的发展趋势来看,提供在线服务将成为未来银行利润的主要来源。在香港地区有 4 000 多家企业用户的汇丰银行目前以每月最低 2 000 元港币的租金向这些企业提供银行在线服务,仅此一项每月的收入就近千万元。

(2) 商务服务

商务服务主要提供资本市场、投资理财和网上购物等子功能。对资本市场来说,除人员直接参与的现金交易之外的任何交易均可通过网上银行进行。投资理财服务可通过客户主动进入银行的网站进行金融、账户等的信息查询以及处理自己的财务账目;也可由网上银行系统对用户实施全程跟踪服务,即根据用户的储蓄、信贷情况进行理财分析,适时地向用户提供符合其经济状况的理财建议或计划。在网上购物方面,网上银行可以网上商店的形式向供求双方提供交易平台,商户在此可建立自己的订购系统,向网上客户展示商品并接受订单,商户在收到来自银行的客户已付费的通知后即可向客户发货;客户可进入银行的网上商店,选购自己所需的商品,并通过银行直接进行网上支付,这种供求双方均通过网上银行这一中介机构建立联系和实现收支,降低了交易的风险度。

(3) 信息发布

目前网上银行所发布的信息主要包括国际市场外汇行情、对公利率、储蓄利率、汇率、证券行情等金融信息,以及行史、业务范围、服务项目、经营理念等银行信息,使客户能随时通过 Web 网站了解这些信息。

5.3.4 网络银行的运营模式

网上银行运营的模式有两种。

一种是完全依赖于互联网的无形的电子银行,也叫"虚拟银行"。所谓虚拟银行就是指没有实际的物理柜台作为支持的网上银行,这种网上银行一般只有一个办公地址,没有分支机构,也没有营业网点,采用国际互联网等高科技服务手段与客户建立密切的联系,提供全方位的金融服务。以美国安全第一网上银行为例,它成立于 1995 年 10 月,是在美国成立的第一家无营业网点的虚拟网上银行,它的营业厅就是网页画面,当时银行的员工只有 19 人,主要的工作就是对网络的维护和管理。

另一种是在现有的传统银行的基础上,利用互联网开展传统的银行业务交易服务。即传统银行利用互联网作为新的服务手段为客户提供在线服务,实际上是传统银行服务在互联网上的延伸,这是网上银行存在的主要形式,也是绝大多数商业银行采取的网上银行运营模式。

5.3.5 网络银行的支付网关

1. 支付网关的概念

支付网关(Payment Gateway)是银行金融网络系统和 Internet 网络之间的接口,是由银行操作的将 Internet 上传输的数据转换为金融机构内部数据的一组服务器设备,或由指派的第三方处理商家支付信息和顾客的支付指令。

2. 支付网关的作用

支付网关可确保交易在 Internet 用户和交易处理商之间安全、无缝的传递,并且无须对原有主机系统进行修改。它可以处理所有 Internet 支付协议、Internet 安全协议、交易交换、信息及协议的转换以及本地授权和结算处理。另外,它还可以通过设置来满足特定交易处理系统的要求。离开了支付网关,网络银行的电子支付功能也就无法实现。

3. 支付网关的组成结构

支付网关是金融专用网与公用网之间的接口,是金融网的安全屏障,其结构主要由以下几个模块组成:

(1) 主控模块;
(2) 通信模块;
(3) 数据处理模块;
(4) 数据库模块;
(5) 统计清算模块;
(6) 查询打印模块;
(7) 系统管理功能设计模块;
(8) 异常处理模块;
(9) 安全模块。

4. 支付网关的工作流程

(1) 商业客户向销售商订货,首先要发出"用户订单",该订单应包括产品名称、数量等一系列有关产品问题。

(2) 销售商收到"用户订单"后,根据"用户订单"的要求向供货商查询产品情况,发出"订单查询"。

(3) 供货商在收到并审核完"订单查询"后,给销售商返回"订单查询"的回答。基本上是有无货物等情况。

(4) 销售商在确认供货商能够满足商业客户"用户订单"要求的情况下,向运输商发出有关货物运输情况的"运输查询"。

(5) 运输商在收到"运输查询"后,给销售商返回运输查询的回答,如有无能力完成运输,及有关运输的日期、线路、方式等要求。

(6) 在确认运输无问题后,销售商即刻给商业客户的"用户订单"一个满意的回答,同时要给供货商发出"发货通知",并通知运输商运输。

(7) 运输商接到"运输通知"后开始发货,商业客户向支付网关发出"付款通知"。

(8) 支付网关向销售商发出交易成功的"转账通知"和银行结算票据等。

(9) 销售商收到通知,并且确认信息正确。

(10) 达成交易。

5. 支付网关的功能

将 Internet 传来的数据包解密,并按照银行系统内部的通信协议将数据重新打包;接收银行系统内部传回来的响应消息,将数据转换为 Internet 传送的数据格式,并对其进行加密。即支付网关主要完成通信、协议转换和数据加解密功能,以保护银行内部网络。具体地说,银行使用支付网关可以实现以下功能:

(1) 配置和安装 Internet 支付能力。

(2) 避免对现有主机系统的修改。

(3) 采用直观的用户图形接口进行系统管理。

(4) 适应诸如扣账卡、电子支票、电子现金以及微电子支付等电子支付手段。

(5) 提供完整的商户支付处理功能,包括授权、数据捕获和结算及对账等。

(6) 通过对 Internet 上交易的报告和跟踪,对网上活动进行监视。

(7) 通过采用 RSA 公共密钥加密和 SET 协议,可以确保网络交易的安全性。

(8) 使 Internet 的支付处理过程与当前支付处理商的业务模式相符,确保商户信息管理上的一致性,并为支付处理商进入 Internet 交易处理提供机会。

(9) 可以进行冲正引擎设置。

5.3.6 网络银行的安全控制

安全性是网上银行面临的最严峻的考验,如何做好网上银行的交易安全控制,不仅是各大网络银行自身应该解决好的问题,作为用户也要懂得如何通过一些有效措施,尽可能做到网上银行的交易安全。

(1) 在一个安全的计算机里操作和使用网络银行

这是一个安全使用网络银行前提,对于大多数企业用户来说可以使用一台专用计算机,除了操作和使用网络银行外,不做其他用途,同时封闭计算机的各种输入输出设备,如软驱、光驱和 USB 口,防止感染病毒。但是对于大多数只拥有一台计算机的家庭和个人用户来说,就比较困难,此时可以采取系统还原方式来实现,而且计算机操作系统建议使用安全性较高的系统,将厂家提供的各种驱动程序安装后,打上各种安全补丁,再装好最新的正版杀毒软件,确保计算机没有病毒后,将银行提供的网络银行软件或插件补丁装上,最后,可以使用 Ghost 软件做一个系统备份,做即时还原。在每次使用网络银行前,先将系统还原,在使用网络银行完毕后,再做一次系统还原,确保计算机中没有任何自己的网络银行信息。

(2) 不定期和不断修改个人的网络银行密码

在每次或每天做过网络银行交易后,立即更换密码,或者每周至少修改一次网络银行的密码。绝对不要将个人的网络银行的密码或账号以电子文档储存在自己计算机中或电子邮箱中。

(3) 采用双账户管理个人的网络银行支付交易

在直接支付账户中不留钱或少留钱,在支付交易前才将交易的等额资金转到支付账户中进行交易。

(4) 进行病毒实时监控

在进行网上银行交易时,开启杀毒软件的病毒实时监控功能,防止木马病毒,尽可能拒绝一些商务网站上的各种插件,防止恶意网站窃取自己的网络银行信息。

(5) 提高计算机系统的安全级别

提高计算机系统的安全级别,包括系统密码设置和权限等,监测网络数据传输和数据流量,防止远程入侵和被远程遥控。

(6) 关闭其他网上通道

在进行网上银行交易时,关闭 QQ 等即时聊天工具,防止被远程遥控和远程窥看。

(7) 安装防火墙软件,并设置最高安全级别

安装防火墙软件,防止某些恶意软件或木马软件泄露信息。

(8) 使用安全级别较高的 USBKey

在进行网上银行交易时,尽可能使用安全级别较高的 USBKey,并限制无 USBKey 情况下的交易额度或禁止无 USBKey 情况下的交易。在登录网上银行时,注意银行的网址有无改变,注意前一次的登录时间有无异常,发现异常情况立即采取措施或拨打银行的服务电话。

(9) 注意账户数据变动

现在一些银行提供了客户账户数据变动短信通知的服务,这项服务可以使客户及时发现账户数据异常变动情况,及时避免更大的经济损失。

(10) 防范钓鱼网站

钓鱼网站一般有两类:一类是伪装成网上银行,诱骗受害者登录窃取客户信息;另一类是伪装成商业网站或干脆是骗子开设的商业网站,在进行网上银行交易时,需要注意在支付时,客户是否是在开户银行的网上银行系统进行支付交易,另外,网页上客户预留的网上银行验证信息是否正确,发现异常立即停止交易并拨打银行的服务电话。有些钓鱼网站的网页插件应该拒绝安装,或登录这些网站时就会中毒,杀毒软件出现病毒提示,最好远离这些网站,不要与之发生交易,防止上当。

5.3.7 我国网络银行发展需解决的几个问题

我国网络银行的发展目前还面临着许多困难及问题。面对明显不相适应的经营环境,现阶段我们必须以战略眼光从长远角度来看待发展,既不能急于求成,也不能消极等待。

(1) 确立我国网络银行发展的战略目标

根据发达国家银行业的实践经验,网络银行可以实现以下主要目标值:降低成本、增加赢利,确立银行的企业形象,改善客户服务手段,提高金融创新速度,吸引客户,扩大市场占有率,提高工作效率等。

(2) 确立传统银行与网络银行并行发展的战略

现阶段我们应该把传统银行与网络银行并行发展作为发展战略。由于网络银行和传统银行各有优缺点,两者将会作为同一银行的不同平台共存。前者提供了经济、有效的平台,可以向客户提供超越时空的"AAA"式服务,而后者则允许客户与银行之间的直接接触。

(3) 确立网络银行的科技发展战略

科技应用水平能否快速提高是决定网络银行能否进一步发展的重要因素。尽管我国银行现在普遍采用国际一流的计算机及网络设备,但我国网络银行的技术应用水平还不高,主要表现在网络银行系统与传统的后台业务系统的集成化程度较低。同时网络安全技术还有待进一步提高,网络银行的建设也缺乏系统规划意识,这都阻碍了其进一步发展。

5.4 云银行

5.4.1 云银行的概念

云银行可以理解为通过云计算与互联网技术建立的一个智能化的开放平台,银行可以在云银行平台发布金融服务以及社会各行各业的信息,将运营模式从以产品为核心转变为以服务为核心。客户只需用 PC 或手机等移动终端,通过互联网连接云银行平台,进入金融超市,就可以购买或免费得到银行提供的金融服务和其他服务,建立"我的银行",即一个网页或手机客户端就是一家银行。目前,虽然云银行的规模、数量、成熟度尚处于起步阶段,但是互联网技术的飞速发展和互联网金融日趋升温,使云银行的发展势不可当。

5.4.2 云银行的产生和发展

1. 云银行的产生原因

云银行的出现看似突然,但究其原因主要是云计算技术的日趋成熟和互联网金融的发展。

(1) 云计算技术的日渐成熟

近几年来,有关云计算、云智能等云概念成为人们热议的话题。云计算应用在给企业和个人的工作、生活带来巨变的同时,促进了银行业务方式的变革,增强了银行 IT 的数据保护能力、错误容忍度和灾备的恢复能力,降低了业务成本,给银行带来了显著的收益。我们认为,云计算将为国内银行带来传统经营方式的颠覆性变化和客户体验的革命性变革。抓住机遇者将可能在行业中获得更大增长空间。

云计算对银行产生的影响具体体现在以下几个方面。

① 云的架构技术给银行业务增加了非常多的新功能,如说同城迁移、租户隔离、快照恢复等;同时运维方式也带来了新的变化,对业务部门的协作也带来了变化,能够发挥大数据的优势,数据信息能够被广泛访问。云架构下,服务有了新的体验,用户可以对资源进行申请、管理,简单便捷;云架构也使得底层的架构发生了改变,保证弹性扩展和灵活调度。

② 云计算本身能够实现银行资源的集中化,提高资源的利用率,同时能够实现资源的一体化,统一管理,统一灾备,使银行业务部门极大地解放生产力。

③ 降低成本,提高效率,使用融合的银行金融计算资源,提高银行金融资源的利用率。以转账等为例,单笔支付的系统成本从传统 IT 架构的几毛钱降低到了 1 分钱,单账户成本降低到传统体系的几十分之一,单笔贷款的成本也只需要不到 1 元,从而让金融机构为用户提供无手续费转账、免小额账户年费的服务。

④ 云计算技术将各种计算存储和网络资源进行整合,形成虚拟化的金融数据中心,对用户提供虚拟化的资源。针对各不同层级的业务需求为客户提供服务。

⑤ 在资源调度方面,通过自动化的手段进行资源的分配,以应对时间上高峰期和低峰期的时间要求,尤其针对银行证券交易业务。

(2) 互联网理财崛起迫使银行转型云银行

2013 年,蚂蚁金服旗下的余额增值服务和活期资金管理服务余额宝的横空出世,被普遍认为开创了国人互联网理财元年,同时余额宝已成为普惠金融最典型的代表。上线一年后,它不仅让数以千万从来没接触过理财的人萌发了理财意识,同时激活了金融行业的技术与创新,并推动了市场利率化的进程。如今,余额宝已不仅是国民理财"神器",还在不断进入各种消费场景,为用户持续带来微小而美好的变化。

2014年以来,余额宝先后推出了零元购手机、余额宝买车等项目,让余额宝用户能够享受特殊的优惠权益,也看到了余额宝在消费领域的想象力。

2015年3月,余额宝又首创买房用途,这是余额宝在消费场景上的一次大突破,也是房地产行业首次引入互联网金融工具。当时,方兴地产联合淘宝网上线了余额宝购房项目,在北京、上海、南京等十大城市,放出了1132套房源支持余额宝购房:买房者通过淘宝网支付首付后,首付款将被冻结在余额宝中。在正式交房前或者首付后的3个月,首付款产生的余额宝收益仍然归买房人所有。这意味着,先交房再付款,首付款也能赚收益了。

正是由于余额宝的横空出世,拓展了大众理财的渠道,在余额宝强大的资金聚拢效应影响下,各大银行纷纷推出类余额宝产品以应对挑战,比如平安银行推出"平安盈"、民生银行推出"如意宝"、中信银行联同信诚基金推出"薪金煲"、兴业银行推出"兴业宝"和"掌柜钱包"等。这些银行系"宝宝"军团,多为银行与基金公司合作的货币基金。不过,"宝宝"军团的出现,并未影响到余额宝中国第一大货币基金的地位。据3月底天弘基金公布的2015年年报显示:余额宝在2015年净利润为231.31亿元。这一数据在2014年约为240亿元,2013年约为179亿元。截至2015年12月31日,余额宝份额净值收益率为3.6686%,同期业绩比较基准收益率为1.3781%。

余额宝理财模式的横空出世正式拉开了互联网金融进攻传统银行业的大幕。业内普遍认为,互联网金融的快速发展对于传统银行业特别是银行理财领域而言存在较大冲击,未来3~5年银行将迎来经营格局的改变,商业银行必须以全新的市场思维进行商业模式和服务模式的革新。余额宝的推出,使得银行的转型更加迫切,也提出了更高的要求和压力。对于银行而言,互联网理财无疑是一场全新的渠道革命。为摆脱做"21世纪最后恐龙"的命运,商业银行并没有坐以待毙。在其他渠道体系的冲击下,传统的银行大佬们也开始"放下身段",积极探索互联网领域的一系列新的尝试,在大力推动自身的金融互联网化的同时,积极谋划与互联网企业的合作,开始"两条腿并行"。事实上,银行交易从线下向线上移动的趋势越来越明显,银行正试图利用"云银行"应对互联网金融对传统业务的挑战。

2. 云银行的发展趋势

2014年12月16日,阿里云计算宣布邢台银行的银行业务已完成上云部署,这意味着邢台银行成为国内首家将关键业务放到公共云平台上的银行。

2015年6月25日,阿里巴巴集团董事局主席马云与嘉宾及网商银行股东一起为网商银行开业揭幕,中国第一家完全跑在"云"上的银行——浙江网商银行正式开业。这是中国首家将核心系统架构在金融云上的没有实体店的纯互联网银行,基于金融云计算平台研发的银行核心系统,让浙江网商银行拥有处理高并发金融交易、海量大数据和弹性扩容的能力,利用互联网和大数据的优势,给更多小微企业提供金融服务。这打破了人们对传统银行的认识,也让其运作有别于常人眼中的银行。庞大的信贷员队伍是传统银行开展业务的基础,从银行发布的财报来看,几家大型银行的员工数都超过10万人。浙江网商银行却是一家没有信贷员的银行。目前网商银行员工数只有300人,这其中的2/3为时下最紧俏的人才——数据科学家,而传统银行中数量最为庞大的信贷员在这里的数量为零。浙江网商银行为中国乃至世界开启了"云银行"的序幕。

2016年在云计算以"互联网+"的姿态席卷各个传统行业的潮流下,来自蚂蚁金服金融云业务部门的预测是,银行业等传统金融机构到2025年将有望将全部业务架构在云端,全面实现"上云"。而在银行业缓慢地尝试云计算改造的同时，一些第三方金融服务商已经迅速向云计算张开双臂。

2016年8月，中国银监会发布《中国银行业信息科技"十三五"发展规划监管指导意见（征求意见稿）》。在这份报告中，银监会要求到"十三五"末期，银行业面向互联网场景的重要信息系统全部迁移至云计算架构平台，其他系统尽可能上云。这意味着金融业将迈入全面云化的时代，对于银行来说，信息系统的云化已经不再是一个可选项，而是一个必然趋势，云银行的发展将迈上一个新的台阶。

5.4.3 云银行的特点

(1) 虚拟性

云银行建立在互联网上，突破了时间、空间的限制，客户只要登录云银行平台，就可以随时随地享受到银行的金融服务。

(2) 开放性

云银行是一个开放式的平台，这使银企合作更加密切。银行在研发和创新金融服务的同时，与第三方的合作也将更加频繁，将大量专业性很强、数据量很大、实时性要求很高的服务部署在云端，根据授权让客户轻松获取、灵活应用。

(3) 平等性

基于互联网的云银行其边际传播成本趋于零，为所有银行提供了一个平等创新的平台，小银行与大银行一样可以通过云平台进行创新，并随时将创新服务发布并延伸到全球任何一个角落，提高了银行的知名度和品牌价值，摆脱了网点少的束缚。

(4) 社区性

云银行是SNS(Social Networking Services,社会性网络服务)模式的社区银行，银行工作人员在与接入社区的客户交流的同时，可以让客户学习到金融知识，体验到个性化的金融服务，完成金融服务的营销，发展客户群。

(5) 创新性

更加开放、灵活的云技术应用，让银行的产品、服务以及管理创新更加个性化、多样化，更加符合市场和客户的要求，从而提升客户体验。银行可以随时把每一个金融产品作为一个应用服务放在云平台上，供客户按需下载和使用。

(6) 集中性

云银行不再是单一提供金融服务的机构，而是以银行基本职能为中心，广泛连接世界万千企业、政府和亿万个人的超级云计算中心，客户一点接入便可联通世界，享受银行提供的金融服务和其他服务。

(7) 收益性

与物理网点相比，以电子渠道服务为主的云银行业务运营模式减少了银行和客户的交易成本，相应地提高了收益。

(8) 移动性

网络信息时代的云银行可以提供移动金融服务，满足了客户在上下班和旅行途中办理金融业务的需求。

(9) 智能性

云银行为客户提供360°全方位的信息查询、资产负债分析、投资分析等服务，还可根据客户风险偏好和要求，在不同时期提供不同的理财方案，并根据市场变化提供智能化的投资策略。

(10) 知识性

云银行可以聚集四面八方的信息,全面采集、及时加工有价值的资讯信息,建立信息库,为客户提供百科全书式的知识咨询。

5.4.4 云银行的业务运营模式

(1) 以 Connect 为主

伴随互联网技术的发展,人们也从 Link 转向 Connect,形成了"一对多"的连接格局,客户通过 PC 或移动终端可以同时与国内外多家银行连接,逐步形成"品牌—用户感知—产生兴趣—行动—与银行建立连接—交互沟通—购买银行产品—体验银行服务—分享"的运营模式。

(2) 电子货币支付

云银行使用的结算货币将不再是贵金属货币,而是信用凭证货币。中央银行将不再发行纸质货币,而是运用特定的方式发行电子货币。现金交易将退出市场,取而代之的是电子货币支付。

(3) 业务在交互沟通中完成

SNS、QQ、微博、微信、语音识别技术等互联网信息时代交流沟通手段的广泛应用,建立了一种新的云银行客户服务体系。银行在帮助客户完成业务操作的同时,可以倾听客户的意见,了解和掌握客户的想法和需求,及时采取相应措施,帮助客户解决问题,提升客户的满意度和忠诚度。

(4) APP Store 商业模式得到广泛应用

APP Store(Application Store,应用商店)是苹果公司在 2009 年提出的概念,客户可以在 APP Store 中浏览和下载应用程序,以满足自身个性化的需求。云银行也是一个 APP Store,银行在这一开放的平台建立标准化的业务处理流程,将新产品、投资理财方案、培训课程、理财工具、模拟交易市场等放在上面,供广大客户下载、使用、评分,并提出自己的建议。同时,客户也可以把自己好的想法形成方案放在 APP Store 中供大家使用。APP Store 模式用一种新的知识传播方式,实现了娱乐与教育、娱乐与营销的结合,让客户在与银行在线连接和愉快体验中,学习金融知识,了解银行产品的性能和业务操作流程,掌握电子银行自助渠道的操作方式。

(5) 管理精细化,产品个性化

云银行的智能化表现在:①服务智能。可以为客户提供 360°全方位的信息查询、分析和监控服务,对产品成本和收益、客户满意度和忠诚度以及客户生命周期进行分析,对客户贡献度进行计算并制订客户细分策略和优惠计划,更加有针对性地研发新产品,为一些特定的客户制订个性化服务方案。②财务智能。为公司及其分支机构提供财务赢利状况分析、现金管理分析、资产负债管理分析等。③营销智能。通过对营销活动、销售渠道、产品、客户行为和个性化服务的分析,及时调整销售策略,发现销售机会,提高营销的针对性。

(6) 银企合作更加广泛、密切

云银行平台与国内外亿万客户相互连接,为客户提供其所需的信息咨询、财富管理等多种服务,发展成为金融信息和社会信息中心。客户通过移动终端与云银行进行在线连接,就可以货比万家且不受地域限制,实现买家与卖家直接交易,减少中间环节,缩短交易时间,方便、快捷、安全地完成电子交易。

(7) 渠道集成互动给力

云银行将银行的物理网点和网上银行、手机银行、电视银行、电话银行、ATM、E-mail、短信、二维码等电子银行渠道有效地进行集成,充分发挥各渠道优势,运用微博、短信、SNS、QQ、微信等手段,建立一个可持续发展的金融服务营销管理体系,从目前的客户驱动型菜单式服务发展成为以客户为中心、以关系为纽带、以工具为基础、以应用为选择的主动服务。

(8) 办公在移动中完成

云银行的工作人员实现了远程信息化、自动化办公,办公地点不再局限在写字楼工作台前,在旅途中、家中、上下班的路上均可移动办公。

5.5 第三方支付

5.5.1 第三方支付的基础

1. 第三方电子支付平台概述

第三方支付平台是由非银行的第三方机构投资运营的网上支付平台。其通过通信、计算机和信息安全技术,在商家和银行之间建立连接,起到信用担保和技术保障的职能,从而提供从消费者到金融机构及商家之间货币支付、现金流转、资金清算、查询统计的平台。

第三方网上支付平台近几年发展极为迅速,到2015年中国第三方支付企业已达到270余家。根据艾瑞咨询统计数据显示,2015年中国第三方互联网支付交易规模达11.8万亿元,同比增速46.9%。宝付作为近年来崛起的第三方支付平台,2015年交易量1 000多亿元,逐步挺进国内一线支付企业阵营。

2. 第三方电子支付平台的运营模式

第三方支付使商家看不到客户的信用卡信息,同时又避免了信用卡信息在网络多次公开传输而导致的信用卡被窃事件。第三方支付一般的运营模式如下:

(1) 消费者在电子商务网站选购商品,最后决定购买,买卖双方在网上达成交易意向。

(2) 消费者选择利用第三方支付平台作为交易中介,用借记卡或信用卡将货款划到第三方账户,并设定发货期限。

(3) 第三方支付平台通知商家,消费者的货款已到账,要求商家在规定时间内发货。

(4) 商家收到消费者已付款的通知后按订单发货,并在网站上做相应记录,消费者可在网站上查看自己所购买商品的状态;如果商家没有发货,则第三方支付平台会通知顾客交易失败,并询问是将货款划回其账户还是暂存在支付平台。

(5) 消费者收到货物并确认满意后通知第三方支付平台。如果消费者对商品不满意,或认为与商家承诺有出入,可通知第三方支付平台拒付货款并将货物退回商家。

(6) 消费者满意,第三方支付平台将货款划入商家账户,交易完成;消费者对货物不满,第三方支付平台确认商家收到退货后,将该商品货款划回消费者账户或暂存在第三方账户中等待消费者下一次交易的支付。

3. 第三方平台支付模式的优缺点

(1) 第三方平台支付模式的优点

① 比较安全。信用卡信息或账户信息仅需要告知支付中介,而无须告诉每一个收款人,大大减少了信用卡信息和账户信息失密的风险。

② 支付成本较低。支付中介集中了大量的电子小额交易,形成规模效应,因而支付成本较低。

③ 使用方便。对支付者而言,他所面对的是友好的界面,不必考虑背后复杂的技术操作过程。

④ 支付担保业务可以在很大程度上保障付款人的利益。

(2) 第三方平台支付模式的缺点

① 这是一种虚拟支付层的支付模式,需要其他的"实际支付方式"完成实际支付层的操作。

② 付款人的银行卡信息将暴露给第三方支付平台,如果这个第三方支付平台的信用度或者保密手段欠佳,将带给付款人相关风险。

③ 第三方结算支付中介的法律地位缺乏规定,一旦该中介破产,消费者所购买的"电子货币"可能成了破产债权,无法得到保障。

④ 由于有大量资金滞留在支付平台账户内,第三方平台既有获得资金利息的优势,也存在资金保存的风险。

5.5.2 第三方支付的实现过程

在拍卖网站的交易过程中,由于买方不认识卖方,也不了解其信用水平,所以买方在拍得卖方的商品后,不是直接付款给卖家,而是将货款付给第三方支付平台。第三方支付平台收到货款后通知卖方货款收到、进行发货。在卖方发货后、买方确认收到货物前,由第三方支付平台替买卖双方暂时保管货款。直到买方在收到货物并验证货物无误之后,给第三方支付平台发出验货通知。然后第三方支付平台将货款转入卖方账户。如果买方发现货物存在问题,要求退货,第三方支付平台则将货款退回给买方。图 5-10 所示为买卖双方通过第三方电子支付平台交易的流程。

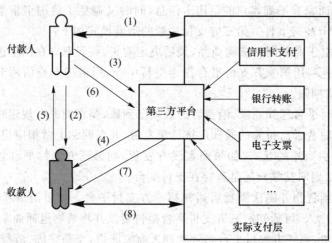

图 5-10 买卖双方通过第三方电子支付平台交易的流程

(1) 付款人将实体资金转移到第三方支付平台的支付账户中。

(2) 付款人购买商品或服务。

(3) 付款人发出支付授权,第三方支付平台将付款人账户中相应的资金转移到自己的账户中保管。

(4) 第三方支付平台告诉收款人已经收到货款,可以发货。

(5) 收款人完成发货许诺或完成服务。

(6) 付款人确认可以付款。

(7) 第三方支付平台将临时保管的资金划拨到收款人账户中。

(8) 收款人可以将账户中的款项通过第三方支付平台和实际支付层的支付平台兑换成实体货币,也可以用于购买商品。

5.5.3 国内第三方支付产品

目前中国国内的第三方支付产品主要有 PayPal(易趣公司产品)、支付宝(阿里巴巴旗下)、财付通(腾讯公司,腾讯拍拍)、易宝支付(YeePay)、快钱(99bill)、百付宝(百度C2C)、网易宝(网易旗下)、环迅支付、汇付天下。

1. 支付宝

浙江支付宝网络技术有限公司〔原名支付宝(中国)网络技术有限公司〕是国内领先的独立第三方支付平台,是由前阿里巴巴集团 CEO 马云先生在 2004 年 12 月创立的第三方支付平台,是阿里巴巴集团的关联公司。支付宝致力于为中国电子商务提供"简单、安全、快速"的在线支付解决方案。

支付宝公司从 2004 年建立开始,始终以"信任"作为产品和服务的核心。不仅从产品上确保用户在线支付的安全,同时让用户通过支付宝在网络间建立起相互的信任,为建立纯净的互联网环境迈出了非常有意义的一步。

支付宝提出的建立信任,化繁为简,以技术的创新带动信用体系完善的理念,深得人心。短短三年时间,用户覆盖了整个 C2C、B2C 以及 B2B 领域。截至 2008 年 9 月 1 日,使用支付宝的用户已经超过 1 亿人,支付宝日交易总额超过 4.5 亿元,日交易笔数超过 200 万笔。目前除淘宝和阿里巴巴外,支持使用支付宝交易服务的商家已经超过 33 万家,涵盖了虚拟游戏、数码通信、商业服务、机票等行业。这些商家在享受支付宝服务的同时,更是拥有了一个极具潜力的消费市场。

2013 年 6 月 17 日,支付宝推出了余额宝。这是由国内首个第三方支付平台支付宝倾力打造的一项余额可以增值服务。用户把钱转入余额宝中,可以获得一定的基金收益,同时余额宝内的资金还能随时用于网上购物、支付宝转账等支付功能。余额宝具有操作流程简单、最低购买金额没有限制、收益高、使用灵活等特点。同年,余额宝成为中国基金史上首支规模突破千亿元的基金。

2. 财付通

财付通是腾讯公司于 2005 年 9 月正式推出专业在线支付平台,其核心业务是帮助在互联网上进行交易的双方完成支付和收款。致力于为互联网用户和企业提供安全、便捷、专业的在线支付服务。个人用户注册财付通后,即可在拍拍网及 20 多万家购物网站轻松进行购物。财付通支持全国各大银行的网络银行支付,用户也可以先充值到财付通,享受更加便捷的财付通余额支付体验。

3. 快钱

快钱是国内领先的独立第三方支付企业,旨在为各类企业及个人提供安全、便捷和保密的综合电子支付服务。目前,快钱是支付产品最丰富、覆盖人群最广泛的电子支付企业,其推出的支付产品包括但不限于人民币支付、外卡支付、神州行卡支付、联通充值卡支付、VPOS 支付等众多支付产品,支持互联网、手机、电话和 POS 等多种终端,满足各类企业和个人的不同支付需求。

以上三种第三方支付产品是近几年来用户使用比较普遍,也是占第三方支付市场份额比较大的产品。但是,由于移动互联网的快速发展,各第三方支付公司间的竞争日趋激烈。图 5-11 所示为艾瑞咨询公司对 2015 年度第三方支付产品支付交易规模市场份额的统计。数据显示,2015 年支付宝互联网交易规模增速有所放缓,市场份额较 2014 年下降到 47.5% 的比例,PC 端的用户黏性不断下降;财付通金融战略升级,构建开放合作平台,依托微信和 QQ 社交工具,拓展支付场景,将移动支付与互联网支付相结合,为用户进行全方位的支付理财服务,并取得了较不错的成绩,市场份额占 20%;快钱的市场份额没有明显增幅,占 6.9% 的比例;京东拥有以支付为基础的七大业务线,结合自身电商优势,加快互联网金融的布局,拓展京东金融版图,支付市场份额占 2.0%,未来将更具发展潜力;P2P 行业面临行业监管和规范化发展,但整体交易规模仍呈现出较高增长,汇付天下、易宝支付及宝付因此获得较快增长;作为电商巨头之一的苏宁,也在积极拓展金融板块,易付宝作为其底层支付,获得较快的发展,市场份额占 1.2%。

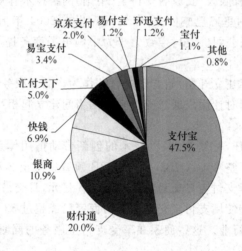

图 5-11　艾瑞咨询公司 2015 年度第三方支付产品支付交易规模市场份额

5.5.4　国外第三方支付产品

1. PayPal 全球支付平台霸主

PayPal 是目前全球最大的在线支付提供商,成立于 1998 年 12 月,总部在美国加州圣荷西市,全球有超过 1 亿个注册账户,是跨国交易中最有效的付款方式。任何人只要有一个电子邮件地址,就可以方便而安全地使用 PayPal 在线发送和接收付款,避免了传统的邮寄支票或者汇款的方法。支持 190 多个国家和地区的交易,支持 20 多种币种,PayPal 快速、安全、方便,是跨国交易的理想解决方案。

2. 荷兰的 GlobalCollect 支付产品

GlobalCollect 是世界顶级的支付服务供应商,为国际客户无卡业务类型(如互联网、邮件和电话订单)提供本地电子支付解决方案。GlobalCollect 拥有可升级的在线支付平台,在 200 多个国家提供 170 种货币的本地支付,能实现商家的全球雄心,在世界范围内拓展电子商务活动。同时,GlobalCollect 是电子支付行业的先行者,拥有 14 年的丰富经验,它独立于银行,拥有全球最大的收单行、银行和替代性支付供应商网络。GlobalCollect 确实很强大,但其运营模式注定了解他们的人不会很多。他们只做大客户,因此申请 GlobalCollect 门槛很高,需要提供百万美金的财务报表,各种审核过程也是极其烦琐,每月有数千美金的最低消费。

3. 美国的 Google Checout 支付产品

Google 2006 年推出自己的支付系统 Checkout,作用类似于 PayPal,网上零售商将 Checkout 系统整合到自己的支付平台,在线购买者可以通过它实现安全付款。完成每次支付后,Google Checkout 向商家收取 0.20 美元的手续费以及交易商品价格 2% 的费用。目前,美国超过 90% 的零售商注册了 Google Checkout 服务,只有美国能申请用于收款的商家账号。

4. 英国的 worldpay 支付产品

Worldpay 是皇家苏格兰银行的一个子公司,成立于 1993 年,总部设在英国剑桥,该付款方式,支持多币种,支持多种信用卡,如 Mastercard、Visa、Visa Purchasing、Visa Delta、Visa Electron、Maestro,在英国 Worldpay 也是一种常用的在线支付方式。

5. 澳大利亚 eWAY 支付产品

eWAY 是澳大利亚所有在线支付工具中支持最多的 Shopping Carts。它共分两种账户类型:eBussiness Saver Plan(支持信用卡)和 eBussiness Standard Plan(支持信用卡、借记卡)。

5.5.5 第三方支付的发展

我国的第三方支付还处于非常浅显的萌芽状态,在这种状况下,目前的第三方支付还存在着一些问题,大致有以下几个方面。

(1) 第三方支付存在着安全隐患

一般用户的支付信息在银行这个环节是非常安全的。现在银行数据系统的安全措施很严,要想攻破它是不太可能的,而且电子交易在传输用户账号信息时都是加密的,即使被截获也很难破译。但第三方支付却存在着安全隐患。比如,在第三方支付那里保存着大量的用户支付信息,如果第三方支付服务器数据库被攻破,将导致用户账号信息泄露。2003 年由于第三方处理器泄漏了数据,全美多达 500 万 Visa 和万事达信用卡信息被盗。

2014 年 6 月,由于一家第三方支付数据处理公司的安全缺陷,使得约 4 000 万张各种品牌信用卡的资料被泄露,有人甚至在网上公开出售信用卡信息。这些案例提醒我们,第三方支付平台的安全性是网上支付中首要的安全性问题,只有第三方支付平台的安全性提高了,整个网上支付才有了真正意义上的安全可言。

(2) 第三方支付还不适宜在 B2B 中进行

现今第三方支付在 B2C、C2C 中已经得到了成功的运用,这也是第三方支付得以快速发展的主要原因,但在 B2B 中,第三方支付的推广遇到了阻力。目前的第三方支付平台不仅作为一个支付缓冲,而且还介入具体的交易纠纷中,通过第三方支付平台处理商业纠纷。这就意味着在网上交易中大量的钱沉淀了下来,同时有大量的资金流入和流出,这种资金是没有利息的。在 B2B 模式下采用第三方支付方式,供应商将会有大量的资金沉淀在第三方支付服务商处,等到采购商获得商品并确认后,资金才可流入企业。一般企业在 B2B 中不会使用第三方支付方式,财务人员更重视资金占用的时间成本,调节资金的流动和资金的收益。而第三方支付的资金的时滞性将阻碍其在 B2B 中的发展。

(3) 第三方支付平台缺乏独立性

我国的第三方支付平台大多与网络经销商或网络商务平台捆绑在一起,用户在一个网络商务平台购物时,必须要使用该网络商务平台提供的第三方支付平台,而在另一个网络经销商或网络商务平台处购买商品时又必须要使用指定的第三方支付平台。对于用户来讲,需要在众多的第三方支付平台上频繁注册,才可能顺利地实现支付,这给用户带来了不必要的麻烦,用户需要记住大量的第三方支付平台注册信息。解决这一问题的方法有两种:一是统一标准,实现第三方支付平台真正的互联互通；二是建立一个独立的第三方支付平台。在这方面已经有第三方支付服务公司进行着尝试。相信不久的将来，用户不用再这么辛苦地在几个账户之间来回试了。

(4) 第三方支付平台缺乏安全性

由于第三方网上支付机构对交易双方的身份认证难以确切核实，不掌握交易的因果性，很难辨别资金的真实来源和去向，如果缺乏严格的风险预警和控制机制，第三方网上支付系统很可能成为不法分子非法转移资金、套取现金及洗钱的便利工具。此外，许多信用卡支持虚拟账户充值功能，买卖双方可以通过制造虚假交易，利用第三方网上支付系统由付款方通过信用卡透支消费，收款方收到款项后提现，从而规避有关的利息费用，无偿占用银行的信用资金，而且这笔贷款无任何使用限制，存在极大的安全隐患。

(5) 个人隐私和消费者权益保护风险

互联网的虚拟性、开放性、技术性、数字化等是网络隐私安全问题产生的最重要根源。由于从事网络活动而留下的信息具有一定的商业价值，因此网络环境下的个人资料就具有了隐私权和财产权的双重属性，一旦资料被泄露并被不法分子利用，就有可能造成严重的经济损失。

5.6 移动支付

5.6.1 移动支付的概念

从2002年开始，移动电子支付(简称移动支付)就已成为移动增值业务中的一个亮点。移动支付作为一种崭新的支付方式，具有方便、快捷、安全、低廉等优点，将会有非常大的商业前景，而且将会引领移动电子商务和无线金融的发展。移动支付的最大特色就是它在操作上的便捷。这一支付方式不仅大大方便了消费者，而且必将引起商业领域的深层变革。

手机付费是移动电子商务发展的一种趋势，它包括手机小额支付和手机钱包两大内容。手机钱包就像银行卡，可以满足大额支付，它是中国移动通信公司近期的主打数据业务品牌，通过把用户银行账户和手机号码进行绑定，用户就可以通过短信息、语音、GPRS等多种方式对自己的银行账户进行操作，实现查询、转账、缴费、消费等功能，并可以通过短信等方式得到交易结果通知和账户变化通知。

5.6.2 移动支付的特点与优点

1. 移动支付的特点

(1) 支付灵活便捷。用户只要申请了移动支付功能，便可足不出户完成整个支付与结算过程。

(2) 交易时间成本低，可以减少往返银行的交通时间和支付处理时间。

(3) 利于调整价值链，优化产业资源布局。移动支付不仅可以为移动运营商带来增值收益，还可以为金融系统带来中间业务收入。

2. 移动支付的优点

与传统支付手段相比，移动支付操作简单、方便快捷，简单得会发短信就会操作，快捷得只用短信把数据传送到各发卡银行,很快就能收到处理结果。有了移动支付,用户再也不用满大街去找 ATM 了,点击键盘即可轻松完成一笔交易。而且,凭借银行卡和手机 SIM 卡的技术关联,用户还可以用无线或有线 POS 打印消费单据,付出多少,结余多少,明明白白,一目了然。

5.6.3 移动支付的原理

典型的移动支付模式,一般需要第三方支付的配合,如微信支付、支付宝支付,如图 5-12 所示。第三方支付在电子商务中可以起到担保作用;可以集成众多银行,且不用开通网上银行和手机银行也能进行支付,方便快捷可以节约交易成本。移动支付表面上是把支付终端从计算机端向手机端等转移,但就是这一转移,可能会导致支付领域的革命性变革,因为支付是货币在不同账号之间的转移,支付本身就蕴含移动的意思,而手机等终端最大的优势也是可移动性,二者不谋而合,移动支付与第三方支付的融合,放大了这一优势。

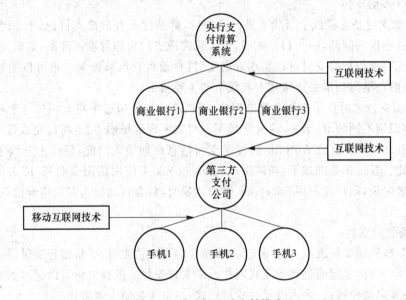

图 5-12 典型的移动支付模式

5.6.4 移动支付的模式

根据移动支付的距离远近,我们把移动支付分为近场支付、远场支付以及连接线上与线下的 O2O 移动支付模式。远场支付主要有网上购物支付、各种缴费等;近场支付主要用于交通支付、超市购物等;而 O2O 移动支付模式则是介于近场支付与远场支付之间的一种移动支付模式,既包括了远场支付(如网上团购),也包括了近场支付(如自动售货机购物),主要目的在于通过支付实现线上与线下的闭环,典型代表有扫描支付。

(1) 近场移动支付

近场支付大部分情况可以离线交易,不需要联网。典型代表有 NFC 移动支付(谷歌钱包)。如果是基于 LBS 技术的近场支付,则需要网络来配合,典型代表如支付宝的"碰碰刷",用户双方同时"摇一摇"手机,就能找到对方账号并进行快速支付,不再需要手动输入对方支付宝账号。当然"碰碰刷"也可以通过 NFC 技术"滴"一下,即可找到对方,前提是双方手机都具有 NFC 功能。

近场移动支付主要基于如下技术：一是 LBS 技术，指基于位置的服务，是由移动网络和卫星定位系统(GPS)结合在一起提供的一种增值业务。利用移动网络与移动终端的配合，来获取移动终端用户的位置信息。二是 NFC 技术，指近场通信。三是 RFID，指射频识别技术，如翼支付的 RFID-UIM 卡，它是一种具有无线射频功能的手机卡。

此外，近场支付还有红外线、蓝牙等技术。但蓝牙和红外线普及程度不及 NFC，原因如下：一是蓝牙和红外线支付在手机没电的情况下，无法进行支付，而 NFC 支付则依然可以完成。二是蓝牙建立连接时间较长，红外线对视距要求比较苛刻，而 NFC 支付建立连接方便快捷。三是与 RFID 技术相比，NFC 具有距离近、带宽高、能耗低等特点，同时 NFC 技术增加了点对点通信功能，通信的双方设备是对等的，而 RFID 通信的双方设备是主从关系。

在移动支付混战的过程中，基于 NFC 的移动支付逐渐表现出一定的优越性。基于 NFC 的移动支付对终端的要求太高，其普及性受到一定影响。对此，基于 NFC 的移动支付可以和基于 LBS 的移动支付配合，提高其普及性，如支付宝的"碰碰刷"。

(2) O2O 移动支付

O2O 移动支付是连接线上与线下进行的支付，典型代表有扫描支付、基于 LBS 技术的移动支付。看见心仪的商品，扫一扫二维码，用手机完成支付后即可取走商品，这就是扫描支付，完全自主化。二维码扫描支付可以实现近场支付(自动售货机购物等)，也可以实现远场支付(团购等)，目前二维码扫描是连接线上与线下的主要纽带。

O2O 移动支付也可以手机刷卡器来完成，手机刷卡器是通过手机音频口与手机连接的移动配件(能够识别不同的 IC 卡)。这种终端不仅可以实现远场刷卡，也可以完成近场支付。

此外，Facebook 推出的 Autofill 的移动支付信息自动输入功能，使线上与线下的"互动"变得更加便捷。其运作原理如下：如果用户在 Facebook 上使用信用卡购买，那么用户的信用卡信息将会被记录，用户在使用 Facebook 账户购物时，将会自动导入其信用卡信息，使购物更加方便快捷。

(3) 远场移动支付

目前大多数移动支付表现为远场支付，典型代表有微信支付、手机银行支付、短信支付、语音支付、支付宝支付，主要通过移动互联网技术来实现支付。远程支付可以通过如下几种模式来实现：一是客户端模式；二是内嵌插件支付模式；三是手机刷卡器模式。

最后需要说明的是，上述三种分类方法，没有严格的界限，有些支付方式，既可以实现近场支付，也可以实现远场支付，还可以是 O2O 移动支付。上述三种移动支付模式的密切组合，可以实现近场近付、近场远付、远场远付。

5.6.5 移动支付的交易过程

从消费者购买行为来看，消费者在商场、超市等零售卖场进行购物时使用手机支付也应是符合市场发展规律和现代人生活方式的一种未来趋势。从手机支付工作原理来看，手机支付系统主要涉及三个方面：消费者、商家及无线运营商。手机支付流程如下：

(1) 消费者通过互联网进入消费者前台系统选择商品。

(2) 将购买指令发送到商家管理系统。

(3) 商家管理系统将购买指令发送到无线运营商综合管理系统。

(4) 无线运营商综合管理系统将确认购买信息指令发送到消费者前台消费系统或消费者手机上请求确认，如果没有得到确认信息，则拒绝交易。

(5) 消费者通过消费者前台消费系统或手机将确认购买指令发送到商家管理系统。

(6) 商家管理系统将消费者确认购买指令转交给无线运营商综合管理系统,请求缴费操作。

(7) 无线运营商综合管理系统缴费后告知商家管理系统可以交付产品或服务,并保留交易记录。

(8) 商家管理系统交付产品或服务,并保留交易记录。

(9) 将交易明细写入消费者前台消费系统,以便消费者查询。

5.7 本章小结

本章介绍了电子支付的概念、分类及特点,描述了电子支付系统的功能及其基本结构、基本业务流程。介绍了支付网关型、自建支付平台、第三方支付等常见的支付模式。介绍了银行卡、电子现金、电子支票等电子货币的特点、优缺点和使用流程,网上银行的特点、优点和基本业务功能。另外,介绍了目前新出现的云银行及其发展情况。

电子支付是电子商务发展不可缺少的环节,随着网络技术特别是网络安全技术的不断发展,以及移动互联网的发展,电子支付的方式方法都随之变化,电子支付的安全性也在不断提高,这使电子商务发展的前景也变得更加诱人。

思考与练习

1. 电子支付与传统支付有什么区别?
2. 常见的电子支付工具有哪些?
3. 什么是支付网关?支付网关在网络交易中起到哪些作用?
4. 什么是第三方支付?第三方支付有什么优缺点?
5. 简述移动支付在实际生活中的应用。
6. 分析讨论目前各商业银行普遍面临哪些严峻的问题。

第6章　电子商务安全技术

【学习目标】

- 了解电子商务安全的要求及面临的安全问题；
- 了解电子商务安全保障体系，熟悉电子商务交易方自身网络安全保障技术，包括用户账户管理技术、网络杀毒技术、防火墙技术和入侵检测技术；
- 掌握电子商务数据传输安全保障技术，包括数据加密、数字签名；
- 掌握基于 SSL 协议和 SET 协议的两种重要的电子商务支付安全技术原理与流程；
- 了解什么是计算机犯罪、什么是计算机病毒，掌握防范计算机病毒的基本知识。

【导读案例】

熊猫烧香病毒

1. 病毒简介

该病毒其实是一种蠕虫病毒——尼姆亚的变种 W，而且是经过多次变种而来的。由于中毒计算机的可执行文件会出现"熊猫烧香"图案，所以也被称为"熊猫烧香"病毒。但原病毒只会对 EXE 图标进行替换，并不会对系统本身进行破坏。而这种病毒的大多数变种，在用户计算机中毒后可以会出现蓝屏、频繁重启以及系统硬盘中的数据文件被破坏等现象。同时，该病毒的某些变种可以通过局域网进行传播，进而感染局域网内所有计算机系统，最终导致企业局域网瘫痪，无法正常使用。它能感染系统中的 exe、com、pif、src、html、asp 等文件，它还能中止大量的反病毒软件运行并且会删除扩展名为 gho 的文件，该文件是系统备份工具 Ghost 的备份文件，使用户的系统备份文件丢失。被感染的用户系统中所有 exe 可执行文件全部被改成熊猫举着三根香的模样。

2. 中毒症状及危害

除了通过网站带毒感染用户之外，此病毒还会在局域网中传播，在极短时间之内就可以感染几千台计算机，严重时可以导致网络瘫痪。

"熊猫烧香"病毒感染系统的网页文件，增加病毒网址，导致用户一打开这些网页文件，IE 就会自动连接到指定的病毒网址中下载病毒。在硬盘各个分区下生成文件 autorun.inf 和 setup.exe，可以通过 U 盘和移动硬盘等方式进行传播，并且利用 Windows 系统的自动播放功能来运行。该病毒搜索硬盘的 exe 可执行文件并感染，感染后的文件图标变成"熊猫烧香"图案。"熊猫烧香"还可以通过共享文件夹、系统弱口令等多种方式进行传播。该病毒会在中毒计算机中所有的网页文件尾部添加病毒代码。一些网站编辑人员的计算机如果被该病毒感染，上传网页到网站，就会导致用户浏览这些网站时也被病毒感染。据悉，多家著名网站曾遭到此类攻击，而相继被植入病毒。由于这些网站的浏览量非常大，致使"熊猫烧香"病毒的感染范围非常广，中毒企业和政府机构已经超过千家，其中不乏金融、税务、能源等关系到国计民生的重要单位。

3. 破案介绍

"熊猫烧香"案是我国破获的国内首例制作计算机病毒的大案。2007年2月12日湖北省公安厅宣布,根据统一部署,湖北网监在浙江、山东、广西、天津、广东、四川、江西、云南、新疆、河南等地公安机关的配合下,一举侦破了制作传播"熊猫烧香"病毒案,抓获病毒作者李俊(男,25岁,武汉新洲区人),他于2006年10月16日编写了"熊猫烧香"病毒并在网上广泛传播,并且还以自己出售和由他人代卖的方式在网络上将该病毒销售给120余人,非法获利10万余元。

其他重要犯罪嫌疑人:雷磊(男,25岁,武汉新洲区人)、王磊(男,22岁,山东威海人)、叶培新(男,21岁,浙江温州人)、张顺(男,23岁,浙江丽水人)、王哲(男,24岁,湖北仙桃人)通过改写、传播"熊猫烧香"等病毒,构建"僵尸网络",通过盗窃各种游戏账号等方式非法牟利。

这是中国近些年来发生的比较严重的一次蠕虫病毒发作,影响了较多的公司,造成了较大的损失。对于一些疏于防范的用户来说,该病毒导致较为严重的损失。

由于此病毒可以盗取用户名与密码,因此,有明显的牟利目的,所以作者才有可能将此病毒当作商品出售,与一般的病毒制作只是自娱自乐或显示威力或炫耀技术有很大的不同。制作者李俊在被捕后,在公安的监视下,又在编写解毒软件。

4. "熊猫烧香"的制造者

一个水泥厂技校毕业的中专生,一个从未接受过专业训练的计算机爱好者,一个被杀毒软件公司拒之门外的年轻人,荼毒了小半个中国互联网。如果不是地震引发海底光缆故障,那只领首敬香的"熊猫",还将"迁徙"到更远的地方。而这一切正是"熊猫烧香"的制造者李俊所引发的。

李俊的父母一直在家乡一家水泥厂上班,几年前双双下岗,他妈妈做了个小推车在街上卖早点,他爸爸则到一家私人瓦厂打工。52岁的李俊妈妈陈女士说,李俊很小的时候就喜欢玩计算机,没事就到网吧去玩,因为怕他在外面学坏,家里就给他买了一台计算机。没想到到头来儿子是因为"玩计算机"被警察抓走,陈女士悔恨不已。

李俊的父亲则说,四五岁时,李俊爱上了玩积木和拆卸家中的小机械。那时,李俊将家中的收音机、闹钟、手电筒等凡是能拆开的物品,都拆成一个个零部件,歪着脑袋观察每个零部件后,又将零部件重新组装起来,恢复原样。如果闹钟再次走动或收音机发出声音时,李俊往往会拍手大笑,自顾自庆半天。

李俊的弟弟李明比他小三岁,西南民族大学音乐教育专业学生,今年放寒假回家,他偶尔和哥哥提起最近他和同学都中过的"熊猫烧香"计算机病毒。哥哥听说后却一改以往的内向和谦卑,不屑地笑着说:"这病毒没什么大不了的。"当时李明并没有想到,他的哥哥就是"熊猫烧香"的始作俑者。

李明告诉记者,哥哥在上学时数学和英语非常优秀,尽管如此,哥哥还是没能考上高中,而是进了水泥厂里自办的一所技校(现已改名为"蜗石职业技术学校"),后于2000年到武汉一家计算机城打工后,自己有了收入,但他很少给家人钱花。在李明的记忆中,哥哥从不找父母要钱花。有人曾对李俊说,李明是你弟弟,他应该给李明点零花钱。李俊总是很严肃地说:"钱要自己挣!挣不到钱的人,是无能的人。"

5. "熊猫烧香"的第一版作者道歉信

各位网友:

你们好!我是"熊猫烧香"第一版作者。

我真的没有想到"熊猫烧香"在短短的两个月竟然疯狂感染到这个地步,真的是我的不对,或许真的是我低估了网络的力量,它的散播速度是我想不到的。对于所有中毒的网友、企业来说,可能是一个很大的打击,我对此表示深深的歉意。对不起!

我要解释一些事情,有人说"熊猫烧香"更改熊猫的图标是我在诋毁大熊猫。这里我要解释一下,这是绝对没有的事情,完全是由于我个人喜欢这个图片,才会用的!

还有关于变种,写这个程序的初衷纯粹是为了编程研究,对于出了这么多变种,我是根本想不到的,这个责任也不全是我的!还有人说写熊猫病毒有商业目的,这个完全是无稽之谈。我在这里保证,本人绝对没有更新过任何变种。

有人说计算机中毒后会有蓝屏、无声、卡死、文件丢失这些现象。蓝屏和死机的原因很多,熊猫的主程序是不会造成计算机死机或蓝屏的,更不会把别人计算机里的文件弄丢。

还有人说我是个心理变态,我在前面已经说了,感染的速度、变种的数量是我所料想不到的。还有,写这个病毒的初衷完全是为了编程研究。对于这个评论,我也就不多说什么了!

最后就是关于我的身份,大家不要再猜测我是谁了,我是个15岁的武汉男生也好,是个女生也好,是某公司老总也好,是杀毒厂商也好,光是新闻的评论、网友的臭骂已经让我后悔至极了!希望熊猫病毒不要再成为炒作的娱乐新闻,不要再出任何关于"熊猫烧香"的新闻和评论!希望安全软件公司不要自我吹嘘,相互诋毁,竞相炒作,尽力做出让人们信赖的安全软件!谢谢大家!

这是我写的一个专杀程序,肯定是比不上专业级的杀毒软件了,但是我想这是我最后能给大家做的事情了。

熊猫走了,是结束吗?不是的,网络永远没有安全的时候,或许在不久,会有很多更厉害的病毒来!所以我在这里提醒大家,提高网络安全意识,并不是你应该注意的,而是你必须懂得和去做的一些事情!

再一次表示深深的歉意,同时我发出这个专杀程序,愿它能给大家带来帮助!

"熊猫烧香"的作者
2007年2月9日于仙桃市第一看守所

6.1 电子商务安全的要求及面临的安全问题

电子商务的前提和保证是安全,即能保证业务可靠、准确地进行,保证交易双方能顺利、正确地实现买卖的最终目标,商家能及时收到应收的款项,客户能及时收到所买的商品或服务,整个过程又不能让自己的机密信息外泄。

6.1.1 电子商务的安全要求

1. 信息的真实性、有效性

电子商务以电子形式取代了纸张,如何保证这种电子形式的贸易信息的有效性和真实性是开展电子商务的前提。电子商务作为贸易的一种形式,其信息的有效性和真实性将直接关系到个人、企业或国家的经济利益和声誉。如果一个商家按客户的电子订单发出了所要求的商品,结果却没人收货,或者收货人否认订购过这些商品,或者说数量、规格不是他所订购的数量和规格,又或者收了货物但不支付货款,等等,这生意就白做了。同样,如果客户订了货,支付了货款,却收不到货,或者所收货物与所订货物不对应,且无处申诉,也亏大了。

2. 信息机密性

电子商务作为贸易的一种手段,许多信息直接代表着个人、企业或国家的商业机密。传统的纸面贸易都是通过邮寄封装的信件或通过可靠的通信渠道发送商业报文来达到保守机密的目的。电子商务是建立在一个开放的网络环境上的,商业防泄密是电子商务安全推广应用的重要保障。例如,客户网上支付时如果有其银行账号、密码外泄,客户的银行存款就很危险;商家的销售额、客户、价格、折扣等信息为竞争对手所获取,可能对其产生不利后果等。

3. 信息完整性

电子商务简化了贸易过程,减少了人为的干预,同时也带来维护商业信息的完整、统一的问题。由于数据输入时的意外差错,可能导致贸易各方信息的差异。此外,数据传输过程中信息的丢失、信息重复或信息传送的次序差异也会导致贸易各方信息的不同。因此,电子商务系统应允分保证数据传输、存储及电子商务完整性检查的正确和可靠。

4. 信息可靠性和不可抵赖性

可靠性要求交易双方对自己所发送的交易信息完全负责,对对方的合法信息不会不正当地拒绝;不可抵赖性要求交易实体无法否认其确实发生出过的信息和做过的行为。在传统的纸面贸易中,贸易双方通过在交易合同、契约或单据等书面文件上手写签名或印章来鉴别贸易伙伴,确定合同、契约、单据的可靠性并预防抵赖行为的发生。在无纸化的电子商务方式下,通过手写签名和印章进行贸易方的鉴别已不可能。因此,要在交易信息的传输过程中为参与交易的个人、企业或政府提供可靠的标识,保证发送方在发送数据后不能抵赖;接收方在接收数据后也不能抵赖。

6.1.2 电子商务面临的安全问题

1. 信息泄露

在电子商务中表现为商业机密的泄露,主要包括两个方面:

(1) 交易双方进行交易的内容被第三方窃取;

(2) 交易一方提供给另一方使用的文件被第三方非法使用。

2. 篡改

在电子商务中表现为商务信息的真实性和完整性的问题。电子交易信息在网上传输过程中,可能被他人非法修改、删除或重放(指只能使用一次的信息被多次使用),这样就使信息失去了真实性和完整性。

3. 身份识别

这涉及电子商务中的两个问题。

(1) 如果不进行身份识别,第三方就有可能假冒交易一方的身份,以破坏交易、败坏被假冒一方的信誉或盗取被假冒一方的交易成果等。进行身份识别后,交易双方就可防止"相互猜疑"的情况。

(2) "不可抵赖"性。交易双方对自己的行为应负有一定的责任,信息发送者和接收者都不能对此予以否认。进行身份识别后,如果出现抵赖情况,就有了反驳的依据。

4. 信息破坏

这也涉及两个方面的内容:

(1) 网络传输的可靠性。网络的硬件或软件可能会出现问题而导致交易信息传递的丢失与谬误。

(2) 恶意破坏。计算机网络本身容易遭到一些恶意程序的破坏,而使电子商务信息遭到破坏。如：

① 计算机病毒。一种通过修改其他程序而把自身或其变种不断复制的程序，即会"传染"的程序。

② 计算机蠕虫。一种通过网络将自身从一个节点发送到另一个节点并启动的程序，而这种程序通常都带有破坏指令。

③ 特洛伊木马。一种执行超出程序定义之外的程序。例如，一个编译程序除了完成编译功能外，还把用户的源程序偷偷地复制下来。

④ 逻辑炸弹。一种当运行环境满足某种特定条件时执行特殊功能的程序。

根据上面的讨论，可以看出，上面所说的"计算机病毒"的概念是狭义的。事实上，把具有以上特征的程序统称为"计算机病毒"。计算机病毒是计算机界的一大公害。对于利用计算机进行交易的电子商务参与者而言，计算机病毒也是他们不得不防的，因为病毒的暴发势必会造成巨大的经济损失。

6.2 电子商务安全措施

电子商务的安全包括计算机网络安全和商务交易安全。计算机网络安全是针对网络本身可能存在的安全问题，实施网络安全增强方案，以保证自身的安全性。没有网络安全做基础，电子商务安全就犹如空中楼阁。

6.2.1 网络基础设施的安全解决方案

本节重点研究在企业电子商务系统中，网络基础设施的安全解决方案。

1. 电子商务的安全体系结构

考虑企业电子商务系统的具体情况，网络安全体系结构由内到外为：用户、操作系统、入侵检测、防火墙和路由器/网关。该体系结构包含了网络的物理安全、访问控制安全、系统安全、用户安全、信息加密等。充分利用各种先进的主机安全、身份认证、访问控制、防火墙等技术，在攻击者和受保护的资源间建立了多道严密的安全防线，增加了恶意攻击的难度，保障了企业电子商务系统的安全。

2. 系统操作平台的安全

基础设施是企业用于实现电子商务的完整 IT 基础架构，为用户提供了一个整合环境，是企业构筑电子商务成败的关键。成功的电子商务要求基础设施安全可靠、可扩展及灵活性强。

（1）操作系统及硬件选择

服务器操作系统应选择高安全性的 UNIX/Linux。内存及硬盘等应支持热插拔，对单个服务器的网络和存储器的 I/O 设备准备两个系统路径。为保证处理能力的余量和可扩展性，大中型服务器可以考虑选择多路 Pentium Xeon 或 AMD 的高端 Opteron 处理器。

客户机完成数据的输入和输出工作，配置原则上只要能运行操作系统和常用软件即可。操作系统选择 Windows Server 2003，其采用基于对象的安全模式，由本地安全性授权、安全性账号管理器、安全性引用监视器和用户安全接口组成，能够保护服务器中的文件。

（2）支持多平台的商务系统构筑

企业可能存在异构平台并存，而用户希望各设备间能协同工作。因此在企业电子商务系统中，应该向客户、应用程序服务器、网络和数据开放标准，使客户无论处于网络何处都能访问这些服务。系统开发人员能在所选平台上编写应用程序,对跨国公司而言能够全球部署且无须重新编码。用户可在 Windows Server 2003 服务器建立系统,无须编码转换即可升级或移植到任何 UNIX 或其他主机系统。

选择可跨平台的架构组件(特别是服务器软件),使用 HTML 开放式标准,采用 Java 多平台技术,按照普遍适用的电子商务应用程序框架进行开发,使企业电子商务系统具备多平台支持能力。

3. 客户机的安全配置

(1) Windows Server 2003 的设置

多数管理员执行默认安装时不对系统账号 Administrator 进行设置,而 Guest 则会被系统自动设置。攻击者通过利用这些账号来猜测密码进入系统。为了安全,要求把这些账号重新命名或删除。进入"管理工具"→"系统策略编辑器",然后选择"文件"→"打开注册表",并选择"本地计算机"进行配置:取消"远程更新"及"创建隐藏的驱动器共享";"登录"设置为不允许从"身份验证对话框"关机,不显示上次登录的用户名;不允许使用远程管理软件。在离开服务器时,必须按"Ctrl+ Alt +Del"组合键,并选择"锁定工作站"。

(2) 采用安全的 NTFS

NTFS 分区中的文件有任意访问控制的能力,可保证电子商务系统简单地拒绝非法文件访问,先进的容错能力保证其不易受到病毒和系统崩溃的侵袭。权限定义了一个或一组用户访问文件和目录的不同级别。当拥有 Windows Server 2003 有效账号的用户试图访问有权限限制的文件时,计算机将检查文件的访问控制表。因此,访问该应用程序的公共用户应仅授予"只读"权限。而 Web 服务器上应用程序的所有者拥有"更改"权限来查看、更改和删除相应的应用程序。

(3) Web 服务器权限及协议选择

可以通过配置 Web 服务器的权限来限制所有用户查看、运行和操作 Web 页的方式。Web 服务器权限应用于所有用户,且不区分用户账号类型,所以要对目录设置属性。对于要运行 Web 页面的用户,在设置 Web 服务器权限时遵循的原则为:对包含 JSP 文件的虚拟目录允许"读"或"脚本"权限;对 JSP 文件和其他包含脚本的文件所在的虚目录允许"读"和"脚本"权限;对包含 JSP 文件和其他需要"执行"权限才能运行的文件的虚目录允许"读"和"执行"权限。

开启某个服务就要面对相应的漏洞,因此要安装最少的服务和协议。最好少用或禁用 NetBIOS 和 UDP。

(4) 防病毒

如果没有防病毒软件,对客户机的保护就是不完全的。详细考查各种防病毒软件产品的优缺点超出了本书的范围,但安全策略中必须包括这种重要的防护措施。防病毒软件只能保护你的计算机不受已下载到计算机上的病毒攻击,所以它是一种防卫策略。不论选择哪家厂商的产品,用户都必须不断更新防病毒软件的病毒库文件,这些文件存储的是用于检测病毒的病毒识别信息。由于每月都会有数以百计的新病毒出现,所以必须定期更新防病毒软件的数据文件,以识别新病毒并清除它。

4. 数据库的冗余备份

备份可在系统硬件故障、人为失误、入侵者非授权访问或对网络攻击破坏数据完整时起保护作用,分为全盘备份和增量备份。可根据企业的业务,在相邻的几个地区之间设立一个分支总控机构,通过 Internet 与企业的总部联系。每个分支总控机构每隔一定时间进行"在线"的增量备份,休息时通过 Internet 实行"不在线"的全盘备份,并将相关信息传送到企业总部。这样,既保证各个分支总控部门有一定时间间隔内的业务资料,又可以保证企业总部完全掌握各地的销售情况,以便企业为将来的发展规划做出更加合理的决策。

5. 用户访问安全控制

系统中每个用户所能访问的信息或进行的操作应是受限的。用户安全认证系统的目的在于实现用户的身份验证与权限控制,达到限制用户的越权操作与防止非法用户对系统的入侵。

(1) 用户权限控制。用户要进入系统,必须输入自己的用户编号和密码进行身份证。通过验证后,将此用户的信息放入服务器端相应变量中,然后调用相应的函数对其进行权限控制。使用 JSP 技术将用户的权限控制分为两层:

① 在页面显示链接前先判断用户的权限,如果用户没有权限访问此链接对应的页面(资源),页面就不显示此链接。

② 在用户对某个页面发出请求时,再次判断用户的权限,只有当此用户拥有进入此页面的权限时,服务器才将此页面发送到浏览器,否则返回错误信息。

通过两层控制可防止用户进入没有权限的页面(资源),从而防止用户查看或修改其并没有控制权限的信息。当用户试图访问被限制内容时,Web 服务器进行身份验证,以检查用户是否拥有有效账号。Web 服务器支持基本身份验证和请求/响应式身份验证。

(2) 源数据库保护及客户资格认证。源数据库中保存着企业的机密信息和相关客户信息。需要访问源数据库的 JSP 脚本的人员,要有 Web 服务器所运行的计算机管理员权限。在从远程计算机上运行这些脚本时,对使用请求/响应验证方式进行连接的用户,必须已经通过身份验证。

控制对 JSP 应用程序访问的方法是要求客户在委托的第三方获得客户资格,第三方在发放资格证之前确认客户的身份信息。每当客户试图登录到需要资格验证的应用程序时,客户的 Web 浏览器会自动向服务器发送客户资格。如果 Web 服务器的 SSL 资格映射特性配置正确,那么服务器就可以在许可客户对 JSP 应用程序访问之前对其身份进行确认。

6. 程序设计安全

开发工具或多或少都存在安全漏洞。程序开发人员应注意:

(1) 密码及物理路径的处理。应将密码和用户名通过使用虚拟路径,保存在数据库中。

(2) 用户详细信息的记录。为了更好地跟踪用户,需记录用户的详细信息。其中记录 IP 最有用,可通过 IP 来查询用户的具体地点。这样就可以完全控制用户的使用,跟踪用户对资源的访问情况,及时了解用户进行的越权访问。

(3) 传输信息安全。JSP 脚本采用明文编写,可采用文件加密的方法保护开发的 JSP 脚本源代码。

7. 安全策略

要保护自己的电子商务资产,所有组织都要有一个明确的安全策略。安全策略是用书面明确描述所需保护的资产、保护的原因、谁负责进行保护、哪些行为可接受、哪些不可接受等。安全策略一般要陈述物理安全、网络安全、访问授权、病毒保护、灾难恢复等内容,这个策略会随时间而变化,公司负责安全的人员必须定期修改安全策略。

制定安全策略时,首先要确定保护的内容(如保护信用卡号不被窃听);再确定谁有权访问系统的哪些部分,不能访问哪些部分;最后确定有哪些资源可用来保护这些资产。安全小组了解了上述信息后,制订出书面的安全策略。最后要提供资源保证来开发或购买实现企业安全策略所需的软硬件和物理防护措施。例如,如果安全策略要求不允许未经授权访问顾客信息

（包括信用卡号和信用历史），这时就必须开发一个软件来为电子商务客户提供端到端的安全保证，或采购一个可实现这个安全策略的软件或协议。

虽然很难实现或根本不可能实现绝对的安全，但完全可构造一些障碍来阻止绝大多数的入侵者。如果一个电子窃贼进行未经授权活动的成本超过了进行这个非法活动所获得的价值，这就大大降低了非法活动发生的概率。

综合安全意味着将所有安全措施协同起来以防止未经授权的资产暴露、破坏或修改。安全策略必须包含对安全问题的多方面考虑因素。安全策略一般要包含以下内容。

① 认证：谁想访问电子商务网站？
② 访问控制：允许谁登录电子商务网站并访问它？
③ 保密：谁有权利查看特定的信息？
④ 数据完整性：允许谁修改数据，不允许谁修改数据？
⑤ 审计：在何时由何人导致了何事？

电子商务系统安全涉及诸多方面，是一项复杂的系统工程。尽管目前提出了很多技术解决方案，但离真正的安全电子商务还有一段距离。优秀的系统管理人员往往可以在很大程度上保障系统的安全运行，无形中提高了企业的竞争力，降低了企业进行电子商务的成本。

6.2.2 防火墙技术

防火墙是一种保护计算机网络安全的技术性措施，它通过在网络边界上建立相应的网络通信监控来隔离内部和外部网络，以阻挡来自外部的网络入侵。防火墙的基本架构如图 6-1 所示。

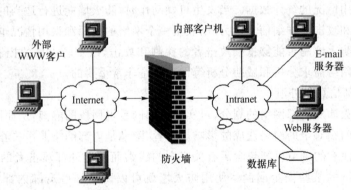

图 6-1 防火墙架构图

1. 防火墙技术简介

防火墙技术，最初是针对内部网络不安全因素所采取的一种保护措施。顾名思义，防火墙就是用来阻挡外部不安全因素影响的内部网络屏障，其目的是防止外部网络用户未经授权的访问。它是一种计算机硬件和软件的结合，使内部与外部网络之间建立起一个安全网关（Security Gateway），从而保护内部网免受非法用户的侵入。防火墙主要由服务访问政策、验证工具、数据包过滤和应用网关 4 个部分组成，防火墙就是一个位于计算机和它所连接的网络之间的软件或硬件。该计算机流入流出的所有网络通信均要经过此防火墙。

防火墙有网络防火墙和计算机防火墙的提法。网络防火墙是指在外部网络和内部网络之间设置网络防火墙。这种防火墙又称筛选路由器。网络防火墙检测进入信息的协议、目的地址、端口及被传输的信息形式等，滤除不符合规定的外来信息。网络防火墙也对用户网络向外部网络发出的信息进行检测。计算机防火墙是指在外部网络和用户计算机之间设置防火墙。计算机防火墙也可以是用户计算机的一部分。计算机防火墙检测接口规程、传输协议、目的地址、被传输的信息结构等,将不符合规定的进行信息剔除。计算机防火墙对用户计算机输出的信息进行检查,并加上相应协议层的标志,用以将信息传送送到接收用户的计算机(或网络)中去。

防火墙有以下功能。

(1) 防火墙是网络安全的屏障

一个防火墙(作为阻塞点、控制点)能极大地提高一个内部网络的安全性,并通过过滤不安全的服务而降低风险。由于只有经过精心选择的应用协议才能通过防火墙,所以网络环境变得更安全。例如,防火墙可以禁止不安全的 NFS 协议进出受保护网络,这样外部的攻击者就可能利用这些脆弱的协议来攻击内部网络。防火墙同时可以保护网络免受基于路由的攻击,如 IP 选项中的源路由攻击和 ICMP 重定向攻击中的重定向路径攻击。防火墙应该可以拒绝所有以上类型攻击的报文并通知防火墙管理员。

(2) 防火墙可以强化网络安全策略

通过以防火墙为中心的安全方案配置,能将所有安全软件(如口令、加密、身份认证、审计等)配置在防火墙上。与将网络安全问题分散到各个主机上相比,防火墙的集中安全管理更经济。例如,在网络访问时,一次一密口令系统和其他的身份认证系统完全可以不必分散在各个主机上,而集中在防火墙一身上。

(3) 对网络存取和访问进行监控审计

如果所有的访问都经过防火墙,那么,防火墙就能记录下这些访问,并做出日志记录,同时也能提供网络使用情况的统计数据。当发生可疑动作时,防火墙能进行适当的报警,并提供网络是否受到监测和攻击的详细信息。另外,收集一个网络的使用和误用情况也是非常重要的,这可以用于分析防火墙是否能够抵挡攻击者的探测和攻击,以及防火墙的控制是否充足。而网络使用统计对网络需求分析和威胁分析等而言也是非常重要的。

(4) 防止内部信息的外泄

通过利用防火墙对内部网络的划分,可实现内部网重点网段的隔离,从而限制了局部重点或敏感网络安全问题对全局网络造成的影响。再者,隐私是内部网络非常关心的问题,一个内部网络中不引人注意的细节可能包含了有关安全的线索而引起外部攻击者的兴趣,甚至因此而暴露了内部网络的某些安全漏洞。使用防火墙就可以隐蔽那些透漏内部细节的服务,如 Finger、DNS 等。Finger 显示了主机的所有用户的登录名、最后登录时间和使用的 shell 类型等。但是 Finger 显示的信息非常容易被攻击者所获悉。攻击者可以知道一个系统使用的频繁程度,这个系统是否有用户正在连线上网,这个系统在被攻击时是否会引起注意等。防火墙可以同样阻塞有关内部网络中的 DNS 信息,这样一台主机的域名和 IP 地址就不会被外界所了解。除了安全作用,防火墙还支持具有互联网服务特性的企业内部网络技术体系——VPN(虚拟专用网络)。

(5) 数据包过滤

网络上的数据都是以包为单位进行传输的,每一个数据包都会包含一些特定的信息,如数据的源地址、目标地址、源端口号和目标端口号等。防火墙通过读取数据包中的地址信息来判断这些包是否来自可信任的网络,并与预先设定的访问控制规则进行比较,进而确定是否需对数据包进行处理和操作。数据包过滤可以防止外部不合法用户对内部网络的访问,但由于不能检测数据包的具体内容,所以不能识别具有非法内容的数据包,无法实施对应用层协议的安

(6) 网络 IP 地址转换

网络 IP 地址转换是一种将私有 IP 地址转换为公网 IP 地址的技术,它被广泛应用于各种类型的网络免受黑客的直接攻击;另外由于内部网络使用了私有 IP 地址,从而有效解决了公网 IP 地址不足的问题。

(7) 虚拟专用网

虚拟专用网(VPN)将分布在不同地域的局域网或计算机通过加密通道通信,虚拟出专用的传输通道,从而将它们从逻辑上连成一个整体,不仅省去了建设专用通信线路的费用,还有效地保证了网络通信的安全。

虚拟专用网络功能是:在公用网络上建立专用网络,进行加密通信。在企业网络中有广泛应用。VPN 网关通过对数据包的加密和数据包目标地址的转换实现远程访问。VPN 有多种分类方式,主要是按协议进行分类。VPN 可通过服务器、硬件、软件等多种方式实现。VPN 具有成本低并且易于使用的特点。

利用 VPN 的解决方法就是在内网中架设一台 VPN 服务器。外地员工在当地连上互联网后,通过互联连接 VPN 服务器,然后通过 VPN 服务器进入企业内网。为了保证数据安全,VPN 服务器和客户机之间的通信数据都进行了加密处理。有了数据加密,就可以认为数据是在一条专用的数据链路上进行安全传输,就如同专门架设了一个专用网络一样,但实际上 VPN 使用的是互联网上的公用链路,因此,VPN 称为虚拟专用网络,其实质上就是利用加密技术在公网上封装出一个数据通信隧道。有了 VPN 技术,用户无论是在外地出差还是在家中办公,只要能上互联网不能利用 VPN 访问内网资源,这就是 VPN 在企业中应用得如此广泛的原因。

(8) 日志记录与事件通知

进出网络的数据都必须经过防火墙,防火墙通过日志对其进行记录,能提供网络使用的详细统计信息。当发可疑事件时,防火墙更能根据机制进行报警和通知,提供网络是否受到威胁的信息。

2. 防火墙的分类

从实现的原理上分,防火墙的技术包括四大类:网络级防火墙(也叫包过滤型防火墙)、应用级网关、电路级网关和规则检查防火墙。它们之间各有所长,具体使用哪一种或是否混合使用,要看具体需要。

(1) 网络级防火墙

网络级防火墙一般是基于源地址和目标地址、应用、协议以及每个 IP 包的端口来作出通过与否的判断。一个路由便是一个传统的网络级防火墙,大多数的路由器都能通过检查这些信息来决定是否将所收到的包转发,但它不能判断出一个 IP 包来自何方,去向何处。防火墙检查每一条规则直至发现包中的信息与某规则相符。如果没有一条规则能符合,防火墙就会使用默认规则。一般情况下,默认规则就是要求防火墙丢弃该包。其次,通过定义基于 TCP 或 UDP 数据的端口号,防火墙能够判断是否允许建立特定的连接,如 Telnet、FTP 连接。

(2) 应用级网关

应用级网关能够检查进出的数据包,通过网关复制传递数据,防止在受信任服务器和客户机与不受信任的主机直接建立联系。应用级网关能够理解应用层上的协议,能够做复杂一些的访问控制,并做精细的注册和审核。它针对特别的网络应用服务协议,即数据过滤协议,并且能够对数据包分析并形成相关的报告。应用网关对某些易于登录和控制所有输出输入的通信的环境给予严格的控制,以防有价值的程序和数据被窃取。在实际工作中,应用网关一般由专用工作站系统来完成。但每一种协议需要相应的代理软件,使用时工作量大,效率不如网络级防火墙。应用级网关有较好的访问控制,是目前最安全的防火墙技术,但实现困难,而且有的应用级网关缺乏"透明度"。在实际使用中,用户在受信任的网络上通过防火墙访问互联网时,经常会发现存在的延迟并且必须进行多次登录才能访问互联网或内部网。

（3）电路级网关

电路级网关用来监控受信任的客户或服务器与不受信任的主机间的 TCP 握手信息,以此来决定该会话(Session)是否合法,电路级网关是在 OSI 模型中的会话层过滤数据包,这样比包过滤防火墙要高两层。电路级网关还提供一个重要的安全功能:代理服务器(Proxy Server)。代理服务器是设置在互联网防火墙网关的专用应用级代码。这种代理服务准许网管员允许或拒绝特定的应用程序或一个应用的特定功能。包过滤技术和应用网关是通过特定的逻辑判断来决定是否允许特定的数据包通过,一旦判断条件满足,防火墙内部网络的结构和运行状态便"暴露"在外来用户面前,这就引入了代理服务的概念,即防火墙内外计算机系统应用层的"链接"由两个终止于代理服务的"链接"来实现,这就成功地实现了防火墙内外计算机系统的隔离。同时,代理服务还可用于实施较强的数据流监控、过滤、记录和报告等功能。代理服务技术主要通过专用计算机硬件(如工作站)来承担。

（4）规则检查防火墙

该防火墙结合了包过滤防火墙、电路级网关和应用级网关的特点。它同包过滤防火墙一样,规则检查防火墙能够在 OSI 网络层通过 IP 地址和端口号进出的数据包。它也像电路级网关一样,能够检查 SYN 和 ACK 标记和序列数字是否逻辑有序。当然它也像应用级网关一样,可以在 OSI 应用层上检查数据包的内容,查看这些内容是否能符合企业网络的安全规则。规则检查防火墙虽然集成了前三者的特点,但是不同于一个应用级网关的是,它并不打破客户机/服务器模式来分析应用层的数据,它允许受信任的客户机和不受信任的客户机和不受信任的主机建立直接连接。规则检查防火墙不依靠与应用层有关的代理,而是依靠某种算法来识别进出的应用层数据,这些算法通过已合法数据包的模式来比较进出数据包,这样从理论上就能比应用级代理在过滤数据包上更有效。

3. 防火墙的使用

防火墙具有很好的保护作用。入侵者必须首先穿越防火墙的安全防线,才能接触目标计算机。可以将防火墙配置成不同保护级别。高级别的保护可能会禁止一些服务,如视频流量等,但至少这是自己的保护选择。

在具体应用防火墙技术时,还要考虑以下两个方面:

（1）防火墙是不能防病毒的,尽管有不少的防火墙产品声称其具有这个功能。

（2）防火墙技术的另外一个弱点在于数据在防火墙之间的更新是一个难题,如果延迟太大,将无法支持实时的服务请求。并且,防火墙采用滤波技术,滤波通常会使网络的性能降低50%以上,如果为了改善网络性能而购置高速路由器,又会大大提高经济预算。

总之,防火墙是企业网络安全问题的流行方案,即把公共数据和服务置于防火墙外,使其对防火墙内部资源的访问受到限制。作为一种网络安全技术,防火墙具有简单实用的特点,并且透明度高,可以在不修改原有网络应用系统的情况下达到一定的安全要求。

6.2.3 入侵检测技术

入侵检测(Intrusion Detection)技术是一种用于检测计算机网络中违反安全策略行为的

技术。进行入侵检测的软件与硬件的组合便是入侵检测系统（Intrusion Detection System，IDS）。

入侵检测是对入侵行为的检测，它通过收集和分析网络行为、安全日志、审计数据、其他网络上可以获得的信息以及计算机系统中若干关键点的信息，检查网络或系统中是否存在违反安全策略的行为和被攻击的迹象。入侵检测技术是为保证计算机系统的安全而设计与配置的一种能够及时发现并报告系统中未授权或异常现象的技术。入侵检测作为一种积极主动的安全防护技术，提供了对内部攻击、外部攻击和误操作的实时保护，在网络系统受到危害之前拦截和响应入侵。因此被认为是防火墙之后的第二道安全闸门，在不影响网络性能的情况下能对网络进行监测。入侵检测通过执行以下任务来实现：监视、分析用户及系统活动；系统构造和弱点的审计；识别反映已知进攻的活动模式并向相关人员报警；异常行为模式的统计分析；评估重要系统和数据文件的完整性；操作系统的审计跟踪管理，并识别用户违反安全策略的行为。入侵检测是防火墙的合理补充，帮助系统对付网络攻击，扩展了系统管理员的安全管理能力（包括安全审计、监视、进攻识别和响应），提高了信息安全基础结构的完整性。它从计算机网络系统中的若干关键点收集信息，并分析这些信息，看看网络中是否有违反安全策略的行为和遭受到袭击的迹象。

对于一个成功的入侵检测系统来讲，它不但可使系统管理员时刻了解网络系统（包括程序、文件和硬件设备等）的任何变更，还能给网络安全策略的制订提供指南。更为重要的一点是，它应该管理、配置简单，从而使非专业人员非常容易地获得网络安全。而且，入侵检测的规模还应根据网络威胁、系统构造和安全需求的改变而改变。入侵检测系统在发现入侵后，会及时做出响应，包括切断网络连接、记录事件和报警等。

1. 入侵检测系统概述

目前大多数的 IDS 主要采用基于包特征的检测技术来组建，它们的基本原理是：对网络上所有的数据包进行复制并检测，然后与内部的攻击特征数据库（规则库）进行匹配比较，如果相符即产生报警或响应。这种检测方式虽然比异常统计检测技术更加精确，但是会给 IDS 带来较大的负担。所以就对检测策略作进一步的调整和优化。具体做法是：根据企业自身网络的业务应用情况选择最适合的检测策略（可根据操作系统、应用服务或部署位置等），并对所选的策略进行修改，选择具有参考价值的检测规则，而去除一些无关紧要的选项，如对全部是 Windows 的应用环境，则完全可以把 UNIX 的规则去掉。有些 IDS 除了提供攻击特征检测规则的定制功能外，还提供了对端口扫描检测规则的自定在 KIDS 中就可以定义端口扫描的监控范围、信任主机地址排除和扫描模式等参数，这些参数的合理配置能将 IDS 的检测能力优化到最理想的状态。

IDS 的主要设计思想是安全风险的"可视"和"可控"，它可以提供丰富全面的实时状态信息，使用好 IDS 的关键是要从这些信息中提取最有价值的内容并加以利用，以便为企业网络安全管理的决策提供依据。

IDS 可以采用概率统计、专家系统、神经网络、模式匹配、行为分析方法等来实现其检测机制，以分析事件的审计记录，识别特定的模式，生成检测报告和最终的分析结果。

IDS 在具体应用时可以根据网络结构和需求做不同的部署。一般都部署在需要重点保护的部位，如企业内部重要服务器所在的子网，对该子网中的所有连接进行监控。对于主机型 IDS，其数据采集部分当然位于其所监测的主机上。对于网络型 IDS，根据网络的拓扑结构的不同，网络入侵检测系统的监听端口可以接在共享媒质的集线器或交换机的镜像端口（Span Port）上，或接在专为监听所增设的分接器（Tap）上。图 6-2 为 ISS（Internet Security Systems)公司的 IDS 产品 Real Secure 的部署图,它是一种混合型 IDS,提供基于网络和基于主机的实时入侵检测。

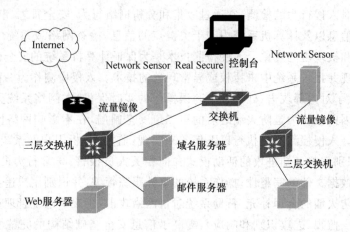

图 6-2　Real Secure 的部署图

2. IDS 分类

(1) 按技术原理分类

入侵检测系统根据其采用的技术可以分为异常检测、特征检测以及协议分析。

① 异常检测。其假设的是入侵者活动异于正常主体的活动,建立正常活动的特征库,当前主体的活动违反某种统计规律时,认为可能是入侵行为。异常检测通过检测系统的行为或使用情况的变化来完成。

② 特征检测。其假设入侵者的活动可以用一种模式来表示,然后将观察对象与模式运行比较,判别是否符合这些模式。

(2) 根据监测对象分类

入侵检系统根据其监测的对象是主机还是网络分为基于主机的入侵系统和基于网络的入侵检测系统。

① 基于主机的入侵检测系统。通过监视与分析主机的审计记录检测入侵。能否及时采集到审计记录是这些系统的弱点之一,入侵者会将主机审计子系统作为攻击目标以避开入侵检测系统。

② 基于网络的入侵检测系统。这类系统通过在共享网段上对通信数据的侦听来采集数据,分析可疑现象。这类系统不需要主机提供严格的审计,对主机资源消耗少,并可以提供对网络通用的保护而无须顾及异构主机的不同架构。

③ 分布式网络入侵检测系统。这种技术的典型代表就是用在 ISS 上应用的 Real Secure 产品。它检测的数据也是来源于网络中的数据包,不同的是,它采用分布式检测,集中方法。即在每个网段安装一个黑匣子相当于网络的入侵检测系统,只是没有用户操作界面。黑匣子用来监测其所在网段的数据流,它根据集中安全管理中心制订的安全策略、响应规则等来分析检测网络数据,同时向集中安全管理中心发回安全事件信息。集中安全管理中心是整个分布式入侵检测系统面向用户的界面。这类系统的特点是对数据保护的范围比较大,但对网络流量有一定的影响。

(3) 根据工作方式分类

入侵检测系统根据工作方式分为离线系统与在线检测系统。

① 离线检测系统。它是非实时工作的系统,在事后分析审计事件,从中检查入侵活动。

事后入侵检测由网络管理人员进行,他们具有网络安全的专业知识,根据计算机系统对用户操作所做的历史审计记录判断是否存在入侵行为,如果有就断开连接,并记录入侵证据和进行数据恢复。事后入侵检测是管理员定期或不定期进行的,不具有实时性。

② 在线检测系统。它是实时联机的检测系统,包含对实时网络数据包分析和实时主机审计分析。其工作过程是实时的,入侵检测在网络连接过程中进行,系统根据用户的历史行为模型、存储在计算机中的专家知识以及神经网络模型对用户当前的操作进行判断,一旦发现入侵迹象立即断开入侵者与主机的连接,并收集证据和实施数据恢复。这个检测过程是不断循环进行的。

3. IDS 工作流程

对一个成功的入侵检测系统来说,它不但可让系统管理员时刻了解网络系统(包括程序、文件和硬件设备等)的任何变更,还能给网络安全策略的制订提供指南。更为重要的一点是,它应该管理和配置简单,从而使非专业人员能非常容易地获得网络安全;同时,入侵检测的规模还应根据网络威胁、系统构造和安全需求的改变而改变。入侵检测系统在发现入侵后,还要及时做出响应,包括切断网络连接、记录事件和报警等。

入侵检测的工作过程一般分三个阶段,依次为信息收集、数据分析、响应(主动响应和被动响应)。

(1) 信息收集

入侵检测的第一阶段是信息收集,收集的内容包括系统、网络、数据及用户的活动状态和行为。通常,需要在计算机网络系统中的若干不同关键点(不同网段和不同主机)收集信息,这除了尽可能扩大检测范围的因素外,还有一个重要因素就是从一个来源的信息有可能看不出疑点,但从几个来源的信息的不一致性却是可疑行为或入侵的最好标识。

入侵检测很大程度上依赖于收集信息的可靠性和正确性,因此,有必要利用所知道的真正的和精确的软件来报告这些信息。因为入侵者经常替换软件以搞混和移走这些信息。例如,替换被程序调用的子程序、库和其他工具。入侵者对系统的修改可能使系统功能失常而看起来跟正常的一样。这需要检测网络系统的软件的完整性,特别是入侵检测系统软件本身应具有相当强的坚固性,防止被篡改而收集到错误的信息。

入侵检测利用的信息一般来自以下 4 个方面。

① 系统和网络日志

如果不知道入侵者在系统上都做了什么,那是不可能发现入侵的。日志提供了当前系统的细节:哪些系统被攻击了,哪些系统被攻破了。因此,充分利用系统和日志文件信息是检测入侵的必要条件。日志中包含发生在系统和网络上的不寻常和不期望活动的证据,这些证据可以指出有人正在入侵或已成功入侵了系统。通过查看日志文件,能够发现成功的入侵或入侵企图,并很快地启动相应的应急响应程序。日志文件中记录了各种行为的类型,每种类型又包含不同的信息。例如,记录"用户活动"类型的日志就包含登录、用户ID改变、用户对文件的访问、授权和认证信息等内容。很显然,对于用户活动来讲,不正常或不期望的行为就是重复登录失败、登录到不期望的或非授权的企图访问文件等。

由于日志的重要性,所有大型的系统都应定期做日志,而且日志应定期保存和备份。因为不知何时会需要它。许多专家建议定期向一个中央日志服务器发送所有日志,而这个服务器使用一次性写入的介质来保存数据,这样就避免了攻击者篡改日志。系统本地日志与发到一个远端系统保存的日志提供了冗余和一个额外的安全保护层。现在两日志可以互相比较,任何不同均显示了系统的异常。

② 目录和文件中的不期望的改变

网络环境中的文件系统包含很多软件和数据文件,包含重要信息的文件和私有数据文件经常是攻击者修改或破坏的目标。目录和文件中的不期望的改变(包括修改、创建和删除),特别是那些正常情况下限制访问的,很可能就是某入侵发生的指示和信号。攻击者经常替换、修改和破坏它们获得访问权的系统上的文件,同时为了隐藏它们在系统中的表现及活动痕迹,都会尽力去替换系统程序或修改系统日志文件。

③ 程序执行中的不期望行为

网络系统上的程序执行一般包括操作系统、网络服务、用户启动的程序和特定目的的应用,如数据库服务器。每个在系统上执行的程序由一个到多个进程来实现。每个进程执行在具有不同权限的环境中,这种环境控制着进程可访问的系统资源、程序和数据文件等。一个进程的执行行为由它运行时执行的操作来表现,操作执行的方式不同,它利用的系统资源也就不同,操作包括计算机、文件传输、设备及其他进程,以及与网络间其他进程的通信。

一个进程出了不期望的行为可能表明攻击者正在入侵系统。攻击者可能会将程序或服务的运行分解,从而导致它失败,或者是取得管理员权限进行操作,以实现攻击者的意图。

④ 物理形式的入侵信息

这包括两个方面的内容,一是未授权的对网络硬件的连接;二是对物理资源的未授权访问。入侵者会想方设法去突破网络的周边防卫,如果他们能在物理上访问内部网络,就能安装他们自己的设备和软件。因此,入侵者就可以知道网上的由用户加上去的不安全(未授权)设备,然后利用这些设备访问网络。

(2) 数据分析

对上述 4 类收集到的有关系统、网络、数据及用户活动的状态和行为等信息,一般通过 3 种技术手段进行分析:模式匹配、统计分析和完整性分析。其中前两种方法用于实时性入侵检测,而完整性分析则用于事后分析。

① 模式匹配

模式匹配就是将收集到的信息与已知的网络入侵和攻击模式数据库进行比较,从而发现违背安全策略的行为。该过程可以很简单(如通过字符来匹配以寻找一个简单的条目或指令),也可以很复杂(如利用正规的数学表达式来表示安全状态的变化)。一般来讲,一种进攻模式可以用一个过程(如执行一条指令)或一个输出(如获得权限)来表示。该方法的一大优点是只需收集相关的数据集合,显著减少系统负担,且技术已相当成熟。它与病毒防火墙采用的方法一样,检测准确率和效率都相当高。但是,该方法存在的弱点是需要不断升级以对付不断出现的黑客攻击手法,不能检测到从未出现过的黑客攻击手段。

② 统计分析

统计分析方法首先给系统对象(如用户、文件、目录和设备等)创建一个统计描述,统计正常使用时的一些测量属性(如访问次数、操作失败次数和延时等)。测量属性的平均值将被用来与网络、系统的行为进行比较,任何观察值在正常值范围之外时,就认为有入侵发生。例如,统计分析可能标识一个不正常行为,因为它发现一个在晚上八点到早晨六点不登录的账户却在凌晨两点试图登录。其优点是可检测到未知的入侵和更为复杂的入侵,缺点是误报、漏报率高,且不适应用户正常行为的突然变化。具体的统计分析方法,如基于专家系统的、基于模型推理的和基于神经网络的分析方法,是目前的研究特点,处于迅速发展之中。

③ 完整性分析

完整性分析主要关注单个文件或对象是否被更改,这经常包括文件和目录的内容及属性,它在发现被更改的、被特洛伊化的应用程序方面特别有效。完整性分析使用消息摘要函数(如MD5),它能识别哪怕是微小的变化。其优点是不管模式匹配方法和统计分析方法能否发现入侵,只要是成功的攻击导致了文件或其他对象的任何改变,它都能够发现。其缺点是一般以批处理方式实现,不用于实时响应。尽管如此,完整性检测方法还应该是网络安全产品的必要手段之一。例如,可以在每一天的某个特定时间内开启完整性分析模块,对网络系统进行全面扫描检查。

(3) 响应

被动响应型系统只会发出告警通知,将发生的不正常情况报告给管理员,降低攻击所造成的破坏,更不会主动地对攻击者采取反击行动。

主动响应系统可以分为对被攻击系统实施控制和对攻击系统实施控制的系统。

① 对被攻击系统实施控制(防护)。它通过调整被攻击系统的状态,阻止或减轻攻击的影响。例如,断开网络连接、增加安全日志、杀死可疑进程等。

② 对攻击系统实施控制(反击)。这种系统多被军方所重视和采用。

目前,主动响应系统还比较少,即使做出主动响应,一般也都是断开可疑攻击的网络连接,或是阻塞可疑的系统调用,若失败,则终止该进程。但由于系统暴露于拒绝服务攻击下,这种防御一般也难以实施。

6.2.4 数据加密

电子商务中大量的交易或支付等数据需要在 Internet 上传输,因此如何保障数据传输的保密性、防止数据被他人破坏和篡改特别重要。目前,通常采用数据加密技术来保护电子商务交易过程中各种数据传输的保密性,采用数据签名技术保证电子商务交易过程中各类数据传输的完整性。

按照发展进程来分,加密算法经历了古典密码、私有密钥密码和公开密钥密码三个阶段。

1. 数据加密模型和古典加密技术

数据加密过程就是通过加密系统把原始的数字信息(明文),通过数据加密系统的加密方式将其变换成与明文完全不同的数字信息(密文)的过程。密文经过网络传输到达目的地后再用数据加密系统的解密方法将密文还原成明文。

(1) 数据加密模型

图 6-3 所示为一个数据加密系统。在数据加密系统中,加密是由加密过程和解密过程组成的。一般地,发送方在发送消息前先用加密程序将明文加密成密文,接收方在接收到消息后,用解密程序将密文再解密成明文。所以说,解密是加密的逆过程。在进行加密过程时需要两个输入项:一个是明文,还有一个是称为加密密钥的独立数据值。与此类似,解密过程则需要密文和解密密钥。密钥从表面上来看就像是一串随机的二进制位串,密钥的长度即位数取决于特定的加密系统。加密最明显的作用是提供机密性。这里,明文代表了未经保护的敏感数据,而相应的密文则可以在不被信任的环境中传输,因为如果加密系统比较好的话,那些没有解密密钥的人就无法把密文恢复成明文,从而密文对他来说根本就没有意义。除了提供机密性外,加密系统还可以提供其他安全功能。

需要注意的是,由于算法是公开的,因此,一个数据加密系统的主要的安全性是基于密钥的,而不是基于算法的,所以加密系统的密钥体制是一个非常重要的问题。

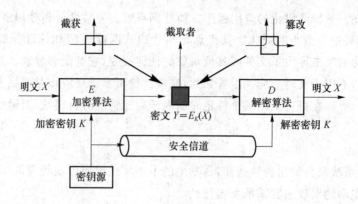

图 6-3 数据加密系统模型

(2) 古典加密技术

古典加密技术主要是通过对文字信息进行加密变换来保护信息。古典加密技术主要有两种基本算法：替代算法和置换移位法。

① 替代算法

替代算法指的是明文的字母由其他字母或数字或符号所代替。最著名的替代算法是恺撒密码。凯撒密码的原理很简单，其实就是单字母替换。替代密码(Substitution Cipher)的原理可用图 6-4 的实例来说明。(密钥是 3)

明文：abcdefghijklmnopq

密文：defghijklmnopqrst

若明文为 student，对应的密文则为 vwxghqw。在这个一一对应的算法中，恺撒密码将字母表用了一种顺序替代的方法来进行加密，此时密钥为 3，即每个字母顺序推后 3 个。由于英文字母为 26 个，因此恺撒密码仅有 26 个可能的密钥，非常不安全。

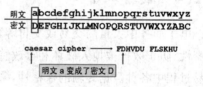

图 6-4 替代密码实例

为了加强安全性，人们想出了更进一步的方法：替代时不是有规律的，而是随机生成一个对照表。

明文：abcdefghijklmnopqrstuvwxyz

密文：xnyahpogzqwbtsflrcvmuekjdI

此时，若明文为 student，对应的密文则为 vmuahsm。这种情况下，解密函数是上面这个替代对照表的一个逆置换。

不过，有更好的加密手段，就会有更好的解密手段。而且无论怎样的改变字母表中的字母顺序，密码都有可能被人破解。由于英文单词中各字母出现的频度是不一样的，通过对字母频度的统计就可以很容易地对替换密码进行破译。为了抗击字母频度分析，随后产生了以置换移位法为主要加密手段的加密方法。

② 置换移位法

置换密码(Transposition Cipher)则是按照某一规则重新排列消息中的比特或字符顺序。

使用置换移位法的最著名的一种密码称为维吉尼亚密码。它是以置换移位为基础的周期替换密码。

前面介绍的替代算法中，针对所有的明文字母，密钥要么是一个唯一的数，要么完全无规律可寻。在维吉尼亚密码中,加密密钥是一个可被任意指定的字符串。加密密钥字符依次逐个作用于明文信息字符。明文信息长度往往会大于密钥字符串长度,而明文的每一个字符都需要有一个对应的密钥字符,因此密钥就需要不断循环,直至明文每一个字符都对应一个密钥字符。对密钥字符,规定密钥字母 $a,b,c,d,\cdots,y,z$ 对应的数字 n 为:$0,1,2,3,\cdots,24,25$。每个明文字符首先找到对应的密钥字符,然后根据英文字母表按照密钥字符对应的数字 n 向后顺序推后 n 个字母,即可得到明文字符对应的密文字符。

如果密钥字为 deceptive ,明文为 wearediscoveredsaveyourself,则加密的过程为:
明文:wearediscoveredsaveyourself
密钥:deceptivedeceptivedeceptive
密文:zicvtwqngrzgvtwavzhcqyglmgj

对明文中的第一个字符 w,对应的密钥字符为 d,它对应需要向后推 3 个字母:w,x,y,z,因此其对应的密文字符为 z。从上面的加密过程中,可以清晰地看到,密钥 deceptive 被重复使用。

古典密码体制将数学的方法引入到密码分析和研究中。这为现代加密技术的形成和发展奠定了坚实的基础。

2. 对称加密系统

对称加密又称为私有密钥加密,其特点是数据的发送方和接收方使用的是同一把私有密钥,即把明文加密成密文和把密文解密成明文用的是同一把私有密钥。利用私有密钥进行对称加密的过程是:首先发送方用自己的私有密钥对要发送的信息进行加密;接着发送方将加密后的信息通过网络传送给接收方;然后接收方用发送方进行加密的那把私有密钥对接收到的加密信息进行解密,得到信息明文。

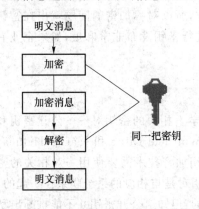

图 6-5 对称密钥加密和解密的过程

(1) 对称加密的加解密流程

对称加密的加解密流程如图 6-5 所示。

对称加密方法对信息编码和解码的速度很快,效率也很高,使用对称加密技术可以简化加密的处理,进行电子商务的交易双方不必彼此研究和交换专用的加密算法,而可以采用相同的加密算法并只需要交换共享的专用密钥。如果进行通信的双方能够确保专用密钥在密钥交换阶段未曾泄露过,那么数据的机密性和完整性就可以通过随数据一起发送的数据摘要来实现。由于加密与解密有着共同的算法,从而计算速度非常快,且使用方便,计算量小,加密效率高,所以对称加密算法广泛用于对大量数据文件的加密过程中。

(2) 对称加密算法

对称加密算法有很多,下面是几种常见的对称加密算法。

① 数据加密标准(DES)

DES 于 1977 年被接纳为美国联邦标准,又于 1981 年被采纳为金融业标准,是近 20 年来用于保护不加密的政府信息和金融业交易信息的主要算法。DES 是一种密码块加密方法,采用了 64 位长度的数据块和 56 位长度的密钥。DES 可以有效地抵御攻击,从其诞生一直到 1998 年都没有被公开破解过。目前,大多数金融机构采用的仍然是 DES 算法。但是 1998 年,Electronic Frontier 基金会耗资 25 万美元建造了一个用来破解 DES 算法的处理器,名叫

"Deep Crack"。Deep Crack 能在三天的时间里破解 DES 密钥。

② 高级加密标准(AES)

基于对 DES 存在某些缺陷的认识,1997 年美国商务部开始了 AES 研究项目,该研究项目的目的是建立更强大的算法标准来代替 DES。AES 是一种密码块加密方法,可以对 28 位的密码块进行处理,密钥的长度可以是 128 位、192 位和 256 位。AES 算法是根据比利时密码专家 Joan Daemen 博士和 Vincent Riijmen 博士设计的 Rijndael 密钥系统来定义的,目的是希望成为被正式采纳的政府标准,并最终能够被广泛的应用。

③ 三重 DES

使用多重加密方法可以增加 DES 的有效密钥长度。三重 DES 加密首先用密钥 a 对 64 位的信息块进行加密,再用密钥 b 对加密的结果进行解密,然后用密钥 c 对解密结果再进行加密。其中使用了两个或三个 56 位的密钥(密钥 a 和密钥 c 有时是相同的)。通常认为这种算法要比 DES 更强大。但是三重 DES 也有一个缺点,那就是需要使用相对较多的处理器资源,尤其是在使用软件进行处理时更是如此。

此外,还有 TDEA、Blowfish、RC5 以及 IDEA 等也都是常见的算法。

对称加密算法在电子商务交易过程中存在 3 个问题:

① 密钥协商要求提供一条安全的渠道。通信双方在首次通信时需要协商一个共同的密钥。直接的面对面协商可能是不现实且难于实施的,因此可能需要借助于邮件和电话等其他相对不够安全的方式来进行协商。任何人一旦截获了密钥,就可用它来读取所有加密信息。

② 规模很难适应互联网这样的大环境。因为如果某一交易方有 n 个贸易关系的话,那他就要维护 n 把专用密钥,因为每把密钥对应了一个交易方。n 个人彼此之间进行保密通信就需要 $n(n-1)/2$ 个密钥。在互联网上交换保密信息的每对用户都需要一个密钥,这时密钥就会是一个天文数字。因为密钥必须安全地分发给通信各方,所以对称加密的问题就出在密钥的分发上,包括密钥的生成、传输和存放。在公共网络上进行密钥发布非常麻烦,如果企业有几千个在线顾客,那么密钥的发布就很难满足要求。

③ 对称加密算法一般不能提供信息完整性鉴别。

3. 非对称加密系统

非对称加密又称为公开密钥加密,需要采用两个在数学上相关的密钥对——公开密钥和私有密钥来对信息进行加解密。1976 年,斯坦福大学的 Whitfield Diffie 和 Martin Hellman 提出了公开密钥加密技术。与对称加密系统相比,公开密钥加密技术需要使用一对相关的密钥:一个用来加密,另一个用来解密。该技术的设想是,密钥对是与相应的系统联系在一起的,其中私有密钥是由系统保密持有的,而公开密钥则是公开的,但知道公开密钥并不能推断出私有密钥。依据公开密钥是用作加密密钥还是解密密钥,公开密钥加密系统有两种基本的模式:加密模式和验证模式。

(1) 加密模式

在加密模式中,公开密钥系统对于信息的加密和解密过程如下:

① 发送方用接收方的公开密钥对要发送的信息进行加密;

② 发送方将加密后的信息通过网络传送给接收方;

③ 接收方用自己的私有密钥对接收到的加密信息进行解密,得到信息明文。

公开密钥加密系统加密模式的加密和解密的过程如图 6-6 所示。在这一过程中,只有真正的接收方才能解开密文,因为私有密钥是在接收方的手中。这一点似乎和对称加密很相似,但不同处在于任何拥有该接收方公开密钥的发送方都可以向该接收方发送信息,而不是仅限于与接收方拥有同一把密钥的发送方。

（2）验证模式

在验证模式中，公开密钥系统对于信息的加密和解密过程如下：

① 发送方用自己的私有密钥对要发送的信息进行加密；

② 发送方将加密后的信息通过网络传送给接收方；

③ 接收方用发送方的公开密钥对接收到的加密信息进行解密，得到信息明文。

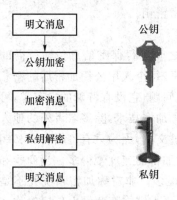

图 6-6 非对称加密和解密的过程

在公开密钥系统：验证模式过程中，任何能够成功地解密接收到的密文的接收方，都能肯定该消息确实是来自发送方，因为只有发送方才拥有与解密公钥相对应的加密私钥，从而验证了该信息确实来自发送方。通过使用私有密钥作为加密密钥，公开密钥加密系统可以用来进行数据发送方的验证并确保信息的完整性。这种公开密钥加密系统的验证模式为数字签名系统奠定了基础。一般来说，既能以加密模式又能以验证模式运作的公开密钥加密系统被称为可逆的公开密钥加密系统。有些公开密钥加密系统只能运作在验证模式而不能运作在加密模式，这种系统被称为不可逆的公开密钥加密系统。与对称密钥加密系统相比，公开密钥加密系统的功能更为强大。但公开密钥加密系统对算法的设计提出了更高的挑战，因为公开密钥代表了在攻击该算法时所要用到的额外信息。现有的公开密钥系统依赖的是假设某个特定已知的数学问题是很难解决的。签名和验证如图6-7所示。

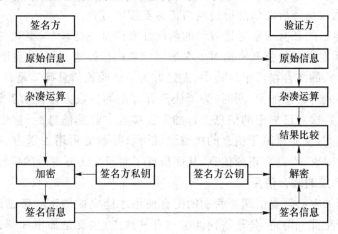

图 6-7 非对称验证模式的数字签名和验证

（3）RSA 算法

RSA 公钥加密算法是 1977 年由罗纳德·李维斯特（Ron Rivest）、阿迪·萨莫尔（Adi Shamir）和伦纳德·阿德曼（Leonard Adleman）一起提出的。当时他们三人都在麻省理工学院工作。RSA 就是他们三人姓氏的开头字母。

RSA 是目前最有影响力的公钥加密算法，它能够抵抗到目前为止已知的绝大多数密码攻击，已被 ISO 推荐为公钥数据加密标准。

今天只有短的 RSA 钥匙才可能被强力方式解破。到 2008 年为止，世界上还没有任何可靠的攻击 RSA 算法的方式。只要其钥匙的长度足够长，用 RSA 加密的信息实际上是不能被解破的。但在分布式计算和量子计算机理论日趋成熟的今天，RSA 加密安全性受到了挑战。

RSA算法基于一个十分简单的数论事实：将两个大素数相乘十分容易，但那时想要对其乘积进行因式分解却极其困难，因此可以将乘积公开作为加密密钥。

(4) 非对称加密的优缺点

与对称加密相比，非对称加密有若干优点：第一，在多人之间进行保密信息传输所需的钥组合数量很小。发布者只需要一对密钥即可，把公钥告知大家，每个人用公钥加密后的密相互无法解密，只有发布者能用私钥解密。第二，公钥的发布不成问题，它没有特殊的发布求，可以在网上公开。第三，非对称加密可用于电子签名。采用非对称加密技术，除签名者外的他人无法冒充签名，而且签名者事后也无法否认自己以电子方式签过文档，因为只有签名者有私钥。

非对称加密系统也有缺点，例如，加密解密的速度比对称加密的速度慢得多。当商家和客户在互联网上进行商务活动的时侯，加密解密累积的时间会很多。非对称加密系统并不是取代对称加密系统，恰恰相反，它们是相互补充的。如可用非对称加密在互联网上传输对称密系统的密钥，而用对称加密方式加密报文，即DES用于明文加密，RSA用于DES密钥的分配。由于DES加密速度快，适合加密较长的报文；而RSA可解决DES密钥分配的问题。

(5) 结合公开密钥系统的加密与验证模式

对于公开密钥加密系统的两种模式来说，如果只是单独使用其中的一种模式，那就无法在保障信息机密性的同时又验证发送方的身份，但在电子商务的安全中又需要同时实现这两个目的。为此，需要把这两种模式结合起来使用。

两种模式的结合使用过程如下：
① 发送方用自己的私有密钥对要发送的信息进行加密，得到一次加密信息；
② 发送方再用接收方的公开密钥对已加密的信息再次加密；
③ 发送方将两次加密后的信息通过网络传送给接收方；
④ 接收方用自己的私有密钥对接收到的两次加密信息进行解密，得到一次加密信息；
⑤ 接收方再用发送方的公开密钥对一次加密信息进行解密，得到信息明文。

加密与验证模式的结合在这个过程中，发送方为了证明该信息确实是自己发送的，所以用了自己的私有密钥来对信息加密，同时，为了让只有真正的接收方才能解开该消息，所以用了接收方的公开密钥再次对已加密的信息进行加密。接收方收到信息后，首先要用自己的私有密钥才能解开该密文，从而保障了信息的机密性，随后，接收方再用发送方的公开密钥对已解密一次的信息再次解密，得到真正的信息，从而保证了对于发送方身份的验证。

4. 混合加密系统的联合使用

由于公开密钥加密必须要由两个密钥的配合使用才能完成加密和解密的全过程，因而有助于加强数据的安全性。但是，公开密钥加密也有其缺点，主要是加密和解密的速度很慢，用公开密钥加密算法加密和解密同样的数据所花费的时间是利用私有密钥加密算法的1 000倍。所以，公开密钥加密不适合对大量的文件信息进行加密，只适用于对少量数据（如对密钥）进行加密。正是因为公开密钥加密和私有密钥加密各有所长，所以在实际应用中，往往将公开密钥加密与私有密钥加密算法结合起来使用，以起到扬长避短的目的。

在实际运用中，用户如果要对数据进行加密，需要生成一对自己的密钥对。密钥对中的公开密钥是公开的，但私有密钥则由密钥的主人妥善保管。发送方和接收方在对文件进行加密和解密时的实际过程如下：

(1) 发送方生成一个私有密钥，并对要发送的信息用自己的私有密钥进行加密；
(2) 发送方用接收方的公开密钥对自己的私有密钥进行加密；
(3) 发送方把加密后的信息和加密后的私有密钥通过网络传输到接收方；

(4) 接收方用自己的私有密钥对发送方传送过来的私有密钥进行解密,得到发送方的私有密钥;

(5) 接收方用发送方的私有密钥对接收到的加密信息进行解密,得到信息的明文。

因为只有接收方才拥有自己的私有密钥,所以即使其他人得到了经过加密的发送方的私有密钥信息,也无法进行解密,从而保证了这把私有密钥的安全性。在上述过程中,实际上分别实现了两次加密解密过程,即文件信息本身的加密解密和发送方私有密钥的加密解密,这是通过私有密钥加密和公开密钥加密算法的结合来实现的。

通过公开密钥加密技术实现对发送方私有密钥的管理,使相应的密钥管理变得简单和更加安全,同时还解决了对称加密中存在的可靠性问题和鉴别问题。发送方可以为每次交换的信息生成唯一的一把私有密钥,并用接收方的公开密钥对该密钥进行加密,然后再将加密后的密钥与用该密钥加密的信息一起发送给相应的接收方。由于对每次信息交换都对应生成了唯一的一把密钥,因此,各交易方就不再需要对密钥进行维护和担心密钥的泄露或过期。这种方式的另一优点是即使泄露了一把密钥,也只不过影响一笔交易,而不会影响到交易双方之间所有的交易关系。这种方式还提供了交易伙伴间发布私有密钥的一种安全途径。值得注意的是,能否切实有效地发挥加密系统的作用,其关键点在于密钥的管理,包括密钥的生成、分发、安装、保管、使用以及作废的全过程。

此外,在混合系统中还使用了数字信封技术。

数字信封中采用了私钥密码体制和公钥密码体制。信息发送者首先利用随机产生的对称密码加密信息,再利用接收方的公钥加密对称密码,被公钥加密后的对称密码称为数字信封。信息接收方要解密信息时,必须先用自己的私钥解密数字信封,得到对称密码,再利用对称密码解密所得到的信息,这样就保证了数据传输的真实性和完整性。数字信封如图 6-8 所示。

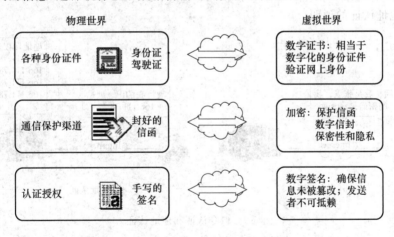

图 6-8 数字信封

6.2.5 认证技术

使用密码机制对文件进行加密只解决了信息的保密性问题,但是如果他人对加密的文件进行破坏,或者向一家公司下了订单但事后又加以否认,或者冒充某人从账户上支取钱款等,对于这些问题,单靠密码技术是不能解决问题的。还需要采取其他的手段,这就是认证技术。认证是防止消息被篡改、删除、重发和伪造的一种有效方法。认证的方式有身份认证和信息认证,它能使接收者识别和确认消息的真伪。

1. 身份认证

身份认证技术是在计算机网络中确认操作者身份的过程中产生的有效解决方法。计算机网络世界中一切信息，包括用户的身份信息，都是用一组特定的数据来表示的，计算机只能识别用户的数字身份，所有对用户的授权也是针对用户数字身份的授权。如何保证以数字身份进行操作的操作者就是这个数字身份的合法拥有者？也就是说，如何保证操作者的物理身份与数字身份相对应？身份论证技术就是为了解决这个问题而设计的。作为防护网络资产的第一道关口，身份认证有着举足轻重的作用。

以下列出几种常见的身份认证方式。

(1) 静态密码

用户的密码是由用户自己设定的。在网络登录时输入正确的密码，计算机就认为操作者是合法用户。实际上，许多用户为了防止忘记密码，经常采用诸如生日、电话号码等容易被猜测的字符串作为密码，或者把密码抄在纸上放在一个自认为安全的地方，这样很容易造成密码泄漏。如果密码是静态数据，其验证过程需要在计算机内存中进行，其传输过程可能会被木马程序截获。静态密码机制无论是使用还是部署都非常简单，但从安全性上讲，用户名/密码方式是一种不安全的身份认证方式。

目前智能手机的功能越来越强大，里面包含了很多私人信息。人们在使用手机时，为了保护信息安全，通常会为手机设置密码。由于密码是存储在手机内部，因此被称为本地密码论证。与之相对的是远程密码认证，例如，在登录电子邮箱时，电子邮箱的密码是存储在邮箱服务器中的，在本地输入的密码需要发送给远端的邮箱服务器，只有和服务器中的密码一致，才被允许登录电子邮箱。为了防止攻击者采用离线字典攻击的方式破解密码，通常都会设置在登录尝试失败达到一定次数后锁定账号，在一段时间内阻止攻击者继续尝试登录。图 6-9 是口令认证和地址认证的说明。

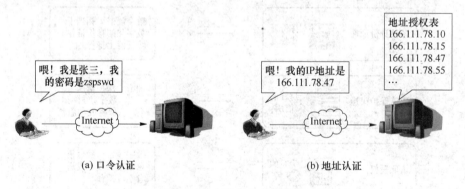

图 6-9 口令认证和地址认证

(2) 智能卡

一种内置集成电路的芯片，芯片中存有与用户身份相关的数据，智能卡由专门的厂商通过专门的设备生产，是不可复制的硬件。智能卡由合法用户随身携带，登录时必须将智能卡插入专门的读卡器读取其中的信息，以验证用户的身份。

智能卡认证是通过智能卡硬件不可复制来保证用户身份不会被仿冒。然而由于每次从智能卡中读取的数据是静态的，通过内存扫描或网络监听等技术还是很容易截取到用户的身份验证信息，因此还是存在安全隐患。

智能卡自身就是功能齐备的计算机，它有自己的内存和微处理器，该微处理器具备读取和写入能力，允许对智能卡的数据进行访问和更改。智能卡被包含在一个信用卡大小或者更小的物体里(比如手机中的 SIM 就是一种智能卡)。智能卡技术能够提供安全的验证机制来保护持卡人的信息,并且智能卡的复制很难。从安全的角度来看,智能卡提供了在卡片里存储身份认证信息的能力,该信息能够被智能卡读卡器所读取。智能卡读卡器能够连到 PC 上来验证 VPN 连接或验证访问另一个网络系统的用户。

(3) 短信密码

短信密码以手机短信形式请求包含 6 位随机数的动态密码,身份认证系统以短信形式发送随机的 6 位密码到客户的手机上。客户在登录或者交易认证时输入此动态密码,从而确保系统身份论证的安全性。

短信密码具有以下优点:

① 安全性。由于手机与客户绑定比较紧密,短信密码生成与使用场景是物理隔绝的,因此密码在通信链路上被截取的概率降至最低。

② 普及性。只要会接收短信即可使用,大大降低了短信密码技术的使用门槛,学习成本几乎为零,所以在市场接受度上不会存在阻力。

③ 易收费。由于移动互联网用户天然养成了付费的习惯,这是和 PC 时代的互联网截然不同的理念,而且收费通道非常发达,如果是网银、第三方支付、电子商务,可将短信密码作为一项增值业务,每月通过服务提供商收费不会有阻力,因此也可以增加收益。

④ 易维护。由于短信网关技术非常成熟,大大降低短信密码系统中木马的风险,短信密码业务后期客服成本低,稳定的系统在提升安全性的同时也产生了良好的口碑效应,这是目前银行也大量采纳这项技术的重要原因。

(4) 动态口令

动态口令牌是客户手持用来生成动态密码的终端,主流的是基于时间同步方式的,每 60 秒变换一次口令,口令一次有效,它产生 6 位动态数字以一次一密的方式论证。

但是由于基于时间同步方式的动态口令牌存在 60 秒的时间窗口,导致该密码在这 60 秒内存在风险,现在已有基于事件同步的、双向认证的动态口令牌。基于事件同步的动态口令采用以用户动作触发的同步原则,真正做到了一次一密,并且由于是双向认证,即服务器验证客户端,并且客户端也需要验证服务器,从而达到了彻底防止木马攻击的目的。

由于动态口令使用起来非常便捷,85%以上的世界 500 强企业运用它来保护登录安全,广泛应用在 VPN、网上银行、电子政务、电子商务等领域。

(5) USB Key

基于 USB Key 的身份论证方式是近几年发展起来的一种方便、安全的身份认证技术。它采用软件和硬件相结合、一次一密的强双因子认证模式,很好地解决了安全性与易用性之间的矛盾。USB Key 是一种 USB 接口的硬件设备,它内置单片机或智能卡芯片,可以存储用户密钥或数字证书,利用 USB Key 内置的密码算法实现对用户身份的认证。基于 USB Key 身份认证系统主要有两种应用模式:一是基于冲击/响应的认证模式;二是基于 PKI 体系的认证模式,目前运用在电子政务、网上银行。

(6) 生物识别

通过可测量的身体或行为等生物特征进行身份认证的一种技术。生物特征是指唯一的可以测量或可自动识别和验证的生理特征或行为方式。使用传感器或者扫描仪来读取生物的特征信息,将读取的信息和用户在数据库中的特征信息比对,如果一致则通过认证。

生物特征分为身体特征和行为特征两类。身体特征包括声纹(d-ear)、指纹、掌型、视网膜、虹膜、人体气味、脸型、手的血管和 DNA 等,行为特征包括签名、语音、行走步态等。目前部分学者将视网膜识别、虹膜识别和指纹识别等归为高级生物识别技术,将掌型识别、脸型识别、语音识别和签名识别等归为次级生物识别技术,将血管纹理识别、人体气味识别、DNA识别等归为"深奥的"生物识别技术。

目前人们接触最多的是指纹识别技术,应用的领域有门禁系统、微支付等。日常使用的部分手机和笔记本电脑已具有指纹识别功能,在使用这些设备前,无须输入密码,只要将手指在扫描器上轻轻一按就能进入设备的操作界面,非常方便,而且别人很难复制。

生物特征识别的安全隐患在于:一旦生物特征信息在数据库存储或网络传输中被盗取,攻击者就可以执行某种身份欺骗攻击,并且攻击对象会涉及所有使用生物特征信息的设备。

2. 信息认证

在某些情况下,信息认证比身份认证更为重要。例如,在买卖双方发生一般商品交易业务时,可能交易的具体内容并不需要保密,但是交易双方应当能够确认是对方发送或接收了这些信息,同时接收方还能确认接收的信息是完整的,即在通信过程中信息没有被修改替换。另一个例子是网络中的广告信息,此时接收方主要关心的是信息的真实性和信息来源的可靠性。

(1) 信息认证的目标

信息认证的主要目标包括:

① 可信性。信息的来源是可信的,即信息接收者能够确认所获得的信息不是由冒充者所发出的。

② 完整性。要求保证信息在传输过程中的完整性,也即信息接收者能够确认所获得的信息在传输过程中没有被修改、遗失和替换。

③ 不可抵赖性。要求信息的发送方不能否认自己所发出的信息。同样,信息的接收方也不能否认已收到了信息。

④ 保密性。对敏感的文件进行加密,即使别人截获文件也无法得到其内容。

(2) 数字摘要(消息验证码)

假定从发送方发送给接收方的消息不需要保密,但接收方需要确信该消息不是伪造的,要保证数据的完整性,即数据没有被非法篡改。这时可以用数字摘要又叫消息验证码(MAC)来进行必要的保护。消息验证码也称为完整性校验值或信息完整校验。

常用的两种生成 MAC 的方法如下。

① 基于散列函数的方法

对某个位串运用散列函数生成 MAC,该位串中既包含了消息数据位,又包含了数据的加密密钥。这种方法称为密钥散列函数 HMAC。

基于散列函数的方法又称为散列编码(Hash 编码)。散列编码利用单向的散列函数将需要加密的明文"摘要"成一串固定长度(如 128 位)的散列值,称为数字摘要,又称为数字指纹(Finger Print)。根据所用的散列函数,生成的散列值有固定的长度。一定信息的散列值具有唯一性,即不同的信息摘要生成的散列值,其结果一定是不同的,而同样的信息其散列值则一定是一样的。散列函数还是一种单向函数,即只能从原信息摘要成散列值,而无法从散列值还原成原信息。散列算法不需要密钥,其算法原理对发送方和接收方是公开的。

如图 6-10 所示,MAC 是附加的数据段,是由消息的发送方发出,与明文一起传送并与明文有一定的逻辑联系。基于收到的信息,接收方利用信息内容重新计算 MAC,并比较两个 MAC 值。由于 MAC 的值与输入消息的每一位都有关系,如果在消息中的任何一位 MAC 生成后发生了改变,则就会产生出不同的 MAC 值,接收方就能知道该消息的完整性已遭到了破坏。

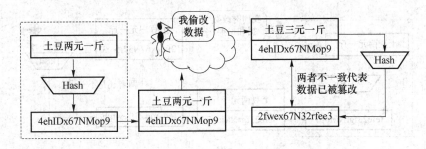

图 6-10 消息验证码可以保证数据的完整性

② 基于对称加密的方法

使用对称加密系统来生成 MAC。这一方法已在 1986 年形成标准,并广泛应用于金融行业。

这种方式类似于通信系统中(在消息上附加一个称为循环冗余校验码的数据字段)的错误校验过程。不同的是,这里必须考虑可能会发生的蓄意攻击。如果某个主动的攻击者改变了消息,那就无法防止攻击者重新计算和替换附加在消息中的 CRC,接收方也就不可能觉察出数据已被篡改。为防止这类攻击,生成 MAC 时需要使用一个消息接收方也知道的密钥。接收方拥有可以生成 MAC 的密钥,在接收消息时可以对消息内容与 MAC 是否一致进行确认。这样,如果消息被篡改了,就肯定能检查出来。

3. 数字签名

为了鉴别文件或书信的真伪,传统的做法是,要求相关人员在文件或书信亲笔签名或加盖印章,包括商业合同、银行提单、日常书信等。签名起到认证、核准和生效的作用。随着信息时代的来临,人们希望通过数字通信网络迅速传递贸易合同,这就出现了合同真实性论证的问题,数字签名(电子签名)就应运而生。

数字签名技术是将摘要用发送者的私钥加密,与原文一起传送给接收者。接收者只有用发送者的公钥才能解密被加密的摘要,然后用散列算法(Hash 算法)对收到的原文产生一个摘要,与解密出来的摘要进行比较,如果相同,则说明收到的信息是完整的,在传输过程中没有被修改,否则,就是被修改过,不是原信息。同时,也证明发送者发送了信息,防止了发送者的抵赖。

由于散列算法是公开的,所以电子商务交易中的采购订单很有可能会被不怀好意者中途拦截。黑客更改了订单内容后再重新生成数字摘要,然后将新生成的数字摘要与更改后的订单信息发送给接收方,以此掩盖自己的攻击行为。为防止这种欺诈,就要对数字摘要进行加密。发送方用自己的私有密钥对数字摘要进行加密,形成了数字签名(Digital Signature)。接收者和第三方能够利用公钥对数字签名进行验证,证实该文档确实来自签名者,并且在进行数字签名后文档未被修改过。一个安全的数字签名系统包括签名方法和验证方法,而且不可否认。实现数字签名的算法有很多,但利用公开密钥加密技术的数字签名则是应用得最广泛的一种。基于密钥加密和数字摘要技术,可以实现数字签名。对数据和密钥一起进行 Hash 运算如图 6-11 所示。

利用数字签名进行验证的过程如下:

(1) 发送方对要传输的信息运用散列函数形成数字摘要;

(2) 发送方用自己的私有密钥对数字摘要进行加密,得到数字签名;

(3) 发送方将数字签名附加在原信息后通过网络传输给接收方;

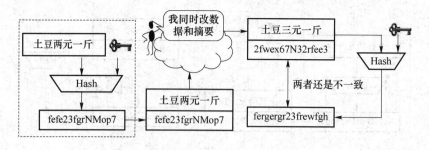

图 6-11 对数据和密钥一起进行 Hash 运算

(4) 接收方用发送方的公开密钥对接收到的数字签名进行解密,得到信息的数字摘要;

(5) 接收方用同样的散列函数对接收到的信息重新计算数字摘要;

(6) 接收方将计算得到的数字摘要与解密得到的数字摘要进行比较,若两者相同,则说明信息的完整性未被破坏,即该文件不是伪造的。

数字签名可以用来防止电子信息因容易被修改而有人做假,或冒用别人名义发送信息,或发出(收到)信息后又加以否认等情况的发生。

4. 认证机构与数字证书

由上述可知,数字签名技术是利用公钥加密技术来验证网上传送信息的真实性。但这存在着一个严重的问题,那就是,任何人都可以生成一对密钥。那么,怎样才能保证一对密钥只属于一个人呢?这就需要一个权威机构对密钥进行有效管理,颁发证书证明密钥的有效性,将公开密钥同某个实体(消费者、商家、银行)联系在一起。这种机构就称为认证机构(Certificate Authorities,CA)。

(1) 认证机构的职能

认证机构是一个权威机构,专门验证交易双方的身份。认证机构的核心职能是发放和管理用户的数字证书,它接受个人、商家、银行等参与交易的实体申请数字证书,核实情况,批准申请或拒绝申请,并颁发数字证书。此外,认证机构还具有管理证书的职能。其管理功能包括以下几个方面:

① 证书的检索。数字证书包括有效证书和已撤销证书。用户在验证发送方数字签名时,需要查验发送方的数字证书。这就需要检索有效证书库。另外,证书可能在其有效期限内被认证机构撤销,所以,用户也需要检索已撤销证书库。

② 证书的撤销。在证书的有效期已到,用户的身份变化,用户的密钥遭到破坏或被非法使用等情况下,认证机构就应撤销原有的证书。

③ 证书数据库的备份。

④ 有效地保护证书和密钥服务器的安全。

认证机构在整个电子商务环境中处于至关重要的位置,它是整个信任链的起点。认证机构是开展电子商务的基础,如果认证机构不安全或发放的证书不具权威性,那么网上电子交易就根本无从谈起。

(2) 数字证书定义及内容

数字证书(Digital Certificates)又称为数字凭证、数字标识,它包含证书持有者的有关信息,以标识他们的身份。数字证书包括的内容有证书持有者的姓名、证书持有者的公钥、公钥的有效期、颁发数字证书的单位、颁发数字证书单位的数字签名和数字证书的序列号。

如图 6-12 所示,一个标准的 X.509 数字证书包含如下主要内容:

① 证书的版本信息。
② 证书的序列号。每个证书都有一个唯一的证书序列号。
③ 证书所使用的签名算法。
④ 证书的发行机构名称。命名规则一般采用 X.509 格式。
⑤ 证书的有效期。现在通用的证书一般采用 UTC 时间格式，其计时范围为 1950—2049 年。
⑥ 证书所有人的名称。命名规则一般采用 X.500 格式。
⑦ 证书所有人的公开密钥。
⑧ 证书发行者对证书的签名。

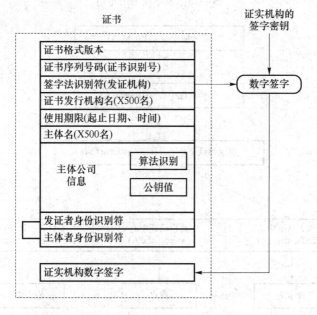

图 6-12　数字证书的组成

(3) 数字证书的类型

认证机构颁发的数字证书分为两类：SSL 证书和 SET 证书。一般来说，SSL（安全套接层）证书是服务于银行对企业或企业对企业的电子商务活动的；SET（安全电子交易）证书则服务于持卡消费、网上购物。虽然它们都用于识别身份和数字签名的证书，但它们的信任体系完全不同，而且所符合的标准也不一样。简单地说，SSL 证书的作用是通过公开密钥证明持证人的身份。SET 证书的作用是通过公开密钥证明持证人在指定银行确实拥有该信用卡账号，同时也证明了持证人的身份。

(4) 数字证书的申请

用户想获得证书时，首先要向认证机构提出申请，说明自己的身份。认证机构在证实用户的身份后，向用户发出相应的数字证书。数字证书的申请可以用图 6-13 表示，认证机构发放证书时要遵循一定的原则，如要保证自己已发出的证书的序列号各不相同，两个不同的实体所获得的证书的主题内容应该相异，不同主题内容的证书所包含的公开密钥相异。

(5) 认证机构的层次结构

认证机构有着严格的层次结构。按照 SET 协议的要求，认证机构(CA)的体系结构，如图 6-14 所示。

根 CA 是离线的并且是被严格保护的。仅在发布新的品牌 CA 时才被访问。

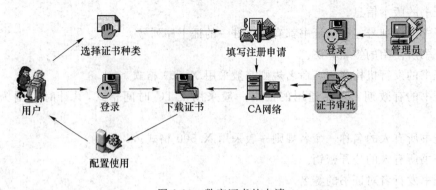

图 6-13 数字证书的申请

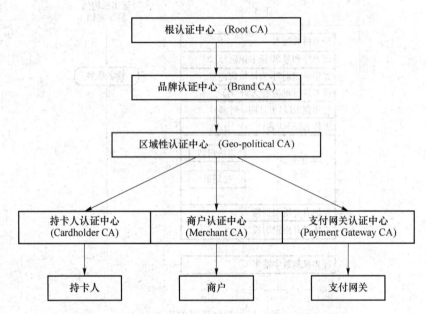

图 6-14 SET 中 CA 的层次结构

品牌 CA 发布地地域政策 CA、持卡人 CA、商户 CA 和支付网关 CA 的证书,并负责维护及分发其签字的证书和电子商务文字建议书。

地域政策 CA 是考虑到地域或政策的因素而设置的,是可选的。

持卡人 CA 负责生成并向持卡人分发证书。

商户 CA 负责发放商户证书。

支付网关 CA 为支付网关(银行)发放证书。

5. 数字时间戳

在电子商务中,除了要考虑数据的保密性、完整性、不可否认性及不可伪造性,还需要对交易数据的日期和时间信息采取安全措施,而数字时间戳服务(Digital Time-stamp Service,DTS)就能提供电子信息在时间上的安全保护。数字时间戳服务是网上的安全服务项目,一般由大家均信任的第三方机构提供。

数字时间戳其实是一个经加密后形成的凭证文档,一般来说,数字时间戳产生的过程为:用户首先将需要加时间戳的文件用 Hash 算法运算形成摘要,然后将该摘要发送到 DTS。DTS 在加入收到文件摘要的日期和事件信息后再对该文件加密(数字签名),然后送达用户。

数字时间戳可以作为电子商务交易信息的时间认证,一旦发生争议,可作为时间凭证。图

6-15是数字时间戳的生成过程。

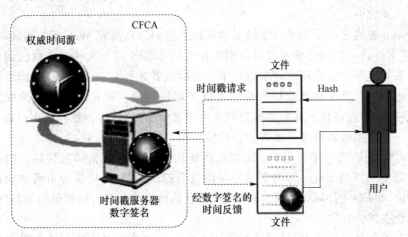

图 6-15　数字时间戳的生成过程

6. 信息完整性

信息完整性要靠信息认证来实现，信息认证是信息合法接收者对消息的真伪进行判定的技术。信息认证的内容包括：

① 信息的来源；

② 信息的完整性；

③ 信息的序号和时间。

使用数字签名技术和身份识别技术可以鉴别信息发送者身份，也就是明确了信息的来源。正像前面分析的那样，数字签名技术可以证实文件的真伪，而身份识别技术可以证实发送人身份的真伪。

信息序号和时间的认证主要是为了阻止信息的重放攻击。常用的方法有消息的流水作业号、链接认证符、随机数认证和时间戳等。

信息内容的认证即完整性检验常用的方法是：信息发送者在信息中加入一个鉴别码并经加密后发送给接收者检验（有时只加密鉴别码）。接收者利用约定的算法对解密后的信息进行运算，将得到的鉴别码与收到的鉴别码进行比较，若二者相等，则接收；否则拒绝接收。目前实现这一功能的方法有两种：一是采用消息认证码（MAC）；二是采用窜改检测码（MDC）。

6.2.6　WWW安全技术

随着WWW应用领域的扩大，安全和管理等问题日益受到重视。由于最初HTTP协议在设计时注重的是方便交流，并没有考虑安全的问题，对于WWW的资源管理缺乏有效的安全保护；后来的HTTP1.0和HTTP1.1协议本身也只提供了相当有限的认证机制，仍然没有全面的安全保证。WWW是建立在Internet的基础上，Internet的安全隐患也使得WWW的进一步应用受到限制。这些已经阻碍了它的进一步商业使用。

WWW应用安全的解决方案需要结合通用的Internet安全技术和专门针对WWW的技术。前者主要指防火墙技术，后者包括根据WWW技术的特点改进HTTP协议或者利用代理服务器、插入件（Plug-in）、中间件等技术来实现的安全技术。

HTTP协议目前已经有了三个版本，分别是HTTP 0.9、HTTP 1.0、HTTP 1.1。HTTP 0.9是最早的一个版本，它定义了最基本的简单请求和简单回答；HTTP 1.0较完善，也是目前使用得最广泛的一个版本；HTTP 1.1 新增了大量的报头域，并对 HTTP 1.0 没有严格定义的部分做了进一步说明。

HTTP 1.0 提供了一个基于口令的基本认证方法，目前，所有 Web 服务器都可以通过"基本身份认证"支持访问控制。管理员可以指定标准的 UNIX 口令文件或者自己创建管理的用户口令文件来管理用户。当用户请求访问某个页面或者运行某个 CGI 程序时，由被访问对象所在目录下的访问控制文件规定哪些用户可以访问该目录。WWW 服务器读取该访问控制文件，从中获得访问控制信息并要求客户提交用户名/口令组合。浏览器将用户输入的用户名和口令经过一定的编码传给服务器方。在检验了用户身份和口令后，服务器方才发送回所请求的页面或者执行 CGI 程序。用户也可以选择使用 SSL 建立加密信息传输。但是这里要求 WWW 服务器必须支持 SSL。服务器获得从浏览器返回的信息，用管理员指定的口令文件来认证用户身份。口令文件同时提供身份认证（口令必须成功匹配），也提供访问控制（用户名必须出现在口令文件中）。

HTTP 1.1 在身份认证上，针对基本认证方法以明文传输口令这一最大弱点补充了摘要认证方法（Digest Authentication Scheme），不再传递口令的明文，而是将口令经过散列函数交换以后传递它的摘要。使用摘要认证，攻击者再也不能截获口令，最多只能进行重放攻击，可以使用一次性应用摘要等手段，这要求服务器方记住一段时间内所有收到过的摘要值。摘要认证和基本认证一样，容易受到"中间人"攻击。如一个恶意的或被破坏的代理可能将服务器方的摘要认证回答换成基本认证回答，从而窃得口令。摘要认证还要求服务器方存储一些用户认证信息，如用户身份等，一旦它们被窃取，攻击者可以得到这个口令保护下的所有信息。所以摘要认证仅仅防止了基本认证的最大弱点，但它们仍然不够安全。

从安全的角度看，HTTP 协议中的基本身份认证存在不少潜在的问题，浏览器以明文的方式传递用户名和口令，或者接近明文（编码或者散列）。一些浏览器（如 Netscape）支持采用 SSL 加密信道返回用户名和口令，但是并不是所有 WWW 服务器都支持 SSL 服务器，它们必须通过支持 SSL 的安全服务器才能触发这种操作模式。这也带来了一些安全漏洞。

从管理角度来看，WWW 服务器需要自己维护和管理用户数据库，如果依靠 UNIX 口令文件就需要在 WWW 服务器上建立普通用户账号，而在安全的 WWW 服务器上要尽量避免同时保存 UNIX 用户。因此，WWW 管理员如要将访问用户限制在一个很小的范围内则必须创建自己的用户口令文件。这样做管理负担很重，而且在一个网络中存在多个 WWW 服务器的情况下，用户需要记住不同的口令和账号，使用起来非常麻烦。

其他针对 HTTP 协议的改进还有安全 HTTP 协议（S-HTTP）。它建立在 HTTP 1.1 的基础上，提供了数据加密、身份认证、数据完整、防止否认等功能。S-HTTP 强调的是灵活性，它通过协商可以选择不同的密钥管理方法、安全策略以及加密算法等。它支持数据报文格式标准。在对称密钥方式下工作时，它不要求客户方用公钥进行身份认证，相对于 SSL 而言，降低了对公钥体系的要求。SSL 和 S-HTTP 都对通信协议做了一定的改变并加入安全机制，但是现存在大量不支持它们的浏览器和 WWW 服务器也需要引入安全机制。目前也有不少方法，在尽量少改动的前提下加入安全机制。

中间件技术可以提供标准的安全服务接口 GSS-API，但是仍然要求对应对程序进行一定的修改，不能算是一个很完美的解决方案。利用 WWW 技术中的代理技术可以巧妙地解决这个问题。这个技术需要修改过的 Web 服务器（也可能使用服务器的插入件功能）和一个额外的后台程序（本地安全代理）运行在客户方用来进行所需的安全交互。这种方案有很多诱人的地方，服务器可以很可靠地验证身份而并不需要由各管理员自己来维护一个本地的用户口令文件；对于 Web 用户来说几乎是透明的，利用了现有的网络安全措施，有利于集中实现网络安全政策。还允许加入安全审计、记录、报警等功能。这种方式并不依赖于 Web,任何其他采用中间件技术的应用都可以从中获益。

6.3 电子商务支付安全协议

实现电子商务的关键是保证在线支付过程中的安全性,这需要采用数据加密和身份认证技术,以便营造一种可信赖的电子交易环境,保证参与交易活动的各个主体的身份及信用卡号不会被盗用。

随着电子商务的蓬勃发展,电子交易过程中的信息流、资金流和物流等的传输安全问题逐渐成为人们关注和研究的焦点,尤其是资金流在电子商务活动中的传送更是至关重要的问题。如何让电子化的资金在不安全的 Internet 上进行实时且安全的传送,即实现安全电子支付,是电子商务发展的关键,也是电子商务领域内最受关注的问题之一。

安全协议是目前电子支付技术安全问题的热点,安全套接层(SSL)协议和安全电子交易(SET)协议是电子商务中支持支付系统的关键技术。

6.3.1 SSL 协议

随着计算机网络技术向整个经济社会各层次的延伸,整个社会表现出对 Internet、Intranet、Extranet 等更大的依赖性。随着企业间信息交互的不断增加,任何一种网络应用和增值服务的使用程度将取决于所使用网络的信息安全有无保障,网络安全已成为现代计算机网络应用的最大障碍,也是急需解决的难题之一。

由于 Web 上有时要传输重要或敏感的数据,因此 Netscape Communication 公司在推出 Web 浏览器首版的同时,提出了安全套接层(Secure Socket Layer,SSL)协议,用于保障在互联网上数据传输的安全,利用数据加密技术确保数据在网上的传输过程中不会被截取及窃听。SSL 协议采用公钥技术,其目标是保证两个应用间通信的保密性和可靠性,可在服务器和客户机两端同时实现支持。目前,利用公钥技术的 SSL 协议已成为 Internet 上保密通信的工业标准。现行 Web 浏览器普遍将 HTTP 和 SSL 协议相结合,从而实现安全通信。从图 6-16 中可以看到,IE 同时支持 SSL 2.0 和 SSL 3.0 两个版本。SSL 协议与 TCP/IP 间的关系如图 6-17 所示。SSL 协议位于 TCP/IP 协议模型的网络层和应用层之间,使用 TCP 来提供一种可靠的端到端的安全服务,它使客户/服务器应用之间的通信不被攻击窃听,并且始终对服务器进行认证,还可以选择对客户进行认证。SSL 协议在应用层通信之前就已经完成加密算法、通信密钥的协商以及服务器论证工作,在此之后,应用层协议所传送的数据都被加密。

从图 6-17 可以看出,SSL 协议实际上是 SSL 握手协议、SSL 修改密文协议、SSL 报警协议和 SSL 记录协议组成的一个协议族。

1. SSL 协议的工作流程

SSL 协议的工作流程如下:

(1) 接通阶段。客户通过网络向服务商打招呼,服务商回应。

(2) 密码交换阶段。客户与服务商之间交换双方认可的密码。一般选用 RSA 密码算法,也有的选用 Diffie-Hellman 和 Fortezza-KEA 密码算法。

(3) 会谈密码阶段。客户与服务商间产生彼此交谈的会谈密码。

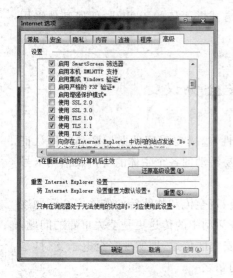

图 6-16　IE 支持的 SSL 协议版本

图 6-17　SSL 协议与 TCP/IP 间的关系

(4) 检验阶段。检验服务商取得的密码。

(5) 客户认证阶段。验证客户的可信度。

(6) 结束阶段。客户与服务商之间相互交换结束的信息。

当上述动作完成之后,两者间的资料传送就会加上密码,等到另一端收到资料后,再将编码后的资料还原。即使盗窃者在网络上取得编码后的资料,如果没有原先编制的密码算法,也不能获得可读的有用资料。

在电子商务交易过程中,由于有银行参与,按照 SSL 协议,客户购买的信息首先发往商家,商家再将信息转发给银行,银行验证客户信息的合法性后,通知商家付款成功,商家再通知客户购买成功,将商品寄送给客户,如图 6-18 所示。

图 6-18　SSL 协议的安全交易流程

SSL 协议运行的基点是商家对客户信息保密的承诺。从 SSL 协议所提供的服务及其工作流程可以看出,该协议有利于商家而不利于消费者。客户的信息首先传到商家,商家阅读后再传给银行,这样客户资料的安全性更受到了威胁。商家认证客户是必要的,但整个过程中,缺少了客户对商家的认证。在电子商务的实验阶段,由于运作电子商务的企业大多是信誉较高的大公司,因此问题还没有充分暴露出来,但随着电子商务的发展,很多中小型公司也参与进来,这样在电子支付过程中单一认证的问题就越来越突出。虽然在 SSL 3.0 中通过数字签名和数字证书可实现浏览器和 Web 服务器双方的身份验证,但是 SSL 协议仍存在一些问题,例如,只能提供交易中客户与服务器间的双方认证,在涉及多方的电子交易中,SSL 协议并不能协调各方之间的安全传输和信任关系。在这种情况下,Visa 和 MasterCard 两大信用卡组织制定了 SET 协议,为网信用卡支付提供了全球性标准。

2. SSL 协议的应用

(1) 单向认证

单向认证又称匿名 SSL 连接,这是 SSL 安全连接的最基本模式,它便于使用,主要的浏览器都支持这种方式,适合单向数据安全传输应用。在这种模式下客户端没有数字证书,只是服务器端具有证书,认证用户访问的是自己要访问的站点。典型的应用就是用户进行网站注册时采用"ID+口令"的匿名认证。

(2) 双方认证

双方认证是对等的安全认证,这种模式下通信双方都可以发起和接收 SSL 连接请求。通信双方可以利用安全应用程序(控件)或安全代理软件,前者一般适合于 B/S 结构,而后者适用于 C/S 结构。安全代理相当于一个加密/解密的网关,这种模式下双方皆需安装证书,进行双向认证。

(3) 电子商务中的应用

电子商务与网上银行交易不同,因为有商户参加,形成客户—商家—银行两次点对点的 SSL 连接。客户、商家、银行都必须具有证书,两次点对点的双向认证。

6.3.2 SET 协议

在开放的互联网上处理电子商务,如何保证买卖双方传输数据的安全成为电子商务能否普及的关键。为了克服 SSL 安全协议的缺点,两大信用卡组织 Visa 和 MasterCard 联合开发了 SET 协议。这是一个为了在互联网上进行在线交易而设立的一个开放的以电子货币为基础的电子付款系统规范。SET 协议在保留对客户信用卡认证的前提下,又增加了对商家身份的认证,这对于需要支付货币的交易来讲是至关重要的。由于设计合理,SET 协议得到了IBM、HP、Microsoft、Netscape、VeriFone、GTE、Verisign 等许多大公司的支持,已成为事实上的工业标准。目前,它已获得 IETF 标准的认可。

SET 是基于互联网的卡基支付,是授权业务信息传输的安全标准,它采用 RSA 公钥体系对通信双方进行认证,利用 DES、RC4 或任何标准对称加密方法进行信息的加密传输,并用 Hash 算法来鉴别消息真伪,有无涂改。在 SET 体系中有一个关键的认证机构(CA),CA 根据 X.509 标准发布和管理证书。

1. SET 协议的工作流程

SET 协议的工作流程如下:

(1) 支付初始化请求和响应阶段。当客户决定要购买商家的商品并使用电子钱包支付时,商家服务器上的 POS 软件发报文给客户的浏览器电子钱包,电子钱包要求客户输入密码,然后与商家服务器交换"握手"信息,使客户和商家相互确认,即客户确认商家被授权可以接受信用卡,同时商家也确认客户是一个合法的持卡人。

(2) 支付请求阶段。客户发出一个报文,包括订单和支付命令。在订单和支付命令中必须有客户的数字签名,同时利用双重签名技术保证商家看不到客户的账户信息。而位于商家开户行的被称为支付网关的另外一个服务器可以处理支付命令中的信息。

(3) 授权请求阶段。商家收到订单后,POS 组织一个授权请求报文发送给支付网关,其中包括客户的支付命令。支付网关是一个 Internet 服务器,是连接 Internet 和银行内部网络的接口。授权请求报文到达收单银行后,收单银行得到发卡银行确认。

(4) 授权响应阶段。收单银行得到发卡银行的批准后,通过支付网关发给商家授权响应报文。

(5) 支付响应阶段。商家发送购买响应报文给客户,记录客户交易日志备查。

SET 支付的交易系统由客户(持卡人)、商家、支付网关、收单银行和发卡银行、CA 六部分组成,这六部分之间的数据交换过程如图 6-19 所示。

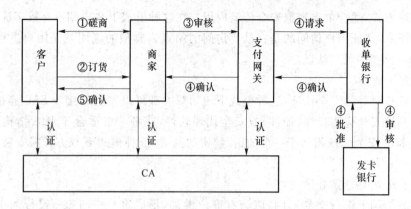

图 6-19　SET 协议的安全交易流程

SET 交易过程中要对商家、客户、支付网关等交易各方进行身份认证，因此它的交易过程相对复杂。具体流程如下：

（1）客户在网上商店看中商品后，和商家进行磋商，然后发出请求购买信息。

（2）客户利用自己的 PC 通过互联网选定所要购买的物品，并在计算机上填写订单。订单上需包括商家、购买物品名称及数量、交货时间及地点等相关信息。通过电子商务服务器与有关商家联系，商家做出应答，与客户确认所填订单的货物单价、应付款数、交货方式等信息是否准确，是否有变化。

（3）客户选择付款方式，确认订单签发付款指令。此时，SET 开始介入。在 SET 中，客户必须对订单和付款指令进行数字签名，同时利用双重签名技术保证商家看不到消费者的账户信息。

（4）商家接受订单后，向客户所在的银行请求支付认可。信息通过支付网关到达收单银行，再到电子货币发行公司确认。批准交易后，返回确认信息给商家。

（5）商家发送订单确认信息给客户。客户端软件可记录交易日志，以备将来查询。

（6）商家发送货物或提供服务并通知收单银行将钱从客户的账户转移到商店账户，或通知发卡银行请求支付。在认证操作和支付操作中间一般会有一个时间间隔，例如，在每天下班前请求银行结一天的账。

前两步与 SET 无关，从第（3）步开始 SET 起作用，一直到第（6）步。在处理过程中 SET 协议对通信协议、请求信息的格式、数据类型的定义等都有明确的规定。在操作的每一步，客户、商家、支付网关都通过 CA 来验证通信主体的身份，以确保通信的对方不是冒名顶替，所以，也可以简单地认为 SET 规格充分发挥了 CA 作用，以维护在任何开放网络上的电子商务参与者所提供的信息的真实性和保密性。

2. SET 协议的安全性特征

SET 协议主要通过使用密码技术和数字证书方式来保证信息的机密性和安全性，它实现了电子交易的机密性、数据完整性、身份验证和不可否认性。

（1）机密性（Confidentiality）。在 SET 协议下，客户将支付信息（PI）和订单信息（OI）进行双重签名，商家解密后得到 OI，银行解密后得到 PI，从而避免了商家访问客户的支付信息。

（2）数据完整性（Data Integrity）。SET 协议通过使用 Hash 函数来保证数据完整性。报文发送后，Hash 函数将为之产生一个唯一的报文摘要值，一旦报文中包含的数据被篡改，该值就会改变，从而被检测到，这样就保证了信息的完整性。

（3）身份验证（Verification of Identity）。身份验证是电子商务中非常重要的环节，SET

协议使用数字证书来确认商家、客户(持卡人)、发卡银行和支付网关的身份,为网上交易提供了一个完整的可信赖的环境。

(4) 不可否认性(Non-repudiability)。SET 协议中数字证书的发布过程也包含了商家和客户在交易中存在的信息,因此,如果客户发出了一个商品的订单,在收到货物后他不能否认发出这个订单。同样,商家以后也不能否认收到这个订单。

6.3.3 SET 协议与 SSL 协议的比较

SET 和 SSL 协议是当前电子商务中应用最为广泛的两个安全协议,两者的差别主要体现在以下几个方面。

(1) 在认证要求方面

早期的 SSL 协议并没有提供商家身份认证机制,虽然在 SSL 3.0 中可以通过数字签名、数字证书实现浏览器和 Web 服务器双方的身份验证,但是仍不能实现多方认证标;相比之下,SET 协议的安全要求较高,所有参与 SET 交易的成员(客户、商家、发卡银行、收单银行和支付网关)都必须申请数字证书进行身份识别。

(2) 在安全性方面

SET 协议规范了整个商务活动的流程,从客户到商家,到支付网关,再到认证中心以及信用卡结算中心之间的信息流走向和必须采用的加密、认证都制定了严密的标准,从而最大限度地保证了商务性、服务性、协调性和集成性。而 SSL 协议只对客户与商家的信息交换进行加密保护,可以看作是用于传输的那部分的技术规范。从电子商务特性来看,它并不具备商务性、服务性、协调性和集成性。因此 SET 协议的安全性比 SSL 协议高。

(3) 在网络层协议位置方面

SSL 协议是基于传输层的通用安全协议,而 SET 协议位于应用层,对网络上其他各层也都有涉及。

(4) 在应用领域方面

SSL 协议主要与 Web 应用于一起工作,而 SET 协议为信用卡交易提供安全。因此,如果电子商务应用只通过 Web 或是电子邮件,则可以不要 SET 协议。但如果电子商务应用是一个涉及多方交易的过程,则使用 SET 协议更安全、更通用些。

(5) 在用户接口方面

SSL 协议已被内置于浏览器和 Web 服务器中,无须安装专门的软件;而 SET 协议中客户端需要安装专门的电子钱包软件,在商家服务器和银行网络上也需要安装相应的软件。

(6) 在处理速度方面

SET 协议非常复杂、庞大,处理速度慢。一个典型的 SET 交易过程需验证电子证书 9次,数字签名 6 次,传递证书 7 次,进行 5 次签名,4 次对称加密和 4 次非对称加密,整个交易过程可能需花费 1.5~2 min。而 SSL 协议则简单得多,处理速度比 SET 协议快。

SSL 协议实现简单,独立于应用层协议,大部分内置于浏览器和 Web 服务器中,在电子交易中应用便利。但它是一个面向连接的协议,只能提供交易中客户与服务器间的双方认证,不能实现多方的电子交易。SET 协议在保留对客户信用卡认证的前提下增加了对商家身份的认证,安全性进一步提高。由于两协议所处的网络层次不同,为电子商务提供的服务也不相同,因此在实践中应根据具体情况来选择独立使用或两者混合使用。

6.4 计算机犯罪与计算机病毒

6.4.1 计算机犯罪的类型与防范

1. 计算机犯罪的概念

计算机犯罪与计算机技术密切相关。随着计算机技术的飞速发展,计算机在社会中应用领域的急剧扩大,计算机犯罪的类型和领域不断增加和扩展,从而使"计算机犯罪"这一术语随着时间的推移而不断获得新的含义。因此,在学术研究上关于计算机犯罪迄今为止尚无统一的定义。

基本上,计算机犯罪可以有广义与狭义两种定义:广义的计算机犯罪是指行为人故意直接对计算机实施侵入或破坏,或者利用计算机实施有关金融诈骗、盗窃、贪污、挪用公款、窃取国家秘密或其他犯罪行为的总称;狭义的计算机犯罪仅指行为人违反国家规定,故意侵入国家事务、国防建设、尖端科学技术等技术信息系统,或者利用各种技术手段对计算机信息系统的功能及有关数据、应用程序等进行破坏、制作、传播计算机病毒,影响计算机系统正常运行且造成严重后果的行为。

2. 计算机犯罪的类型

根据我国刑法第285和286条的规定,计算机犯罪的各类包括非法侵入计算机系统罪,破坏计算机信息系统功能罪,破坏计算机信息系统数据和应用管理程序罪,制作、传播计算机病毒等破坏性程序罪。

计算机犯罪的行为,一般可以划分为以下几类:
(1)"黑客非法入侵",破坏计算机信息系统。
(2)网上制作、复制、传播和查阅有害信息,如传播计算机病毒、黄色淫秽图像等。
(3)利用计算机实施金融诈骗、盗窃、贪污、挪用公款。
(4)非法盗用计算机资源,如盗用账号、窃取国家秘密或企业商业机密等。
(5)利用互联网进行恐吓、敲诈等其他犯罪。

随着计算机犯罪活动的日益新颖化、隐蔽化,未来还会出现许多其他犯罪形式。

在目前我国所破获的计算机犯罪案件中,犯罪嫌疑人普遍都是精通计算机的青年学生。究其犯罪动机,有以下两个方面:一是行为人并非出于恶意,而是抱着好玩或显示自身的计算机技术特长,把入侵别人的计算机系统当作是对自己的能力的一种挑战,入侵系统后并不实施破坏行动而退出,这类行为人可称为非恶意入侵者。二是行为人故意违反国家规定,入侵计算机系统的目的是窃取商业情报、资料或国家秘密;或为显示自己的能力而制作、传播计算机病毒等破坏程序,导致系统瘫痪,这类行为人可称为恶意入侵者。

3. 计算机犯罪的防范

(1)加强立法,制定专门的反计算机犯罪法。在依法打击计算机犯罪的过程中,注重加强立法建设。目前针对网络违法犯罪的处罚条款,我国还散见于《刑法》《民法》《中华人民共和国计算机信息系统安全保护条例》和《维护互联网安全的决定》等法律、法规中,不够系统、集中,操作起来也比较困难。为更好地依法打击计算机违法犯罪活动,保护网络安全,有必要制定一部专门法律,通过增强其针对性、系统性和可操作性,直接针对计算机犯罪的特点,包括民事、行政、刑事三方面内容,形成完整的法律体系,为依法治理计算机网络公共设施,许多信息库连接在网上,很大部分涉及国家利益和公民财产安全,因此对于计算机犯罪行为就予以严厉的处罚,从而提高犯罪行为的成本。

(2) 加强反计算机犯罪机构(侦查、司法、预防、研究等)的工作力度。由于计算机犯罪的高科技化、复杂化,目前侦查队伍在警力、技术方面已远远跟不上形势的需要,司法人员的素质,也离专业化的要求相去甚远,预防、研究方面还存在许多空白。Internet 的普及与渗透,使网络警察的出现成为必然。目前,全国大约有 20 个省、市、自治区筹建了网络警察队伍。这种新的警察部队的目标之一,是进行网上搜寻,以防范和跟踪在数秒之内就能犯下的、几乎不留下任何痕迹的各种不良行为和犯罪活动。因此要求网络警察必须具有较深厚的计算机知识和专业技能,能紧跟新技术的发展,熟练掌握各种计算机技能。由于 Internet 上的犯罪行为有时很难在国界上进行准确划分,所以在反对计算机犯罪的斗争中,警察的回应和相互配合的速度是最关键的。目前在中国,这种跨国界涉嫌网络犯罪也有抬头之势,中国的网络警察们应尽快走出国门,与全世界的官方反犯罪网络组织建立密切的联系,协同打击计算机犯罪。

(3) 加强计算机使用人员的安全意识教育。网络安全的保护,事关广大网民的切身利益,单靠公安部门网络警察的打击和防范,还不足以形成保护网络安全的社会化有效机制,只有通过教育广大网民,提高守法意识,并使网民掌握各种防范计算机违法犯罪的技术,提高其自我保护网络安全的能力,才能从根本上解决好计算机犯罪问题。近年来,我国不断增加的上网族中,有的由于未能注意依法进行网上活动,从而有意无意地侵犯了网络安全。因此,对广大网民(特别是初上网者)进行必要的避免网络利用不当而误闯法网的守法教育是十分必要的。例如,黑客中有些还只是读高中的大孩子,他们出于炫耀心理上网破坏,甚至不明白自己这是在干违法的事,因此在强调计算机普及的同时,要加强对计算机的学习、使用的法制教育,对广大网民进行自我防范计算机犯罪的普及宣传和必要的技术培训。培训中,要注意加大防范计算机违法犯罪技术的比重,并不断根据犯罪新趋势,在网民中有重点地推广一系列网络安全技术,建立网络安全的保障机制。

(4) 提高网络技术和研制新型网络产品,增强系统自我保护能力。由于计算机犯罪是一种高智商犯罪,正如加密与反加密这一矛盾体一样,只有不断地更新技术,研制新型产品,增加网络的自我防护能力,堵塞安全漏洞和提供安全的通信服务,加强关键保密技术(如加密路由器技术、安全内核技术、数据加密技术、网络地址转换器技术、身份认证技术、代理服务技术、防火墙、网络反病毒技术等重点项目)的研制和改进,不给任何计算机犯罪可乘之机,才能营造一个安全有序的虚拟社会。

6.4.2 计算机病毒的防范与查杀

在所有的计算机安全威胁中,计算机病毒(Computer Virus)无疑是破坏力最大,影响范围最广的一种。计算机病毒在 20 世纪五六十年代就已经出现,到 20 世纪 80 年代开始为世人所知并不断发展壮大,自此,计算机病毒就成为计算机用户的最大隐患。20 世纪 90 年代,随着 Internet 网络技术的发展,病毒的传播变得更容易,一个地区出现的恶性病毒在几天甚至几个小时之间就会传播到地球的另一端。病毒的种类也是花样繁多,令人防不胜防。病毒影响的范围、破坏力和造成的损失越来越大,所使用的技术越来越先进,反病毒、隐藏及加密技术等使病毒防御困难重重。

1. 计算机病毒的概念

计算机病毒是一个程序,一段可执行码。它们能把自身附着在各种类型的文件上,当文件被复制或从一个用户传送到另一个用户时,它们就随同文件蔓延。"计算机病毒"一词是由于人们认为这种自我复制蔓延的程序具有与生物病毒相似的特征而借用生物学病毒而使用的计算机术语。

美国计算机安全专家 Frederick Cohen 博士首先提出计算机病毒的存在,他对计算机病毒的定义是:"病毒是一种靠修改其他程序来插入或进行自复制,从而感染其他程序的一段程序。"这一定义作为标准已经被普遍接受。

目前国内比较流行的是 1994 年颁布的《中华人民共和国计算机信息系统安全保护条例》第 28 条中的定义,即"计算机病毒是指编制者在计算机程序中插入的破坏计算机功能或者毁坏数据,影响计算机使用,并能够自我复制的一组计算机指令或者程序代码。"

2. 计算机病毒的类型

以往按照计算机病毒的诸多特点及特性,其分类方法有很多种,比如按攻击的操作系统分有 DOS 系统病毒、Windows 系统病毒、UNIX 或 OS/2 系统病毒;按传播媒介分有单机病毒、网络病毒;按链接方式分有源码型病毒、入侵型病毒、外壳型病毒、操作系统型病毒;按表现情况分有良性病毒、恶性病毒;按寄生方式分有引导型病毒、文件型病毒、混合型病毒。而且同一种病毒按照不同的分类方法可能被分到许多不同的类别中,但在最近几年,主要的病毒各类提法主要有以下几种。

(1) 系统病毒

系统病毒的前缀为 Win32、PE、Win95、W32、W95 等。这些病毒的一般共性是可以感染 Windows 操作系统的.exe 和.dll 文件,并通过这些文件进行传播。如早期的 CHI 病毒。

(2) 蠕虫病毒

这种病毒的共性是通过网络或者系统漏洞进行传播,很大一部分蠕虫病毒都有向外发送带毒邮件、阻塞网络的特性,比如"小邮差""冲击波"等。

(3) 木马和黑客病毒

木马的前缀是 Trojan,黑客病毒的前缀一般为 Hack。木马的共性是通过网络或者系统漏洞进入用户的系统并隐藏,然后向外界泄露用户的信息,如 QQ 消息尾巴木马 Trojan.QQ3344,还有针对网络游戏的木马病毒 Trojan.Lmir.PSW.60。黑客病毒则有一个可视的界面,能对用户的计算机进行远程控制。木马、黑客病毒往往是成对出现的,现在这两种类型的病毒越来越趋向于整合了。

(4) 脚本病毒

脚本病毒的前缀是 Script。脚本病毒的共性是使用脚本语言编写,通过网页进行传播,如红色代码(Script.Redlof)。脚本病毒还会有如下前缀:VBS、JS(表明是何种脚本编写的),如欢乐时光(VBS.Happytime)等。

(5) 宏病毒

宏病毒也是脚本病毒的一种,由于它的特殊性,因此在这里单独算成一类。宏病毒的前缀是 Macro,第二前缀是 Word、Word97、Excel、Excel97 等,如著名的美丽莎(Macro.Melissa)。

(6) 后门病毒

后门病毒的前缀是 Backdoor。该类病毒的共性是通过网络传播,给系统开后门,给用户计算机带来安全隐患,如 IRC 后门 Backdoor.IRCBot。

3. 计算机病毒的来源

计算机病毒主要有以下几种来源:

(1) 计算机专业人员和业余爱好者的恶作剧、寻开心制造出来的病毒。

(2) 软件公司及用户为保护自己的软件被非法复制采取的报复性惩罚措施。因为他们发现对软件上锁还不如在其中藏有病毒对非法复制的打击大,这更加助长了各种病毒的传播。

(3) 旨在攻击和摧毁计算机信息系统和计算机系统而制造的病毒,其目的是蓄意进行破坏。

(4) 用于研究或有益目的而设计的程序,由于某种原因失去控制或产生了意想不到的后果。

4. 计算机病毒的特征

计算机病毒赖以生存的基础是现代计算机均采用了冯·诺依曼的存储程序工作原理、操作系统的公开性和脆弱性以及网络中的漏洞。程序和数据都存储在计算机中,程序和数据都可以被读、写、修改和复制,即程序可以在内存中繁殖。计算机病毒常见的特性有感染性、流行性、欺骗性、危害性、可插入性、潜伏性、可激发性、隐蔽性、顽固性和常驻内存。

感染了计算机病毒后的计算机表现如下:

(1) 磁盘重要区域,如引导扇区(BOOT)、文件分配表(FAT)、根目录区被破坏,从而使系统瘫痪或数据程序文件丢失。

(2) 程序加载时间变长,或执行时间比平时长。机器运行速度明显变慢,磁盘读写时间明显增长。

(3) 文件的建立日期和时间被修改。

(4) 空间出现不可解释的减小,可执行文件因 RAM 区不足而不能加载。

(5) 可执行文件运行后秘密丢失了,或产生了新的文件。

(6) 更改或重写卷标,使磁盘卷标发生变化,或者莫名其妙地出现隐藏文件或其他文件。

(7) 磁盘上出现坏扇区,有效空间减少。有的病毒为了逃避检测,故意制造坏扇区,而将病毒代码隐藏在坏扇区内。

(8) 没有使用 COPY 命令,却在屏幕上显示"1 File(s) Copied!"。

(9) 改变系统的正常进程;或者使系统空挂,使屏幕或键盘处于死锁状态;或者在正常操作情况下常驻程序失败。

(10) 屏幕上出现特殊的显示,如出现跳动的小球、雪花、局部闪烁、莫名其妙的提问,或出现一些异常的显示画面,如长方形亮块、小毛虫等。

(11) 机器出现蜂鸣声或发出尖叫声、警报声,或演奏某些歌曲。

(12) 系统出现异常启动或莫名其妙地重启动,或启动失控,或经常死机。

(13) 局域网或通信线路上发生异常加载等。

(14) 删除或修改磁盘特定的扇区,或对特定的磁盘、扇区和整个磁盘作格式化。

(15) 改变磁盘上目标信息的存储状态,盗取有用的重要数据。

(16) 对于系统中用户特定的文件进行加密和解密。

(17) 打印或通信端口异常,或磁盘驱动器碰头来回移动。

(18) 异常地要求用户输入口令。

需要说明的是,上述症状只是常见的特征,随着计算机科学技术的进步会有更新型的计算机病毒出现。新病毒通常会有一些其他新的特征。

5. 计算机病毒的防范

计算机病毒的防治主要还是以防范为主。要想有效地防范病毒,要做到以下几方面:

(1) 安装杀毒软件。如果计算机上没有安装病毒防护软件,最好安装一个。如果是家庭或者个人用户,下载任何一个排名最佳的程序都相当容易,而且可以按照安装向导进行操作。如果在一个网络中,首先咨询网络管理员。

(2)定期扫描系统。如果是第一次启动防病毒软件,最好让它扫描一下整个系统。干净并且无病毒的环境下启动计算机有利于计算机的运行安全。通常情况下,最好将防病毒软件默认设置为计算机每次启动时扫描系统或定期计划运行全盘扫描。

(3)更新防病毒软件。病毒库过期的防病毒软件对系统的安全来说是没有意义的,所以经常更新防病毒软件是一件不能忽视的事情,只有更新的防病毒软件才能发现新的威胁。

(4)不要随意单击链接和下载软件,特别是那些网站含有明显错误的网页。如需要下载软件,建议到官方网站或知名度比较大的网站上下载。

(5)不要访问无名或不熟悉的网站,防止受到恶意代码攻击或被恶意篡改注册表和IE主页。

(6)不要和陌生人或不熟悉的网友聊天,特别是那些QQ病毒携带者。因为他们不时自动发送消息,这也是中病毒的明显特征。

(7)关闭不用的应用程序,因为那些程序对系统往往会构成威胁,同时还会占用内存,降低系统运行速度。

(8)安装软件时,不要安装其捆绑的软件,特别是流氓软件,一旦安装了,就难以删除,往往需要重新安装操作系统才能清除。

(9)不要轻易执行来历不明的EXE和COM等可执行程序文件,这些文件极有可能带有计算机病毒或黑客程序,如果运行的是病毒或黑客程序,就会带来不可预测的结果。

(10)在接收邮件时,附件的文件应先用"另存为"命令保存到本地硬盘中用防病毒软件查杀后,确保安全后方能打开查看。更不能直接运行附件,尤其是对于扩展名很怪的附件或者带有脚本文件的附件,当看到含有这些附件的邮件时,可直接删除该邮件。

(11)利用Windows Update功能为系统打补丁,避免病毒以网页木马方式入侵到系统中。

(12)经常升级应用软件,保持最新版本,包括各种IM(即时通信)工具、下载工具、播放器软件、搜索工具条等;避免病毒利用这些应用软件的漏洞进行木马传播。

6.5 本章小结

本章在分析了电子商务的安全问题的基础上,简略介绍了一些现在常用的安全技术,如防火墙技术、入侵检测技术、数据加密技术、身份和信息认证技术及WWW安全技术,并对电子商务支付系统中主要使用的SSL和SET安全协议进行了简单阐述和比较,最后简要分析了目前计算机犯罪、计算机病毒猖獗的原因。

思考与练习

1. 电子商务面临的安全威胁主要包括哪些方面?
2. 防火墙可分为哪几类?各有什么特点?
3. 对称加密和非对称加密有什么异同?
4. 简述数字签名的实现。
5. 与SSL协议相比SET协议的优点主要有哪些?

第7章 电子商务供应链与物流管理

【学习目标】

- 掌握供应链和供应链管理概念;
- 理解电子商务在供应链运营中的价值;
- 了解基于电子商务的供应链管理技术;
- 掌握物流的定义、分类、特点和物流的效益;
- 了解电子商务与物流的关系和现代物流的流程;
- 了解电子商务物流的五种模式;
- 了解电子商务下的物流信息技术。

【导读案例】

海尔物流的现代物流管理[*]

1. 海尔物流简介

海尔物流成立于1999年,依托海尔集团的先进管理理念以及海尔集团的强大资源网络构建海尔物流的核心竞争力,为全球客户提供最有竞争力的综合物流集成服务,成为全球最具竞争力的第三方物流企业。

16 000部卡车、42座大型区域配送中心、投资过亿的世界最先进的SAP R/3 ERP系统和SAP LES物流执行系统、600亿海尔集团物料的管理运作经验和能力、与世界一流的第三方物流公司的策略联盟、满足客户需求的物流解决方案,构成了海尔物流公司的核心能力:以客户为中心的全方位物流服务能力。

海尔物流注重整个供应链全流程最优与同步工程,不断消除企业内部与外部环节的重复、无效的劳动,让资源在每一个过程中流动时都实现增值,使物流业务能够支持客户实现快速获取订单与满足订单的目标。同时,凭借先进的管理理念及物流技术应用,被中国物流与采购联合会授予首家"中国物流示范基地"和"国家科技进步一等奖",先后获得"中国物流百强企业""中国物流企业50强""中国物流综合实力百强企业"和"最佳家电物流企业"等殊荣。

2. 海尔物流三个发展阶段

随着经济全球化和知识经济时代的到来,带来了全球化的竞争,同时也带来了全球化的资源空间。面对新经济的挑战,海尔集团深刻认识到新的竞争环境对企业管理模式产生了巨大的影响,海尔集团将企业的业务流程再造与物流管理革命相结合,以海尔独特的企业文化为基础,创造性地发展了同步工程,并将海尔的物流能力作为企业发展的核心能力来建设,为海尔集团实现三大战略转移奠定了良好的基础。

---

[*] 资料来源:夏文汇. 现代物流运作管理[M]. 成都:西南财经大学出版社,2010.

短短的几年时间里,借助管理的创新,海尔集团销售额从 168 亿元快速增长到了 2002 年的 700 亿元。2015 年海尔集团全球营业额实现 1 887 亿元;实现利润 180 亿元,同比增长 20%。海尔物流推进本部为集团的超常规发展提供了强有力的满足订单的支持保障。在瞬息万变和激烈竞争的市场上,为海尔集团的发展赢得了基于时间的竞争优势。而海尔集团的现代物流管理也跨越了从物流重组、供应链管理到物流产业化的三大阶段。

(1) 物流重组

① 统一采购:实现每年环比降低材料成本 5%。

② 统一仓储:海尔建立两个全自化物流中心,不仅减少了 20 万平方米仓库,而且呆滞物资降低 90%,库存资金减少 63%。

③ 统一配送:目前海尔在全国可调拨 16 000 辆车,运输成本大大降低。

(2) 供应链管理

① 内部:实施一体化供应链管理,下达订单的周期由原来的 7 天以上缩短为现在的 1 小时内;同时实现看板管理 4 小时送料到工位。

② 外部:延伸至供应商各部,使海尔的订单响应速度由整合前的 36 天缩短至现在的不到 10 天。

(3) 物流产业化

海尔物流整合了全球配送资源网络,积极拓展社会化分拨物流业务,通过现代物流科技的应用来创造增值服务。海尔物流成功应用世界最先进的 SAP R/3 系统和 SAP LES 物流执行系统,拥有 600 亿海尔集团物料的管理运作经验和能力。同时利用现有网络开展社会化服务,向其他行业和单位提供全程物流服务,解决成本、响应速度的问题,以客户为中心提供全方位的物流增值服务。

3. 海尔物流成功的关键

(1) "一流三网"

海尔物流管理的"一流三网"充分体现了现代物流的特征。

"一流"是以订单信息流为中心;"三网"分别是全球供应链资源网络、全球配送资源网络和计算机信息网络。"三网"同步流动,为订单信息流的增值提供支持。"一流三网"实现了四个目标:

① 为订单而采购,消灭库存

在海尔,仓库不再是储存物资的水库,而是一条流动的河。河中流动的是按单采购来生产必需的物资,也就是按订单来进行采购、制造等活动。这样,从根本上消除了呆滞物资、消灭了库存。

② 全球供应链资源网的整合,使海尔获得了快速满足用户需求的能力

海尔通过整合内部资源,优化外部资源,使供应商由原来的 2 336 家优化至 840 家,国际化供应商的比例达到 74%,从而建立起强大的全球供应链网络。GE、爱默生、巴斯夫、DOW 等世界 500 强企业都已成为海尔的供应商,有力地保障了海尔产品的质量和交货期。不仅如此,海尔通过实施并行工程,更有一批国际化大公司已经以其高科技和新技术参与到海尔产品的前端设计中,不但保证了海尔产品技术的领先性,增加了产品的技术含量,还使开发的速度大大加快。另外,海尔对外实施日付款制度,对供货商付款及时率达到 100%,这在国内,很少有企业能够做到,从而杜绝了"三角债"的出现。

③ JIT(Just In Time,无库存)生产方式实现同步流程

由于物流技术和计算机信息管理的支持,海尔物流通过 3 个 JIT,即 JIT 采购、JIT 配送和

JIT 分拨物流来实现同步流程。

目前通过海尔的 BBP 采购平台,所有的供应商均在网上接受订单,使下达订单的周期从原来的 7 天以上缩短为 1 小时内,而且准确率达 100%。除下达订单外,供应商还能通过网上查询库存、配额、价格等信息,实现及时补货,实现 JIT 采购。

为实现"以时间消灭空间"的物流管理目的,海尔从最基本的物流容器单元化、集装化、标准化、通用化到物料搬运机械化开始实施,逐步深入到对车间工位的五定送料管理系统、日清管理系统进行全面改革,加快了库存资金的周转速度,库存资金周转天数由原来的 30 天以上减少到 12 天,实现 JIT 过站式物流管理。

生产部门按照 B2B、B2C 订单的需求完成以后,可以通过海尔全球配送网络送达用户手中。目前海尔的配送网络已从城市扩展到农村,从沿海扩展到内地,从国内扩展到国际。全国可调配车辆达 1.6 万辆,目前可以做到物流中心城市 6～8 小时配送到位,区域配送 24 小时到位,全国主干线分拨配送平均 4.5 天,形成全国最大的分拨物流体系。

④ 计算机网络连接新经济速度

在企业外部,海尔 CRM(客户关系管理)和 BBP 电子商务平台的应用架起了与全球用户资源网、全球供应链资源网沟通的桥梁,实现了与用户的零距离。

在企业内部,计算机自动控制的各种先进物流设备不但降低了人工成本、提高了劳动效率,还直接提升了物流过程的精细化水平,达到质量零缺陷的目的。计算机管理系统搭建了海尔集团内部的信息高速公路,能将电子商务平台上获得的信息迅速转化为企业内部的信息,以信息代替库存,达到零营运资本的目的。

(2) 积极开展第三方物流

海尔物流运用已有的配送网络与资源,并借助信息系统,积极拓展社会化分拨物流业务,目前已经成为日本美宝集团、AFP 集团、乐百氏的物流代理,与 ABB 公司、雀巢公司的业务也在顺利开展。同时海尔物流充分借力,与中国邮政开展强强联合,使配送网络更加健全,为新经济时代快速满足用户的需求提供了保障,实现了零距离服务。海尔物流通过积极开展第三方配送,使物流成为新经济时代下集团发展新的核心竞争力。

(3) 流程再造,实现物流观念的再造

① 业务流程再造

海尔实施的现代物流管理是一种在现代物流基础上的业务流程再造。而海尔实施的物流革命是以订单信息流为核心,使全体员工专注于用户的需求,创造市场,创造需求。

② 机制的再造

海尔的物流革命是建立在"市场链"基础上的业务流程再造。以海尔文化和 OEC(日清日高、日事日毕)管理模式为基础,以订单信息流为中心,带动物流和资金流的运行,实施三个"零"目标(质量零距离、服务零缺陷、零营运资本)的业务流程再造。

构筑核心竞争力物流带给海尔的是"三个零"。但最重要的是,可以使海尔一只手抓住用户的需求,另一只手抓住可以满足用户需求的全球供应链,把这两种能力结合在一起,从而在市场上获得用户忠诚度,这就是企业的核心竞争力。这种核心竞争力,正加速海尔向世界 500 强的国际化企业挺进。

(4) 增值服务

海尔物流可以根据客户需求提供打码、再包装、扫描等业务,设计业务流程规避风险,保险、货单抵押、再加工等增值服务,使物流服务升级实现精细化物流的目标。

海尔物流能够结合自身的优势特点以及每个行业不同的特性,为客户量身定制个性化的物流解决方案,目前已经在汽车行业、快速消费品行业、家具行业、IT 行业、电子电器行业、石化行业等多个领域开展个性化物流方案设计,为 GE、SGMW、IKEA、FOXCONN、DOW、AVAYA、伊利、张裕等国内外知名企业提供物流供应链服务。

4. 海尔物流的远景

海尔物流希望凭借自己高品质的服务为所有企业建立起高效的供应链体系,并成为中国最大的、客户首选的第三方物流增值服务提供商。海尔物流通过对观念的再造与机制的再造,构筑起海尔的核心竞争能力,将成为客户首选的全国性的供应链合作伙伴,通过利用现代物流科技的创新增值服务,海尔物流的高素质团队和所拥有的强大资源优势将带给客户低成本高品质的服务。

7.1 电子商务与供应链管理概述

近年来,随着经济全球化和知识经济时代的到来以及全球制造的出现,供应链管理在各个行业普遍得到应用。对于供应链的研究已成为管理科学研究的热点领域,相关成果不断涌现。作为参与经济的重要个体,企业与企业之间的竞争日趋激烈,手段日趋复杂,产生了许多新的观点和理论,如企业再造工程、BRP、ERP、虚拟企业、SCM 等。而这些新的供应链管理理论、方法都与电子商务环境密切相关。许多企业已经发现,在电子商务活动中充满着各种机会,这种进步加速了电子商务与供应链整合的运动,这种整合努力的范围将会与传统的供应链管理产生巨大的差异。那些利用电子商务重新定义供应链管理的公司可以大幅度提高效率和获得比它们的竞争对手更强的竞争优势。

基于电子商务的供应链管理是近年来在国内外逐渐受到重视的一种新的管理理念与运作模式。实行供应链管理可以使供应链中的各成员企业之间的业务关系得到强化,变过去企业与外部组织之间的相互独立关系为紧密合作关系,形成新的命运共同体。供应链管理可以显著提高物流的效率,降低物流成本,大幅度提高企业的劳动生产率。供应链管理实行的是一种集成的管理思想和方法,它是执行供应链中从供应商到最终用户的物流计划、组织、协调和控制一体化等职能的管理过程。

7.1.1 供应链和供应链管理概述

供应链的概念是从扩大的生产概念发展而来,现代管理教育对供应链的定义为"供应链是围绕核心企业,通过对商流、信息流、物流、资金流的控制,从采购原材料开始到制成中间产品及最终产品、最后由销售网络把产品送到消费者手中的一个由供应商、制造商、分销商、零售商直到最终用户所连成的整体功能网链结构"。供应链管理的经营理念是从消费者的角度,通过企业间的协作,谋求供应链整体最佳化。成功的供应链管理能够协调并整合供应链中所有的活动,最终成为无缝连接的一体化过程。

1. 供应链的概念

供应链(Supply Chain)是指由原材料和零部件供应商、产品的制造商、分销商和零售商到最终用户组成的价值增值链,分成内部供应链和外部供应链两种。内部供应链由采购、制造、分销等部门组成;外部供应链包括原材料和零配件供应商、制造商、销售商和最终用户,如图 7-1 所示。

图 7-1 供应链中的链状结构模式

供应链意味着在上下游企业之间形成一条从供应商到制造商,再到分销商的贯穿所有企业的"链",把所有相邻企业依次连接起来,实现了管理的"垂直一体化"。这条链上的节点企业必须达到同步、协调运行,才有可能使链上的所有企业都能受益。供应链是围绕核心企业,通过对信息流、物流、资金流的控制,从采购原材料开始,制成中间产品以及最终产品,最后由销售网络把产品送到消费者手中的将供应商、制造商、分销商、零售商、直到最终用户连成一个整体的功能链状结构模式。

供应链包含所有加盟的节点企业,从原材料的供应开始,经过链中不同企业的制造加工、组装、分销等过程直到最终用户。节点企业在需求信息的驱动下,通过供应链的职能分工与合作,以资金流、物流为媒介实现整个供应链的不断增值。

2. 供应链管理的概念

供应链管理(Supply Chain Management,SCM)就是对整个供应链中各参与组织、部门之间的物流、信息流与资金流进行计划、协调与控制等,其目的是通过整合,提高所有相关过程的速度和确定性,使所有相关过程的净增价值最大化,以提高组织的运作效率和效益。实行供应链管理可以使供应链中的各成员企业之间的业务关系得到强化,变过去企业与外部组织之间的相互独立关系为紧密合作关系,形成新的命运共同体。供应链管理可以显著提高物流的效率,降低物流成本,大幅度提高企业的劳动生产率。供应链管理实行的是一种集成的管理思想和方法,它执行供应链中从供应商到最终用户的物流计划、组织、协调和控制一体化等职能的管理过程。

3. 供应链管理的主要领域及内容

供应链管理主要涉及 4 个主要领域:供应(Supply)、生产计划(Schedule Plan)、物流(Logistics)、需求(Demand),如图 7-2 所示。

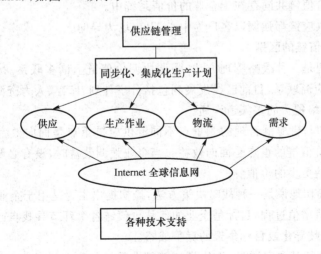

图 7-2 供应链管理领域及结构

供应链管理是以同步化、集成化生产计划为指导,以各种技术为支持,尤其以 Internet/Intranet 为依托,围绕供应、生产作业、物流、满足需求来实施的。供应链管理是指计划、合作、控制从供应商到用户的物料和信息。供应链管理的目标在于提高用户服务水平和降低总的交易成本,并且寻求两个目标之间的平衡。

供应链管理关心的并不仅仅是物料实体在供应链中的流动,除了企业内部与企业之间的运输问题和实物分销以外,供应链管理还包括以下主要内容。

(1) 战略性供应商和用户合作伙伴关系管理。
(2) 供应链产品需求预测和计划。
(3) 供应链的设计(全球节点企业、资源、设备等的评价、选择和定位)。
(4) 企业内部与企业之间物料供应与需求管理。
(5) 基于供应链管理的产品设计与制造管理、生产集成化计划、跟踪和控制。
(6) 基于供应链的用户服务和物流(运输、库存、包装等)管理。
(7) 企业间资金流管理(汇率、成本等问题)。
(8) 基于 Internet/Intranet 的供应链交互信息管理等。

7.1.2 供应链与价值链的联系和区别

信息和网络技术的发展,使市场竞争更加激烈,也使企业与供应商、顾客之间的合作成为企业参与竞争的关键因素。越来越多的企业认识到竞争的实质是企业价值链之间的竞争,而供应链则成为企业降低成本的有效切入点,因此,研究价值链、供应链越来越重要。

1. 供应链和价值链的联系

价值链是从供应商的供应商到顾客的扩展,即价值链是由真正的顾客需求拉动的,不是制造商对需求预测和希望的构想。一个价值链是制造一个产品从开始到结束的整个生产过程,而不管哪个企业拥有任何特殊的增值步骤。供应链是企业价值系统的子系统,在这个子系统中,生产商和供应商通过网络不断地交流关于原材料需求、生产、计划和库存信息。价值链和供应链涉及的活动范围相同,但价值链集中在价值的创造,供应链注重产品的供应。

(1) 供应链也是一条价值链。
(2) 价值链是实施供应链管理的前提。
(3) 供应链和价值链共同存在于企业的价值系统中。
(4) 价值链与供应链都强调以客户为中心,以市场为导向。

2. 供应链和价值链的区别

(1) 价值链管理是一种战略管理方法,强调协调价值链上诸多联系。价值链管理不仅仅局限传统的客户供应商联系,目前已经发展到包括分享计划、库存、人力资源信息技术系统,甚至公司文化,形成网络覆盖的多渠道沟通。

(2) 价值链管理与供应链管理的侧重点不同。供应链重点是面向效率,即降低成本和提高生产力方面。而价值链的重点是面向效益。当企业强调效益时,没有必要努力降低成本,而是致力于为顾客创造更多的价值。

(3) 价值链更确切地说是一种战略决策方法,最初提出主要是用于企业竞争优势的研究,着眼点是企业的价值增值过程,目标是企业如何从价值链各个环节寻找自己的竞争优势根源,从而达到成本、产品歧异化或目标集聚的竞争战略。

(4) 价值链管理的基本问题是:价值是如何创造的? 如果改进的效益降低了对最终客户的成本,是否会增加价值的百分比? 由于价值链管理包括对各种水平的顾客的管理,使生产过程中曾经孤立的活动开始与顾客需求相联系,因此为更好地服务于顾客且带来许多机会。

7.1.3 电子商务供应链与传统供应链

电子商务对现代供应链管理的影响是非常深远的,这不仅是因为它改变了商品交易的形式,同时也改变了物流、信息流和资金流。如今,所有通过在线购物的顾客都希望在交易订单下达之后,商品能直接配送到家,都能时刻跟踪订单。同时客户也希望物流承运方能够根据他们的需求改变运输路线、确定交付过程费用、变更后的交付时间,甚至要求能够根据多个交付地址拆散订单。具体来讲,电子供应链与传统的供应链主要区别反映在如下几点。

1. 商品物流和承运的类型不同

在传统的供应链形式下,物流是对不同地理位置的顾客进行基于传统形式的大批量运作或批量式的空间移动,将货物用卡车运抵码头或车站,然后依靠供应链的最后一环将货物交付到最终消费者。在电子供应链状况下情况则不同,借助于各种信息技术和互联网,物流运作或管理的单元不是大件货物而是每个顾客所需的单件商品,虽然其运输也是以集运的形式进行,但是客户在任意给定时间都可以沿着供应链追踪货物的下落。

2. 顾客的类型不同

在传统的供应链形式下,企业服务的对象是既定的,供应链服务提供商能够明确掌握顾客的类型以及其所要求的服务和产品。但是,随着电子商务的到来,供应链运作正发生着根本性的变化。典型的电子商务,顾客是一个未知的实体,他们根据自己的愿望、季节需求、价格以及便利性,以个人形式进行产品订购。

3. 供应链运作的模式不同

传统的供应链是一种典型的推式经营,制造商将产品生产出来之后,为了克服商品转移空间和时间上的障碍,而利用物流将商品送达到市场或顾客。而电子供应链则不同,由于商品生产、分销、仓储、配送等活动都是根据顾客的订单进行,物流不仅为商流提供了有力的保障,而且因为其活动本身就构成了客户服务的组成部分,因而它同时也创造了价值。

4. 库存、订单流不同

在传统的供应链运作下,库存和订单流是单向的。但是在电子供应链条件下,由于客户可以定制订单和库存,因此,其流程是双向互动的。作为制造商、分销商可以随时根据顾客的需要及时调整库存和订单,以使供应链运作实现绩效最大化。

5. 物流的目的地不一样

传统的供应链由于不能及时掌握商品流动过程中的信息,尤其是分散化顾客的信息,加上个性化服务能力的不足。但是电子供应链完全是根据个性化顾客的要求来组织商品的流动,这种物流不仅要通过集运来实现运输成本的最低化,也要借助差异化的配送来实现高服务。

7.1.4 电子商务对供应链管理的影响

(1) 消除了供应链上不必要的中间环节

在传统的供应链渠道中,产品从生产企业流到消费者手里要经过多层分销商,流程很长,由此造成了很多问题。现在电子商务缩短了生产厂家与最终用户之间供应链上的距离,改变了传统市场的结构。企业可以通过自己的网站绕过传统的经销商与客户直接沟通。虽然目前很多非生产企业的商业网站继续充当了传统经销商的角色,但由于它们与生产企业和消费者都直接互连,只是一个虚拟的信息与组织中介,不需要设置多层实体分销网络,也不需要存货,因此仍然降低了流通成本,缩短了流通时间。

(2) 产销关系的变化

传统的供应链由于供销之间的脱节,供应商难以得到及时而准确的销售信息,因此只能对存货管理采用计划方法,存货的流动是"推动式"的。它有两个明显的缺点:第一是缺乏灵活性,销路好的商品,其存货往往可得性差,销路不好的就积压;第二是运转周期长。

在电子商务环境下,供应链实现了一体化,供应商与零售商、消费者通过 Internet 连在了一起,通过 POS、EOS 等,供应商可以及时且准确地掌握产品销售信息与顾客信息。消费者可以对所需要的商品提出个性化、差异化的设计要求,生产商和相应供应商组成的虚拟联合体会依据消费者的要求,共同完善产品的设计,然后组织生产,以最大限度地满足消费者的需求;实时的网上新产品信息发布机制,可以以更低廉的价格吸引顾客。此时,销售模式由生产者推动型转变为消费者拉动型。

(3) 促进新型商业模式的出现

在电子商务环境下,合作伙伴可以自由分配物流任务,达成一致协议,供应链各成员的义务和责任不再像传统供应链那样死板,合作伙伴在利益上达成一致协议,从而节省了物流时间,大大增加了合作的效率。在电子商务环境下,供应链网络成员追求大规模定制,联合开发新产品,在市场和客户范围上重新划分。采用 Internet 技术的供应链集成,使大规模的新型商业模式不断涌出,增加了市场活力,促进了经济的发展。

(4) 模糊了企业的组织边界,使之更加协调

随着电子商务的发展,组织之间的信息流和资金流更加频繁,组织之间的相互联系也由单一渠道转变为多渠道,如供应商的销售部门不仅要与生产商的采购部门进行交流,而且还需要与生产商的设计部门甚至销售部门进行合作,共同设计客户满意的产品和服务。随着供应链中组织间合作程度的日益加深,组织之间不断融合,组织边界越来越模糊,最终整个价值链重新整合,形成一个虚拟的大企业。

(5) 提高了员工的工作积极性

电子化的供应链管理将权力下放,工作随环境变化,富有个性,给员工提供了良好的工作环境,整条供应链同步规划与执行,企业员工必须有较高的主动性和积极性,因为多变的环境需要员工自发地工作。

(6) 实现经营的网络化

一是交易物流系统的网络化,物流配送中心与供应商、制造商通过网络实现连接,上、下游企业之间的业务往来也要通过网络来实现;二是组织的网络化,电子商务是组合整个供应链的,大部分专业性电子商务参考文献业务活动交给外部企业运作,内部管理层次和人员减少,经营趋于柔性化。

7.1.5 电子商务为供应链提供的主要技术手段

信息技术的迅猛发展促成了电子商务的兴起,电子商务为供应链管理提供了强有力的技术支持,主要有以下 4 种技术。

(1) EDI 销售点与预测

EDI(Electronic Data Interchange,电子数据交换)是由国际标准化组织(ISO)推出使用的国际标准,它是指一种为商业或行政事务处理,按照一个公认的标准,形成结构化的事务处理或消息报文格式,从计算机到计算机的电子传输方法,也是计算机可识别的商业语言。例如,国际贸易中的采购订单、装箱单、提货单等数据的交换。它也是供应链中联接节点企业的商业应用系统的媒介。供应链环境中不确定的是最终消费者的需求,必须对最终消费者的需求做

出好的预测,供应链中的需求大都来源于这种需求预测。虽然预测的方法有上百种,但通过 EDI 预测,可以最有效地减少供应链系统的冗余性,这种冗余可能导致时间的浪费和成本的增加。

(2) 财务技术手段

财务 CRM(Customer Relationship Management,客户关系管理)系统广泛应用于业务和其财务机构之间,通常采用的技术手段有 3 种:一是用户可以通过汇款通知系统结账,而不是通过支票。汇款通知数据包括银行账号、发票号、价格折扣和付款额,用户的财务机构用 EFT 系统将汇款通知信息传递给供应商的财务机构,供应商的财务机构将付款确认信息传送给供应商,并收款结账,供应商则根据付款信息更改应收账款等数据;二是用户将支票或电子付款单传送到供应商的 Lockboxes,供应商的财务机构会处理这一付款单,将付款存入供应商的账号,同时从用户的财务机构扣除此款,财务机构会通过 EDI-Lockboxes 将付款单信息传给用户和供应商;三是用户可以在接收到产品或服务时自动地以共同商定的单位价格付款给供应商。

(3) 非技术型企业的电子商务

大企业不希望同时拥有具有相同功能的多个系统,所以希望通过电子商务实现商业交流的标准化,而忽略了商业伙伴的电子商务能力。没有电子商务系统的小企业,将采用 E-mail、电子会议、电子市场营销、电子用户支持系统、用户网上采购或传真的服务实现电子商务功能。

(4) 共享数据技术

战略合作伙伴可以通过一定的技术手段在一定的约束条件下相互共享特定的数据库,这样他们将快速知道所需要某些更新的数据。例如,有邮购业务的企业与其供应商共享运输计划数据库,装配制造商与他们的主要供应商共享生产作业计划和库存数据。

7.1.6 电子商务在供应链管理中的应用

电子商务在供应链中的应用,能有效联接供应商、制造商、分销商和用户在供应链中的关系。供应链的节点企业通过电子商务达到信息共享后,可以提高生产力,提高产品质量,为产品提供更大的附加值。电子商务在供应链管理中的应用,可以让生产控制自动化向两端延伸,覆盖到企业间业务的无缝连接,从而形成企业间无边界的、开放式的增值链条,同时大大拓展了经济活动的范围,使供应链贯穿于整个生产经营活动全过程,具体情况如下。

(1) 供应链上的企业都需要产品运动的信息,以便对产品进行接收、跟踪、分拣、存储、提货以及包装等。随着供应链上信息数量的增加,信息交互的频繁,对信息进行精确、可靠及快速地采集变得越来越重要。而电子商务平台技术及相关标准可以降低信息交互成本、优化业务流程以及自动处理信息。这些技术包括 ID 代码、条码、EDI 等。

(2) 基于电子商务的供应链能够使企业联系在一起,大面积地覆盖市场,建立起最大范围的供应链。企业通过十分广泛的网络联系,能够得到更多的市场信息,广泛地选择合作伙伴,使供应链能够灵活地适应市场的变化。

(3) 通过信息共享提高供应链的协调性。电子商务能够很容易地实现供应链之间需求信息共享,提高供应链的协调性。互联网也可以用于供应链内规划和预测信息的共享,从而进一步提高协调性,这有助于降低供应链总成本,更好地实现供需匹配。

7.1.7 基于电子商务平台的供应链管理的优势

电子商务对供应链管理的影响日趋重要,基于现代电子商务平台的供应链管理是电子商务与供应链管理的有机结合,以顾客为中心,集成整个供应链过程,充分利用外部资源,实现快速敏捷反应,极大地降低库存水平。其优势主要表现在以下几个方面。

(1) 有利于开拓新客户和新业务

企业实施基于电子商务平台的供应链管理,不仅可以提高整个供应链的效率,实现企业的业务重组,而且保留了现有客户。由于可以提供更多的功能、业务,这必然也会吸引新的客户加入供应链,同时也带来一些新业务。

(2) 有利于分享信息

现代电子商务除了利用 Internet 和 Web 实现对消费者或客户的销售,更是综合所有商业网络中企业的信息来共同实现差别化的服务。如今我们正处在一个信息极度丰富的时代,企业可以通过信息系统将一些极为重要的数据,如现金流和定单管理信息,传递给网络中需要这些数据的企业和个体,而且市场竞争的压力也促进企业不断改进这种信息共享的水平。随着信息实现强有力的衔接,企业运作就实现了高度的弹性化,能够更及时满足消费者的偏好以及供应商的供货情况,同时也便于让顾客网上订货并跟踪订货情况。

(3) 有利于企业组织结构的精细化和营运绩效的提高

电子商务的发展的最大的特点是实现了经营的网络化,这里指的网络化有两层含义。一是交易物流系统的计算机通信网络实现连接。同样上下游企业之间的业务往来也要通过计算机网络来实现,如订单的传输、交易的形成确认等,都可以借助增值网上的电子订货系统(EOS)和电子数据交换(EDI)进行。二是组织的网络化。由于现代电子商务是通过业务外包组合整个供应链的,单个企业的组织结构呈现出精细化、高效的特点。这种精细化和高效主要表现在原来的组织由于全部业务的内部运作,造成组织庞大、从业人员增加、管理层次增多,造成经营效率偏低。而现代电子商务由于借助电子信息网络将各种不同的技术、技能有机地进行集成,不断降低运营和采购成本,大大提高了运营绩效。

7.2 现代物流

7.2.1 现代物流的基本概念

物流是指为了满足客户的需求,以最低的成本,通过运输、保管、配送等方式,实现原材料、半成品、成品或相关信息进行由商品的产地到商品的消费地的计划、实施和管理的全过程。物流是一个控制原材料、制成品、产成品和信息的系统,从供应开始经各种中间环节的转让及拥有而到达最终消费者手中的实物运动,以此实现组织的明确目标。现代物流是经济全球化的产物,也是推动经济全球化的重要服务业。世界现代物流业呈稳步增长态势,欧洲各国、美国、日本成为当前全球范围内的重要物流基地。

中国物流行业起步较晚,随着国民经济的飞速发展,物流业的市场需求持续扩大。进入21世纪以来,在国家继续加强和改善宏观调控政策的影响下,中国物流行业保持较快增长速度,物流体系不断完善,行业运行日益成熟和规范。在经济全球化和电子商务的双重推动下,物流业正在从传统物流向现代物流迅速转型并成为当前物流业发展的必然趋势。在系统工程思想的指导下,以信息技术为核心,强化资源整合和物流全过程优化是现代物流的最本质特征。

现代物流(Modern Logistics)指的是将信息、运输、仓储、库存、装卸搬运以及包装等物流活动综合起来的一种新型的集成式管理,其任务是尽可能降低物流的总成本,为顾客提供最好的服务。我国许多专家学者则认为:现代物流是根据客户的需求,以最经济的费用,将物品从供给地向需求地转移的过程。它主要包括运输、储存、加工、包装、装卸、配送和信息处理等活动。

7.2.2 现代物流的构成

现代物流具备的运输、储存、装卸搬运、包装、流通加工、配送、信息处理等基本功能,这七大功能也就构成了现代物流的七大要素。

(1) 运输。运输是物流的基本要素。强调的是物的长距离移动,它改变了物体的空间状态,解决供需双方之间存在的空间上的不一致。同时运输费用管理是企业物流管理的重要问题,第三利润源泉的最终实现与运输成本能否得到有效控制有着密切的关系。

(2) 储存。储存指物品的存储、保管、养护等活动,它是物流的重要因素。

(3) 装卸搬运。装卸搬运属于运输的辅助作业,是物的运动过程之间相互转换的桥梁。装卸搬运本身不会提高物品的价值,相反会由于破损等原因导致物品的减值,所以应尽量减少装卸搬运环节。

(4) 包装。包装是指在流通过程中保护商品,方便储运,促进销售,按一定技术方法而采用容器材料及辅助物等的总称。

(5) 流通加工。流通加工是指在加工领域中,对物品进行加工,使物品发生物理、化学等变化,从而有利于促进销售、维护产品质量、提高物的使用效率。

(6) 配送。配送是指在经济区域范围内,根据用户要求,对物品进行拣选、加工、包装、分割、组配等作业,并按时送达指定地点的活动。

(7) 信息处理。信息处理包括物流信息和商流信息。物流信息是反映物流各种活动内容的知识,是资料、图像、情报、数据、文件、语言、声音等的总称。商流信息指与供需双方交易有关的信息,如订货、发货信息。商流信息是发生在物流活动之外,是双向流动但对物流活动产生影响。商流信息主要借助于现代化的信息技术,如销售信息系统(POS)、电子订货系统(EOS)、电子数据交换系统(EOI)、互联网等,进行信息处理。

7.2.3 现代物流的目标

在企业运作中,物流体现了企业与其供货商和客户相联系的能力。一个企业的物流,其目的在于以最低的总成本为客户创造价值。现代物流作业可分成三个领域:配送、制造和采购。这三个领域的结合使在特定位置和地点、供应源和客户之间,进行材料、半成品和成品等运输的综合管理成为可能。企业通过存货的移动使物流过程增值。现代物流管理的目标主要包括快速响应、最小变异、最低库存、整合运输、产品质量以及生命周期支持等。

(1) 快速响应

快速响应关系到能否及时满足客户的服务需求。信息技术提高了在尽可能短的时间内完成物流作业,并尽快交付所需存货的能力。

(2) 最小变异

尽可能控制任何破坏物流系统的意想不到的事件。这些事件包括客户收到订货的时间被延迟、制造中发生意想不到的损坏、货物交付到不正确的地点等。传统解决变异的方法是建立安全储备存货或使用高成本的溢价运输。信息技术的使用,使积极的物流控制成为可能。

(3) 最低库存

目标是减少资产负担和提高相关的周转速度。存货可用性的高周转率意味着分布在存货上的资产得到了有效的利用。因此保存最低库存就是要把存货减少到与客户服务目标相一致的最低水平。

(4) 整合运输

最重要的物流成本之一是运输。一般运输规模越大及需要运输的距离越长，每个单位的运输成本就越低。这就需要有创新的计划，把小批量的装运聚集成集中的、具有较大批量的整合运输。

(5) 产品质量

由于物流作业必须在任何时间、跨越广阔的地域进行，对产品质量的要求被强化，因为绝大多数物流作业是在监督者的视野之外进行的。由于不正确的装运或运输中的损坏导致重做客户订货所花的费用，远比第一次就正确履行所花的费用多。因此，物流是发展和维持全面管理不断改善的主要部分。

(6) 产品生命周期支持

某些对产品生命周期严格需求的行业，回收已流向客户的过期存货是构成物流作业成本的重要部分。如果不仔细审视逆向的物流需求，就无法制订良好物流策略。因而，产品生命周期支持也是设计的重要目标之一。

7.2.4　我国现代物流的发展趋势

现代物流已被我国政府、企业所重视，显现出迅猛的发展势头。政府从产业发展高度将发展现代物流作为支持经济持续发展、改善投资环境、提高社会经济效益、降低社会成本、充分利用社会资源的重要策略，生产企业把物流作为企业的第三利润源泉和获取竞争优势的战略机会。传统物流企业把发展现代物流作为重新打造企业、寻求新的利润增长点、实现再发展的战略目标。在我国，现代物流的发展趋势主要表现在以下几个方面。

(1) 物流作业一体化

现代物流的精髓在于其系统整合的概念，即整合传统的作业领域，将生产、销售、包装、装卸、运输、存储、配送、物流信息处理等，分散的、跨越各企业部门的活动，综合、有机地结合在一起，作为一个系统来管理，使物流活动各作业环节有效地组合，形成以服务客户为主的综合能力，节约流通费用，提高流通的效率与效益。

(2) 物流管理信息化

物流系统是一个大跨度系统，物流活动不但活动范围广阔、涉及部门众多，而且一直处于动态变化过程。随着全球经济一体化，商品与生产要素在全球范围内以空前的速度自由流动，物流活动范围、流动速度也进入一个前所未有的发展阶段，物流业正向全球化、网络化和信息化方向发展，EDI 技术与国际互联网的应用，使物流效率提高更多地取决于信息管理技术。计算机和条形码技术的普及应用，则提供了更多的需求和库存信息，提高了信息管理的科学水平，使商品在各种需求层面上的流动更加容易和迅捷。信息化已成为物流活动的核心和物流创新的动力。

(3) 物流管理自动化

在信息化的基础上自动化的核心是机电一体化，自动化的外在表现是无人化，其效果是省力化。目前，在发达国家已普遍使用的物流自动化设施有很多，如条码/语音/射频自动识别系统、自动分拣系统、自动存取系统、自动导向车以及货物自动跟踪系统等。我国也正在研究开发和推广应用这些自动化设施。自动化设施的应用,可扩大物流作业能力、提高劳动生产率、减少物流作业的差错。

(4) 物流管理智能化

这是自动化、信息化的一种高层次应用,物流作业过程涉及大量的运筹和决策,如库存水平的确定、运输、配送和搬运路径的选择、自动导向车的运行轨迹和作业控制、自动分拣机的运行及物流配送中心经营管理的决策支持等问题都需要借助大量的知识才能解决。随着专家系统、机器人等相关技术在国际上的推广普及,在物流自动化的进程中,智能化必将是现代物流的一种发展趋势。

(5) 物流系统网络化

在信息化的基础上,现代物流的网络化有两种趋势:物流配送体系的计算机通信网络化,其中包括配送中心与供应商、制造商之间联网及配送中心与下游顾客之间联网,订货过程将会使用网络通信方式,借助于增值网上的 EOS 和 EDI 来自动实现;物流组织网络化,即在全球范围内把各种制造资源、需求资源、供应资源和人力资源组织起来,使之得到充分的利用。

(6) 物流资源社会化

随着市场经济和社会化的发展,专业化分工越来越细、各专业之间的合作越来越密切。生产企业与零售行业所需的原材料、中间产品、最终产品,大部分由不同的物流中心、批发中心与配送中心提供,以实现少库存甚至零库存。现代物流社会化趋势是社会经济活动发展、物流规模经济效益、物流资源综合利用的必然结果。在大城市出现现代化综合性或专业性物流园区、物流中心、物流基地已成为普遍现象。

(7) 物流体系综合化

现代物流离不开运输与仓储。仓储现代化要求高度机械化、自动化、标准化、信息化,以高效组织人、机、物系统;而运输现代化要求建立铁路、公路、水路、空运与管道的综合运输体系,这是物流现代化物流生存发展的必要条件。

(8) 三流一体化

按照一般的流通规律,商流、物流、信息流是三流分离的。在现代社会中,由于不同的材料、产品或商品的转移形成不同的流通方式与营销形态,为了适应这一变化,目前有许多发达国家的物流中心、配送中心已基本实现了商流、物流和信息流的统一。此外,代理制的推行也使现代物流更趋科学合理,因为这种方式的流通体制更有助于实行"三流合一"。"三流合一"已成为现代物流的重要标志之一。

7.3 电子商务物流模式

7.3.1 企业自营物流

1. 企业自营物流的概念

企业自营物流是指企业所需要的物流活动均由本企业自己承担和完成。从企业竞争战术的角度来考虑,物流系统最重要的决策变量有两个:一是看是否能够提高企业运营效率;二是看是否能够降低企业运营成本。前提是社会物流企业的服务是否能够满足所要求的物流服务标准。企业自营物流在传统企业中非常普遍,这又包含两种情况:一是企业内部各职能部门彼此独立的完成各自的物流使命,如企业自备仓库、自备车队等;二是企业内部设有物流运作的综合管理部门,通过资源和功能的整合,专设企业物流部或物流公司来统一管理企业的物流运作。

2. 企业自营物流的主要优缺点

（1）企业自营物流的主要优点

① 增强对企业各个经营环节的控制能力。

② 可以合理地规划管理流程，提高物流作业效率，减少流通费用。

③ 可以使原材料和零配件采购、配送以及生产支持从战略上一体化，实现准时采购，增加批次，减少批量，调控库存，减少资金占用，降低整个供应链的运行成本。

④ 很多企业有不少企业内部的秘密，自营物流可以使企业保证自己的信息安全，避免内部物流与外部物流交叉过多造成企业机密的流失。

（2）企业自营物流的主要缺点

① 增加了企业投资负担，削弱了企业抵御市场风险的能力。

② 企业配送效率低下，管理难于控制。

③ 规模有限，物流配送的专业化程度非常低，成本较高。

④ 无法进行准确的效益评估。

3. 企业自营物流适合的条件

（1）业务集中在企业所在城市，送货方式比较单一。

（2）拥有覆盖面很广的代理、分销、连锁店，而企业业务又集中在其覆盖范围内的。

（3）对于一些规模比较大、资金比较雄厚、货物配送量巨大的企业来说，投入资金建立自己的配送系统以掌握物流配送的主动权也是一种战略选择。

【案例 7-1】　企业自营物流模式——亚马逊

亚马逊是全球最大的网上书店、音乐盒带商店和录像带店，其网上销售的方式有网上直销和网上拍卖，它的配送中心在实现其经营业绩的过程中功不可没。

亚马逊有以全资子公司的形式经营和管理的配送中心，拥有完整的物流、配送网络。到 2005 年它在美国、欧洲和亚洲共建立了 32 个配送中心。

亚马逊提供了多种送货方式和送货期限供消费者选择，对应的送货费用也不相同。送货方式有两种：一是陆运和海运（以它们为基本运输工具的标准送货），二是空运。

7.3.2　第三方物流

1. 第三方物流的概念

第三方物流（Third-Party Logistics，简称 3PL，也简称 TPL）是指由物流的实际需求方（第一方）和物流的实际供给方（第二方）之外的第三方部分地或全部利用第二方的资源通过合约向第一方提供的物流服务，也称合同物流、契约物流。在外包等新型管理理念的影响下，各企业为增强市场竞争力，而将企业的资金、人力、物力投入其核心业务上去，而把原来属于自己处理的物流活动，以合同方式委托给专业物流服务企业，利用外部的资源为企业内部的生产经营服务，寻求社会化分工协作带来的效率和效益的最大化。

2. 第三方物流的特征

从发达国家物流业的状况看，第三方物流在发展中已逐渐形成鲜明特征，突出表现在五个方面。

（1）关系契约化

首先，第三方物流是通过契约形式来规范物流经营者与物流消费者之间关系的。物流经营者根据契约规定的要求,提供多功能直至全方位一体化物流服务,并以契约来管理所有提供的物流服务活动及其过程。其次,第三方物流发展物流联盟也是通过契约的形式来明确各物流联盟参加者之间权责利相互关系的。

(2) 服务个性化

首先,不同的物流消费者存在不同的物流服务要求,第三方物流需要根据不同物流消费者在企业形象、业务流程、产品特征、顾客需求特征、竞争需要等方面的不同要求,提供针对性强的个性化物流服务和增值服务。其次,从事第三方物流的物流经营者也因为市场竞争、物流资源、物流能力的影响需要形成核心业务,不断强化所提供物流服务的个性化和特色化,以增强物流市场竞争能力。

(3) 功能专业化

第三方物流所提供的是专业的物流服务。从物流设计、物流操作过程、物流技术工具、物流设施到物流管理必须体现专门化和专业水平,这既是物流消费者的需要,也是第三方物流自身发展的基本要求。

(4) 管理系统化

第三方物流应具有系统的物流功能,是第三方物流产生和发展的基本要求,第三方物流需要建立现代管理系统才能满足运行和发展的基本要求。

(5) 信息网络化

信息技术是第三方物流发展的基础。物流服务过程中,信息技术发展实现了信息实时共享,促进了物流管理的科学化,极大地提高了物流效率和物流效益。

3. 第三方物流的优缺点

(1) 第三方物流的优点

当今竞争日趋激化和社会分工日益细化的大背景下,采用第三方物流有明显的优越性,具体表现如下。

① 提供高质量的专业服务

第三方物流可以提供很专业的服务。由于第三方物流公司在信息网络以及配送节点上具有资源优势,这使得他们在提高顾客满意度上具有独到优势。

② 提高物流配送的效率

由于货物运输量大,第三方物流可以构建大的物流网络,有利于合理地使用和调剂设施、设备、人员,有利于选择合理的运输路线,缩短物流距离;有利于进行合理的车辆配载,提高车辆的装载和利用效率。

③ 节约成本

第三方物流由于为众多的生产厂家和销售企业服务,因此运输量大,而且轻重商品均有,无论用铁路或用水路运输,均可按流向合装,而且实行轻重配装,在运输价格上可获得优惠。

④ 提供延伸服务

第三方物流还可以提供延伸服务,使物流服务功能系列化。

(2) 第三方物流的缺点

与自营物流相比较,第三方物流在为企业提供上述便利的同时,也会给企业带来诸多的不利,主要有缺点如下。

① 企业不能直接控制物流职能。

② 不能保证供货的准确和及时,如果合作的第三方物流不成熟,企业过分依赖供应链伙伴,容易受制于人。例如,第三方物流公司送货不及时、送错货物、损坏货物,会使委托企业在

供应链关系中处于被动地位。

③ 不能保证顾客服务质量以维护与顾客的长期关系。第三方物流商一旦获得客户，保质保量完成合同的动力可能就消失了，导致物流外包项目实施到后来，服务质量越来越差。

④ 企业将放弃对物流专业技术的开发等。

4. 我国第三方物流的现状及发展趋势

（1）我国第三方物流业的现状

我国物流业经过二十多年的发展，已经取得了一定的成绩。目前我国在东部地区已经形成了以沿海大城市群为中心的四大区域性物流圈格局。

① 以北京、天津、沈阳、大连和青岛为中心的环渤海物流圈。

② 以上海、南京、杭州和宁波为中心的长江三角洲物流圈。

③ 以厦门和福州为中心的环台湾海峡物流圈。

④ 以广州和深圳为中心的珠江三角洲物流圈。

尽管这四大区域性物流圈的不断成熟推动了我国第三方物流的发展，但是，由于我国地域辽阔，地区经济发展不平衡，导致东中西部第三方物流发展的不平衡，南北第三方物流的发展有很大差距，城乡第三方物流发展严重滞后。从整体第三方物流市场来看，第三方物流企业市场需求严重不足；物流企业规模小，设备陈旧落后，装备标准化程度低，无序竞争扰乱整体市场秩序，缺乏系统性管理；基础设施大都简易、落后、机械化程度不高；智能化、自动化仓库比较少，信息化建设滞后，由此造成仓储运输系统的整合效能比较低，信息流通不畅，不能保证时时对物流服务过程及时了解，很难对物流市场需求做到全面掌握。同时，现代物流管理人才匮乏及物流理论研究落后于物流业的实践发展。这些都是我国第三方物流亟待解决的问题。

（2）我国第三方物流的发展趋势

随着全球第三方物流服务的增长和我国对第三方物流管理的日渐重视，我国的第三方物流正朝着积极的方向发展，整个发展趋势如下：

① 物流提供商和分销商之间的协作增加。

② 服务内容日趋复杂。

③ 服务需求存在地区差异。

④ 有更多的物流提供商介入。

【案例7-2】 第三方物流的模式——中远货运物流

1. 上海通用汽车有限公司的物流压力

上海通用汽车有限公司（SGM）是中美两国迄今为止最大的合资企业，项目总投资15.2亿美元，被列为1998年"市府一号工程"。作为世界上最大的汽车制造商美国通用公司拥有世界上最先进的弹性生产线，能够在一条流水线上同时生产不同型号、不同颜色的车辆，每小时可生产27辆汽车。通用汽车遭遇了巨大的物流压力：库存量大、折箱次数多、信息混乱、成本巨大。

2. 中远货运物流为SGM的货运方案

上海中远国际货运有限公司（简称中远），成立于1996年8月20日，是上海口岸规模最大的国际货运公司之一。目前公司在上海及江、浙、皖三省一市所设立的地区公司、分公司、货运部及其遍布三省城乡的分支机构多达40余家。进而构建成以上海口岸为龙头，以华东三省和长江沿线等内陆城市为业务覆盖面，集海运、陆运、空运和多式联运为一体，全方位、多功能的国际货运网络体系。

中远作为中国第一大航运企业在经过了投标竞标后，承担起SGM的汽车零配件CKD的运输任务。这是中远迄今为止最大的签约项目。1998年7月,中远集运和SGM汽车签订门到门运输协议,由中远负责SGM汽车零件CKD从上海港九区至SGM的再配送中心(RDC)的一关三检、码头提箱和内陆运输任务。作为SGM的陆运代理人,中远决定把现代物流理念渗透到通用项目中,经过反复斟酌,决定实施木箱仓储管理和配送方案,重新设计物流流程则是其创新的源泉,包括集卡运力方案设计、装拆箱方案设计、木箱仓储方案设计和信息处理方案设计。

(1) 集卡运力方案设计

根据SGM每天发至中远的货物运送信息单上的木箱需求量,测算出次日所需的集装箱空箱数。再根据不同送货时间,合理安排发货车辆和时间。

(2) 装拆箱方案设计

根据仓库情况、铲车工配置,同时进行装、拆箱作业。为提高装、拆箱效率,根据仓库情况、铲车工配置,通用项目组设计了CASERUN作业法,可同时进行装、拆箱作业。

(3) 木箱仓储方案设计

CKD木箱在仓库中的堆存原则是对于指定的任意一木箱,铲车可直接到达它所在的库位,进行操作。每一库位垂直堆垛三个木箱,只发生上下翻箱,而库位号保持不变。

(4) 信息处理方案设计

开展通用CKD木箱物流项目的基础是高效率的信息处理。因此,有必要建立一个专门的信息管理系统。通用项目CKD信息管理系统就是为满足SGM对CKD零配件高层次的配送要求而量身定做的。建立通用CKD信息管理系统,即时处理订单、查询零件等。随时处于连续工作状态,保持信息的完整性与连续性。

3. 项目启动后的成效

项目启动后成效显著,使SGM单箱(集装箱)成本下降了34%,并延伸到了在整个SGM运作体系中。经过整合后的资源分布情况是:仓库发挥了蓄水池的功能,缓解堆场、RDC的压力;信息技术应用在物流操作的每个环节,物流过程得到有效控制。

7.3.3 物流联盟

1. 物流联盟的概念

物流联盟是指企业在物流方面通过签署合同形成优势互补、要素双向或多向流动、相互信任、共担风险、共享收益的物流伙伴关系。一般来说组成物流联盟的企业之间具有很强的依赖性,物流联盟的各个组成企业明确自身在整个物流联盟中的优势及担当的角色,内部的对抗和冲突减少,分工明晰,使供应商把注意力集中在提供客户指定的服务上,最终提高了企业的竞争能力和竞争效率,满足企业跨地区、全方位物流服务的要求。

2. 物流联盟的方式及不足

供应链联盟可分类为资源补缺型、市场营销型和联合研制型三种。物流联盟的方式可分为以下几种方式。

(1) 纵向联盟

即垂直一体化,这种联盟方式是基于供应链一体管理的基础形成的,即从原材料到产品生产、销售、服务形成一条龙的合作关系。垂直一体化联盟能够按照最终客户的要求为其提供最大价值的同时,也使联盟总利润最大化,但这种联盟一般不太稳固,主要是在整个供应链上,不可能每个环节都能同时达到利益最大化,因此打击了一些企业的积极性,使它们有随时退出联盟的可能。

(2) 横向联盟

即水平一体化,由处于平行位置的几个物流企业结成联盟,包括第三方物流。这种联盟能使分散物流获得规模经济和集约化运作,降低了成本,并且能够减少社会重复劳动。但也有不足的地方,如它必须有大量的商业企业加盟,并有大量的商品存在,才可发挥它的整合作用和集约化的处理优势,此外,这些商品的配送方式的集成化和标准化也不是一个可以简单解决的问题。

(3) 混合模式联盟

既有处于上、下游位置的物流企业,也有处于平行位置的物流企业的加盟。

(4) 以项目为管理的联盟模式

利用项目为中心,由各个物流企业进行合作,形成一个联盟。这种联盟方式只限于一个具体的项目,使联盟成员之间合作的范围不广泛,优势不太明显。

(5) 基于Web的动态联盟

由于市场经济条件下的激烈的竞争,为了占据市场的领导地位,供应链成为一个动态的网络结构,以适应市场变化、柔性、速度、革新、知识的需要,不能适应供应链需求的企业将从中淘汰,并从外部选择优秀的企业进入供应链。供应链从而成为一个能快速重构的动态组织,实现供应链的动态联盟。但这种联盟方式缺乏稳定性。

3. 如何建立强有力的物流联盟

大企业通过物流联盟不仅可以迅速开拓全球市场,而且能有效地降低物流成本(通过联盟整合,可节约成本10%~25%),提高企业竞争能力,同时降低企业的风险。但是结成联盟并不是件容易的事情,需要一定的基础,建立强有力的物流联盟,关键要具备以下基本条件:

(1) 联盟要给成员带来实实在在的利益。联盟采取的每一项措施都要考虑每个成员的利益,使联盟的每个成员都是受益者,并能协调处理成员间的摩擦,提高客户服务能力,减少成本和获得持久的竞争优势。

(2) 联盟战略目标与企业的物流战略一致或部分一致。联盟是一个独立的实体,是一个系统一体化的组织,联盟成员需采取共同目标和一致的努力,优化企业的外部行为,共同协调并实现联盟的目标。

(3) 联盟成员的企业文化的精神实质基本一致。企业文化往往决定着企业的行为,只有企业文化大体相同的企业才有可能在行为上取得一致,从而结盟。

(4) 联盟成员的领导层相对稳定。如果联盟成员经常更换领导层,下一任领导可能不认同前一任领导的决策,导致联盟不稳定性加大,因此领导层的相对稳定是联盟长期稳固发展的重要因素。

【案例7-3】 物流联盟——LauraAshley公司与联邦快递的物流联盟

英国的LauraAshley是一家时装和家具零售商和批发商,从1953年的一个家庭为基础的商业企业发展到在全球28个国家有540个专卖店的企业。从20世纪80年代,LauraAshley公司开始使用联邦快递的服务来经营北美地区业务,在90年代初,LauraAshley面临着一个物流问题:陈旧和集中的存货系统使公司在正常的基础上很难提供充足数量的产品,LauraAshley公司的仓储和供应网络会延迟送货时间,尤其在英国以外的国家。为了提升竞争地位,增加核心竞争力,LauraAshley公司决定与联邦快递(Fedex)结盟,外包其关键性的物流功能。于是在1992年3月,公司外包其未来10年内的总计2.25亿美元的全球物流服务项目给联邦快递公司。LauraAshley公司减少了其一半的库存货物,减少了10%~12%物流费用。补货控制在48小时内,提高了产品的供货质量。尤其重要的是那些易损的产品现在能够更可靠、更频繁、更准时地配送。

7.3.4 第四方物流

1. 第四方物流的概念

第四方物流(Fourth-party logistics，简称 4PL)，这个概念最早是 1998 年美国埃森哲咨询公司率先提出的，是专门为第一方、第二方和第三方，提供物流规划、咨询、物流信息系统、供应链管理等。第四方并不实际承担具体的物流运作活动，可以说是一个供应链的集成商，是供需双方及第三方物流的领导力量。它不是物流的利益方，而是通过拥有的信息技术、整合能力以及其他资源提供一套完整的供应链解决方案，以此获取一定的利润。它帮助企业降低成本和有效整合资源，并且依靠优秀的第三方物流供应商、技术供应商、管理咨询以及其他增值服务商，为客户提供独特的和广泛的供应链解决方案。

因此，第四方物流经营者是基于整个供应链过程考虑，扮演着协调人的角色：一方面与客户协调，与客户共同管理资源、计划和控制生产，设计全程物流方案；另一方面与各分包商协调，组织完成实际物流活动。因此，第四方物流提供的是一种全面的物流解决方案，与客户建立的是长期、稳固的伙伴关系。

2. 第四方物流的三种模式

按照国外的概念，第四方物流是一个提供全面供应链解决方案的供应链集成商。第四方物流存在三种模式。

(1) 协助提高者

第四方物流为第三方物流工作，并提供第三方物流缺少的技术和战略技能。

(2) 方案集成商

第四方物流为货主服务，是和所有第三方物流提供商及其他提供商联系的中心。

(3) 产业革新者

第四方物流通过对同步与协作的关注，为众多的产业成员运作供应链。

第四方物流无论采取哪一种模式，都突破了单纯发展第三方物流的局限性，能真正地低成本运作，实现最大范围的资源整合。因为第三方物流缺乏跨越整个供应链运作以及真正整合供应链流程所需的战略专业技术，第四方物流则可以不受约束地将每一个领域的最佳物流提供商组合起来，为客户提供最佳物流服务，进而形成最优物流方案或供应链管理方案。而第三方物流要么独自，要么通过与自己有密切关系的转包商来为客户提供服务，它不太可能提供技术、仓储与运输服务的最佳结合。

3. 第四方物流的功能和优势

(1) 第四方物流的功能

第四方物流基本功能有三个方面：

① 为供应链管理功能，即管理从货主、托运人到用户、顾客的供应全过程。

② 为运输一体化功能，即负责管理运输公司、物流公司之间在业务操作上的衔接与协调问题。

③ 为供应链再造功能，即根据货主/托运人在供应链战略上的要求，及时改变或调整战略战术，使其经常处于高效率地运作。第四方物流的关键是以"行业最佳的物流方案"为客户提供服务与技术。

(2) 第四方物流的优势

第四方物流与第三方物流相比，其服务的内容更多，覆盖的地区更广，对从事货运物流服务的公司要求更高,要求它们必须开拓新的服务领域,提供更多的增值服务。"第四方物流"的优越性,是它能保证产品得以更快、更好、更廉地送到需求者手中。当今经济形式下,货主/托运人越来越追求供应链的全球一体化以适应跨国经营的需要,跨国公司由于要集中精力于其核心业务因而必须更多地依赖于物流外包。基于此理,它们不只是在操作层面上进行外协,而且在战略层面上也需要借助外界的力量,昼夜期间都能得到更快、更好、更廉的物流服务。

【案例 7-4】 第四方物流——飞利浦的第四方物流

1. 飞利浦物流的初始概况

飞利浦是世界上最大的电子公司之一,1891 年成立于荷兰,主要生产照明、家庭电器、医疗系统。飞利浦现已发展成为一家大型跨国公司,2007 年全球员工已达 128 100 人,在 28 个国家设有生产基地,在 150 个国家设有销售机构,拥有 8 万项专利,实力超群。2011 年 7 月 11 日,飞利浦宣布收购奔腾电器(上海)有限公司,金额约 25 亿元。

2000 年间,飞利浦在全国有 40 多家物流供应商,这其中有一些相对专业的第三方物流商,有些只是车队。2001 年开始,飞利浦和物流供应商之间进行电子数据交换(EDI)。通过 EDI,飞利浦从接单中心接受客户的订单,然后在 ERP 系统中处理之后传输数据到第三方物流公司,第三方物流公司利用内部的仓储、运输等系统,对社会车队进行调度、运筹。然后将回单回传到飞利浦,进而反馈到飞利浦的 ERP 系统中,体现销售和库存的变化。

2. 飞利浦在第三方物流中心出现的问题及改革

(1) 同第三方物流合作出现的问题

2000 年,有一家国内知名的第三方物流商和飞利浦合作了一段时间,飞利浦给了这个供应商很大的区域和份额。但是由于成本上无法承受,第二年,这个供应商要求飞利浦涨价,而涨价的幅度超过了飞利浦可以承受的幅度,双方只好分手。而由于其间双方一起搭建了 EDI,分手给飞利浦带来的刺激很大。之前投入的 IT 成本,包括时间和金钱,由于这家供应商的退出而打了水漂。而对方也有很多的 IT 投入,根本没有赚到钱。双方损失惨重。

(2) 飞利浦之"穷则思变"

起初选择第三方物流商时,飞利浦想的是,一定要慎重一点,不要以成本作为唯一考量点,要保证第三方物流商有合理的利润,能够赚到钱。但是,这种想法对于飞利浦来说有很多局限。第三方物流商赚不赚钱有很多自身因素,包括管理成本能不能控制得好,能不能在市场上拿到比较有竞争力的价格等,这些是飞利浦无法控制的。2001 年下半年、2002 上半年飞利浦开始寻找解决之道。他们需要的实际上是一个平台,飞利浦只要把数据扔给它,这个平台就会和各家物流供应商进行数据处理,并进行统一反馈。无须逐个进行。

3. 飞利浦引入第四方物流的效应

华夏媒体与飞利浦的缘分始于华夏帮飞利浦做计划系统。系统实施期间,双方的几番交流,启发了华夏建立平台的想法。华夏迅速搭建新的业务架构并很快开发出各种系统,搭建了 NET-X 平台。X 意味着无限和不确定。基本思路是充当制造企业和物流企业之间的商流、信息流平台。

作为第四方物流平台,华夏媒体要向飞利浦收费。华夏媒体的收费模式是:对于大企业,月租+单据收费;对于中小企业,包月收费。而第四方物流降低了企业跟供应商之间的风险和成本。如前所述的物流供应商,因为飞利浦的合作要求比较严格,做不下去了,跟飞利浦中止合作,前期做的 IT 开发等投入就没用了,而这个投入还非常大。

有了平台后,从飞利浦这边,只要维护一个标准,把数据扔到平台上去,就不需要重复投入了。对供应商也是这样,不会因为飞利浦系统升级等原因而变化,还能维持原来的系统。他们都用平台完成数据的耦合、匹配。通过这种方式可以提高第三方物流的效率,进而提高飞利浦的效率。简单地说,就是通过统一平台来节约成本,形成规模效应,厂商和第三方物流公司都不用因为供应商或客户的增加而增加IT投入。此外,原来飞利浦的IT人员和供应链管理人员,是按照供应商划分来进行数据维护。因为有了这样的平台,数据传输现在只要跟平台维护就行了,人力成本大大节省了。原来飞利浦需要维护四套EDI(电子数据交换)。虽然不用给供应商交钱,但是要维护四套EDI,了解对方的流程和系统,也需要人员的投入。

飞利浦现在的平台,基本是由华夏开发的。对于第四方物流商,飞利浦看重的是实力、技术领先,能保证解决方案可以提高工作效率,帮助完成飞利浦设计的方案,实现和供应商的对接。跟新进来的第三方物流商进行连接,以前飞利浦要花两到三个月,通过EDI方式对接,现在,在华夏平台的支持下,可以在一个星期内完成全部对接,而且不用付任何钱。而以后有新的供应商进来,飞利浦不用在EDI上有任何投入。

7.3.5 绿色物流

环境污染是21世纪人类面临的三大危机之一。随着世界经济的发展,环境的恶化程度不断加深,物流作为经济活动的重要组成部分,同样面临着严峻的环境问题,倡导绿色物流,实现企业经济利益、物流系统、效益与生态环境利益的协调与平衡势在必行。

1. 绿色物流的概念

绿色物流(environmental logistics)是指在物流过程中抑制物流对环境造成危害的同时,实现对物流环境的净化,使物流资源得到最充分利用。它包括物流作业环节和物流管理全过程的绿色化。从物流作业环节来看,包括绿色运输、绿色包装、绿色流通加工等。从物流管理过程来看,主要是从环境保护和节约资源的目标出发,改进物流体系,既要考虑正向物流环节的绿色化,又要考虑供应链上的逆向物流体系的绿色化。绿色物流的最终目标是可持续性发展,实现该目标的准则是经济利益、社会利益和环境利益的统一。

2. 绿色物流的主要内容

绿色物流是指以降低对环境的污染、减少资源消耗为目标,利用先进物流技术规划和实施运输、储存、包装、装卸、流通加工等物流活动。绿色物流是以经济学一般原理为基础,建立在可持续发展理论、生态经济学理论、生态伦理学理论、外部成本内部化理论和物流绩效评估的基础上的物流科学发展观。同时,绿色物流也是一种能抑制物流活动对环境的污染、减少资源消耗,利用先进的物流技术规划和实施运输、仓储、装卸搬运、流通加工、包装、配送等作业流程的物流活动。内涵绿色物流的主要内容包括以下五个方面。

(1) 集约资源

这是绿色物流的本质内容,也是物流业发展的主要指导思想之一。通过整合现有资源,优化资源配置,企业可以提高资源利用率,减少资源浪费。

(2) 绿色运输

运输过程中的燃油消耗和尾气排放,是物流活动造成环境污染的主要原因之一。因此,要想打造绿色物流,首先要对运输线路进行合理布局与规划,通过缩短运输路线,提高车辆装载率等措施,实现节能减排的目标。另外,还要注重对运输车辆的养护,使用清洁燃料,减少能耗及尾气排放。

(3) 绿色仓储

绿色仓储一方面要求仓库选址要合理,有利于节约运输成本;另一方面,仓储布局要科学,使仓库得以充分利用,实现仓储面积利用的最大化,减少仓储成本。

(4) 绿色包装

包装是物流活动的一个重要环节,绿色包装可以提高包装材料的回收利用率,有效控制资源消耗,避免环境污染。

(5) 废弃物物流

废弃物物流是指在经济活动中失去原有价值的物品,根据实际需要对其进行收集、分类、加工、包装、搬运、储存等,然后分送到专门处理场所后形成的物品流动活动。

3. 绿色物流的特点

传统的物流相比,绿色物流在目标、行为主体、活动范围及其理论基础四个方面都有自身的一些显著的特点:绿色物流的理论基础更广,包括可持续发展理论、生态经济学理论和生态伦理学理论;绿色物流的行为主体更多,它不仅包括专业的物流企业,还包括产品供应链上的制造企业和分销企业,同时还包括不同级别的政府和物流行政主管部门等;绿色物流的活动范围更宽,它不仅包括商品生产的绿色化,还包括物流作业环节和物流管理全过程的绿色化;绿色物流的最终目标是可持续性发展,实现该目标的准则不仅是经济利益,还包括社会利益和环境利益,并且是这些利益的统一。

4. 绿色物流的实施策略

(1) 树立绿色物流观念

观念是一种带根本性和普遍意义的世界观,是一定生产力水平、生活水平和思想素质的反映,是人们活动的指南。由于长期的低生产力,人们更多地考虑温饱等低层次问题,往往为眼前利益忽视长远利益,为个体利益忽视社会利益,企业因这种非理性需求展开掠夺式经营,忽视长远利益和生态利益及社会利益,进而导致来自大自然的警告。

(2) 推行绿色物流经营

物流企业要从保护环境的角度来制定其绿色经营管理策略,以推动绿色物流进一步发展。

① 选择绿色运输。通过有效利用车辆,降低车辆运行,提高配送效率。例如,合理规划网点及配送中心、优化配送路线、提高共同配送、提高往返载货率;改变运输方式,由公路运输转向铁路运输或海上运输;使用绿色工具,降低废气排放量等。

② 提倡绿色包装。包装不仅是商品卫士,而且也是商品进入市场的通行证。绿色包装要醒目环保,还应符合 4R 要求,即少耗材(Reduction)、可再用(Reuse)、可回收(Reclaim)和可再循环(Recycle)。

③ 开展绿色流通加工。由分散加工转向专业集中加工,以规模作业方式提高资源利用率,减少环境污染;集中处理流通加工中产生的边角废料,减少废弃物污染;等等。

④ 收集和管理绿色信息。物流不仅是商品空间的转移,也包括相关信息的收集、整理、储存和利用。绿色物流要求收集、整理、储存的都是各种绿色信息,并及时运用于物流中,促进物流的进一步绿色化。

(3) 开发绿色物流技术

绿色物流的关键所在,不仅依赖于绿色物流观念的树立、绿色物流经营的推行,更离不开绿色物流技术的应用和开发。没有先进物流技术的发展,就没有现代物流的立身之地;同样,没有先进绿色物流技术的发展,就没有绿色物流的立身之地。而我们的物流技术与绿色要求有较大的差距,如物流机械化方面、物流自动化方面、物流的信息化及网络化,与西方发达国家的物流技术相比,有 10~20 年的差距。要大力开发绿色物流技术,否则绿色物流就无从谈起。

（4）制定绿色物流法规

绿色物流是当今经济可持续发展的一个重要组成部分，它对社会经济的不断发展和人类生活质量的不断提高具有重要意义。正因为如此，绿色物流的实施不仅是企业的事情，而且还必须从政府约束的角度，对现有的物流体制强化管理。

一些发达国家的政府非常重视制定政策法规，在宏观上对绿色物流进行管理和控制。尤其是要控制物流活动的污染发生源，物流活动的污染发生源主要表现在：运输工具的废气排放污染空气，流通加工的废水排放污染水质，一次性包装的丢弃污染环境，等等。因此，他们制定了诸如污染发生源、限制交通量、控制交通流等的相关政策和法规。国外的环保法规种类很多，有些规定相当具体，相当严厉，国际标准化组织制定的最新国际环境标志也已经颁布执行。

（5）加强对绿色物流人才的培养

绿色物流作为新生事物，对营运筹划人员和各专业人员的素质要求较高，因此，要实现绿色物流的目标，培养和造就一批熟悉绿色理论和实务的物流人才是当务之急。

【案例 7-5】 绿色物流——联邦快递的绿色物流

联邦快递（FedEx）作为世界快递巨头，平均每天向世界 220 多个国家和地区发送 850 多万个包裹，飞行里程约 50 万千米，这一过程中如果忽略了节能和环保，那么这一系列的高强度物流活动将会对气候和环境造成严重的污染和破坏。为了在发展自身业务的同时能够致力于节能和环保事业，联邦快递不断探索改进物流运输环节，大规模采用高效飞机，提倡建立轻型车辆运输系统，增加对电力的使用，减少对石油的依赖，开发新技术，使系统、交通工具和线路更加效率，逐步实现绿色物流运输。

1. 大规模采用高效飞机

近些年来，FedEx 注意到现代飞机技术发展日新月异、新型飞机层出不穷、飞机燃油效率不断提高的现实和趋势，开始引入一些新机型，如波音 777F 和波音 757。新机型拥有更高的燃油效率和更大的载货量，能够显著降低货运燃料消耗。在大量购置波音 777F 的同时，FedEx 也提高用新型飞机替换旧有飞机的数额，如开始使用波音 757 替换了波音 727，进而使每磅载货量的燃料消耗减低了 47%，并减少了维护费用。仅在飞机更换一项上，就为 FedEx 节约了大量的燃油，减少了大笔经营成本。

2. 使用电动汽车

电动汽车是指以车载电源为动力，用电机驱动车轮行驶的车辆。混合动力电动汽车是指车上装有两个以上动力源，包括有电机驱动的汽车，车载动力源有多种：蓄电池、燃料电池、太阳能电池、内燃机车的发电机组。这两种汽车能显著降低汽油的使用，进而减少碳排放。经过 FedEx 的计算，365 辆混合动力车或者 43 辆电动汽车的二氧化碳的排放量与 10 辆燃油卡车相当。正因为如此，FedEx 在过去的几年中加大了对电动汽车和混合动力电动汽车的购置力度，新能源汽车在车队中的比重不断提高。

3. 降低燃油消耗

尽管 FedEx 大量采用了电动汽车和混合动力电动汽车，但是在 FedEx 车队中仍有大量的燃油汽车。针对这种情况，FedEx 致力于汽车燃油效率的提高，通过新技术来改善燃油效率，目标是在 2020 年将公司车队的燃油效率提高 20%。除了提高汽车燃油效率，FedEx 还从细节入手来减少燃油消耗。就如何使用送货车来说，FedEx 通过试验和经验积累，清楚地知道驾驶时有三种情况会影响能源消耗：开什么车，到哪里，谁开。因此，FedEx 每年都会选用一批更高效的车辆上路；每天都会根据交通情况的变化通过技术改变线路；FedEx 还会不断向团队成员传授最优驾驶方法。

7.4 我国快递产业的发展现状

7.4.1 我国快递发展概述

1. 快递的概念

快递行业是 20 世纪末在美国诞生的一个新兴行业。快递是指快递公司通过铁路、公路和空运等交通工具，对客户货物进行快速投递。快递的特点：点到点，快速方便。快递行业从表面上看来和传统的邮政业似乎没什么区别，都是通过网络从事文件和物品的递送服务，但它们也有很大的不同。快递，其货物重量更轻，体积更小，价值更高，递送时间要求更高。

2. 快递的基本特征

快递产业具有服务性、网络性、时效性、规模经济性等特征。

（1）服务性

快递需求是衍生需求，快递产业属于第三产业中的服务行业。服务是快递产业的基本特征，因此服务质量决定了企业的运营状况。

（2）网络性

网点的增加对业务量的影响有两个：一是由于新增网点的快递业务直接增加业务总量；二是由于便利性的提高及公司影响的扩大，原来网点的业务量也间接增加。另外网点的增加也使成本在增加，增加网点是否能使总体的利润增加，以及网点扩大到什么程度能使利润最大化，是值得已经具有较大规模的民营企业思考的问题。

（3）时效性

在全球都讲究效率的前提下，时效性更是快递的本质要求，时效性是信息、物品类传递服务的基本要求。快递的实物传递性，决定了快递在服务保证安全、准确的前提下，传递速度是最重要的服务质量衡量标准之一。

（4）规模经济性

规模效益是所有企业都追求的，当然也包括快递业。当快递数量达到一定规模时，无论是分拣还是运输效率都会得到很大的提高。

3. 我国快递业发展的现状和趋势

（1）发展现状

自改革开放以来，我国快递业从无到有稳步发展，市场逐渐扩大。在"2015 中国快递论坛"上，国家邮政局发展研究中心副主任冯力虎表示，2014 年中国快递业务量达到了 140 亿单，快递收入突破 2 000 亿元大关，双双创下历史新高。这也标志着中国快递经过几年发展，跨入了世界快递大国的行列。中国快递协会数据也显示，截至 2014 年年底，中国快递业连续 46 个月同比增速超过 50%；2015 年前两个月，行业增速达到 43.4%。

然而，随着我国加入 WTO 及各项政策的开放，外资企业的进入，民营企业的崛起，我国快递业的竞争也日益激烈。当前，国际快递巨头均已进入我国快递市场。中国的一些民营快递公司经过近十年的发展，已逐渐壮大，其中比较有名的顺丰速递、申通快递等，另外还有很多比较混乱的小型快递企业。与国外的快递企业相比，国内的快递企业已基本上完成了国内速快递行业管理处于多头管理局面。国际货代企业的成立要经外经贸部批准设立，而经营国际快递业务，办理进出境信件和具有信件性质的物品寄递业务，均需到邮政部门办理委托手续，邮政局变成了管理国际快递业的行政部门之一,由此引发了国际快递业监管的矛盾和问题。虽然经过多次协调,对快递业基本上形成了外经贸部主管业务、国家邮政局委托管理安全的双重管理体制,但到目前为止,快递行业仍然会有激烈的竞争。

(2) 发展趋势

① 快递业保持高速增长,市场集中度不断提高

我国快递市场发展潜力很大:伴随着综合国力提升,基础设施迅速改善,城乡居民收入持续增长,信息化深刻影响着生产生活,网民超过5亿人,经济社会的快速发展对快递业产生了旺盛的多层次多样化的服务需求。2011年快递业务量增长50%,突破35亿件。全行业日处理量达1 300万件,其中80%以上的业务量集中在六大企业。规模型企业数量增加,大企业的市场影响力大为提高。2009年以前,日均业务量超百万件的企业只有两家,现在已经有6家。相当一部分规模企业已经建立起覆盖全国的网络,并由粗放型管理向集约化管理转型。国家将快递作为现代服务业的重要一环,予以高度重视,连续出台一系列的优惠政策,必将引进更多的国内外资本,必将发挥对资源配置的基础性作用,行业内的兼并重组将更为频繁,也必将出现更多的年业务收入超百亿元的快递企业。

② 外资、国有、民营全面竞争,共同发展

首先,经国务院批准,国家邮政局正在抓紧受理外资公司经营国内快递业务的各项准备工作。其次,中国邮政速递物流公司的改革步伐进一步加快,正蓄势待发。最后,民营快递通过连续几年的高速增长,技术装备、运营效益、人员素质和管理能力有了相当提升,本土优势明显,体制灵活,与制造业、信息产业等加快结合,在摸索符合自身特点的发展道路方面有了基本经验。今后,我国快递市场国有、民营、外资快递企业,多元并存、相互竞争、协同发展、谋求共赢的态势将进一步凸显。

7.4.2 国际快递企业

国际快递企业的发展已十分规范,并进一步向多元化、专业化、合作化发展,尤其在高速发展的电子商务领域,他们努力将自身建设为拥有先进物流信息技术、市场和网络,兼具第三方灵活性和规模经济效益的第三方物流公司。在2011年250亿欧元规模的德国电子商务市场上,前十大电商企业(如amazon.de、otto.de、neckermann.de、telekom.de、con-rad.de等),无论有无自己的物流中心,几乎全部通过第三方物流公司实现"最后一公里"的配送,表现出成熟市场的分工合作和有序竞争。下面简单介绍世界物流四大航母:UPS(美国联合包裹)、FE-DEX(美国联邦快递)、TNT(荷兰天地)和DHL(德国敦豪)的发展情况。

1. 美国联合包裹 UPS

UPS是全球最大的速递机构,全球最大的包裹递送公司,同时也是世界上一家主要的专业运输和物流服务提供商。每个工作日,该公司为180万家客户送邮包,收件人数目高达600万人。该公司的主要业务是在美国国内并遍及其他200多个国家和地区。该公司已经建立规模庞大、可信度高的全球运输基础设施,开发出全面、富有竞争力并且有担保的服务组合,并不断利用先进技术支持这些服务。该公司提供物流服务,其中包括一体化的供应链管理。

UPS的业务收入按照地区和运输方式来划分呈现出不同的分布特点。从地区来看,美国业务占总收入的89%,欧洲及亚洲业务占11%。从运输方式来看,国内陆上运输占54%,国内空运占19%,国内延迟运输占10%,对外运输占9%,非包裹业务占4%。

2. 美国联邦快递 FedEX

FedEX公司的前身为FDX公司,是一家环球运输、物流、电子商务和供应链管理服务供应商。该公司通过各子公司的独立网络,向客户提供一体化的业务解决方案。其子公司包括

FedEX Express(经营速递业务)、FedEX Ground(经营包装与地面送货服务)、FedEX Custom Critical(经营高速运输投递服务)、FedEX Global(经营综合性的物流、技术和运输服务)以及 Viking Freight(美国西部的小型运输公司)。

从地区来看,美国业务占总收入的 76%,国际业务占 24%。从运输方式来看,空运业务占总收入的 83%,公路占 11%,其他占 6%。

3. 荷兰天地 TNT Post Group

TPG 在全球超过 200 个国家和地区提供邮递、速递及物流服务,并拥有经营荷兰各邮局的机构 50% 的股权。TPG 利用 TNT 品牌提供速递发送及物流服务(TNT 的物流业务主要集中在汽车、高科技以及泛欧洲领域),其物流领域现有 137 间仓库,共占地 155 万平方米。按业务类型来看,TPG 的三大业务邮递、速递和物流净收入分别占 42%、41% 及 17%,而从地域表现来看,净收入方面,欧洲占 85%,澳洲、北美、亚洲及其他地区分别占 6%、4%、2%、3%。如果从运营利润来看,邮递、速递和物流分别占 76%、15% 和 9%。

4. 德国敦豪 DHL

DHL 公司由 Adrian Dalsey、Larry Hillblom 及 Robert Lynn 于 1969 年在加利弗尼亚成立。目前 DHL 在 229 个国家有 675 000 个目的站,20 000 多辆汽车,60 000 多名员工并且在美国及欧洲有 300 多架飞机。DHL 在亚洲被 Asia Freight Industry Awards 评为最好的运输公司,同时被全球美运通公司评为最好的承运人。

DHL 总部在比利时的布鲁塞尔,是由德国邮政、DANZAS、DHL 三个部分整合而成,现在由德国邮政全球网络 100% 拥有,DHL 采用的是门到门服务,商品将直接送到客户手中,但不排除收件人本人不在,由他人和收发室签收的可能,如货物在收件人海关产生关税,DHL 将为客户免费清关,并和收件人确认关税金额,产生的关税由收件人支付。DHL 是全球领先的快递和物流公司,致力于不断向客户提供富有创新和满足客户不同需求的解决方案。在世界各地,DHL 拥有在解决方案、快递、空运、海运和运输各方面的专门技能。DHL 的全球网络现已覆盖到了超过 20 个国家和地区,它的优势体现能将覆盖全球的服务网络和在国当地市场情况相结合。DHL 拥有 1 000 名尽心尽责的员工,他们将继续应用尖端科技,不负众望地为客户供快捷、可靠的专业服务。DHL 总部设在比利时布鲁塞尔,DHL 现在由德国邮政全网络 100% 拥有。

作为 2000 年销售额达 60 亿元美金的国际快递公司,敦豪现在已经在国际航空快递领域中占据了首屈一指的地位,其市场份额已达 37%。

7.4.3 国内民营快递企业

从目前中国的快递市场现状以及民营快递企业自身特点的分析来看,民营快递企业在同城快递服务市场上具有一定的优势地位,这一块领域应当是民营快递企业目前发展的重点。

1. 顺丰快递

顺丰快递于 1993 年 3 月 26 日在广东顺德成立,注册资金 1 亿元。在 1996 年,随着客户数量的不断增长和国内经济的蓬勃发展,顺丰将网点进一步扩大到广东省以外的城市。截至 2006 年年初,顺丰的速递服务网络已经覆盖国内 20 多个省及直辖市,101 个地级市,包括中国香港地区,成为中国速递行业中民族品牌的佼佼者之一。

顺丰速运(集团)有限公司(以下简称顺丰)作为一家主要经营国际、国内快递业务的港资快递企业,为广大客户提供快速、准确、安全、经济、优质的专业快递服务。顺丰以"成就客户,推动经济,发展民族速递业"为自己的使命,积极探索客户需求,不断推出新的服务项目,为客户的产品提供快速、安全的流通渠道。

为了向客户提供更便捷、更安全的服务,顺丰速运网络全部采用自建、自营的方式。经过十几年的发展,顺丰已经拥有6万多名员工和4 000多台自有营运车辆,30多家一级分公司,2 000多个自建的营业网点,服务网络覆盖20多个省、直辖市和中国香港、台湾地区,100多个地级市。

为给客户提供更优质的快递服务,顺丰仍然不断投入巨资加强公司的基础建设,提高设备和系统的科技含量,不断提升员工的业务技能、自身素质和服务意识,以最全的网络、最快的速度、最优的服务打造核心竞争优势,塑造"顺丰"这一优秀的民族品牌。立志成为"最值得信赖和尊重的速运公司"。

2. 申通快递

申通快递品牌初创1993年,公司致力于民族品牌的建设和发展,不断完善终端网络、中转运输网络和信息网络三网一体的立体运行体系,立足传统快递业务,全面进入电子商务物流领域,以专业的服务和严格的质量管理来推动中国物流和快递行业的发展,成为对国民经济和人们生活最具影响力的民营快递企业之一。

进入21世纪之后,随着中国快递市场的迅猛发展,申通快递的网络广度和深度进一步加强,基本覆盖到全国地市级以上城市和发达地区地市县级以上城市,尤其是在江浙沪地区,基本实现了派送无盲区。

2014年7月,申通快递东北大区、西北大区完成授牌,这标志着申通快递片区管理由五大区转变为七大区,区域划分更加细化,管理更加深入一线;8月,申通快递与中铁合作试运行"沪深"快递专列,开创民营快递与铁路合作之先河;11月,"双十一"当日,申通快递全网订单量达到3 050万件,再次创造了行业奇迹;12月,申通快递日本专线正式开通,申通快递国际网络覆盖亚洲其他国家的宏伟蓝图又迈出关键一步。2015年4月,申通快递东三省区域快件开始全面提速,随后全国各区域陆续跟进,伴随着快件的提速,消费者服务体验进一步完善;5月,申通商学院第一期管理培训班开班,这标志着申通快递搭建的完整内部人才培训计划正式开始实施;6月,申通快递与顺丰、中通、韵达、普洛斯联合发布公告,丰巢快递在全国各地遍地开花,有人的地方就有"丰巢";8月,申通快递召开首届国际业务发展大会,以"众筹"的方式吹响加快国际业务发展的号角;12月,申通快递借壳上市,冲击"A股快递第一股"。

3. 圆通快递

圆通快递创建于2000年5月28日,经过十六余年的发展,已成为一家集速递、航空、电子商务等业务为一体的大型企业集团,形成了集团化、网络化、规模化、品牌化经营的新格局,为客户提供一站式服务。2010年年底,成立上海圆通蛟龙投资发展(集团)有限公司,标志着圆通向集团化迈出了更加坚实的一步。公司在网络覆盖、运营能力、业务总量、公众满意度及服务质量、信息化水平、标准化等方面等均走在了行业前列,品牌价值和综合实力名列中国快递行业前三甲。

4. 韵达快递

韵达快递创立于1999年8月,总部位于中国上海,现已成为集快递、物流、电子商务配送和仓储服务于一体的全国网络型品牌快递企业,服务范围覆盖国内31个省(区、市)及港澳台地区。2013年以来,韵达快递开启了国际化发展步伐,相继与日本、韩国、美国、德国、澳大利亚等国家和地区开展国际快件业务合作,逐步走出国门,为海外消费者提供快递服务。

韵达快递拥有强大的地面运输能力,在全国铺设了近2 500条陆运主干线,600余条陆运支干线。全网络每台车辆均安装了集车辆跟踪、路线规划、信息查询、话务指挥和应急处置等功能于一体的GPS卫星定位系统。同时,韵达快递在全国各省会城市、航空城市设立了航空部,设立航空直发线路800余条。

7.4.4 国有企业 EMS

EMS(Express Mail Service,邮政特快专递服务)是由万国邮联管理下的国际邮件快递服务,是中国邮政提供的一种快递服务。主要采取空运方式,加快递送速度,根据地区远近,一般1~8天到达。该业务在海关、航空等部门均享有优先处理权,它以高速度、高质量,为用户传递国际和国内紧急信函、文件资料、金融票据、商品货样等各类文件资料和物品。EMS 还有其他多种含义,包括电磁力悬浮法、环境管理体系、发动机管理系统等。

随着中国经济的快速发展,中国快递业发展迅猛。EMS 作为国有企业,一直维持着霸主地位。自从中国加入 WTO,DHL、UPS 等跨国快递巨头迅速抢占中国快递市场,民营快递也风起云涌,发展迅速,占据了一定的市场份额。

中国 EMS 自成立以来,历经孕育、发展、壮大的过程,曾经在中国的速递市场上占据着毋庸置疑的霸主地位。20 世纪 80 年代初,中国邮政部门在速递市场中的占有率几乎为 100%,直到 1987 年仍保持在 95% 以上。从速递业务的增长速度来看,1990—1994 年中国邮政的国际速递业务量年均增长 35%。

但是,随着中国经济的不断发展,对外开放的日益深化,速递业市场逐步开放以来,围绕国内和国际业务展开的市场竞争日趋激烈。国际跨国公司开始向中国速递市场进军。20 世纪 90 年代,全球最大的四家速递公司 DHL、TNT、UPS、FEDEX 都在我国设立了分公司,与中国邮政 EMS 展开激烈的竞争。

在国际市场上,EMS 的竞争力相比其他国家的知名速递公司处于下风,其服务质量、送达时间、客户服务方面并不能很好地满足广大用户的要求,客户投诉时有发生。

7.5 电子商务下的物流信息技术

现代物流企业在运作过程中具有信息量大、时空跨度大、处理过程复杂等特点,所以建立功能完善、操作方便、安全、及时的物流管理信息系统,需要大量的技术及知识的支撑。

物流管理中最基本的一项工作是物流数据的采集,条码技术和射频技术是实现信息自动采集和输入的重要技术。物流活动经常处于运动的和非常分散的状态,因此全球 GPS 定位系统和 GIS 地理信息系统技术能够将物品移动的空间数据进行有效的管理。

7.5.1 条码技术及应用

1. 条形码的概念

条形码,又称条码,是由宽度不等的多个黑条和空白,按照一定的编码规则排列,用以表达一组数字或字母符号信息的图形标识符,如图 7-3 所示。条形码中的条、空通常由深浅不同且满足一定光学对比度要求的两种颜色(通常为黑色、白色)表示。当使用专门的条形码识读设备时,条形码中所含的信息就可以转换成计算机可以识别的数据。常见的条形码是由反射率相差很大的黑条(简称条)和白条(简称空)组成的。

图 7-3 条形码

2. 条形码的优点

条形码反映生产厂商、批发商、零售商、运输业者等经济实体,进行订货和接受订货、销售、运输、保管、出入库检验等活动的信息,在应用过程中具有读取快、精度高、成本低廉、操作方便、简单实用的优点。

3. 条形码分类

(1) 根据编码方式来分类

① 一维条形码

一维条形码也叫线性条形码,一般是在水平方向表达信息,而在垂直方向则不表达任何信息的条形码符号。条形码信息靠条和空的不同宽度和位置来传递,所含信息容量小。常见的一维条形码有 EAN/UPC 条形码、ITF-14 条形码、UCC/EAN-128 条形码和 GS1 DataBar 条形码。

② 二维条形码

二维条形码是能够在横向和纵向两个方位同时表达信息的条形码符号。根据二维条形码的编码原理,可以将二维条形码分为行排式二维条形码、矩阵式二维条形码和邮政码。

③ 复合码

复合码是由一维条形码和二维条形码叠加在一起而构成的一种新的码制,能够在读取商品的单品识别信息时,获取更多描述商品物流特征的信息。

(2) 根据条形码的识别目的分类

① 商品条形码

商品条形码是由国际物品编码协会(EAN)和统一代码委员会(UCC)规定的,用于在世界范围内唯一表示商品标识代码的条形码。它以直接向消费者销售的商品为对象,以单个商品为单位使用。

商品条形码包括 EAN 商品条形码(EAN-13 条形码和 EAN-8 条形码)和 UPC 商品条形码(UPC-A 商品条形码和 UPC-E 商品条形码)。

② 物流条形码

物流条形码是由国际物品编码协会(EAN)和统一代码委员会(UCC)制订的用于货运单元唯一识别的条形码,是物流过程中的以商品为对象、以包装商品为单位使用的条形码。

国际上常见的物流条形码有 EAN-13 条形码、ITF-14 条形码、UCC/EAN-128 条形码、交插二五条形码和库德巴码等。

4. 条形码识别技术

(1) 识读设备分类

从条形码识读设备的扫描方式、操作方式、识别码制能力和扫描方向可对识读设备进行不同的分类。

① 从扫描方式来分类

条形码识读设备从扫描方式上可分为接触和非接触两种条形码扫描器。

② 从操作方式来分类

条形码识读设备从操作方式上可分为手持式和固定式两种条形码扫描器。

③ 按阅读原理的不同来分类

条形码扫描设备按阅读原理的不同可分为线性 CCD 和线性图像式扫描器、激光扫描器和图像式扫描器。

④ 从扫描方向来分

条形码扫描设备从扫描方向上可分为单向和全向条形码扫描器。

(2) 常用的条形码识读设备

常用的条形码识读设备有 CCD 扫描器、激光扫描器和光笔扫描器三种。

① CCD 扫描器

CCD 扫描器主要采用固定光束(通常是发光二极管的泛光源)照明整个条形码,将条形码符号反射到光敏元件阵列上,经光电转换,辨识出条形码符号。新型的 CCD 扫描器不仅可以识别一维条形码和行排式二维条形码,还可以识别矩阵式二维条形码。

② 激光扫描器

激光扫描器是以激光为光源的扫描器。由于扫描光照强,可以远距离扫描且扫描精度较高,被广泛应用。激光手持式扫描器可以分为手持式扫描器和卧式扫描器。

③ 光笔扫描器

光笔扫描器是最先出现的一种手持接触式条形码识读器,也是最为经济的一种条形码识读器。使用时,操作者需将光笔接触到条形码表面,当光笔扫描器发出的光点从左到右划过条形码时,"空"部分,光线被反射,"条"的部分,光线将被吸收,经过光电转换,电信号通过放大、整形后用于译码器。光笔扫描器的优点是成本低、耗电低、耐用、适合数据采集、可读较长的条形码符号;其缺点是光笔对条形码有一定的破坏。

5. 条形码识别原理

由于不同颜色的物体,其反射的可见光的波长不同,白色物体能反射各种波长的可见光,黑色物体则吸收各种波长的可见光,所以当条形码扫描器光源发出的光束照在条形码上时,光电检测器根据光束从条形码上反射回来的光强度作为回应。

当扫描光点扫到白纸面上或处于两条黑线之间的空白处时,反射光强,检测器输出一个大电流;当扫描至黑线条中时,反射光弱,检测器输出小电流。根据白条、黑条的宽度不同,相应的电信号持续时间长短也不同,随着条形码明暗的变化转变为大小不同的电流信号。

译码器将整形电路的脉冲数字信号译成数字、字符信息。这样便得到了被识读的条形码符号的条和空的数目及相应的宽度和所用码制,根据码制所对应的编码规则,便可将条形符号换成相应的数字、字符信息,通过接口电路送给计算机系统进行数据处理与管理,便完成了条形码识读的全过程。

6. 条形码技术在物流中的应用

条形码的应用可以有效地提高物品的识别效率,提高物流的速度和准确性,从而减少库存,缩短物品流动时间,提高物流效益,满足现代物流高速、高效的要求,更好地服务于客户。

(1) 条形码在仓储、运输、配送中的作用

条形码已成为产品流通的通行证。若将条形码定位、印刷或标贴在不同的商品或者包装上,通过条形码扫描器能在数秒内得知不同商品的产地、制造商家、产品属性、生产日期、价格等一系列的信息。

(2) 条形码在生产过程中的应用

将条形码应用于生产质量管理系统,可以实现动态跟踪生产状况,随时可从计算机中查询实际生产的情况及生产的质量情况。

(3) 在超级市场或购物中心的应用

超级市场或购物中心中打上条形码的商品经扫描,可以实现自动、快速和准确地计价,并同时作销售记录。根据销售记录作系统统计分析,可预测未来需求和制定进货计划。

(4) 在国际贸易和国际物流中的应用

通过对条形码识别,可以进行国际间的沟通,省却了在不同国家语言文字的转换问题,有力地支持了物流的国际化,更好地实现国际物流。

7.5.2 射频识别技术及应用

1. 射频识别技术的概念

射频识别(Radio Frequency Identification,RFID)是一种利用射频信号通过空间耦合实现识别目标对象,达到交换信息目的的一种非接触式的自动识别技术。

射频识别技术与条形码、磁卡、IC卡等同期或早期的识别技术相比,具有非接触,工作距离长,适于恶劣环境,可识别运动目标,不局限于视线,无须人工干预,精度高,抗干扰能力强,速度快以及适应环境能力强等优点。RFID可广泛应用于物流管理、交通运输、医疗卫生、商品防伪、资产管理以及国防军事等领域。

2. RFID系统基本组成

在具体的应用过程中,根据不同的应用目的和应用环境,系统的组成会有所不同,但从射频识别系统的工作原理来看,系统一般都由标签、读写器和天线三部分组成,如图7-4所示。

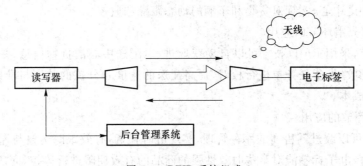

图7-4 RFID系统组成

(1)标签

标签也称电子标签或应答器,由耦合元件及芯片组成,芯片中存储有能够识别目标的信息。每个标签具有唯一的电子编码,高容量电子标签还有用户可写入的存储空间。标签能够自动或在外力的作用下,把存储的信息主动发射出去。

(2)读写器

读写器也称阅读器或询问器,是对RFID标签进行读取或写入标签信息的设备,读写器可以固定安装也可以手持应用。读写器主要负责与电子标签的双向通信,同时接收来自主机系统的控制指令。读写器的频率决定了RFID系统工作的频段,其功率决定了射频识别的有效距离。

(3)天线

天线是一种能将接收到的电磁波转换为电流信号,或者将电流信号转换成电磁波发射出去的装置。在RFID系统中天线是标签与读写器之间传输数据的发射、接收装置。读写器必须通过天线来发射能量,来形成电磁场,通过电磁场对电子标签进行识别。

3. RFID系统的工作原理

RFID系统在实际应用中,电子标签附着在待识别物体的表面,电子标签中保存有约定格式的电子数据。读写器可无接触地读取并识别电子标签中所保存的电子数据,从而达到自动识别物体的目的。读写器通过天线发送出一定频率的射频信号,电子标签接收到这个无线电波时,如果是无源标签,则凭借感应电流所获得的能量将芯片中储存的信息发送给读写器;如果是有源标签,则主动将芯片信息以某一特定频率的信号发送给读写器。读写器的接收天线接收到从标签发送来的调制信号,经天线调节器传送到读写器信号处理模块,经解调和解码后送至后台主机系统进行相关处理。

4. 射频技术在物流领域的应用

（1）在生产、流通、销售环节的应用

① 在生产环节的应用

在生产制造环节应用 RFID 技术,可以完成自动化生产线运作,实现在整个生产线上对原材料、零部件、半成品和产成品的识别与跟踪,减少人工识别成本和出错率,提高效率和效益。

② 在仓储环节的应用

在仓储环节,射频识别技术主要应用在仓库货物的出入库和库存盘点,能够节省人力,提高准确率,提高效率。

③ 在运输环节的应用

在运输管理中,通过在货物和车辆贴上电子标签,利用运输线路上安装的定点读写器读取信息,接收装置收到电子标签信息后,连同接收地的位置信息上传至通信卫星,再由卫星将信息传送给运输调度中心,实现对货物和车辆的动态跟踪和监控。

④ 在配送/分销环节的应用

在配送环节,采用 RFID 技术可以自动获取进/出配送中心的货物信息,并将这些信息与计算机系统中的收/发货任务单进行核对,提高配送的速度和分拣的效率与准确率,并能减少人工、降低配送成本。

⑤ 在零售环节的应用

RFID 技术可以改进零售商的库存管理,实现适时补货,有效跟踪运输与库存,提高效率,减少出错。同时,电子标签能对某些时效性强的商品的有效期限进行监控,商店利用 RFID 系统可以在付款台实现自动扫描和收费。

（2）在民航、交通和票务方面的应用

① 民航领域的应用

在民航业中,RFID 技术可用于行李的识别和运输、机场人员的身份管理、机场的运输工具管理、地面车辆识别管理、机场设备追踪监管、电子票据、智能机牌等方面。目前在民航业应用最广的是行李的识别和运输。

② 交通领域的应用

RFID 已经在交通领域开始逐步成功推广应用,并且取得了良好的社会和经济效益。在智能交通领域,RFID 主要应用在电子车牌系统、车辆智能称重系统、多义性路径识别系统、交通管理系统、电子收费系统等方面。

③ 票务方面的应用

RFID 技术与票务信息管理系统相结合,能实现从制票、查询、结算、防伪和验票等全过程的票证管理。

【案例 7-6】 RFID 技术在高速公路自动收费系统的成功应用[*]

高速公路自动收费系统是 RFID 技术最成功的应用之一。目前中国的高速公路发展非常快,地区经济发展的先决条件是有便利的交通条件,而高速公路收费却存在一些问题:一是交

---

[*] 资料来源:中国自动化仪表网 http://www.ca18.net/news/jishu/content-51539.htm

通堵塞,收费站口,许多车辆要停车排队,成为交通瓶颈问题;二是少数不法的收费员贪污路费,使国家损失了相当的财政收入。RFID 技术应用在高速公路自动收费上能够充分体现它非接触识别的优势。让车辆高速通过收费站的同时自动完成收费。同时可以避免收费员贪污路费及交通拥堵的问题。

一般来说,对于公路收费系统,由于车辆的大小和形状不同,需要大约 4 m 的读写距离和很快的读写速度,也就要求系统的频率应该在 900 MHz 和 2 500 MHz。射频卡一般在车的挡风玻璃后面。现在最现实的方案是将多车道的收费口分两个部分:自动收费口、人工收费口。天线架设在道路的上方。在距收费口 50~100 m 处,当车辆经过天线时,车上的射频卡被头顶上的天线接收到,判别车辆是否带有有效的射频卡。读写器指示灯指示车辆进入不同车道。人工收费口仍维持现有的操作方式。进入自动收费口的车辆,养路费款被自动从用户账户上扣除,且用指示灯及蜂鸣器告诉司机收费是否完成,不用停车就可通过,挡车器将拦下恶意闯入的车辆。

1996 年佛山市政府安装了 RFID 系统用于自动收取路桥费,以提高车辆通过率,缓解公路瓶颈。车辆可以在 250 km 的时速下用少于 0.5 ms 的时间被识别,并且正确率达 99.95%。

上海也安装了基于 RFID 的自动收聚养路费系统。另外两个安装在广州的与上海和佛山的工程不同,广州的工程尝试在开放的高速公路上对正在高速行驶的车辆进行自动收费,通道采用 RFID 系统。中国有把握改善其公路基础设施,而现在最大的问题是应用于高速公路收取养路费的 RFID 技术没有统一的标准。各个厂家使用自己的专用标准,使建立全国高速公路自动收费系统时,情况变得很混乱。

在城市交通方面,交通的状况日趋拥挤,解决交通问题不能只依赖于修路、加强交通的指挥、控制、疏导、提高道路的利用率,深挖现有交通潜能也是非常重要的。而基于 RFID 技术的实时交通督导和最佳路线电子地图很快将成为现实。用 RFID 技术实时跟踪车辆,通过交通控制中心的网络在各个路段向司机报告交通状况,指挥车辆绕开堵塞路段,并用电子地图实时显示交通状况,能够使交通流向均匀,大大提高道路利用率。RFID 技术还可用于车辆特权控制,在信号灯处给警车、应急车辆、公共汽车等行驶特权;自动查处违章车辆,记录违章情况。另外,公共汽车站实时跟踪指示公共汽车到站时间及自动显示乘客信息,给乘客带来很大的方便。用 RFID 技术能使交通的指挥自动化、法制化,有助于改善交通状况。

7.5.3 GPS 技术及应用

1. GPS 定位系统的概念

GPS(Global Positioning System,全球定位系统)是 20 世纪 70 年代由美国陆、海、空三军联合研制的新一代空间卫星导航定位系统,其主要目的是为陆、海、空三大领域提供实时、全天候和全球性的导航服务,并用于情报收集、核爆监测和应急通信等一些军事目的。GPS 计划始于 1973 年,1994 年全面建成,耗资 300 亿美元,2000 年 5 月 1 日美国政府向全世界用户免费开放。

2. GPS 的基本构成

GPS 由三大部分构成:空间部分、地面监控部分和用户设备部分。

(1) 空间部分。GPS 的空间部分是由均匀分布在 6 个轨道平面上的 24 颗卫星构成。

(2) 地面监控部分。地面监控部分由均匀分布在美国本土和三大洋的美军基地上的 5 个监测站、1 个主控站和 3 个数据注入站构成。

(3) 用户设备部分。用户设备部分主要包括 GPS 信号接收机。

3. GPS 的定位原理

GPS 定位的基本原理是根据高速运动的卫星瞬间位置作为已知的起算数据,采用空间距离后方交会的方法,确定待测点的位置。

根据被定位的物体的运动状态,GPS 定位分为静态定位和动态定位。根据定位方式,GPS 定位分为单点定位和相对定位。

4. GPS 的特点

(1) 全球全天候定位

GPS 卫星的数目较多,且分布均匀,保证了地球上任何地方、任何时间至少可以同时观测到 4 颗 GPS 卫星,确保实现全球全天候连续的导航定位服务。

(2) 定位精度高

GPS 相对定位精度在 50 km 以内可达 6~10 m,100~500 km 可达 7~10 m,1 000 km 可达 9~10 m。在 300~1 500 m 工程精密定位中,1 h 以上观测时解其平面位置误差小于 1 mm,与 ME-5000 电磁波测距仪测定的边长比较,其边长校差最大为 0.5 mm,校差误差为 0.3 mm。

(3) 观测时间短

随着 GPS 系统的不断完善,软件的不断更新,20 km 以内相对静态定位,仅需 15~20 min;快速静态相对定位测量时,当每个流动站与基准站相距在 15 km 以内时,流动站观测时间只需 1~2 min;采取实时动态定位模式时,每站观测仅需几秒。

(4) 测站间无须通视

GPS 测量只要求测站上空开阔,不要求测站之间互相通视,因而不再需要建造舰标。这一优点可大大减少测量工作的经费和时间,同时也使选点工作变得非常灵活,还可省去经典测量中的传算点、过渡点的测量工作。

(5) 仪器操作简便

随着 GPS 接收机的不断改进,GPS 测量的自动化程度越来越高,有的已趋于"傻瓜化"。在观测中测量员只需安置仪器,连接电缆线,量取天线高,监视仪器的工作状态,而其他观测工作,如卫星的捕获、跟踪观测和记录等均由仪器自动完成。

(6) 可提供全球统一的三维地心坐标

GPS 测量可同时精确测定测站平面位置和大地高程。GPS 水准可满足四等水准测量的精度,另外,GPS 定位是在全球统一的 WGS-84 坐标系统中计算的,因此全球不同地点的测量成果是相互关联的。

5. 定位技术在物流中的应用

定位技术和电子地图、移动通信网络和计算机技术相结合,可以实现车辆和货物的定位跟踪、动态调度、导航和紧急援助等。

(1) 车辆和货物跟踪。通过定位技术和电子地图,可以实时地了解车辆和货物的位置以及状况,真正实现在线跟踪和监控,提高车辆和货物的安全性。

(2) 动态调度。定位系统可随时查出车辆的信息,对车辆进行动态实时调度,加快车辆的周转,提高车辆的重载率,并可在锁定的范围内查出可供调用的车辆,对车辆进行优选。

(3) 车辆导航。为车辆提供导航功能,由驾驶员根据自己的目的地设计起点、终点和途经点等人工线路设计,定位系统自动建立线路库。线路规划完毕后,显示器能够在电子地图上显示设计线路,并同时显示汽车运行路径和运行方法。

(4) 紧急援助。当物流运输过程中发生一些意外的情况时,定位系统可以及时确定险情或事故发生地点,对有险情或发生事故的车辆进行紧急援助,尽可能地采取相应措施挽回和降低损失,增加运输的安全和应变能力,为物流公司降低运输成本、加强车辆安全管理、推动货物运输有效运转发挥了重要作用。

7.5.4 GIS 技术及应用

1. GIS 的定义

地理信息系统(Geographical Information System,GIS)是一门多学科综合的边缘学科,有多种定义方式。我国《物流术语》(GB/T18354—2006)中的定义:GIS 是由计算机软硬件环境、地理空间数据、系统维护和使用人员四部分组成的空间信息系统,可对整个或部分地球表层(包括大气层)空间中有关地理分布数据进行采集、储存、管理、运算、分析显示和描述。

2. GIS 的组成结构

GIS 主要由计算机硬件系统、计算机软件系统、地理空间数据和系统开发管理及使用人员四个部分构成,其核心部分是计算机软硬件系统,空间数据库反映 GIS 的地理内容,而系统开发管理及使用人员则决定系统的工作方式和信息表示方式。

(1) 计算机硬件系统。主要包括计算机和网络设备、存储设备、数据输入、显示和输出的外围设备等。

(2) 计算机软件系统。主要包括计算机系统软件、地理信息系统软件和其他支撑软件。

(3) 地理空间数据。地理空间数据是指以地球表面空间位置为参照的自然、社会和人文景观数据,可以是图形、图像、文字、表格和数字等,通过数字化仪、扫描仪、键盘、磁带机或其他通信系统输入 GIS。

(4) 系统开发管理及使用人员。地理信息系统从设计、建立、运行到维护的整个生命周期,需要人进行应用程序开发、组织、管理、维护和数据更新、系统扩充完善,齐心协力、分工协作是 GIS 系统成功建设的重要保证。

3. GIS 的功能

GIS 系统一般具备四种类型的基本功能,它们分别是:

(1) 数据采集与编辑功能。主要是对地面的实体图形数据和描述它的属性数据的采集,以及对图形及文本数据进行编辑和修改。

(2) 制图功能。是将地面上的实体图形数据和描述它的属性数据输出到数据库中并编制用户所需要的各种图件,如矢量地图、栅格地图、全要素地图、专题地图和特殊用图。专题地图包括行政区划图、土壤利用图、道路交通图、等高线图等,特殊用图包括坡度图、坡向图剖面图等。

(3) 空间数据库管理功能。地理对象通过数据采集与编辑后,形成庞大的地理数据集,需要利用数据库管理系统来进行管理。其基本功能包括数据库定义、数据库的建立与维护、数据库操作和通信功能。

(4) 空间分析功能。应用 GIS 目标之间的内在空间联系并结合数学模型和理论来分析制订规划和得出决策。在 GIS 中这属于专业性、高层次的功能。

4. GIS 在物流中的应用

GIS 应用于物流分析,主要是指利用 GIS 强大的地理数据功能来完善物流分析技术。GIS 物流分析软件集成了车辆路线模型、最短路径模型、网络物流模型、分配集合模型和设施定位模型等,可以实现企业物流的可视化、实时动态管理,大大提高了管理决策的效率和科学程度,提高了资源利用率。

(1) 基于 GIS 物流中心的选址。在 GIS 中供应地和需求地都是空间实体,根据其实体特征可用点来表示,同时整个计划区域的基本信息可通过空间数据表达,分别对应着空间特征数据、属性特征数据和拓扑特征数据。

(2) 基于 GIS 和 GPS 物流车辆定位导航。利用 GIS 和 GPS 建立数字化物流管理平台,可以实时显示车辆位置,对车辆进行动态监控、跟踪、报警、通信等管理,监控司机的行为,并可选择、优化运输路线,分析货物流量变化情况,制订最佳路径等,有效避免车辆的空载现象,有效地利用现有资源,提高物流效率。同时客户也能通过互联网,了解货物的运输状态。

(3) 形成协同商务运作模式。GIS、GPS、互联网和无线通信等技术的结合,方便企业和客户访问,并能够很好地提供相关信息,使企业的操作、业务变得透明,为协同商务打下基础。

7.5.5 EDI 技术及应用

1. EDI 的概念

电子数据交换技术(Electronic Data Interchange,EDI)是 20 世纪 80 年代发展起来的一种在公司之间传输订单、发票等作业文件的电子化手段。EDI 产生于 60 年代的美国;70 年代,数字通信技术的发展大大加快了 EDI 技术的成熟和应用范围的扩大;80 年代 EDI 标准的国际化,90 年代,EDI 迈入成熟期。

国际标准化组织(ISO)于 1994 年对 EDI 的定义为:"EDI 为商业或行政事务处理按照一个共认的标准变成结构化的事务处理或信息数据格式,从计算机到计算机的电子传输。"

我国 GB/T18354—2006 物流术语中的定义为:"EDI 是采用标准化的格式,利用计算机网络进行业务数据的传输和处理。"

EDI 是计算机与计算机之间结构化的事务数据交换,是将规范化、标准化的数据和信息在计算机应用系统间,直接以电子方式进行数据交换的技术,它是通信技术、网络技术与计算机技术的结晶。

2. EDI 的特点

(1) EDI 的使用对象是不同的组织之间,EDI 传输的是企业间格式化的数据。
(2) EDI 采用标准化格式传输数据文件,并具有格式校验功能。
(3) EDI 通过数据通信网络传输,一般采用增值网、专用网。
(4) EDI 是实现计算机到计算机的自动传输和自动处理,不需要人工介入操作。
(5) EDI 对于传送的文件具有跟踪、确认等一系列安全保密功能。
(6) EDI 具有存储转发功能,无须用户双方联机操作。
(7) EDI 文本具有法律效力。

3. EDI 的分类

根据实现的功能不同,EDI 可以分为以下四类:

(1) 贸易数据互换系统(Trade Data Interchange,TDI)。它又可称为贸易数据互换系统,它用电子数据文件来传输订单、发货票和各类通知。

(2) 电子金融汇兑系统(Electronic Fund Transfer,EFT)。即在银行和其他组织之间实行电子费用汇兑。EFT 已使用多年,但它仍在不断地改进中。最大的改进是同订货系统联系起来,形成一个自动化水平更高的系统。

(3) 交互式应答系统(Interactive Query Response)。它可应用在旅行社或航空公司作为机票预定系统。这种 EDI 在应用时要询问到达某一目的地的航班,要求显示航班的时间、票价或其他信息,然后根据旅客的要求确定所要的航班,打印机票。

(4) 带有图形资料自动传输的 EDI。最常见的是计算机辅助设计(Computer Aided

Design,CAD)图形的自动传输。比如,设计公司完成一个厂房的平面布置图,将其平面布置图传输给厂房的主人,请主人提出修改意见。一旦该设计被认可,系统将自动输出订单,发出购买建筑材料的报告。在收到这些建筑材料后,自动开出收据。例如,美国一个厨房用品制造公司——Kraft Maid 公司,在 PC 上以 CAD 设计厨房的平面布置图,再用 EDI 传输设计图纸、订货、收据等。

4. EDI 系统的组成

EDI 系统主要由数据标准化、EDI 软件和硬件、通信网络三个要素构成,这三个部分相互衔接、相互依存。

(1) 数据标准化

早期的 EDI 标准只是由贸易双方自行约定,起于行业阶段。为了促进 EDI 的发展,世界各国都在不遗余力地促进 EDI 标准的国际化,以求最大限度地发挥 EDI 的作用。目前,国际上最为流行的是联合国欧洲经济委员会(UN/ECE)下属的第四工作组(WP4)在 1986 年制定的《用于行政管理、商业和运输的电子数据交换标准》(简称 UN/EDIFACT)。

我国根据国际标准体系(UN/EDIFACT 标准)和我国 EDI 应用的实际以及未来一段时间的发展预测,制定了 EDI 标准体系,以《EDI 系统标准化总体规范》作为总体技术文件。EDI 标准体系的框架结构并非一成不变,它将随着 EDI 技术的发展和 EDI 国际标准的不断完善而将不断地进行更新和充实。

(2) EDI 软件和硬件

EDI 系统需要配备相应的 EDI 软件和硬件。EDI 软件主要包括转换软件、翻译软件和通信软件,硬件主要包括计算机、调制解调器及电话线。

(3) 通信网络

EDI 从产生发展到现在,通信模式经由了点到点、增值网络和 Internet 三种通信模式。

5. EDI 系统的工作流程

EDI 的实现过程就是用户将相关数据从自己的计算机信息系统传送到相关交易方的计算机信息系统的过程,该过程因用户应用系统以及外部通信环境的差异而不同。在有 EDI 增值服务的条件下,具体的操作流程如图 7-5 所示。

图 7-5 EDI 系统的工作流程

(1) 发送方将要发送的数据从信息系统数据库提出,转换成平面文件。

(2) 将平面文件翻译为标准 EDI 报文,并组成 EDI 信件发往接收方信箱。接收方从 EDI 信箱收取信件。

(3) 将 EDI 信件拆开并翻译成为平面文件。

(4) 将平面文件转换并送到接收方信息系统中进行处理。

6. EDI 在电子商务物流中的应用

(1) EDI 在物流领域中的应用

物流业应用 EDI 的目的在于协助相关业务顺利运作。依据本身的需求与急迫性，应用 EDI 以帮助各项业务的进行，以逐渐提升管理技术并降低管理成本。物流 EDI 用户遍及零售商、供应商、货运公司、银行、流通中心等。不同行业的物流体系针对本身营业特性应用 EDI 以处理订购、进货、接单、出货、配送、对账及转账等业务，如零售商利用 EDI 处理进货、对账、转账等业务，而批发商则在上述业务外，应用 EDI 处理接单及出货。

以零售行业的物流为例，惠康超市于商业司 EDI 应用成果简报中表示，EDI 之实施效益为："供应商可提早 12~18 小时收到订单，订单传送时间仅需原来的 1/4，提高了订单传输的正确性，减少了订单查询、对单之困扰，减少了重传订单的作业负担，杜绝了人工重复传单问题，降低了成本，提升了管理效率。而台北农产公司则表示，18 家超市于应用 EDI 后每月节省 51.7 万元。

分析 EDI 应用对以零售业为主之流通业的影响，我们可以归纳为八项影响因素：提高货物管理准确度、降低订货作业成本、节省库存空间、降低产业经营成本、提升企业管理效率、提升企业经营绩效、增加资讯流通、提高商品销售能力等。

(2) 在供应链管理中的应用

在供应链管理的应用中，EDI 将变成供应链企业信息集成的一种重要工具，一种在合作伙伴企业之间交互信息的有效技术手段，特别是在全球进行合作贸易时，它是供应链中联接节点企业的商业应用系统的媒介。同时，EDI 也是各个分散的物流信息系统连接的"接口"，将 EDI 和企业的信息系统集成起来能显著提高企业的经营管理水平。

7.5.6 自动化仓库系统

1. 自动化仓库系统定义

自动化仓库系统（Automated Storage and Retrieval System，AS/RS）是由高层立体货架、堆垛机、各种类型的叉车、出入库系统、无人搬运车、控制系统及周边设备组成的自动化系统。

2. 自动化仓库系统的主要组成

自动化仓库系统一般由以下部分组成。

(1) 高层货架

高层货架是 AS/RS 的主要组成部分之一，其货物单元可以是托盘，也可以是抽屉或者盒子/箱子，这取决于所存取货物的大小和特点。货架也分不同种类，比如悬臂式、重型流利式，或者是经过特殊设计的货架。通常都使用标准货架，如果是非标准、定制化的，成本会更高。此外，货架可以独立于建筑，也可以嵌在建筑内部。

(2) 自动存取设备

AS/RS 中的存取设备有高位叉车、工业机器人、有轨式单双立柱巷道堆垛机等，完成物料搬运、提升、堆垛等操作。其中最常见的自动存取设备是堆垛机。堆垛机接受计算机指令后，能在高层货架巷道中来回穿梭，把货物从巷道口的出入库货台搬运到指定的货位中，或者把需要的货物从仓库中搬运到巷道口出入库货台，再配以相应的转运、输送设备，通过计算机控制实现货物的自动出入库。

除了堆垛机，也有一些 AS/RS 系统并不使用运行于巷道内部的自动存取设备。其中比较典型的应用是自动导引车（AGV）。AGV 有时会被用来代替运行于巷道内部的堆垛机，它不仅能实现制造、配送区与仓库之间的货物传送，还能从存储货位取出货物。在这种情况下，通常需要铺设轨道,引导 AGV 小车进入巷道内部,同时,轨道还能保持小车的平稳运行。

(3) 出入库工作站

存取暂存站是用于将货物摆放成适合堆垛机处理形式的工作站,它可以很简单,仅由一台叉车或穿梭车、一个传输单元或一台自动导引车组成。每个 AS/RS 至少有一个存取暂存站,通常位于巷道末端。有时,存取暂存站堪称存储区与工配送协同运作的中枢神经。

(4) 地轨

先进的地轨有特殊的抓紧装置,可大大提升安全性与可靠性。有些地轨可以偏向于巷道的一边,这样可以为堆垛机手动模式作业情况下流出足够的行走空间,也可以便于维护。

(5) 货位控制软件与堆垛机控制软件

这些控制软件与仓库管理软件或企业资源管理软件相连。控制软件可提供可视化管理与用户友好操作界面。采用中间件控制除能控制自动化仓库系统中的堆垛机外,还能集成其他的自动化物流设备的控制系统。

3. 自动化仓库系统的优点

(1) 自动化仓库系统可以节省劳动力,节约占地

由于自动化仓库系统采用了电子计算机等先进的控制手段,采用高效率的巷道堆垛起重机,使仓库的生产效益得到了较大的提高,往往一个很大的仓库只需要几个工作人员,节省大量劳动力,节约了大量土地。

(2) 自动化仓库出入库作业迅速、准确,缩短了作业时间

现代化的商品流通要求快速、准确。自动化仓库由于采用了先进的控制手段和作业机械,采用最快的速度、最短的距离送取货物,使商品出入库的时间大大缩短。同时,仓库作业准确率高,仓库与供货单位、用户能够有机地协调,这有利于缩短商品流通时间。

(3) 提高仓库的管理水平

由于电子计算机控制的自动化仓库结束了普通繁杂的台账手工管理办法,使仓库的账目管理以及大量资料数据通过计算机储存,随时需要,随时调出,既准确无误,又便于情报分析。从库存量上,自动化仓库可以将库存量控制在最经济的水平上,在完成相同的商品周转量的情况下,自动化仓库的库存量可以达到最小。

(4) 自动化仓库系统有利于商品的保管

在自动化仓库中,存放的商品多,数量大,品种多样。由于采用货架-托盘系统,商品在托盘或货箱中,使搬运作业安全可靠,避免了商品包装破损、散包等现象。自动化仓库有很好的密封性能,为调节库内温度,从而搞好商品的保管养护提供了良好的条件。在自动化仓库中配备报警装置和排水系统,仓库可以预防和及时扑灭火灾。

7.5.7 物流智能终端技术

1. 智能手机

移动物流智能终端设备以智能手机为代表,已经得到广泛应用。智能手机像个人计算机一样,具有独立的操作系统,可以由用户自行安装软件、游戏等第三方服务商提供的程序,通过此类程序来扩充手机的功能,并可以通过移动通信网络来实现无线网络接入的一类手机的总称。

2. 导航终端

导航终端是能够帮助用户准确定位当前位置,并且根据既定的目的地计算行程,通过地图显示和语音提示两种方式引导用户行至目的地的设备。一般具有地图查询、路线规划和自动

导航功能,目前有车载 DVD 导航仪、便携式导航仪、手持式导航仪、带 GPS 功能手机等。

3. 智能集装箱

所谓智能集装箱通常是在设备的外部和内部均使用或者加装多个主动 RFID 产品,包括一张电子封条,一张传感器封条,这些标签可以贴在运输货物的集装箱上,且能够随时将集装箱的一些关键信息如位置、安全状况、灯光、温度和湿度的变化传给读取器网络,读取器网络收集、过滤获得 RFID 的信息,并将有效信息输送到管理系统。发货人通过管理系统,就可以实现货物的追踪,及时了解货物的方位、状态和安全状况。智能集装箱功能结构如图 7-6 所示。

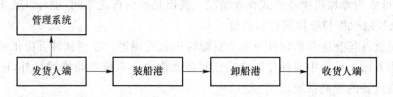

图 7-6　智能集装箱功能结构图

智能集装箱必须具备以下三大基本功能:

(1) 能够在集装箱现场密切监督和自动报告企图非法入侵集装箱内部的任何人的活动,并且正确显示这种入侵活动并未经过任何权威部门的事先批准。

(2) 能够在法律和现场允许的条件下,向愿意支付有关信息费用的当事人提供其供应链内的动态和具体位置。

(3) 能直接从集装箱内对外发送有关集装箱的舱单、提单和装箱单等有关数据。

4. 自动导引车

图 7-7　自动导引车

自动导引车(Automated Guided Vehicle,AGV)是一种以电池为动力,装有非接触式导向装置的无人驾驶自动运输车,如图 7-7 所示。它最早出现在 20 世纪 50 年代,70 年代开始在欧洲发达国家、美国、日本等迅速普及并应用。

美国物流协会将 AGV 定义为:装备有电磁或光学自动导引装置,能够沿着规定的导引路径行驶,具有小车编程与停车选择装置、安全保护以及各种移载功能的运输小车。

我国国家标准 GB/T18354—2006《物流术语》中 AGV 的定义为:具有自动导引装置,能够沿设定的路径行驶,在车体上具有编程和停车选择装置、安全保护装置以及各种物品移载功能的搬运车辆。

5. 物流机器人

(1) 搬运机器人

搬运机器人是可以进行自动化搬运作业的工业机器人,是一种高效、简便的搬运设备,如图 7-8 所示。在各种零部件的自动化运送中,借助于图像识别技术和复杂的编程技术,搬运机器人可以完成一些甚至人力所无法完成的艰巨任务。

(2) 码垛机器人

码垛就是依据集成单元化的思想,将一件件物料按照一定的模式堆码成垛,从而便于以单元化的物垛实现物料的存储、搬运、装卸、运输等物流活动,有效提高物料搬运装卸效率和存储空间利用率。如图7-9所示,码垛机器人是用在工业生产过程中执行大批量工件、包装件的获取、搬运、码垛、拆垛等任务的一类工业机器人,是集机械、电子、信息、智能技术、计算机科学等学科于一体的高新机电产品。

图7-8 搬运机器人

图7-9 码垛机器人

7.6 本章小结

本章介绍了供应链和供应链管理的概念,供应链管理的内容,现代物流管理的概念、功能,重点介绍了企业自营物流、第三方物流、物流联盟、第四方物流和绿色物流五种物流模式。同时,介绍了几种典型电子商务下的物流信息技术:条形码技术、射频识别技术、电子数据交换技术、物流智能终端技术、全球定位技术、移动定位技术和地理信息系统等。

随着信息技术的不断发展,电子商务的供应链和供应链管理模式技术都会不断变化,物流领域也会不断产生一系列新的物流理念和新的物流经营方式,推进物流的变革,提高物流活动的效率,从而进一步影响电子商务活动的开展。

思考与练习

1. 简述电子商务供应链与传统供应链的区别。
2. 简述电子商务与物流的关系。
3. 简述现代物流的基本流程。
4. 简述 EDI 的工作流程。
5. 射频识别技术给电子商务物流带来哪些巨大变化?
6. 物流信息技术在电子商务物流的哪些环节得到应用?

第8章 电子商务发展前沿

【学习目标】

- 了解移动电子商务的现状和主要应用模式；
- 了解互联网金融的现状，熟悉互联网金融的经营模式和风险；
- 了解大数据和数据挖掘的概念，熟悉大数据的主要应用；
- 了解物联网的概念并熟悉其关键技术；
- 了解云计算的概念和特点，了解常用的云计算平台；
- 了解智慧城市的概念以及建设智慧城市的意义；
- 了解"互联网+"的概念，熟悉其商业模式和应用前景。

【导读案例】

未来电子商务的发展前景趋势大揭秘*

电子商务未来五年的发展趋势是怎样的呢？1号店董事长于刚以他的切身经验和感受给我们做出了解答。他认为电子商务未来有十大趋势，关键词分别是：移动化，平台化，三、四、五线城市，物联网，社交购物，O2O，云服务，大数据，精准化营销和个性化服务以及互联网金融。

1号店董事长于刚最近在某会议上讲到了未来五年的电子商务趋势，他认为中国的电子商务在未来的五年，还会以每年超过20%的速度增长，并且有十大趋势。以下，是他讲话的主要观点。

电子商务最近一年面临巨大拐点：①以马云主导的淘宝系，以及京东、1号店等，这些以产品为主要形式的实物型电商；②以马化腾为主导的腾讯系，以及美团等，这些以服务为主要形式的服务型电商。

第一个趋势，是移动购物。大家知道去年年底时候，手机用户已经达到了5亿人，而PC用户是5.9亿人，而手机的渗透率增速远大于PC的渗透率。也就是说在2017年，手机用户将超过PC用户，电子商务将来的主战场不是在PC上，而是在移动设备上。而移动用户有很多的特点，首先购买的频次更高、更零碎，购买的高峰不是在白天，而是在晚上、周末和节假日。做好移动购物，不能简简单单地把PC电子商务搬到移动上面，而要充分地利用这种移动设备的特征，如扫描特征、图像和语音识别特征、感应特征、地理化和GPS的特征，这些功能可以真正地把移动带到千家万户。

第二个趋势，是平台化。大家可以看到大的电商都开始有自己的平台，其实这个道理很简单，因为这是最充分利用自己的流量、自己的商品和服务，最大效益化的一个过程。因为有平台，可以利用全社会的资源弥补自己商品的丰富度，增加自己商品的丰富度，增加自己的服务

---

* 资料来源：中国人才网·职场资讯 2015年10月23日

和地理覆盖。

第三个趋势,是电子商务将向三、四、五线城市渗透。这种渗透来源于移动设备的渗透,很多三、四线城市居民接触互联网依靠的是手机、iPad,这些三、四、五线城市经济收入不断提高,而本地购物不便,商品可获得性差,零售比较落后。

随着一、二线城市网购渗透率接近饱和,电商城镇化布局将成为电商企业们发展的重点,三、四线城市将成为电商"渠道下沉"的主战场,同时电商在三、四线城市可以更大地发挥其优势,缩小三、四线城市与一、二线城市的消费差别。阿里在发展菜鸟物流时,不断辐射三、四线城市;京东IPO申请的融资金额为15亿~19亿美元,但是京东在招股书中表示,将要有10亿~12亿美元用于电商基础设施的建设,似乎两大巨头都将重点放在了三、四线城市。事实上,谁先抢占了三、四线城市,谁将在未来的竞争中占据更大的优势。

第四个趋势,是物联网。大家可以试想一下,这些可穿戴设备和RFID将来可以植入皮肤里面,可以植入衣服里面,可以植入任何物品里面,任何物品状态的变化都可以引起其他相关物品的状态变化。可以想象一下,如果放一瓶牛奶进冰箱,进冰箱的时候自动扫描,自动地知道这个保质期,知道什么时候放进去,知道客户的用量,当客户用完的时候,马上可以自动下订单,商家接到订单马上给客户送货。下订单可能又会触发电子商务,商家自动从供应商那里下订单,而那个订单触发生产,也就是说所有的零售、物流和最后的生产可以全部结合起来。

第五个趋势,是社交购物。希望听到亲人、朋友、意见领袖的意见。社交购物可以让大家在社交网络上面更加精准地去为顾客营销,更个性化地为顾客服务。

第六个趋势,是O2O。很有意思,昨天沃尔马全球CEO来上海,他去中远两湾城参观,那里建了一个社区的服务点,那有三个功能:第一,是集货的区域,由中远两湾城集散到顾客手中;第二,中远两湾城是顾客取货的点;第三,中远两湾城是营销的点,展示我们的商品,为社区的居民进行团购,帮助他们上网,帮助他们使用手机购物,起到了三个作用。但很感叹的是什么呢?传统零售在往线上走,电子商务往线下走,最后一定是O2O的融合,为顾客提供多渠道、更大的便利。

第七个趋势,是云服务和电子商务解决方案。大量的电子商务的企业发展了很多的能力,这些能力包括物流的能力、营销的能力、系统的能力、各种各样为商家为供应商为合作伙伴提供电子商务解决方案的能力,这些能力希望最大效率地发挥作用。比如说我们推出一个SBY,这里面有营销服务、数据服务、平台服务、物流服务。刚刚又推出了金融服务,还会有更多的服务。也就是说,我们把自己研发出来的,为电子商务本身提供的能力,提供给全社会。

第八个趋势,是大数据的应用。大家知道,实际上电子商务的赢利模式是一个逐渐升级的过程。第一个赢利是靠商品的差价。第二个赢利是为供应商商品做营销,而做到返点,营销所带来的赢利。第三个赢利是靠平台,有了流量、顾客,希望收取平台使用费和佣金提高自己的赢利能力。第四个赢利是金融能力,也就是说,为我们的供应商、商家提供各种各样的金融服务,得到的赢利。第五个赢利是数据,也就是说我们有大量电子商务顾客行为数据,利用这个数据充分产生它的价值,这个赢利也是为电子商务赢利的最高层次。根据数据,我们知道也是一个逐渐升级的过程,原始的数据是零散的,价值非常小,而这些数据经过过滤、分析而成为信息,而在信息的基础之上建立模型,来支持决策,成了我们的知识,而这些知识能够做预测,能够举一反三,能够悟出道理,成了我们的智慧。所以整个系统的升级、数据的升级和数据价值的升级,充分地体现了这个大数据的价值。

8.1 移动电子商务

8.1.1 移动电子商务的发展现状

随着我国互联网和移动通信的迅猛发展,智能手机市场份额逐步提升,手机上网成为现代人们生活中一种重要的上网方式,人们正逐渐利用手机等移动智能终端设备进行网上支付、个人信息服务、网上银行业务、网络购物、手机订票、娱乐服务等,这种移动数据终端设备参与商业经营的移动电子商务正在迅速崛起。但是这种商务模式的迅速发展也带来了一系列新的难题,如移动网络安全性、移动技术问题等,这些问题仍然值得我们逐步去探索和解决。

1. 移动电子商务概述

移动电子商务是通过智能手机、便携式电脑、掌上电脑,如 iPhone、iPad 和 Android 设备等移动终端以及无线通信模块所进行的电子商务活动,它是无线通信技术和电子商务技术的有机统一体。初期的移动电子商务应用以移动支付为主,如电信运营商的"手机钱包"和"手机银行"等业务,用户使用这类业务可以实现手机购票、手机购物和公共事业缴费等。

移动电子商务是对传统电子商务的有益补充,它具有商务活动即时、身份认证便利、信息传递实时、移动支付便捷等特点。随着无线通信技术的发展,智能移动终端性能的提升,移动电子商务应用领域不断地拓展与创新,由最基本的移动支付,转向商务活动的各个环节。例如,用户可以直接利用移动设备进行网上身份认证、账单查询、网络银行业务、基于位置的服务、互联网电子交易、无线医疗等。

2. 移动电子商务的现状分析

艾瑞咨询最新数据显示,2016 年中国电子商务市场交易规模 20.2 万亿元,增长 23.6%。中国电子商务市场继续稳步发展。其中,网络购物占比为 23.3%,相比 2015 年占比升高,发展势头良好,2016 年中国移动网购在整体网络购物交易规模中占比达到 68.2%,比去年增长 22.8 个百分点,移动端已超过 PC 端成为网购市场更主要的消费场景;与此同时,2016 年,中国网络购物市场 TOP10 企业移动端用户增速远超 PC 端,APP 端用户增速达 27.1%,PC 端仅增长 9.6%。艾瑞分析认为,用户消费习惯的转移、各企业持续发力移动端是移动端不断渗透的主要原因。手机用户数量和用手机上网用户数量的攀升,智能手机及平板电脑的普及,上网速度的提升,无线宽带资费的下调,传统电子商务的转型,为移动电子商务的发展奠定了良好的基础。

(1) 手机网民的规模不断扩大

截至 2016 年 12 月,我国网民规模达 7.31 亿人,普及率达到 53.2%,超过全球平均水平 3.1 个百分点,超过亚洲平均水平 7.6 个百分点。中国网民规模已经相当于欧洲人口总量。其中,手机网民规模达 6.95 亿人,增长率连续三年超过 10%。台式计算机、笔记本电脑的使用率均出现下降,手机不断挤占其他个人上网设备的使用。移动互联网与线下经济联系日益紧密,2016 年,我国手机网上支付用户规模增长迅速,达到 4.69 亿人次,年增长率为 31.2%,网民手机网上支付的使用比例由 57.7%提升至 67.5%。手机超过其他终端成为第一大上网方式。网民互联网接入方式的改变,使移动电子商务的应用越来越广泛,移动电子商务的发展出现一个崭新的格局。

(2) 智能终端的性能不断提升

随着智能终端在手持设备领域的快速普及,消费者对于智能终端的选择也已经呈现多样化和个性化,特别是对于智能终端内容的选择已成为消费者更为看重的一个关键因素。

目前的智能终端,其屏幕更大,色彩更清晰,而且速度也更快。性能的提升,也吸引了更多的用户去购买使用。近两年的苹果、三星等产品的盛行,就说明了这个的道理。用户需求和技术发展的相互作用,推动智能终端向着更高速运算、更智能化的方向发展,从而吸引更多的用户使用,并使得移动服务向纵深处发展和延伸。

(3) 移动电子商务的应用不断创新

移动电子商务在当今社会已经被越来越多的人熟知并使用。随着 4G 网络的普及,运营商手机上网包月套餐的推出,手机终端功能的提升,以及相关政府部门的高度重视,促进这一产业的高速发展,移动电子商务业务范围也逐渐扩大,它涵盖了金融、信息、娱乐、旅游和个人信息管理等领域。其主要应用领域包括网上银行业务、网上订票、网络购物、娱乐服务、网络比价、信息推送与分享等。

终端的普及和上网应用的创新是移动电子商务新一轮增长的重要因素。随着智能手机市场份额的逐步提升,智能手机性能的不断增强,移动上网应用出现创新热潮,同时手机价格不断走低,降低了移动智能终端的使用门槛,从而促成了普通手机用户向手机上网用户的转化。目前,消费者已经基本养成了通过移动智能终端上网的习惯,为移动电子商务的进一步发展奠定了良好的基础。

3. 移动电子商务存在的问题

相比于传统的电子商务来说,移动电子商务可以随时随地为用户提供所需的信息、应用和服务,同时满足用户及商家安全、社交及自我实现的需求,其优势明显。但是,移动电子商务发展体系并不完善,仍然面临许多问题,如移动网络安全问题、移动支付机制问题、移动电子商务的技术支持问题、移动电子商务法律问题和用户与传统商家的观念问题等。

(1) 移动网络安全问题

安全性是影响移动电子商务发展的关键问题。移动电子商务虽然诞生于电子商务,但是其通过移动终端上网的特性决定了它存在和普通电子商务不同的安全性。由于目前产生移动支付行为是基于移动终端上绑定的银行卡、信用卡与商家之间完成,或者基于手机 SIM 卡与 POS 机近距离完成,如果丢失移动终端或者密码破解、信息复制、病毒感染等安全问题都有可能对移动支付造成重大的损失。另外,移动商务平台运营管理漏洞也是造成的移动电子商务安全威胁的一个方面。如今用于上网的移动终端主要有手机、PDA 等,保障这些移动设备本身的安全以及在使用这些设备时遵循安全操作规范进行操作是移动电子商务安全保障的一个前提。

(2) 移动支付机制问题

随着 4G 网络建设、物联网技术应用、智能终端普及等基础设施的不断完善,移动支付已经成为电子支付方式的主流发展方向和市场竞争焦点,但也存在一些支付机制的问题。在支付公司方面,虽然已经基本解决了传统的支付安全问题、支付费用问题等,但是近年来涌进众多的支付公司,使部分支付公司的赢利状况下滑,有的支付公司连基本的生存都成问题;在银行方面,飞速发展的互联网彻底颠覆了银行对持卡用户的传统服务思维,使之变得更加电子化、便捷化和个性化。

虽然网银打开了银行的电子通道,使银行的电子渠道能力越来越强,但是这些电子通道的承载能力、安全保障、产品易用性、资费定价方式等需要大幅优化,才能满足用户急速膨胀的消费需求。另外,各大银行的支行为了存款或其他竞争性资源近乎"无底线"地放宽接入限制、调低接入价格,良莠不齐的电商和第三方支付公司产生了相当可观的交易规模,却也透支了这些电子渠道的生命力,特别是安全性得不到可靠的保障。某些公司的技术漏洞可能会影响使用同一类通道的所有同行,因此,移动支付机制问题可能会波及整个生态环境的安危。优秀的电商、支付公司与银行之间,要一起重新梳理和规划银行电子渠道的接入和使用规范,并划定出合适的成本空间来作为银行升级和创新的动力。

(3) 移动电子商务的技术支持问题

以移动通信技术为基础的移动电子商务,必然受到通信技术发展水平的限制。首先,无线信道资源短缺、质量不稳定,与有线相比,对无线频谱和功率的限制使其带宽成本较高,连接可靠性低,超出覆盖范围,信号难以接入。其次,移动终端设备性能相对低下。尽管各大厂商一直在大力提升处理器性能、屏幕质量和数据传输速度,但随着移动设备功能的不断强大,移动设备的耗能量也增大,电池供电时间随之缩短,从而降低了移动终端的便携性。虽有充电宝等产品的补充,还是美中带有不足。最后,TD终端发展不足,支持移动电子商务的TD终端和技术研发仍需加快。以上这些原因都制约着移动电子商务的发展。

(4) 移动电子商务的法律问题

我国已经制定了《电子商务签名法》《互联网信息内容服务管理办法》《网上银行业务管理暂行办法》等一系列的法律规范,有效规范了电子商务的发展,但是国内还没有一部针对移动电子商务的法律法规。通过法律手段解决移动电子商务交易各方的纠纷成为法律上的一个空白区域。政府应加强移动电子商务法律规范的建设,制定有利于移动电子商务发展的相关政策,建立有效的移动电子商务发展的管理体制,加强互联网环境下的市场监管,规范网络交易行为,保障用户信息与资金安全。只有这样,消费者才能彻底消除安全等方面的疑虑,选择移动电子商务这种快捷、便利的商务模式,并由此推动移动电子商务市场朝着健康的方向发展。

(5) 用户与传统商家的观念问题

目前移动电子商务的市场机制还不规范,缺少必要的法律体系与信用机制的保障,从而影响了用户从事移动电子商务的积极性。另外,部分企业的信用机制还不够完善,人们的消费观念还比较保守,大部分消费者往往眼见为实,喜欢到实体的地方进行消费与服务,这在很大程度上阻碍了移动电子商务的发展。不仅用户的消费观念要培养,更要培养传统的线下商家。很多传统商家的年龄群在50岁以上,他们对移动互联网的概念薄弱,因此要培养这些传统的商家融入到移动互联网的浪潮中。仅用团购把他们与互联网联系起来还不够,还需要提高商家的移动互联网意识,如何应用优惠券促销的意识。

8.1.2 移动电子商务的主要应用模式

相对于传统的电子商务,移动电子商务增加了移动性和终端的多样性,无线系统允许用户访问移动网络覆盖范围内任何地方的服务,通过对话交谈和文本文件直接沟通。由于移动电子电话手持设备的广泛使用。使其将比个人计算机具有更广泛的用户基础。移动电子商务具有移动性、个性化和方便性等特点使得移动电子商务的应用越来越广泛。目前,移动电子商务有以下几种主要的应用模式。

(1) 移动搜索

移动搜索的主动性比较强,能够实现比较准确的搜索行为,在很多情况下都是通过短消息、无线应用协议等方法来进行搜索的,这样能够更加方便地获得网址产品的信息以及服务。由此而显示出来的个性化,所表现出来的地域化、智能化的搜索是很明显的。现在,虽然移动搜索的方式很多,但是一般使用的都是 SMS 的搜索方式、语音搜索方式以及 WAP 的搜索方式。通过一些调查显示,WAP 的搜索方式能够使客户获得更好的信息服务,从而实现较高质量的互动模式。

(2) 短信网址

短信网址是以使用移动互联网的自然语言在网址上进行注册为基础,通过 SMS 短信的方式来对无线互联网的内容进行链接,因此而建立的一种移动网际协议和域名的体系。如今的信息发展的十分迅速,在 3G 网络、4G 网络普及的今天来说,短信网址已经变成了更方便的一种 WAP 途径,用户能够随时地参加到无线网站的互动活动之中,这样就能够推动企业的营销活动。通常情况下,都是使用 WAP 推广技术或者通过下载 Java 的插件来对浏览器进行启动的,并且据此来对企业的网站进行访问,这样就实现了信息的传播。

(3) 移动二维码

所谓移动二维码,就是在平面上使用特定的一些几何图形的规律,使用二维方向上分布的一些黑白相间的矩形方阵来对信息进行记录。二维码的特点是:能够说明文字的组成,信息量很大,可以进行纠错,识别起来也很容易。只要用户拥有摄像头以及能够对二维码进行识别的软件,就可以通过快速地扫描来对二维码进行识别,将其内置的信息存储到自己的手机中,并且参加到信息互动的环节中。很多用户在进入 WAP 网站以后就能够看到产品的网页,这不仅可以增大消费者以及企业之间的互动,而且能够使互动的质量更高,达到更好地互动营销的目的。

现在京东等更多的电商们已经开始采用二维码的方式在电梯里卖商品。其实,在国外二维码早已迅速发展起来,在日韩地区的二维码应用普及度已经达到 96%。二维码与电子商务的结合,使电子商务的无线与有线、网上与网下全面融合,使电子商务提升到一个里程碑式的全新阶段。

(4) 移动商圈

这是一种将真实的地理商圈作为基本原型,在移动互联网上通过建立一个虚拟的商业环境而形成的一种移动商圈。这样的互动营销有很多的优势,不仅能够使企业充分地发挥自身的品牌影响力,并且积极地对产品提供相应的服务,而且能够使客户更加高效率地获得商家的服务,享受到更多的优惠。在商圈内,企业可以通过各种营销活动,使服务的互动更加的人性化、个性化,从而使消费者在参加的过程中享受到更多的快乐。

(5) 基于 LBS 的 O2O 模式

O2O 模式(即 Online to Offline,将线下商务机会与互联网结合在一起,让互联网成为线下交易的前台)是移动电子商务模式的典型代表。在一个陌生商圈里想找家咖啡馆,打开手机客户端进行搜索并准确定位,还能下载这家咖啡馆的优惠券获得消费折扣,既方便,又省钱。这就是典型的 O2O 应用场景。

在移动终端的普及下,通过电信移动运营商的无线通信网络或外部定位方式获取移动端用户的位置信息,在 GIS 平台的支持下,即时即地地把线下商务机会与移动互联网有机结合在一起,客户可以通过移动终端随时随地筛选服务,在线支付、结算,也可以先体验,再结算。O2O 模式与传统的电商模式还有一个最大的区别就是"闭环",它可以全程跟踪用户的每一笔交易和满意程度,即时分析数据,随时调整营销策略。随着模式越来越成熟,O2O 将会为用户提供更好的体验和服务,将会促进移动电子商务的飞速发展。

基于 LBS(Location Based Service,基于位置的服务)的 O2O 模式,移动电子商务给用户提供的生活信息服务不是简单的信息分类展示和信息搜索,而是精准化和智能化的信息服务,可以更快更好地帮助用户进行选择服务。

(6) APP商用模式

当前,用手机和iPad上网的人越来越多,人们的上网习惯已从使用PC逐步转向使用APP客户端上网,而目前国内各大电商,均拥有了自己的APP客户端。APP客户端的商业使用,已经初见锋芒。京东集团意识到移动电商的未来潜力,开始上线京东移动端。目前该移动端已经服务于包括安卓、苹果、塞班、微软等10多个移动平台。日订单量超过10万单,占全站订单量的10%;移动客户端用户超过5000万人次,并以超过10%的月递增速度迅速增长,手机网页版每日访问用户超过150万人次,访问页面浏览量过亿。除京东外,中国移动商城、淘宝、凡客诚品、唯品特卖、国美在线等纷纷开发了手机移动端,从类别上来看,涵盖了吃、穿、住、行、用等方方面面。

商用APP是移动电子商务发展的一个必然趋势,不管是电子商务公司还是传统零售商都在朝这个方向发展。

8.2 互联网金融

8.2.1 互联网金融的发展现状

随着现代信息科技的迅速发展,互联网已经渗透到政治、经济、金融、社会和人们生活的各个领域,网络金融、网上购物消费、网络银行等电子产品也如雨后春笋般涌现。尤其是加入WTO,经过网络革命洗礼的外资银行,进驻中国市场后开始在电子化、网络化方面捷足先登。伴随着网上银行、网络证券等网络金融业务的发展,全球经济一体化金融一体化的进程逐步加快。但与此同时,挑战与机遇并存,如何积极有效地应对全球金融服务提供的挑战,又不失时机地抓住机遇,建立网络金融的发展新战略,是摆在我国金融业界的新问题。

1. 我国互联网金融的发展现状

(1) 互联网金融客户持续增长

面对着风起云涌的第三方支付公司、P2P贷款公司利用互联网平台大举进军金融服务业,特别是小微企业和零售业务。银行除了不断完善电子银行和网上商城等平台外,还积极开拓互联网金融新模式。2016年第2季度,中国网上银行客户交易规模达到618.8万亿元人民币,环比增长率为10.6%,目前仍逐年增长。

(2) 业务品种不断完善

银行业在占领和巩固电子商务市场上具有很大的优势,但如果仅仅把业务停留在支付、结算等领域是远远不够的。某国有大型银行同时上线两大电子商务平台"善融商务个人平台""善融商务企业平台",这两大平台不仅为客户搭建交易平台,还为客户提供支付结算、托管、担保和贷款融资等全方位服务,有望创新小微企业和零售客户信贷融资的新模式。银行创建的电子商务平台不仅有利于业务的创新和发展,更重要的是有利于银行了解客户全面、真实的信息和数据,可以不断完善批量化信贷业务的数学模型,提高小微企业和零售贷款的安全性和可靠性,防范职业操守不良带来的道德风险。其他国有商业银行和大型股份制商业银行也在积极完善和开拓互联网金融的业务领域。一些股份制商业银行创设小微企业互联网交易平台,企业在网上提出贷款申请和财务数据,银行据此进行评分,通过线上和线下互动,企业在无抵押、无担保情况下就可能获得贷款融资。

(3) 交易成本的降低

随着网络金融的发展，客户对原有的传统金融分支机构的依赖性越来越小，取而代之的是利用银行提供的网上银行进行交易。网络交易无须面对面，无须等待，在客户服务方面，金融机构所需的不再是原有的柜台人员，而是一套完善的、使用方便快捷的软件设施，如 POS 机、ATM 机、网上银行及客户终端等。这样不仅可以从客户的角度出发，随时随地满足客户的需求，标准化和规范化所提供的服务，提高了银行的服务质量，还大大降低了柜台的压力，更好地满足了客户的金融交易需求。

(4) 政策管制与跑路的风险

互联网金融在整个行业政策导向明确之前，快速地发展着，灰色、红色、绿色的区域界线没有明确，这可能是最大的风险。从互联网金融开始写入政府工作报告那年年底，一些征求意见稿相继出炉——保监会的《互联网保险业务监管暂行办法（征求意见稿）》、证监会的《私募股权众筹融资管理办法（试行）（征求意见稿）》、央行关于比特币和第三方支付的一些新规定等，可以看到政府政策层面正在逐步规范和监管。

2. 互联网金融未来发展方向

中投顾问在《2016—2020 年中国互联网金融行业深度调研及投资前景预测报告》中指出，互联网金融未来发展方向主要表现在以下方面。

(1) 移动支付

智能手机的快速普及催生了移动支付这个巨大行业的发展，作为一个拥有 10.8 亿手机用户、4.2 亿手机网民的互联网大国，移动支付有可能变革传统的商品交易模式。

目前互联网实现的一大金融功能便是移动支付。随着手机、iPad 等移动工具的使用，以及支付宝、财付通等网络支付的运用，人们随时随地可以上网支付。支付宝正是因为其方便快捷的支付方式，牢牢抓住客户，最终获得认可。除支付宝外，越来越多的第三方机构介入支付市场。第三方支付市场正日益蓬勃发展。

在移动支付的年代，尽量实现账户的多功能性，集购物、支付、投资理财等服务功能于一身的账户，才能给客户带来最大的便利，具有强大的黏性，实现锁定客户的目标。

(2) 大数据分析与挖掘

随着产生数据的终端与平台的快速发展，大数据成了 2013 年科技界最为火热的话题，依托新兴的大数据分析与挖掘技术，从现有数据平台的海量数据中提取出数据的价值，提供数据分析与挖掘服务，可以帮助企业在提升营销与广告的精准性等方面进行探索。看似指数级膨胀的大数据，貌似负担，实则是无价之宝。借助先进的工具挖掘分析数据，对用户的行为模式进行提炼和分析，可能为公司在发现新的商机、拓展业务等方面带来极大的惊喜。

移动互联网的应用与发展，金融行业整体业务和服务的多样化和金融市场的整体规模的扩大，金融行业的数据收集能力的提高，将形成时间连续、动态变化的金融海量数据，其中不仅包括用户的交易数据，也包括用户的行为数据。对金融数据进行分析，才能快速匹配供需双方的金融产品交易需求，发现隐藏的信息和趋势，进一步发现商机。

在金融领域，越来越多的机构正在充分运用大数据分析。阿里小贷公司便运用交易数据提供信用评估，据此为申请贷款的客户发放贷款。华尔街的投资高手已经开始通过挖掘数据来预判市场走势，比如根据民众的情绪指数来抛售股票，对冲基金根据购物网站的顾客评论来分析企业产品销售状况；银行根据求职网站的岗位数量来推断就业率；投资机构收集并分析上市企业，从中寻找破产的蛛丝马迹。麦肯锡在一份《大数据，是下一轮创新、竞争和生产力的前沿阵地》的专题研究报告中提出，"对于企业来说，海量数据的运用将成为未来竞争和增长的基础"。

(3) 线上线下互动营销

随着互联网的应用,新的商业模式的产生,将带动金融服务新方式的诞生与发展。近期,线上线下互动模式,即O2O模式,简单说便是线上线下互动的一种新型的商业模式,已经广泛被互联网所关注。过去,是泾渭分明的两个世界,即现实世界的传统零售企业和虚拟世界的互联网企业。而虚实互动的O2O新商业模式的引领,将带动新的营销方式、支付和消费体验方式的涌现。

移动互联网将会加速对用户生活的渗透,而O2O模式很好地结合了线上信息资源与线下实体资源,以用户生活为核心,关注用户细分需求的移动O2O生活服务取得大发展。例如,手机下载一个应用,发出打车需求,最近的出租车便会来到身边,打的费用的支付可通过手机支付完成。交易完成后还可通过评价促进服务改进。二维码的迅速火爆和应用,让O2O的模式应用更为便捷。通过移动手机扫描二维码,即可直接进入产品信息的全页面,完成采购、支付一条龙的交易活动。

金融服务相比传统零售行业,更容易采用线上线下互动的商业模式。金融服务的产品大都为虚拟产品,不需要实体的物流运输,规避了物流损耗风险等问题。例如,运用结合二维码进行营销推广,将大大提高营销的直接性以及到达率。可以想象,每一个金融产品配置一个二维码,当一个客户对公司的金融产品满意度较高,并愿推荐给朋友时,只需要让朋友的手机扫一下产品的二维码,便可进入产品页面详细了解和订购支付。其他客户的评价也可直观地显示在产品页面,供客户购买参考时使用。又如,对客户的调查活动可通过扫描二维码,单击提交的方式。比起此前的电话、马路调研等人工方式,这一方式可大大降低调研成本,移动终端显示的客户身份信息,让调研过程与结果更可靠有效,解决方案也更具针对性。

(4) 大平台运用

建立支付体系,以及大交易平台,让投资者在平台上实现自助式投资理财、交易融资等一站式的金融服务功能,这或许是多数金融机构的终极目标。

例如,风靡全球的苹果公司,就是运用平台的一个典型成功案例。其成功的一大因素便在于搭建了一个商业平台——APP Store。他去掉所有中间环节,让开发者直接将应用发布给最终客户。收益由开发者和苹果共同分成。国内的淘宝、腾讯正在通过打造强大的平台,实现平台经济最大化。

在大平台运用上,资源自主实现优化配置是核心的价值。大量的供求信息在平台上集合,在信息对称、交易成本极低的条件下,形成"充分交易可能性集合"。如资金供求信息的交集与配置,使得中小企业融资、民间借贷、个人投资渠道等问题迎刃而解。对于证券公司而言,互联网首先只是一个接触客户的渠道,专业化服务才是让其在竞争中脱颖而出的核心要素。通过大平台上提供展示个性化、满足客户需求的金融产品与服务,才是证券公司的核心竞争力。

8.2.2 互联网金融的经营模式

在互联网当中,每一种金融运作的模式都是不同的,主要的经营模式有:电商模式、互联网企业模式、第三方支付模式、P2P模式、众筹。

1. 电商模式

所谓电商模式,说得简单点就是当前流行的阿里巴巴、京东商城等电商通过自己的地位,深入金融领域所形成的互联网新型金融模式。自2012年以来,市场上加入的互联网金融的电商已经达到了若干家,如阿里小贷、京东商城供应链服务、民生慧聪新e贷、苏宁小贷、敦煌网

e保通、网盛贷款通,在这些电商平台中有4家属于B2B平台,2家属于B2C平台。定位还是有区别的,前者是为中小企业客户提供服务,后者面向平台上的供应链商家服务。

2. 互联网企业模式

互联网企业模式通常来说是互联网中的大型企业介入金融服务领域所呈现的模式,本质上是不直接为客户提供金融类的服务的,而主要是以服务金融机构为主。这种模式下的运作主要是以各类基金代销网站和金融信息服务网站为主,如东方财富、融360、数米网、好贷网等。

3. 第三方支付模式

所谓第三方支付模式是指与国内、国外各大银行签约的具备一定实力和信誉保障的第三方独立机构提供的交易支持平台。在通过第三方支付平台进行的交易中,买方选购商品后使用第三方平台提供的账户进行货款支付,由第三方通知卖家货款到达,进行发货;买方检验物品后就可以通知付款给卖家,第三方再将货款项转至卖家账户。当前最具代表性的是支付宝和财付通,不过当前我国第三方支付企业已达到200多家。我国的第三方支付市场整体交易规模已经达到了数十万亿元,而且每年都呈现大范围增长的趋势,其中第三方互联网在线支付全年交易额规模更是大规模地上涨。

4. P2P模式

P2P一词就是俗称的网络借贷平台,是通过互联网撮合借贷双方的一种金融模式。以互联网作为中介,平台会发布经过严格风控审核的借款标,投资人就可以根据自身对风险的评判、对项目的评判,选择把资金借给谁,从而完成一对多的借贷关系。P2P模式的核心就是通过互联网几亿人之间的信息不对称,让用户通过网站相互对接把信息的不对称减少到最小。

5. 众筹

众筹即大众筹资,来源于美国,由Crowd Funding一词翻译而来。如果一个人有好的想法(项目),就可以将这个想法通过互联网让大众进行分析,并对其投资,然后用这个产品或承诺一定的收益来回报各种的投资者,当然投资人通过投资也可以获得相应的股权。目前互联网上的众筹网站比比皆是,成为当下的热门。

随着互联网技术的进步,以千林贷P2P网络借贷平台为例的互联网金融取得了巨大发展,让"互联网+"更具创新力,让金融投资更具活力,让投资更具多样化。

8.2.3 互联网金融目前存在的风险

2014年年初,互联网金融首次被纳入政府工作报告。报告指出,要促进互联网金融健康发展,完善金融监管协调机制。经过几个月紧锣密鼓的调查与研究,互联网金融监管机构已经开始有所动作,证监会主席肖钢先后到两家互联网金融企业进行了调研。

目前对于监管政策的猜想已经充斥于整个互联网金融行业,风控作为核心问题不断被提及。然而在众多的观点中,"没有经历过金融危机的互联网金融,风险从何谈起?"的观点发人深省。纵观互联网金融行业,只有像玖富这样为数不多的老牌机构经历过2007—2008年的金融危机。

在经济周期即将迎来拐点的大环境下,监管机构到底关注的是什么?绝不会是某个企业的某种风控技术;也不会是各企业公布的不良率的高低;更不会是某个创新的模式。互联网金融到底存在哪些风险?曾就职民生银行总行,玖富创始人兼CEO的孙雷认为:审贷风险只是互联网金融众多风险中的一个微观风险,我们需要从宏观风险和微观风险两个层面全面看待互联网金融可能遇到的风险,才更有利于互联网金融企业长期、稳健的发展。从宏观和微观风险两个角度来看,互联网金融存在六大风险,分别是政策风险、经济周期风险、流动性风险、审贷风险、IT技术安全风险和人员操作的道德风险。

1. 政策风险

截至2016年年底,互联网金融市场规模已突破12万亿元。近年来,多位国家领导人在公开场合提及互联网金融,并鼓励发展与创新。在央行密集的调研下,高科技的互联网金融获得了较为宽松的政策环境,这为互联网金融迎来发展热潮,奠定了良好的基础。

虽然拥有宽松的政策环境,但是对于所有互联网金融公司而言,未出台的监管政策都是不确定的因素。采用何种方式监管、监管的细则是什么目前都无从得知,对于互联网金融造成何种影响,都是未知风险。央行发布《中国人民银行年报2016》的报告指出,随着互联网金融的快速发展,其风险的隐蔽性、传染性、广泛性、突发性有所增加。年报透露,根据国务院指示,中国人民银行将牵头相关部委研究制定促进互联网金融行业健康发展的指导意见。由此报告可见,央行对于互联网金融行业管理和整治的初衷和决心,政策风险对于互联网金融企业来说将不可避免。

对于这种未知的政策风险至少可以预见的是,它很可能直接改变很多互联网金融企业的业务流程和作业模式,甚至让一些规范性较差的公司从市场上消亡。最典型的案例是2008年上半年,LendingClub曾因一系列资质和授权事宜被美国政府叫停票据发行,但其仍然继续利用自有资金向借款人发放贷款。直到2008年10月14日,LendingClub才恢复了新的投资者的注册手续,走向了全面发展之路。

虽然在大环境下互联网金融有很好的机遇,但监管细则未出现属于政策风险。金融互联网金融行业的创业者不仅要埋头做事,也要抬头看天。

2. 经济周期风险

谈到经济周期风险,最好的例子就是2008年的金融危机。当系统性风险出现的时候,大量实体经济客户面临倒闭和破产,导致其丧失还款能力。微观层面的风控不足以应对系统性风险,也就是我们所说的经济周期的风险。

按照经济周期的规律来说,通常几年就会经历一次,中国在5~8年,最近的一次是2008年。中国的互联网金融出现在2006年前后,最早成立的一批有:玖富、拍拍贷等,成立于2006年或2007年年初,曾经历过上一次金融危机。人人贷、有利网、积木盒子等一大批新兴的互联网金融企业都正处于经济周期中的爬坡期,自然发展迅速。但是一旦经济周期出现拐点,金融危机再次降临,各家企业将如何应对?

玖富CEO孙雷谈到,"经济周期就像潮水,潮涨时大家一拥而上;潮落时,即使有再好的水性,也只能在沙滩上游泳。玖富曾在2007—2008年时经历这一艰难时期,客户突然之间变得保守,不再交易。做互联网金融也是一样,当面临大量实体经济破产和倒闭,借款人丧失还款能力时,微观层面的风控已经不足以应对。面对经济周期的系统性风险时,我们能做的就是预警,在其降临之前做好准备。这也是玖富推出行业宝,优选与老百姓发生一级需求关系、抗经济周期强的行业的初衷。"

由此可见,互联网金融并非是搭建一个网站就可以推出理财计划的行业,需要企业具有很强的金融基因,需要对经济周期的系统性风险有准确的预判和预警。可以这样说,现在走在行业最前沿的企业并非一定是下一个经济周期中的领导者,每次金融危机就是一次重新洗牌。

3. 流动性风险

所谓流动性风险是指,P2P公司中理财资金和债权资金的匹配管理,这也是P2P的核心所在。流动性风险在金融行业是普遍存在的,同时也是金融行业最惧怕的风险,但相比宏观层面的风险来讲,流动性风险属于微观风险,属于可控范畴。

联网金融公司的流动性风险主要有以下两种:

第一,理财资金远大于债权资金。目前已经有几家互联网金融企业显现出这样的问题,投资理财者把钱充值到平台,却迟迟买不到理财。打着饥饿营销的幌子的背后,实际上是没有足够的债权进行匹配。这种情况下,且不说这笔资金的利息问题,很可能还会牵扯到法律问题,也就是我们常说的资金池。

第二,规模越大,流动性风险也越大。在中国,有一个说法叫作刚性兑付心理。当一家大型企业,在一个时间点面临客户批量赎回,也就是所谓的"挤兑"风险出现的时候,它可能带来的就是灭顶之灾。

流动性风险虽然可怕,却是可以控制的风险,在面对流动性风险时,应先建立相关的预警机制。所有的债权与理财的匹配关系需要专人专岗进行管理,需要对所有的匹配关系进行预判,并做好未来3~6个月的资金计划。

目前互联网金融行业当中确实存在一些乱象。例如,一些企业打着P2P的旗号,做着自融资的业务,这属于欺诈范畴。这也是我们谈风险的同时,亟须监管出台的重要原因。

4. 审贷风险

审贷风险是我们常说起的风险,但是很多企业对于审贷风险的理解并不全面。这里说的审贷风险是一个过程,是一套体系,从准入条件到通过率,再到审批参数,最后才是催收管理,这是我们所说的风控的全过程,每一环都非常重要。

在调查中了解到,目前很多互联网金融公司对于审贷风险的管理还只停留在催收管理上。有金融行业专家表示,贷后催收只是风险管理当中的最后一个环节,如果把贷后催收作为主要管控方式的话,风险极大。

在整个风控的过程中,准入条件是第一个环节。优先选择与老百姓衣食住行发生一级关系的行业,抗经济周期能力比较强,如吃饭、茶叶、家装、家具等。

通过率的高低取决于一家企业的风格,有些偏大胆、激进的企业会把通过率控制在40%~60%,相对偏稳健的企业会控制到20%~35%,更有一些企业说他们的通过率不到10%。

审贷技术方面,目前的互联网金融企业当中,包括宜信、人人贷、拍拍贷、有利网等多家知名企业在内都没有看到明确的信息。比如,使用或引进什么样的技术、技术运作的基本原理,目前还没有看到。不过有些企业在审贷技术方面已经走在前列,如陆金所、玖富。陆金所背靠平安集团,理财直接对接基金、保险等产品,且拥有平安银行的保障,审贷技术自不必说。玖富则是国内最早一批引进美国全套FICO技术的互联网金融公司,曾为国内多家银行提供审贷技术支持。

风险控制是一套完整的体系,需要企业拥有很强的金融基因,风险控制管理上,人员的任职资格非常重要。没有完善的风控体系,是现在互联网金融企业面临的一大难题,同时也造成对投资理财者的理解误区。

互联网金融企业现在公布的主要数据是不良率,有些是2%,有些是1%,有些甚至低于1%。可实际上这个数据的参考价值有多大?业内人士说:"这只不过是一个数学问题。现在公布的不良率的高低取决于各家企业分子和分母的设置,每家的标准不同,结果自然不具有参考意义。这也是互联网金融行业容易造成投资者理解误区的一个问题。与其看比例,不如看公式;与其看数字,不如看团队。"

所以,看一家企业的风控能力,并不能看不良率的高低,而是看风控整体的体系、风控流程的管理、团队的任职资格。

5. IT技术安全风险

IT技术一直是P2P行业的短板,2014年元旦节过后,P2P平台人人贷、拍拍贷、好贷网先后遭遇黑客攻击。随后,国内互联网安全问题反馈平台乌云又曝出某P2P平台系统存在严重安全漏洞,且还有7家P2P平台使用同一系统。

由此可见,IT技术安全风险是决定一家互联网金融企业能否长期、稳健发展的直接原因。目前多数互联网金融企业的系统花费不超过百万元,且主要来源为购买,安全性无法保障。购买的系统无法确定有多少暗门或漏洞,这就要求企业需要自己搭建系统并设置防火墙。

投资者在选择平台的时候,首先要认清这个平台的IT技术是否安全。可以先去看它有没有安全认证,通常规范的企业会选择如中国金融认证中心CFCA的认证。或者去看这个平台是否有资金。如果投资者的资金放在P2P平台上,那么可能会面临被黑客攻击和平台"跑路"的双重风险。资金与信息平台分离是目前互联网金融企业采取的最为安全的方式之一,资金账户在支付平台,而支付平台的系统都是经过央行认证的,安全性自然要高一些。

6. 人员操作的道德风险

现在一些互联网金融企业仍然有庞大的线下团队,然而人力密集型企业都存在人员操作道德风险。目前互联网金融行业确实存在同业攒单的情况,甚至有一些中介就会帮助客户造假,或联合公司内部员工帮助客户造假。

互联网金融行业是一个年轻的行业,其中有很多年轻的公司在快速扩张期,人员数量迅速增长,如果此时公司相应的管理和配套机制没有跟上,就非常容易出现人员操作的道德风险。因此在公司快速发展时期,应及时建立相应的管理机制,奖惩机制。

互联网金融具有双重属性,一方面要兼顾金融的安全性,另一方面要保证互联网用户体验,互联网金融始终在寻找中间的平衡点。但相对于用户体验,金融的本质还是安全。笔者在此提醒互联网金融从业者,如果从长期、稳健发展的角度分析,应兼顾六大风险。建立相应的机制,应对宏观与微观,可控与不可控的风险。对于不可控的风险,要有积极的准备,保持与监管部门的积极沟通,对经济周期有预判,有预警机制,应急措施和备选方案。对于可控的风险,要设计相关的流程、机制并严加控制。

互联网金融企业目前阶段还是重金融多一些,建议监管部门,在制定监管政策时,优选并扶植一批优质稳健的互联网金融企业,鼓励其创新,同时要求企业高管团队应该多一些具备正规金融机构的风控运营人员,行业应该设立准入门槛,严格限制资金流向;而对于规范性较差的公司,应给予严厉的打击,肃清互联网金融行业环境。这样才能保护真正的普惠金融,保护好创业者与投资者的利益。

8.3 大数据与数据挖掘

8.3.1 大数据时代

半个世纪以来,随着计算机技术全面融入社会生活,信息爆炸已经积累到了一个开始引发变革的程度。21世纪是数据信息大发展的时代,移动互联、社交网络、电子商务等极大拓展了互联网的边界和应用范围,各种数据正在迅速膨胀并变大。互联网(社交、搜索、电商)、移动互联(微博)、物联网(传感器,智慧地球)、车联网、GPS、医学影像、安全监控、金融(银行、股市、保险)、电信(通话、短信)都在疯狂产生着数据。2011年5月,在"云计算相遇大数据"为主题的 EMC World 2011 会议中，EMC 抛出了 Big Data 概念。正如《纽约时报》2012 年 2 月的一篇专栏中所称，"大数据"时代已经降临，在商业、经济及其他领域中，决策将日益基于数据和分析而做出，而并非基于经验和直觉。哈佛大学社会学教授加里·金说："这是一场革命，庞大的数据资源使得各个领域开始了量化进程，无论学术界、商界还是政府，所有领域都将开始这种进程"。

1. 大数据的定义

大数据(Big Data)，或称巨量资料，研究机构 Gartner 给出这样的定义，大数据是需要新处理模式才能具有更强的决策力、洞察发现力和流程优化能力来适应海量、高增长率和多样化的信息资产。(在维克托·迈尔·舍恩伯格及肯尼斯·库克耶编写的《大数据时代》中，大数据指不用随机分析法(抽样调查)这样的捷径，而采用所有数据的方法来分析的巨量数据)。

大数据的 5V 特点：Volume(大量)、Velocity(高速)、Variety(多样)、Value(低价值密度)、Veracity(真实性)。网络的发展引起了信息量的飞速增长，大数据技术的战略意义不在于掌握庞大的数据信息，而在于对这些含有意义的数据进行专业化处理。换言之，如果把大数据比作一种产业，那么这种产业实现赢利的关键，在于提高对数据的加工能力，通过加工实现数据的增值。

2. 大数据时代的特征和影响

(1) 大数据时代的特征

① 数据极多。大到需要云存储、云计算解决方案来优化存储管理和数据计算处理。

② 数据包含领域广。包含从生产、消费、工作、学习、生活、政治等所有领域的数据，这些数据的产生非常快，不断推陈出新。

③ 数据影响范围大。数据影响了人们的生活、工作、学习、娱乐等。

④ 数据化、信息化将席卷整个人类世界。最终的效果是：人类世界自动化、电子化、信息化。

(2) 大数据时代对生活、工作的影响

维克托·尔耶·舍恩伯格在《大数据时代：生活、工作与思维的大变革》中前瞻性地指出，大数据带来的信息风暴正在变革我们的生活、工作和思维，大数据开启了一次重大的时代转型，并用三个部分讲述了大数据时代的思维变革、商业变革和管理变革。维克托明确指出，大数据时代最大的转变是，放弃对因果关系的渴求，取而代之的是关注相关关系。也就是说只要知道"是什么"，而不需要知道"为什么"。这颠覆了千百年来人类的思维习惯，对人类的认知和与世界交流的方式提出了全新的挑战。

大数据是人们获得新认知，创造新价值的源泉；大数据还是改变市场、组织机构以及政府与公民关系的方法。维克托认为，大数据的核心是预测。这个核心代表着我们分析信息时的三个转变。第一个转变是，在大数据时代，我们可以分析更多的数据，有时甚至可以处理和某个特别现象相关的所有数据，而不再依赖于随机采样。第二个改变是，研究数据如此之多，以至于我们不再热衷于追求精确度。第三个转变因前两个转变而促成，即我们不再热衷于寻找因果关系。

(3) 企业应如何应对大数据时代

近些年，大数据已经和云计算一样，成为时代的话题。大数据是怎么产生的，商业机会在哪？研究机会在哪？这个概念孕育着一个怎样的未来？企业如何应对？一个好的企业应该未雨绸缪，从现在开始就应该着手准备，为企业的后期的数据收集和分析做好准备，企业可以从下面五个方面着手，当面临铺天盖地的大数据的时候，才能确保企业快速发展。

① 以企业的数据为目标

几乎每个组织都可能有源源不断的数据需要收集,无论是社交网络还是车间传感器设备,而且每个组织都有大量的数据需要处理,IT人员需要了解自己企业运营过程中都产生了什么数据,以自己的数据为基准,确定数据的范围。

② 以业务需求为准则

每个企业都会产生大量数据,而且互不相同、多种多样,这就需要企业IT人员收集确认什么数据是企业业务需要的,找到最能反映企业业务情况的数据。

③ 重新评估企业基础设施

大数据需要在服务器和存储设施中进行收集,并且大多数的企业信息管理体系结构将会发生重要大变化,IT经理需要扩大系统,以应对数据的不断扩大,IT经理要了解公司现有IT设施的情况,以组建处理大数据的设施为导向,避免一些不必要的设备的购买。

④ 重视大数据技术

大数据是最近几年才兴起的词语,而并不是所有的IT人员对大数据都非常了解。例如,Hadoop、MapReduce、NoSQL等都是近年刚兴起的技术,企业IT人员要多关注这些技术和工具,以确保将来面对大数据时能做出正确的决定。

⑤ 培训企业的员工

企业要在平时多对员工进行这方面的培训,以确保大数据到来时,员工能适应相关的工作。

3. 大数据时代的发展趋势

第一大趋势:应用软件泛互联网化。所谓泛互联网化,就是指应用软件都会和互联网联通,成为用户接入互联网,享用网络服务的媒介。

第二大趋势:行业应用的垂直整合。在这个趋势下,越靠近终端的用户公司,在产业链中拥有越大的发言权。

第三大趋势:数据将成为资产。未来企业的竞争,将是拥有数据规模和活性的竞争,将是对数据解释和运用的竞争。

大数据的时代已经来临。IDC数据显示,在2006年全世界的电子数据存储量为18万PB,5年后这个数字已经达到180万PB,短短5年就已经增长了一个数量级。而根据当时的预测,2015年这个数字会达到如天文数字般的800万PB。海量数据源源不断地产生,从不停息。面对这些大数据,有些人叹息抱怨,害怕数据量的剧增对于现有IT架构造成冲击;有些人积极主动,探寻应对海量数据的解决之道;还有一些人,顺势而为,抓住时代发展的商机,成为富有活力的创新者。

大数据的发展催生了诸多商业机会和商业模式。而这些公司所面对的独特时代背景,注定了它们必会受到市场和资本的追捧。它们中的一些或已经融资成功,进入高速发展期;或被收购,从而投资人和创始人成功从项目中退出。很多上市公司,也开始在这一领域动作频繁,积极布局,这也从侧面反映了这一领域的广阔前景和巨大的利润空间。

8.3.2 数据挖掘的概念

数据挖掘(Data Mining),还可译为资料探勘、数据采矿。它是数据库知识发现(Knowledge-Discovery in Databases,KDD)中的一个步骤。数据挖掘一般是指从大量的数据中通过算法搜索隐藏于其中的信息的过程。数据挖掘通常与计算机科学有关,并通过统计、在线分析处理、情报检索、机器学习、专家系统(依靠过去的经验法则)和模式识别等诸多方法来实现上述目标。

近年来,数据挖掘引起了信息产业界的极大关注,其主要原因是存在大量数据,可以广泛使用,并且迫切需要将这些数据转换成有用的信息和知识。获取的信息和知识可以广泛用于各种应用,包括商务管理、生产控制、市场分析、工程设计和科学探索等。

数据挖掘利用了来自如下一些领域的思想:

(1) 统计学的抽样、估计和假设检验;

(2) 人工智能、模式识别和机器学习的搜索算法、建模技术和学习理论。

数据挖掘也迅速地接纳了来自其他领域的思想,这些领域包括最优化、进化计算、信息论、信号处理、可视化和信息检索。一些其他领域也起到重要的支撑作用。特别地,需要数据库系统提供有效的存储、索引和查询处理支持。源于高性能(并行)计算的技术在处理海量数据集方面常常是重要的。分布式技术也能帮助处理海量数据,并且当数据不能集中到一起处理时更是至关重要。

8.3.3 大数据的主要应用

大数据将给各行各业带来变革机会,但真正的大数据应用仍处于初级阶段。下面就目前大数据在电子政务、网络通信行业、医疗行业、能源、气象等行业的应用进行简单介绍。

1. 大数据在电子政务中的应用

大数据的发展将极大地改变政府现有管理模式和服务模式。具体而言,就是依托大数据的发展,节约政府投入,及时有效地进行社会监管和治理,提升公共服务能力。以大数据应用支撑政务活动为例,美国积极运用大数据推动政府管理方式变革和管理能力提升,越来越多的政府部门依托数据及数据分析进行决策,将大数据分析用于公共政策、舆情监控、犯罪预测、反恐等活动。例如,作为大数据的倡导者,奥巴马及其团队创新性地将大数据应用到竞选活动中,通过对近两年收集、存储的海量数据进行分析挖掘,寻找和锁定潜在的支持自己的选民,运用数字化策略定位拉拢中间派选民及筹集选举资金,成为将大数据价值与魅力发挥到淋漓尽致的典型。借助大数据,还能逐步实现立体化、多层次、全方位的电子政务公共服务体系,推进信息公开,促进网上电子政务开展,创新社会管理和服务应用,增强政府和社会、百姓的双向交流、互动。

2. 大数据在网络通信业的应用

大数据与云计算相结合所释放出的巨大能量,几乎波及所有的行业,而信息、互联网和通信产业首当其冲。特别是通信业,在传统话音业务低值化、增值业务互联网化的趋势中,大数据与云计算有望成为其加速转型的动力和途径。对于大数据而言,信息已经成为企业战略资产,市场竞争要求越来越多的数据被长期保存,每天都会从管道、业务平台、支撑系统中产生海量有价值的数据,基于这些大数据的商业智能应用将为通信运营商带来巨大机遇和丰厚利润。例如,电信业者可通过数以千万计的客户资料,分析出多种使用者行为和趋势,卖给需要的企业,这是全新的资料经济。中国移动通过大数据分析,对企业运营的全业务进行针对性的监控、预警、跟踪,系统在第一时间自动捕捉市场变化,再以最快捷的方式推送给指定负责人,使他在最短时间内获知市场行情。

3. 大数据在医疗行业的应用

伴随医疗卫生行业信息化进程的发展,在医疗业务活动、健康体检、公共卫生、传染病监测、人类基因分析等医疗卫生服务过程中将产生海量高价值的数据。数据内容主要包括医院的 PACS 影像、B 超、病理分析、大量电子病历、区域卫生信息平台采集的居民健康档案、疾病监控系统实时采集的数据等。面对大数据，医疗行业遇到前所未有的挑战和机遇。例如，Seton Healthcare 是采用 IBM 最新沃森技术医疗保健内容分析预测的首个客户。该技术允许企业找到大量病人相关的临床医疗信息，通过大数据处理，更好地分析病人的信息。在加拿大多伦多的一家医院，针对早产婴儿，每秒钟有超过 3 000 次的数据读取。通过这些数据分析，医院能够提前知道哪些早产儿出现问题并且有针对性地采取措施，避免早产婴儿夭折。大数据让更多的创业者更方便地开发产品。例如，通过社交网络来收集数据的健康类 APP。也许在数年后，它们收集的数据能让医生的诊断变得更为精确，比方说不是通用的成人每日 3 次，1 次 1 片，而是检测到病人的血液中药剂已经代谢完成，自动提醒病人再次服药。社交网络为许多慢性病患者提供临床症状交流和诊治经验分享平台，医生借此可获得在医院得不到的临床效果统计数据。

基于对人体基因的大数据分析，可以实现对症下药的个性化治疗。对于公共卫生部门，可以通过全国联网的患者电子病历库，快速检测传染病，进行全面疫情监测，并通过集成的疾病监测和响应程序，快速进行响应。

4. 大数据在能源行业的应用

能源勘探开发数据的类型众多，不同类型数据包含的信息各具特点，只有综合各种数据包含的信息才能得出真实的地质状况。能源行业企业对大数据产品和解决方案的需求集中体现在：可扩展性、高带宽、可处理不同格式数据的分析方案。智能电网现在欧洲已经做到了终端，也就是所谓的智能电表。在德国，为了鼓励利用太阳能，会在家庭安装太阳能，除了卖电给用户，当用户的太阳能有多余电的时候还可以买回来。通过电网收集每隔 5 分钟或 10 分钟收集一次数据，收集来的这些数据可以用来预测客户的用电习惯等，从而推断出在未来 2~3 个月时间里，整个电网大概需要多少电。预测后，就可以向发电或者供电企业购买一定数量的电。因为电有点像期货一样，如果提前买就会比较便宜，买现货就比较贵。通过预测可以降低采购成本。维斯塔斯风力系统，依靠的是 BigInsights 软件和 IBM 超级计算机，然后对气象数据进行分析，找出安装风力涡轮机和整个风电场最佳的地点。利用大数据，以往需要数周的分析工作，现在仅需要不足 1 小时便可完成。

5. 大数据在零售行业的应用

从商业价值来看，大数据究竟能往哪些方面挖掘出巨大的商业价值呢？根据 IDC 和麦肯锡的大数据研究结果的总结，大数据主要能在以下 4 个方面挖掘出巨大的商业价值：对顾客群体细分，然后对每个群体量体裁衣般地采取独特的行动；运用大数据模拟实境，发掘新的需求和提高投入的回报率；提高大数据成果在各相关部门的分享程度，提高整个管理链条和产业链条的投入回报率；进行商业模式、产品和服务的创新。

在商业领域，沃尔玛公司每天通过 6 000 多个商店，向全球客户销售超过 267 亿件商品，为了对这些数据进行分析，HP 公司为沃尔玛公司建造了大型数据仓库系统，数据规模达到 4PB，并且仍在不断扩大。沃尔玛公司通过分析销售数据，了解顾客购物习惯，得出适合搭配在一起出售的商品，还可从中细分顾客群体，提供个性化服务。在金融领域，华尔街德温特资本市场公司通过分析 34 亿微博账户留言，判断民众情绪，依据人们高兴时买股票、焦虑时抛售股票的规律，决定公司股票的买入或卖出。

阿里巴巴公司根据在淘宝网上中小企业的交易状况筛选出财务健康和讲究诚信的企业，对他们发放无须担保的贷款。当我们去购物时，我们的数据会结合历史购买记录和社交媒体数据来为我们提供优惠券、折扣和个性化优惠。零售企业也监控客户的店内走动情况以及与商品的互动，它们将这些数据与交易记录相结合来展开分析，从而在销售哪些商品、如何摆放货品以及何时调整售价上给出意见,此类方法已经帮助某领先零售企业减少了17%的存货,同时在保持市场份额的前提下,增加了高利润率自有品牌商品的比例。

6. 大数据在气象行业的应用

与世界大数据时代的进程相同,气象数据量不断翻番。目前,每年的气象数据已接近PB量级(1 024 GB=1 TB,1 024 TB=1 PB)(中国气象报 http://www.cma.gov.cn/kppd/kppd-sytj/201306/t20130627-217674.html)。

以气象卫星数据为例,虽然气象卫星是用来获取与气象要素相关的各类信息的,但是在森林草场火灾、船舶航道浮冰分布等方面,气象卫星同样也能发挥跨行业的实时监测服务价值。气象卫星、天气雷达等非常规遥感遥测数据中包含的信息十分丰富,有可能挖掘出新的应用价值,从而拓展气象行业新的业务领域和服务范围。比如,可以利用气象大数据为农业生产服务。美国硅谷有家专门从事气候数据分析处理的公司,从美国气象局等数据库中获得数十年来的天气数据,然后将各地降雨、气温、土壤状况与历年农作物产量的相关度做成精密图表,从而预测各地农场来年的产量和适宜种植的品种,同时向农户出售个性化保险服务。气象大数据应用还可在林业、海洋、气象灾害等方面拓展新的业务领域。

除了上述行业应用外,大数据在教育科研、生产制造、金融保险、交通运输等行业也有密切应用。大数据在金融行业可用于客户洞察、运营洞察和市场洞察。大数据在智能交通、智慧城市建设方面也有出色表现。随着社会、经济的发展,各行业各类用户对于智能化的要求将越来越高,今后大数据技术会在越来越多领域得到广泛应用,通过大数据的采集、存储、挖掘与分析,大数据在营销、行业管理、数据标准化与情报分析和决策等领域将大有作为,将极大提升企事业单位的信息化服务水平。随着云计算、物联网、移动互联网等技术的快速发展,大数据未来发展空间将更加广阔。

8.4 物 联 网

8.4.1 物联网的基本概念

1. 物联网的定义

关于物联网的概念本书已在3.1.5小节简单介绍过,本节将更加详尽地讲述这个概念。物联网这个概念,在美国早在1999年就提出来了。其定义是:通过射频识别(RFID)(RFID+互联网)、红外感应器、全球定位系统、激光扫描器、气体感应器等信息传感设备,按约定的协议,把任何物品与互联网连接起来,进行信息交换和通信,以实现智能化识别、定位、跟踪、监控和管理的一种网络。简而言之,物联网就是"物物相连的互联网"。

中国物联网校企联盟将物联网定义为:当下几乎所有技术与计算机、互联网技术的结合,实现物体与物体之间环境以及状态信息的实时共享以及智能化的收集、传递、处理、执行。广义上说,当下涉及信息技术的应用,都可以纳入物联网的范畴。

而在其著名的科技融合体模型中,提出了物联网是当下最接近该模型顶端的科技概念和应用。物联网是一个基于互联网、传统电信网等信息承载体,让所有能够被独立寻址的普通物理对象实现互联互通的网络。其具有:智能、先进、互联三个重要的特征。

国际电信联盟(ITU)发布的ITU互联网报告,对物联网做了如下定义:通过二维码识读设备、射频识别装置、红外感应器、全球定位系统和激光扫描器等信息传感设备,按约定的协议,把任何物品与互联网相连接,进行信息交换和通信,以实现智能化识别、定位、跟踪、监控和管理的一种网络。

根据国际电信联盟的定义,物联网主要解决物品与物品(Thing to Thing,T2T)、人与物品(Human to Thing,H2T)、人与人(Human to Human,H2H)之间的互连。但是与传统互联网不同的是,H2T是指人利用通用装置与物品之间的连接,从而使物品连接更加简化,而H2H是指人与人之间不依赖于PC而进行的互连。因为互联网并没有考虑对于任何物品连接的问题,故我们使用物联网来解决这个传统意义上的问题。物联网顾名思义就是连接物品的网络,许多学者讨论物联网中,经常会引入一个M2M的概念,可以解释成为人到人(Man to Man)、人到机器(Man to Machine)、机器到机器。从本质上讲,人与机器、机器与机器的交互,大部分是为了实现人与人之间的信息交互。

物联网是指通过各种信息传感设备,实时采集任何需要监控、连接、互动的物体或过程等各种需要的信息,与互联网结合形成的一个巨大网络。其目的是实现物与物、物与人、所有的物品与网络的连接,方便识别、管理和控制。其在2011年的产业规模超过2 600亿元人民币。构成物联网产业的五个层级支撑层、感知层、传输层、平台层和应用层分别占物联网产业规模的2.7%、22.0%、33.1%、37.5%和4.7%。而物联网感知层、传输层参与厂商众多,成为产业中竞争最为激烈的领域。

产业分布上,国内物联网产业已初步形成环渤海、长三角、珠三角以及中西部地区四大区域集聚发展的总体产业空间格局。其中,长三角地区产业规模位列四大区域之首。

与此同时,物联网的提出为国家智慧城市建设奠定了基础,实现智慧城市的互联互通协同共享,《计算机学报》刊发的《物联网体系结构与实现方法的比较研究》一文对其体系结构、实现方法进行了分析介绍。

2. 物联网的发展历史

1990年物联网的实践最早可以追溯到1990年施乐公司的网络可乐贩售机——Networked Coke Machine。

1995年比尔·盖茨在《未来之路》一文中也曾提及物联网,但未引起广泛重视。

1999年美国麻省理工学院的Kevin Ashton教授首次提出物联网的概念。

1999年美国麻省理工学院建立了"自动识别中心(Auto-ID)",提出"万物皆可通过网络互联",阐明了物联网的基本含义。早期的物联网是依托射频识别技术的物流网络,随着技术和应用的发展,物联网的内涵已经发生了较大变化。

2003年美国《技术评论》提出传感网络技术将是未来改变人们生活的十大技术之首。

2004年日本总务省提出u-Japan计划,该战略力求实现人与人、物与物、人与物之间的连接,希望将日本建设成一个随时、随地、任何物体、任何人均可连接的泛在网络社会。

2005年11月17日,在突尼斯举行的信息社会世界峰会(WSIS)上,国际电信联盟发布《ITU互联网报告2005:物联网》,引用了"物联网"的概念。物联网的定义和范围已经发生了变化,覆盖范围有了较大的拓展,不再只是指基于RFID技术的物联网。

2006年韩国确立了u-Korea计划,该计划旨在建立无所不在的社会(Ubiquitous Society),在民众的生活环境里建设智能型网络(如IPv6、BcN、USN)和各种新型应用(如DMB、Telematics、RFID),让民众可以随时随地享有科技智慧服务。2009年韩国通信委员会出台了《物联网基础设施构建基本规划》,将物联网确定为新增长动力,提出到2012年实现"通过构建世界最先进的物联网基础实施,打造未来广播通信融合领域超一流信息通信技术强国"的目标。

2008年后,为了促进科技发展,寻找经济新的增长点,各国政府开始重视下一代的技术规划,将目光放在了物联网上。在中国,同年11月在北京大学举行的第二届中国移动政务研讨会"知识社会与创新2.0"提出移动技术、物联网技术的发展代表着新一代信息技术的形成,并带动了经济社会形态、创新形态的变革,推动了面向知识社会的以用户体验为核心的下一代创新(创新2.0)形态的形成,创新与发展更加关注用户、注重以人为本。而创新2.0形态的形成又进一步推动新一代信息技术的健康发展。

2009年欧盟执委会发表了欧洲物联网行动计划,描绘了物联网技术的应用前景,提出欧盟政府要加强对物联网的管理,促进物联网的发展。

2009年1月28日,奥巴马任美国总统后,与美国工商业领袖举行了一次"圆桌会议",作为仅有的两名代表之一,IBM首席执行官彭明盛首次提出"智慧地球"这一概念,建议新政府投资新一代的智慧型基础设施。当年,美国将新能源和物联网列为振兴经济的两大重点。

2009年2月24日,2009 IBM论坛上,IBM大中华区首席执行官钱大群公布了名为"智慧的地球"的最新策略。此概念一经提出,即得到美国各界的高度关注,甚至有分析认为IBM公司的这一构想极有可能上升至美国的国家战略,并在世界范围内引起轰动。

今天,"智慧地球"战略被美国人认为与当年的"信息高速公路"有许多相似之处,同样被他们认为是振兴经济、确立竞争优势的关键战略。该战略能否掀起如当年互联网革命一样的科技和经济浪潮,不仅为美国关注,更为世界所关注。

2009年8月,温家宝"感知中国"的讲话把我国物联网领域的研究和应用开发推向了高潮,无锡市率先建立了"感知中国"研究中心,中国科学院、运营商、多所大学在无锡建立了物联网研究院,无锡市江南大学还建立了全国首家实体物联网工厂学院。自温总理提出"感知中国"以来,物联网被正式列为国家五大新兴战略性产业之一,写入"政府工作报告",物联网在中国受到了全社会极大的关注。

物联网的概念已经是一个"中国制造"的概念,它的覆盖范围与时俱进,已经超越了1999年Ashton教授和2005年ITU报告所指的范围,物联网已被贴上"中国式"标签。

截至2010年,发改委、工信部等部委正在会同有关部门,在新一代信息技术方面开展研究,以形成支持新一代信息技术的一些新政策措施,从而推动我国经济的发展。

物联网作为一个新经济增长点的战略新兴产业,具有良好的市场效益,《2014—2018年中国物联网行业应用领域市场需求与投资预测分析报告》数据表明,2010年物联网在安防、交通、电力和物流领域的市场规模分别为600亿元、300亿元、280亿元和150亿元。2011年中国物联网产业市场规模达到2 600多亿元。

3. 物联网的主要特征

物联网的特征主要表现在以下五个方面:一是具有聪明智能的物体,简称"智能终端";二是具备在线实时、全面、精确定位感知的功能,简称"实时感知";三是具备系统集成、系统协同的巨大能量,简称"系统协同";四是具有"一览无余"的庞大数据比对、查询能力,简称"大数据利用";五是具有超越个人大脑的大智慧、超智慧的日常管理与应急处置能力,简称"智慧处理"。

4. 物联网网络体系架构

物联网作为一种形式多样的聚合性复杂系统,涉及了信息技术自上而下的每一个层面,其体系架构一般可分为感知层、网络层、应用层三个层面,如图8-1所示。其中公共技术不属于物联网技术的某个特定层面,而是与物联网技术架构的三层都有关系,它包括标识与解析、安全技术、网络管理和服务质量(QoS)管理等内容。

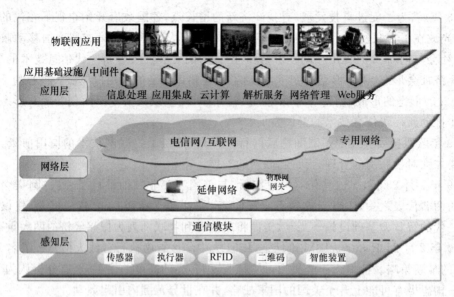

图 8-1 物联网体系架构

(1) 感知层：感知层由数据采集子层、短距离通信技术和协同信息处理子层组成。数据采集子层通过各种类型的传感器获取物理世界中发生的物理事件和数据信息，如各种物理量、标识、音视频多媒体数据。物联网的数据采集涉及传感器、RFID、多媒体信息采集、二维码和实时定位等技术。短距离通信技术和协同信息处理子层将采集到的数据在局部范围内进行协同处理，以提高信息的精度，降低信息冗余度，并通过具有自组织能力的短距离传感网接入广域承载网络。感知层中间件技术旨在解决感知层数据与多种应用平台间的兼容性问题，包括代码管理、服务管理、状态管理、设备管理、时间同步、定位等。

(2) 网络层：网络层将来自感知层的各类信息通过基础承载网络传输到应用层，包括移动通信网、互联网、卫星网、广电网、行业专网及形成的融合网络等。根据应用需求，可作为透明传送的网络层，也可升级以满足未来不同内容传输的要求。经过 10 余年的快速发展，移动通信、互联网等技术已比较成熟，在物联网的早期阶段基本能够满足物联网中数据传输的需要。网络层主要关注来自于感知层的、经过初步处理的数据经由各类网络的传输问题。这涉及智能路由器，不同网络传输协议的互通、自组织通信等多种网络技术。

(3) 应用层：应用层主要包括服务支撑层和应用子集层。物联网的核心功能是对信息资源进行采集、开发和利用。服务支撑层的主要功能是根据底层采集的数据，形成与业务需求相适应、实时更新的动态数据资源库。

物联网涉及面广，包含多种业务需求、运营模式、技术体制、信息需求、产品形态均不同的应用系统。因此统一、系统的业务体系结构，才能够满足物联网全面实时感知、多目标业务、异构技术体制融合等需求。各业务应用领域可以对业务类型进行细分，包括绿色农业、工业监控、公共安全、城市管理、远程医疗、智能家居、智能交通和环境监测等各类不同的业务服务，根据业务需求不同，对业务、服务、数据资源、共性支撑、网络和感知层的各项技术进行裁剪，形成不同的解决方案；该部分可以承担一部分人机交互功能。应用层将为各类业务提供统一的信息资源支撑，通过建立、实时更新可重复使用的信息资源库和应用服务资源库，使得各类业务服务根据用户的需求随需组合，使物联网的应用系统对于业务的适应能力明显提高。该层能够提升对应用系统资源的重用度，为快速构建新的物联网应用奠定基础，满足在物联网环境中复杂多变的网络资源应用需求和服务。

除此之外,物联网还需要信息安全、物联网管理、服务质量管理等公共技术支撑,以采用现有标准为主。在各层之间,信息不是单向传递,有交互、控制等,所传递的信息多种多样,其中最为关键的是围绕物品信息,完成海量数据采集、标识解析、传输、智能处理等各个环节,与各业务领域应用融合,完成各业务功能。

因此物联网的系统架构和标准体系是一个紧密关联的整体,引领了物联网研究的方向和领域。

8.4.2 物联网应用的关键技术

物联网不仅仅提供了传感器的连接,其本身也具有智能处理的能力,能够对物体实施智能控制。物联网将传感器和智能处理相结合,利用云计算、模式识别等各种智能技术,扩充其应用领域。从传感器获得的海量信息中分析、加工和处理出有意义的数据,以适应不同用户的不同需求,发现新的应用领域和应用模式。

目前影响全球物联网发展的最主要的技术有 RFID 识别技术、传感网络技术、智能运算技术和嵌入式技术。

(1) RFID 识别技术

RFID(Radio Frequency Identification,射频识别)是一种非接触式的自动识别技术,它通过射频信号自动识别目标对象并获取相关数据,识别过程无须人工干预,可工作于各种恶劣环境。RFID 作为一种射频自动识别技术,通过物品标签与阅读器之间的配合,可以基于计算机互联网实现物品的自动识别和信息的互联与共享。在"物联网"中,RFID 正是让物品由"死"变"活""开口说话",从而能够基于互联网自动进行信息交换的一种技术,其主要为物联网中物品的身份标识提供技术支持。RFID 标签中存储着数据格式规范的信息,通过 RFID 阅读器将物品的属性信息自动采集到系统中,实现对物品的自动识别;并按照一定的要求完成数据格式的转换,通过无线数据通信网络把它们传递到数据处理中心,便于后续"透明"管理。

(2) 传感网络技术

传感器网络是物联网的核心,主要解决物联网中的信息感知问题。物品总是在流动中体现它的价值或使用价值的,如果要对物品的运动状态进行实时感知,就需要用到传感器网络技术,传感器网络通过散布在特定区域的成千上万的传感器节点,构建了一个具有信息收集、传输和处理功能的复杂网络,通过动态自组织方式协同感知并采集网络覆盖区域内被查询对象或事件的信息,用于跟踪、监控和决策支持等,"自组织""微型化"和"对外部世界具有感知能力"是传感器网络的突出特点。这里需要注意的是,传感网只是物联网感知、获取信息的一种重要的技术手段,不是物联网所涉及技术的全部,不能因为传感网在物联网中的核心地位,或者从局部利益或个人目的角度出发将物联网等同于传感器网络。

(3) 智能运算技术

传感器得到的信息后,需要对其进行语义的理解、推理和决策,这些需要智能运算技术来完成。智能运算需要泛在计算、普适计算,即无论何时何地,只要需要就可以通过各种设备访问到所需的信息实现智能控制。智能运算主要的研究内容和方向包括:

① 人工智能理论研究。主要有智能信息获取的形式化方法;海量信息处理的理论和方法;网络环境下信息的开发与利用方法;机器学习。

② 先进的人-机交互技术与系统。主要有声音、图形、图像、文字及语言处理;虚拟现实技术与系统;多媒体技术。

③ 智能控制技术与系统。物联网就是要给物体赋予智能,实现人与物体的沟通和对话,

甚至实现物体与物体互相间的沟通和对话。为了实现这样的目标，必须要对智能控制技术与系统进行研究。例如，研究如何控制智能服务机器人完成既定任务（运动轨迹控制、准确地定位和跟踪目标等）。

④ 智能信号处理、信息特征识别和融合技术、地球物理信号处理与识别。

(4) 嵌入式技术

嵌入式技术是将计算机、自动控制、通信等多项技术综合起来与传统制造业相结合的技术，是针对某一个行业或应用开发出的智能化机电产品，所实现的产品具有故障诊断、自动报警、本地监控或远程监控等功能，能够实现管理的网络化、数字化和信息化。物联网使物品具有了"信息生命"，将物理基础设施和信息基础设施有机地融为一个整体，使囊括其中的每一件物品都"活"了起来，具有了"智慧"，能够主动或被动地与所属的网络进行信息交换，从而更好地服务于人们的生产与生活，这离不开嵌入式技术的广泛应用。正是与嵌入式技术的结合，才使对物品的标识以及传感器网络等的正常和低成本工作成为可能，即把感应器或传感器嵌入和装备到如电网、铁路、桥梁、隧道、公路、建筑、大坝、油气管道、供水系统等各种物体中，形成物与物之间能够进行信息交换的物联网，并与现有的互联网整合起来，从而实现人类社会与物理系统的整合，让所有的物品都能够远程感知和控制，形成一个更加智慧的生产、生活体系。

8.5 云 计 算

8.5.1 云计算的特点

云计算的定义有多种。对于到底什么是云计算，至少可以找到100种解释。现阶段广为接受的是美国国家标准与技术研究院（NIST）的定义：云计算是一种按使用量付费的模式，这种模式提供可用的、便捷的、按需的网络访问，进入可配置的计算资源共享池（资源包括网络、服务器、存储、应用软件、服务），这些资源能够被快速提供，只需投入很少的管理工作，或与服务供应商进行很少的交互。

云计算使计算分布在大量的分布式计算机上，而非本地计算机或远程服务器中，企业数据中心的运行与互联网更相似。这使企业能够将资源切换到需要的应用上，根据需求访问计算机和存储系统。

好比是从古老的单台发电机模式转向了电厂集中供电的模式。它意味着计算能力也可以作为一种商品进行流通，就像煤气、水电一样，取用方便，费用低廉。最大的不同在于，它是通过互联网进行传输的。

云计算的特点如下。

(1) 超大规模

"云"具有相当的规模，Google 云计算已经拥有100多万台服务器，Amazon、IBM、微软、Yahoo等的"云"均拥有几十万台服务器。企业私有云一般拥有数百上千台服务器。"云"能赋予用户前所未有的计算能力。

(2) 虚拟化

云计算支持用户在任意位置使用各种终端获取应用服务。所请求的资源来自"云"，而不是固定的有形的实体。应用在"云"中某处运行，但实际上用户无须了解、也不用担心应用运行的具体位置。只需要一台笔记本电脑或者一个手机，就可以通过网络服务来实现我们需要的一切，甚至包括超级计算这样的任务。

(3) 高可靠性

"云"使用了数据多副本容错、计算节点同构可互换等措施来保障服务的高可靠性，使用云计算比使用本地计算机可靠。

(4) 通用性

云计算不针对特定的应用，在"云"的支撑下可以构造出千变万化的应用，同一个"云"可以同时支撑不同的应用运行。

(5) 高可扩展性

"云"的规模可以动态伸缩，满足应用和用户规模增长的需要。

(6) 按需服务

"云"是一个庞大的资源池，按需购买；云可以像自来水、电、煤气那样计费。

(7) 极其廉价

由于"云"的特殊容错措施，可以采用极其廉价的节点来构成云。"云"的自动化集中式管理使大量企业无须负担日益高昂的数据中心管理成本，"云"的通用性使资源的利用率较之传统系统有大幅提升。因此用户可以充分享受"云"的低成本优势，经常只要花费几百美元、几天时间就能完成以前需要数万美元、数月时间才能完成的任务。

云计算可以彻底改变人们未来的生活，但同时也要重视环境问题，这样才能真正为人类进步做贡献，而不是简单的技术提升。

(8) 潜在的危险性

云计算服务除了提供计算服务外，还提供存储服务。但是云计算服务当前垄断在私人机构（企业）手中，而他们仅仅能够提供商业信用。政府机构、商业机构（特别像银行这样持有敏感数据的商业机构）选择云计算服务时应保持足够的警惕。一旦商业用户大规模使用私人机构提供的云计算服务，无论其技术优势有多强，都不可避免地让这些私人机构以"数据（信息）"的重要性挟制整个社会。对于信息社会而言，"信息"是至关重要的。另外，云计算中的数据对于数据所有者以外的其他云计算用户是保密的，但是对于提供云计算的商业机构而言确实毫无秘密可言。所有这些潜在的危险，是商业机构和政府机构选择云计算服务，特别是国外机构提供的云计算服务时，不得不考虑的一个重要的问题。

8.5.2 云计算平台的介绍

云计算平台也称为云平台。云计算平台可以划分为三类：以数据存储为主的存储型云平台、以数据处理为主的计算型云平台以及计算和数据存储处理兼顾的综合云计算平台。

1. 开源云计算平台

(1) AbiCloud（Abiquo 公司）

AbiCloud 是一款用于公司的开源的云计算平台，使公司能够以快速、简单和可扩展的方式创建和管理大型、复杂的 IT 基础设施（包括虚拟服务器、网络、应用、存储设备等）。Abiquo 公司位于美国加利福尼亚州红木市，它提供的云计算服务包括为企业创造和管理私人云服务、公共云服务和混合云服务，能让企业用户把他们的计算机和移动设备中的占据大量资源的数据转移到更大、更安全的服务器上。

(2) Hadoop（Apache 基金会）

该计划完全模仿 Google 体系架构做的一个开源项目，主要包括 Map/Reduce 和 HDFS 文件系统。

(3) Eucalyptus 项目(加利福尼亚大学)

创建了一个使企业能够使用它们内部 IT 资源(包括服务器、存储系统、网络设备)的开源界面,来建立能够和 Amazon EC2 兼容的云。

(4) MongoDB(10gen)

MongoDB 是一个高性能、开源、无模式的文档型数据库,它在许多场景下可用于替代传统的关系型数据库或键/值存储方式。MongoDB 是用 C++开发的,其名字来自 humongous 这个单词的中间部分,从名字可见其就是海量数据的处理。

(5) Enomalism 弹性计算平台

它提供了一个功能类似于 EC2 的云计算框架。Enomalism 基于 Linux,同时支持 Xen 和 Kernel Virtual Machine(KVM)。与其他纯 IaaS 解决方案不同的是,Enomalism 提供了一个基于 Turbo Gears Web 的应用程序框架和基于 Python 的软件栈。

(6) Nimbus(网格中间件 Globus)

Nimbus 面向科学计算需求,通过一组开源工具来实现基础设施即服务(IaaS)的云计算解决方案。

2. 商业化云计算平台

(1) 微软

技术特性:整合其所用软件及数据服务

核心技术:大型应用软件开发技术

企业服务:Azure 平台

(2) Google

技术特性:储存及运算水平扩充能力

核心技术:平行分散技术 MapReduce、BigTable、GFS

企业服务:Google AppEngine、应用代管服务

开发语言:Python、Java

(3) IBM

技术特性:整合其所有软件及硬件服务

核心技术:网格技术、分布式存储、动态负载

企业服务:虚拟资源池提供、企业云计算整合方案

(4) Oracle

技术特性:软硬件弹性虚拟平台

核心技术:Oracle 的数据存储技术、Sun 开源技术

企业服务:EC2 上的 Oracle 数据库、OracleVM、Sun xVM

(5) Amazon

技术特性:弹性虚拟平台

核心技术:虚拟化技术 Xen

企业服务:EC2、S3、SimpleDB、SQS

(6) Saleforce

技术特性:弹性可定制商务软件

核心技术:应用平台整合技术

企业服务:Force.com 服务

开发语言:Java、APEX

(7) 旺田云服务

技术特性:按需求可定制平台化软件

核心技术:应用平台整合技术

企业服务:netfarmer 服务提供不同行业信息化平台

开发语言:Deluge(Data Enriched Language for the Universal Grid Environment)

(8) EMC

技术特性:信息存储系统及虚拟化技术

核心技术:Vmware 的虚拟化技术、一流存储技术

企业服务:Atoms 云存储系统、私有云解决方案

(9) 阿里巴巴

技术特性:弹性可定制商务软件

核心技术:应用平台整合技术

企业服务:软件互联平台、云电子商务平台

(10) 中国移动

技术特性:坚实的网络技术、丰富的带宽资源

核心技术:底层集群部署技术、资源池虚拟技术、网络相关技术

企业服务:BigCloude(大云平台)

8.6 智慧城市

8.6.1 智慧城市的概念

随着人类社会的不断发展,未来城市将承载越来越多的人口。目前,我国正处于城镇化加速发展的时期,部分地区"城市病"问题日益严峻。为解决城市发展难题,实现城市可持续发展,建设智慧城市已成为当今世界城市发展不可逆转的历史潮流。

1. 智慧城市的定义

智慧城市经常与数字城市、感知城市、无线城市、智能城市、生态城市、低碳城市等区域发展概念相交叉,甚至与电子政务、智能交通、智能电网等行业信息化概念发生混杂。对智慧城市概念的解读也经常各有侧重,有的观点认为关键在于技术应用,有的观点认为关键在于网络建设,有的观点认为关键在于人的参与,有的观点认为关键在于智慧效果,一些城市信息化建设的先行城市则强调以人为本和可持续创新。总之,智慧不仅仅是智能。智慧城市绝不仅仅是智能城市的另外一个说法,或者说是信息技术的智能化应用,还包括人的智慧参与、以人为本、可持续发展等内涵。综合这一理念的发展源流以及对世界范围内区域信息化实践的总结,《创新 2.0 视野下的智慧城市》一文从技术发展和经济社会发展两个层面的创新对智慧城市进行了解析,强调智慧城市不仅仅是物联网、云计算等新一代信息技术的应用,更重要的是通过面向知识社会的创新 2.0 的方法论应用。

智慧城市通过物联网基础设施、云计算基础设施、地理空间基础设施等新一代信息技术以及维基、社交网络、Fab Lab、Living Lab、综合集成法、网动全媒体融合通信终端等工具和方法的应用,实现全面透彻的感知、宽带泛在的互联、智能融合的应用以及以用户创新、开放创新、大众创新、协同创新为特征的可持续创新。伴随网络帝国的崛起、移动技术的融合发展以及创

新的民主化进程,知识社会环境下的智慧城市是继数字城市之后信息化城市发展的高级形态。

从技术发展的视角,智慧城市建设要求通过以移动技术为代表的物联网、云计算等新一代信息技术应用实现全面感知、泛在互联、普适计算与融合应用。从社会发展的视角,智慧城市还要求通过维基、社交网络、Fab Lab、Living Lab、综合集成法等工具和方法的应用,实现以用户创新、开放创新、大众创新、协同创新为特征的知识社会环境下的可持续创新,强调通过价值创造,以人为本,实现经济、社会、环境的全面可持续发展。

2010年,IBM正式提出了"智慧的城市"愿景,希望为世界和中国的城市发展贡献自己的力量。IBM经过研究认为,城市由关系到城市主要功能的不同类型的网络、基础设施和环境六个核心系统组成:组织(人)、业务/政务、交通、通信、水和能源。这些系统不是零散的,而是以一种协作的方式相互衔接。而城市本身,则是由这些系统所组成的宏观系统。

与此同时,国内不少公司也在"智慧地球"启示下提出架构体系。例如,"智慧城市五大核心平台体系,已在智慧城市案例"智慧徐州""智慧丰县""智慧克拉玛依"等项目中得到应用。

团队总结认为:21世纪的智慧城市,能够充分运用信息和通信技术手段感测、分析、整合城市运行核心系统的各项关键信息,从而对于包括民生、环保、公共安全、城市服务、工商业活动在内的各种需求做出智能的响应,为人类创造更美好的城市生活。

综上所述,智慧城市就是运用信息和通信技术手段感测、分析、整合城市运行核心系统的各项关键信息,从而对包括民生、环保、公共安全、城市服务、工商业活动在内的各种需求做出智能响应。其实质是利用先进的信息技术,实现城市智慧式管理和运行,进而为城市中的人创造更美好的生活,促进城市的和谐、可持续成长。

2. 智慧城市的关键因素

有两种驱动力推动智慧城市的逐步形成:一是以物联网、云计算、移动互联网为代表的新一代信息技术;二是知识社会环境下逐步孕育的开放的城市创新生态。前者是技术创新层面的技术因素,后者是社会创新层面的社会经济因素。由此可以看出,创新在智慧城市发展中的驱动作用。清华大学公共管理学院书记、副院长孟庆国教授提出,新一代信息技术与创新2.0是智慧城市的两大基因,缺一不可。

智慧城市不仅需要物联网、云计算等新一代信息技术的支撑,更要培育面向知识社会的下一代创新。信息通信技术的融合和发展消融了信息和知识分享的壁垒,消融了创新的边界,推动了创新2.0形态的形成,并进一步推动各类社会组织及活动边界的"消融"。创新形态由生产范式向服务范式转变,带动了产业形态、政府管理形态、城市形态由生产范式向服务范式的转变。如果说创新1.0是工业时代沿袭的面向生产、以生产者为中心、以技术为出发点的相对封闭的创新形态,创新2.0则是与信息时代、知识社会相适应的面向服务、以用户为中心、以人为本的开放的创新形态。北京市城管执法局信息装备中心主任宋刚博士在"创新2.0视野下的智慧城市与管理创新"的主题演讲中,从三代信息通信技术发展的社会脉络出发,对创新形态转变带来的产业形态、政府形态、城市形态、社会管理模式创新进行了精彩的演讲。他指出智慧城市的建设不仅需要物联网、云计算等技术工具的应用,也需要微博、维基等社会工具的应用,更需要Living Lab等用户参与的方法论及实践来推动以人为本的可持续创新,同时他结合北京基于物联网平台的智慧城管建设对创新2.0时代的社会管理创新进行了生动的诠释。

8.6.2 建设智慧城市

近几年智慧城市的影响面很大,特别是地方政府建设智慧城市热情越来越高。智慧城市是中国新型城镇化发展、现代科学技术不断融入城市和行业、社会不断创新发展等背景下的必然产物,是有序推进新型城镇化,实现城镇科学健康持续发展的有效手段。

1. 建设智慧城市的重要意义

随着信息技术的不断发展,城市信息化应用水平不断提升,智慧城市建设应运而生。建设智慧城市在实现城市可持续发展、引领信息技术应用、提升城市综合竞争力等方面具有重要意义。

(1) 建设智慧城市是实现城市可持续发展的需要

改革开放30多年以来,我国城镇化建设取得了举世瞩目的成就,尤其是进入21世纪后,城镇化建设的步伐不断加快,每年有上千万的农村人口进入城市。随着城市人口不断膨胀,"城市病"成为困扰各个城市建设与管理的首要难题,资源短缺、环境污染、交通拥堵、安全隐患等问题日益突出。为了破解"城市病"困局,智慧城市应运而生。由于智慧城市综合采用了包括射频传感技术、物联网技术、云计算技术、下一代通信技术在内的新一代信息技术,因此能够有效地化解"城市病"问题。这些技术的应用能够使城市变得更易于被感知,城市资源更易于被充分整合,在此基础上实现对城市的精细化和智能化管理,从而减少资源消耗,降低环境污染,解决交通拥堵,消除安全隐患,最终实现城市的可持续发展。

(2) 建设智慧城市是信息技术发展的需要

当前,全球信息技术呈加速发展趋势,信息技术在国民经济中的地位日益突出,信息资源也日益成为重要的生产要素。智慧城市正是在充分整合、挖掘、利用信息技术与信息资源的基础上,汇聚人类的智慧,赋予物以智能,从而实现对城市各领域的精确化管理,实现对城市资源的集约化利用。由于信息资源在当今社会发展中的重要作用,发达国家纷纷出台智慧城市建设规划,以促进信息技术的快速发展,从而达到抢占新一轮信息技术产业制高点的目的。为避免在新一轮信息技术产业竞争中陷于被动,我国政府审时度势,及时提出了发展智慧城市的战略布局,以期更好地把握新一轮信息技术变革所带来的巨大机遇,进而促进我国经济社会又好又快地发展。

(3) 提高我国综合竞争力的战略选择

战略性新兴产业的发展往往伴随着重大技术的突破,对经济社会全局和长远发展具有重大的引领带动作用,是引导未来经济社会发展的重要力量。当前,世界各国对战略性新兴产业的发展普遍予以高度重视,我国在"十二五"规划中也明确将战略性新兴产业作为发展重点。一方面,智慧城市的建设将极大地带动包括物联网、云计算、三网融合、下一代互联网以及新一代信息技术在内的战略性新兴产业的发展;另一方面,智慧城市的建设对医疗、交通、物流、金融、通信、教育、能源、环保等领域的发展也具有明显的带动作用,对我国扩大内需、调整结构、转变经济发展方式的促进作用同样显而易见。因此,建设智慧城市对我国综合竞争力的全面提高具有重要的战略意义。

2. 国际上建设智慧城市的情况

2008年11月,在纽约召开的外国关系理事会上,IBM提出了"智慧地球"这一理念,进而引发了智慧城市建设的热潮。

欧盟于2006年发起了欧洲Living Lab组织,它采用新的工具和方法、先进的信息和通信技术来调动方方面面的"集体的智慧和创造力",为解决社会问题提供机会。该组织还发起了欧洲智慧城市网络。Living Lab完全是以用户为中心,借助开放创新空间的打造帮助居民利用信息技术和移动应用服务提升生活质量,使人的需求在其间得到最大的尊重和满足。

2009年,迪比克市与IBM合作,建立美国第一个智慧城市。利用物联网技术,在一个有6

万居民的社区里将各种城市公用资源(水、电、油、交通、公共服务等)连接起来,监测、分析和整合各种数据以做出智能化的响应,更好地服务市民。迪比克市的第一步是向所有住户和商铺安装数控水电计量器,其中包含低流量传感器技术,防止水电泄漏造成的浪费。同时搭建综合监测平台,及时对数据进行分析、整合和展示,使整个城市对资源的使用情况一目了然。更重要的是,迪比克市向个人和企业公布这些信息,使他们对自己的耗能有更清晰认识,对可持续发展有更多的责任感。

韩国以网络为基础,打造绿色、数字化、无缝移动连接的生态、智慧型城市。通过整合公共通信平台,以及无处不在的网络接入,消费者可以方便的开展远程教育、医疗、办理税务,还能实现家庭建筑能耗的智能化监控等。

新加坡2006年启动"智慧国2015"计划,通过物联网等新一代信息技术的积极应用,将新加坡建设成为经济、社会发展一流的国际化城市。在电子政务、服务民生及泛在互联方面,新加坡成绩引人注目。其中智能交通系统通过各种传感数据、运营信息及丰富的用户交互体验,为市民出行提供实时、适当的交通信息。

美国麻省理工学院比特和原子研究中心发起的Fab Lab(微观装配实验室)基于从个人通信到个人计算再到个人制造的社会技术发展脉络,试图构建以用户为中心、面向应用的用户创新制造环境,使人们即使在自己的家中也可随心所欲地设计和制造他们想象中的产品,巴塞罗那等城市从Fab Lab到Fab City的实践则从另外一个视角解读了智慧城市以人为本可持续创新的内涵。

欧洲的智慧城市更多关注信息通信技术在城市生态环境、交通、医疗、智能建筑等民生领域的作用,希望借助知识共享和低碳战略来实现减排目标,推动城市低碳、绿色、可持续发展,投资建设智慧城市,发展低碳住宅、智能交通、智能电网,提升能源效率,应对气候变化,建设绿色智慧城市。

丹麦建造智慧城市哥本哈根(Copenhagen)有志在2025年前成为第一个实现碳中和的城市。要实现该目标,主要依靠市政的气候行动计划——启动50项举措,以实现其2015年减碳20%的中期目标。在力争取得城市的可持续性发展时,许多城市的挑战在于维持环保与经济之间的平衡。采用可持续发展城市解决方案,哥本哈根正逐渐接近目标。哥本哈根的研究显示,其首都地区绿色产业5年内的营收增长了55%。

瑞典首都斯德哥尔摩,2010年被欧盟委员会评定为"欧洲绿色首都";在普华永道2012年智慧城市报告中,斯德哥尔摩名列第五,分项排名中智能资本与创新、安全健康与安保均为第一,人口宜居程度、可持续能力也是名列前茅。

2013年全球超过400个城市竞逐"智慧城市"头衔,最后选出7个城市,分别是:美国俄亥俄州的哥伦布市、芬兰的奥卢、加拿大的斯特拉特福、中国台湾地区的台中市、爱沙尼亚的塔林、台湾地区的桃园县、加拿大的多伦多。

3. 我国建设智慧城市的现状

2013年1月,为规范和推动智慧城市的健康发展,住房城乡建设部启动了国家智慧城市试点工作。经过地方城市申报、省级住房城乡建设主管部门初审、专家综合评审等程序,选出首批国家智慧城市试点共90个,其中地级市37个,区(县)50个,镇3个。经过3~5年的试点城市创建期,住建部将组织评估,对评估通过的试点城市(区、镇)进行评定,评定等级由低到高分为一星、二星和三星。国家发改委正着手起草智慧城市健康发展的指导意见,并研究在区域范围内启动智慧城市试点工作。三大运营商已经与300多个城市达成"智慧城市"战略合作协议。当时预计"十二五"期间,我国"智慧城市"投资总规模有望达5 000亿元。

发展智慧城市，是我国促进城市高度信息化、网络化的重大举措和综合性措施。从设备厂商角度来说，光通信设备厂商、无线通信设备厂商将充分发挥所属技术领域的优势，将无线和有线充分进行融合，实现网络最优化配置，以加速推动智慧城市的发展进程。与之相对应的通信设备厂商、芯片厂商等将从中获得巨大收益。

《中国智慧城市发展水平评估报告》显示以下主要城市智慧城市发展水平处于全国领先水平。

（1）领跑者：北京、上海、广州、深圳、天津、武汉、宁波、南京、佛山、扬州、浦东新区、宁波杭州湾新区。

（2）追赶者：重庆、无锡、大连、福州、杭州、青岛、昆明、成都、嘉定、莆田、江门、东莞、东营。

（3）准备者：沈阳、株洲、伊犁、江阳。

推动智能城市的模式分为全面推进或重点突破，大致区分为五类：中国已有上百个地区提出建设智慧城市，上海、天津、重庆、无锡、深圳、沈阳、武汉、成都等建立了 RFID 产业园区，期望能率先发展物联网产业，在智慧城市建设中走在国内前列，各主要城市的智慧城市发展策略如下：

北京——《智能北京行动纲要》，包含智能交通、电子病历、远程医疗、智能家庭、电子商务等，计划 2015 年，形成覆盖全市的物联基础网络。

上海——打造城市光网，发展 3G、Wi-Fi 等多种技术的无线宽带，推动智能技术、云计算和物联网等新技术研发应用，加快三网融合。

宁波——建设现代化国际港口城市，以杭州湾新区作为建设智慧城市的试验区，提出"智慧新城"及"生态家园"的目标定位。

佛山——2015 年将佛山建设成战略性新兴产业聚集区、四化融合先行地，提出智慧服务基础设施十大重点工程，希望做到以信息化带动工业化、提升城市化及加快国际化的作用。

广州——建设第一个"由政府主导、牵手营运商"的无线城市官方门户网站，推动市民、企业及社会各界高效便捷的无线宽带网络服务。

深圳——国家三网融合试点城市之一，致力于完善智能基础设施，发展电子商务支撑体系，推动智能交通，培育智能产业基地。努力实现宽带无线网覆盖率 100%，组建华南地区的物联网认证中心。

城市化进程不断加快，城市面临着环境污染、交通堵塞、能源紧缺、住房不足、失业、疾病等方面的挑战。在新环境下，如何解决城市发展带来的诸多问题，实现可持续发展成为城市规划建设的重要命题。在此背景下，"智慧城市"成为解决城市问题的一条可行道路，也是未来城市发展的趋势。智慧城市建设的大提速将带动地方经济的快速发展，也将带动卫星导航、物联网、智能交通、智能电网、云计算、软件服务等多行业的快速发展，为相关行业带来新的发展契机。我国智慧城市发展进入规模推广阶段，截至目前，我国已有 154 个城市提出建设智慧城市，预计总投资规模达 1.1 万亿元，新一轮产业机会即将到来。

国家鼓励开展应用模式创新，推进智慧城市建设。中国深圳市、昆明市、宁波市等多个城市与 IBM 签署战略合作协议，迈出了打造智慧城市的第一步。北京市拟在完成"数字北京"目标后发布"智能北京行动纲要"，上海市将智慧城市建设纳入"十二五"发展规划。此外，佛山市、武汉市、重庆市、成都市等纷纷启动"智慧城市"战略，相关规划、项目和活动渐次推出。国内优秀的智慧产业企业越来越重视对智慧城市的研究，特别是对智慧城市发展环境和趋势变化的深入研究。正因为如此，一大批国内优秀的智慧产业企业迅速崛起，逐渐成为智慧城市建设中的翘楚！

我国已有311个地级市开展数字城市建设,其中158个数字城市已经建成并在60多个领域得到广泛应用,同时最新启动了100多个数字县域建设和3个智慧城市建设试点。2013年,国家测绘地理信息局在全国范围内组织开展智慧城市时空信息云平台建设试点工作,每年将选择10个左右城市进行试点,每个试点项目建设周期为2~3年,经费总投入不少于3 600万元。在不久的将来,人们将尽享智能家居、路网监控、智能医院、食品药品管理、数字生活等所带来的便捷服务,"智慧城市"时代即将到来。

8.7 "互联网十"

8.7.1 "互联网十"的概念

目前,"互联网十"处于初级阶段,处于没有落实的理论阶段。各领域针对"互联网十"都会做一定的论证与探索,但是大部分商家仍旧处于观望的状态。从探索与实践的层面上,互联网商家会比传统企业主动,毕竟这些商家从诞生开始就不断用"互联网十"去改变更多的行业,他们有足够的经验可循,可用复制改造经验的模式去探索另外的区域,继而不断地融合更多的领域,持续扩大自己的生态。

1. "互联网十"的定义

"互联网十"是创新2.0下的互联网发展的新业态,是知识社会创新2.0推动下的互联网形态演进及其催生的经济社会发展新形态。"互联网十"是互联网思维的进一步实践成果,推动经济形态不断演变,从而带动社会经济实体的生命力,为改革、创新、发展提供广阔的网络平台。

通俗地说,"互联网十"就是"互联网十各个传统行业",但这并不是简单的两者相加,而是利用信息通信技术以及互联网平台,让互联网与传统行业深度融合,创造新的发展生态。它代表一种新的社会形态,即充分发挥互联网在社会资源配置中的优化和集成作用,将互联网的创新成果深度融合于经济、社会各领域之中,提升全社会的创新力和生产力,形成更广泛的以互联网为基础设施和实现工具的经济发展新形态。

"互联网十"概念的中心词是互联网,它是"互联网十"计划的出发点。"互联网十"计划具体可分为两个层次的内容:一方面,可以将"互联网十"概念中的文字"互联网"与符号"十"分开理解。符号"十"意为加号,即代表着添加与联合。这表明了"互联网十"计划的应用范围为互联网与其他传统产业,它是针对不同产业间发展的一项新计划,应用手段则是通过互联网与传统产业进行联合和深入融合的方式进行。另一方面,"互联网十"作为一个整体概念,其深层意义是通过传统产业的互联网化完成产业升级。互联网通过将开放、平等、互动等网络特性在传统产业的运用,通过大数据的分析与整合,试图厘清供求关系,通过改造传统产业的生产方式、产业结构等内容,来增强经济发展动力,提升效益,从而促进国民经济健康有序发展。

2. "互联网十"的发展历程

国内"互联网十"理念的提出,最早可以追溯到2012年11月于扬在易观第五届移动互联网博览会的发言。易观国际董事长兼首席执行官于扬首次提出"互联网十"理念。他认为在未来,"互联网十"公式应该是我们所在的行业的产品和服务,在与我们未来看到的多屏全网跨平台用户场景结合之后产生的这样一种化学公式。我们可以按照这样一个思路找到若干这样的想法。而怎么找到自己所在行业的"互联网十",则是企业需要思考的问题。

2014年11月，李克强总理出席首届世界互联网大会时指出，互联网是大众创业、万众创新的新工具。其中"大众创业，万众创新"正是此次政府工作报告中的重要主题，被称为中国经济提质增效升级的"新引擎"，可见其重要作用。

2015年3月，全国两会上，全国人大代表马化腾提交了《关于以"互联网+"为驱动，推进我国经济社会创新发展的建议》的议案，表达了对经济社会创新的建议和看法。他呼吁，我们需要持续以"互联网+"为驱动，鼓励产业创新，促进跨界融合，惠及社会民生，推动我国经济和社会的创新发展。马化腾表示，"互联网+"是指利用互联网的平台、信息通信技术把互联网和包括传统行业在内的各行各业结合起来，从而在新领域创造一种新生态。他希望这种生态战略能够被国家采纳，成为国家战略。

2015年3月5日上午十二届全国人大三次会议上，李克强总理在政府工作报告中首次提出"互联网+"行动计划。李克强总理在政府工作报告中提出，制订"互联网+"行动计划，推动移动互联网、云计算、大数据、物联网等与现代制造业结合，促进电子商务、工业互联网和互联网金融（ITFIN）健康发展，引导互联网企业拓展国际市场。

2015年7月4日，经李克强总理签批，国务院日前印发《关于积极推进"互联网+"行动的指导意见》，这是推动互联网由消费领域向生产领域拓展，加速提升产业发展水平，增强各行业创新能力，构筑经济社会发展新优势和新动能的重要举措。

2015年12月16日，第二届世界互联网大会在浙江乌镇开幕。在举行"互联网+"的论坛上，中国互联网发展基金会联合百度、阿里巴巴、腾讯共同发起倡议，成立"中国互联网+联盟"。

3. "互联网+"的特征

"互联网+"是两化融合的升级版，将互联网作为当前信息化发展的核心特征，提取出来，并与工业、商业、金融业等服务业的全面融合。这其中关键就是创新，只有创新才能让这个"+"真正有价值，有意义。正因为此，"互联网+"被认为是创新2.0下的互联网发展新形态、新业态，是知识社会创新2.0推动下的经济社会发展新形态演进。

"互联网+"有六大特征：

(1) 跨界融合。"+"就是跨界，就是变革，就是开放，就是重塑融合。敢于跨界了，创新的基础就更坚实；融合协同了，群体智能才会实现，从研发到产业化的路径才会更垂直。融合本身也指代身份的融合，客户消费转化为投资，伙伴参与创新，等等。

(2) 创新驱动。中国粗放的资源驱动型增长方式早就难以为继，必须转变到创新驱动发展这条正确的道路上来。这正是互联网的特质，用所谓的互联网思维来求变、自我革命，也更能发挥创新的力量。

(3) 重塑结构。信息革命、全球化、互联网业已打破了原有的社会结构、经济结构、地缘结构、文化结构。权力、议事规则、话语权不断在发生变化。"互联网+"社会治理、虚拟社会治理会有很大的不同。

(4) 尊重人性。人性的光辉是推动科技进步、经济增长、社会进步、文化繁荣的最根本的力量，互联网的力量之强大最根本地也来源于对人性的最大限度的尊重，对人体验的敬畏，对人的创造性的重视，如UGC、卷入式营销、分享经济。

(5) 开放生态。关于"互联网+"，生态是非常重要的特征，而生态的本身就是开放的。我们推进"互联网+"，其中一个重要的方向是要把过去制约创新的环节化解掉，把孤岛式创新连接起来，让研发由人性决定的，由市场驱动，让努力创业者有机会实现价值。

(6) 连接一切。连接是有层次的，可连接性是有差异的，连接的价值是相差很大的，但是连接一切是"互联网+"的目标。

8.7.2 "互联网+"的商业模式

百度CEO李彦宏在2014年百度联盟峰会上表示,传统PC互联网商业模式在移动互联网时代面临挑战,用户数量不决定一切,不重视对移动互联网商业模式的探索,就像开着豪车酒驾,很刺激但也很危险。因此,在移动互联网时代要尽早考虑商业模式。

"互联网+"企业四大落地系统(商业模式、管理模式、生产模式、营销模式),其中最核心的就是商业模式的互联网化,即利用互联网精神(平等、开放、协作、分享)来颠覆和重构整个商业价值链,目前来看主要分为六种商业模式。

(1) 工具+社群+商业模式

互联网的发展,使信息交流越来越便捷,志同道合的人更容易聚在一起,形成社群。同时互联网将散落在各地的星星点点的分散需求聚拢在一个平台上,形成新的共同的需求,并形成了规模,解决了重聚的价值。

如今互联网正在催熟新的商业模式,即"工具+社群+电商/微商"的混合模式。比如,微信最开始就是一个社交工具,先是通过各自工具属性/社交属性/价值内容的核心功能过滤到海量的目标用户,加入了朋友圈点赞与评论等社区功能,继而添加了微信支付、精选商品、电影票、手机话费充值等商业功能。

为什么会出现这种情况?简单来说,工具如同一道锐利的刀锋,它能够满足用户的痛点需求,用来做流量的入口,但它无法有效沉淀粉丝用户。社群是关系属性,用来沉淀流量;商业是交易属性,用来变现流量价值。三者看上去是三张皮,但内在融合的逻辑是一体化的。

(2) 长尾型商业模式

长尾概念由克里斯·安德森提出,这个概念描述了媒体行业从面向大量用户销售少数拳头产品,到销售庞大数量的利基产品的转变,虽然每种利基产品相对而言只产生小额销售量。但利基产品销售总额可以与传统面向大量用户销售少数拳头产品的销售模式媲美。通过C2B实现大规模个性化定制,核心是"多款少量"。所以长尾模式需要低库存成本和强大的平台,并使得利基产品对于兴趣买家来说容易获得。例如,ZARA。

(3) 跨界商业模式

帝凯文·凯利曾经说过:"不管你们是做哪个行业的,真正对你们构成最大威胁的对手一定不是现在行业内的对手,而是那些行业之外自己看不到的竞争对手。"马云曾经说过一句很任性的话,如果银行不改变,那我们就改变银行。于是余额宝诞生了,余额宝推出半年,规模就接近3 000亿元。雕爷不仅做了牛腩,还做了烤串、下午茶、煎饼,还进军了美甲;小米做了手机,做了电视,做了农业,还要做汽车、智能家居。

互联网为什么能够如此迅速地颠覆传统行业呢?互联网颠覆实质上是利用高效率来整合低效率,对传统产业核心要素的再分配,也是生产关系的重构,并以此来提升整体系统效率。互联网企业通过减少中间环节,减少所有渠道不必要的损耗,减少产品从生产到进入用户手中所需要经历的环节来提高效率,降低成本。因此,对于互联网企业来说,只要抓住传统行业价值链条当中的低效或高利润环节,利用互联网工具和互联网思维,重新构建商业价值链就有机会获得成功。

马化腾在企业内部讲话时说:"互联网在跨界进入其他领域的时候,思考的都是如何才能够将原来传统行业链条的利益分配模式打破,把原来获取利益最多的一方灭掉,这样才能够重新洗牌。"反正这块市场原本就没有我的利益,因此让大家都赚钱也无所谓。正是基于这样的思维,才诞生出新的经营和赢利模式以及新的公司。而身处传统行业的人士在进行互联网转型时,往往非常舍不得或不愿意放弃依靠垄断或信息不对称带来的既得利益。因此,往往想得更多的是,仅仅把互联网当成一个工具,思考怎样提高组织效率,如何改善服务水平,更希望获得更大利润。所以传统企业在转型过程中很容易受到资源、过程以及价值观的束缚。

(4) 免费商业模式

小米科技董事长雷军说过,互联网行业从来不打价格战,它们一上来就免费。传统企业向互联网转型,必须要深刻理解这个"免费"背后的商业逻辑的精髓到底是什么。

"互联网+"时代是一个"信息过剩"的时代,也是一个"注意力稀缺"的时代,怎样在"无限的信息中"获取"有限的注意力",便成为"互联网+"时代的核心命题。注意力稀缺导致众多互联网创业者们开始想尽办法去争夺注意力资源,而互联网产品最重要的就是流量,有了流量才能够以此为基础构建自已的商业模式,所以说互联网经济就是以吸引大众注意力为基础,去创造价值,然后转化成赢利。

很多互联网企业都是以免费、好的产品吸引到很多的用户,然后提供新的产品或服务给不同的用户,在此基础上再构建商业模式,如 360 安全卫士、QQ 用户等。互联网颠覆传统企业的常用打法是在传统企业用来赚钱的领域免费,从而彻底把传统企业的客户群带走,继而转化成流量,然后再利用延伸价值链或增值服务来实现赢利。

如果有一种商业模式既可以统摄未来的市场,也可以挤垮当前的市场,那就是免费的模式。信息时代的精神领袖克里斯·安德森在《免费:商业的未来》中归纳基于核心服务完全免费的商业模式:一是直接交叉补贴;二是第三方市场;三是免费加收费;四是纯免费。

(5) O2O 商业模式

2012 年 9 月,腾讯 CEO 马化腾在互联网大会上的演讲中提到,移动互联网的地理位置信息带来了一个崭新的机遇,这个机遇就是 O2O,二维码是线上和线下的关键入口,将后端蕴藏的丰富资源带到前端,O2O 和二维码是移动开发者应该具备的基础能力。

O2O 是 Online to Offline 的英文简称。O2O 狭义来理解就是线上交易、线下体验消费的商务模式,主要包括两种场景:一是线上到线下,用户在线上购买或预订服务,再到线下商户实地享受服务,目前这种类型比较多;二是线下到线上,用户通过线下实体店体验并选好商品,然后通过线上下单来购买商品。广义的 O2O 就是将互联网思维与传统产业相融合,未来 O2O 的发展将突破线上和线下的界限,实现线上线下、虚实之间的深度融合,其模式的核心是基于平等、开放、互动、迭代、共享等互联网思维,利用高效率、低成本的互联网信息技术,改造传统产业链中的低效率环节。

1 号店联合董事长于刚认为 O2O 的核心价值是充分利用线上与线下渠道各自优势,让顾客实现全渠道购物。线上的价值就是方便、随时随地,并且品类丰富,不受时间、空间和货架的限制。线下的价值在于商品看得见摸得着,且即时可得。从这个角度看,O2O 应该把两个渠道的价值和优势无缝对接起来,让顾客觉得每个渠道都有价值。

(6) 平台商业模式

互联网的世界是无边界的,市场是全国乃至全球。平台型商业模式的核心是打造足够大的平台,产品更为多元化和多样化,更加重视用户体验和产品的闭环设计。

海尔集团首席执行官张瑞敏对平台型企业的理解就是利用互联网平台,企业可以放大,原因有:第一,这个平台是开放的,可以整合全球的各种资源;第二,这个平台可以让所有的用户参与进来,实现企业和用户之间的零距离。在互联网时代,用户的需求变化越来越快,越来越难以捉摸,单靠企业自身所拥有的资源、人才和能力很难快速满足用户的个性化需求,这就要求打开企业的边界,建立一个更大的商业生态网络来满足用户的个性化需求。通过平台以最快的速度汇聚资源,满足用户多元化的个性化需求。所以平台模式的精髓,在于打造一个多方共赢互利的生态圈。

但是对于传统企业而言,不要轻易尝试做平台,尤其是中小企业不应该一味地追求大而全,做大平台,而是应该集中自己的优势资源,发现自身产品或服务的独特性,盯住精准的目标用户,发掘出用户的痛点,设计好针对用户痛点的极致产品,围绕产品打造核心用户群,并以此为据点快速地打造一个品牌。

8.7.3 "互联网+"的应用前景

当前互联网与各个行业的融合发展已成为一个不可阻挡的世界潮流,互联网时代已经来临,加快推进"互联网+"行动已势在必行。目前各地政府都在积极提出建设方案,招标或者外包给能够帮助企业转型的服务型企业去具体执行。在未来长期的"互联网+"实施过程中,政府将扮演的是一个引领者与推动者的角色。整个社会的发展也将跟随国家的政策方针在向前迈进,国家政府对"互联网+"的计划促进措施决定了整个社会对构建互联网知识体系的绝对重视以及对未来各传统行业顺利融合互联网的大力推动。

事实上,"互联网+"不仅正在全面应用到第三产业,形成了诸如互联网金融、互联网交通、互联网医疗、互联网教育等新生态,而且正在向第一产业和第二产业渗透。工业互联网正在从消费品工业向装备制造和能源、新材料等工业领域渗透,全面推动传统工业生产方式的转变;农业互联网也在从电子商务等网络销售环节向生产领域渗透,为农业带来新的机遇,提供广阔发展空间。下面是"互联网+"的主要应用方向。

(1) "互联网+工业":让生产制造更智能

最近,德国"工业4.0"与中国元素碰撞,成为今年德国汉诺威IT展览(CeBIT2015)最大的看点,"工业4.0"是应用物联网、智能化等新技术提高制造业水平,将制造业向智能化转型,通过决定生产制造过程等的网络技术,实现实时管理,它"自下而上"的生产模式革命,不但节约创新技术、成本与时间,还拥有培育新市场的潜力与机会。

"互联网+制造业"和正在演变的"工业4.0",将颠覆传统制造方式,重建行业规则。例如,小米、乐视等互联网公司就在工业和互联网融合的变革中,不断抢占传统制造企业的市场,通过价值链重构、轻资产、扁平化、快速响应市场来创造新的消费模式,而在"互联网+"的驱动下,产品个性化、定制批量化、流程虚拟化、工厂智能化、物流智慧化等都将成为新的热点和趋势。

(2) "互联网+农业":催化中国农业品牌化道路

农业看起来离互联网最远,但农业作为最传统的产业也决定了"互联网+农业"的潜力是巨大的。

首先,数字技术可以提升农业生产效率。例如,利用信息技术对地块的土壤、肥力、气候等进行大数据分析,并提供种植、施肥相关的解决方案,能够提升农业生产效率。

其次,农业信息的互联网化将有助于需求市场的对接,互联网时代的新农民不仅可以利用互联网获取先进的技术信息,也可以通过大数据掌握最新的农产品价格走势,从而决定农业生产重点以把握趋势;再次,农业互联网化,可以吸引越来越多的年轻人积极投身农业品牌打造中,具有互联网思维的"新农人"群体日趋壮大,将可以创造出更为多样模式的"新农业"。

同时,农业电商将成为农业现代化的重要推手,将有效减少中间环节,使得农民获得更多利益,面对万亿元以上的农资市场以及近7亿的农村用户人口,农业电商的市场空间广阔,大爆发时代已经到来。而在此基础上，农民更需要建立农产品的品牌意识，将"品类"细分为具有更高识别度的"品牌"。

例如，曾经的烟草大王褚时健栽种"褚橙"；联想集团董事柳传志培育"柳桃"；网易CEO丁磊饲养"丁家猪"；等等。也有专注于农产品领域的新兴电商品牌获得巨大成功，如三只小松鼠、新农哥等，都是在农产品大品类中细化出个人品牌，从而提升其价值。

(3) "互联网＋教育"：在线教育大爆发

在2015年总理报告中表示，2015年将会继续促进教育公平发展和质量提升，其中包括加快义务教育学校标准化建设，改善薄弱学校和寄宿制学校基本办学条件，落实农民工随迁子女在流入地接受义务教育等政策，据称仅2015年教育部就将为教育信息化投入700亿元。

在2014年，K12在线教育、在线外语培训、在线职业教育等细分领域成为中国在线教育市场规模增长的主要动力。很多传统教育机构（如新东方）也正在从线下向线上教育转型。而一些在移动互联网平台上掌握了高黏性人群的互联网公司，也在转型在线教育。例如，网易旗下的有道词典，就在英语垂直应用领域掌握了4亿人的高价值用户，这部分用户对于在线学习英语的需求非常强烈。

因此，有道词典推出了类似在线学英语、口语大师等产品和服务，将用户需求深度挖掘，而通过大数据技术，可以实现个性化推荐，而基于移动终端的特性，用户可以用碎片化时间进行沉浸式学习，让在线教育切中了传统教育的一些痛点和盲区。

(4) "互联网＋医疗"：移动医疗垂直化发展

"互联网＋医疗"的融合，最简单的做法是实现信息透明和解决资源分配不均等问题。例如，挂号网等服务，可以解决大家看病时挂号排队时间长，看病等待时间长，结算排队时间长的问题。而春雨医生、丁香园等轻问诊型应用的使用，解决了部分用户就诊难的问题。

而互联网医疗的未来，将会向更加专业的移动医疗垂直化产品发展，可穿戴监测设备将会是其中最可能突破的领域。

例如，iHealth推出了性能强大的血糖仪Align，Align能够直接插入智能手机的耳机插孔，然后通过移动应用在手机屏幕上显示结果，紧凑的外形和移动能力使其成为糖尿病患者最便利的工具；健康智能硬件厂商Withings发布了ActivitePop智能手表，该智能手表具有计步器、睡眠追踪、震动提醒等功能，其电池续航时间长达8个月；南京熙健信息将心电图与移动互联网结合，建立随时可以监测心脏病风险的移动心电图……

大数据和移动互联网、健康数据管理未来有较大的机遇甚至可能改变健康产品的营销模式。同时，随着互联网个人健康的实时管理的兴起，在未来传统的医疗模式也或将迎来新的变革，以医院为中心的就诊模式或将演变为以医患实时问诊、互动为代表的新医疗社群模式。

(5) "互联网＋金融"：全民理财与微小企业发展

从余额宝、微信红包再到网络银行……互联网金融已悄然来到每个人身边。数据显示，2014年上半年，国内P2P网络借贷平台半年成交金额近千亿元，互联网支付用户2.92亿元。传统金融向互联网转型，金融服务普惠民生，成为大势所趋。

"互联网＋金融"的结合将掀起全民理财热潮，低门槛与便捷性让资金快速流动，大数据让征信更加容易，P2P和小额贷款发展也越加火热。这也将有助于中小微企业、工薪阶层、自由职业者、进城务工人员等大众获得金融服务。

小微企业是中国经济中最有活力的实体，小微企业约占全国企业数量的90%，创造约80%的就业岗位、约60%的GDP和约50%的税收。但央行数据显示，截至2014年年底，小微企业贷款余额占企业贷款余额的比例为30.4%，维持在较低水平。"互联网＋"金融将让小微企业贷款门槛降低,激活小微企业活力。

互联网金融包括第三方支付、P2P小额信贷、众筹融资、新型电子货币以及其他网络金融服务平台都将迎来全新发展机遇,社会征信系统也会由此建立。

(6)"互联网+交通和旅游业":一切资源共享起来

我们的物理空间越来越有限,住房越来越小,车位越来越少。很多产品,并不一定需要再100%的拥有,只需要考虑如何更好地使用,如果能便捷地使用,"拥有权"其实不再重要。"互联网+交通"不仅可以缓解道路交通拥堵,还可以为人们出行提供便利,为交通领域的从业者创造财富。

例如,实时公交应用,可以方便出行用户对于公交汽车的到站情况进行实时查询,减少延误和久等;嘀嘀和快的不仅为用户出行带来便捷,对于出租车而言也减少了空车率;而易到用车、嘀嘀专车和PP租车则发挥了汽车资源的共享,掀起了新时代互联网交通出行领域的新浪潮。

而在旅游服务行业,旅游服务在线化、去中介化会越来越明显,自助游会成为主流,基于旅游的互联网体验社会化分享还有很大空间,而类似Airbnb和途家等共享模式可以让住房资源共享起来,旅游服务、旅游产品的互联网化也将有较大的想象空间。

(7)"互联网+"文化:让创意更具延展性和想象力

文化创意产业的核心是创意。文化创意产业是以创意为核心,向大众提供文化、艺术、精神、心理、娱乐等产品的新兴产业。互联网与文化产业高度融合,推动了产业自身的整体转型和升级换代。互联网对创客文化、创意经济的推动非常明显,它再次激发起全民创新、创业,以及文化产业、创意经济的无限可能。

互联网带来的多终端、多屏幕,将产生大量内容服务的市场,而在内容版权的衍生产品,互联网可以将内容与衍生品与电商平台一体化对接,视频电商、TV电商等都将迎来新机遇;一些区域型的特色文化产品,将可以使用互联网,通过创意方式走向全国,未来设计师品牌、族群文化品牌、小品类时尚品牌都将迎来机会;而明星粉丝经济和基于兴趣细分的社群经济,也将拥有巨大的想象空间。

(8)"互联网+家电/家居":让家电会说话,家居更聪明

目前大部分家电产品还处于互联阶段,即仅仅是介入了互联网,或者是与手机实现了链接。

但是,真正有价值的是互联网家电产品的互通,即不同家电产品之间的互联互通,实现基于特定场景的联动。手机不是智能家居唯一的入口,我们要让更多的智能终端作为智能家居的入口和控制中心,实现互联网智能家电产品的硬件与服务融合解决方案,"家电+家居"产品衍生的"智能化家居",将是新的生态系统的竞争。

在2015年中国家电博览会上,无论是海尔、美的、创维等传统家电大厂商,还是京东、360、乐视等互联网新贵,或推出智能系统和产品,或主推和参与搭建智能平台,一场智能家居的圈地大战进行得如火如荼。

海尔针对智能家居体系建立了七大生态圈,包括洗护、用水、空气、美食、健康、安全、娱乐居家生活,利用"海尔U+智慧生活"APP将旗下产品贯穿起来;美的则发布了智慧家居系统白皮书,并明确美的构建的M-Smart系统将建立智能路由和家庭控制中心,提供除Wi-Fi外其他新的连接方案,并扩展到黑电、娱乐、机器人、医疗健康等。

在智能电视领域,乐视在展示乐视TV超级电视的同时,还主推"LePar超级合伙人"计划,希望通过创新的"O2O+C2B+众筹"多维一体合作模式,邀请LePar项目的超级合伙人,

共同开发大屏互联网市场。

(9)"互联网＋生活服务"：O2O才刚刚开始

"互联网＋服务业"将会带动生活服务O2O的大市场，互联网化的融合就是去中介化，让供给直接对接消费者需求，并用移动互联网进行实时链接。

例如，家装公司、理发店、美甲店、洗车店、家政公司、洗衣店等，都是直接面对消费者。而河狸家、爱洗车、点到等线上预订线下服务的企业，不仅节省了固定员工成本，还省了传统服务业最为头疼的店面成本，真正地将服务产业带入了高效输出与转化的O2O服务市场，再加上在线评价机制、评分机制，会让参与的这些手艺人精益求精、自我完善。

当下O2O成为投资热点，事实上，这个市场才刚刚开始，大量的规模用户，对于传统垂直领域的改造，形成固定的黏性，打造平台都还有很大的探索空间。

(10)"互联网＋媒体"：新业态的出现

互联网对于媒体的影响，不只改变了传播渠道，在传播界面与形式上也有了极大的改变。传统媒体是自上而下的单向信息输出源，用户多数是被动地接收信息，而融入互联网后的媒体形态则是以双向、多渠道、跨屏等形式，进行内容的传播与扩散，此时的用户参与到内容传播当中，并且成为内容传播介质。

交互化、实时化、社交化、社群化、人格化、亲民化、个性化、精选化、融合化将是未来媒体的几个重要的方向。以交互化、实时化和社交化为例子，央视春晚微信抢红包就是这三个特征的重要表现，让媒体可以与手机互动起来，还塑造了品牌与消费者对话的新界面。

社群化和人格化，一批有观点有性格的自媒体将迎来发展机遇，用人格形成品牌，用内容构建社群将是这类媒体的方向；个性化和精选化的表现则是一些用大数据筛选和聚合信息精准到人的媒体的崛起（例如，今日头条等新的新闻资讯客户端就是代表）。

(11)"互联网＋广告"：互联网语境＋创意＋技术＋实效的协同

所有的传统广告公司都在思考互联网时代的生存问题，显然，赖以生存的单一广告的模式已经终结，它的内生动力和发展动力已经终结。未来广告公司需要思考互联网时代的传播逻辑，并且要用互联网创意思维和互联网技术来实现。

互联网语境的创意模式，过去考验广告公司的能力靠的是出大创意、拍大广告片、做大平面广告的能力，现在考验广告公司的则是实时创意，互联网语境的创意能力、整合能力和技术的创新及应用能力。

例如，现在很多品牌都需要朋友圈的转发热图，要HTML5，要微电影，要信息图，要与当下热点结合的传播创意，这些都在考验创意能力，新创意公司和内容为主导的广告公司还有很大的潜力。依托程序化购买等新精准技术，以及以优化互联网广告投放的技术公司也将成为新的市场。总的来说，"互联网语境＋创意＋技术＋实效的协同"才是"互联网＋"下的广告公司的出路。

(12)互联网＋零售：零售体验、跨境电商和移动电商的未来

李克强总理在两会答记者问时谈到，实体店与网店并不冲突，实体店不仅不会受到冲击，还会借助"互联网＋"重获新生，传统零售和线上电商正在融合。例如，苏宁电器表示，传统的电器卖场今后要转型为可以和互联网互动的店铺，展示商品，让消费者亲身体验产品；2014年5月，顺丰旗下的网购社区服务店"嘿客"店引入线下体验线上购买的模式，打通逆向O2O。

1号店在上海大型社区中远两湾城开通首个社区服务点，成为上海第一个由电商开通，为社区居民提供现场网购辅导、商品配送自提等综合服务的网购线下服务站。这些都在阐明零售业的创新方向，线上线下未来是融合和协同而不是冲突。

跨境电商也成为零售业的新机会，最近，国务院批准杭州设立跨境电子商务综合试验区，其中提出要在跨境电子商务交易、支付、物流、通关、退税、结汇等环节的技术标准、业务流程、监管模式和信息化建设等方面先行先试，随着跨境电商的贸易流程梳理得越来越通畅，跨境电商在未来的对外贸易中也将占据更加重要的地位，如何将中国商品借助跨境平台推出去，值得很多企业思考。

此外，如果说电子商务对实体店生存构成巨大挑战，那么移动电子商务则正在改变整个市场营销的生态。智能手机和平板计算机的普及，大量移动电商平台的创建，为消费者提供了更多便利的购物选择。例如，微信将推出购物圈，这就在构建新的移动电商的生态系统，移动电商将成为很多新品牌借助社交网络走向市场的重要平台。

应该说，"互联网＋"是一个人人皆可获得商机的概念，但是，"互联网＋"不是要颠覆，而是要思考跨界和融合，更多是思考互联网时代产业如何与互联网结合创造新的商业价值，企业不能因此陷入"互联网＋"的焦虑和误区，"互联网＋"更重要的是"＋"，而不是"－"，也不是毁灭。

8.8 本章小结

本章主要介绍了电子商务发展中的各种前沿技术和新事物。电子商务作为一种新的商业模式，它综合运用了各种新技术，包括移动通信技术、互联网金融、大数据、数据挖掘、物联网、云计算、智慧城市和"互联网＋"。移动电子商务基于移动互联网，主要通过二维码、移动搜索、基于LBS的O2O等应用模式，真正实现了无时不在、无所不在的连接和服务。作为新兴事物的互联网金融打破了传统金融服务的限制，使各项金融服务更加方便和高效，但是其中仍存在着政策、法律和安全方面的诸多问题。大数据和数据挖掘技术极大地利用了数据这一重要资源，结合多种技术来发现有价值的信息，从而极大地提高了企业的信息化程度和竞争力。物联网是互联网的扩展，主要借助传感器技术、嵌入式技术、智能化计算，使得电子商务的交易实现和物流更加便捷和智能化。另外，云计算、智慧城市的建设和"互联网＋"的应用，使电子商务的发展拥有更加广阔的天地。

思考与练习

1. 什么是移动电子商务？它有哪些特点？
2. 互联网金融和传统金融有何不同？
3. 什么是大数据？大数据的主要应用有哪些？
4. 什么是物联网？它的主要特征有哪些？
5. 简述智能运算技术主要的研究方向和内容。
6. 什么是云计算？云计算有何特点？
7. 为什么要建设智慧城市？简述我国智慧城市的建设情况。
8. "互联网＋"的商业模式有哪些？它的应用前景如何？

第9章 电子商务法律法规和标准

【学习目标】

- 了解电子商务及互联网有关的法律问题以及电子商务的立法现状；
- 熟悉电子商务交易的法律法规，理解电子合同的概念；
- 了解电子商务税收中的相关法律问题以及对此采取的对策；
- 熟悉电子结算体系的概念，了解中国的支付结算体系以及电子支付的法律问题；
- 了解电子商务领域知识产权的使用和保护以及消费者权益的保护；
- 了解其他电子商务相关问题以及电子商务相关标准；
- 了解互联网安全相关的法律法规和主要的网络犯罪形式。

【导读案例】

网络服务合同纠纷案*

2001年3月31日，刘某以"Jaliseng"为用户名在交易平台注册，成为易趣网的用户，由易趣网为刘某提供免费的网络交易平台服务。2001年7月1日，易趣网开始向用户收取网络交易平台使用费，并于9月18日发布了新的《服务协议》供新老用户确认，该协议对用户注册程序、网上交易程序、收费标准和方式及违约责任等作了具体的约定。此后，刘某确认了易趣网的《服务协议》，并继续使用易趣网的网络交易平台，但至2001年9月24日，刘某尚欠易趣网网络平台使用费1 330元，为此，易趣网诉至法院，要求刘某支付网络平台使用费，赔偿律师费用。刘某则认为，《服务协议》长达67页，过于冗长，致使用户不能阅读全文，故用户不应受该协议的约束。本案涉及的主要法律问题是如何确认网络服务合同的成立这一法律问题。

近年来，伴随着电子商务的飞速发展，网上交易各方取得了降低成本和提高效率的好处。与此同时，网上交易不规范，网民网上购物上当受骗的情况屡见不鲜。例如，网络交易方信息披露不全面，当事人责任不清，推卸责任，滥用消费者个人信息，货物以次充好等问题频频出现。这里有网上交易商和网上交易服务商的责任，也有消费者疏忽大意的问题。为了解决电子商务实践过程中存在的种种问题，特别是法律问题，全球各国都在积极进行有关法律的立法，不断出台和实施了各种法律法规。各国政府的目标是，积极开展网上交易活动，依法维护各方权益，创造和维护网上交易良好环境，不断总结经验，共同推动电子商务发展。

---

* 资料来源：http://www.148com.com/html/654/66378.html，2008。

9.1 电子商务法律概述

9.1.1 电子商务法律的含义

随着信息技术的迅猛发展,传统商务交易形式发生了深刻变革,电子商务应运而生,这种以互联网为操作平台的崭新贸易形式降低了交易成本,简化了交易流程,清除了传统贸易中的时空对贸易双方的限制,带动了经济变革,但我国电子商务的立法相对滞后,适合电子商务发展的法制环境还没有最终形成,因此建立和完善我国的电子商务法律环境建设已成为当务之急。

1. 电子商务立法的必要性

(1) 电子商务的各个环节与问题都直接影响着相关法律法规的制定,法律环境的每一个细节与措施也都左右着电子商务的前程。

(2) 法律规范是电子商务发展的最基本的条件之一,网络交易的信用来自于电子商务行为的规范化。

(3) 制定相应的法律规范是参与全球竞争的必然要求,电子商务是全球性的交易模式,有国际通行的规则。

(4) 传统民商事法律对电子商务的发展的障碍。从我国传统的民商事法律规范的发展现状来看,可以清楚地发现传统法律对电子商务的发展形成了一定的障碍,主要有三种情况:法律规则的缺失、法律规则的模糊、法律规则不协调。

2. 我国电子商务立法原则

(1) 战略性原则。我国网络通信技术起步较晚,无论在电子商务实践,还是在立法与司法研究方面,都远远落后于发达国家,一些在国际电子商务活动中属于热点的法律问题,在我国表现得也不算明显。但是,与全球性的电子商务一样,我国有关电子商务的立法也必然是全球化的。很多国家纷纷制定相关法律法规,建立电子商务法律基本框架,也正是从战略发展的角度来考虑电子商务的立法。

(2) 兼容性原则。电子商务的基础是因特网,因特网开放性的特点决定了电子商务本质上是全球性的商事活动,这也必然会导致法律的兼容性。

(3) 动态性原则。电子商务发展迅猛,且目前仍处在高速发展过程中,新的法律问题还将随着电子商务的发展不断出现,因而目前要建立并完善国际电子商务法律体系是不可能的,也是不切实际的,只能就目前已经成熟或已经成共识的法律问题制定相应的法规,并随着电子商务发展而不断修改和完善。

(4) 指导性原则。由于电子商务的主要活动是电子交易,而商业交易的主要特征是平等自愿,因此,电子商务立法应充分体现指导性原则,明确政府在发展电子商务中的地位,即宏观规划和指导作用,减弱政府对电子商务的管制与指令,充分体现当事人的意思自治。

(5) 协调性原则。电子商务立法在解决问题的同时,还要注意与其他层面解决方案的协调,避免法出多门,避免因立法权与管理权冲突导致整个电子商务法律环境的无序。

3. 电子商务法的概念

电子商务在现代贸易中已经开始占有非常重要的地位,并最终将取代传统的贸易形式,而主导整个国际贸易新形式的发展。电子商务的发展和自身的规范要求导致电子商务法的产生。作为规范电子商务的电子商务法目前也同电子商务本身一样,还没有一个完整统一的概念。从国内外的法律法规文件或论著看来,还无人对电子商务法的概念做出明确的界定。在目前国内外的法律论著中,关于电子商务法的概念有广义与狭义之分。

广义的电子商务法同广义电子商务相对应,包括了所有调整以数据电文方式进行的商务活动的法律规范。其内容涉及广泛,将调整以电子商务为交易形式的和调整以电子信息为交易内容的规范都包括在内,前者如联合国《电子商务示范法》,后者如美国的《统一计算机信息交易法》。

狭义的电子商务法则对应于狭义的电子商务,将电子商务法定义为:电子商务法是调整以数据电文为交易手段引起的商事关系的法律规范体系。这是实质意义上的电子商务法,也是作为部门法意义上的电子商务法。它不仅包括以电子商务命名的法律、法规,还包括其他现有制定法中有关电子商务的法律规范,如中国《合同法》中关于数据电文的规定以及《刑法》中关于计算机犯罪的规定等。在此我们主要采用了上述狭义电子商务的概念,即定义为:电子商务法是调整以数据电文作为交易手段,以电子商务交易形式引起的社会关系的法律规范的总称。

4. 电子商务法的特征

(1)国际性。电子商务显著的特点是具有国际性。在 20 世纪 90 年代中后期,世界上几乎每一个国家都与国际互联网相联结,在国际互联网上已经打破了国家和地区之间的界线。由于国际互联网进行的电子商务活动是一种世界范围的商务活动,因此电子商务法要以适应国际化的要求为特征,以同国际接轨为必要的特点,以此来满足解决电子商务法律问题的需要。

(2)科技性。因为电子商务是网络经济与现代高科技发展的产物,它需要通过互联网来进行商务活动,规范这种行为的电子商务法就必须要适应这种要求,所以电子商务的法律规范必须以科技性为特点才能符合规范电子商务活动的需要。传统的民商法由于不具备有科技性的特点,对于电子商务中的签字技术、确认技术等技术问题束手无策。因此,电子商务法应是传统法律与现代高科技相结合,对有关电子商务的技术问题做出规定,使电子商务走上法制化的道路。

(3)开放性。电子商务法是关于以数据电文进行意思表示的法律规范,数据电文的形式是多样化的,而且技术、手段、方法的应用也不断推陈出新。因此,以开放的态度对待任何技术手段与信息媒介,设立开放性的规范,让各种有利于电子商务发展的设想和技术都能充分发挥作用,已成为世界组织、国家和企业的共识。目前,国际组织及各国在电子商务立法中,大量使用开放型条款和功能等价性条款,其目的是开拓社会各方面的资源,以促进科学技术及其社会应用的广泛发展。它具体表现在电子商务法的基本定义的开放、基本制度的开放和电子商务法律结构的开放等方面。

(4)安全性。电子商务的安全性也可以称为安全的脆弱性,电子商务虽然在交易方式上给商务活动提供了高效快捷的便利,但是也给商家带来新的问题,其中最令商家感到担心的就是电子商务的安全问题,而互联网的开放性也使其具有不容忽视的安全问题。由于电子商务是以互联网为基础进行的,计算机的黑客、灰客与计算机病毒、犯罪等都严重威胁着电子商务的安全,它们对计算机系统的侵入和攻击有可能使商家经营秘密被窃,经营数据丢失或被破坏,给商家带来巨大的损失。因此电子商务法必须通过对电子商务安全问题进行规范,有效地预防和打击各种利用互联网的犯罪,保证电子商务和计算机信息系统的安全运行。应该说,安全性是电子商务法的基本特征之一。

(5)复杂性。由于电子商务的高科技化和互联网络技术的专业性、复杂性,造成了电子商务交易关系的复杂性。因此电子商务交易关系的复杂性就决定了电子商务法律关系的复杂性。这是因为在电子商务交易中,当事人之间的交易必须在第三方协助下才能完成,即在网络服务商和认证机构等提供的服务下完成。这就使电子商务的交易活动与传统交易相比,电子商务交易中包含了多重的法律关系,使电子商务法的法律关系复杂化。这也是电子商务法的特征之一。

9.1.2 电子商务涉及的法律问题

互联网的出现,不但改变了人们的日常生活方式,也极大地改变了商务活动的模式和规则。虽然电子商务与传统商务一样,由交易准备、磋商谈判和交易执行三个主要部分组成,但是计算机技术和互联网使商务活动具有了电子化、信息化和网络化的崭新特征。这些特征使电子商务这种全新商务模式给传统法律制度带来了前所未有的冲击和挑战。以下是近年来与电子商务及互联网相关领域出现的较典型的案例。

【案例 9-1】

永大公司受某公司委托在某网站销售一辆二手帕萨特轿车,委托代销价是 12.8 万元左右。永大公司决定在网上起始价为 10 万元,一口价是 16.4 万元。但由于他们的员工输入计算机信息时发生了工作失误,永大公司第一次上传到网上的销售信息却是"起始价 10 元,一口价 16.4 万"。韩某在浏览该网站时发现了这则销售信息,在键入了 116 元的竞拍价后,未有其他竞拍者出现。竞拍截止后,韩某收到网站通过自动成交系统发来的确认函,该函除确认成交外,还确认了购买价格和数量。事后永大公司认为,116 元不是自己的真实意思,也违背委托方的要求,这份电子合同不公平,拒绝承认这笔交易。韩某将永大公司诉至法院。韩某认为,按照我国《合同法》的规定,电子形式的合同是合法有效的,请求法院确认其与永大公司之间关于帕萨特轿车的买卖合同有效,判令被告履行合同。

【案例 9-2】

28 岁的杰克在美国加利福尼亚的一家汽车厂做装配工。有一次,悬挂机件的缆绳断裂,机件落下撞到他的头部。杰克歇息一周后开始上班工作,可是他总是感觉身体不太舒服。一天,他上网参与了网上医疗咨询,经网络医生诊断,他的脑部有小块淤血,压迫脑神经,时间长了就会造成语言、行动的障碍。杰克向厂方提出辞职,但并未说明辞职的真实原因,因为他希望治愈后还能应聘做相同的工作。3 个月后,他完全康复了,但原来的厂家不再接受他。他到其他的厂家应聘时情况也一样。原来这些厂家都知道他脑部受过伤害,却不知其已经康复的事实。杰克百思不得其解:治疗医生已经许诺不会透露他的医疗记录,那么这些工厂是从哪里得到这些信息的呢? 经过调查得知,这些厂家从他访问过的医疗网站数据库中找到了他的医疗记录,并且得到这些医疗记录是付出了一笔费用的,杰克为此将网站诉至法院。

【案例 9-3】

2005 年 9 月,EMI 集团香港有限公司、SONY BMG 音乐娱乐(香港)有限公司、华纳唱片有限公司等七大唱片公司以百度公司提供的 MP3 搜索下载服务侵犯其信息网络传播权为由向北京市第一中级人民法院起诉百度公司。

七家唱片公司诉称,百度公司未经他们的许可,在其经营的网站上从事七家公司享有信息网络传播权的歌曲的在线播放和下载服务,请求法院判令百度公司停止提供涉案歌曲的在线播放和下载服务,公开赔礼道歉,并赔偿经济损失 173 万元人民币。

【案例 9-4】

上海公交卡股份有限公司于 2002 年注册了 sptcc.com 域名并建立了公司网站,上海市民陈先生为自己的网站注册了 sptcc.cn 域名,用于卡片收藏。上海公交卡公司提起诉讼,认为其对 sptcc 享有法律上专用权,要求撤销陈先生的 sptcc.cn 域名。

【案例 9-5】

黄某在上网时进入了名为"时尚工厂·在线购物"的购物网站,看中了一款诺基亚 E61 手机,这款手机市场价在 2 800 元左右,但在"时尚工厂"的购物平台中售价 1 250 元。看到如此便宜的价格,黄某心动了,立刻用 QQ 和卖家联系,并按卖家要求,将货款 1250 元汇到了对方的银行账户。几天后,对方来电话说,因为是走私手机,需要黄某再缴 3 000 元保证金,等事成后归还。黄某照办了,付钱后,迟迟没有收到手机。黄某和对方联系,对方要求黄某再汇 5 000 元。黄某感觉有点不对,要求对方退款,对方同意了,但对方要求黄某必须支付退款手续费 125 元和汇款费用 200 元。无奈之下,黄某只好同意,可是对方在收到这两笔汇款后就石沉大海,再无音讯……

【案例 9-6】

2006 年年底至 2007 年年初,我国互联网大规模爆发"熊猫烧香"病毒及其变种,该病毒通过多种方式进行传播,并将感染的所有程序文件改成熊猫举着三根香的模样,同时该病毒具有盗取用户游戏账号、QQ 账号等功能。该病毒传播速度快,危害范围广,截至案发为止,已有上百万个人用户、网吧及企业局域网用户遭受感染和破坏,引起社会各界高度关注。2007 年 2 月,湖北省公安部门侦破了制作传播"熊猫烧香"病毒案,抓获李某、雷某等 8 名犯罪嫌疑人。李某交代,其于 2006 年 10 月 16 日编写了"熊猫烧香"病毒并在网上广泛传播,还以自己出售和由他人代卖的方式,在网络上将该病毒销售给 120 余人,非法获利 10 万余元。经病毒购买者进一步传播,导致该病毒的各种变种在网上大面积传播,对互联网用户计算机安全造成了严重破坏。李某 2003 年编写了"武汉男生"病毒,2005 年编写了"武汉男生 2005"病毒和"QQ 尾巴"病毒。

以上案例均与电子商务或互联网有关,涉及合同纠纷(案例 9-1)、网络财产权(包括网络知识产权)纠纷(案例 9-2、案例 9-3)、域名注册纠纷(案例 9-4)、网络商务诈骗(案例 9-5)、互联网安全(案例 9-6)等方面的问题。

与电子商务及互联网有关的法律问题涉及众多领域。不但传统商务活动涉及的法律问题有可能在电子商务活动中出现,电子商务还可能遭遇传统商务中不曾涉及的法律问题。归纳起来,电子商务及互联网涉及的法律问题有下列几类:

(1) 与电子商务主体及行业准入有关的法律问题。包括电子商务主体的注册登记、经营范围认定(如互联网广告发布经营资格、拍卖资格)问题,网络服务提供者在网络侵权、网络犯罪事件中的法律责任问题等。

(2) 与电子商务交易流程有关的法律问题。包括电子签名及电子认证的基本规则,电子合同中的要约、承诺规则,电子代理人的法律属性问题,电子货币、电子支付以及电子交易安全问题等。

(3) 电子商务中涉及的财产权属问题。包括信息产品、网上虚拟财产的权属问题,域名争议问题等。

(4) 电子商务中的侵权问题。包括网络信息传播权、消费者权益的侵权问题,产品责任侵权问题,不正当竞争问题等。

(5) 电子商务中的信息安全问题。包括国家机密、个人信息、商业秘密的保护问题,病毒与黑客问题,有害信息监管问题等。

(6) 电子商务中的税收问题。包括税收管辖权、税种、征税方式等。

(7) 电子商务纠纷解决的法律问题。包括解决方式、司法管辖权、举证等。

9.1.3 电子商务的立法概况

1. 世界电子商务立法现状

20世纪90年代初,互联网商业化和社会化的发展,从根本上改变了传统的产业结构和市场的运作方式,电子商务出现了前所未有的增长势头。联合国贸法会在EDI规则研究与发展的基础上,于1996年6月通过了《联合国国际贸易法委员会电子商务示范法》。这个示范法为各国立法人员提供了一整套国际上能够接受的电子商务规则。例如,如何消除以无纸方式交流重要法律信息的一系列法律障碍,其中包括这些信息的法律效力或合法性的不确定性;如何为电子商务创造一个更加安全的运作环境等。示范法也可用来解释妨碍电子商务的现有国际公约和其他国际机制。示范法的颁布为逐步解决电子商务的法律问题奠定了基础,为各国制订本国电子商务法规提供了框架和示范文本。

自1996年以来,在联合国《电子商务示范法》制定之后,一些国际组织与国家纷纷合作,制订各种法律规范,形成了国际电子商务立法的高速发展期,其成果主要体现在以下四个方面。

(1) WTO的三大突破性协议

1986年开始的关贸总协定乌拉圭回合谈判最终制定了《服务贸易总协定》。《服务贸易总协定》的谈判产生了一个《电信业附录》。这一附录的制定开始了全球范围内电信市场的开放。WTO建立后,立即开展了信息技术的谈判,并先后达成了三大协议,即:

①《全球基础电信协议》。该协议于1997年2月15日达成,主要内容是要求各成员方向外国公司开放其电信市场并结束垄断行为。

②《信息技术协议(ITA)》。该协议于1997年3月26日达成,协议要求所有参加方自1997年7月1日起至2000年1月1日将主要的信息技术产品的关税降为零。

③《开放全球金融服务市场协议》。该协议于1997年12月31日达成,协议要求成员方对外开放银行、保险、证券和金融信息市场。在WTO历史上,一年内制定三项重要协议是史无前例的,这三项协议为电子商务和信息技术的稳步有序发展确立了新的法律基础。

(2) 国际性组织加快制定电子商务指导性交易规则

随着电子商务的发展,现有的国际商务惯例远远不能满足商业往来的需要。近年来,国际商会正以大部分精力集中抓紧制定有关电子商务的交易规则,以促进国际贸易的安全进行。目前,国际商会已于1997年11月6日通过《国际数字保证商务通则(GUIDEC)》,该通则试图平衡不同法律体系的原则,为电子商务提供指导性政策,并统一有关术语。国际商会目前正在制定的还有《电子贸易和结算规则》等交易规则。

WTO对于贸易领域的电子商务已提出了工作计划,特别针对服务贸易提出了重点解决的几个问题,如电子商务定义、司法管辖权、电子商务分类、协议签署等,至于其他如关税、个人隐私、安全保证、国民待遇、公共道德等)问题也提出了讨论和研习。

(3) 地区性组织积极制定各项电子商务的政策

目前已经或正在制定电子商务政策的主要是经济合作与发展组织(OECD)、欧盟等地区性组织和国家。1997年4月15日,欧盟委员会提出了"欧盟电子商务动议"(A European Initiative in Electronic Commence),就发展电子商务的问题阐明了欧盟的观点。该文件强调在欧盟范围内建立一个适于电子商务的法律与管制框架,管制应该深入商业活动的每一个环节中,任何影响电子商务活动的问题都应该予以重视。这些问题包括数据安全、隐私、知识产权保护,以及透明和温和的税收环境。欧盟应该积极与国际组织及其他国家的政府加强对话,确保形成一个全球一致的法律环境,共同打击网络国际犯罪。

1998年月10月,OECD公布了3个重要文件:《OECD电子商务行动计划》《有关国际组织和地区组织的报告:电子商务的活动和计划》《工商界全球商务行动计划》,作为OECD发展电子商务的指导性文件。欧盟则于1997年提出《关于电子商务的欧洲建议》,1998年又发表了《欧盟电子签字法律框架指南》和《欧盟关于处理个人数据及其自由流动中保护个人的指令》(或称《欧盟隐私保护指令》),1999年发布了《数字签名统一规则草案》。这些地区性组织通过制定电子商务政策,努力协调内部关系,并积极将其影响扩展到全球。

(4) 世界各国积极制定电子商务的法律法规

为了解决网络发展带来的种种法律问题,许多国家在立法上采取措施。一方面对原有法律进行修订和补充,另一方面针对电子商务产生的新问题,制定新的法律。后一方面的工作最初是从电子签字开始的,即通过立法确认数字签名的法律效力。1995年美国犹他州制定了世界上第一部《数字签名法》,随后英国、新加坡、泰国、德国等也开展了这方面的立法。此后,各国针对电子商务的有关问题,如公司注册、税收、交易安全等都制定了相当一批单项法律和政策规则。

随着网络经济的迅猛发展,电子商务立法引起了各国政府的重视。许多国家开始制定综合性的法律以促进和规范电子商务的发展。据UNCITRAL统计,截至2000年9月月底,已经有10余个国家和地区通过了综合性的电子商务立法。它们是:新加坡《电子商务法》(1998)、美国伊利诺斯州《电子商务安全法》(1998)、美国《统一电子商务法》(1999)、加拿大《统一电子商务法》(1999)、韩国《电子商务基本法》(1999)、百幕大群岛《电子交易法》(1999)、哥伦比亚《电子商务法》(1999)、澳大利亚《电子交易法》(1999)、中国香港特别行政区《电子交易法令》(1999)、法国《信息技术法》(2000)、菲律宾《电子商务法》(2000)、爱尔兰《电子商务法》、斯洛文尼亚《电子商务和电子签字法》等。

2. 我国电子商务立法现状

(1) 我国涉及计算机与网络安全的行政法规

我国的计算机立法工作开始于20世纪80年代。1981年,公安部开始成立计算机安全监察机构,并着手制定有关计算机安全方面的法律法规和规章制度。1986年4月开始草拟《中华人民共和国计算机信息系统安全保护条例》(征求意见稿)。1991年5月24日,国务院第83次常委会议通过了《计算机软件保护条例》。1994年2月18日,国务院令第147号发布了《中华人民共和国计算机信息系统安全保护条例》,为保护计算机信息系统的安全,促进计算机的应用和发展,保障经济建设的顺利进行提供了法律保障。

针对互联网的迅速普及,为保障国际计算机信息交流的健康发展,1996年2月1日国务院发布了《中华人民共和国计算机信息网络国际联网管理暂行规定》,提出了对国际联网实行统筹规划、统一标准、分级管理、促进发展的基本原则。1997年5月20日,国务院对这一规定进行了修改,设立了国际联网的主管部门,增加了经营许可证制度,并重新发布。1997年6月3日,国务院信息化工作领导小组在北京主持召开了"中国互联网络信息中心成立暨《中国互联网络域名注册暂行管理办法》发布大会",宣布中国互联网络信息中心(CNNIC)成立,并发布了《中国互联网络域名注册暂行管理办法》和《中国互联网络域名注册实施细则》。1997年12月8日,国务院信息化工作领导小组根据《中华人民共和国计算机信息网络国际联网管理暂行规定》，制定了《中华人民共和国计算机信息网络国际联网管理暂行规定实施办法》，详细规定国际互联网管理的具体办法。与此同时，信息产业部也出台了《国际互联网出入信道管理办法》。

1997年10月1日起我国实行的新《刑法》，第一次增加了计算机犯罪的罪名，包括非法侵入计算机系统罪、破坏计算机系统功能罪、破坏计算机系统数据、程序罪、制作、传播计算机破坏程序罪等。这表明我国计算机法制管理正在步入一个新阶段，并开始和世界接轨，计算机法的时代已经到来。

2000年9月，国务院审议并通过了《中华人民共和国电信条例（草案）》和《互联网内容服务管理办法（草案）》，规范电信市场秩序，加强对互联网内容服务的监督管理，维护国家安全、社会稳定和公共秩序。

（2）我国电子商务的立法状况

我国政府高度重视电子商务的立法工作。1998年11月18日，国家主席江泽民在吉隆坡举行的亚太经合组织领导人非正式会议上指出，电子商务代表着未来贸易方式的发展方向，其应用推广将给各成员带来更多的贸易机会。在发展电子商务方面，我们不仅要重视私营、工商部门的推动作用，同时也应加强政府部门对发展电子商务的宏观规划和指导，并为电子商务的发展提供良好的法律法规环境。

① 新《合同法》

1999年3月我国颁布了新的《合同法》法，其中，涉及电子商务合同的有三点：

第一点，将传统的书面合同形式扩大到数据电文形式。第十一条规定："书面形式是指合同书、信件以及数据电文（包括电报、电传、传真、电子数据交换和电子邮件）等可以有形地表现所载内容的形式。"也就是说，不管合同采用什么载体，只要可以有形地表现所载内容，即视为符合法律对"书面"的要求。这些规定，符合国际贸易委员会建议采用的"同等功能法"。

第二点，确定电子商务合同的到达时间。《合同法》第十六条规定："采用数据电文形式订立合同，收件人指定特定系统接收数据电文的，该数据电文进入该特定系统的时间，视为到达时间；未指定特定系统的，该数据电文进入收件人的任何系统的首次时间，视为到达时间。"

第三点，确定电子商务合同的成立地点。《合同法》第三十四条规定："采用数据电文形式订立合同的，收件人的主营业地为合同成立的地点；没有主营业地的，其经常居住地为合同成立的地点。"

② 人大常委会

2000年3月5日，在九届人大三次会议上，上海代表团张仲礼代表提出的"呼吁制定电子商务法"议案，成为此次会议产生的第一号议案。这份议案指出，全球化信息浪潮正迅猛推进，电子商务作为一种更快捷、准确的交易形式，也在中国全面开展。目前亟需为电子商务的发展创造适应的法律环境，建立安全便捷的电子付款系统的法律规范。

③ 北京市

2000年4月，北京市工商行政管理局发布了《北京市工商行政管理局网上经营行为备案的通告》，规范网上经营行为，包括在辖区内的市场主体利用互联网从事以赢利为目的的经营活动，以及为经济组织进行形象设计、产品宣传、拍卖、发布广告等的行为。网络经济组织可通过互联网向北京市工商行政管理局设立的红盾315（www.hd315.gov.cn）网站申请登记备案。

2000年5月，北京市工商行政管理局又颁布了《关于对网络广告经营资格进行规范的通告》，针对网络广告的现状，对网络广告经营者的经营资格做出规定。同时还出台了《关于对利用电子邮件发送商务信息的行为进行规范的通告》。

④ 上海市

上海市信息化办公室将电子商务立法工作作为 2000 年的一项极为重要的工作来抓。为了促进上海经济、贸易的快速发展,为电子商务的健康、快速发展创造一个良好的法律环境,弥补现有法律的缺陷和不足,鼓励利用现代信息技术促进交易活动,《上海市电子商务管理办法》已经开始起草。其基本思路是从电子商务的本质入手,抓住电子商务的主要矛盾,形成电子商务管理办法,然后针对各个具体问题制定管理办法。目前已对电子商务认证办法提出了初步的管理意见。

3. 电子商务立法的发展趋势

电子商务的法律保障问题,涉及两个基本方面:第一,电子商务首先是一种商品交易,其安全问题应当通过民商法加以保护;第二,电子商务交易是通过计算机及其网络实现的,其安全与否依赖于计算机及其网络自身的安全程度。我国目前还没有出台专门针对电子商务交易的法律法规,究其原因,还是上述两个方面的法律制度尚不完善,因而面对迅速发展的电子商务这种与计算机网络技术结合的新的交易方式难以出台较为完善的安全保障规范性条文。

然而,电子商务的跳跃式发展已不允许我们等待原有法律制度完善之后再考虑电子商务的立法问题。21 世纪的竞争是高新技术的竞争。发展电子商务,已不再是单纯的技术问题,而是关系到国家经济生存发展的又一次严峻挑战。通过专门立法,使国家在下个世纪的市场竞争中占据有利地位,已成为世界各国政府的共识。我国传统的"先改后立"的立法思想和技术,对于高新技术的推广来说是弊大于利的。电子商务技术,一方面我们可以说它已经基本成熟,因为在正常情况下,这种技术已经能够保证交易的安全进行;另一方面,这种技术又随着计算机网络技术的不断发展而不断更新,具有相对的不稳定性。这种二重性使得电子商务的推广具有一定的难度。因此,电子商务立法必须具有超前性和独立性,以打消人们对电子商务交易安全性的恐惧心理。

我国现行涉及交易安全的法律法规主要有四类:

(1) 综合性法律。主要是《民法通则》和《刑法》中有关保护交易安全的条文。

(2) 规范交易主体的有关法律。如《公司法》《国有企业法》《集体企业法》《合伙企业法》《私营企业法》《外资企业法》等。

(3) 规范交易行为的有关法律。包括《经济合同法》《产品质量法》《财产保险法》《价格法》《消费者权益保护法》《广告法》《反不正当竞争法》等。

(4) 监督交易行为的有关法律。如《会计法》《审计法》《票据法》《银行法》等。

我国法律对交易安全的研究起步较晚,且长期以来注重对财产静态权属关系的确认和静态的安全保护,未能反映现代市场经济交易频繁、活泼、迅速的特点。虽然上述法律制度体现了部分交易安全的思想,但大都没有明确的交易安全的规定,在司法实践中也没有按照这些制度执行。

如《民法通则》第六十六条规定的"本人知道他人以本人的名义实施民事行为而不做否认表示则视为同意",体现了交易安全中表见代理的思想,却没有形成一套清晰的表见代理制度。在立法和司法解释上,背离交易安全精神的规范大量存在。在立法上,如《民法通则》第五十八条、《经济合同法》第七条关于民事行为无效的规定,过分扩大民事行为无效的范围,有损于交易主体对其交易行为的合法性信赖即交易安全利益。在司法解释方面,1987 年 7 月 21 日最高人民法院《关于在审理经济合同纠纷案件中具体适用〈经济合同法〉的若干问题解答》中,明显过分偏置于静态的安全,而忽视动态的安全,背离交易安全保护的精神。

4. 目前急需制定的电子商务法律法规

为保证电子商务活动得以正常进行,政府需要提供一个透明的、和谐的商业法律环境。法制环境应着眼于保护交易公平,保护平等竞争,保护消费者免受欺诈之苦,保护知识产权免受侵权之害和保护个人隐私,制定鼓励监督、有助调节、打击犯罪的行之有效的一套办法。目前我国急需制定的有关电子商务的法律法规主要有:买卖双方身份认证办法、电子合同的合法性程序、电子支付系统安全措施、信息保密规定、知识产权侵权处理规定、税收征收办法、广告的管制、网络信息内容过滤等。

(1) 买卖双方身份认证办法

参与电子商务的买卖双方互不相识,需要通过一定的手段相互认证。提供交易服务的网络服务中介机构也有一个认证问题。目前急需成立类似于国家工商局之类的机构统一管理认证事务,为参与网络交易的各方提供法律认可的认证办法。而且,目前各网络服务中介机构成立的虚拟交易市场为提高自身的可信度,大都冠以"中国××市场"的头衔。随着电子商务市场的急剧扩大,加强这方面的法律规范也迫在眉睫。

(2) 电子合同的合法性程序

电子合同是在网络条件下当事人之间为了实现一定目的,明确相互权力义务关系的协议。它是电子商务安全交易的重要保证。其内容包括:

① 确认和认可通过电子手段形成的合同的规则和范式,规定约束电子合同履行的标准,定义构成有效电子书写文件和原始文件的条件,鼓励政府各部门、厂商认可和接收正式的电子合同、公证文件等。

② 规定为法律和商业目的而做出的电子签名的可接受程度,鼓励国内和国际规则的协调一致,支持电子签名和其他身份认证手续的可接受性。

③ 推动建立其他形式的、适当的、高效率的、有效的合同纠纷调解机制,支持在法庭上和仲裁过程中使用计算机证据。

(3) 电子支付

电子支付是金融电子化的必然趋势。美国现在80%以上的美元支付是通过电子方式进行的。我国目前尚无有关电子支付的专门立法,仅有中国人民银行出台的有关信用卡的业务管理办法。为了适应电子支付发展的需要,需要用法律的形式详细规定电子支付命令的签发与接受,接受银行对发送方支付命令的执行,电子支付的当事人的权利和义务,以及责任的承担等。

(4) 安全保障

电子商务的迅速发展,对交易安全提出了更高的要求。强化交易安全的法律保护已是立法的一项紧迫任务。

① 在民法基本法的立法上,应反映出交易安全的理念。为此,要大胆借鉴和移植发达国家电子商务保护交易安全的成功经验和制度,并结合我国的实际情况,构造一套强化交易安全保护的法律制度。

② 在商事单行法的立法上,可以基于商法的特别法地位及其相对独立性,满足商法中商业行为较高的交易安全要求,在某些方面可以适当突破民法基本法中的某些制度,以期强化这方面的交易安全保护。

③ 在计算机及其网络安全管理的立法上,应针对电子商务交易在虚拟环境中运行的特点,明确提出电子商务交易安全保护的法律措施。

④ 在法律解释上,当务之急是全面清理最高人民法院所做出的司法解释,剔除不利于交

易安全的结论,并在以后的解释中注重考虑交易安全的因素。

⑤ 在条件成熟的时候,制定保护电子商务交易安全的专门法规文件。

此外,对于保密法、知识产权保护法、税法、广告法等,也有一个内容修改和范围扩充的任务。

9.2 电子商务交易的法律规范

9.2.1 数据电文的法律问题

电子商务在国际、国内贸易中的迅速发展,对既存的法律体制提出了多方面的挑战。现行法律制度对电子商务应用造成障碍,主要原因在于数据电文的应用改变了市场交易的形式。因此数据电文法律地位确定和法律效力承认,成为电子商务法律制度与传统法律制度衔接的重要步骤。

1. 数据电文的概念

数据电文一词最早在国际法律文件中出现是在1986年联合国欧洲经济委员会和国际标准化组织共同制定的《行政、商业和运输、电子数据交换规则》。该规则规定,贸易数据电文是指当事人之间为缔结或履行贸易交易而交换的贸易数据。1996年联合国电子商务示范法采用了这一概念,该法规定,"数据电文"是指经由电子手段、光学手段或者类似手段生成、储存或者传递的信息,这些手段包括但不限于电子数据交换、电子邮件、电报、电传或者传真。各国电子签名法或电子商务法也对数据电文作了类似的规定。如美国国际国内商务电子签名法规定,"电子记录"是指由电子手段创制、生成、发送、传输、接收或者储存的合同或其他记录;韩国电子商务基本法规定,"电子信息"是指以使用包括计算机在内的电子数据处理设备的电子或类似手段生成、发送、接收或者储存的信息。

根据我国《电子签名法》规定,数据电文是指以电子、光学、磁或者类似手段生成、发送、接收或者储存的信息。数据电文不得仅因为其是以电子、光学、磁或者类似手段生成、发送、接收或者储存的而被拒绝作为证据使用。

《合同法》规定,当事人订立合同,有书面形式、口头形式和其他形式。书面形式是指合同书、信件和数据电文(包括电报、电传、传真、电子数据交换和电子邮件)等可以有形地表现所载内容的形式。因此,数据电文可以作为证据使用。

2. 数据电文的分类

数据电文主要有手机短信、传真件、电子邮件及网页证据等。

3. 数据电文中的要约与承诺规则

(1) 手机短信

手机短信应当庭出示,并将短信内容、发(收)件人、发(收)时间、保存位置等相关信息予以书面摘录,作为庭审笔录的一部分。举证方也可自愿申请短信公证,并将公证文书作为证据出示。经过法院审查核实符合证据"三性"要求的手机短信,可以作为定案依据。但因手机短信存在删改的特性,一般情况下不宜单独作为认定案件事实的依据,应结合其他证据予以补强。需要注意的事项如下:①审查发、收件人(姓名及手机号码)以及发送、接收的时间;发、收件人与案件当事人之间的关系;②审查手机短信的位置是否出现变动,发出(收到)的信息是否仍在发(收)件箱中;③审查手机短信的内容是否完整,与其他证据是否有矛盾,与待证事实是否有关联;④必要时可申请鉴定或向电信运营商作调查。

(2) 传真件

根据《合同法》第十一条之规定,传真已成为当事人订立书面合同的一种法定形式,其效力受法律保护。在订立合同时,传真的内容即是合同条款。但是,由于传真件的真实性较难判断,采用某些技术性手段可以变造内容,同时传真件的保存时间不长,对其真实性及证明力应注意审查。需要注意的事项如下:①核实传真的收件人、发件人、发、收传真的号码、传真时间,以判断传真收、发人与案件当事人之间的关系,传真过程,传真内容是否真实;②存在多份传真件的,应审查各传真件之间的内容是否相互衔接,与其他证据能否印证。通过一系列传真件结合其他证据能够证明各传真件之间存在连续性及关联性的,可认定传真件的证据效力;③传真件留有手写字迹的,可通过鉴定以判断传真件之真实性;④对单一传真件的审查,可以适用证据补强规则,结合其他证据加以佐证。

(3) 电子邮件

举证一方应提供邮件的来源,包括发件人、收件人及邮件提供人,上述人员与案件当事人的关系,邮件的生成、接收时间及邮件内容。庭审出示证据时,若双方均无异议,可直接出示邮件纸质件;否则,应在计算机上当庭演示,并下载打印成纸质件。若对电子邮件已作公证的,可不当庭演示邮件,而直接将公证文书作为证据出示。尽管电子邮件以电子信息形式传播和收发,不如传统书证保真程度高,被篡改后不易识别,但电子邮件也有其自身优势,即其发件人和收件人为唯一,每个电子邮箱对应唯一的用户,其互联网的账号、密码、用户名在相对时间内也是唯一的。可供判断邮件真伪的因素有:①将电子邮件与其他证据进行比对,必要时要求相关人员进行对质;②审查邮箱的取得方式,系从网络服务商处购买的,还是免费注册的。一般而言,前者更加可靠;③审查邮件发、收时间。邮件如经国外的网络服务商发送或经国际邮件转发器递送,必须要经过一定的时间,否则不符合客观情况;④必要时,请网络服务商提供协助,从电子邮件的传输、存储环节中直接保全证据。或进行鉴定,从电子邮件生成、存储、传输环境的可靠性,是否篡改等请有关方面提出专家意见。

(4) 网页证据

将网页作为证据出示时,举证方应提供网址、时间,并将网页当庭演示,指明网页中与案件相关联的内容。同时,提供网页的纸质件,以备留档查考。经双方同意,也可只出示网页纸质件,不再演示网页。上述过程应在庭审笔录中完整体现。若对相当网页已作公证的,可不当庭演示网页,而直接将公证文书作为证据出示。诉讼双方对网页证据真实性发生争议,而该网页恰恰是查明案件事实的主要证据,经当事人申请,可要求相关网站提供协助,从计算机系统传输、存储的环节中直接保全证据,或请有关单位专家作鉴定,从网页证据的生成、存储、传递和输出环境的可靠性提出专家意见。由于网页信息更新快,时效性强,诉讼中应注意对网页证据的保全,可通过公证、摄像、下载等形式固定网页。一般而言,经过公证的网页证据具有较强的证明力。

4. 数据电文的法律效力及其相关规则

(1) 数据电文的法律效力

① 数据电文的一般确认:该条是对数据电文效力的一种原则性的确认,它标示了电子商务法的基本出发点。其主要目的是在法律上为数据电文的运用,建立公平的、非歧视性的待遇。

② 参见条款的法律的承认:在数据电文中的某些条款与条件,没有完全说明,或仅仅只是提示了,但是只要被提示的内容在所指示的数据中完全包含并清楚说明了,就应该同样承认参

见条款的效力。

③ 数据电文在合同订立上的效力：就合同的订立而言，除非当事各方另有协议，一项要约以及对要约的承诺，均可通过数据电文的手段表示。

④ 当事人对数据电文的承认：就一项数据电文的发端人和接收人之间而言，不得仅仅因采用了数据电文形式为理由，而以意旨的声明或其他陈述，来否定法律效力、有效性和可执行性。

⑤ 数据电文的证据效力：数据电文有可接受性和证据价值，该条对如何评估一项数据电文的证据力提供了有用的指南。

(2) 数据电文的相关规则

① 收到确认的效力：包括收件人的推定处理及发端人的推定处理，收到确认的效果和收到确认的技术指标。

② 数据电文的归属：在电子商务环境下，将电信的发出与其发出者相联系的基本规则，它是确定交易当事人之间，因数据电文而产生的法律后果的前提性规范。

③ 数据电文发送与接收的时间与地点：一项数据电文的发出时间，以它进入发端人或代表发端人发送数据电文的人，控制范围内之外的某一信息系统的时间为准，另有其他规定。除非发端人与收件人另有协议，应以发端人所设立的营业地，视为其出发点，而以收件人所设的营业地为其收到地点。

④ 数据电文的保存：法律要求某些文件、记录或信息予以留存，则此种要求可以通过留存数据电文的方式予以满足，但须符合如下条件：所含信息可以调取，按其生成、发送或接收的格式留存数据电文等。

9.2.2 电子合同相关法律问题

电子合同是电子商务的基础与核心。与传统合同制度相比，电子合同有许多不同的特点，这就凸显了与电子合同相关的法律问题。研究电子合同中的法律问题有利于电子合同的完善和电子交易的进行。

1. 电子合同的概念

电子合同指经由电子、光学或类似手段生成、储存或传递的合同，有广义与狭义之分。狭义的电子合同是专指由 EDI 方式拟定的合同。广义的电子合同是指借助电子手段、数字通信手段，或其他类似手段拟定的约定当事人之间权利与义务的契约形式。即我们通常意义上所指的以"数据电文"为形式拟定的合同。这些手段包括但不限于电子数据交换（EDI）、电子邮件、电报、电传或传真。

电子合同被人们越来越广泛地从行业内部到跨行业、跨部门、跨国界所应用，成为市场竞争中必不可少的竞争手段之一。美国和欧共体大部分国家的海关宣布，1992 年起采用 EDI 方式办理海关业务，贸易者如不采用 EDI 方式，其海关手续将被推迟处理，或不被选为贸易伙伴。我国 1999 年 10 月日开始实施的新《合同法》也在合同中引入了数据电文形式，从而在法律上确认了电子合同的合法性。

我国新《合同法》也将传统的书面合同形式扩大到数据电文形式。第十一条规定："书面形式是指合同书、信件以及数据电文（包括电报、电传、传真、电子数据交换和电子邮件）等可以有形地表现所载内容的形式"。也就是说，不管合同采用什么载体，只要可以有形地表现所载内容，即视为符合法律对"书面"的要求。这些规定，符合联合国国际贸易法委员会建议采用的"功能等同法（Functional-Equivalent Approach）"的要求。

电子合同与传统合同的区别表现如下。

(1) 意思表示采用的形式不同

电子合同所载信息是数据电文,不存在原件与复印件的区分,无法用传统合同的方式进行签名和盖章。

(2) 确认当事人身份的方式不同

由于网络服务和增值服务的存在,数据电文所显示的发件人与实际上的制作人或发出者可能并不是同一个人,需借助电子签名、电子认证等手段来确定数据电文的归属及当事人身份。

(3) 确认合同行为法律要件的方式不同

如电子合同须以时间戳、指定信息系统等新指标来确定意思表示的到达时间。

2. 电子合同的分类

(1) 根据电子合同订立时的信息传递方式的不同,可分为以电子数据交换方式订立的合同、以电子邮件方式订立的合同以及电子格式合同。

(2) 根据合同的标的不同,分为信息产品合同和非信息产品合同。

(3) 根据合同的内容,可分为信息许可使用合同和信息服务合同。

【案例 9-7】

原告衡阳木制品加工厂注册电子信箱:hymz@online.Sh.cn;被告景荣实业有限公司注册了电子信箱:jrsy@jrsy.com.cn。3 月 5 日上午,景荣发电子邮件给原告,要求购买其生产的办公家具。电子邮件明确了如下内容:① 需要办公桌 8 张,椅子 16 张;② 要求在 3 月 12 日前将货送到景荣公司;③ 总价格不高于 15 000 元。电子邮件对办公桌椅的尺寸、式样、颜色作了说明,并附了样图。当天下午 3 时 35 分 18 秒,原告以电子邮件回复,全部认可了对方的要求。为负责起见,3 月 6 日原告专门派人到景荣公司作了确认,但双方未签署任何纸面文件。3 月 11 日,原告将上述货物送至被告处。被告由于已于 10 日以 11 000 元的价格购买了另一工厂的办公桌椅,就以双方没有签署书面合同为由拒收。双方协商不成,衡阳木制品厂起诉至法院。庭审中,双方对用电子邮件方式买卖办公桌椅及衡阳木制品加工厂去人确认、3 月 11 日送货上门等事实无异议。法院判决原告胜诉。

该案中,双方当事人以电子邮件这种"数据电文"方式订立合同,合同内容被记载、储存在电子、磁介质中,传递的方式也不是传统的邮件、电话、电报而是互联网上的电子邮件。当事人意思表示的发送及到达时间也是由计算机和网络系统自动生成的。显然,在这些方面,该电子合同与传统合同均存在差别。

3. 电子合同中的要约与承诺规则

电子合同在本质上与传统合同一样,是当事人意思表示一致的结果,属于民商事合同。电子合同的定义也与传统合同一样,须遵循合同法中的要约和承诺规则。除非另有约定或法律另有规定,一方当事人做出要约,另一方当事人对该要约进行承诺,这份电子合同即告成立。

从案例 9-1 中可以看到,电子合同当事人的意思表示,无论是要约还是承诺,其内容与传统方式的合同无本质区别,区别仅在于意思的传达和存储方式不同。电子合同中的意思表示,以数据电文方式存在,未做成传统的纸面文书;同时,这些意思表示需要特殊设备的解码才能显示并被理解。以数据电文方式进行要约和承诺时应注意以下问题。

(1) 数据电文对合同的法律效力是否产生影响

对此,我国《合同法》和《电子签名法》均有明确规定。

我国《合同法》第 11 条规定:"书面形式是指合同书、信件和数据电文(包括电报、电传、传真、电子数据交换和电子邮件)等可以有形地表现所载内容的形式。"

我国《电子签名法》则借鉴了联合国《电子商务示范法》的"功能等同方案",以列举"书面形式"的基本"功能"的方式将数据电文形式纳入"书面形式"范畴。该法第 4 条规定,"能够有形地表现所载内容,并可以随时调取查用的数据电文,视为符合法律、法规要求的书面形式。同时,该法第 5 条规定,符合下列条件的数据电文,视为满足法律、法规规定的原件形式要求:

① 能够有效地表现所载内容并可供随时调取查用;

② 能够可靠地保证从最终形成时起,内容保持完整,未被更改。但是,在数据电文上增加背书以及数据交换、储存和显示过程中发生的形式变化不影响数据电文的完整性。

因此,数据电文属于"书面形式",数据电文的采用不会影响所订立合同的效力。

(2) 要约和承诺的到达时间如何确定

在我国《合同法》的要约、承诺规则中,要约的到达意味着要约约束力的开始,承诺的到达则往往能直接导致合同的成立,承诺到达的时间也将成为合同成立的时间。数据电文在传递过程中,其到达时间的显示和记载方式与传统合同有所不同。针对这一特点,我国《合同法》规定,"采用数据电文形式订立合同,收件人指定特定系统接收数据电文的,该数据电文进入该特定系统的时间,视为到达时间;未指定特定系统的,该数据电文进入收件人的任何系统的首次时间,视为到达时间"。《电子签名法》也有类似规定,只是将"到达时间"表述为"接收时间"。该法同时规定,法律、行政法规规定或者当事人约定数据电文需要确认收讫的,应当确认收讫。发件人收到收件人的收讫确认时,数据电文视为已经收到。

根据我国《合同法》第 16 条,"要约到达受要约人对生效";根据第 26 条,"承诺通知到达要约人时生效"。因此,数据电文按照法律规定"到达"或"接收"时,该意思表示便生效。

案例 9-1 中,韩某按照网站的指示将竞拍价键入,应视为以数据电文的方式做出了要约,网站的确认函则构成了数据电文方式的承诺。如果网站未对合同的成立设置其他条件,则确认函到达韩某的计算机系统时,韩某与永大公司之间的电子合同便告成立。由于当事人意思表示不真实("起始价 10 元"属《民法通则》和《合同法》所说的"重大误解"),以及网站缺乏经营拍卖业务的资质,该合同最终被宣告撤销,无法再对当事人产生法律约束力,但该合同的订立过程还是符合电子合同的要约、承诺规则的。

4. 电子代理人的法律问题

电子代理人是指不需要人的审查或操作,能用于独立地发出、回应电子记录以及部分或全部地履行合同的计算机程序、电子的或其他自动化手段。案例 9-1 中的自动回复系统即属于"电子代理人"。

电子代理人具有按照预定程序审单判断的功能,不仅可执行数据电文的发送、接收和确认,完成合同订立的全过程,甚至能够自动履行合同。

【案例 9-8】

原告恒通商贸公司为一大型零售企业,建有自动交易系统,库存商品的管理均由计算机自动操作完成。被告华康化学用品公司系洗涤剂生产商。原被告双方达成一项协议,约定洗涤用品的下单和接单均通过电子数据交换的形式,由双方的计算机自动进行。并具体约定:原告公司存货不足时,一经原告采购负责人决定,原告计算机自动给被告下单(信息发送成功,计算机会自动显示),被告计算机自动接单。然后,被告根据原告的订单进货上门。合同还约定,被告一有新品,计算机自动向原告发出提示,以便原告下单。合同生效后,系统运行一直正常。

9 月 12 日,原告库存的被告产品低于正常库存量,计算机自动给被告下单,订单对货号、数量作了说明，计算机显示信息发送成功。按照常规，被告当天收到订单后，立即组织发货，9月15日就能到货。但直到9月21日，被告的货才到。而原告销售的被告产品已于9月16日销售完毕，为应急，原告已于9月15日从另一家公司进了一批其他类型的洗涤用品。为此，原告拒收被告发来的货物，并要求被告赔偿损失，原告声称，从9月16日到21日，由于被告的产品一直缺货，引起顾客不满，致使部分顾客流失，影响了原告的销售额。但被告声称，他们是在9月18日才接到订单的，并且接单后立即组织发货，没有任何违约行为。经查明，被告接单过晚是由于当事人间的自动成交系统发生了故障。

该案中，双方当事人对合同的成立时间以及是否存在违约行为发生了争议。争议的起因是双方设定的电子代理人在运行中发生故障，导致订约信息的传递发生贻误。由此可以看出，电子代理人的法律问题主要涉及两个方面：一是电子代理人的法律性质；二是电子代理人出现故障时责任如何承担。

(1) 电子代理人的法律属性

电子代理人实际上只是两种职能化交易系统，是执行人类意愿的交易工具，即使这种执行是自动进行的，也不可能具有法律人格，只能成为法律关系的客体而不能成为法律关系的主体。这是"电子代理人"和民商法中所说的"代理人"的本质区别。

实践中曾出现关于"电子代理人订约能力"的争议。事实上，由于电子代理人不是法律关系主体，根本不存在订约资格与能力的问题。电子代理人的程序由人事先编制，是订约当事人意思表示的一种特殊手段和表现形式。所谓"电子代理人的订约能力"问题，实际上是当事人以电子代理人方式订立合同的有效性问题。

以电子代理人方式订立合同的有效性，首先取决于合同当事人的订约资格。设置电子代理人的当事人应当具备完全的民事行为能力，能够实施相应的民事法律行为，能够承担民事法律责任。

通过电子代理人进行交易时，由于对象不特定且人数众多使得交易中的商业风险和法律风险都较高。因此，法律通常规定只有符合一定条件的民事主体才能以电子代理人的方式订立电子合同。符合条件的当事人经国家有关部门核准，获得电子代理人核准资格文件后，应将其核准编号明确标识在其进行交易的电子版面上。如果未获核准便以电子代理人方式向交易对象显示其交易信息，交易对象有权以此为由主张当事人的意思表示不真实，电子代理人的行为不产生法律约束力。

同时，通过电子代理人订约，不能妨碍交易双方真实身份和意思的表达，并应能够提供检验的手段。这是为了便于交易当事人及时有效地审查电子代理人的真实身份，从而有效地审查要约或承诺的内容，以防止交易双方缔约权利的不对等而影响合同的法律效力。

(2) 电子代理人引发的法律责任

电子代理人是订约当事人使用的特殊形式的工具，因此，电子代理人引起的法律责任应由设立电子代理人的当事人承担。

案例9-8中，自动成交系统发生故障，导致交易信息未能及时进入被告计算机系统，从而引发了合同争议。如果当事人之间有相关的约定，则按约定承担责任；如果没有约定，则根据《合同法》《电子签名法》《民法通则》等承担责任。

某些电子代理人不需要人工值守，不但发生故障不易及时察觉，而且解决纠纷时举证困难。同时，由于是自动成交，某些特殊情况下合网的订立可能违背当事人真实意愿。因此，交易双方在使用电子自动成交系统时，应事先约定自动成交系统发生故障或失误时的应对措施，并事先确定相关法律责任的承担方式。

9.2.3 电子商务消费者权益的法律问题

电子商务作为一种全新的消费模式,为消费者提供了一种更加便捷的消费方式。但在当前法律保护不完善的条件下,网络消费者侵权行为越来越严重。如何保护电子商务消费者的合法权益,已成为电子商务继续快速发展必须要解决的问题。准确分析电子商务消费者权益保护方面存在的突出问题,加快构建适合我国国情的消费者权益保护体系显得更为重要。

1. 电子商务中消费者权利的内容

我国尚未制订专门保护电子商务消费者权利的法律,目前涉及电子商务消费者权利保护的纠纷仍然适用《民法通则》《合同法》《消费者权益保护法》等传统领域的法律。根据《消费者权益保护法》,消费者的权利包括以下内容。

(1) 消费者的知情权

《消费者权益保护法》第8条规定:"消费者享有知悉其购买、使用的商品或者接受的服务盼真实情况的权利。"知悉商品或者服务的真实内容,是消费者决定消费的前提。互联网的虚拟性及不确定性使得电子商务消费者的知情权比传统商务更加难以保障,因而显得更加重要。通常,消费者在决定购买之前,需要了解的与商品或服务有关的信息主要包括以下三个方面。

① 商品或者服务的基本情况。包括商品的名称、注册商标、产地、生产者名称、服务的内容、规格、费用等。

② 商品的技术指标。包括用途、性能、规格、等级、所含成分、使用方法、使用说明书、检验合格证明等。

③ 商品或者服务的价格及商品的售后服务情况。

电子商务经营者向消费者提供的与商品和服务有关的广告及其他信息必须客观、真实、全面。网络消费者所拥有的只是一个网络平台,一般只能根据网上提供的信息判断商品或服务的内容,这种购物方式容易使消费者遭受虚假信息的欺骗。

(2) 消费者的公平交易权

公平交易权是指消费者在交易中获得公平的交易条件的权利,根据该权利,经营者不得利用优势地位将明显不公平的条件强加于消费者,即,交易条件不能"显失公平"。在某些电子商务活动中,经营者可能以电子格式条款的方式将明显不公平的交易条件强加给消费者,在消费者无法自由选择的垄断行业中这个问题尤其突出。

(3) 消费者的自由选择权

《消费者权益保护法》第9条规定:"消费者有自主选择商品或者服务的权利。消费者有权自主选择提供商品或者服务的经营者,自主选择商品品种或者服务方式,自主决定购买或者不购买任何一种商品,接受或不接受任何一项服务。"

(4) 消费者获得消费安全的权利

消费者的消费安全主要包括消费时的人身安全、财产安全和隐私安全。

(5) 消费者的损害赔偿请求权

消费者在进行交易时人身、财产受到损害的,有权请求并获得相应的损害赔偿。

2. 网络隐私权与消费者网上个人信息安全

(1) 网络隐私权

网络隐私权通常是指公民在网络中享有的私人生活安宁与私人信息依法受到保护,不被他人非法侵犯、知悉、收集、复制、公开和利用的一种人格权;也指禁止在网上泄露某些与个人有关的敏感信息,包括事实、图像以及毁损的意见等。

网络中侵犯个人隐私权的事件屡有发生。个人信息在互联网上极易被搜索或传播,尤其是这些信息在本人不情愿的情况下与某些特定事件产生联系极有可能因此降低这些人的社会评价,给他们带来精神损失。

【案例 9-9】

某网站论坛上,一个帖子引来了上千条跟帖。帖子是一个网名叫幽幽的女子发布的。该女子在帖子里述说了她跟一个男子在网络聚会上认识、同居并怀孕的过程,因为幽幽自身的原因和男子家人的反对,两人最终没能结婚,男孩也在她怀孕后突然消失,至今没有出现。生下孩子并与男子的亲属交涉无果后,幽幽选择以"网络通缉"的方式找人。她在全国各大网站BBS发出网络通缉,希望通过这种方式迫使男子能承担其责任。帖子中有10张照片,包括两人的合影、婚纱照和婴儿的照片,并公布了孩子父亲的姓名、身份证号码、出生地,以及毕业学校和时间等个人信息。

网络隐私权主要包括以下三个方面:

① 涉及个人资料的隐私权。个人信息在网上也称"个人数据",英国1998年《数据保护法》对此作了一个较全面的界定:"个人数据指与可识别的活着的个人的数据组合,包括数据控制者占有或可能占有的其他信息,任何关于该个人观点的表述、数据控制者或与该个人有关的其他人意图的表示。"属隐私权范畴的消费者个人资料主要有:特定的个人信息(姓名、性别、出生日期、身份证号码、照片)等;敏感性个人信息(宗教信仰、婚姻、家庭、职业、病历、收入、经历等);E-mail 地址、IP 地址、用户名与密码等。

任何个人或者组织未经允许不得以任何方式在网上收集权利人的个人资料,更不得利用技术手段窃取或篡改他人的网络个人信息。在合法获得他人个人资料的情况下,不得将这些资料做事先声明的收集目的以外的利用,也不得擅自将这些资料披露和公开。本章案例 9-2 中杰克的病例被网络医院不适当地公开、传播,导致其无法顺利就业,杰克的隐私权受到侵害。

② 涉及通信秘密与通信自由的个人隐私权。私人间的电子邮件通信常常涉及个人隐秘生活内容或商业秘密,如果这些信息在网络上泄露、扩散,将给该个人造成极大伤害。因此,除法律另有规定外,任何个人和组织未经授权都无权截获或复制他人正在传递的电子信息。

③ 个人生活安宁权。促销广告电子邮件因成本低廉且难以监控而日益泛滥。这些"垃圾邮件"不但耗费消费者大量的时间和金钱,而且占用邮箱空间。既影响了正常信件的传送,也侵害了消费者个人生活的安宁,如案例 9-10。

【案例 9-10】

一个名叫路易莎的美国妇女,生了孩子不久,在一家网上商店购买了一些幼儿服装、一次性尿布等幼儿用品。一段时间以后,她在查看电子邮件时惊讶地发现,她的电子邮箱里有几十封邮件,并且几乎全部是广告邮件,这些邮件把她的电子邮箱全部占满了。这些邮件中,除了有几封是她曾购买幼儿用品的那家网上商店邮寄来的外,其余的全部来自于她未曾访问过的网站。这些广告向她推荐摇篮、儿童奶粉、哺乳期女性化妆品、《育儿大全》等。

(2) 网上个人信息安全的保障

关于个人信息安全的法律法规,我国尚无关于个人信息的专门立法。有关隐私权和个人信息的规定散见于各种法律文件中。

①《中华人民共和国宪法》第 40 条规定:"中华人民共和国公民的通信自由和通信秘密受法律的保护。除因国家安全或者追查刑事犯罪的需要,由公安机关或者检察机关依照法律规定的程序对通信进行检查外,任何组织或者个人不得以任何理由侵犯公民的通信自由和通信秘密。"

② 《民法通则》规定:公民和法人享有名誉权,公民的人格尊严受法律保护。

③ 信息产业部《互联网电子公告服务管理规定》规定:"电子公告服务提供者应当对上网用户的个人信息保密,未经上网用户同意不得向他人泄露,法律另有规定的除外。"

④ 最高人民法院《关于审理名誉权案件若干问题的解答》规定:"对未经他人同意,擅自公布他人隐私材料,或者以书面、口头方式宣扬他人隐私,致使他人名誉受到损害的,按照侵害他人名誉权处理。"

⑤ 《计算机信息网络国际联网安全保护管理办法》规定:"用户的通信自由和通信秘密受法律保护。任何单位和个人不得违反法律规定,利用国际联网侵犯用户的通信自由和通信秘密。"

⑥ 《互联网安全保护技术措施规定》规定:"互联网服务提供者、联网使用单位应当建立相应的管理制度。未经用户同意不得公开、泄露用户注册信息,但法律、法规另有规定的除外。互联网服务提供者、联网使用单位应当依法使用互联网安全保护技术措施,不得利用互联网安全保护技术措施侵犯用户的通信自由和通信秘密。"

有关个人信息的合同保护,消费者隐私权和个人信息安全方面的法律保护是有限度的,因为隐私权的保护可能和经营者的商业利益发生冲突。如网上的很多服务是免费的,但享受这些服务必须以提供个人资料为代价;在电子商务经营过程中,出于客户管理的需要,一些经营者也需要获得并使用客户的个人信息,包括个人隐私信息。

消费者和经营者利益的平衡往往需通过个案中的合同安排才能实现。网络经营者在其网站主页显要位置公布隐私权保护声明是常见的做法。这类声明的内容一般包括:

① 告知网站将以何种方式收集用户的个人资料;
② 告知网站收集个人资料的范围;
③ 对于个人资料的处理做出承诺,明确表示不会将当事人的任何个人资料以任何方式泄露给任何一方。

此外,网站还应向消费者说明在何种情况下可能对消费者提供的个人资料加以利用以及以何种方式利用。例如:

① 已取得当事人的书面同意;
② 为免除当事人在生命、身体或财产方面之急迫危险;
③ 为增进公共利益;
④ 为防止他人权益之重大危害,且无害于当事人的重大利益;
⑤ 根据执法机关之要求或为公共安全之目的向相关单位提供个人资料。

9.2.4 电子商务知识产权的法律问题

在我们的网络世界中,传统的知识产权保护制度已经不能适应解决出现的问题。例如,域名问题就是我们经常遇到的比较棘手的问题,这就使人们对于商标以及其他不正当的竞争联系在一起,可见在电子商务活动中,知识的保护涉及很多方面的问题,这就使我们传统意义上的知识产权保护制度亟待有效地完善和改进,以适应不断发展的电子商务活动。

1. 网络著作权的法律保护

20世纪90年代以来,由于国际互联网技术的发展,信息的传播得到快速发展,著作权的保护范围和内容也不断扩大和深化。随着互联网为代表的新经济成为一个利益巨大的经济部门,传统的著作权人希望将其对传统作品的权利自然延伸到网络上,网络上的既得利益者则希望网络上的权益能得到传统著作权的扩大保护。网络著作权的纠纷也随之而起,大量出现。

（1）网络著作权的内容和形式

著作权是指公民、法人和其他组织对其创作的文学、艺术和科学领域中的作品所享有的财产权利和人身权利。根据《中华人民共和国著作权法》（以下简称我国《著作权法》）第 10 条，这些权利包括发表权、署名权、修改权、保护作品完整权、复制权、发行权、出租权、展览权、表演权、放映权、广播权、信息网络传播权、摄制权、改编权、翻译权、汇编权以及应当由著作权人享有的其他权利。

著作权法保护的作品是指文学、艺术和科学领域内具有独创性并能以某种有形形式复制的智力成果。根据我国《著作权法》第 3 条，作品包括文字作品，口述作品，音乐、戏剧、曲艺、舞蹈、杂技艺术作品，美术、建筑作品，摄影作品，电影作品和以类似摄制电影的方法创作的作品，工程设计图、产品设计图、地图、示意图等图形作品和模型作品，计算机软件以及法律、行政法规规定的其他作品。但我国《著作权法》所称的作品不包括法律、法规，国家机关的决议、决定、命令和其他具有立法、行政、司法性质的文件及其官方正式译文，时事新闻，历法、通用数表、通用表格和公式。

根据《最高人民法院关于审理涉及计算机网络著作权纠纷案件适用法律若干问题的解释》，计算机网络著作权纠纷涉及的"作品"，主要包括以下两类：

① 上述我国《著作权法》第 3 条规定的各类作品的数字化形式，包括由传统形式的作品转化而来的数字化作品，也包括在计算机上直接形成的数字化作品。

② 在网络环境下无法归于我国《著作权法》第 3 条列举的作品范围，但在文学、艺术和科学领域内具有独创性并能以某种有形形式复制的其他智力创作成果，如网页、网络数据库、网络多媒体等。

【案例 9-11】

原告 Compuserve 是一家通过计算机网络经营在线商业服务的公司。该公司通过链接 Internet 向用户提供丰富的信息资源，并且允许用户在其所有的计算机网络上收发电子邮件。被告 Cyberpromotions 公司和公司董事长 Sanford Walace 通过 Internet 向数以百万的 Internet 用户发送公司的广告，这些用户大都为 Compuserve 的用户。Compuserve 因此通知被告禁止使用其计算机设备处理并储存这些未经用户要求的电子邮件，并停止该行为。然而被告 Cyberpromotions 公司不但未停止其行为，反而发送更多的电子邮件给 Compuserve 的用户。尽管 Compuserve 试图采用技术手段阻止被告的行为，却没能成功。原告因此向法院提起诉讼，要求法院禁止被告的行为。

案例中被告 Cyberpromotions 公司通过 Internet 向原告 Compuserve 的用户大量发送电子邮件广告，就是利用了原告的数据库。

（2）信息网络传播权的侵权及法律保护

① 信息网络传播权的概念。信息网络传播权是指以有线或者无线方式向公众提供作品、表演或者录音录像制品，使公众可以在其个人选定的时间和地点获得作品、表演或者录音录像制品的权利。

【案例 9-12】

Google 在比利时被控侵权，布鲁塞尔紧急程序审理庭做出裁决，驳回了美国搜索引擎巨头 Google 提出的上诉，要求其立即履行布鲁塞尔一审法院此前做出的判决。布鲁塞尔一审法院的裁决要求 Google 删除未经授权的比利时法语和德语报纸的文字、图片和图表链接，并在网站上连续 5 天刊登这一判决的内容。

负责比利时法文和德文版报纸版权事宜的比利时新闻编辑协会表示,布鲁塞尔一审法院判决生效后,Google未停止侵权行为,因此,Google必须每天支付罚款100万欧元。此外,由于Google未在相应网站上刊登法庭裁决,每天还需被加罚50万欧元。Google方面则表示其行为没有违反版权法,其网站在引用内容摘要时注明了报纸网站出处。因此,Google向布鲁塞尔紧急程序审理庭提出重审要求。

这只是世界范围内众多的网络信息传播权纠纷案中的一个。在我国,此类案件近年也不断出现,案件类型集中在信息网络传播权的侵权方面。

② 信息网络传播权的保护

我国《著作权法》和《信息网络传播权保护条例》都明确了对著作权人的信息网络传播权的保护。《信息网络传播权保护条例》第2条规定:"除法律、行政法规另有规定的外,任何组织或者个人将他人的作品、表演、录音录像制品通过信息网络向公众提供,应当取得权利人许可,并支付报酬。"

因此,未取得权利人许可,或者未按权利人要求支付报酬而在网络上将著作权人的作品、表演、录音录像制品向公众提供的,构成对信息网络传播权的侵权,须承担相应的法律责任。

③ 信息网络传播权的"合理使用"

《信息网络传播权保护条例》规定,在下列情况下,通过信息网络提供他人作品,可以不经著作权人许可,不向其支付报酬:

- 为介绍、评论某一作品或者说明某一问题,在向公众提供的作品中适当引用已经发表的作品;
- 为报道时事新闻,在向公众提供的作品中不可避免地再现或者引用已经发表的作品;
- 为学校课堂教学或者科学研究,向少数教学、科研人员提供少量已经发表的作品;
- 国家机关为执行公务,在合理范围内向公众提供已经发表的作品;
- 将中国公民、法人或者其他组织已经发表的、以汉语言文字创作的作品翻译成的少数民族语言文字作品,向中国境内少数民族提供;
- 不以赢利为目的,以盲人能够感知的独特方式向盲人提供已经发表的文字作品;
- 向公众提供在信息网络上已经发表的关于政治、经济问题的时事性文章,作者事先声明不许提供的除外;
- 向公众提供在公众集会上发表的讲话,作者事先声明不许提供的除外。

但是,依该规定不经著作权人许可、通过信息网络向公众提供其作品的,应指明作品的名称和作者的姓名(名称),并支付报酬。同时采取技术措施,防止其他人获得著作权人的作品。

④ 侵犯信息网络传播权的主要形式

- 未经授权上传权利人作品:侵权人未得到权利人允许,将权利人传统形式的作品上传到互联网供人浏览或下载。

【案例9-13】

世纪互联公司在未取得作家王蒙、张洁、张抗抗、毕淑敏、刘震云、张承志同意的情况下,将他们的作品《坚硬的稀粥诤堰漫长的路》《白馨粟》《预约死亡》《一地鸡毛撒黑骏马》和《北方的河》等从其他网站上下载,经整理后重新上传到被告的网站上供人浏览或者下载。为此6位作家认为被告作为提供互联网络内容的服务商,未经许可且以赢利目的使用原告的作品,侵害了原告的著作权,请求法院判决被告停止侵权、公开致歉,赔偿经济损失和精神损失,承担诉讼费、调查费等合理费用。

- 未经允许在网络上转载、摘编他人的网上信息:网络上存在大量的原创作品,如网络小说、博客、播窖、铃声、网络评论等,这些作品如果被人转载,则可能引发侵权纠纷。

【案例 9-14】

张某在某网站上发表了一篇文章,某镇政府将该文章全文转载到该政府的网站上,转载时虽注明了文章来源,但未支付稿酬。张某认为镇政府侵犯了其著作权,要求法院判令镇政府支付稿酬、公证费、查档费、律师费等共计 8 060 元。法院判决镇政府赔偿张某经济损失 500 元及为本案支出的合理费用 2 000 元,法院认为,根据相关规定,已在网络上传播的作品,除著作权人声明或者上载该作品的网络服务提供者受著作权人的委托声明不得转载、摘编的以外,网站可以转载、摘编,但应按有关规定支付报酬,并注明出处。原告的文章已经在网络上传播,张某和发表文章的网站均未作不得转载、摘编的声明,被告可以在其网站上转载该文,但转载时应当指明作者和出处,并自转载之日起 2 个月内向著作权人支付报酬,这是其转载他人作品依法应承担的义务。但是,镇政府转载涉案文章仅注明出处,没有指明作者,亦没有向著作权人支付报酬,侵犯了著作权人对涉案文章享有的获得报酬的权利。

- P2P 技术(同等文件传输技术)引发的信息网络传播权侵权:P2P 技术实现了网络用户之间的资源共享,在共享资源的同时,也可能造成对权利人信息网络传播权的严重危害。

【案例 9-15】

美国 Napster 公司开发了名为"MusicShare"的软件。该软件利用 P2P 技术为其用户提供 MP3 文件交换服务。任何人从 Napster 公司网站上下载"MusicShare"软件并免费注册为该公司用户后,可以与该公司的所有其他用户交流 MP3 文件。Napster 公司的用户在任何时候上传和下载 MP3 文件时都不需要向对方用户、Napster 公司或者音乐作品的权利人支付报酬。Napster 公司被 18 家唱片公司以侵权和不正当竞争为由告上法庭。

- 链接所引发的著作权纠纷:包括未经允许链接使用他人作品和链接含有侵权内容的网站引起的纠纷。实际的链接纠纷多为后者。

【案例 9-16】

刘某发现某门户网站与其他三个网站的链接可全文浏览或下载其翻译出版的《堂吉珂德》译著。刘某认为该网站侵犯了其著作权,向北京市第二中级人民法院提起诉讼,要求被告立即停止侵权,赔礼道歉并赔偿 10 万元损失。后原告表示愿意和解,收取 1 元赔偿费,条件是:被告撤掉链接,赔礼道歉。

⑤ 侵犯信息网络传播权的法律责任

根据《信息网络传播权保护条例》第 18 条,违反该条例规定,构成对信息网络传播权侵权的,须承担如下法律责任:

- 根据情况承担停止侵害、消除影响、赔礼道歉、赔偿损失等民事责任;
- 损害公共利益的,可以由著作权行政管理部门责令停止侵权行为,没收违法所得,并可处以 10 万元以下的罚款;
- 情节严重的,著作权行政管理部门可以没收主要用于提供网络服务的计算机等设备;
- 构成犯罪的,依法追究刑事责任。

【案例 9-17】

《云霄阁》网站系由山东省济南市居民刘某和莆田市涵江区居民姚某共同出资于2004年1月建立，主要刊载网络文学作品提供网上在线阅读，由姚某负责技术维护和广告收支管理，刘某负责上网信息内容发布。其作品来源，主要通过网站加载的专门软件，从《起点中文网》《幻剑书盟》等文学网站自动搜索、批量采集。姚某、刘某则通过《云霄阁》网开辟有偿广告获取经济利益。几年来，《云霄阁》网先后刊载文学作品近9 000部，至案发时，尚有在线作品5 334部。《云霄阁》曾一度为中文网站访问量排名第二，案发前仍居中文文学类网站第七，日访问量达20多万独立IP，200多万人次。2007年9月4日，福建莆田市版权局和公安局、涵江区公安分局联合侦破《云霄阁》网侵犯著作权案，网站主机被扣押，两名主要责任人被捕。作为我国首例网络文学作品侵权刑事案。

(3) 其他著作权侵权纠纷及法律保护

① 在网络上侵犯著作权人的某项具体权利引发的著作权纠纷。如侵犯权利人的修改权、保持作品完整权、署名权等。例如，"网络恶搞"，网站刊载、转载他人作品时擅自对作品进行改动、删节、不署作者名或擅自改变作者署名等。

② 网页模仿引起的著作权纠纷。

【案例 9-18】

原告发现被告网站和其网站内容相似，进行证据公证后，向北京市海淀区人民法院提起诉讼。法院认为，原告主页所使用的颜色、文字以及部分图标虽然已经处于公有领域，但是将这些因素组合起来，并以数字化的形式表现出来，给人以美感，是一种具有原创性的独特构思。该网页的著作权归属于原告所有。被告主页部分图标、文字、颜色的组合搭配，已经构成实质性的相同。构成了对原告著作的使用权、获得报酬权、保持作品完整权的侵犯。遂判决被告刊登声明，公开道歉，赔偿原告经济损失2 000元。

(4) 网络服务提供者的法律责任

① 网络服务提供者在下列情况下与相关行为人承担共同侵权责任

- 通过网络参与他人侵犯著作权行为；
- 通过网络教唆、帮助他人实施侵犯著作权行为；
- 明知网络用户通过网络实施侵犯他人著作权的行为，或者经著作权人提出确有证据的警告，仍不采取移除侵权内容等措施以消除侵权后果。

② 及时删除已知侵权内容或断开链接的责任

权利人认为网络服务提供者在提供存储、搜索、链接服务时涉及侵犯其信息网络传播权的作品、表演、录音录像制品的，可以向该网络服务提供者提交书面通知，要求网络服务提供者删除该作品、表演、录音录像制品，或者断开与该作品、表演、录音录像制品的链接。网络服务提供者接到权利人的通知书后，应当立即删除相关内容或者断开相关链接，同时将通知书转送提供相关内容的服务对象；服务对象接到通知书后，认为其未侵犯他人权利的，可以向网络服务提供者提交书面说明，要求恢复相关内容或者恢复链接。网络服务提供者接到服务对象的书面说明后，应当立即恢复相关内容或者可以恢复链接，同时将服务对象的书面说明转送权利人。权利人不得再通知网络服务提供者删除该内容或者断开该链接。

③ 协助义务

网络服务提供者应协助著作权行政管理部门查处侵犯信息网络传播权的行为，在该部门提出要求时向其提供涉嫌侵权的服务对象的姓名(名称)、联系方式、网络地址等资料。

在本章案例 9-3 中，法院最终判决被告百度公司不构成侵权，原因即在于，原告不能证明被告在提供链接服务时存在共同侵权行为或者在权利人通知后未及时断开链接。

2. 域名的法律保护

域名是一个企业或机构在国际互联网上表达的名称。根据中国互联网络信息中心对域名的解释，域名类似于互联网上的门牌号码，用于识别和定位互联网上计算机的层次结构式字符标识，与该计算机的 IP 地址相对应。如何理解域名的含义、认识域名的性质是我们讨论对域名进行保护的关键。

（1）域名的法律特征

域名作为一种字符的创意和构思组合，与著作权有类似之处，但由于域名的价值主要表现为这种特有字符下的网络空间，所以本质上是对特定网络空间的专有权。域名的法律特征包括：

① 标识性。域名可以在互联网上对不同的网络空间所有者进行标识和区分。
② 唯一性。域名可以极度相似，但不可以完全相同。并且，这种独一无二是全球性的。
③ 排他性。域名与特定空间及所有者的严格的一一对应关系使域名具有绝对的排他性。

虽然域名的字符方式与商标有一定的相同之处，并且，在商业领域，人们倾向于将域名与商标联系起来加以使用，即域名与商标的"统一性"策略，但是域名和商标是有区别的，主要表现在以下几个方面：

① 商标是对特定商品或服务的标识，而域名与商品或服务无必然联系。
② 注册商标的排他性一般不能"跨界"，同一个商标可能被若干经营不同类的商品或服务的企业同时使用；域名的唯一性则是全球性的，没有商品或服务的类别的限制。
③ 同样具有标识作用，域名虽然不能完全相同，但可以极度相似；而这种情况是不允许出现在同类商品或服务的商标上的。
④ 商标可以是文字、图形或者两者的结合，还可以是立体商标、音响商标或者气味商标；域名却只能是文字。
⑤ 商标的法律保护具有地域性，域名则没有。
⑥ 商标未经注册也可以使用，域名则必须经过注册。

（2）域名的法律保护

与域名有关的法律纠纷主要集中在域名抢注和利用相似域名进行不正当竞争两个方面。限于篇幅，本章只介绍域名抢注的法律问题。

① 域名抢注争议

由于域名注册系统不断发展，许多新功能应运而生，如计算机用户可通过软件自动注册过期域名，注册后可免费享受 5 天的体验期等。加之通用顶级域名的建立和注册机构的日益增多，域名抢注案件日益增多。据国家知识产权局提供的数据，2006 年，世界知识产权组织（WIPO）仲裁与调解中心受理的通用顶级域名和国家代码顶级域名抢注案件高达 1 832 件，这是自 2000 年该中心开始提供仲裁与调解服务以来受理此类案件最多的一年，较上年增加了 15 个百分点。

域名的"恶意抢注"是常见的域名争议种类。"恶意抢注"是指明知或应知他人的商标、商号及姓名等具有较高的知名度和影响力而进行抢注的行为。

【案例 9-19】

2005 年，宝洁公司再次陷入中文域名被抢注的危机中。旗下舒肤佳和玉兰油两大品牌的 CN 域名被福建省一家工艺品公司注册。一个月之前，宝洁的海飞丝、飘柔两个品牌的中文域名也被抢注,宝洁的中文品牌战略遭遇了前所未有的窘迫。专家提醒,很多知名企业因对中文域名等网络品牌不甚重视而使品牌保护产生漏洞,这不能不说是企业品牌战略的一大漏洞。

早在 2000 年,宝洁曾因"汰渍""护舒宝""舒肤佳"的 CN 域名被抢注而打过一场颇有业界影响的官司,此案例曾被当作企业品牌保护的典型。事隔 5 年,许多企业在品牌保护方面日渐觉醒,纷纷注册中文域名以完善企业的品牌保护体系,宝洁的品牌战略此时却遭遇了"前后夹击"的窘迫。

如上例所示,与知名企业著名商标(或商号)相同的域名成为恶意抢注的主要对象。恶意抢注者利用的是这些著名商标(商号)的商业价值在互联网上的延伸。由于域名不属于传统知识产权法的保护对象,无法直接利用知识产权方面的法律对抗域名抢注。我国目前涉及域名管理的法律文件主要有:信息产业部《关于互联网中文域名管理的通告》《中国互联网络域名管理办法》,中国互联网络信息中心《中国互联网络信息中心域名争议解决办法程序规则》《中国互联网络信息中心域名争议解决办法》,最高人民法院《关于审理涉及计算机网络域名民事纠纷案件适用法律若干问题的解释》等。

② 域名争议的解决

根据《中国互联网络信息中心域名争议解决办法》,任何机构或个人认为他人已注册的域名与该机构或个人的合法权益发生冲突的,均可以向争议解决机构提出投诉。争议解决机构实行专家组负责争议解决的制度。专家组由 1~3 名掌握互联网络及相关法律知识,具备较高职业道德,能够独立并中立地对域名争议做出裁决的专家组成。

【案例 9-20】

王某向中国互联网信息中心(CNNIC)注册"www.kelon.com"域名。该域名注册后一直未使用,其主页一片空白。科龙公司以自己的英文商标"KELON"作为域名向 CNNIC 注册时,发现已被抢注,遂要求被告撤销其注册的域名,遭到拒绝。后被告用传真向科龙公司索取 5 万元的转让费让科龙公司买回其域名。科龙公司拒绝其要求后向北京市海淀区人民法院提起诉讼,请求法院确认王某的抢注行为属恶意侵权,判令其停止以域名方式侵犯原告的合法权益。后被告慑于法律的威严,主动向 CNNIC 申请注销侵权域名,交回注册证书。

根据该办法,针对注册域名的投诉获得支持的前提条件是:
- 被投诉的域名与投诉人享有民事权益的名称或者标志相同,或者具有足以导致混淆的近似性;
- 被投诉的域名持有人对域名或者其主要部分不享有合法权益;
- 被投诉的域名持有人对域名的注册或者使用具有恶意。

对于恶意注册或者使用域名行为的构成,该办法规定了下列情形:
- 注册或受让域名的目的是为了向作为民事权益所有人的投诉人或其竞争对手出售、出租或者以其他方式转让该域名,以获取不正当利益;
- 多次将他人享有合法权益的名称或者标志注册为自己的域名,以阻止他人以域名的形式在互联网上使用其享有合法权益的名称或者标志;
- 注册或者受让域名是为了损害投诉人的声誉,破坏投诉人正常的业务活动,或者混淆与投诉人之间的区别,误导公众;
- 其他恶意的情形。

该办法同时规定,被投诉人在接到争议解决机构送达的投诉书之前具有下列情形之一的,表明其对该域名享有合法权益:

- 被投诉人在提供商品或服务的过程中已善意地使用该域名或与该域名相对应的名称；
- 被投诉人虽未获得商品商标或有关服务商标，但所持有的域名已经获得一定的知名度；
- 被投诉人合理地使用或非商业性地合法使用该域名，不存在为获取商业利益而误导消费者的意图。

需要说明的是，《中国互联网络信息中心域名争议解决办法》适用的域名争议限于由中国互联网络信息中心负责管理的 CN 域名和中文域名的争议，并且，所争议域名注册期限满 2 年的，域名争议解决机构不予受理。域名争议解决的具体程序规则适用《中国互联网络信息中心域名争议解决办法程序规则》。

9.2.5 电子商务安全与网络犯罪的法律问题

据美国密执安大学一个调查机构通过对 23 000 名因特网用户的调查显示，超过 60％的人由于担心电子商务的安全问题而不愿进行网上购物。任何个人、企业或商业机构以及银行都不会通过一个不安全的网络进行商务交易，这样会导致商业机密信息或个人隐私的泄露，从而导致巨大的利益损失。

1．互联网安全的法律规范

互联网的飞速发展，使在互联网上的交易日益增多，用户在享受互联网的方便快捷的同时，也降低了交易成本。与采用传统的交易方式一样，用户很注重交易的安全，因为由于电子交易的无纸化，当事人没有类似合同书这样的证明文件来作为证据，电子记录是否准确、电子签名是否真实等问题都是用户在从事电子交易的时候所担心的问题。除电子合同交易问题外，网络违法犯罪问题也是用户所关注的，"黑客"、病毒袭击、网络色情、网上侵权、诈骗等都是互联网进一步发展必须要面对的安全方面的问题。下面就互联网安全相关的法律法规进行介绍。

(1) 互联网安全保护技术措施

2005 年 11 月 24 日，《互联网安全保护技术措施规定》(以下简称《规定》) 已经公安部部长办公会审议通过，于 12 月 13 日正式颁布，并将于 2006 年 3 月 1 日起实施。

《规定》是与《计算机信息网络国际联网安全保护管理办法》(以下简称《管理办法》) 相配套的一部部门规章。《规定》从保障和促进我国互联网发展出发，根据《管理办法》的有关规定，对互联网服务单位和联网单位落实安全保护技术措施提出了明确、具体和可操作性的要求，保证了安全保护技术措施的科学、合理和有效的实施，有利于加强和规范互联网安全保护工作，提高互联网服务单位和联网单位的安全防范能力和水平，预防和制止网上违法犯罪活动。《规定》的颁布对于保障我国互联网安全将起到促进作用。

互联网服务提供者和联网使用单位应当落实以下互联网安全保护技术措施：

① 防范计算机病毒、网络入侵和攻击破坏等危害网络安全事项或者行为的技术措施；

② 重要数据库和系统主要设备的冗灾备份措施；

③ 记录并留存用户登录和退出时间、主叫号码、账号、互联网地址或域名、系统维护日志的技术措施；

④ 法律、法规和规章规定应当落实的其他安全保护技术措施。

(2) 互联网安全保护管理措施

《计算机信息网络国际联网安全保护管理办法》要求与互联网有关的机构建立安全保护管理制度，采取安全技术保护措施，对网络用户进行安全教育和培训，向用户真实提供安全保护管理所需信息、资料及数据文件,对委托其发布的信息内容进行审核,对委托单位和个人进行登记,建立电子公告系统的用户登记和信息管理制度,按照国家有关规定删除违法违规的网络地址、目录或者关闭服务器;建立公用账号使用登记制度。同时明确规定,任何单位和个人不得从事下列危害计算机信息网络安全的活动:

① 未经允许,进入计算机信息网络或使用计算机信息网络资源的;
② 未经允许,对计算机信息网络功能进行删除、修改或增加的;
③ 未经允许,对计算机信息网络中存储、处理或传输的数据和应用程序进行删除、修改或增加的;
④ 故意制作、传播计算机病毒等破坏性程序的;
⑤ 其他危害计算机网络安全的。

(3) 互联网信息保密管理措施

《计算机信息系统国际联网保密管理规定》规定:

① 凡以提供网上信息服务为目的而采集的信息,除在其他新闻媒体上已公开发表的,组织者在上网发布前,应当征得提供信息单位的同意;
② 凡对网上信息进行扩充或更新,应当认真执行信息保密审核制度。
③ 凡在网上开设电子公告系统、聊天室、网络新闻组的单位和用户,应由相应的保密工作机构审批,明确保密要求和责任。
④ 任何单位和个人不得在电子公告系统、聊天室、网络新闻组上发布、谈论和传播国家秘密信息。
⑤ 面向社会开放的电子公告系统、聊天室、网络新闻组,开办人或其上级主管部门应认真履行保密义务,建立完善的管理制度加强监督检查。发现有涉密信息,应及时采取措施,并报告当地保密工作部门。
⑥ 涉及国家秘密的信息,包括在对外交往与合作中经审查;批准与境外特定对象合法交换的国家秘密信息,不得在国际联网的计算机信息系统中存储、处理、传递。
⑦ 涉及国家秘密的计算机信息系统,不得直接或间接地与国际互联网或其他公共信息网络相连接,必须实行物理隔离。

2. 关于网络犯罪的法律规范

网络犯罪,是指行为人运用计算机技术,借助于网络对其系统或信息进行攻击,破坏或利用网络进行其他犯罪的总称。既包括行为人运用其编程,加密,解码技术或工具在网络上实施的犯罪,也包括行为人利用软件指令、网络系统或产品加密等技术及法律规定上的漏洞在网络内外交互实施的犯罪,还包括行为人借助其居于网络服务提供者特定地位或其他方法在网络系统实施的犯罪。简而言之,网络犯罪是针对和利用网络进行的犯罪,网络犯罪的本质特征是危害网络及其信息的安全与秩序。

(1) 网络犯罪的罪名种类

1997年3月修订的《中华人民共和国刑法》(以下简称我国《刑法》)对危害计算机信息度计算机网络的行为做出了规定,增加了计算机犯罪的新内容,并将计算机犯罪分为两大类五种类型:一类是直接以计算机信息系统为犯罪对象的犯罪,包括非法侵入计算机信息系统罪;破坏计算机信息系统功能罪;破坏计算机信息系统数据、应用程序罪;制作、传播计算机破坏程序罪。另一类是以计算机为犯罪工具实施其他犯罪,如利用计算机实施金融诈骗、盗窃、贪污、挪用公款、窃取国家机密、经济情报或商业秘密等。

《关于维护互联网安全的决定》根据网络犯罪侵害客体的不同为标准,将网络犯罪分为5

种类型:
① 妨害互联网运行安全的网络犯罪;
② 妨害国家安全和社会稳定的网络犯罪;
③ 妨害市场经济秩序和社会管理秩序的网络犯罪;
④ 妨害人身权利、财产权利的网络犯罪;
⑤ 其他网络犯罪。

(2) 网络对象犯罪

网络对象犯罪的定义:只能在计算机信息系统网络内实施,主要对象是计算机程序或数据的网络犯罪。

网络对象犯罪的主要罪名有:

① 侵入国家重要计算机信息系统,即使并未实施任何删除、修改信息的行为,也构成该罪。该罪名对那些以解破安全保护程序、非法侵入重要计算机信息系统为乐的黑客们来说,具有很强的针对性。

② 破坏计算机信息系统功能罪。我国《刑法》第286条第1款规定,凡违反国家规定,对计算机信息系统功能进行删除、修改、增加、干扰,造成计算机信息系统不能正常运行,情节严重的行为,构成破坏计算机信息系统功能罪。违反该规定,将被处以5年以下有期徒刑或拘役,后果特别严重的,将被处以5年以上有期徒刑。案例9-6中的几名主犯便是以此罪名被湖北省仙桃市人民法院判处1~4年有期徒刑。

③ 破坏计算机信息系统数据、应用程序罪。我国《刑法》第286条第2款规定,违反国家法律规定,故意对计算机信息系统中存储、处理或传输的数据和应用程序进行删除、修改、增加的操作,造成严重后果的行为,构成破坏计算机信息系统数据、应用程序罪。犯该罪后果严重的,处以5年以下有期徒刑或者拘役;后果特别严重的,处以5年以上有期徒刑。

④ 制作、传播计算机破坏性程序罪。我国《刑法》第286条第3款规定,故意制作、传播计算机病毒等破坏性程序,影响计算机系统正常运行,后果严重的行为,构成制作、传播计算机破坏性程序罪。犯该罪后果严重的,处以5年以下有期徒刑或者拘役;后果特别严重的,处以5年以上有期徒刑。

网络对象犯罪的主要犯罪手段有:袭击网站以及在线传播破坏性病毒或逻辑炸弹、蠕虫、木马等破坏性程序等。

【案例9-21】

2001年8月2日14时,王某非法侵入"楚天人才热线",将该网站主页改为一面五星红旗,并附上"加入我们,成为中国黑客联盟的一分子"等内容,致使网站瘫痪。当天18时,王某非法侵入湖北大冶市政府网站后,对载有当地领导人照片和"领导致词"等内容的首页进行了恶意篡改。次日又将网站主页变为一张裸体女人照片,致使网站关闭。王某还以同样的手段,侵入科技之光、黄石热线等网站,更改主页,造成恶劣社会影响。法院认定,被告人王某利用从网上获取的方法,搜索扫描各网站的服务器系统的漏洞,并利用漏洞对计算机信息系统中的数据进行删除、修改、增加,后果严重,其行为已构成破坏计算机系统罪。湖北省武汉市江岸区人民法院判处王某有期徒刑1年。

(3) 网络工具犯罪

① 电子盗窃

电子盗窃是指以解码、修改指令等方法,擅自破译他人接受某项网络服务的密码,侵入系统终端,达到盗窃他人网络、介入服务的行为。目前我国《刑法》对于盗用、盗取他人网络游戏账号、网络游戏的"宝物""武器"、段位、幸运 QQ 号等行为。

【案例 9-22】

2003 年 5 月 21 日中午,武汉市洪山公安分局网监科接网络游戏玩家肖某报案称:上午 11 时许,他正在家玩"传奇"游戏时,突然被强行从游戏中退出,待他再次登录后发现密码被人篡改。当肖某使用另一账号登录时,发现有人在游戏中用 400 元现金叫卖自己被盗账号中的极品"兵器"。他立即请一个女网友在游戏中假装现金购买,双方当即约定在民乐公园一网吧交易。接到报案后,洪山区公安局网警立即同肖某一起赶往交易现场,将正在交易的卖主张某等人抓获。公安局根据《计算机信息网络国际互联网安全保护管理办法》,对张某等人予以罚款处罚。

② 网上洗钱

网上洗钱是指在网络上以密码或加密传输信息的方式,在网上销售或存储钱款,通过网上的合法交易,把通过非法渠道得到的"黑钱"洗"白丹"。犯罪分子除利用银行或其他金融机构的中介转换、兑现外,还利用网络商务、虚拟钱包、电子银行、在线商店、网络租赁等业务进行洗钱活动。可依据《中华人民共和国反洗钱法》对这类行为进行制裁。

③ 网络侮辱、诽谤与恐吓 网络侮辱、诽谤与恐吓是指出于各种目的,向各电子信箱、电子公告牌(BBS)发送或粘贴大量有人身侮辱、诽谤或恐吓等内容的文章或者图片和散布各种谣言侮辱、诽谤和恐吓他人。

【案例 9-23】

广东省惠州市 26 岁的被告徐某,在互联网上诽谤同事吉某夫妇,造成了极为恶劣的影响。徐某被法院烈诽谤罪判处管制 3 个月。

④ 网络色情传播

由于网络支持图片传播,一些网站为获取不当经济利益,在网络上大量制作、传播色情图片、色情电影。网上发布色情广告的案件也时有发生。

【案例 9-24】

河南郑州无业青年何某、杨某为赚取网上广告赞助费,合伙制作了隐藏在商丘信息港个人空间免费主页下的淫秽网站——"酷美女网际乐园"。自 1999 年 8 月以来,两人通过从国际互联网上下载的大量淫秽图片、色情小说,在其淫秽网页上先后发布淫秽图片万余张,色情小说百余部。2000 年年初,两人被当地公安部门抓获。

⑤ 网络赌博

网络赌博是指通过设置赌博程序、控制赌局输赢的互联网赌博。

网络赌博罪是一种新型犯罪形式,已成为一种危害严重但又打击不力的犯罪。它的主要特征如下:

- 犯罪主体具有隐蔽性。网络赌场的犯罪人"全天候"在线,24 小时实施犯罪行为,但在网上你却看不见他,看见的只是他连续不断地向你发出的赌博计算机软件命令。
- 犯罪行为具有虚构性。计算机网络的一个显著特点,是空间的虚拟性,所有的交往和行为都是通过一种数字化的形式来完成的,即通过一条电话线,通过光缆、有线电视网、卫星传送等方式将世界连成一片。网络赌博由于是发生在网络空间,使用操作计算机和网络技术,用数字化的形式来完成,所以网络赌博并不像传统赌博一样有一个实在的犯罪现场和空间,犯罪行为地与犯罪结果地也不像传统犯罪一样在一个现场里,它的行为地和结果地往往也是分离的。

【案例 9-25】

顾某 2004 年经人介绍成为某境外赌博网站的三级代理。据北京网络行业协会电子数据司法鉴定中心出具的《电子数据鉴定报告》证明,顾某做"庄家"的半年间,曾管理过 125 个下级投注用户,用户先后投注 216 252 笔,累计涉案流水金额达人民币 6 亿多元。北京市第一中级人民法院做出终审判决,以赌博罪判处顾某有期徒刑 2 年 6 个月,并处罚金 3 万元人民币。

⑥ 网上非法交易

网上非法交易是指在网络上实施法律明令禁止或不得无证交易的非法行为。我国《刑法》第 225 条规定:"未经许可经营法律、行政法规规定的专营、专卖物品或者其他限制买卖的物品,扰乱市场秩序,情节严重的,构成非法经营罪。"

⑦ 网上教唆或传播犯罪方法

网上教唆或传播犯罪方法行为的特征是,教唆人与被教唆人并不直接见面,教唆的结果并不一定取决于被教唆人的行为。这种犯罪有可能产生大量非直接被教唆对象同时接受相同教唆内容的严重后果,具有极强的隐蔽性和弥漫性。

【案例 9-26】

2002 年 3 月,湖北省襄樊警方成功侦破我国首例网上出售冰毒配方案。罪犯胡某系随州均川镇人,化学成绩特好,他通过互联网掌握了冰毒(甲基苯丙胺)的分子式和结构式。之后,他运用所学知识,研制出冰毒配方。2002 年 2 月下旬,胡某在襄樊"天使网吧",以同学名义,登录"中国化工网",公开发布了出售冰毒配方的信息。3 月 5 日,胡在襄樊与北京"客户"以 3 000 元成交后,被襄樊警方抓获。

(4) 网络诈骗

网络诈骗是为达到某种目的在网络上以各种形式向他人骗取财物的诈骗手段。由于网络诈骗具有传播范围广、速度快、成本低等特点,使网上诈骗行为屡禁不止。本章案例 9-5 便属于此类事件。

2007 年 8 月 17 日,中国互联网违法和不良信息举报中心发布告示,提醒广大网民注意防范网络诈骗。该告示中,举报中心列举了几类常见的网络诈骗手段:

① 散布虚假中奖消息。不法分子申请大量免费空间或独立域名,仿造某些热门网站的页面,借助聊天工具群发虚假中奖信息,除"游戏中奖"外,还以"暑期""迎奥运""周年庆"等名义诱导网民上当。

② 提供彩票、股票、六合彩预测服务。此类网站声称提供彩票、股票、六合彩的预测服务,以收取入会费、账号开通费、资料费、保证金、专家费等各种名义不断向网民索取钱财。

③ 低价销售商品。此类网站以低于市场一半以上的价格销售各类贵重商品,但通常是网民交纳了定金、保证金,甚至全部货款后就再也无法与网站取得联系。

④ 其他诈骗形式。如传销诈骗、网络钓鱼、虚假医疗网站销售药品等。在我国,传销为非法经营行为。凡在非法经营中获利 1 万元以上或非法经营额达 5 万元以上即构成犯罪。

【案例 9-27】

2003 年 3 月月初,一个以武汉、荆州为据点的网上非法传销组织被武汉警方侦破。该组织以"全球远程教育网站"为载体进行交易,其授课地点为网吧。该组织在湖北地区发展地下会员1000余人,其中武汉200余人,荆州800余人,涉案金额约140万元,涉案人员伍某、吕某获利5万余元。

9.3　电子商务税收中的有关法律问题

9.3.1　电子商务发展所带来的税收问题

作为一种新的商务活动方式,电子商务带来一场史无前例的革命,对人类社会的生产经营活动、人们的生活和就业、政府职能、法律制度以及文化教育等各个方面都带来了十分深刻的影响。税收作为国家实现其职能,取得财政收入的一种基本形式,同样也受到了电子商务的深刻影响。一方面,电子商务的迅猛发展开拓了广阔的税源空间;另一方面,电子商务对传统的税收制度、政策等产生了前所未有的冲击。

1. 电子商务对税收的影响

(1) 对现行地方税制的影响

① 营业税。营业税的纳税义务人是中国境内提供应税劳务、转让无形资产或销售不动产的单位和个人,境外单位和个人在境内发生应税行为在境内未设有经营机构的,以代理者为扣缴义务人。没有代理者的,以受让者或购买者为扣缴义务人。通过互联网以数字化方式提供劳务,转让无形资产,直接面向大量的消费者或受让者,使纳税人的认定存在极大困难,在数字加密技术普遍采用的情况下更是如此。中国营业税的课税地点按劳务发生地原则确定,电子商务中远程劳务的提供是通过网络实现的。如企业根本没有派员工出差到客户所在地,而是通过网络向境内外的客户提供技术服务,这种情况下劳务发生地变得模糊,显然,这是一个值得研究的问题,应界定是劳务提供地还是劳务消费地。

② 所得税。中国对非居民仅就来源于国内的所得课税,而对居民则就其境内外所得全部征税。由于电子商务是在网上开展的,这使得对所得来源地难以认定。另外,在中国实行分类所得税制,不同种类所得适用不同的税率。在网络贸易中,营业所得、特许权收入、劳务报酬等所得之间的界限变得模糊不清。在网上传输的数字化信息中,税务机关难于划分互联网贸易所得的性质,这将导致所得税适用的不同,引发新的避税行为。

③ 印花税。随着电子商务的发展,交易行为的签约活动越来越多地通过网上实现,由此产生电子合同。而对电子合同是否应税凭证,中国的印花税条例未做规定。另外,由于电子商务的数字化、虚拟化、隐匿化和支付方式电子化,大量的贸易洽谈、定货和签约活动都在网上完成,特别是在线交易,客户直接由网上下载数字化商品,根本不需要书写任何应税凭证,如同传统交易中以现金方式交易一样,税务机关难以掌握交易双方的具体交易事实,何况电子记录可以不留痕迹地更改、隐匿。因此,税务当局很难查证真实交易额,其结果必然会使大量的印花税流失。

(2) 对税收征管的影响

电子商务与传统交易有着巨大的差异,现行征管制度的许多方面都不能适应电子商务税收征管的需要,主要表现如下:

① 网络空间的自由性,使现行税务登记制度很难发挥作用。中国现行税务登记是以工商登记为基础,税务机关能够及时、准确、全面地掌握本辖区内纳税户的总数及其行业分布情况,合理配置征管力量,堵塞征管漏洞,避免税款流失。互联网是一个来去自由的空间,企业只要

交纳了注册费,就可以在网上从事有形商品的交易,也可以转让无形资产,提供各种劳务,这一切都使得税务机关想借助税务登记对纳税人进行控管的目的不易达到。特别是在仅仅开设一个网站,凭一台计算机、一个调制解调器、一部电话就可以成立一家网络虚拟商店的情况下,纳税人可以轻易地将经营活动转移到税务机关不能控制的其他国家和地区,使其国内的生产经营场所成为其货物的存放地,有关的工商,税务登记也因此变得毫无意义。

② 电子商务的无纸化,使税收征管和稽查失去了最直接的实物凭据。传统的税收征管和稽查是以纳税人的真实合同、账簿、发票往来票据和单证为基础的,可通过对纸制凭证账册和各种报表的有效性、真实性、逻辑性和合法性的审核,达到征管和稽查的目的。而电子商务发生在虚拟的网络空间,传统的纸制凭证被无纸化的数字信息取代,这些数字信息可以轻易地被修改甚至删除而不留下任何线索,税收征管和稽查失去了最直接的纸制凭证,从而加大了税收征管和稽查的难度。

③ 加密技术的日益提高,税务机关收集资料的难度加大。随着计算机加密技术的发展,纳税人可以用超级密码、授权等多种保护方式来隐匿与交易和纳税有关的信息,税务机关既要严格执行对纳税人的知识产权和隐私权保护的规定,又要广泛收集纳税人的交易资料,如果强制要求纳税人交出"私人密钥",又将与宪法规定的保护隐私权相悖,这也客观上加大了税收征管的难度。

④ 电子商务中支付的瞬时性,加大了税收征管和稽查的难度。电子商务的支付手段多数情况下为电子货币。非记账式的电子货币可以实现无名化交易,电子现金、电子支票、网上银行可能将逐步取代传统的现金、支票、实体银行,加上使用者的匿名方式,使税务机关难以把握销售数量、销售收入、交易主体所处的国家甚至交易本身,从而丧失对偷逃税行为的威慑作用。在传统税务稽查上,国内银行一直是税务机关获取纳税信息的重要来源,随着电子支付系统的完善,国内银行会不断在国际避税地开通网上联机银行业务,纳税人利用离岸金融机构通过电子货币避税甚至偷税就更为容易。而这时税务稽查的信息源位于境外,税务机关很难对有关交易进行监控。

⑤ 电子商务的跨国界性,使国际税收转移难以避免。网上无形贸易是一种数字化交易,交易方式的变化虽未改变交易的本质,却打破了世界各国"画地为牢"的局面。对企业而言,他们会在低税赋的国家或地区建立网站进行经营,以达到减轻税收负担的目的;对消费者而言,如果经济上合算、时间上允许的话,他们会尽量通过互联网从低税率的国家或地区购买商品,而回避从高税率国家和地区购买商品。企业和消费者在不同税率国家之间有选择地购销行为,将不可避免地带来税收转移。

9.3.2 电子商务中税收问题的对策与主张

电子商务的迅速发展和它所引发的税收问题对未来全球经济的重要影响,引起了各国政府与各大经济主体的高度重视,并进行了广泛的研究,提出了一系列的相应对策。

美国是世界上电子商务最发达的国家。从自身利益出发,美国极力主张对除网上形成的有形交易外的电子商务永久免税。1998 年 5 月 14 日,美国参议院通过因特网免税法案,决定对网上交易实行三年免税。同年 10 月 20 日,美国总统克林顿又签署命令,把该法案上升为法律,这使得美国的网上厂商和消费者大获其益。1998 年,美国又与 132 个世界贸易组织成员国签订了维持因特网零关税状态至少一年的协议;1999 年,美国又促使世界贸易组成员国再延长该协议一年。

电子商务发展规模仅次于美国的欧盟成员国对电子商务税收持谨慎态度,于 2000 年 6 月

8日提出对外国企业通过互联网向欧洲消费者提供电子化商品和服务视为劳务销售征收间接税,并坚持在欧盟成员国内对电子商务交易征收增值税,以保护其成员国的利益。

发展中国家的电子商务有的刚刚起步,有的尚未发展。为了保护民族产业和维护国家权益,发展中国家大多希望和主张对电子商务(电子数字化产品)征收关税,以免国外电子数字产品越过"关税壁垒"长驱直入。

1. 电子商务税收政策上的建议

(1) 重新明确增值税、营业税、所得税的征管范围。对于在线交易即数字化产品(如软件、图书、音像制品、图像、无形资产、远程服务)的提供不按货物处理,视同提供劳务和特许权转让征收营业税。所得税的征税对象应视提供软件的纳税人的身份而定。若提供者属于居民纳税人,征税对象为营业利得;提供者属非居民纳税人,则要征收预提税;对于离线交易仍然依照现行税制征收增值税。完善中国印花税法规,明确企业进行电子商务活动必须保留的电子交易记录,规定电子合同或虽未签订任何形式的合同但发生实质上的合同行为均应按相应税率缴纳印花税。

(2) 在营业税、所得税条例中,补充关于电子记录、保存和加密的相应条款,要求每一从事电子商务的纳税人应以可阅读的电子方式保存记录,并保存一定期限。当电子记录从一种格式转化为另一种格式时,纳税人有义务保证所转化的记录准确并可阅读。当不能转化或没有其他电子方式替代时,必须以书面形式保存记录,对于有形或电子的记录,征税的基本原则是:除非提供有效的证明,否则不能扣除相关的成本和费用,赋予网络征税以法律效力。

(3) 应对现行税收要素进行适当的补充和调整:扩大纳税义务人的适用范围,把因电子商务而增加的境外纳税人包括在内;明确对电子商务课税对象性质的认定,区分商品、劳务和特许权;对电子商务纳税环节的确定,应与支付体系联系起来。

(4) 对偷税的概念进行重新界定。对隐匿电子商务的交易情况,不向税务机关提供交易合同备份,不通过电子商务结算中心进行核算,修改电子数据,不缴或少缴税款的,都应当认定为偷税。对利用计算机网络偷税的行为,要规定更为严厉的处罚,严重的可以取消其经营资格。

2. 电子商务税收征管的对策

电子商务在我国尚处于起步阶段,电子商务引发的税收问题还没有发达国家突出。虽然我国尚没有对电子商务的税收做出规定,但政府已在积极研究电子商务的税收问题。据了解,我国对电子商务税收的基本政策是不免税,政府将本着有利于电子商务发展、简化税收征管和公平税负的原则制定电子商务的税收政策。笔者认为,我国在制定电子商务税收政策时应考虑以下对策:

(1) 建立适应电子商务特点的税收登记制度。税务登记文书增设域名网址、识别码,用于交易服务器所在地理位置等内容,由税务机关核发数字化税务登记证和纳税人识别码之后方可凭税务登记证号在网上银行开设账户,但其客户账号应当与电子商务登记证号一致;纳税人税务登记发生变化的,应立即向税务机关变更;网络提供商也必须定期向税务机关通报纳税人上网情况和变动情况,网上银行必须随时向税务机关通报纳税人开立账户情况,要求企业将计算机超级密码的钥匙备份。可以建立一个密码钥匙管理系统,要求企业将计算机超级密码的钥匙交由指定的保密机关保存,税务机关在必要时可取得密码钥匙。

(2) 建立适合电子商务的发票管理制度。对B2B企业而言,在网上进行销售和提供服务必然会开具发票,否则将不能入账和抵扣;而B2C形式的交易,由于消费者可能不需开具发票,则可以通过配货中心的实物盘点,银行对账单等途径掌握其交易情况,为了防止发票使用的混乱,可以建立电子发票库,纳税人凭税务登记号和识别码经税务机关确认身份后,从电子发票库出售给纳税人,并定期向税务机关申报电子发票使用情况。

(3) 推行电子报税制度。纳税人按期以电子邮件或其他电子数据传输形式直接将各类申报资料发送给税务机关,并接收回执和通知。税务机关收到申报资料后,经过电子审核、计税、划款、入库将回执发送给纳税人;建立电子账本,纳税人保留接收的电子订单、信用卡与发货记录等,对其网络交易的业务进行单独核算。

(4) 加强各部门的合作,形成协税护税网络。税务机关要与网络技术部门合作,研究解决电子商务征税的技术问题,加强与金融、海关、电信等部门的沟通和联系。充分利用现有技术和设备与金融、交易双方认证机构、工商、海关、电信等部门的联网,特别是与交易双方认证机构的联网,随时掌握网上交易的情况,对购销双方进行监控,形成协税护税网络。

(5) 建立一支熟悉电子商务的税收队伍。要加强电子商务的税收管理,就要培养一批既精通经济税收专业知识又精通电子商务的复合型高素质人才,联合工商、海关、银行等,选择条件较为成熟的领域作试点,从技术角度探索电子商务征税的解决方案,对电子商务交易如何进行跟踪、监管、征税等问题进行分析和研究。

9.4 电子支付中有关的法律问题

9.4.1 支付结算体系

1. 支付结算体系的含义

支付结算体系是由提供支付清算服务的中介机构、实现货币转移的技术手段和有关货币转移的管理法规共同组成,用以实现债权债务清偿及资金转移。其含义具体体现在以下几个方面。

(1) 支付结算体系构造及其运行特征取决于多种因素

首先,一国的货币制度决定着支付结算体系的整体结构及规模与服务范围;其次,稳定的价格体系对以本币为计值单位的支付结算体系的平稳、有序运行意义重大;再次,完备的法律框架和操作规程;最后,硬件环境、程序设计及操作对系统的服务质量和风险控制具有直接影响。

(2) 支付结算体系有着广狭不一的运行范围

支付结算体系是一种具有较强专业特征的金融安排,包括功能各异的多种形式,均有既定的服务范围和运行规则,金融机构是主要参与者或使用者;支付结算体系对社会范围的影响力和作用则超出了金融范畴,与社会和各种行为的当事人均有着某种直接或间接的联系。

(3) 支付结算体系是一国金融基础设施的核心部分

金融基础设施是金融业赖以生存的根本前提之一,支付结算体系是金融基础设施的核心部分,各国均把支付结算体系的现代化作为金融基础设施建设的重中之重。

(4) 支付结算体系是一个复杂、精密的系统工程,是物质设施与无形服务的混合体

为了满足社会行为对货币资金转移支付的需要,一个国家通常建有若干服务于不同领域的支付系统,每个支付系统都具有严格的运行制度和操作规程,既独立运行,又相互关联,任何一个环节出现问题,将引致严重的系统性风险,危及金融、经济安全与社会稳定;支付结算体系的运行效率与相关服务水准密不可分,各国对硬件设施、软环境及专业人才的培养非常重视。

(5) 支付结算体系的运行水准与技术支持能力息息相关

支付结算体系的设施与运行水准在相当程度上取决于社会综合能力,特别是科学技术的开发及应用能力。高新技术与金融业的有机融合,最恰当地显现出两者"联姻"所引发的金融产业已知和未知的重大变革。

(6) 支付结算体系有着严格的制度规范及相应的运行模式

支付结算体系建设含有商业性成分和国家色彩,因此,支付结算体系的设计与构建需在一定的制度框架内进行,严格的制度规范是其正常运行不可或缺的保障举措。运行模式的选定对系统服务的效率与安全性能具有重要影响。

2. 支付结算体系运行的参与者

支付结算体系是社会资金的传输载体,在不同的层次和领域涉及体系的所有者、管理者以及使用者(或被服务者)。

(1) 商业银行

商业银行为国民经济活动的中枢机构,与社会的各个层面形成了千丝万缕的资金借贷关系,通过支付服务,将结算功能渗透社会生活的每一角落,成为社会信用机制运行链条的连接枢纽。支付结算体系成为商业银行功能实现必须的基础设施。商业银行需在两个层面进行支付结算:一是系统内的支付结算,即商业银行在本行系统内部署的各分支机构或联行间的资金清算安排;二是跨行支付结算,是同业间实现支付清算的共同安排。

(2) 其他金融中介机构

信托投资公司、证券公司、保险公司、信用合作社、房屋互助协会、互助储蓄银行、邮政储汇机构、投资银行等其他金融中介机构业务经营活动所产生的资金转移流动,也需借助支付结算体系实现支付信息的传输。这包括巨额资金的安全转移和为零售客户提供服务。

(3) 清算机构

清算机构是为金融机构提供资金清算服务的中介组织,在各国的支付清算体系中占有重要位置。其职能包括:支付清算系统的构建、运行、管理、协调,组织既定范围内的支付清算安排;参与制定支付清算的制度规范;对支付结算体系的平稳运行实施风险管理等。

① 机构建制

清算机构有的实行会员制度,有的为股份制机构,在很多国家,中央银行通常作为清算机构的主要成员,直接参与清算支付活动,有的中央银行不直接加入清算机构组织,但对其实行监督、管理,并为金融机构提供清算服务。清算机构一般不以赢利为目的。

② 组织形式

清算机构在不同国家有不同的组织形式,有票据交换所、清算中心、清算协会等类型。

③ 业务范围

清算机构既有地方性的,也有全国范围的;既有只提供国内清算服务的,也有国际性的清算组织。

(4) 中央银行

中央银行作为一国支付清算体系中的核心部门,对国家支付结算体系的平稳运行负有法律及职能义务。

(5) 间接参与者

获得金融机构支付结算服务的工商企业、其他机构组织及个人可视为支付结算体系的间接参与者。支付结算体系对支付信息的传输,使经济交易和费用结算得以顺利实现,故间接参与者又是支付结算体系高效运行的直接获益者。

3. 中国的支付清算体系

中国的支付清算体系已步入适应现行银行体制、为市场经济和对外开放条件下的经济及社会活动提供现代化支付清算服务的阶段。运行的主要支付系统有：

(1) 票据交换系统。票据交换系统是中国支付清算体系的重要组成部分。从行政区划上看，中国票据交换所有两种：地市内的票据交换所和跨地市的区域性票据交换所。其中，地市内票据交换所有 1 918 个，区域性票据交换所有 18 个。通常将地市内的票据清算称为"同城清算"，跨地市的清算称为"异地清算"。

(2) 全国电子联行系统。全国电子联行清算系统是中国人民银行处理异地清算业务的行间处理系统。全国电子联行系统通过中国人民银行联合各商业银行设立的国家金融清算总中心和在各地设立的资金清算分中心运行。各商业银行受理异地汇划业务后，汇出、汇入资金由中国人民银行当即清算。其运行流程为：受理异地业务的商业银行中，发出汇划业务的为汇出行，收到汇划业务的为汇入行。汇出行向人民银行当地分行（发报行）提交支付指令（电子报文）；发报行借记汇出行账户后，将支付信息经卫星小站传送至全国清算中心，如汇出行账户余额不足，则支付指令必须排队等待。清算总中心按人民银行收报行将支付指令清分后，经卫星链路发送到相应的人民银行收报行，由其贷记汇入行账户，并以生成的电子报文通知汇入行。

(3) 电子资金汇兑系统。电子资金汇兑系统是商业银行系统内的电子支付系统。

(4) 银行卡支付系统。

(5) 中国现代化支付系统。该项目的总体设计始于 1991 年，1996 年 11 月进入工程实施阶段，2002 年 10 月 8 日，该系统正式在中国人民银行清算总中心上线运行。

中国现代化支付系统主要提供跨行、跨地区的金融支付清算服务，能有效支持公开市场操作、债券交易、同业拆借、外汇交易等金融市场的资金清算，并将银行卡信息交换系统、同城票据交换所等其他系统的资金清算统一纳入支付系统处理，是中国人民银行发挥中央银行作为最终清算者和金融市场监督管理者的职能作用的金融交易和信息管理决策系统。中国现代支付系统由大额实时支付系统和小额批量系统两个系统组成。大额实时支付系统实行逐笔实时处理支付指令，全额清算资金，旨在为各银行和广大企事业单位以及金融市场提供快速、安全、可靠的支付清算服务。小额批量支付系统实行批量发送支付指令，轧差净额清算资金，旨在为社会提供低成本、大业务量的支付清算服务，支撑各种支付业务，满足社会各种经济活动的需求。在物理结构上，中国现代化支付系统建立有两级处理中心，即国家处理中心（NPC）和城市处理中心（CCPC）。国家处理中心分别与各城市处理中心相连，其通信网络采用专用网络，以地面通信为主，卫星通信备份。

中国正在努力建设和完善中国支付系统的电子网络和管理机制。中国的支付系统正在随着中国银行体制改革的深入和继续而逐步完善起来。

9.4.2 电子支付的法律问题

全球电子商务的爆炸式发展带来了金融领域的巨大变革，新式的电子支付方式风生水起，极大地促进了交易效率的提高和资金的快速流转。然而在经济与科技发展的各个环节中，法律似乎都疲于奔命，面对着金融电子化的发展，法律与监管手段同样都没有快速跟进。电子支付领域的法律体系建设相对滞后，技术的不成熟和安全风险的多样性成为电子支付发展的瓶颈，使得电子支付相关法律体系的研究、建设成为学术界和企业界共同关注的热点问题。

1. 电子支付法律关系的性质

在电子支付过程中，存在着银行与客户、银行与银行、银行与电子清算所、银行与网络服务商之间的多重关系,其中银行与客户之间的关系最为重要,电子支付对银行与客户的法律关系提出了许多新的问题。在传统金融中,法律关系的主体即是银行与客户,他们之间是单一的关系,其权利义务是对等的。而在网络金融中,法律关系的主体可能为三个或三个以上,包括银行、客户、特约商户、收单行、代理行甚至还有电子设备生产厂家,形成了错综复杂的关系。电子支付中一项小额电子资金划拨的发动与完成,需要由持卡人、零售商、发卡银行(发卡人)、零售商收款银行、零售商开户银行、数据处理者和登记公司等小额电子资金划拨参加者的行为共同完成。虽然网络金融中当事人关系复杂,但他们之间的基础法律关系仍是合同法律关系,应受合同法的调整。

电子支付在法律性质上属于合同法律关系,但因其网络化、电子化的形式而确实有别于一般合同关系,其特殊性表现在:电子支付所涉及的当事人复杂,它是由一群合同构成的。具体来说,资金电子支付涉及以下几个合同:持卡人与发卡人之间的电子资金划拨合同、特约商户与持卡人之间的货物买卖合同或服务消费合同、特约商户与其收款银行之间的委托代理合同、消费者付款银行与零售商收款银行之间的资金转账合同、银行与网络服务商之间的数据处理合同。由此可见,电子支付法律关系是由一个合同群构成的,以共同完成一项资金电子支付活动。

2. 归责原则——电子支付中法律责任体系的纲领

归责原则是确认行为人法律责任的根据和标准。电子支付中的归责原则通过对电子支付中法律责任一些基本问题的定性,对具体电子支付中当事人法律责任的确定起着基础性的指导作用。电子支付的法律关系与一般的契约关系相比,具有特殊性和复杂性,因此,电子支付领域的归责原则应体现公平、中性(鼓励技术进步)等特殊要求。

(1) 公平原则

公平原则作为民商法的一般原则,其基本精神在电子支付法律关系中同样应得到严格的贯彻执行,只是电子支付中的公平原则有着特殊的行业背景,其涵义更多地体现为安全性要求和当事人利益的平衡。资金电子支付的安全依托信息技术的进步,由电子支付法律关系的任何一方来完全承担系统运行方面的技术风险(包括已知的和未知的风险)都是不合理的。中国目前的大量银行卡协议(章程)都是由银行单方提供的标准合同,不存在持卡人协商的余地,而由根本属于弱势群体的消费者(客户)来承担自己不知晓的系统安全风险是违背常理的,而且也不利于银行方提高改进相关技术的积极性,客观上恰恰阻挠了中国银行卡事业的发展和进步。

从资金电子支付的过程看,有时会出现依当时的技术水平无法判断过错的具体环节,资金不能正确划拨的风险责任由谁承担则不应依传统的过错责任原则和无过错责任原则简单处理,而应依经济学原理由受益者(主要是银行卡的经营者和使用者)承担,在责任分配上体现法律所追求的公平。具体而言,电子支付领域采用过错推定原则既减轻了消费者的举证困难,也给予了发卡人证明自己没有过错即不承担赔偿责任的机会,这样较为公允。

(2) 中性原则

中性原则是电子商务领域的一项特有原则,也适用于与电子商务密切相关的电子支付,其基本出发点是技术的中立。因为就目前而言,电子支付技术远未成熟,相关商业和技术条件变动迅速,政府难以制定恰当的条例,过分明晰和僵硬的规章不切实际,并且有妨害技术进一步发展的潜在危险,因此,由市场而非政府来决定因特网技术标准是适宜网络经济发展的。电子支付立法在技术上必须是"中性"的,以保持与变化速度惊人的技术同步。换言之,有关法律必须允许使用技术来解决诸如电子签名之类的问题,而且能够不排斥使用随时间推移而出现的新技术。否则,在相应的法规出台时就已经过时了。

3. 电子支付中的主要法律问题

(1) 资金划拨责任问题

电子支付发展初期,包括美国在内的许多国家的立法或银行卡条例都保护银行利益,规定客户应对所有的银行卡交易负责。但美国后来的立法,尤其是《电子资金划拨法》及其实施细则 E 条例体现了对客户(消费者)这一弱势群体加强保护的倾向,专门就"未经授权的电子资金划拨"的责任进行了明确规定,主要是消费者对未经授权的交易承担的责任有限制。美国 1970 年的《信用卡发行法》就规定,信用卡发卡机构不得向没有提出书面申请的人发卡;在信用卡合法持卡人报告其信用卡丢失或被盗以后,可以不付账单上不经认可的部分,即被"盗用"的部分。在信用卡合法持卡人通知信用卡公司其信用卡被偷盗以前发生的全部被盗部分账单额度,多数持卡人被要求最多负担 50 美元的费用。

(2) 业务协调责任问题

在资金电子支付中,银行等金融机构可能同时扮演指令人和接收银行的身份。作为资金电子支付的重要环节,银行的基本义务是完成资金划拨任务。其责任则表现为:在充当指令人时,银行如果发送了错误的指令,就应承担赔偿付款人的责任。即使不是银行的过错导致指令的错误发送,银行也应承担赔偿责任,能够查出出错的具体环节的,则由过错方赔偿银行的损失。当然属于免责范围的银行不承担责任。作为接收银行时,银行的责任是执行指令人资金划拨的指令妥善地接收所划拨的资金,如果在履行资金划拨指示时有延误或失误情况,接收银行应承担违约责任。具体来说,发送银行承担如约执行资金划拨指令的责任,如资金划拨失误或失败,发送银行应向客户赔偿。查出是哪家银行的过失,则有过失的银行赔偿发送银行,查不出则由整个划拨系统分担损失。

接收银行的责任则是一接到发送银行的资金划拨指令就应立即履行义务,如延误或失误,承担违约责任。一般说,接收银行应在收到支付指令的银行日履行义务,如当天未能执行,则应在接到支付指令的第二个银行日的午夜之前履行义务,但支付指令中特别指明或暗示了执行日期的例外。接收银行向客户支付的义务开始于它代表客户接受支付指令之时,而一旦接收银行向客户支付了款项它就履行完了自己的义务,而且这种支付是不可撤销的。

(3) 赔偿责任范围问题

《电子资金划拨法》等规定,金融机构对电子资金划拨服务中的失误承担赔偿消费者全部损失的责任:

① 当金融机构得到消费者的适当指示进行电子资金划拨后,未根据账户条件以正确的金额或及时的方式进行该电子资金划拨;

② 因金融机构未根据账户条件,将收到的资金存款贷记消费者账户,使该金融机构由于账户资金不足未进行电子资金划拨;

③ 当金融机构接到指示,要求它根据账户条件停止支付从消费者账户划出资金的预先授权的划拨时,金融机构未停止支付。

另外,银行未进行及时划拨或未按指示停止支付如果是出于善意的失误,尽管合理地采取了安全程序避免此类错误,银行仍应对消费者的实际损失承担赔偿责任。关于具体的赔偿范围,根据合同法的原理,当事人一方不履行合同义务或履行合同义务不符合约定的,赔偿对方因此遭受的损失应相当于因违约所造成的损失,包括合同履行后可以获得的利益,但不得超过违约方订立合同时预见到或者应当预见到的因违反合同可能造成的损失。因此,一般来说,银行的赔偿责任限于划拨的款项及其利息,其他的直接责任只有在有明示书面协议或当事人明确向银行申明发生重大错误损失时才发生,而且赔偿额不能超过银行与客户订立资金电子支付协议时能合理预见或应当预见的损失范围。

(4) 举证责任问题

电子资金划拨出现错误或欺诈,举证责任应由银行承担。这是因为,电子支付的各个环节都涉及信息技术问题,电子支付的运行程序和数据涉及商业秘密也不为消费者所知,消费者作为受害者要去举证提供电子支付金融服务的银行方是否存在过错,在实践中是困难的甚至是不可能的,在电子支付法律关系中不应实行传统的过错责任原则。但是,在网络技术迅猛发展的时代,法律调整不应阻挠先进技术进一步发展的空间,如电子支付法律关系采用无过错责任原则,又可能因责任风险过大造成银行方拓展网络银行业务的积极性,因此,电子支付法律关系中应实行过错推定责任制度。

9.5 其他电子商务相关问题

9.5.1 电子商务从业人员职业道德基本守则

职业道德,是从业人员在一定的职业活动中应遵循的、具有自身职业特征的道德要求和行为规范。电子商务从业人员的职业道德是对电子商务人员在职业活动中的行为规范。

电子商务从业人员的职业道德修养,主要包括四个方面的修养,分别是职业责任、职业纪律、职业情感以及职业能力的修养。优良的职业道德是电子商务从业人员在职业活动的行为指南,同时也是高质量产品与高质量服务的有效保证,对于促进本行业发展有着积极的推动作用。

电子商务从业人员的职业道德规范主要包括八个方面。

(1) 忠于职守,坚持原则

各行各业的工作人员,都要忠于职守,热爱本职工作。这是职业道德的基本规范。作为电子商务从业人员,忠于职守就是要忠于电子商务从业人员这个特定的工作岗位,自觉履行应负职责,认真做好本职工作。电子商务从业人员要有强烈的事业心和责任感,坚持原则,注重社会主义精神文明建设,反对不良思想和作风。

(2) 兢兢业业,吃苦耐劳

电子商务从业人员的工作性质决定了从业人员不仅要有坚实的专业理论知识基础,还要具有实干精神。做到脚踏实地、埋头苦干、任劳任怨;能够围绕电子商务开展各项活动,招之即来,来之能干。在具体而紧张的工作中,能够不计个人得失,有着吃苦耐劳甚至委曲求全的精神。

(3) 谦虚谨慎,办事公道

电子商务从业人员要谦虚谨慎、办事公道,对领导、对群众都要一视同仁,秉公办事,平等相待。切忌因人而异,亲疏有别,更不能趋附权势。只有谦虚谨慎、公道正派的电子商务从业人员,才能做到胸襟宽阔,在工作中充满朝气和活力。

(4) 遵纪守法,廉洁奉公

遵纪守法、廉洁奉公是电子商务从业人员职业活动能够正常运作的重要保证。遵纪守法指的是电子商务从业人员要遵守职业纪律和与职业活动相关的法律、法规,遵守商业道德。廉洁奉公是高尚道德情操在职业活动中的重要体现,是电子商务从业人员应有的思想道德品质和行为准则。

(5) 恪守信用,严守机密

电子商务从业人员必须恪守信用,维护企业的商业信用,维护自己的个人信用。要遵守诺言,守时;言必信,行必果。在商务活动中,电子商务人员应当严格按照合同办事。通过网络安排的各种活动,自己要事先做好准备工作,避免因个人的疏忽对工作造成不良影响。

严守机密是电子商务从业人员的重要素质。电子商务从业人员的一个显著特点是掌握的机密较多,特别是商业机密。因此,要求电子商务从业人员必须具备严守机密的职业道德,无论是上机操作还是文字工作都要严格遵守国家的有关保密规定,自觉加强保密观念,防止机密泄露。

(6) 实事求是,工作认真

电子商务从业人员要坚持实事求是的工作作风,一切从实际出发,理论联系实际,坚持实践是检验真理的唯一标准。电子商务从业人员工作的各个环节都要求准确、如实地反映客观实际,从客观存在的事实出发。电子商务从业人员无论是收集信息、提供意见、拟写文件,都必须端正思想,坚持实事求是的原则。

(7) 刻苦学习,勇于创新

电子商务从业人员工作头绪繁多、涉及面广,要求电子商务从业人员有尽可能广博的知识,做一个"通才"和"杂家"。现代社会科学技术的发展突飞猛进,知识更新速度加快,因此,电子商务从业人员应该具有广博的科学文化知识,以适应工作的需要。

作为电子商务从业人员,对自身素质的要求应更严格、更全面,甚至更苛刻一些。是否具有良好的素质,对于做好电子商务工作是一个非常重要的问题,也是评价电子商务从业人员是否称职的基本依据。因此,电子商务从业人员必须勤奋学习、刻苦钻研,努力提高自身的思想素质和业务水平。

现在各行各业的劳动者,都在破除旧的观念,勇于开创新的工作局面。作为复合型人才的电子商务从业人员更应具有强烈的创新意识和精神。要勇于创新,不空谈,重实干,在思想上是先行者,在实践上是实干家,不断提出新问题,研究新方法,走出"新路子"。

(8) 钻研业务、敬业爱岗

从发展的角度看,电子商务从业人员必须了解和熟悉与自身职业有直接或间接关系的领域中取得的新成果,才能更好地掌握电子商务从业人员工作的各项技能。

电子商务从业人员要根据自身分工的不同和形势发展的需要,掌握电子商务交易所需要的技能,如计算机技能、网络技能、网络营销技能、电子支付技能等。这些技能都必须随着电子商务技术的发展和自身工作的需要,在实践中不断地学习和提高。同时,电子商务从业人员应掌握电子商务交易中的各种管理知识,将网络技术与商业管理结合起来,提高企业应用电子商务的能力,促进企业经济效益的提高。

9.5.2 与网络安全管理相关的法律法规

1. 我国信息系统安全保护法律规范的体系

(1) 基本法律体系

国家在很多基本法律中都设计了用于保护信息系统安全的条款(如《宪法》第 2 章第 40 条,《刑法》第 285、286 条)。

(2) 政策法规体系

专门针对信息系统安全保护的法规(如《中华人民共和国计算机信息系统安全保护条例》

等)。

(3) 强制性技术标准体系

从技术上规范了对信息系统安全的保护(如《计算机信息系统安全专用产品分类原则》等)。

2. 信息系统安全保护法律规范的基本原则

(1) 谁主管谁负责的原则;
(2) 突出重点的原则;
(3) 预防为主的原则;
(4) 安全审计的原则;
(5) 风险管理的原则。

3.《中华人民共和国计算机信息系统安全保护条例》简介

《中华人民共和国计算机信息系统安全保护条例》(以下简称《条例》)是我国在信息系统安全保护方面最早制定的一部法规;也是我国信息系统安全保护最基本的一部法规;《条例》适用范围是任何组织或个人,不得利用计算机信息系统从事危害国家利益、集体利益和公民合法利益的活动;未联网的微型计算机的安全保护不适用本条例。

《条例》的主要内容:

(1) 科学界定了"计算机信息系统"的概念;
(2) 明确了安全保护工作的性质;
(3) 明确了计算机信息系统安全保护工作的重点;
(4) 系统设置了安全保护的制度;
(5) 明确确定了安全监督的职权和义务;
(6) 全面规定了违法者的法律责任;
(7) 定义了计算机病毒及专用安全产品。

4.《计算机信息网络国际联网安全保护管理办法—1997》简介

《计算机信息网络国际联网安全保护管理办法—1997》(以下简称《办法》)的宗旨:为了加强对上计算机信息网络国际联网的安全保护,维护公共秩序和社会稳定。

《办法》的主要内容:

(1) 任何单位和个人不得利用国际联网危害国家安全,泄露国家秘密,不得侵犯国家的、社会的、集体的利益和公民的合法权益,不得从事违法犯罪活动;
(2) 任何单位和个人不得利用国际联网制作复制查阅和传播下列信息:
① 煽动抗拒、破坏宪法和法律、行政法规实施的;
② 煽动颠覆国家政权,推翻社会主义制度的;
③ 煽动分裂国家、破坏国家统一的;
④ 煽动民族仇恨、民族歧视,破坏民族团结的;
⑤ 捏造或者歪曲事实,散布谣言,扰乱社会秩序的;
⑥ 宣扬封建迷信、淫秽、色情、赌博、暴力、凶杀、恐怖,教唆犯罪的;
⑦ 公然侮辱他人或者捏造事实诽谤他人的;
⑧ 损害国家机关信誉的;
⑨ 其他违反宪法和法律、行政法规的。
(3) 任何单位和个人不得从事下列危害计算机信息网络安全的活动:
① 未经允许,进入计算机信息网络或者使用计算机信息网络资源的;

② 未经允许,对计算机信息网络功能进行删除、修改或者增加的;
③ 未经允许,对计算机信息网络中存储、处理或者传输的数据和应用程序进行删除、修改或者增加的;
④ 故意制作、传播计算机病毒等破坏性程序的;
⑤ 其他危害计算机信息网络安全的。
(4) 任何单位和个人不得违反法律规定,用国际联网侵犯用户的通信自由和通信秘密;
(5) 互联单位、接入单位及使用计算机信息网络国际联网的法人和其他组织应当履行职责。

5.《信息安全等级保护管理办法(试行)》简介

目的:为加强信息安全等级保护,规范信息安全等级保护管理,提高信息安全保障能力和水平,维护国家安全、社会稳定和公用利益,保障和促进信息化建设。

《信息安全等级保护管理办法》的主要内容:
(1) 明确了信息系统安全保护等级分为5级;
(2) 明确了信息系统等级保护的主体,以及对各等级实施监督管理的规格;
(3) 明确了公安机关等职能部门在信息安全等级保护工作中的职责;
(4) 明确了信息运营、使用单位的管理程序、内容和要求;
(5) 明确了对于涉及国家秘密的信息系统的保密管理要求;
(6) 明确了信息安全等级保护的密码管理要求;
(7) 明确了信息安全等级保护工作的相关法律责任。

6. 其他一些法律法规
(1)《计算机病毒防治管理办法》;
(2)《互联网信息服务管理办法》;
(3)《各个地方性的计算机信息系统安全保护管理规定》;
(4)《计算机软件著作权登记办法》。

9.6 电子商务相关标准

9.6.1 电子商务标准的现状

电子商务标准是开展电子商务的重要前提与基础。在我国的电子商务发展和总体框架中,电子商务标准与政策法规被列在整个结构的首位,对框架中其他组成起指导和规范作用,成为电子商务得以开展的前提条件;同时,电子商务标准为实现电子商务提供了统一的基础平台和最基本的安全保护。因此可以说,一个国家电子商务标准的发展水平将对本国电子商务的健康、蓬勃发展产生重大影响。

1. 国外电子商务标准的发展状况

在国外电子商务的发展中,标准得到了相当的重视,特别是在电子商务安全方面普遍存在标准先行的情况。如美国政府很早就致力于密码技术的标准化,从1977年公布的数据加密标准(DES)开始,就由美国国家标准技术研究院(NIST)制定了一系列有关密码技术的联邦信息处理标准(FIPS),在技术规范的前提下对密码产品进行严格的检验。1998年7月1日,在美国政府发布的美国电子商务纲要中,明确提出要建立一些共同的标准,以确保网上购物的消费者享有与在商店购物的消费者同等的权利。韩国一些主要的电子设备公司也建立联盟,签署联合协议,规定在2000年制定出整个业界的电子商务标准。

目前,全球电子商务标准的发展动态主要体现如下。

(1) 电子商务工作组(BT-EC)的成立

为了迎接电子商务给全球带来的机遇和挑战,使之在全球范围内更有序地发展,1997年6月,成立了电子商务业务工作组,确定了电子商务急需建立标准的三个领域:

① 用户接口(主要包括用户界面、图像、对话设计原则等);

② 基本功能(主要包括交易协议、支付方式、安全机制、签名与鉴别、记录的核查和保留等);

③ 数据及客体的定义与编码(主要包括现有的信息技术标准、定义报文语义的技术、本地化、注册机构、电子商务中所需的值域等)。

(2) 签署电子商务标准化谅解备忘录

1998年11月,ISO、IEC和UN ECE签署了一个电子商务领域有关标准化的"谅解备忘录"。该备忘录包括总体部分、三个附录及上述的注册表,扩充了以前的合作框架,扩展了各部门之间的电子商务,增加了国际用户组织的参与,以确保它们的标准化要求得到满足。"谅解备忘录"提供了21世纪电子商务发展的有效基础,是国际合作的良好范例。

(3) 制定Internet电子商务标准

随着Internet电子商务的蓬勃兴起,对在Internet上开展电子商务的规范提出了迫切的要求。

1999年12月14日,在美国加州旧金山的St. Francis饭店,公布了世界上第一个Internet商务标准(The Standard for Internet Commerce, Version 1.0—1999)。Internet商务是指利用Internet,包括WWW万维网进行任何电子商务运作。

这一标准是由Ziff-Davis杂志牵头,组织了301位世界著名的Internet和IT业巨头、相关记者、民间团体、学者等经过半年时间,对7项、47款标准进行了两轮投票后才最终确定下来的。虽然这也还只是1.0版,但它已经在相当程度上规范了利用Internet从事零售业的网上商店需要遵从的标准。虽然它的制定完全是按照美国标准,但显然对我国正在起步的电子商务事业有相当的参考价值。

制定这个Internet标准的目的有五个:

① 增加消费者在Internet上进行交易的信心和满意程度;

② 建立消费者和销售商之间的信赖关系;

③ 帮助销售商获得世界级的客户服务经验,加快发展步伐并降低成本;

④ 支持和增强Internet商务的自我调节能力;

⑤ 帮助销售商和消费者理解并处理迅猛增长的各种准则和符号。

显然,这一标准既可以被销售商用于其Internet商务,并且向所有消费者和合作伙伴宣称自己符合这一标准;也可以被消费者用来检验销售商是否可以提供高质量的服务。同时,也可以指导如IT供应商、网站开发商、系统集成商等从事相关的业务。

整个标准分7项、47款。每一款项都注明是"最低要求"或是"最佳选择"。如果一个销售商宣称自己的网上商店符合这一标准,那它必须达到所有的最低标准。

2. 我国电子商务标准体系

我国电子商务标准的编制本着在充分吸收和借鉴国际标准化组织在电子商务标准体系建设方面的成果和经验的前提下,紧密结合我国国家、行业和领域电子商务发展对标准的需求的原则,全面、系统地进行我国电子商务标准体系建设工作。

电子商务的核心是商务,为了更好地实现电子化的商务活动,必须建设现代物流、信用服务、在线支付、安全认证等一系列支撑体系。电子商务标准不是要解决某个政府或企业内部的业务活动规范化和信息化,而是要重点解决不同行业和不同领域的企业、政府和消费者之间在参与电子商务时的技术互操作和商务互操作问题,从而能够实现既定的商业活动和目标。从这个角度看,首先,可以将电子商务标准分为两大类:即面向商务活动的业务标准和面向支撑体系的支撑体系标准。其次,为了保障电子商务的良性发展,还必须制定监督管理类标准,具体包括电子商务服务质量、发展评价和标准符合性测试等方面的内容。此外,还有一些基础技术类标准(比如 SOA、Web Services 等软件技术架构、描述技术、自动识别与标识技术以及网络协议等标准)对于电子商务的实现也是不可缺少的。综上所述,电子商务标准可分为基础技术标准、业务标准、支撑体系标准和监督管理标准四大类别。

(1) 基础技术标准:该分体系主要包括电子商务基础性、框架性和通用技术类标准。该分体系可进一步细分为"总体通用""软件技术架构""描述技术""自动识别与标识技术"以及"网络协议"五个部分。

(2) 业务标准:该分体系主要指与商务活动直接相关的各类业务和应用标准,包括商务活动的语义单元、信息实体、信息流和业务流程等方面的标准。该分体系既包括各行业和领域通用的业务标准,又包括特定行业和领域专用的业务标准。按照标准化的一般原理,该分体系可进一步细分为"信息分类编码""数据元""元数据""单证格式""流程与接口"和"注册维护"六个部分。

(3) 支撑体系标准:该分体系主要解决电子商务的各类支撑体系建设的标准化问题。按照国务院 2 号文《国务院办公厅关于加快电子商务发展的若干意见》,加快电子商务发展必须建立健全在线支付、信用服务、现代物流、安全认证四大支撑体系。因此,该分体系可进一步细分为"在线支付""信用服务""现代物流"和"安全认证"四个部分。

(4) 监督管理标准:该分体系主要包括规范电子商务中的各种主体和客体对象(比如企业、人员、服务、服务平台、软件等)的行为、质量、统计、评价和功能测试等方面的标准。这类标准对于进一步提高电子商务交易总量,提高服务水平,扩大服务规模,拓宽服务内容,规范服务模式具有重要的作用。该分体系可进一步细分为"服务质量""统计评价"和"符合性测试"三个部分。

3. 我国电子商务标准化存在的问题

近几年来,在国务院有关部门、标准化技术委员和行业的共同努力下,制定了一批涉及电子商务的国家标准,取得了一定的成绩。与此同时,随着社会经济和信息化得快速发展,我国的电子商务标准也存在一些问题:

(1) 标准体系不完善。随着信息技术的发展和普及,我国电子商务的得到快速发展,标准化工作也得到良好的发展,制定了一系列"基础技术标准",如 GB/T 19256—2003(《基于 XML 的电子商务》总共七部分)、GB/T 20538—2010(《基于 XML 的电子商务业务数据和过程》总共七部分)等总体通用标准;GB/T 18811—2002《电子商务基础术语》、GB/T 2312—1980《信息交换用汉字编码字符集 基本集》等面向 B2B 的开放式采购协议;GB/T 14805—1999《用于行政、商业和运输电子数据交换的应用级语法规则》系列标准、GB/T 18793—2002《信息技术 可扩展置标语言(XML)1.0》等描述技术标准。但是由于标准制定与市场需求之间的协调性和配套性较差,目前标准体系还存在内容不完整、标准空白等诸多问题,如电子单证格式标准完整性不足、服务质量、业务流程、安全认证、在线支付信用服务等支撑体系标准和监督管理标准缺失或不足。

（2）系统协同性较差。由于电子商务跨越的领域较多，集成的技术范围广泛，因此其标准化工作涉及的部门也较多。国家有关部门根据需求各自制定自己的标准，导致业务交叉或者重叠局面出现。在资源共享、协同分工方面，缺乏稳定、长效的沟通协调机制；在统筹规划、高效管理方面，电子商务标准化缺乏统一的维护管理机制。

（3）国际化程度较低。我国电子商务标准化发展历程较短，在标准体系、方法和关键技术等方面的基础理论研究还比较薄弱，与发达国家相比，仍处在起步阶段。虽然，近几年我国电子商务标准采用国际标准和发达国家标准的比率有所提升，但是，对国外先进标准的跟踪研究和国内外标准的关联度研究仍比较缺乏，完全与国际接轨尚需时日。

（4）市场适应性差，宣传力度不够。我国早期电子商务发展以政府为主导，其标准大都由政府制定，企业处于接受地位，不是标准制定的主体，我国标准制定和市场需求的协调性较低，这就容易使得我国企业管理人员和执法人员标准意识薄弱，对电子商务标准了解较少，造成我国大约一半的电子商务标准还处在几乎未被使用的局面。

9.6.2　电子商务相关标准发展趋势

综观电子商务标准的发展，呈现以下发展趋势。

（1）标准面向市场化

过去电子商务标准的制定主要是由于新技术或新产品的研究而推动的，标准的需求来源于技术和产品的发展。随着全球电子商务的迅速发展，社会各方对电子商务标准的需求剧增，形成了以市场驱动为主要动力的发展模式，标准逐步从技术驱动向市场驱动方向发展。

（2）标准制定集中化

电子商务标准的有关机构由分散走向合作。例如，ISO、IEC、ITU、IETF、DMC 等一方面积极听取工业、政府、用户等各方面对电子商务标准的需求；另一方面在建立全球信息化过程中，积极加强彼此之间相应的联系，避免工作交叉与无序竞争。Visa 与 Master Card 曾分别制定过智能卡交易规范，但都收效甚微，难以推广。在此情况下，1996 年 2 月 1 日 Visa 与 Master Card 两大国际信用卡组织与技术合作伙伴 GTE、Netscape、IBM、VeriSign、Microsoft、SAIC 等一批跨国公司共同开发了安全电子交易规范（SET），以便尽早实现电子商务全球化。

（3）标准内容广泛化

电子商务是一种综合性的商务活动，涉及信息技术、金融、法律、市场营销等多个领域，因而使得电子商务标准具有跨行业、跨学科的特点。实际上广义的电子商务标准体系十分庞杂，几乎涵盖了现代信息技术的全部标准和有待进一步规范的网络环境下的交易规则，并且将包括安全、认证、支付等亟待制定和完善的内容。

（4）标准合作国际化

由于电子商务全球性的特点，国际社会普遍认识到，各国必须通过开展国际性的电子商务标准化活动以使各国电子商务标准达成广泛的统一；而且电子商务标准的内容复杂，数量巨大，无论从技术上、经济上和使用上讲，制定工作都不是一两个国家所能够单独承担的，必须依靠国际合作。

（5）标准使用灵活化

电子商务是一门新兴的学科，尚处在发展阶段，其包含的技术是日新月异，这就要求在制定和实施电子商务标准时，既要遵从标准的一般发展要求，又要摆脱传统标准化观念的束缚和某些现行标准化工作程序的限制，使电子商务标准化向更加灵活的方向发展。

9.6.3 我国电子商务的技术标准

商务电子化,已成为加快商务活动中各个环节进程、减少差错率提高服务质量、降低成本加速资金周转的重要手段。为了保证商务活动数据或单证能被不同国家、行业贸易伙伴的计算机识别处理,一定要有数据格式的一致约定。这就是电子商务活动中标准化所要解决的问题。

当前我国电子商务技术标准现状,即电子商务技术标准包含了四个方面的内容:EDI标准、识别卡标准、通讯网络标准和其他相关的标准。目前涉及我国标准约有1 250多项。我国把采用国际标准和国外先进标准作业作为一项重要的技术经济政策积极推行。

(1) EDI标准:国际上20世纪60年代起就开始研究EDI标准。1987年,联合国欧洲经济委员会综合了经过10多年实践的美国ANSI X.12系列标准和欧洲流行的"贸易数据交换(TDI)"标准,制定了用于行政、商业和运输的电子数据交换标准(EDI FACT)。该标准的特点:一是包含了贸易中所需的各类信息代码,适用范围较广;二是包括了报文、数据元、复合数据元、数据段、语法等,内容较完整;三是可以根据自己需要进行扩充,应用比较灵活;四是适用于各类计算机和通信网络。因此,该标准应用广泛。目前我国已等同转化为5项国家标准。此外,还按照ISO 6422《联合国贸易单证样式(UNLK)》、ISO 7372《贸易数据元目录》等同制定了进出口许可证、商业发票、装箱单、装运声明、原产地证明书、单证样式和代码位置等8项国家标准。现在EDI FACT标准有170多项,至今在北美地区广泛应用的美国ANSI X.12系列标准有110项。由于我国EDI标准研究起步晚,需要制定更多的国家标准。根据我国经济发展需要,积极研究、采用EDI FACT标准和ANSI X.12系列标准。

(2) 识别卡标准:国际标准化组织(ISO)从20世纪80年代开始制定识别卡及其相关设备的标准,至今已颁布了37项。我国于90年代从磁条卡开始进行识别卡的国家标准制定工作。现有6项磁条卡国家标准,基本齐全,等同采用ISO 7810《识别卡物理特性》和ISO 7811《识别卡记录技术》系列标准;三项触点式集成电路卡(IC)国家标准,等同采用ISO 7816《识别卡带接触件的集成卡》系列标准。另外,有5项国家标准涉及金融卡及其报文、交易内容,采用了相应的ISO标准。目前,我国尚未将无接触件集成电路卡、光存储卡以及使用IC卡金融系统的安全框架等国际标准转化制定为我国标准。

(3) 通信网络标准:通信网络是电子商务活动的基础,目前国际上广泛应用的有MHS电子邮政系统和美国Internet电子邮政系统。前者遵循ISO、IEC、CCITT联合制定(个别是单独制定)的开放系统互联(OSI)系列标准,后者执行美国的ARPA Internet系列标准。这两套标准虽然可兼容,但还有差异。因此,我国制定通讯网络国家标准时,主要采用OSI标准,但不要考虑ARPA Internet标准。现在我国有146项网络环境国家标准,其中有99项标准分别采用ISO、IEC标准,占67.8%。我国现有的网络环境国家标准还不配套。例如,网络管理,我国仅有2项国家标准,而ISO/IEC有40多项标准。其中系统管理、管理信息机构、系统间信息交换是我国标准空白。

这里需指出,数据加密、密钥管理、数据签名等安全要素,已有国际标准草案,需要我们追踪,及时等同地转化为我国标准。通信、网络设备标准约有380项,其中123项采用IEC、CCITT等标准,占32%。微波通信、卫星通信、移动通信等方面的国家标准中采用国际标准比例较低,如卫星通信18项国家标准中采用国际标准的仅一项。信息传输介质国家标准较多。以光纤通讯电缆为例,有53项国家标准,其中45项采用IEC、CCITT标准,8项涉及进网要求,视我国情况而定,故没有采用。

(4) 其他相关标准：与电子商务活动有关的标准，有术语、信息分类和代码、计算机设备、软件工程、安全保密等标准，约有 440 项国家标准，其中采用 ISO 标准的有 164 项，占 37%。这些相关标准中许多标准仅描述我国特有的信息，如民族代码、汉字点阵模集等，因此不能也不应该采用外国标准。

综上所述，我国电子商务技术标准，一是起步晚，EDI 等领域内的技术标准工作于 20 世纪 90 年代才开始；二是标准未成体系，EDI 标准、EDI FACT 有 170 项，ANSI X.12 有 110 项，我国仅有 13 项，其中租赁计划询价单、税务情况报告等还是空白；三是积极采用国际标准，90 年代前制定的电子商务国家标准约有 600 项，采用国际标准占 30%；90 年代制定的电子商务国家标准约 650 项，采用国际标准占 50%。这表明我国进一步重视电子商务标准的国际化。

9.6.4 电子商务的数据标准

1. 电子数据交换标准

许多企业每天都会产生和处理大量的提供了重要信息的纸张文件，如订单、发票、产品目录、销售报告等。这些文件提供的信息随着整个贸易过程，涵盖了产品的一切相关信息。无论这些信息交换是内部的还是外部的，都应做到信息流的合理化。

电子数据交换（EDI）是商业贸易伙伴之间，将按标准、协议规范化和格式化的信息通过电子方式，在计算机系统之间进行自动交换和处理。一般来讲，EDI 具有以下特点：使用对象是不同的计算机系统；传送的资料是业务资料；采用共同的标准化结构数据格式；尽量避免介入人工操作；可以与用户计算机系统的数据库进行平滑联接，直接访问数据库或从数据库生成 EDI 报文等。

EDI 的基础是信息，这些信息可以由人工输入计算机，但更好的方法是通过采用条码和射频标签快速准确地获得数据信息。

2. XML 数据标准

在电子商务的发展过程中，传统的 EDI 作为主要的数据交换方式，对数据的标准化起到了重要的作用。但是传统的 EDI 有着相当大的局限性，比如 EDI 需要专用网络和专用程序，EDI 的数据人工难于识读等。为此人们开始使用基于 Internet 的电子数据交换技术——XML 技术。

XML 自从出现以来，以其可扩展性、自描述性等优点，被誉为信息标准化过程的有力工具，基于 XML 的标准将成为以后信息标准的主流，甚至有人提出了 eXe 的电子商务模式（e 即 enterprise，指企业，而 X 则指的是 XML）。XML 的最大优势之一就在于其可扩展性，可扩展性克服了 HTML 固有的局限性，并使互联网一些新的应用成为可能。

9.7 本章小结

本章主要讲述了电子商务引起的法律新问题、电子商务法的含义、电子商务法律关系、电子商务相关标准等内容。首先，引出电子商务法律的概念以及电子商务带来的新的法律问题。其次，分别介绍了中外电子商务的立法概况。再次，详细论述了电子商务交易中的法律规范、电子商务税收、电子支付以及其他相关法律问题。最后，集中讲述了电子商务的现状和相关标准。

思考与练习

1. 电子商务及互联网涉及的法律问题有哪几类？
2. 在电子商务活动中，网络服务提供商有可能承担哪些法律责任？
3. 针对电子商务中出现的新问题，你认为我国现行法律还有哪些亟待完善之处？
4. 如果你的隐私照片被他人擅自发到 BBS 上，并被很多网站转载，对你造成极坏的影响，你准备采取什么对策？
5. 什么情况下，通过信息网络提供他人作品，可以不经著作权人许可，不向其支付报酬？
6. 互联网安全的法律规范有哪些？
7. 网络犯罪的主要形式有哪些？其发展趋势如何？
8. 电子商务发展带来的税收问题有哪些？
9. 中国的支付清算体系中运行的主要支付系统有哪些？
10. 简述我国电子商务的技术标准。

参考文献

[1] 张宝明,文燕平,陈梅梅.电子商务技术基础[M].北京:清华大学出版社,2016.
[2] 塞缪尔·格林加德.物联网[M].北京:中信出版集团出版社,2016.
[3] 陈国嘉.移动物联网商业模式+案例分析+应用实战[M].北京:人民邮电出版社,2016.
[4] 韩晓平.电子商务法律法规[M].2版.北京:机械工业出版社,2015.
[4] 刘志慧,高慧云,戚会庆.电子商务法律法规[M].北京:清华大学出版社,2015.
[5] 国家发展和改革委员会高技术产业司,全国人民代表大会财政经济委员会调研室.中国电子商务法律法规汇编[M].北京:法律出版社,2014.
[6] Thomas Erl, Zaigham Mahmood , Ricardo Puttini.云计算:概念、技术与架构[M].北京:机械工业出版社,2014.
[7] 维克托·迈尔·舍恩伯格.大数据时代-生活、工作与思维的大变革[M].杭州:浙江人民出版社,2013.
[8] 刘鹤.电子商务概论[M].北京:机械工业出版社,2013.
[9] 袁毅.电子商务概论[M].北京:机械工业出版社,2013.
[10] 张飞舟.物联网应用与解决方案[M].北京:电子工业出版社,2012.
[11] 徐慧剑.电子商务网站规划[M].北京:电子工业出版社,2012.
[12] 庞大莲,张冰新.电子商务概论[M].2版.北京:北京大学出版社,2012.
[13] 田惠怡,等.新编电子商务概论——案例视角[M].北京:清华大学出版社,2012.
[14] 白东蕊,岳云康,张莹.电子商务概论[M].北京:人民邮电出版社,2010.
[15] 王丽萍.电子商务法律法规[M].北京:电子工业出版社,2010.
[16] 杨涛.电子商务概论[M].北京:人民邮电出版社,2010.
[17] 夏文汇.现代物流运作管理[M].成都:西南财经大学出版社,2010.
[18] 刘宏.电子商务概论[M].北京:北京交通大学出版社,2010.
[19] 李琪.电子商务概论[M].北京:高等教育出版社,2009.
[20] 骆耀祖,刘东远,骆珍仪.网络安全技术[M].北京:北京大学出版社,2009.
[21] 程文旋.电子商务技术基础[M].北京:清华大学出版社,2007.
[22] 骆耀祖,刘东远.网络系统集成与工程设计[M].北京:电子工业出版社,2004.
[23] 欧阳江林.计算机网络实训教程[M].北京:电子工业出版社,2004.
[24] 骆耀祖,叶宇风,何志庆.LINUX操作系统分析简明教程[M].北京:清华大学出版社,北京交通大学出版社,2004.
[25] 骆耀祖,刘永初,刘鉴澄.计算机网络技术及应用[M].北京:清华大学出版社,北方交通大学出版社,2003.
[26] 谭伟贤.信息工程监理设计·施工·验收[M].北京:电子工业出版社,2003.

[27] 金旭亮,吴彬. 网站建设教程[M]. 北京:高等教育出版社,2003.
[28] TOM CLARK. SAN 设计权威指南[M]. 汪东,等,译. 北京:中国电力出版社,2003.
[29] 谢希仁. 计算机网络[M]. 3 版. 大连:大连理工大学出版社,2000.
[30] 计算机网络与因特网[M]. 2 版. 徐良贤,等,译. 北京:机械工业出版社,2000.
[31] 张轶博,孙占峰. Linux 应用大全[M]. 北京:机械工业出版社,2000.
[32] 施势帆,吕建毅. Linux 网络服务器实用手册[M]. 北京:清华大学出版社,1999.
[33] 张小斌,严望佳. 黑客分析与防范技术[M]. 北京:清华大学出版社,1999.
[34] 沈庆国. 移动计算机通信网络[M]. 北京:人民邮电出版社,1999.
[35] Marc Farley. SAN 存储区域网络[M]. 孙功星,等,译. 北京:机械工业出版社,2002.
[36] 张江陵,冯丹. 海量信息存储[M]. 北京:科学出版社,2003.
[37] 虚拟专网:技术与解决方案[M]. 邓少昆鸟,等,译. 北京:中国电力出版社,2003.
[38] 石硕. 计算机网络实验技术[M]. 北京:电子工业出版社,2002.
[39] Andrew S Tanenbaum. Computer Networks[M]. 3th. prentis hall,1996.
[40] W Richard Stevens. Unix Network Programming[M]. 2nd. Prentice-Hall,1998.
[41] W Richard Stevens. TCP/IP Illustrated[M]. Volume I,Addison Wesley,1994.
[42] Douglas E Comer. Internetworking with TCP/IP[M]. Volume I,Prentice Hall,1995.
[43] Douglas E Comer,David L Stevens. Internetworking with TCP/IP[M]. Volume II,Prentice Hall,1998.